U0137799

王振复美学论著集

王振复 著

中国巫性美学

上海古籍出版社

这种世界公民意义上的哲学的领域可以归于如下问题：（一）我可以知道什么？（二）我应当做什么？（三）我可以希望什么？（四）人是什么？第一个问题由形而上学回答，第二个问题由道德回答，第三个问题由宗教回答，而第四个问题，由人类学回答。但在根本上，人们可以把这一切都归给人类学，因为前三个问题，都与最后一个问题有关。

——康德《逻辑学讲义》

问："易，朱子主卜筮，程传主理，何如？"先生曰："卜筮是理，理亦是卜筮。天下之理孰有大于卜筮者乎？只为后世将卜筮专主在占卦上看了，所以看得卜筮似小艺。不知今之师友问答，博学、审问、慎思、明辨、笃行之类，皆是卜筮，卜筮者，不过求决狐疑、神明吾心而已。易是问诸天人，有疑自信不及，故以易问天；谓人心尚有所涉，惟天不容伪耳。"

——《王阳明全集》（上）卷三《语录三》

目　录

导言　*1*

　　第一节　中国巫性美学：问题的提出　*1*

　　第二节　巫性：一个新创的文化人类学、文化哲学范畴　*17*

　　第三节　作为属巫的"文化哲学的美学"　*36*

第一章　原古神话、原古图腾人类学的研究路向　*53*

　　第一节　中国神话人类学的研究如何可能　*53*

　　第二节　中国图腾人类学的研究怎样有效　*74*

第二章　巫性人类学：原古巫文化的人文特质　*98*

　　第一节　人类原古巫术的一般文化共性　*98*

　　第二节　基本而主导：巫术作为中华原古"信文化"形态之一　*114*

第三章　人性美学与神性美学　*153*

　　第一节　人性美学反思　*154*

　　第二节　神性美学反思　*201*

第四章　巫性美学：巫性作为中华原古人文根性　*218*

　　第一节　从"天人合一"看巫性　*218*

　　第二节　"敬鬼神而远之"：在人性与神性之际　*240*

第五章　巫性美学：巫术与宗教、科学　*265*

　　第一节　从巫术走向宗教之可能　*265*

第二节　由巫术导引科学之可能　285

第六章　祛魅：巫术向"史"文化转嬗的"中国事件"　298
　　第一节　由巫到史：礼乐、仁义与"内在超越"　298
　　第二节　自巫向史何以必然　325

第七章　文化哲学：气的巫性美学研究　339
　　第一节　气范畴生成及其美学范畴群落　340
　　第二节　气范畴的文化哲学　371

第八章　现象直观：象的巫性美学研究　397
　　第一节　象范畴生成及其美学范畴与命题群落　399
　　第二节　象的现象学美学意义　440

第九章　"实用理性"的美学：道的巫性美学研究　459
　　第一节　道范畴生成及其美学范畴　460
　　第二节　道的"实用理性"的美学意义　482

结语　518

附一　531
　　巫性：中华文化的原古人文根性　531

附二　560
　　中国巫性美学在《周易》中的四种呈现　560

主要参考文献　580

后记　586

导　言

第一节　中国巫性美学：问题的提出

本书以"中国巫性美学"这一新的学术课题为论述主题，试从文化人类学关于巫学的理念与方法着手。

西方人类学(Anthropology)具有颇为悠久的学术传统。其滥觞，甚至可以追溯到古希腊。Anthropology 的词源，为拉丁语 Anthropos(人)与 Logic(研究)。

所谓"人的研究"，作为人类学的学科主题，似乎过于笼统、宽泛而有些不着边际。有人称，所谓"人的研究"，大而无当，岂不是大凡人的一切都要研究？试问世间学问，究竟有哪一门不是或直接或间接地与研究"人"或"人"的研究相关？既然没有哪一门学科可以"包罗万象"而穷尽一切，那么，所谓以"人的研究"为学术主题的人类学便难以成立。

其实，这是对于人类学研究及其方法的一种误解。西方人类学学科理念的诞生，始于人的意识的两次觉悟与解放。

人类学起始于古希腊，并非偶然。

德国学者卡尔·雅斯贝尔斯曾经指出，在公元前 800 年到公元前 200 年间，在中国，印度，波斯与以色列、巴勒斯坦，希腊四大人类古文明发源地，几乎同时处于一个"轴心时代"，且以公元前 500 年前后为中心：

> 在公元前 800 年到公元前 200 年间所发生的精神过程，似
> 乎建立了这样一个轴心。在这时候，我们今天生活中的人开始
> 出现。让我们把这个时期称之为"轴心的时代"。
>
> 在中国，孔子和老子非常活跃，中国所有的哲学流派，包括
> 墨子、庄子、列子和诸子百家都出现了。和中国一样，印度出现
> 了《奥义书》和佛陀，探究了从怀疑主义、唯物主义到诡辩派、虚
> 无主义的全部范围的哲学可能性。伊朗的琐罗亚斯德传授一种
> 挑战性的观点，认为人世生活就是一场善与恶的斗争。在巴勒
> 斯坦，从以利亚经由以赛亚和耶利米到以赛亚第二，先知们纷纷
> 涌现。希腊贤哲如云，其中有荷马，哲学家巴门尼德、赫拉克利
> 特和柏拉图，许多悲剧作者，以及修昔底德和阿基米德。[1]

"轴心时代"人类精神的历险与突破，作为人类文化智慧的第一
次"解放"，是理性地发现了人，有关人类自己的人文意识，从历史的
深处"苏醒"过来。

就古希腊而言，当毕达哥拉斯最早提出"哲学"是"爱智"的学问
时，实际并未发现与肯定人自身就是唯一的"智慧"这一点。希腊古
典哲学家宣称，惟有神是有智慧的，而任何俗世的人都不是，哪怕哲
学家自己。所谓哲学的"爱智"，仅是爱神的智慧而已。作为雅典城
邦保护神的雅典娜，被称为"智慧女神"，奥林匹亚神山所居住的，是
一群智慧超绝之神，它们以宙斯为主神。维科曾经指出，主神宙斯与
记忆女神之女的智慧，即"缪斯的最初的特性，一定就是凭天神预兆

1　[德]卡尔·雅斯贝尔斯《历史的起源与目标》，第 8 页，华夏出版社，1989 年版。

来占卜的一种学问"。"这种学问就是按照神的预见性这一属性来观照天神,因此从 divinari(占卜或预测——原注)这个词派生出神的本质或神学(divinity)。""这就说明了拉丁人为什么把明断的星象家们称为'智慧教授'。"[2]

古希腊文化与哲学思想主题首先肯定的,是客体世界之数的和谐关系,认为数是万物的唯一实在。数是原古巫性即神性与人性的结合,其本性是本然而无须论证的。数,一个被设定为具有神性兼人性即巫性因素的事物本体,无论从神学、巫学还是哲学角度看,都是指一种不可能不存在的存在。数,虽然不是一个纯粹的哲学范畴,却首先揭示了从原始神性、巫性走向属人即人性之哲学思性的何以可能,证明西方文化从古希腊文化一开始,就走上了一条从原始巫文化等,走向宗教与哲学文化,从而开启了走向美学的道路。被称为"中世纪最伟大亦是早年较为人忽略的爱尔兰神秘神学家"爱留根纳曾经说,"真正的哲学是真正的宗教,同样真正的宗教为真正的哲学"[3]。西方的宗教与哲学,在一定程度上是合一的,其思想与思维的源头,可以追溯到古希腊神性兼巫性的数的意识、理念。西方美学的灿烂之华,首先开放在西方哲学的田园之中;哲学,与西方宗教相生相伴;宗教,又深植于原古巫术、神话与图腾等文化土壤之中。

时至公元前五世纪,随着奴隶制城邦制度的建立与文化、经济的腾跃,哲学始而目光如炬,第一次凝视人自身,于是便能够提出古代西方人学的第一命题:"人是万物的尺度"。

这一人文命题所提出的,并非称万物是人的尺度,而是相反,它以人来作为万物的尺度,体现了人类开始从人的角度来看待万物的

---

2 按:参见[意]维科《新科学》上册第一章,朱光潜译,人民文学出版社,1986年版。

3 陈佐人《神秘神学·中译本导言》,(伪)狄奥尼修斯《神秘神学》,第XI、XI-XII页,包利民译,商务印书馆,2012年版。

觉悟。这种人在万物面前显得有些尊显的意识理念,有类于中国先秦荀子所言"人有气有生有知亦且有义,故最为天下贵也"[4]的思想。它意味着,由于文化的推进和时代的进步,从以往以万物作为人的尺度的意识理念,逐渐转嬗为以人为万物的尺度即标准,从而使得人的精神尊严达到一个新的历史维度,其思维视域,也相应随之扩大了。

但古希腊时期的所谓"万物",并非纯粹是一个朴素"唯物"的概念。万物因其"模仿"了"数"才能成就其自己;数作为"更高一级的存在",又与神性、巫性的"灵魂"联系在一起。从历史的深处款款走来的"人",终于能够初步地傲视万类。这当然不是说,所谓人的解放,可以彻底推开神(神性)与巫(巫性)的精神羁绊,而学会"自行其是"。正如希罗多德所说,"这一点表明:当他们(按:指群体的人)受着压迫的时候,就好像是为主人作工的人一样,他们是宁肯做胆小鬼。但当他们被解放以后,每一个人就都尽心竭力地为自己做事情了。"[5]不过,这种关于人的时代哲学,在传统神性、巫性的蕴含之中,渐渐加重了真正属于人与人性的分量,开始从人的高度,俯瞰与研究原本属神属巫的自然和人自身。

由此,古希腊人类学的学科意识与理念,便应运而生,而其意义,可以说是从原始神学兼巫学和属神、属巫的原始自然科学等传统领地,争得一块属人的地盘。这或可以说是时人朦胧地意识到人自身的存在及其文化价值。这里值得再次强调的是,这当然不等于说,关于人类学的意识理念从此与传统神学、巫学绝对地断绝往来,只是仅仅开始从人的高度看神看巫,而并非由神与巫的角度看人而已。

千百年过去,欧西人类学作为一门新兴学科,此后并未取得可观的

---

4 《荀子·王制篇第九》,王先谦《荀子直解》卷五,第104页,上海书店影印本,《诸子集成》第二卷,1986年版。
5 [古希腊]希罗多德《历史》,第五卷第78节,商务印书馆,1985年版。

进步,甚至在相当长的历史时期,它几乎是湮没无闻的。直到文艺复兴时期,随着提倡人性反对神性,提倡人权反对神权,提倡民主反对专制的时代呼声响彻云霄,欧西继古希腊之后,才有关于人的第二次"解放",于是人类学的学科意识被重新唤起。德国学者 M·Hundt(M·亨特)《人为万物之灵》(1501)一书,曾经首先使用"人类学"一词,不啻是在西方人文科学的地平线上,冉冉地升起了一颗叫作"人类学"的晨星。

文艺复兴之后未久,在《人类学概要》(*Anthropologie Abstracted*,亦译为《抽象人类学》,1655,此书未有署名,或曾有署名,却由于历史的漫长而亡佚)一书中,才正式出现英语词汇 Anthropology。这时,时代的二度有关"人的解放"的理念,进一步催生了这一学科。该书指出:"人类学或人类本性史,迄今为止一般可以分为两类:第一类为心理学,即关于理性灵魂的本性的讨论;第二类为解剖学,也就是说,通过解剖揭示人体的结构或者构造。"这也便是此后文化人类学与体质人类学分类的雏形。[6]

这里值得一提的是,德国古典哲学家康德对于西方文化人类学学科建设的贡献。晚年康德曾经从其哲学体系的角度,规范了实际是哲学人类学的重大主题:"这种世界公民意义上的哲学的领域可以归于如下问题:(1)我可以知道什么?(2)我应当做什么?(3)我可以希望什么?(4)人是什么?第一个问题由形而上学回答,第二个问题由道德回答,第三个问题由宗教回答,而第四个问题,由人类学回答。但在根本上,人们可以把这一切都归给人类学,因为前三个问题,都与最后一个问题有关。"[7]康德此言,无疑可以启人深思。

---

6 按:夏建中《文化人类学理论学派——文化研究的历史》,第 1、2 页,中国人民大学出版社,1997 年版。

7 Kant: Kants Werke, Akademie Textausgabe, Berlin, 1968, IX, S.25.见李秋零《康德哲学中的宗教问题》,刘光耀、杨慧林主编《神学美学》,第二辑,第 191 页,三联书店,2008 年版。

今天,西方人类学已经取得了长足的进步。学者代不乏人,著作丰硕,学派众多。西方人类学,并非是一门囊括人之一切而毫无学术边界的学科,大致可以分为文化人类学、语言人类学、考古人类学与体质人类学四大类,在一些大学与人文科学的研究机构,早已蔚然成为一门门显学。

就文化人类学(Cultural Anthropology)而言,如英国爱德华·伯内特·泰勒(1832—1917)的《原始文化》,詹姆斯·乔治·弗雷泽(1854—1941)的《金枝》,美国路易斯·亨利·摩尔根(1818—1881)的《古代社会》,法国戴维·埃米尔·杜尔克姆(1858—1917)的《社会分工论》,英国布罗尼斯拉夫·马林诺夫斯基(1884—1942)的《巫术科学宗教与神话》,法国列维-布留尔(1857—1939)的《原始思维》,奥地利西格蒙德·弗洛伊德(1856—1939)的《图腾与禁忌》,美国露丝·富尔登·本尼迪克特(1887—1948)的《文化模式》,美国弗朗兹·博厄斯(1858—1942)的《原始艺术》,法国马歇尔·莫斯(1872—1950)的《论礼物》与法国克劳德·古斯塔夫·列维-施特劳斯的《野性的思维》,等等,以及近半个多世纪以来如涂尔干、许烺光与张光直等学者的诸多著述,都是文化人类学研究值得重视的学术成果。

中国文化人类学研究,深受西方文化人类学的影响。自20世纪二三十年代至今,已取得了诸多学术收获。如林惠祥、潘光旦、宋兆麟、费孝通、李安宅与宋光宇等学者的著述,皆值得重视,其中有些做了筚路蓝缕的工作。

在中外文化人类学关于人类原古文化的长期研究中,有一个问题应作进一步的研究和讨论。

从"古典进化论"文化人类学奠基者英国泰勒开始,一般学者都将人类原古笼统地称为文化的"原始宗教"时期。似乎人类原古文化原本相当单一，以"原始宗教"一词便可概括，或者说，大凡人类原古时期的一切文化现象，好像都可以装在"原始宗教"这一神奇的"篮子"里，美国学者休斯顿·史密斯《人的宗教》一书以为，人类有史以来的宗教，以印度教、佛教、儒家、道家、伊斯兰教、犹太教与基督教等为主要代表，不仅令人意外地把中国先秦的儒家和道家称为人类宗教的两大代表，而且专列第九章"原初宗教"，来加以论析。

"人类学之父"泰勒人类学研究的主要贡献，首先在其首倡"万物有灵论"或曰"泛灵论"[8]。马林诺夫斯基说："将宗教加以人类学研究之基础的人，当推泰勒（Edward B.Tylor, 1832—1917——原注）。他底著名学说认为原始宗教底要点乃是有灵观（animism），乃是对于灵物的信仰。"[9]弗雷泽则在主要研究原古巫文化且创获诸多学术成果的同时，沿袭泰勒的见解，将人类原古巫文化等，都笼统地等同于"宗教"，而仅仅称其"原始"即"较早阶段"而已。弗雷泽说：

> 在宗教发展的较早阶段，祭司（按：指宗教祭司）和巫师的职能是合在一起的。准确地说，是他们各自的职能尚未分化。似乎是到了晚期，二者的对立才表现得如此清楚。早期阶段，人

8　按：法国学者列维-布留尔《原始思维》一书，对于泰勒首倡的"万物有灵论"持批评的态度。他说："1871年问世的、开创了人类学科学史中的划时代的《原始文化》（《Primitive Culture》——原注）——英国人类学派首领泰勒（E.Tylor——原注）的基本著作，给整整一大批勤勉努力而又极有素养的研究人员指出了道路。"又说："英国人类学派（按：指弗雷泽、马林诺夫斯基等人）追随着自己首领的榜样"，"万物有灵论假说乃是英国人类学派的研究所遵循的那个定理的直接结果。"称其"定理本身代替了论证。"而且即使有论证即"解释"，"这种解释只不过讲得通罢了。"（见列维-布留尔《原始思维·绪论》，丁由译，商务印书馆，1981年版）笔者以为，尽管关于"万物有灵论"，泰勒可能尚未作出极为深刻的论证，而较多地以实例来加以说明，却不能抹煞其说的首倡之功。实际上，即使布留尔的"互渗律"说等，也是在泰勒"万物有灵论"的基础上，既吸取又批判地建构起来的。这一论题牵涉的方面很多，相当复繁，暂勿在此展开讨论。

9　[英]布罗尼斯拉夫·马林诺夫斯基《巫术科学宗教与神话》，第4页，李安宅译及按语，上海社会科学院出版社，2016年版。

们为了某种利益，往往一边祈祷、献祭，一边举行某种仪式、念动咒语，把神的怜悯与人的能力结合在一起。念祷词的同时也在念咒语，这实际是在同时举行宗教和巫术两种仪式……[10]

这就等于说，似乎宗教是自古就有的，且与巫术文化并列，这就人为地制造了宗教与巫术的逻辑与历史矛盾。弗雷泽说，在人类文化的"早期阶段"即原始时期，虽然"祭司"与"巫师"的"职能尚未分化"，然而"这实际是在同时举行宗教和巫术两种仪式"，这岂非等于认为，人类"早期阶段"的文化形态，是"宗教和巫术"并存的。而既然二者"尚未分化"，又何来"宗教和巫术两种仪式"？判定原古时期"宗教"已然诞生，还是以为后世宗教从原古巫术等"信文化"的形态中诞生，这是两种不同的学术之见。这里关于所谓宗教的"早期阶段"即"原始宗教"的提法，可能并不符合原古文化的实际情形。

泰勒说，"实际上，这些宗教（按：即其所言"原始宗教"）和仪式并非各种荒谬笑料的无意义的混合，相反，它们本身是有系统的和极其合理的"与"有理性的"。故应"把神灵信仰（即"万物有灵"信仰）判定为宗教的基本定义"，进而指出，"万物有灵论既构成了蒙昧人的哲学基础，同样也构成了文明民族的哲学基础"[11]。这一早于弗雷泽之有关"原始宗教"的理论评估，在逻辑上，显然混同于作为成熟文化形态的后世宗教。

一般而言，成熟形态的宗教，必须具备教主、教义、教团、教律与终极信仰五大要素。仅仅将"神灵信仰判定为宗教的基本定义"，是远远不够的。正如前述，称人类学这一学科意识起源于古希腊，诚然是矣。可我们譬如说，我们难道能够由此断言，古希腊时期已有所谓

10　［英］詹姆斯·乔治·弗雷泽《金枝》，上册，第58页，陕西师范大学出版社，2010年版。
11　［英］泰勒《原始文化》，第22、412、414页，上海文艺出版社，1992年版。

的"原始人类学"么？显然不能。因为这毕竟不符逻辑与历史实际。说历史学意义的人类文明社会的成熟宗教原于"原始宗教"，好比说一个成年人原于其婴孩时期而非原于其父母一般。人类宗教的诞生，是以原古巫术、神话与图腾等"信文化"为"人文之母"的。"原始宗教"说的提出，正可证明"古典进化论"人类学的一个思想和思维局限。因为看到文明社会的成熟宗教形态，便反推出原古时代必有一个可以"进化"为宗教的"原始宗教"，并将后世宗教的起源，归原于"原始宗教"。假定"原始宗教"确实存在，那么其内在的文化结构与文化机制究竟怎样，它与原古巫术、神话与图腾等原古文化形态的历史联系到底如何可能，等等，这一系列学术课题，有待作进一步的论证。

本书所研究的中国巫性美学，并非从"原始宗教"而是从原古巫术文化等文化形态说起。文化形态学将人类原古文化，分成彼此相系的原古巫术、神话与图腾三大文化品类，三者统一于原古"信文化"。本书注重于辨析巫术、神话和图腾三者不一的文化成因、特性、模式与功能，试图运用文化人类学关于巫学的理念，进入中国巫性美学的研究。

本书所说的中国巫文化人类学，实际是文化人类学关于巫学的一个中国分支。即努力运用文化人类学关于巫学的人文与学术理念，主要对中国原巫文化及其原古巫性与诗性因素的人文联系进行研究。从泰勒、弗雷泽、马林诺夫斯基、列维-布留尔到诸多中国人类学研究者，在主张与接受"原始宗教"说的同时，有不分巫术、神话与图腾此三大原古文化形态的看法，或将"神话思维"等同于原始思维。本书力图在汲取前人与时贤研究成果的同时，考虑到中国原古文化以巫文化为基本而主导、伴随以原古神话与图腾的历史、人文实际这一点，认为从文化人类学关于巫学的理念方法即巫术人类学进入中国巫性美学的研究,是可以期待的可行而有效的一条学术之途。

大致从以王国维为代表到如今的中国美学研究,所获学术成果可谓丰硕而深致。如果说还有什么值得进一步开拓的话,大约其中之一,便是可以从文化人类学、文化哲学关于巫学的角度研究美学,笔者称其为"中国巫性美学"。中国美学界诸多学者,正在努力地为研治、揭橥中国美学的原古人文根因、根性与特质及其历史、人文走向,进而为创构真正"中国"的美学而不懈努力。笔者,也许是其中较为执著的一个。

首先,这里遇到的第一个问题是,中国巫性美学研究,究竟如何可能。与此相关的一个问题是,中国美学的原古人文根性及其根因与特质究竟是什么。有说是道,或曰在气,或称为象,或断言和、情与天人合一等,不一而足。凡此美学研究及其学术成果,暂且勿言其各自研究所达到的真理性程度究竟如何,即使仅就其研究本身及其可能的严谨之治学态度,都值得肯定。

然而,这里所说的道、气、象以及天人合一之类,一般都是从哲学角度提出问题并加以思考与解答的。对于某些哲学美学研究而言,因为道、气、象与天人合一等,或者是哲学范畴或者是哲学命题,故而从哲学走向美学,似乎是不证而自明的。似乎哪里有哲学,那里便有美学。譬如,认为既然老庄之道本是一个哲学范畴,那么,它同时也"当然"是一个美学范畴,等等。

不言而喻,美学与哲学两者存在着天然联系。美学的哲学素质与哲学的美学意蕴,浑契而统一[12]。因而似乎只要抓住了哲学,美学便亦在其中了。可是,美学一旦离弃于哲学之魂,则所谓美学,大概

---

12 按:[德]科倍尔《哲学要领》云,"美学者(英语为欧绥德斯 Aesthetics——原注)","属于知识哲学之感觉界","则恒以此语为一种特别之哲学。要之美学者,固取资于感觉界"。(蔡元培译,商务印书馆,1924年版。)

只是"伪美学"罢了。

在学理上,美学自当不同于哲学。如称老庄之道等因其本为哲学范畴而必同为美学范畴,是简单地将哲学等同于美学,因而是不宜采信的。

一百多年前,蔡元培所译科倍尔《哲学要领》曾经指出,作为一种"特别之哲学"的美学,主要属于且"取资于感觉界"即意象兼情感世界。它应将人文感性及与感性相系的一切自然、社会现象、人的情感方式及人的心灵存在等,作为自己主要的研究对象,而且必须从一定的哲学进入。不能自觉或不自觉地以实际上的哲学研究与分析,来替代、并吞必要的美学研究,又不能离开一定的哲学理念来妄谈什么"美学"。

毋庸赘言,大凡哲学美学,首先须以哲学为魂。即使如心理学美学与文艺美学等,在研究理念与方法上,都须将文艺现象的心理、心灵机制、结构与文字符号等,作为一个个特殊的哲学问题来对待、研究当无疑问。那种以为惟有哲学美学须以哲学为魂,其余的美学未必一定如此的看法,显然是欠妥的。

任何美学须以哲学为魂,这是其学理上可以成立的必要条件而非充分条件。这便是美学之所以被称为"特别之哲学"的缘故。大凡美学,须从哲学角度,研究以世界意象和人类情感为纽带的人与现实的一切审美关系。一般哲学比如道德哲学,却未必一定须以这一审美关系作为其主要的研究对象与主题。哲学对于世界与人类生活之理性的俯瞰与把握,实际比美学要广泛得多。因此,首先从哲学角度进行美学研究,同时以世界意象、人类情感为主要研究对象与主题,而且进而做出哲学解读,无疑具有学理上的合理性和合法性。

不过问题的复杂性在于,当面对中国美学的人文根因、根性与特质这一学术课题时,尽管人们尽可以从哲学高度去俯瞰这一学术课题,却不可以误以为其原始人文的根因、根性与特质,就仅仅是一个一般的哲学问题,更不能简单地搬用西方现成的哲学、美学观念与方法论,来试图发现、解析中国所特有的美学问题。这里,中国巫性美学这一命题的提出及其研究,是试图做一个属于"中国"特色的美学,而不是"跟在西方后面"亦步亦趋。

在本原本体上,中国美学的人文根因、根性与特质,与西方或亚洲的印度、日本等殊为不一。王国维当年曾经提出"学无中西"[13]的治学之则,在认知与处理中西文化及其哲学会通问题上具有真理性。至于中西、中印、中日等之际的文化差异,尤其在根因、根性与特质上的不同,王氏也是尤为注意的。

近百年前,梁漱溟曾引用李守常关于中西文化的迥异之点云:"一为自然的,一为人为的;一为安息的,一为战争的;一为消极的,一为积极的;一为依赖的,一为独立的;一为苟安的,一为突进的;一为因袭的,一为创造的;一为保守的,一为进步的;一为自觉的,一为理智的;一为空想的,一为体验的;一为艺术的,一为科学的;一为精神的,一为物质的;一为灵的,一为肉的;一为向天的,一为立地的;一为自然支配人间的,一为人间征服自然的。"[14]虽然如此概括未必处处精到而言言妥帖,毕竟由此可见,自古中西文化及其哲学的若干分野,作为民族文化之魂的不同哲学诉求,是蕴含其间的。

大凡一个民族的哲学,作为其高蹈、沉潜之思性与世界、人生的人文意识形态,因其精神的至上性和纯粹性,总是相对晚起而在后代逐渐

13　按:王国维《〈国学丛刊〉序》说:"学之义不明于天下久矣。今之言学者,有新旧之争,有中西之争,有有用之学与无用之学之争。余正告天下曰:学无新旧也,无中西也,无有用无用也。凡立此名者,均不学之徒。即学焉,而未尝知学者也。"(《观堂别集》卷四,《王国维遗书》第四册,上海古籍书店,1983年版)

14　梁漱溟《东西文化及其哲学》,《梁漱溟全集》第一卷,第351页,山东人民出版社,1989年版。

["<"]

成熟的。在文化本始意义上，首先登上历史与人文舞台的，一定不是什么哲学，而是蕴含一定原始之文化哲学意识等原素的原古文化。

中华夏商文化，自当一点儿也不缺乏一定的哲学及其美学意识的人文原素，关于人的生命、意象、时空和天人关系等此类意识原素等，构成中国人文化意识形态的灵魂。然而，倘若以为夏商之时，中华早已具有知识论意义上形态成熟的有如道、气、象之类的哲学与美学，毕竟有悖于常识常理。

多年前，笔者应邀曾在台湾大学召开的一个"国际道家暨风水学"学术会议上，对一位大陆学人发言中所谓"中国四千年前的'天人合一哲学宇宙观'"云云提出质疑：所谓"四千年前"究竟是一个什么时代，难道那时，真有什么哲学意义的"天人合一宇宙观"么？显然不是。

关于天人合一哲学这一问题，张岱年先生曾指出："惠子宣扬'天人一体'，庄子则讲'天地与我并生，万物与我为一'。（《庄子·齐物论》——原注）到宋代，程颐以'天地万物为一体'为人生最高境界。"又说："在汉代以后的哲学中，'合一'成为一个重要的名词。董仲舒《春秋繁露》云：'事各顺乎名，名各顺乎天。天人之际，合而为一'。"[15]此言是。

这当然不是说，夏商时代或者说四千年之前，中国已经有什么天人合一的"哲学宇宙观"。

天人合一这一哲学命题全称的正式提出，是相当晚近的事。北宋初年，张载《正蒙·乾称篇下》曾称，"儒者则因明致诚，因诚致明，故天人合一，致学而可以成圣，得天而未始遗人，《易》所谓'不遗'、'不流'、'不过'者也。"[16]天人合一，实际上是对战国中后期《易传·

15　张岱年《中国古典哲学概念范畴要论》，第114、115页，中国社会科学出版社，1987年版。

16　张载《张子正蒙·乾称篇下》，王夫之《张子正蒙注》，汤勤福导读，第239页，上海古籍出版社，2000年版。

文言》所言"夫大人者,与天地合其德,与日月合其明,与四时合其序,与鬼神合其吉凶"的哲学概括。显然,这不是可以用来证明所谓四千年前中国已经具有"天人合一的哲学宇宙观"的一个理据。

这里,暂不论哲学意义上的天人合一。比如仅就"宇宙"这一概念来看,哲学意义的宇宙,指时空,但这是宇宙的引申义而不是其本义。《淮南子》有"往古来今谓之宙,四方上下谓之宇"[17]的言述,这是指其引申义。《淮南子》也有关于宇宙本义的叙述:"凤皇(凰)之翔,至德也","而燕雀佼(按:通矫,矫健义;或通骄,轻侮义)之,以为不能与之争于宇宙之间。"[18]这里的宇宙二字,指建筑(中国古代称为"宫室")。建筑的本义,就是这里所说的"宇宙"。本义之宇,屋顶之谓。《说文》:"宇,屋边也。"《易传》释大壮卦义,有"上栋下宇,以待风雨"[19]之说。本义之宙,从宀。宀者,屋顶象形。宙,本义指栋梁。东汉高诱注:"宇,屋檐也。宙,栋梁也。"[20]宗白华先生曾说,"中国人的宇宙概念本与庐舍有关"[21]。

宇宙一词,原本并无什么哲学意义,中华古人,将天地宇宙喻为一所其大无比的"大房子",称为"六合"[22]。宇,便转义、提升为具有一定哲学意义的一个空间概念;宙,通久,原指屋舍栋梁所撑持屋顶的时间,转义、提升为哲学意义的时间。"宇宙",从建筑学嬗变为哲

---

17 《淮南子·齐俗训第十一》,高诱《淮南子注》,上海书店影印本,第178页,《诸子集成》第7卷,1986年版。

18 《淮南子·览冥训第六》,高诱《淮南子注》,上海书店影印本,第93页,《诸子集成》第7卷,1986年版。

19 《易传·系辞下》,朱熹《周易本义》,怡府藏版影印本,原书名《易经本义》,第325页,天津古籍书店,1986年版。

20 《淮南子·览冥训第六》,高诱《淮南子注》,上海书店影印本,第93页,《诸子集成》,第7卷,1986年版。

21 宗白华《美学散步》,第89页,上海人民出版社,1981年版。

22 按:六合,亦称"宙合"。《管子·宙合》:"宙合之意,上通于天之上,下泉于地之下,外出于四海之外,合纳天地以为一裹。"

学范畴并非偶然。从其原型看,是因建筑即中华古人所谓"宫室"都具有一定的空间性和时间性的缘故,中国人自古就是从宫室文化来看待、领悟天地宇宙的,也自与一定的美学意义相联系。

与哲学宇宙论相联系的天人合一意识,在文化原型上,并非指哲学。早在哲学的天人合一诞生之前许多个世纪,天人合一的人文意识,已经孕育、发展于原古神话与图腾尤其是原古巫术文化之中。与中国美学相关的诸如天人合一、宇宙(时空)以及情、性、气、道与象等一系列范畴,其人文原型都是并非属于哲学的,而是原于蕴含以哲学与美学等人文原素的原古巫术、神话与图腾文化。现在,人们尽可以从哲学或文化哲学角度对原古文化进行研究,但是这不等于说中国文化的原始形态是所谓天人合一的哲学。

如要有效地研究中国美学的原古人文根因、根性与特质,从文化人类学、文化哲学关于巫学的理念而非一般的哲学进入,应该是一个可行的研究路向。

有必要将彼此相系的文化与文明这两大概念范畴,加以严格地区分。

文化这一概念,有许多种解释。[23] 笔者以为,称文化是"自然的人化"同时又是"人化的自然",可能是比较妥切的看法。文化与人类同"本"、同"在"而同时诞生和发展。而所谓文明,则指人类文化的属性、进化与发展的过程与程度。

以往一些历史教科书,多将文字的发明和运用,称为人类文明之始,并将此前时代称为"野蛮"时代,这是关于文明的历史学理解,自当并无不妥。人类学首先将文明看作是文化的属性,同时看作文化

23　按:据许国璋《文明和文化》一文,有西方学者曾经广泛搜集有关文化的定义,竟有164种之多,说明人类文化的内涵何等丰富深邃,也可证人们在文化问题上的分歧何等严重(参见《释中国》第一卷,第617—641页,上海文艺出版社,1998年版)。

的进化与发展的过程及其程度。文明与文化同在,但两者是有区别的。从文化人类学角度看,在文字诞生之前,人类不是没有文明,那是被称为野蛮时代的那种文化的进化和发展的过程和程度,可称为"野蛮的文明"、"文明的野蛮"。

无疑,无论文化还是文明,都是相对而言的、历史性的。文明作为文化的属性及其进化、发展的过程、程度,是从属于文化的,这是关于文化、文明的人类学而非历史学的理解。

如果说,成熟意义的中国哲学及其美学,是中国文化一大"文明"形态的话,那么,本书正待讨论的中国美学的人文根因、根性与特质等,首先并不是指历史学意义的文明程度相对较高的一般的哲学问题,它应该是关于巫学的文化人类学和文化哲学必须面对与研究的一个学术课题。

从文化人类学、文化哲学关于巫学而不是从一般哲学的路径进入,来研究中国美学的人文根因、根性和特质,可以说是一条值得信任、期待和有效的学术正途。

中国美学的原始人文根因、根性与特质,其实并非前述哲学意义的道、气、象、和、情与天人合一之类,它主要在于伴随以原古神话与图腾的原巫文化之中,关于这一点,本书后文自有与此相关的论述。原巫文化,蕴含着有待于在后世成长为哲学、美学范畴的原始人文意识。中国美学的原始人文根因,主要而基本的,为原古之巫。当然,它是与原古神话、原古图腾相伴相生的。其人文根性,是这一原古之巫的巫性。其人文特质,本具巫性基因。巫性,这是中国原古审美意识得以萌生的文明之一,深蕴于以原巫文化为主的中华原古文化的沃土之中。

巫性,处于神性与人性之际。在神性与人性之际,有一个深邃的领域。除了介于神性与人性之际的巫性以外,还有其他。神话的文化属性,也是处于神性与人性之际的,图腾的文化属性也是。不过就中国原古"信文化"而言,处于神性与人性之际的巫性是基本而主导的。

从研究理念和路向加以审视,迄今为止的美学,有宗教意义的神学美学、神性美学。它以神、上帝之类的"美"等为研究主题,以宗教人类学、宗教文化哲学等研究理念和方法为友军,以神性与审美关系为其主要研究对象,可称之为神学美学、神性美学;有世俗意义的人学美学、人性(人格)美学。它以人、人性与人格等为研究主题,且以人与自然、人与社会、人与人、人内心的文化心理结构等为研究对象。前者为宗教美学,如佛教、道教与基督教美学等;后者为人性、人格美学,包括伦理、道德美学以及与此相关的自然美学和文艺美学等,先秦儒、墨、道美学与魏晋玄学美学、宋明理学美学、清代实学美学与二十世纪新儒家美学等,大抵皆属此类。

迄今尚未有系统的以巫性为主要研究对象、以文化人类学与文化哲学关于巫学的中国巫性美学,有之,试从本书始。

中国巫性美学,作为与神性美学、人性美学并立而相应的第三种中国美学,介于神性美学与人性美学之际。它是一种以文化人类学、文化哲学关于巫学为学术视野与进路,以巫性为主要研究对象的中国美学。它以处于神学与人学、神性与人性之际的巫学、巫性为主要研究主题与范域。本书将努力揭示这一曾经被长期忽视、遮蔽和误读的中国美学新品类的基本品性与特质。

第二节　巫性:一个新创的文化人类学、文化哲学范畴

这里,有必要对于"巫性"这一人文、学术范畴及其思想的提出、论证,做一简约的回顾和说明。20 世纪 80 年代初,笔者始习与写作

《周易》文化及其文化美学之作时，曾经所遭遇的最大学术难题，固然在于卦爻象数，扑朔迷离；文辞句读，简古玄深，且卦爻筮符与卦爻辞的语义、文脉联系，复繁错综，而其根本之处，在于如何在治学理念和方法上，正确地选择、运用某种真正契合于《周易》文化及其哲思、美蕴等研究对象与主题的研究路向。

正如日本著名美学家竹内敏雄曾经说："比什么都应该最先关心的，是选择适应于研究美学对象本身的方法，把任何方法都在'适应'这种情况下灵活运用。"[24]

20世纪80年代中国易学的研究路向，主要是所谓"传统易"。诸多学者，基本沿袭中国传统象数学与义理学的治学理念和方法，对通行本《周易》（亦称今本《周易》）的卦爻符号系统，尤其卦爻辞与《易传》等，逐一进行笺注诠释，亦可称为"阐释易"。这其实所依循的是传统的经学路子，大致从战国《易传》、三国魏王弼《周易注》与《周易略例》、唐李鼎祚《周易集解》与孔颖达《周易正义》、宋程颐《周易程氏学》与朱熹《周易本义》、明来知德《易注》、清李光地《周易折中》与陈梦雷《周易浅述》到尚秉和《周易尚氏学》和高亨《周易大传今注》等，历经两千多年而不衰。同时也有部分学者，从事有关"考古易"、"历史易"、"科学易"、"预测易"和"思维易"等易学的研治。

笔者的易学研究，首先在于传统易学的象数兼义理之学。倘然并非如此，则在易学领域，不可能真正地登堂入室。又得益于同时研读如英国泰勒《原始文化》、弗雷泽《金枝》、马林诺夫斯基《巫术科学宗教与神话》、法国列维-施特劳斯《野性的思维》和列维-布留尔《原始思维》等西方文化人类学和文化哲学等重要著述，以文化人类学关

24　[日]竹内敏雄《美学总论》"绪言"。按：该书日文版1979年初版于日本弘文堂。据王宏超查阅，竹氏该书第二编，以中译本《艺术理论》为名于1990年出版于中国人民大学出版社。

于巫学的理念方法,糅合中国传统象数兼义理易学,从而走上"文化易"这一研究路向并初获成果。这在学术视野与理念上,让笔者有可能尝试改变中华易学沿袭约两千多年传统的以象数、义理笺注的老路子(当然,这一传统易学的研究路子,是任何易学研究的基础),努力从传统易学关于伦理、哲理之相对封闭的阐释之中解放出来,在研治传统象数学、义理学的基础上,试以文化人类学、文化哲学关于巫学的理念与方法,重新凝视、思考和认知中华易文化这一原始巫文化及其巫性基因问题。这正如梁启超先生所言,努力"以复古为解放"[25]。

《周易》(这里指通行本《周易》)一书,是中华先秦时代留存下来的一部十分重要的文化类著作,尽管在其《易传》部分具有丰富而深邃的哲学思想,总体上却不是通常所认为的是一部"哲学著作"。《周易》一书,确实富于独特的文化学的认识与研究价值,它蕴含着原始巫学、数学、天学、史学、哲学、仁学、美学与文艺学等多方面、多层次的文化因素,它是一个集中华古代巫理、数理、天理、圣理、哲理、心理与文理等于一炉,属于颇为原始意义上的一种文化集成。用古人的话来说,这叫作"易道广大,无所不包,旁及天文、地理、乐律、兵法、韵学、算术,以逮方外之炉火,皆可援易以为说。"虽说这是古人对于易学的夸饰有过,实际上古今中外,没有一种学问可以做到"无所不包",但是易作为一种"道",其涵盖面与它的深致性,确实是前所未有、相当可观的。其中的原始巫理,包括古人通常所信从的命理、数(这里的数,主要指前定、命定)理与天理等,并且尔后衍生的圣理、哲理、心理与文理等,处于主导而基本的地位。

25　按:梁启超《清代学术概论》曾经提出"以复古为解放"这一著名而重要的治学命题,称对于"清学"而言,其"第一步,复宋之古,对于王学而得解放。第二步,复汉唐之古,对于程朱而得解放。第三步,复西汉之古,对于许郑而得解放。第四步,复先秦之古,对于一切传注而得解放"(《清代学术概论》,《梁启超论清学史二种》,第6页,朱维铮校注,复旦大学出版社,1985年版)。

　　中华易学是源远流长、根深叶茂的"中华第一国学"。其卦爻符号系统的意识理念，是真正中国的"非物质文化遗产"，可以说，它是人类文化关于原始巫学在东方中华的一大独特存在与最高智慧。

　　在把握原古巫术、神话与图腾三者作为人类原始文化之内在统一性的同时，在学术认知和学理上，力图将三者严格地加以区别，是一个必要而重要的治学思路。原古神话和原古图腾尤其是原古巫文化，是中华文化及其哲学、美学的基本形态和人文根因根性的所在。

　　其一，在笔者的易文化研治之初，易学界有两个治易倾向，曾经引起笔者的注意。

　　一是当时诸多易著的研究重点，是通行本《周易》的《易传》部分而非以卜筮为主题的《周易》本经，而且以《易传》的思想来解读本经；二则就《易传》本身而言，又往往注重研究其哲学、伦理思想而忽视载录于《易传》的古筮法等，从而笼统地称"《周易》是哲学著作"。

　　这值得做进一步的讨论。

　　以《易传》为主要研究对象自当并无不可。可是，如果以为《周易》本经由于涉及诸多"算卦迷信"而弃之不顾，实际是一种舍本而求末的做法。本经是易理本原的所在，《易传》仅仅是中华易学史上最早的易学概论而已，是其流而非其源。我们固然可以以"流"为研究对象，但如果舍弃《周易》本经文化学意义上的原始巫学研究，而要正确地揭示《易传》的人文思想和思维的根因、根性，那是相当困难的。

　　《周易译注与考释》一书，所坚持的是一种斥巫筮迷信而持所谓"历史易"的见解，它从"六经皆史"传统古文经学的立场，断言《周易》乃史之记事，称"易"之"本诂固占卜也"[26]为"烟雾迷离之说"，又

26　尚秉和《周易尚氏学·第一论周易二字本诂》，第 1 页，中华书局，1980 年版。

说"占筮与《周易》本来无缘"[27]等。《周易秘义》一书,持《周易》"秘义"在于它是"一部殷周奴婢起义史"[28]的看法,认为《周易》本经与原巫问题无关,试图以一种"历史理性",来排拒巫筮迷信。凡此研究,确实离易的本原甚远。

易的本原不是成熟的哲学,其巫筮及其迷信恰恰是原始易理的出发点。从研究巫筮这一算卦迷信的文化现象入手,以文化人类学、文化哲学关于巫学的理念与方法研治《周易》的美学思想,是始于上一世纪八十年代中期笔者所提倡的一种新的研究路向。将易卦的算卦迷信及其卦爻筮符,参以卦爻辞与《易传》的相应解读,作为巫易的文化现象来加以关注、研究,在当时让人有些难以接受。可是问题是,中华古籍中,究竟有哪一人文经典的思想内容,是绝然没有任何迷信成分的?《尚书》《山海经》与《红楼梦》《水浒传》《聊斋志异》之类,难道因其不可避免地本具一定的迷信成分,而不必也不能对其进行严肃的学术研究么?即使那些"迷信糟粕""文化垃圾",也可能蕴含以一定的文化意义,可能触及中华原古文化的哪根神经。《周易》本经的巫筮迷信就是如此。当然相比之下,《周易》巫筮的神秘与迷信,显得更为典型、更为集中、更为强烈、更富于中华文化的个性特征罢了。

专以《易传》为研究对象,以汉语白话文诠释、笺注《周易》本经卦爻辞的传统易学研究,是值得肯定的。可是,假如以大致成篇于约公元前四、三世纪(战国中后期)的《易传》的思想,去解说大约成于公元前十一世纪(殷周之际)的《周易》本经,便可能在有意无意间,将《周易》本经的原古巫筮文化"易传"化。《易传》之后两千余年间的传统易学,大抵走上了"以传解经"的路子,由于《易传》的思想内

---

27 宋祚胤《周易译注与考释》,湖南人民出版社,1987年版。

28 黎子耀《周易秘义》,浙江古籍出版社,1989年版。

容,大致是成就于战国中后期的易的哲学、伦理学与美学等,加上保留在《易传·系辞传》中的《周易》古筮法,被作为巫筮迷信而往往弃之不顾,导致有可能误读本经的真谛。这不是以经解传的研究方法。如"贞"这一汉字,一再地同时出现于《周易》本经与《易传》之中,在本经中应释为"卜问"(巫学范畴,为本义),在《易传》中则为道德"正固"(伦理学范畴,为其引申义)义。可是,有些学者解读本经的"贞"字时,总是以"正固"(道德坚贞)义来加以识读,从而遮蔽《周易》本经所本具的原古巫筮的文化本涵。

《易传》的成篇,比本经大约晚七八百年,这是一个怎样的时间跨度?人们怎么可以按后世《易传》的思想、精神与思维方式的"现代",去诠释《周易》本经那一"古代"?又如何能够因《易传》的思想基本属于战国中后期的儒家仁学,从而将《周易》本经的文化思想"儒学"化?《汉书·艺文志》说:"故曰易道深矣,人更三圣,世历三古。"[29]三圣指伏羲、文王与孔子;三古指上古、中古与下古。《易传》的思想与思维,大致处在上古、中古之后的下古即春秋末期的孔子及其此后的时代,尽管可以从《易传》上溯本经,却不能以《易传》的思想与思维代替与遮蔽本经,这是可以肯定的。

梁启超氏曾经说过,凡治学涉于古今之变,须以"今"视之。而其采证立义,又须"以古为尚。以汉唐难宋明,不以宋明难汉唐","以经证经,可以难一切传记"[30]而不是相反。

《周易》的原古人文,尽管有些遗存于《易传》,如古筮法等,但原古巫性问题,总体上无疑在于本经的巫筮文化而非由本经所演替、发阐的《易传》。治易倘仅取《易传》而弃其本经,以后人的"传"去"证"先人之

29　班固《艺文志第十》,《汉书卷三十》,第 325 页,中华书局,2007 年版。

30　梁启超《清代学术概论》,《梁启超论清学史二种》,第 39 页,朱维铮校注,复旦大学出版社,1985 年版。

"经",则要冒遗失易之本义的风险。诚然可以从"传"反观"经"的文化,但是这一反观,毕竟不能替代对于本经巫筮本身的直接的考辨和探究。

其二,正如前述,长期以来,所谓"《周易》是哲学著作"的见解,又一直是易学界的另一个主流之见。这可能出于两大原因。

一是通行本的《易传》尤其其中《文言》《系辞》诸篇,的确具有丰富而玄奥的哲学之思。即使本经六十四卦卦序,从上经首乾坤至坎离、下经首咸恒至既济未济,以及六十四卦序往往出现两两错卦、综卦与错综卦的关系,和将既济卦列于未济卦前,又让未济成为六十四卦序的终了,等等,都是出于一定的哲学思考、具有相当的哲学意蕴的;二则大致"五四"以来的易学研究,大凡多以中外哲学研究者为主力,如海内外"现代新儒家"即是如此。这些学者对《周易》中的哲学更为敏感、更易把握,也可能更为容易将《周易》本有的哲学之思"放大",以至于断言整部"《周易》是哲学著作",而不持"原始易学的巫学"的见解。廖名春教授说:"贯穿《周易本义》一书始终的'《易》本是卜筮之书'说,尽管时人奉为读《易》的不二法门,其实也是不可信的。《周易》源于卜筮,但发展到'文王作《易》'以后的《周易》,已不能单纯以卜筮之书视之了。"[31]其实朱熹只是说,易的"本义"属于"卜筮",不等于说其《周易本义》一书,"单纯以卜筮""视之"。凡是读过《本义》的读者都知道,卜筮及其人文意识,正是《周易》哲学与春秋战国以始的礼学、仁学直至朱熹道学等的一大文化原型。

平实而论,整部通行本《周易》,且不说其本经卦爻辞大致都是算卦及其巫筮记录,即使在《易传》中,它其实主要由先秦儒家仁学(伦理学)、道家哲学、阴阳家的阴阳之说与古筮法遗存等四类人文思想所构成的,它并非仅仅是哲学。关于这一点,只要细读、深究《易传》

---

31 廖名春《〈周易〉经传与易学史续论——出土简帛与传世文献的互证》,第315页,中国财富出版社,2012年版。

这一文本即可明了。研治易学固然须十分重视其哲学思想,而如果仅仅看到哲学这一点,也许是不够的。

金景芳先生《学易四种》"吕绍刚序"曾说,"《周易》是讲哲学讲思想的书,卜筮只是它的躯壳",断然否认《周易》本为"占筮之书"这一点。后来,出版于2005年1月、由金景芳讲述、吕绍刚整理的《周易讲座》对此有了修正。其文有云,"《周易》是卜筮之书,这一点,无论从《周易》卦辞、爻辞本身来看,从《周礼》、《左传》、《国语》诸书的有关记载来看,或者从《汉书·儒林传》说'及秦禁学,《易》以筮卜之书独不禁'来看,都是铁一般的事实,不能否认"。此言是。又说,"最初,它的确是地地道道的卜筮,然而,经过发展以后,由于发生了质变,于是有了哲学内容",此言也是。可是其最后的结论却是,"似《周易》又是哲学著作"[32]。

在总体上,通行本《周易》究竟是一部什么书,到底是哲学著作还是包含着哲学、伦理学与美学等重要内容的文化类著作,对此《周易讲座》没有能够作出明确的判断。也许这是不从文化人类学、文化哲学角度看待原始易学的必然结果,或可证明其模棱两可的难处。

《周易》总体的原始人文思想和思维,以殷周之际及之前积淀而成的原巫文化为其历史、人文根因,属于原始而典型的一大中华文化集成,而不仅仅是后起的哲学、伦理学之类。这一问题,在此不予展开。这里的阐述,并非要否定《周易》的哲学、伦理学与美学等思想内容,而是要探寻《周易》哲学、伦理学尤其是其美学因素的人文之根究竟来自哪里。其实,这便是原巫及其巫性。

巫性这一文化学、文化哲学范畴的提出,是笔者在颇为长期的学术研究中逐渐思考、体会而成的。

32　金景芳讲述、吕绍刚整理《周易讲座》,第1页,广西师范大学出版社,2005年版。

笔者曾在《周易的美学智慧》一书中，从文化学、文化哲学关于巫学的学术立场，提出并论证"原始易学是巫学"、"气：《周易》美学智慧的文化哲学"等学术命题，同时解析有关"转换：从巫学智慧到美学智慧"这一类重要的学术课题，进而阐析"从巫到圣：在神与人之际"这一学术之见，认为中华原古的"巫既通于人，又通于神，是神与人之际的一个中介"。

巫是什么这一问题，学界曾有许多不尽相同的解答，这里且先列举几种说法，以供讨论。

何金松认为，巫与巫术的发生，总是联系在一起的，所以，从探讨巫术的发生，即可领会什么是巫这一问题。那么什么是巫呢？与巫相系的巫师，"是装神弄鬼哄人钱财的骗子，还是凭借气功为人造福的"？又说："这种既是历史又是现实，不仅存在于中国存在于全人类的社会现象，究竟是怎么发生的？其本质属性又是什么？与科学有无真正的联系？几千年来，一代又一代的人在寻找它的答案，然而进展异常缓慢，至今还停留在感性阶段，未能上升到理性的高度去认识。这个巨大的文化之谜有待解开。"

何金松的回答是：

> 甲骨刻辞中有田字，习见，长期不识。唐兰根据《诅楚文》"巫咸"之巫作田，认出是巫字（原注：《古文字学导论》，第166、167页），已成定论。金文《齐巫姜簋》的巫字与甲骨文形同。战国《诅楚文》所载巫字，中间的"十"与周围的四画分离。《侯马盟书》作亚，将左右两竖画分别与"十"形左右两边的小横画相接写成尖角形，是篆文亚的直接来源。[33]

33　何金松《汉字形义考源》，第453、453—454页，武汉出版社，1996年版。

显然,这是试图从甲骨文、金文等字形释巫以及追寻巫由何来。
"巫术产生于原始社会,比原始信仰的时代要晚一些。人是大自然的
产物,生存于大自然之中,与大自然存在相通之处。当原始人感知自
身与自然之间存在一种无形的联系,逐步深入发现直到自觉掌握使
用有效的方法沟通这种联系时,就出现了巫。巫的出现,是人类由盲
目的自然崇拜发展到利用自然界无形力量的历史转折点。"[34]

这一看法,包含三个要点。一、巫始于原始社会,至于原始社会
的什么时候产生了巫,尚不清楚。但只有在"原始信仰"诞生之后不
久才会有巫,巫是原始"信文化"的一种;二、只有当原始人"感知"自
己与自然之间"存在一种无形的联系"时,就诞生了巫,其根本原因,
在于人与大自然共生共存。这种"无形的联系"究竟是什么,联系到
这位学者释巫问题时,是将巫与神、灵二字放在一起来加以阐释的这
一点[35],可见其所理解的巫,是与神、灵相联系的;三、巫的人文特性,
主要在于能够"利用"自然界的"无形力量",这便是神、便是灵。

高国藩指出:"在原始时代,人类对大自然的认识和改造能力由
弱到强做着努力,对于大自然的千变万化,有着一种从恐惧到敬畏再
到适应和克服的过程,于是便相信有一种超自然的力量在支配千变
万化的大自然,遂产生自然崇拜,又由于大自然变化有着不可把握
的神秘性,于是便相信有超自然神灵力量在操纵着大自然,由这两
种力量造成大自然具有魔术性(Magical Virture——原注)和魔术力
(Magical Power)。因此对于神灵,巫师的宗教情绪以及心理状态,表
现出崇拜与敬畏,虔诚地笃信,全心地依赖,从而去祈求和施法,进而

---

34 何金松《汉字形义考源》,第456页,武汉出版社,1996年版。

35 按:参见何金松《汉字形义考源·释巫神灵》,该书第453—476页,武汉出版社,1996
年版。

去试验与克服。"[36]

这一论述的大意是,人类对于大自然的"认识和改造",是"由弱到强"、"从恐惧到敬畏再到适应和克服"的,这一"适应和克服"的方式,便是巫术。巫术的产生,始于人"相信"大自然有"一种超自然的力量在支配",于是人便"产生自然崇拜"。又由于大自然变化本身具有"不可把握的神秘性",它与人所"相信"的"超自然的力量"相结合,"由这两种力量",导致大自然"具有魔术性和魔术力"。人对于这种"神灵"的"魔术性""魔术力",在虔诚地笃信和依赖的同时,还进行巫术的"施法",以便"去试验和克服"。

这一关于巫术的看法,包含了许多正确的认识。但似乎有两点值得做进一步的讨论。其一是关于"神灵"的看法,认为大自然本身被"一种超自然的力量"所"操纵"而人"不可把握";人又"相信"大自然的这一"神秘性",于是大自然就具有"魔术性"和"魔术力"。那么,大自然的这种"神秘性",究竟是其所本有的还是人的主观想象所赋予的?在笔者看来,所谓"大自然"的"不可把握的神秘性"与人"相信有超自然神灵力量在操纵着大自然"这"两种力量",其实是一种统一的精神力量,便是统一于巫性的人的灵力。早在原巫文化时代,属巫的天人合一意识早已诞生,它便是神灵意识;其二、所谓"巫师的宗教情绪"这一提法是否妥当,或然值得作进一步的思考。这关系到人类文化史上,究竟先有原始巫术、神话与图腾文化等,还是先有宗教文化或宗教与巫术等同时具有的问题。在上古时期,只有巫术、神话与图腾等文化形态而是没有宗教的,那么所谓上古"巫师的宗教情绪"又从何而来呢?当然,从人对神灵崇拜的一般人文意识看,人对于神灵、精灵的崇拜,是人类文化从巫术、神话与图腾嬗变、

---

36 高国藩《中国巫术通史》上册,第2—3页,凤凰出版社,2015年版。

发展为宗教的内在机制和原型的所在，并且，在后世的宗教文化中，保留了大量从上古文化的神话、图腾尤其是巫术那里传承而来的文化基因、因素、思想甚而是孑遗，但是在上古时期，人类社会还没有可以称之为宗教的文化。

关于什么是巫术，其实早在西方文化人类学的学术著述中，已经有许多值得重视的研究和研究成果。英国人类学家弗雷泽谈到巫术原理时指出：

> 如果我们分析巫术赖于建立的思想原则，便会发现它们可以归结为两个方面：第一是"同类相生"或同果必同因；第二是"物体一经互相接触，在中断实体接触后还会继续远距离地互相作用"。前者可称之为"相似律"，后者可称之为"接触律"或"触染律"。巫师根据第一原则即"相似律"引申出，他能够仅仅通过模仿就实现任何他想做的事；从第二个原则出发，他断定，他能通过一个物体来对一个人施加影响，只要该物体曾被那个人接触过，不论该物体是否为该人体的一部分。[37]

这一阐述，将巫术分为"相似律"和"接触律"两种，前者"同类相生"即同类相感、"同果必同因"；后者指人与物体一旦互相接触，便

---

37 [英]詹姆斯·乔治·弗雷泽《金枝——巫术与宗教之研究》上册，第19页，徐育新等译，中国民间文艺出版社，1987年版。按：与此相关的译文，在陕西师范大学出版社2010年版《金枝》中译本被译为："在分析巫术思想时，发现可以把它们归纳为两个原则——'相似律'和'接触律'。前者是指同类相生，即同果必同因。巫师根据'相似律'推导出，他可以仅通过模仿来达到目的；以此为基础的巫术被称为'模拟巫术'或'顺势巫术'。从字面上来看，'顺势巫术'可能更恰当些，因为'模拟'这种词语会让人不自觉地联想到有人在有意识地进行模仿，这就限制了巫术范围。后者是指相互接触的物质实体，哪怕被分开，仍然可以跨越距离发生相互作用；巫师基于此断定，自己可以通过一个人曾经接触过的物体来对这个人施加影响，无论这个物体是不是此人身体的一部分，此类巫术被称为'接触巫术'。"（该书第16页）录此以供参阅。

建立了永远相感的神秘联系,超越时空而发挥巫的作用。

弗雷泽的巫术原理说,固然在英国"人类学之父"泰勒巫术说的基础上,向前推进了一步,其巫术"二律"论[38],固然首次将巫术文化加以分类,而且其关于巫术是"伪科学"与科学的"伪兄弟"[39]的见解,让人对于巫术文化的认知,大大地向前跃进了。然而,由于巫术文化内涵的丰富和复杂,未免有欠妥不周之处。学者刘黎明在引述另一学者詹鄞鑫对于弗雷泽的批评时指出,"相似"和"接触","并非互相排斥、非此即彼的,所以他既无法包容所有的巫术,在许多场合下二者又是相容的"。"这种两分法是封闭性的,即使再发现未能包容的新的巫术原理,也难以补充到这个分类系统之中。"所言是。刘黎明同意詹鄞鑫的看法,将巫术原理归结为十个方面:

> 即用意念直接支配客观世界;用语言直接支配客观世界;用文字直接支配客观世界;用模仿或装扮的假物替代真物;用局部体或脱落物替代整体;用类比的行为或过程替代实际的行为或过程;用象征性行为对付想象中的灵魂或鬼魅;通过某种媒体来获取某种秉性,或移除疾病、罪恶和灾祸;利用新旧更替的关节点来消除凶咎迎接吉祥;超经验地改变或移动物体。[40]

---

38 按:关于巫术,弗雷泽的另一种分类,是将巫术分为"积极的"与"消极的"两种,指出"积极性规则是法术,而消极性规则是禁忌。"(《金枝——巫术与宗教之研究》上册,第31页,徐育新等译,中国民间文艺出版社,1987年版)又说:"积极的巫术考虑'这样做会带来什么',而消极的巫术则坚持'避免带来什么而别这么做'。积极巫术的目的在于得到一个自己期望的结果,而消极的巫术则在于避免不希望的下场。"(《金枝》上册,第24页,陕西师范大学出版社,2010年版)

39 按:弗雷泽说:"巫术的本质是一种伪科学","错误的'相似联想'","收获的只是科学的伪兄弟——巫术。"(参见弗雷泽《金枝》上册,第16、55页,陕西师范大学出版社,2010年版)

40 刘黎明《灰暗的想象——中国古代民间社会巫术信仰研究》上册,第42页,巴蜀书社,2014年版。

这也是从施行巫术的方式上,对巫术进行了比弗雷泽更为细密的分类,并涉及巫术原理。称巫术作为法术,可以"支配客观世界"、以"模仿"、"类比"、"替代"和"象征性"等的行为"超经验"地企图改变人的处境,所言在理。不过关于巫术的原理,又仅仅是"支配"、"模仿"、"类比"、"替代"与"象征性"的么? 而且,凡此一切的内在逻辑、机制又是如何? 显然值得做进一步的讨论。

在笔者看来,巫这一文化幽灵之所以在上古来到世间,诸多条件是必须的,其文化特质起于原古的"信文化"意识。

一、原古初民的智力与社会生产力十分低下,有太多的生活、生存和生命的难题,须要不断地加以克服,而初民又盲目地自信,一切难题都是可以克服的;

二、"万物有灵"意识的诞生和普遍存在,其中尤为重要的,是人的自我文化意识,被诸如精灵、鬼魂之类的意识所统御所驱使,这以中国先秦《庄子》的话来说,称为"通天下一气耳"[41]与《荀子》所言"人最为天下贵"[42];

三、人坚信天人、物我与物物之际,时时处处相互感应。这用《易传》的话来说,叫作"同声相应,同气相求"[43],这里所谓"声""气",被看作是普遍的,神秘而神奇的,无所不在的;

四、巫神通广大无所不能。初民由于智力和社会生产力十分低下,故反而不知天高地厚,错以为一切都在"我"的掌握和支配之中。

41　《庄子·知北游第二十二》,王先谦《庄子集解》卷六,《诸子集成》第三册,第138页,上海书店影印本,1986年版。

42　《荀子·王制第九》,王先谦《荀子集解》卷五,《诸子集成》第二册,第104页,上海书店影印本,1986年版。按:《荀子》原文为:"水火有气而无生,草木有生而无知,禽兽有知而无义,人有气有生有知亦且有义,故最为天下贵也。"

43　《易传·乾文言》,朱熹《周易本义》,第48页,怡府藏版,中华书局影印本,天津市古籍书店,1986年版。

巫术,是一种"倒错的实践",用马林诺夫斯基的话来说,是一种"伪技艺"。巫企图通过"作法"即施行法术,控制和支配自然和社会。实际上,由于巫的施法,必须以信仰神灵为前提,因而巫也同时受神灵的控制和支配。

五、巫师施行巫术,往往是充满激情甚而是精神迷狂的。

六、巫师施行巫术,都有一个明确的实用性目的,其原始理性,可归类于"实用理性"。

> 巫具有两重性,既基于人又通神,基于人或曰本是人这一点是实在的,而通神则是虚拟的。因而其人格是半人半神的。从人之角度看,巫是神化的人,他假借神的旨意,施行巫术,以达到人的目的;从神之角度看,巫是人化的神,他为了达到人的目的,通过巫术,将自己抬高到神的高度。巫是人与神之际的一个中介和"模糊"状态,具有非黑非白、亦黑亦白的文化"灰色"。[44]

这里所说的巫的"人格",亦称巫格、巫性。巫性处于人性与神性之际。

从时间哲学的角度看,《周易》巫文化的时间意识,处于神、人即神性时间与人性时间之际,笔者将其称之为"巫性时间"。

这里有关"巫性时间"的"巫性"这一巫学人类学范畴的提出,关系到四个问题。

一、巫性这一范畴,为何须结合《周易》研究来谈。惟因《周易》作为一大古老而典型的中华巫学文化模式,其原始巫性,在曾在、现在和将在的中国文化及哲学、美学中深具影响,不容低估;二、《周

44　拙著《周易的美学智慧》,第375页,湖南出版社,1991年版。

易》由象、数、占、理四维文化要素所构成，其中象、数、占三项，指的都是原古巫筮本身。理，既指原巫之理，又指由巫理、巫性走向政治伦理与哲学、美学等所具有的人文义理，其文化根因、根性，为原古巫因、巫性且以"史"这一守望于中华文化约 2500 年的"中国"特质与品性。[45]《马王堆帛书·要》有云，"赞而不达于数，则其为之巫，数而不达于德，则其为之史"。无疑，这里所谓史之属性，主要由巫性发展而来，史者，乃是原古之巫的"现代"形态；三、巫性这一文化人类学、文化哲学范畴的提出，与西方现象学的时间观及从现象学角度研究《周易》时间问题相关。《周易》重"时"，即是三国魏王弼所说的"夫卦者，时也"[46]。《易传》所谓"与时消息"、"与时偕行"等文化本义，都是巫学命题。古人占筮、算卦，所讲究与专注的，是人的当下、此"时"的时运、时机，这便是《易传》所说的"知几其神乎"的"几"[47]。易之巫性，在于自然时间、人文时间即物理时间与心理时间之际时间域的生成、展开与实现。天时、地利、人和，作为中华古代文化及对应于人生策略的三大要素，当推"天时"为第一，为什么呢？是因为原古巫筮、巫性自一开始就重"几"、重"时"的缘故。《易传》云，"几，吉（凶）之先见（现）者也"，"几"，即原古巫筮当下所筮得、用以占断、把握人事吉凶的结果：事物瞬时而变之蛛丝马迹。"时之义大矣哉"，是《易传》反复申说的一个命题。"时"意义的原古巫性，正是中华文化的一大基本而原始的人文属性；四、关于巫性的原始思维，原本并非如《易传》"一阴一阳之谓道"的哲学辩证法，而是蕴含着原古辩证

45　按：与易之原古巫性相应的，是先于易之巫性的体现于原始甲骨占卜文化中的巫性，其起始，比易巫更为古远。

46　王弼《周易略例·明卦适变通爻》，楼宇烈《王弼集校释》下册，第 604 页，中华书局，1980 年版。按：原文为："夫卦者，时也；爻者，适时之变者也。"

47　《易传·系辞下》，朱熹《周易本义》，第 332 页，怡府藏版影印本，天津市古籍书店，1986 年版。

法因素的类比法。"笔者认为,《周易》经、传之全局性的、基本的思维方法与方式,是类比法","类比法的思维特点与走向,是从个别到个别、具体到具体。它体现于《周易》本经,是巫术思维的主要方法;体现于《易传》,是深受'实用理性'所影响且实现'实用理性'的思维"[48]。须知在人文思维上,先秦以孔子为代表的原始儒家的"实用理性",源自原古巫文化的巫性。

德国学者马克斯·韦伯曾论及"巫术性"、"巫术法则性"问题。称"作为一种上层建筑的巫术性",体现于"诸如时测法、时占术、地卜术、占候术、编年史、伦理学、医学以及在占卜术制约下的古典的国家学说"之中;又说,中国道教"必然会将神性与神秘性——泛神论——统一起来,并以此直接导致神圣的巫术。也就是说,这导致鬼神界具有巫术的影响力,以及导致实际地适应鬼神活动的巫术法则性。"[49]当直到2013年4月笔者初次了解到这一论述时,以为幸遇这一学术"知音"而深感欣悦,可证笔者有关巫性这一范畴的提出,并非无根游谈。

在此简略疏理巫性这一本书核心范畴的提出与论说过程,也许只能说明学术研究的重重烦难。笔者性愚而蒙暗,只能耗费二十余年时间,在摸索之中努力前行。对于本书的写作而言,巫性作为关键词及其意义,无疑是必须加以重点论证的中国原古文化、文化哲学、文化美学基本的人文之魂问题。在逻辑上,全书的论析亦须围绕巫性这一主词来展开。惟有抓住这一问学的关键,才可能努力打开中国美学的原古人文根因、根性、特质和意义的那扇"黑暗之门"。

要之,巫性,是始于春秋战国前的中国文化基本而主导的原古人

---

48 拙文《周易文化思维问题探讨——与杨振宁院士对话》,《上海文化》2005年第6期。

49 [德]马克斯·韦伯《儒教与道教》,第206、208页,洪天富译,江苏人民出版社,2010年版。

文根性。巫性处于神性与人性、神格与人格之际。既媚神又渎神、既拜神又降神。迷信与理智交互,糊涂同清醒兼具,委琐和尊严相依,崇拜携审美偕行,是拜神与降神、媚神与渎神、畏天与知命、灵力与人智的有机结合与妥协。

巫即灵。

灵字繁体写作靈,从巫从霝。许慎《说文》云,"灵,巫以玉事神。""霝,雨零也……《诗》曰:'霝雨其濛。'"[50]灵字本义,首先指巫之灵,灵字是因初民事巫而创造的一个汉字,尔后才扩展到指神话、图腾之灵。屈原《九歌·湘夫人》:"九疑(嶷)缤兮并迎,灵之来兮如云。"此"灵",指被感召的巫性雨神。屈原《九章·哀郢》:"羌灵魂之欲归兮,何须臾而亡(无)反(返)?"此灵魂即灵即鬼魂,或曰精灵亦可。《诗·大雅·灵台》有"经始灵台,经之营之"的歌吟,灵台是周代祭天的高台,要建造得尽可能地高巨,以供巫性崇天、拜天之需。《周易》颐卦初九爻辞:"舍尔灵龟,观我朵颐,凶。"龟长寿而且可以在长时间内不食不死,初民以为神异之物,崇拜之极,成为殷代用以甲骨占卜的主要灵物。《史记·龟策列传》云,"自古圣王将建国受命,兴动事业,何尝不宝卜筮以助善! 唐虞以上,不可记已。自三代之兴,各据祯祥。涂山之兆从而夏后世,飞燕之卜顺故殷兴,百谷之筮吉故周王。王者决定诸疑,参以卜筮,断以蓍龟,不易之道也。"又,"蛮夷氐羌无君臣之序,亦有决疑之卜。或以金石,或以草木,国不同俗。然皆可以战伐攻击,推兵求胜。各信其神,以知来事。"[51]殷之灵龟与周之筮草,都是占卜、占筮的信物,其性属巫。而且,龟卜比易筮更为古老,更具有神圣的权威性,《左传》曾说:"筮短龟长,不如从长。"

50　许慎《说文解字》一上玉部、十一下雨部,中华书局影印本,第13、241页,1963年版。

51　《史记·龟策列传第六十八》,《史记》卷一百二十八,第738页,中华书局,2006年版。

巫性即灵性。

正如前述,靈字从巫从霝。巫,甲骨文写作𝌆。许慎《说文》云:"巫,祝也。女能事无形,以舞降神者也。象人两袖舞形,与工同意。古者巫咸初作巫,凡巫之属皆从巫。"[52]从巫字的造型看,这里许慎称巫字,"象人两袖舞形,与工同意"。甲骨卜辞的巫字,又写作𝍤,象巫师正面而立舞动两袖而施行法术之形。这里的"工",并非指巫师从事巫术活动所用的工具即甲骨、筮草等灵物,而是指"人"即巫师。此人字,甲骨文写作𝍞、𝍦。后世不识,遂读为"工"。《诗·小雅·楚茨》有"工祝致告"语,"工祝"是一个复合词,指巫师。又,陆思贤《释甲骨文中的"巫"字》一文另有一说,"巫师的职责是占问祭祀天地四方,沟通神旨。甲骨文的巫字作𝌆,上横表示天,下横表示地,左右两笔表示四方,中间的十字交叉,表示贯通天地四方。"[53]尽管学界对于甲骨文巫字的解读有分歧,而巫性与灵性相契这一点,大家的见解是一致的。

从巫字从霝角度看,霝,与魗字相勾连,魗字从霝从巫从鬼,象降雨具有灵、鬼之义。这个灵,是具有巫性的,而且与鬼相系,鬼,也是一种灵。对于初民而言,天降雨并非科学认知意义上的自然现象,"自然现象始终离不开其神灵性,慈雨甘霖是由天神所喷吐的灵气之具象,雷电暴雨也是天神兴奋时喷火吐水的神圣征兆。""天是以暴雨显示其命(按:命者,令之谓)。也就是说这些天所降下的雷电暴雨,都是昊天诏命和天神赐恩的方法。是故,雷电暴雨本身不但是神迹,同时也具有神符天兆的涵义。"[54]所言是。

52　许慎《说文解字·五上·文二》,中华书局影印本,第100页,1963年版。

53　陆思贤《释甲骨文中的"巫"字》,《内蒙古师范大学学报》,1984年第4期,见何金松《汉字形义考源》,第455页,武汉出版社,1996年版。

54　郭静云《天神与天地之道——巫觋信仰与传统思想渊源》上卷,第155、157页,上海古籍出版社,2016年版。

第三节 作为属巫的"文化哲学的美学"

"作为文化哲学的美学"这一学术命题,始由国际美学协会前主席、著名学者海因茨·佩茨沃德《符号、文化、城市:文化批评哲学五题》一书所提出。该书第三章的标题是:"美学与文化哲学,或作为文化哲学的美学"。海因茨·佩茨沃德该书这一章开头说,"我们应该对美学进行反思,以置之于人类文化哲学更为宏大的语境之中",并称从"文化哲学"角度进入去研究美学,是"美学的一个新方法",从而可以"重绘美学地图"[55]。

文化哲学这一概念与思想,是 20 世纪上半叶德国著名哲学家、美学家恩斯特·卡西尔(1874—1945)《符号形式的哲学》(1923—1929)等著述,首先提出且逐渐得以完善的。作为关于文化人类学研究成果的哲学研究,或者说关于人类文化的哲学研究,文化哲学的唯一主题,是"人之文化"兼"文化之人"。

古希腊亚里士多德哲学、美学的所谓"人",被理解为一种"理性"存在,亚里士多德称,"人"是"政治的动物"、"理性的动物"。笛卡尔(1596—1650)的哲学、美学,以"我思故我在"[56]为第一命题,它将"思"看作人的本在、本体。其意义在于,如果不"思",则"人"即非人、人则不"在"(Being)。笛卡尔说:

> 就是因为我确实认识到我存在,同时除了我是一个在思维的东西之外,我又看不出有什么别的东西必然属于我的本性或

55　[德] 海因茨·佩茨沃德《符号、文化、城市:文化批评哲学五题》,第 46 页,邓文华译,四川人民出版社,2008 年版。

56　[法] 笛卡尔《哲学原理》,第 3 页,商务印书馆,1959 年版。

属于我的本质,所以我确实有把握断言,我的或本质就在本质于我是一个在思维的东西,或者就在于我是一个实体,这个实体的全部本性就是思维。[57]

关于"思维"及其"思维的东西"作为"人"的抽象本质、本在问题,这在西方哲学的认识论传统中,直到康德(1724—1804)的哲学及其美学,才开始被打破。康德关于"人"的哲学预设,突破西方传统认识论关于"人"的思维域限,从其三大"批判",即"纯粹理性批判"(知)、"实践理性批判"(意)和"判断力批判"(情)等三维角度来言说"人"。"知"、"意"、"情"三维的一个共同主题,就是"人"与"人"的本在。从美学角度,康德将人的所谓"判断力"(审美,意象,情),看作沟通其形而上学("纯粹理性",知)与伦理学("实践理性",意)两者之际的一个不可或缺的中介。康德的《判断力批判》一书,承认、凸显人的"判断力"由"现象界"到"物自体"的机枢之功,强调人的本性、本在,除知(思、理)之外,也同时具有意(伦理)与情(审美)这二维。康德尤为强调"判断力"(情,感性,诗性)在其批判哲学体系中的崇高地位。这使得其哲学、美学,努力跨越理性主义与经验主义传统而趋于圆融。可以说,西方古代真正的哲学美学(美的哲学)体系,是由康德而趋于建构的。

康德《纯粹理性批判》一书先将其哲学"理性的旨趣",归纳为三大问题:"(1)我能够知道什么?(2)我应当做什么?(3)我可以希望什么?"[58]这里,"知"指"能知"与否;"意"指"应当"与否;"情"指"希望"与否。确实是一个关于"人"的心灵的三维结构。晚年康德

57　[法]笛卡尔《第一哲学沉思集》,第14页,见范明生《十七、十八世纪美学》,蒋孔阳、朱立元主编《西方美学通史》第3卷,第488页,上海文艺出版社,1999年版。

58　[德]康德《纯粹理性批判》,第592页,李秋零译,中国人民大学出版社,2004年版。

出于其哲学的自我"批判"精神,其《逻辑学讲义》的有关论述,便进而将"知"、"意"、"情"这三大"批判",归结为关于"人"本在的文化人类学之见。

正如前引,康德所说的"世界公民"指全人类,康德人类学意义的"人"即是作为主体的"我"。"世界公民意识意义上的哲学",实指哲学人类学,或可称为文化哲学。"我可以知道什么",指形而上学意义的"知";"我应当做什么",指道德伦理学意义的"意";"我可以希望什么",原指审美艺术学的"情",它相通于宗教学,而归根结蒂是宗教问题。作为根本性的哲学提问,三大问题可以而且应该归并为,文化人类学意义的"人是什么"、文化哲学意义的人何以可能。

从巫学人类学辨析,关于"人是什么"这一问题,可以换一种提问方式:"巫是什么",或者说,巫的文化哲学意义如何可能。

文化哲学意义的巫作为"我",在回答"我可以知道什么"这一问题时,总是充满盲目自信,出于巫既通神又通人这一人文特性,错以为巫无所不知无所不晓。这是迷信巫通神、巫性通于神性的缘故。神的全知全能,赋予巫的全知全能。"从本质上来说,神和法力高强的巫师是相通的。他们所谓神,只不过是隐藏在自然的帷幕后的巫师";然而,施行巫术虽然承认自然规律的存在,却总是不断地亵渎、违背有关自然规律,"巫术最致命的缺陷,在于它错误地认识了控制规律的程序性质",虽然承认自然规律的权威性,而"收获的只是科学的伪兄弟"[59]。至于巫学与科学的知识论与认识论的关系,是另一问题,此暂勿论。

因此,巫文化的"我",远不是科学认知意义的主体,或然可称为"似主体"、"伪主体"。神作为人的另一文化及其宗教、哲学的表述

---

59 [英]詹姆斯·乔治·弗雷泽《金枝》上册,第103、55页,陕西师范大学出版社,2010年版。

方式,如果将神假定为悬拟于彼岸世界的"主体",那么巫与巫性,大约具有基于人本在的处于人与神之间的"主体间性"。虽则可将巫性之"我"称为"似主体"、"伪主体",却由于巫包含有人的因素,因而在巫的文化结构中,存在人一定的主体意识。巫在回答"我可以知道什么"问题时,有四个选项,即"知道自己知道""知道自己不知道""不知道自己知道""不知道自己不知道"。"知道自己不知道",是彻底的、冷峻的理性,有自知之明。巫实际上处于基本的无知状态,可以说,巫是基本上的"不知道自己不知道"。

就"我应当做什么"而言,初民面对无穷无尽的生活、生存与生命的难题,关于什么应该"做"什么不应该"做"的艰难抉择,有一个"原则","乃在有一个清楚的目的,深切地与人类本能、需求、事务等相联络。巫术是用来达到实用目的的。"[60]巫术文化的实践意识,首先起自于求其实用,不实用的东西,在巫看来是不"经济"的。考古学暂且难以考定巫术、神话与图腾这三大原古文化形态的起源孰先孰后,从人类首先应当有吃有穿有住等,能使自身生命得以延续、发展,然后才可能有其他意识与行为这一点来看,将巫术看作人类原古最早起始的一大文化形态与实践方式,是比较合理的历史逻辑。尽管巫术作为"伪技艺"与"倒错的实践",往往遭到失败甚而是巫师生命的毁灭,然而先民坚信其"实用""有效",它真实地培育了原古文化的实用功利意识和欲望,陶冶了初民万事求其实用的意志和情感。在初民尽可能满足于生的实际需求的前提下,萌生、发展了以功利为人文主题的"原始意志"、原始理性与原始情感,其间蕴含着丰富、复杂的人文意蕴、意象与氛围,等等,是难以一一述说的。在原巫的意识理念中,开始萌生与培育中国式的神灵与人的关系之道。《管

---

60 [英]布罗尼斯拉夫·马林诺夫斯基《巫术科学宗教与神话》,第106页,李安宅译及"译者按",上海社会科学出版社,2016年版。

子·内业》说，巫性，"冥冥乎不见（现）其形，淫淫乎与我俱生。[视之]不见其形，[听之]不闻其声，而序其成，谓之道。"这并非指哲学之道，而是指哲学之道以前的巫性之道。哲学之道，源于巫性之道。同时在原巫文化中，处理巫文化之中天与人、人与人之间的原始关系，或曰巫性的天人、人伦关系，是有待于孕育、发展人际的伦理道德的。

"我可以希望什么"，这是指伴随以神话、图腾之原巫文化的原古理想。初民往往总是在"梦"中。在今人看来，作为人类的童年之梦，原始神话与图腾更富于"希望"即理想。神话与图腾文化，充满了初民奇特、夸张、丰富而狂热的情感、想象、幻想与虚构。原巫文化中的人的意识，确实尚未真正觉醒而彻底进入彼岸场域。巫唯一崇尚的，是"实利主义"[61]。巫术的文化属性，又直接与其所谓的"实用功利"性相联系，这种牢固的历史与人文纽带，使它一般地不能或者不愿意向真正的出世间、彼岸眺望。巫术，自当比神话与图腾要"实在"得多。

这不等于说，巫术永远不是、也不配是后世宗教、哲学及其美学所崇尚的"希望"的人文温床之一。在原巫文化中，由"信文化"意识理念所培育的情感、想象、幻想、虚构、狂热与神异，一点儿也不亚于作为其"同胞兄弟"的神话与图腾。只是由于原始"实用理性"的顽强与持久，巫术攥在自己手中、可能放飞于思性兼诗性高远苍穹的"希望号"风鸢的那根鸢绳，一般要比神话、图腾结实得多而至于牢不可断。不记得哪位前贤曾经说过，在历史的长河中，不管中国文化怎样成长、如何取得长足的进步，它那从巫性"娘肚子"里带出来的"实用理性"的血缘"脐带"，似乎从未被割断，但曾经辉煌灿烂的原古神

61　［德］马克斯·韦伯《儒教与道教》，第248页，洪天富译，江苏人民出版社，2010年版。

话和图腾,其实早已走上了英雄末路。

"人是什么"这一文化人类学第一命题的真理性,恰恰蕴含着作为"宇宙之精华,万物之灵长"的人的提升与完善,这是一个历史与现实之无穷无尽的实践过程。人总是"在途中",其所谓的终点遥遥无期。当古希腊智者普罗泰戈拉深刻地称"人是万物的尺度"[62]之时,则意味着,其实"万物"未尝不是"人的尺度"。人类曾经的蛮野与不开化,令人难以忘却其几乎与万物同列的"历史性尴尬"。人类作为"思维的东西"的至上性,是在人类历史漫长岁月之非常不至上地思维着的头脑中逐渐实现的。作为"万物的尺度"的人,命里注定要在数不清的谬误、荒诞、痛苦与死灭搏击之中浴火重生。如果说,原古神话与图腾之中的人,往往给人以诗性般浪漫之可爱形象的话,那么原巫文化的人即巫,却注定要历史性地扮演那种鬼鬼神神、巫风妖气的丑陋角色。今日文明人类难以想象,在人类童年如此稚浅而荒谬的巫力与法术及其梦魇般的意识行为中,深蕴着不断自我丑化之人类自身的自信、崇高与庄严。

"人是什么",一半是天使、一半是魔鬼。正如关于"美的东西",健全而正常的人的感官都能感受到,倘然要论析"美的东西"何以为"美"即"美如何可能",那么,无论怎样睿智的头脑,都可能深感困惑。"人是什么",一个永恒的人类学与文化哲学的难题。它的原初文化生态及其文化哲学难题,是既属于神又属于人的一个中介即"巫是什么"。巫、巫性与巫格,作为人、人性与人格的史前形态,是巫学人类学所应当研讨的学术课题之一。中国巫性美学,正是现代美学的原型意义的研究课题之一。除此之外,还有神话人类学与图腾人类学及其文化哲学的研究。

---

62 [古希腊]《柏拉图文艺对话录·泰阿泰德篇》,朱光潜译,人民文学出版社,1963年版。

歌德说:"十全十美是上天的尺度,而要达到十全十美的这种愿望是人的尺度。"[63]中国巫性美学的研究尺度,包含了关于人类的趋于"十全十美"这一审美理想的"同情与理解"。巫性,作为原古神性与人性的一个中介,既不是西方基督教那般的神性,也远不是真正圆满的人性,这里的神与人,都是灵性的、巫性的。巫自诩自己神通广大无所不能,由此可见人类曾经经历过一个如何自我崇拜、自我贬损的孩提时代。

康德关于"人是什么"的人类学、文化哲学的根本性提问,给予后世来者启迪良多。

卡西尔关于人的文化哲学、人类学美学的根本之点,是人作为"符号的动物"的见解。卡西尔说:

> 人不再生活在一个单纯的物理宇宙之中,而是生活在一个符号宇宙之中。[64]

人是"符号的动物"这一命题,似乎是专门针对中国《周易》卦爻符号而言的。《周易》用以算卦、决疑的卦爻符号系统,的确是上古中华初民所创造的一个独一无二的"符号宇宙",而并非仅仅是康德所说的关于"人"的理性(超验、形上)、感性(经验、形下)或知、意、情三维及其综合而已。卡西尔指出:

> 我们不能以任何构成人的形而上学本质的内在原则(按:此指亚里士多德人是"理性的动物"、笛卡尔"我思故我在"、甚

63　[德]歌德《歌德的格言和感想集》,程代熙、张惠明译,第61页,中国社会科学出版社,1982年版。

64　[德]恩斯特·卡西尔《人论》,第33页,甘阳译,上海译文出版社,1985年版。

而包括康德知、意、情"三大批判"中的形而上学之见)来给人下定义;我们也不能用可以靠经验的观察来确定人的天生能力或本质(按:此指休谟、博克式的经验主义、感觉主义哲学观)来给人下定义。人的突出特征,人与众不同的标志,既不是他的形而上学本性,也不是他的物理本性,而是人的劳作(work——原注)。正是这种劳作,正是这种人类活动体系,规定和划定了"人性"的圆周。语言、神话、宗教、艺术、科学、历史,都是这个圆的组成部分和各个扇面。因此,一种"人的哲学"一定是这样一种哲学:它能使我们洞见这些人类活动各自的基本结构,同时又能使我们把这些活动理解为一个有机整体。[65]

正如前述,巫"与工同意","工"即是巫师、萨满之类,他们的"劳作",就是所谓的"工作"即巫的"作法"(施行巫术、法术),可见,我们现在所说的工作,原于原巫的"劳作"。是的,"正是这种劳作,正是这种人类活动体系,规定和划定'人性'的圆周"。体现在原巫文化结构中的人性,在与神性的冲突、调和中,经受了漫长的历史和人文的历练,这与其说是人性,不如说是巫性。

卡西尔的结论是:

> 我们应该把人定义为符号的动物(原注:Animal Symbolicum)。……只有这样,我们才能指明人的独特之处,也才能了解对人开放的新路——通向文化之路。[66]

简析卡西尔关于"人"的定义的哲学、美学言说,值得注意的有三点:

65　[德]恩斯特·卡西尔《人论》,第87页,甘阳译,上海译文出版社,1985年版。
66　[德]恩斯特·卡西尔《人论》,第35页,甘阳译,上海译文出版社,1985年版。

其一、卡西尔的哲学、美学之思,改变了西方以往从"形而上学"、"经验"和"物理本性"等角度思考、定义人之本性的传统路向。他从"人的劳作"这一"人类活动体系"即"有机整体"出发。人作为"符号的动物"所创造的"符号宇宙",是人以及"人的劳作"的过程、方式、成果与动机等有关人的一切,也是作为"有机整体"的文化主体、成果之人以及人的文化创造。一种全新的"人的哲学",凸显了文化人类学、文化哲学及其美学的历史与逻辑的原点与终极关怀的新视域。

其二、这一"人的哲学",站在文化精神的高地,试图审视与把握有关"人"的一切现实即"人类活动体系"(劳作),它改变了以往西方艺术哲学仅仅以艺术为主要研究对象,或哲学美学仅仅从哲学本原、本体研究美学的路向。它将属于"'人性'的圆周"的"语言、神话、宗教、艺术、科学、历史"等一切属"人"的创造,统统作为美学的文化哲学的研究对象、精神观照与终极关怀。一种"作为文化哲学的美学"的前期表述,在人这一主题下,一定程度上改变了美学的研究方法,一种"作为文化哲学的美学",由此开始出现。

其三、中国巫性美学"作为文化哲学的美学",具有强烈的批判性。从本体论、认识论到"语言学转向"的哲学等西方哲学及其美学,经历过多次重大的哲思革命。当古希腊哲学及其美学关于"世界是什么""美是什么"的本体提问、为此后十七世纪所谓"认识论转向"、即关于"人认识世界(人、美)的哲学探问何以可能"所代替之时,人们感悟到,这是哲学及其美学的一大解放;当起于十九世纪末、二十世纪初索绪尔"语言学转向"逐渐来临、继而壮大之时,哲学及其美学关于认知世界、人与艺术审美的可能性与合法性这一主题,又为语言哲学所关注的诸如"我们如何表述我们所知晓的世界的本质",及其人、人的审美所代替,便是西方哲学及其美学的又一次思想与学说的解放。

起于恩斯特·卡西尔关于文化"符号"的文化哲学、文化美学,显然汲取了康德以"人是什么"为"根本之问"的文化人类学的思想。人是一个由历史所积淀之现实的活生生的"劳作"(或可理解为实践)整体,不再是单纯的"思维"的人、"道德"的人或"宗教"的人。在海因茨看来,卡西尔不仅将亚里士多德与笛卡尔等抛在身后,而且,"其中最关键的修正是,他(按:指卡西尔)认为我们应当把对文化的康德式割分(按:指康德"知、意、情"三大"批判")抛诸身后"[67]。卡西尔启动了西方哲学、美学的第三次思想与学说的解放。卡西尔关于"符号"的文化哲学,重视哲学思辨的首要性,不崇拜思辨的先验性。当他将人、人的"劳作"这种"人类活动体系"、"唤上前来"之时,则意味着,那是对那种"理性主义"关于"只会使得文化生活沦为纯粹的思辨"之"先验的、超历史的主体性"[68]的断然拒绝。这里仍需强调,这种"劳作"的历史和人文原型,是巫性的"工作",这在中外的历史上,大致都是一样的,只是其程度、过程、方式与传统不同罢了。

　　海因茨·佩茨沃德的"作为文化哲学的美学",显然由承接卡西尔的"文化哲学"而来。海因茨·佩茨沃德云:

　　　　一旦我们把美学置于文化哲学这一宏大视野之下,我们必须在何种程度上对它进行新的界定呢?我认为文化批评哲学必须以美学为基础,而反过来说,这样的一种美学势必要冲出美学的畛域——它必须成为文化批评哲学不可或缺的一部分。[69]

67　[德]海因茨·佩茨沃德《符号、文化、城市:文化批评哲学五题》,邓文华译,第47页,四川人民出版社,2008年版。按:海因茨看到了卡西尔的文化哲学有突破康德三大"批判"的一面,却未指出康德关于"人是什么"的人类学之思对于卡西尔的思想影响。

68　[德]海因茨·佩茨沃德《符号、文化、城市:文化批评哲学五题》,邓文华译,第49页,四川人民出版社,2008年版。

69　[德]海因茨·佩茨沃德《符号、文化、城市:文化哲学批评五题》,邓文华译,第1—2页,四川人民出版社,2008年版。

这里，有一个问题须略加论及。

正如前述，始于卡西尔文化哲学的海因茨·佩茨沃德"作为文化哲学的美学"观，"势必要冲出传统美学的畛域"，这可以理解。然则，海因茨所谓"文化哲学必须以美学为基础"这一点，值得令人深长思之。按照通常理解，美学应当以"文化批评哲学"为"基础"才是，何以反而是"文化批评哲学以美学为基础"？

目前学界关于文化哲学（或曰"文化批评哲学"）的学术界定，主要有两种。

一、将文化哲学归于哲学这一学科范畴，将其看作人类哲学的一种新的理念与思维形态。人类哲学发展至今，已经具有如存在论、认识论、实践论哲学与宗教哲学、历史哲学、艺术哲学和科学哲学等多种理论形态。文化哲学，作为人类哲学的一种，的确相对年轻，它以整体、有机的整个人类文化为其研究对象，确实是人类新的哲学理念、思想与理论建构。它将文化"哲学化"，从而从哲学高度审视、把握人类文化的本原、本体与终极诉求。

二、将文化哲学界定为关于文化人类学的哲学本原、本体论与现象学的哲学。这就关系到文化哲学和文化人类学的学理联系问题。当文化人类学诞生之初，其相应的有关文化哲学的意识，蕴涵其间。在泰勒《原始文化》、弗雷泽《金枝》与马林诺夫斯基《巫术科学宗教与神话》、《文化论》等早期西方文化人类学著述中，人们不难于发现这一点。如关于人类原始巫术文化的"伪技艺"性、关于巫文化盲目"乐观"的"悲剧"性以及"前科学性"等见解，都是如此。至于此后如列维-布留尔《原始思维》一书有关"原始思维"的结构与实质的哲学意识，则体现得更为显明。

可见，文化哲学在文化人类学之中孕育并超拔其上。它是文化人类学关于文化的系统思考的一种哲学。有学者称，作为文化学及其相应文化哲学的思想、思维的高蹈兼沉潜方式,可将其与文化学的学理关系,看作有如宗教哲学与宗教学、伦理哲学与伦理学等的类似关系。这是言之成理的。这并非文化人类学与哲学的简单拼接或"杂凑一锅",也不是所谓"泛文化"的哲学及其美学研究,而是以文化为哲学研究的对象,是文化人类学的哲学意义的思辨、超越与回归。

就中国美学而言,一旦我们把美学置于文化人类学、文化哲学这一学术视野之下,传统意义上的中国美学,就发生了从思想到方法的变革。比如,传统美学将真善美、假恶丑之间的文脉联系,作为其自己的研究场域,文化人类学关于巫学与巫性文化哲学的研究,主旨在于解读、揭示真假、善恶与美丑三者之历史与人文的原型即巫性吉凶的文脉联系。

海因茨有关"文化批评哲学必须以美学为基础"之见,包含了对"现代"、"后现代"文化危机的哲学和美学的深刻的同情与理解。正如海因茨所说,比如格奥尔格·西美尔深信,"现代文化的特征是充满各种内在张力和冲突"的,"他把现代文化说成一个'悲剧'"。其结论是,"现代美学不能截然脱离整个人类文化的展望。反之,文化哲学亦不能脱离美学而独立存在"[70]。

这种文化美学的二重性,包含了对于美、审美的二重理解。正如笔者所一贯主张的,任何时代、民族的美与审美,既是人的积极本质的"对象化",又是"人的本质的异化"。这是因为,所谓"对象化"和"异化",都是历史性的,没有哪一种现实的审美是绝对完美的。其所以不完美,是因为历史、现实及其未来的人、人的生活、生命和生存存在,总是历史性的、有缺失的。"对象化"与"异化",同时发生、同时

---

70 [德]海因茨·佩茨沃德《符号、文化、城市:文化批评哲学五题》,邓文华译,第54、48、52页,四川人民出版社,2008年版。

发展、同时消解,好比阴阳二极,互逆互顺、互缺互补、相生相灭,仅仅其历史、人文的属性,处于不同层次、不同程度罢了。而巫性问题,同时关涉于"人的本质的对象化"与"人的本质的异化",两者统一于巫性。

在一定意义上,注重文化及美、审美的"异化",即海因茨所说的如西方现代、后现代的危机、灾难与阴暗面,对于属巫的"作为文化哲学的美学"而言,是尤为重要的。

西方现代、后现代文化、哲学及其美学的"异化",表现为其预设前提之一的"先验主体"(消解了现实、历史或是"超现实"、"超历史"的主体)、或所谓"无主体"(如后现代的解构主义所谓"人已死"),又可凸显因其超验的主体论,而将美学置于纯粹思辨的意象、情感与想象等人间烟火之外,或是故意无视美与崇高等问题,对审美抱着无所谓或不信任的人文态度。以至于设想,人类在这一星球上,可以到处闯祸、到处恶作剧,或者故意自我贬损,似乎可以离弃于美与审美,而自由地成为无家可归的一群"野孩子"。这可能导致本是诗性兼思性浑契无间的文化美学的重新分裂和悖谬。

因而,"作为文化哲学的美学",肩负着"重绘美学地图"的学术使命。在文化哲学意义上,使得思性与诗性重新开展甜蜜而有深度的"对话"。就中国传统美学而言,在于主要对巫性范畴的研究中,让关于本原、本体蕴涵于现象而且通过现象学哲学所研究的中国美学,努力进入真正文化哲学意义的研究视域。其间,巫性是一个核心范畴、核心问题。

仅仅就这一美学的诗性而言,正如其诗性的思性那样,熔铸于文化哲学的思性的诗性,其实是人性与人格的趋于完美而并非绝对完美。

西方十八世纪"命名美学之父"或曰"命名感受学之父"德国鲍

姆加登有一个有趣的比喻,他称思性(逻辑学)是诗美学的"姐姐",而诗性,是以现象、情感为主要研究对象的美学的"长女"。鲍氏美学尚且如此,就更不必说"作为文化哲学的美学"的中国巫性美学了。

这是因为,审美的诗性,直接便是自由之人性、人格的文化本质及其现象,诗的现象首先而直接呈现的,是美、审美之思性兼诗性的实现。这一美学,可能是后现代的人类精神及其美学危机的一种救赎。

有一个问题值得强调指出,季羡林先生曾说,中国美学,"跟着西方美学家跑得已经够远了,够久了","越讨论越玄妙,越深奥,越令人不懂",故而必然"走进死胡同",而"唯一的办法就是退出死胡同,改弦更张,另起炉灶"[71]。

中国美学,是否已经"走进死胡同",是否必须"改弦更张,另起炉灶",此暂勿论,但季先生的提醒,还是值得重视的。试从研究原古巫性问题入手以力求中国美学研究的有所改变,也许是可行的新的美学研究路向之一。

这里,首先涉及的一个老生常谈的问题是,那些代不乏人、将外来包括来自西方的学术理念与方法试图从中土"驱逐"出去、从而保持中国学术包括中国美学的所谓"纯粹性"的主张,是否切实可行?

王国维《国学丛刊序》(《观堂别集》卷四,1911)早有关于"学无中西"的学术箴言。所有学术包括中国美学的理念方法,在坚持中国本土立场的前提下,确实不应分什么"中西"。否则,诸如跨文化研究、中国学研究、比较文学和比较美学研究,等等,在学理与实践上如何能够成立、践行?试图证明以前、当下与未来的中国美学不必接受来自西方学术的任何影响,不免徒劳无益,也是不可能的。不是不

71　季羡林《美学的根本转型》,《文学评论》1997 年第 5 期。

必、不能接受西方的什么影响,也不是中国美学已然"走进死胡同",而是怎样将由西土入渐的一定的学术理念和方法,如何真正化为本土学术的血肉与灵魂,真正做到其理念方法与中国本土研究的理念与实证的统一。

采用西土的学术理念与方法,努力进入中国巫性美学研究的堂奥,是可以期待而有效地属于"中国特色"的一条学术之途,它不拒绝来自西土的文化人类学关于巫学的理念,又努力从中国处于基本而主导地位的原巫文化这一"实际"出发,专注于巫性这一中心课题,可以看作属巫的"作为文化哲学的美学"的一个新品类。

"作为文化哲学的美学"的中国巫性美学,理解、尊重中国文化包括审美文化的有机整体观,注重其系统、模糊与矛盾诸性及其全息集成的自然人文、现实历史的文脉演替。

这种研究,首先将中国文化,看作是一个关于物质(物态)、精神(心灵)、行为(活动)、制度(结构)、传播(文脉)、符号(文字语言)、价值(意义)与人的身体等八维的有机整体,认为所谓文化,即是"人化的自然"兼"自然的人化"。人所创造的一切,包括人自己以及创造过程、方式、制度、工具和成果等,都属于"文化"这一范畴。

其次,认为中国文化有机地统一于文化哲学、文化美学的根因、根性、主题与终极的"人";认为求神(包括宗教以及巫术、神话、图腾等崇拜)、求知(科学、认知)、求善(实用、道德)与求美(审美、艺术)等人类把握现实世界的基本实践与方式,彼此相对独立而有机地联系在一起,并且归原于人与人的终极价值。文化哲学所谓"自然的人化"兼"人化的自然"这一"大文化"理念,主旨在于不认可诸如传统哲学美学、艺术美学等将宗教、巫术、道德与科技之类,一般地排除在美学学科和学术研究领域之外的做法是必须的。

又次,中国巫性美学的研究,固然须以文化的艺术审美现象及其美学理论作为其重要的研究对象，但是其研究的范围与对象，首先注重其本原本体亦即其文化根因根性的研究，这便是巫术、巫性的吉凶问题。中国巫性美学的根因根性主要在于原始巫学，且与神话学、图腾学相联系。中国巫性美学的主题是"人"，然而其人、人性的早期形态，主要表现为巫、巫性。美是人的本质力量积极性的对象化，同时伴随以人的本质力量消极性的对象化。所谓消极性的对象化，即人的本质力量的异化。原古中国人、中国文化的巫性，是中国式的神灵与人、神性与人性、对象化与异化的结合与妥协。作为中国美学的文化基因研究，属于人类学美学的文化哲学层次。诸如"人是什么"、"人应如何"、"人走向何处"等多种文化哲学问题，在作为人的本质力量对象化兼异化的巫、巫性这里，是可以成立的研究课题，而断不是什么"泛文化"的不着边际的现象罗列。

在研究理念与方法上，传统美学及其历史的研究，往往将中国美学及其历史，看作介于哲学与艺术学之际。本书将中国巫性美学，介于文化人类学、文化哲学与艺术审美学之际。从文化人类学意义的"气"（本原）、文化哲学意义的"道"（本体）和艺术审美学意义的"象"（意象、情感等）这三者互异互同、相隔相融的文脉角度，努力揭示其真切的人文性兼历史性，是本书写作的重点。这三者的学术纠结处，是巫性与审美的关系问题，这便是从文化人类学、文化哲学意义上的巫性以及走向巫性的审美人类学如何可能。巫性这一范畴，始终蕴涵于三者之际。

鲍桑葵曾经说过，"如果'美'是指'美的哲学'的话，美学史自然也就是指'美的哲学的历史'"[72]。这是将美学看作处于哲学与艺术学两者之际的缘故。如果将美学看作处于文化人类学、文化哲学与

---

72 ［英］鲍桑葵《美学史》，第 5 页，张今译，广西师范大学出版社，2009 年版。

艺术审美学之际的一个新学科,那么这一美学,便是"美的文化哲学"。中国美学史,一定意义上可以是属巫的"美的文化哲学"的历史。中国巫性美学,其实便是一种文化巫性意义的"美的文化哲学"或曰"作为文化哲学的美学"。其间所谓的中国巫性文化、文化哲学,并非巫性美学的外在与异在,而是涵泳、高蹈与沉潜的中国人类学美学理性的本在。

第一章　原古神话、原古图腾
人类学的研究路向

中国美学的原始人文根因与根性究竟是什么？

学界曾给出诸多答案。笔者以为，在于中国原古文化的巫术、神话与图腾等所构成的一个三维动态结构。

在研究人类原古文化之根因、根性与特质的学术课题上，文化人类学以巫术人类学、神话人类学与图腾人类学为并列三支。从相对成熟的文化形态而言，中国文化的主要原始形态和品类，确实具有以原古巫术、原古神话和原古图腾等为主的有机的动态三维结构，且以原古巫文化为其主导而基本。中国巫术人类学的合法性与合理性，可能意味着研究理念、方法与研究对象的性态、品类达到相互"适应"。这里，且先就关于中国美学的基本人文根因、根性的神话人类学、图腾人类学的研究路向如何可能诸问题，加以简略的考察和反思。

第一节　中国神话人类学的研究如何可能

原古神话，初民想象、言说和解释世界与人自身的重要"话语"方式，原古"信文化"的基本文化形态之一，它是人类遥远童年的神性自我，是初民借"神"来讲故事，讲的是神祇的故事。美国学者休斯顿·

史密斯说:

> 神话能够探察的深度……寓言和传说能用它们的方法来表
> 达理想,使听的人热切地想去体现它们——鲜活地支持了爱德
> 曼(Irwin Edman——原注)的主张:"是神话而不是指令,是寓言
> 而不是逻辑使人感动。"这些东西的价值乃在于能够把我们的心
> 从世界的迷扰中召回到对神的思想和对神的爱当中。在对神的
> 赞美声中,在全心全意热忱地对神的祈祷中,在沉思神的庄严和
> 荣耀中,在阅读有关神的经典中,在把整个宇宙当成神的作为
> 中,我们把我们的爱意稳定地朝向神。[1]

神话的文化功能,培育了人对于神灵的崇拜意识、情感及其爱恋,在神话中显示属神的理想以及人对于生活的向往。原古神话使得人类第一次沐浴在原神的灵光中,体会到神灵的伟巨、有力、庄严、荣耀或奇异,那其实也是人所追求的理想境界及其对于世界的恐惧。神话将人的生命与死亡、成功与失败、欢乐与痛苦、崇高与渺小以及对于世界和人自己的种种不理解,向神灵诉说,以求得神灵的庇护。神话虚构、塑造了世界及其人自己的"第二面貌"。

中国原古神话具有悠久的历史传统,其文化之根,深扎在遥远、深蕴的中华文化沃土之中。黄帝初祖、盘古创世、伏羲创卦、女娲补天、精卫填海、夸父逐日、后羿射日、仓颉造字以及大禹治水等,在中国原古神话的天幕上,可谓布满了许多灵光闪烁的星,显得深远、明丽而神秘。

轩辕黄帝是中华民族的"人文初祖"。《史记》云:

---

[1] [美] 休斯顿·史密斯《人的宗教》,第 35—36 页,刘安云译,刘述先校订,海南出版社,2013 年版。

黄帝者,少典之子,姓公孙,名曰轩辕。生而神灵,弱而能言,幼而徇齐,长而敦敏,成而聪明。轩辕之时,神农氏世衰。诸侯相侵,暴虐百姓,而神农氏弗能征。于是轩辕乃习用干戈,以征不享,诸侯咸来宾从。而蚩尤最为暴,莫能伐。炎帝欲侵凌诸侯,诸侯咸归轩辕。轩辕乃修德振兵,治五气,蓺(引者:种植)五种,抚万民,度四方,教熊罴貔貅貙虎(对所谓未开化氏族的蔑称),以与炎帝战于阪泉之野。三战,然后得其志。蚩尤作乱,不用帝命。于是黄帝乃征师诸侯,与蚩尤战于涿鹿之野,遂擒杀蚩尤。而诸侯咸尊轩辕为天子,代神农氏,是为黄帝。[2]

这一长段引文,是司马迁以历史学家的眼光,在为黄帝立传,实际黄帝是否实有其人,须以有关考古与文献资料对参的"二重证据法"来加以论证。关于黄帝的历史,须剔除其传说,尤其其中荒诞不经的部分而力图还原于历史;关于黄帝的传说,又须谨慎而细致地加以甄别,从而捕捉其中若干真实的史影。

李伯谦教授指出:"夏朝始年既已推定为公元前 2070 年,那么,从两个途径即可大体推出黄帝时代开始之年。一条途径是以夏朝始年加上传说的黄帝、颛顼、帝喾、尧、舜五帝之年,以上诸帝在位之年传说不一,对此前引许慎湛先生《五帝时代与考古学文化宏观对应研究》一文已作过研究,他选定'黄帝 10 世 1520 年,颛顼 9 世 350 年,帝喾 10 世 400 年(包括尧——原注)帝舜 1 世 50 年',合共 2320 年,加上夏朝的 2070 年,黄帝时代开始之年便是 4390 年。"又说,但是"《易纬稽览图》即言'尧一百年',加上尧年,则黄帝时代开始之年则

---

2 司马迁《五帝本纪第一》,《史记》卷一,第 1 页,中华书局,2006 年版。

应为 4490 年。"[3]

这是关于黄帝时代的历史考辨。文化人类学绝不拒绝历史，而且须以历史科学作为自己学科与人文的滋养。从关于黄帝的"传说"因素看，相传黄帝教人植五谷、制兵器、造车船与营造宫室等，《易传》称"黄帝垂衣裳而天下治"。相传黄帝智慧过人、无比杰出，司马迁对此已有精彩的描绘。黄帝既是历史又是传说，是历史因素与传说因素的人文糅合。假如仅从神话传说角度看，称黄帝是一个巨大而恢宏的文化符号，是并不为过的。司马迁也说，因为"有土德之瑞，故号黄帝"[4]。可见即使是历史学家，并不拒绝某些神话传说。

精卫填海，是又一则中国神话。《山海经》云：

> 又北二百里，曰发鸠之山，其上多柘木。有鸟焉，其状如乌，文首、白喙、赤足，名曰精卫，其鸣自詨。是炎帝之少女，名曰女娃，女娃游于东海，溺而不返，故为精卫，常衔西山之木石以堙于东海。漳水出焉，以流注于河。[5]

精卫是"女娃"溺而所化的精灵，她以幼小之力、木石之材试图填平东海，岂非自不量力？其实不然。这正体现了吾皇皇中华自古所具有的一种大无畏精神。这一则神话所描绘的精卫，并非在蛮野自然力面前无可奈何、认命妥协，而是具有看似柔弱实质刚雄的抗争气概，显得不怨天尤人，坚忍不拔。这一则神话称精卫"是炎帝之女"，可见这里所写，大致与黄帝神话时代同时。

---

3 李伯谦《黄帝时代的开始——黄帝文化与中国古代文明起源研究》，《光明日报》（国学版），2017 年 8 月 26 日。

4 司马迁《五帝本纪第一》，《史记》卷一，第 1 页，中华书局，2006 年版。

5 《山海经》卷三《北次三经》，陈成《山海经译注》，第 110 页，上海古籍出版社，2014 年版。

西方有关于上帝创造世界的神话。上帝是救世主，因此人只要而且惟有信仰上帝，一切皆可得救。中国神话没有西方上帝（God）那样的救世主，一切都在信仰天地、鬼神与精灵等前提下，依靠人自身的奋发有为与进取精神。精卫填海所歌颂的，是《易传》所说那样的"天行健，君子以自强不息"的人文精神，在自然灾变面前毫无惧色，有一种人定胜天的气度。与中国另一则神话女娲补天，可谓异曲同工。愚公移山的神话，颇与精卫填海相类。不同在于，愚公坚信子子孙孙未有穷尽从而挖山不止，坚信总有一天可以把挡在面前的大山移走。结果感动了"上帝"（天帝，不是西方的God），将太行、王屋两座大山搬走了。精卫填海的故事中没有出现"上帝"，也没有写东海可以在哪一天填平，似乎有些渺茫，其实不然，这一则神话故事所传达的，恰恰是精卫注重于当下的作为而百折不回的那股劲头，是很美丽的一种人文精神。

伏羲创卦的故事，不仅是中国神话史而且是世界神话史的一个特例。伏羲被称为东方上古的"上上圣人"，《中国历史年表》称，距今约十万年，是"传说中的伏羲时代"[6]。可见伏羲的人文"资历"，比黄帝远为古老而崇高。这当然属于神话传说。可以证明的一点是，即使在历史领域，也是可以适度承认神话传说的某些阐述的。

伏羲创卦，极富于人文特色的一则神话，惟有仓颉造字的神话或可与其媲美。传说中伏羲的伟大功绩，不在于创造世界，也并非女娲那般的"抟土造人"，而是创立后世《周易》阴爻阳爻这两个具有巨大文化启蒙意义的符号，它预设了以- -（阴爻）、—（阳爻）作为中华文化与文明的人文源头，既无比简单又无比丰富而深邃。

南宋朱熹有云，始于阴阳爻的"《易》之为书，卦爻象之义备，

---

6 《中国历史年表》，第2页，中国社会科学院历史研究所编制，中国社会科学出版社，2002年版。

而天地万物之情（按：非感情之谓，此指世界万物的情情实实）见（现）。圣人之忧天下来世，其至矣。先天下而开其物，后天下而成其务。是故极其数以定天下之象，著其象以定天下之吉凶。六十四卦三百八十四爻，皆所以顺性命之理，尽变化之道也。"[7]《周易》的一整套筮符系统，都源于相传为伏羲所创设的阴爻阳爻。伏羲之功莫大矣。神话传说中的伏羲，自当不可能实有其人，伏羲是以神话方式的上古许多杰出酋长、大巫等英雄人物的一个"共名"。阴阳爻的发明，开启了中华初民试图以巫性的算卦这一独特的文化方式，来试图把握人自身的命运，并且给世界与人不同于世界任何其他文化模式的一个极富文化魅力与深度的解说。"先天而开其物"、"后天而成其务"，便是先天八卦、后天八卦的文化模式。以"数"（筮策，并非指纯粹数学，这里的数，兼有数术、命运的意义）的运演，来企图掌握人的吉凶休咎。这一神话所强调的，是在神灵信仰前提下人的主观努力，实际是以神性、灵性兼巫性，来肯定人本在的人性与人格力量。

盘古创世的神话，称所谓"天地混沌如鸡子，盘古生其中"（《述异记》）。始见于三国吴徐整《三五历纪》[8]，而为南朝任昉《述异记》所发挥。作为神话传说，盘古当然实无其人。盘古的年资是十分古悠的，看来是与天地未分时的"混沌"同寿。盘古与混沌的时空联系，是混沌始成即盘古"生其中"。如果说混沌是一团淳和之气，那么，盘古就是其中的生命原始，是天地万类未成之时的"一点灵明"。盘古创世，还是其死后其身体各部分幻化为天地万物的贡献，其牺牲尤为让人崇敬，它是一位文化"烈士"。

如前所述，不足以窥中华原始神话之全豹，仅仅是中华原古神话

---

7 朱熹《周易本义·〈周易〉序》，怡府藏版影印本，第5页，天津市古籍书店，1986年版。
8 按：或写作《三五历记》，"三五"指三皇五帝。该书有关文字记载，可见于唐欧阳询等《艺文类聚》。

文化天幕上几颗闪烁的"晨星"而已。这里值得指出的是,从神话的文字文本看,中国神话大多成文偏晚且篇幅较为短小,因而以往有的学者曾经据此以为,中国神话"不甚发达"。造成所谓"不甚发达"这一文化现象的原因,笔者以为可能是:

中国大概从公元前7000—前6000年,"甲、骨、陶、石上出现契刻符号。可能与文字的雏形有关。"[9]但一旦有了文字的发明与使用,能不能自觉地运用文字来对神话加以详细记载,是一个问题。

其一、大约在距今3100年的殷代,甲骨文字得到了较为广泛的运用,甲骨卜辞就是一个显例。可是甲骨文所记载的,大多与占卜文化有关,尽管原古神话与甲骨占卜(尔后是《周易》占筮)相应,然而,由卜辞与卦爻辞中所记载的原古神话,是相当少见的。这是因为无论在上层社会还是民间,巫文化作为漫长历史进程中的中国一大文化主流,多少挤兑了以文字记载原古神话的人文空间。

其二、中国先秦曾经经历气势磅礴又深致的雅斯贝尔斯所谓"轴心时代"的文化觉醒,其主要特点是所谓"理性化"与"哲学的突破",又加以春秋战国时期,如意大利维科所说的那种"诗性智慧"得以大力发展,早在孔子时代,风、雅、颂等由孔子删诗而成的《诗经》305篇问世,可以证明那时从民间到朝廷,基本以"诗"的文字,来歌唱社会生活及其人的悲欢意绪,成为时代主调。尽管在先秦《诗经》与《老子》、《庄子》、《山海经》以及秦汉之际的《吕氏春秋》、汉代《淮南子》等典籍中,并非绝对没有关于原古神话的点滴记载,然则那些大多是文字较少、篇幅短小的片言只语。其原因,可能主要是儒家主流文化传统"不语怪力乱神"的缘故,导致更多的口头原古神话,罕见于文字典籍。直到东汉"谶纬神学"(实际是"谶纬巫学")的泛滥,大致在两

---

9 《中国历史年表》,第3页,中国社会科学院历史研究所编制,中国社会科学出版社,2002年版。

汉之际印度佛教文化的东来而时至汉末,可能由于随印度佛教而东渐的印度神话的影响,才有似乎姗姗来迟的一则"盘古创世"神话的文字记录,不过这一则神话的最终创作完成,已经是任昉所处的南朝时代了。

然而,这不能证明自古中国神话文化的少弱与发展的迟缓。在大致记载于春秋、秦汉与汉代以及此后少量文字神话出现之前,其实早已有一个口头神话之漫长的酝酿、创作与传播的历史过程。可以想见,多少个世纪过去了,今天我们能够读到的,只是极少诉诸文字的神话,而将无数原生的口头神话,遗落在历史的尘埃之中。

中外学界的神话人类学研究,已经取得了不同程度的丰硕成果,然而有一些问题,依然有待于做进一步的讨论。

中国神话研究发轫较早,可能始于"顾颉刚《与钱玄同先生论古书》(按:《努力》杂志增刊《读书杂志》第9期,收入第1册)","接着出现的早期论著,有沈雁冰《中国神话研究》(《小说月报》第16卷第1号,1至26页,1925)","玄珠《中国神话研究ABC》(两卷,上海世界书局,1928)及冯承钧《中国古代神话之研究》(《国闻周报》第6卷,第9至17期,天津,1925)"。可以说,"中国现代古神话史研究的基础是奠立于1923到1929者7年之间"[10]。这方面的早期学者,无疑做了筚路蓝缕的工作。因为是开山与早期研究,不能苛求资料搜求的稍欠齐备,以及受舶来影响较大等研究方法的"西化"。关于神话文化学即从文化人类学角度所进行的神话研究,目前已经初获成果,正在理论系统上建构真正"中国"的神话文化学。

无论早期抑或当下某些中国神话学的研究著述,往往将中国原古文化的主导与基本的形态与品类,统称为"原始神话",认为中华上

10　张光直《中国青铜时代》,第358、359页,三联书店,1999年版。

古存在着一个包括巫术、图腾文化的"神话"时代。有些文本所提及、研究的"神话思维",也等同于原始思维。殷周、秦汉甚或魏晋一些古籍所记载的诸如伏羲创卦、女娲补天、后羿射日、神农尝草、精卫填海、仓颉造字、大禹治水、盘古开天辟地与关于黄帝这一华夏"人文初祖"等神话传说,大凡都是这一"神话"说的立论依据。沈雁冰《中国神话研究》、玄珠《中国神话研究 ABC》和郑德坤《山海经及其神话》(载于《史学年报》第 1 卷第 4 期,1932)等早期著述,都曾经对中国原始神话进行分类,归纳为"自然神话"、"神仙与人间世界分裂神话"、"天灾与救世神话"和"英雄(氏族始祖)神话"四种。[11]其研究,值得注意之处有三:

其一、将中国原古神话的发蒙、发展期,大致定于殷周之时。

其二、认为中国原古神话意象系统的构成并不单纯,具有富于神性的始祖、人王、圣贤、英雄"奇迹"的"神话历史化"[12]的倾向和人文特质。

其三、将中国原古神话分为四类,显然没有包括如盘古开天辟地这样的创世神话。

当代尤其当下一些神话学研究,有的站在文化人类学关于神话学的学术立场,推进中国神话人类学、神话哲学的理论建构。叶舒宪《中国神话哲学》说:

> 为了实现同国际学术相沟通、对话的初衷,笔者特别注意引用当代文化人类学研究中的原型神话哲学的"元语言",以期超

---

11 参见张光直《商周神话之分类》,《中国青铜时代》,第 358—393 页,三联书店,1999 年版。

12 张光直《中国青铜时代》,第 392 页,三联书店,1999 年版。

越目前国内神话研究和文化研究无规范、无系统的状态。[13]

　　这一神话哲学研究,注重引用"原型神话哲学的'元语言'",以期重构属于"中国"自己的神话哲学的"原型模式",是值得肯定的。

　　显然,当前中国神话人类学、神话哲学研究的重要一翼,受启于由西土入渐的荣格等"原型"说,试图用以探讨中国文化的原始根因、根性与特质这一系列学术课题,进而解读中华原始审美意识——其中主要研究以文学审美为主的原始诗性意识何以发生等学术课题。

　　荣格假定人类本具一定而先在的精神原型,即指由批判、继承、发展弗洛伊德关于"力比多"(性本能,"个人无意识")的所谓"集体无意识"。荣格说,"这种个人无意识有赖于更深的一层,它并非来源于个人经验,并非从后天获得,而是先天地存在的。我把这更深的一层定名为'集体无意识'。选择'集体'一词是因为这部分无意识不是个别的,而是普遍的。"[14]这也便是所谓"种族记忆"。荣格以为,"集体无意识不能被认为是一种自在的实体,它仅仅是一种潜能,这种潜能以特殊形式记忆表象,从原始时代一直传递给我们。"[15]"集体表象",便是文化的"记忆"及其"原型"。

　　据荣格,原古神话携带了诸多文化"信息",如诞生、死灭、再生;如上帝、巨人、大地之母;又如关于人格的阿尼玛(Anima,指人格面具Persona 遮蔽下男性人格中的女性原型因素)、阿尼玛斯(Animas,指女性人格中的男性原型因素)、阴影(Shadow,指人格心灵中最隐秘、黑暗的那部分)与自身(The self,指人格结构的协调因素),等等。原古神话,成了文化原型的一种显现方式。荣格将原型问题的研究与

13　叶舒宪《中国神话哲学》"导言",第 5 页,中国社会科学出版社,1992 年版。

14　[瑞士]荣格《心理学与文学》,第 52 页,三联书店,1987 年版。

15　[瑞士]荣格《心理学与文学》,第 120 页,三联书店,1987 年版。

神话问题相联系,无疑推动了他所预设的原型哲学的研究。荣格说:

> 原始意象或者原型是一种形象(原注:无论这形象是魔鬼,
> 是一个人还是一个过程)它在历史进程中不断发生并且显现于
> 创造性幻想得到自由表现的任何地方。因此它在本质上是一种
> 神话形象(按:或可称为意象)。[16]

这里,不由令人立刻想起加拿大诺斯洛普·弗莱的"文学原型"说。

弗莱在其《批评的解剖》第三编《原型批评:神话理论》(1957)与《同一性的寓言:诗的神话研究》(1963)等著述中,称"原型"是"典型的即反复出现的原始意象",认为该"原始意象"系统的呈现即原古神话。神话是"文学的结构因素","因为文学总的说来是'移位的'神话"。弗莱的这一"移位"说,期待以"神话原型"这一"结构"模式论,来揭示一切文学文本(按:实际仅为叙事类文学)的原型结构。弗莱说,一个"原型",就是"一个象征,通常是一个意象,它常常在文学中出现"[17]。弗莱以为,原古神话中神的诞生、历险、胜利、受难、死亡与复活这一系统结构的"原型",实际便是文学叙事文本的一切原型。它总是反复呈现为四时交替的"原始意象":"喜剧",对应于欢愉之春;"传奇"(爱情故事),对应于神奇梦幻之夏;"悲剧",对应于崇高悲壮之秋;"讽刺",对应于在危灭中再次孕育生机之冬。春象征神的诞生;夏象征神的历险;秋象征神的受难;冬象征神的复起。在

---

16 〔瑞士〕荣格《心理学与文学》,第120页,三联书店,1987年版。

17 〔加〕弗莱《批评的解剖》,第365页,普林斯顿1957年版。朱立元、张德兴《二十世纪美学》(下),第19页,蒋孔阳、朱立元主编《西方美学史》第七卷,上海文艺出版社,1999年版。

弗莱看来,探求神话"原型",实际是一种关于神话的文学人类学。

在治学理念与方法上,当下中国"神话"说,多少已与荣格、弗莱的"原型"说建立起某种学理上的信任关系。它一般地扬弃西方"原型"说之可能的先验性与神秘性,作为文化人类学关于神话学的一种预设与实践,提供了研究中国文化原始根因、根性及其文学原始审美意识及其结构何以发生的一个思路。有学者坚信,既然原古神话作为"原始意象"蕴含一定的文化原型即"种族记忆",那么,中华原始审美意识的萌生、发展及其文化根因、根性,则一定可以在诸多中国原古神话中被发现、被证明。这一领域的学术研究,已初获成果值得肯定。

中国神话传说的人文资源很是丰富,创世和创造性神话、灾变与英雄救世神话、祖先神话和以天神、日神、月神、风神、雨神等自然神为主角的神话等,往往以篇幅短小、文辞生动、情节引人入胜为其"话语"特点。诸多古籍比如《山海经》,一直被称为是一部"古之巫书",也是涉及中华创世、英雄神话的一个人文典籍。《山海经·大荒西经》有云,"洪水滔天。鲧窃帝之息壤以湮洪水,不待帝命。帝令祝融杀鲧于羽郊。鲧复生禹。帝乃命禹卒布土以定九州。"[18]丁山曾这样称大禹治水的神话传说:"禹平水土,当然是中国的'辟地'大神;所以两周王朝与列国的重要文献,一回溯远祖的历史,必断自伯禹了。"[19]大禹治水的神话几乎众所周知,也不必说伏羲、神农、黄帝、女娲、颛顼与西王母等来自遥远的神话传说了。的确正如前述,中国神

18　《山海经·大荒西经》。按:《山海经·海内经》云:"黄帝生骆明,骆明生白马,白马是为鲧。"由此推断,鲧为黄帝之孙。司马迁《史记·夏本纪第二》云:"夏禹,名曰文命。禹之父曰鲧,鲧之父曰帝颛顼,颛顼之父曰昌意,昌意之父曰黄帝。禹者,黄帝之玄孙而帝颛顼之孙也。"(《史记》卷二,《史记》第7页,中华书局,2006年版)关于夏禹,《山海经》与《史记》的有关记载,有些出入,录此以供参考。

19　丁山《中国古代宗教与神话考》,第223页,上海书店出版社,2011年版。

话的文本特点有三,一是往往篇幅短小而叙事生动;二是一般分散于许多典籍甚至在一些哲学著述之中;三是从其文字文本看,有的相对比较晚近。与此相关,有些曾经引起学界的讨论与看法上的分歧。

其一、原古神话作为一种原古"话语系统",究竟是不是中华原古文化的主导与基本形态,值得做进一步分析。

首先应当指出,文化人类学、文化哲学究竟在何种意义上使用"神话"这一范畴、是广义还是狭义的?

这正如有的学者所认为的那样,如果从广义看,则似乎可以将人类一切原古文化,都称之为"原始神话",由此认同人类原古有一个"神话时代",进而将原始思维通称为"神话思维"。从狭义角度、从文化形态学角度看,人类原古文化的构成,除原古神话以外,一定还有与神话的文化地位相当的原古图腾和原古巫术等文化形态的存在。

从广义角度看待神话,正是西方一些文化人类学、文化哲学或美学著作通常所持的一般治学理念。西方从英国泰勒《原始文化》到法国列维-布留尔的《原始思维》等,尽管其书中有许多关于巫术或图腾文化实例的采录、描述和论证,而大凡取广义"神话"说,它们有意无意地将图腾、巫术等原古文化形态,纳入其广义的"原始神话"范畴之中。在西方一些经典的文化人类学、文化哲学著述中,神话、图腾与巫术文化三者,往往是不分的,常常将图腾、巫术及其原始思维,归于"原始神话"及其"神话思维"这一范畴。这种例证实在太多,因此反而不必在此赘述了。

列维-布留尔《原始思维》一书所说的"互渗律",作为原始思维的根本法则,确实在一定程度上,是神话、图腾与巫术文化三者的共同之"律"。然而,这不能作为三者混而不分的学术理据。就"互渗律"而言,在承认三者共同文化属性的同时,又有必要指出,神话、图腾与巫术三者的人文特性和文化功能是不尽相同的。所谓"互渗"，犹如《周易》咸卦的所谓"咸"（感，感应），在文化属性、地位和功能等方面，显然各具特点。在文化成因上也是如此。"互渗律"主要集中而强烈地体现为原始巫术文化最典型的思维特性，便是英国詹姆斯·乔治·弗雷泽《金枝》所说的作为"巫术原理"的"交感巫术"的"交感律"[20]。

从广义角度看，把人类上古时代称为"神话时代"，实际是从"话语"角度来概括这一上古文化。原始初民所遭遇的漫长的原始生活，充满了无数的挫折与成功、死亡与生存、悲剧与喜剧、痛苦与欢乐、困惑与发现等，初民在天人合一万物有灵意识理念的支配下，萌生和发展其丰富、奇特的想象、幻想与虚构，在原始情感、激情的推动下，便以"神话"这一"话语"方式，言说、歌唱他们所重构、幻想、理解与向往的世界以及人自身，其中不乏关于人的命运遭际的苦难、生产成果所带来的欢愉以及生死的考验等，甚至通过神话，追寻与描述世界和人来自哪里等富于原始诗性的原朴哲学意识。原古神话的题材，又往往是诸多有关图腾和巫术的话题，都源自初民的生活经验，这就可能给后人造成一个错觉，以为人类许多个世纪的原始生活活动，惟有神话而无其他，把原始图腾与巫术纳入"原始神话"这一文化范畴，是仅仅看到了神话和图腾、巫术的文化共性，而忽略了三者本在的文化差异。

关于氏族、种族古老精神现象之一的中国原古神话，暂且勿论其发达程度是否真的不可与古希腊或古印度相提并论，用"发达"抑或"不发达"来区分中外原古神话，是不够妥当的，中外神话的差异，首先表现在文化特色的不同。

20　参见[英]弗雷泽《金枝》（上）第三章"交感巫术"，陕西师范大学出版总社有限公司，2010年版。

仅就中国原古神话的历史和人文定位来说,广义"原始神话"说,也一定程度影响了中国学者的研究。李泽厚先生曾认为,在中国"原始神话"时代,"审美或艺术这时并未独立或分化,它们只是潜藏在这种原始巫术礼仪等图腾活动之中。"[21] 这是将"原始巫术礼仪"归于"图腾活动"范畴之内,将图腾、巫术两者,隶属于"原始神话"之下,从而取广义"神话"说。所以,在论及中国原始文化及其"审美或艺术"的历史与人文起源问题时,往往笼统言之。[22] 有的学者在论述古希腊美学起始问题时,亦取广义的"原始神话"说。如说"美学和哲学一样是从神话中发展产生出来的。可以说,美学产生以前有一个史前阶段,即神话阶段,它的美学,也是美学史的史前史。"[23] 这显然是将美学产生前的"史前阶段"等同于"神话阶段",这里没有原古图腾和巫术应有的文化地位,或者起码可以说是被忽略了。古希腊神话固然十分发达而且起源很早,以至于成为西方文学"不可企及的范本",然而这不等于说,古希腊文化除了原古神话则似乎别无其他。实际上,希腊与中国一样,其原古时代,主要是一个集神话、图腾与巫术三者为一体的文化集成,三者即统一又分立,只是其三者的内在文化结构,有些不同于中国罢了。

有的学者总不忘指出中国神话传说起始的年代相对较晚这一点,如称黄帝神话,"周神话中说黄帝是先殷人物",看来十分古远。"但我们研究周代史料与神话的结果,知道黄帝乃'上帝'的观念在东周转化为人的许多化身之一。"[24] 这里关于"黄帝乃'上帝'的观念

---

21 李泽厚《美的历程》,第5页,文物出版社,1981年版。

22 按:李泽厚近著《由巫到礼 释礼归仁》(三联书店,2015年版),已不将"原始巫术礼仪"等同于"图腾活动",然此见在学界的一定影响依然存在。

23 范明生《古希腊罗马美学》,第11—12页,蒋孔阳、朱立元主编《西方美学通史》第一卷,上海文艺出版社,1999年版。

24 张光直《中国青铜时代》,第361页,三联书店,1999年版。

在东周转化为人"的说法，是值得讨论的。这是将关于黄帝的文字神话等同其先在的口头神话了。

有学者以为，黄帝神话，大致起于战国黄老之思而成于西汉初的"五德终始"说。所谓"五德终始"，主要以五行"相克"说即"水克火、火克金、金克木、木克土、土克水"且配以与五行相应的五色，来观念地推导、建构黄帝这一"人文初祖"的崇高形象。战国末年阴阳家齐人邹衍（约公元前305—前240）"深观阴阳消息"，首倡"五德终始"说。以为朝代的更迭，依凭于五行相克律，是天命所定而非人力所为。《吕氏春秋》云：

> 凡帝王者之将兴也，天必先见祥乎下民。黄帝之时，天先见大螾大蝼。黄帝曰：土气胜。土气胜，故其尚黄，其事则土。及禹之时，天先见草木，秋冬不杀。禹曰：木气胜。木气胜，故其色尚青，其事则木。及汤之时，天先见金刃生于水。汤曰：金气胜。金气胜，故其色尚白，其事则金。及文王之时，天先见火，赤乌衔丹书，集于周社。文王曰：火气胜。火气胜，故其色尚赤，其事则火。代火者必将水。天且先见水气胜。水气胜，故其色尚黑，其事则水。水气至而不知数，备将徙于土。[25]

在《吕氏春秋》看来，从黄帝时代到汉代的朝代更替，所遵依的是五行相克且配以五色之理。传说中的黄帝时代，为土德（尚黄）；黄帝之所以为夏（大禹）所代替，是因夏为木德（尚青）、木克土之故；夏之所以为商所代替，是因商汤为金德（尚白）、金克木之故；商之所以为周所代替，周为火德（尚赤）、火克金之故；周之所以为秦所代替，秦为

25　《吕氏春秋·有始览》，高诱注《吕氏春秋·有始览第一》，上海书店影印本，第126—127页，《诸子集成》第六卷，1986年版。

水德(尚黑)、水克火之故;秦之所以为汉所代替,是因汉为土德(尚黄)、土克水之故。

《吕氏春秋》的这一段论说,基于原始巫术文化理念。从"五德终始"逻辑地推论从黄帝以降的朝代传世谱系,是《吕氏春秋》的一家之言。不料曾被汉朝时人用来证明由于黄帝时代与汉代同为土德,因而黄帝是汉民族"人文初祖"的一个逻辑依据,为汉人最后完成黄帝这一"人文初祖"伟大形象的塑造,奠定了一个创世的谱系基础,证明汉王朝应天命之所归的正统性与合法性。

然则,这仅仅是关于黄帝神话传说的一个巫性意义的创设与解读,难以揭示黄帝神话的全部文化意义。据《中国历史年表》,"传说轩辕与炎帝战于陂泉,与蚩尤战于涿鹿。代神农氏,是为黄帝。前2697年为黄帝纪元元年。"[26]当然,这是从有关黄帝的神话传说中,发掘与肯定了关于黄帝的历史真实因素。

伏羲,在直到"人文初祖"黄帝形象被塑铸完成之前,一直是中国原古神话谱系中一位尤为古悠的伟大人物,所谓"帝出于震"(按:指《周易》文王八卦方位即其东方的震卦象征伏羲)、"为百王先"。其赫赫"奇迹",如前述所谓创始八卦等,虽然主要见于大致成篇于战国中后期的《易传》,但这不等于说,其阴阳爻与八卦等伟大创造,仅始于战国中后期。据《中国历史年表》,大约距今约十万年前的旧石器时代,是"传说中的伏羲时代"。虽然这是神话传说,不等于历史本身,比如战国楚竹书所载,所谓"曰故(按:古)大能(熊)电(庖)戏(羲)","梦梦墨墨","乃取(娶)""女皇(女娲),是生四子,是襄天地"云云,时在"战国中晚期之交"[27],然而我们又怎么能够说,关于伏

---

26 中国社会科学院历史研究所编制《中国历史年表》,第4页,中国社会科学出版社,2002年版。

27 参见冯时《中国天文考古学》,第13—18页,社会科学文献出版社,2001年版。

羲的神话传说，仅仅属于晚近的战国呢？在文字神话出现之前，的确有一个漫长的口头神话的创作与传布时期。这里，应该把文字神话与口头神话的出现年代，严格地区别开来。

所谓盘古"开天辟地"说究竟始于何时，也一时难以确考。如果从文字文本看，正如前述，我们可以在三国《三五历纪》尔后南朝梁任昉《述异记》的有关记载中，找到两者成文年代确实较为晚近的依据。可是这依然不等于说，关于盘古氏创世的口头神话，只是始于三国、更不等于晚在南朝吧。

又如，学界有人以为，中国神话史上那些所谓"先殷神话"，其实大抵是殷周时代的神话。称女娲补天和祝龙之类的神话，仅记录于《山海经》。《山海经》凡十八篇，十四篇为战国时撰作，其余《海内经》等四篇为西汉初年之作，这些都大致是殷周甚或汉初的神话文本。不过，我们又怎么能够由此断言，这些神话只是战国甚至是西汉时人的想象之词？

从考古资料可见，有关殷周甲骨卜辞、青铜铭文与简册等记载当属可靠。迄今关涉于原古神话的，却又相对稀少。有学者曾经从后世一些哲学著述如通行本《老子》或《庄子》等搜求上古神话资料，用以证明中国诸如拜日神话等起始的悠古，这不失为是一种可取的研究方法。有鉴于哲学与神话必然存在的历史与人文联系，从一些哲学著作有关记载追溯中华上古神话的存在，固然是一条正当的治学之途，但这仅仅是"上古神话传说"的旁证而已。我们又怎么可以由此断言，中国的神话传说确实是这样的晚近？有关文化典籍和考古资料，只是我们迄今所掌握的，是否可能还有有关的地下资料有待于发掘，这是很难断言是或非的。甲骨卜辞中的神话线索，应当仔细爬梳，对于中国神话的重新研究，不仅依赖于田野调查，而且依赖于文字典籍。上古神话产生于没有文字的年代，只是口口相传了多少万年,一旦有了文字记载,那已经是相当的晚近了,多少万年前神话的口头相传,的确有可能被淹没在文字出现前的历史洪流之中。

其二、中国古代文化,本具"淡于宗教"这一文化特质。梁漱溟曾说,"中国文化在这一面的情形很与印度不同,就是于宗教太微淡"[28]。近一个世纪之前的这一学术之见,颇受学界所肯定。

从"淡于宗教"这一点反观,中国原古神话的起始、生产和传播,似乎并没有为宗教的诞生,提供丰饶、深厚的文化土壤与文化原动力,这是因为原古神话传说中的伏羲、黄帝等角色,并不是自古一贯的神话"主神"的缘故。他们确是杰出的创造者,然而他们所创造的,大都是一些具体的事物,如神农尝百草与黄帝"垂衣裳而天下治"等,他们在后世,都几乎演化为"历史人物",从而将"神话历史化"了。即使本为神话传说,也要当作真实史事来加以谈论、记录、传播和信可。如宙斯、梵天与基督教上帝等主神神话的叙事形态与特质等,在中华原古神话文化中尚未出现。可是,我们又怎么能够排除,在诸多中国原古神话传说中,不会保存着若干真实的历史因素? 我们需要以王国维所说的"二重证据法",来加以重新研究与考定。

在任昉《述异记》中,盘古确实是"开天辟地"的创世英雄:"盘古氏,天地万物之祖也,然则生物始于盘古。"该书又说,"昔盘古氏之死也,头为四岳,目为日月,脂膏为江海,毛发为草木。"这里值得注意的是:

一、有学者以为,《述异记》为南朝梁时任昉所撰。其"开天辟地"之说,是对关于盘古创世所谓"秦汉间俗说"、"先儒说"、"古说"与"吴楚间说"的一个综合,它改变了原先《三五历纪》有关盘古神话的言述。

可是这里应当再次强调,仅仅体现在古籍文本中的盘古神话,不

---

28 梁漱溟《东西文化及其哲学》,《梁漱溟全集》第一卷,第 441 页,山东人民出版社,1989 年版。

等于说盘古神话的起始,只是在三国甚而是南朝时期。实际在南朝之前许多个世纪,关于盘古,一定经历过长时期的酝酿、积累与口头传布。这是有待于我们好好发掘与甄别的。

二、关于这一点,学界还有不同的看法。据考古,20世纪80年代,曾有河南桐柏盘古山"发源地"的发现。叶舒宪曾说,"河南民间流传的盘古神话虽然与徐整所记述的盘古神话十分接近,但是年代上的障碍是无法逾越的。我们尚没有一条确凿证据可以说明当代民间采风所得知神话早于三国时古籍中的记载。"[29]何新《诸神的起源》第十二章关于"盘古、梵天与Bau神"的说法是,"盘古故事中的所有要素都是外来的","它在南方本名'盘',而无论盘古的反切音或盘音,皆可作为'梵'和Bau神的对译音"。何新的结论是,盘古神话,"是佛教和印度文化与中国文化相结合的产物。"[30]又称,此说可能受到日本学者高木敏雄关于中国"天地混沌如鸡子,盘古生其中"这一"卵生创世"神话"源自印度"说法的影响。叶舒宪也曾援引吕思勉《先秦史》有关"中国最早记载的盘古化生故事恰在佛经大量汉译之时"[31],似乎曾经大致同意盘古神话可能源于印度的见解。

凡此种种看法,显然有进一步加以研究、探讨与厘清的必要。中国神话研究,是一个相当烦难的学术课题,值得潜心研究才是。由于在中国原始文化的素质与机制中,泛神与自然神意识的相对强烈和主神意识的相对薄弱,可能导致原古神话的原始创作冲动与神话主神意识的相对少欠,但是否确实如此,也是一个值得进一步引起重视和讨论的学术课题。是否因为一个民族原始神话中主神意识的相对不足,可以在一定程度上,直接影响这一民族的后世文化对待宗教的

29　叶舒宪《中国神话哲学》,第324页,中国社会科学出版社,1992年版。

30　何新《诸神的起源》,第182页,三联书店,1986年版。

31　参见叶舒宪《中国神话哲学》,第326—329页,中国社会科学出版社,1992年版。

态度,遂使神话文化未能更多地参与后世哲学、美学本原本体意识与理念的理论建构? 这些问题,都是可以提出来加以继续讨论的。

中国古代哲学、美学的本原本体如"气"、"道"、"太极"与"理"等范畴的建构,尽管与原古神话理念并非全无一点历史和人文联系,可是,这里确实几乎没有一个哲学本原本体范畴,来自伏羲、黄帝、盘古、神农与女娲等神话传说。可以说,有关这些大名鼎鼎神话主角的人文意识和理念,只是在后代中国的历史领域,显得相当活跃,它们与中国哲学从而中国美学的本原本体,是基本疏离的。关于这一些,难道真的是中国神话品类和性质所造成的? 值得再做思考。

其三、原古神话是一种文化的"宏伟叙事"。关于荣格、弗莱的神话"原型"说,中外学界对此歧见颇多。其中主要的,是所谓"原型"是否存在于人类一切原古神话之中,又是否是人类所有叙事文学的"原型",学界对此一直是有所质疑的。西方古希腊神话,确实是"不可企及"的文学审美的一种"范本"。在欧洲文学审美史上,诸多叙事体文学作品或绘画之作,以古希腊神话为题材、主题与灵感之源而创作的实例,可谓不胜枚举。从古希腊的悲剧和喜剧作家,到中世纪至20世纪的大批西方文学天才,他们一个个都是"讲故事"的好手,颇有深受古希腊神话传统"宏伟叙事"方式熏染、滋养这一特点。同样,印度《吠陀》中的原始神话,《圣经》中的原始神话,都各自对于相应民族、地域与时代文学叙事的审美,产生过深巨的影响。

反观古代中国,这一文学审美的文脉景观,是否真的是不存在的? 有学者说,中国历代文学的审美,颇难见于诸如伏羲、黄帝、盘古、女娲或大禹等的神话传说所哺育的主要题材与主题。中国晋宋时期的"志怪"小说的题材与主题,极少与此类中国原古神话的审美传统相联系。这或者可以反证,由于中国原古神话的所谓相对的不发达,而后便造成了这一文学审美的局面吗? 先秦文学如《诗》固然不乏"叙事"篇什,然而这一"叙事",仅仅是达到"宣情"的一种言说方式吗? 今文《尚书》倡言"诗言志"的"志",首先指感觉、情感、想象、意志与理想等综合的审美心灵内容,并非指人物、故事、环境的那种"记载",是否真的如此呢? 先秦儒、道两家都言"志",或直接偏重于伦理道德,或以宣"道"的方式,间接地宣说契"道"(自由)的人生之路。两者确实重在"言志"而非"言事"吗? 中国文学审美,很早就形成了"宣情"、"言志"的审美传统,在直接"叙事"方面,确实是否相对地发蒙较迟而显得有些拙于"讲故事"? 叙事文学,尤其是长篇叙事体文学的相对晚熟和抒情诗、田园诗、山水诗之类的相对早慧和发达,两者形成了强烈反差,果真如此么? 难道这可以看作中国原古神话及有关神话思维、素质与兴致相对薄弱的一个有力反证? 中国创世神话,真的是对中国后世历代的文学审美,没有提供多少思想、思维和虚构、想象的题材、主题、资源与空间? 假如确实如此,别的暂且勿论,战国末期大诗人屈原的《九歌》与《天问》等诗作,具有强烈的神话色彩又何解? 屈原这一显例,是否可以提供相反而有力的证据,证明中国原古的神话传说,其实曾经有其辉煌的上古,并且遗响于中国后世的文学审美?

总之,学界尽可以从神话文化学、神话哲学的角度,研究中国文化的原始人文根因、根性、特质及原始审美意识的发生等学术课题。只要做到历史与逻辑、实证与理念相统一,都是应当充分肯定的。当然,探寻中国美学的本原本体及其特性问题,除了研究中国原古神话,还可以从别的路径与方法进行尝试。

第二节　中国图腾人类学的研究怎样有效

在研究中国美学原始人文根因、根性与特质的问题上,与神话人类学不同而并列的,是关于图腾人类学的研究。其立论的重要依据之一,建立在有关中国"原始图腾文化是中华最古老的主导文化形态"这一学术认知与信仰之上。学者们坚信,从原始图腾文化进入,便可以把握烦难而复杂的中国美学的起源史及其人文命脉。

图腾一词,是印第安语 Totem 的音译,意为"他的亲族"。18 世纪末(1791),约翰·朗格的著述《一个印第安译员兼商人的航海与旅行》称,"野蛮人的宗教性迷信之一就是图腾,他们每个人都有自己的 totem(图腾)"。1903 年,严复译英国学者甄克里《社会通诠》一书,首度将 Totem 译为"图腾",由此成为通用的译名。

图腾,原始初民意识到人自身的生命问题并且不得不加以"误读"。图腾,是关于原始氏族起始于谁和何以起始的一种古远的文化、行为与心理现象,人类原始"信文化"的重要信仰之一。国外有学者指出,"图腾是意识到人类集团成员们的共同性的一切已知形式中最古老的形式","意识到人类集体统一性的最初形式是图腾"[32]。这一论断的关键有三:

其一、图腾文化体现了"人类集团"的"共同性"即"集体统一性"。一定意义上,原始人类的精神、理念尤其是本氏族的血缘意识,是靠图腾崇拜来维系的。血族借此将自己的群团(氏族)与别的群团区别开来,从而团结、保护自己的血族。图腾作为氏族的保护神,它将群团团结在图腾的旗帜下。它是原始初民的一种心灵围城。

其二、关于图腾是人类文化"一切已知形式中最古老的形式"这一点,是否已为考古学所证明并获得学界的普遍公认,这是一个问题。这里,以"一切已知形式"来限定"最古老的形式"这一断语,显得比较谨慎。但图腾是否是人类文化"最古老的形式",仍须新的考

---

32 [前苏联]苏联科学院民族研究院《原始社会——一般问题、人类社会起源问题》,浙江人民出版社,第 436、437 页,1990 年版。

古来加以证明。

其三、尽管图腾是原始初民关于自身起始于谁且何以起始这一重大课题的误读与误判,但它是一种主观"意识到"的文化精神与行为,其中充满了神性兼诗性的虚构与想象。人类"意识到"且有一种主观心灵冲动,努力寻找与相信"他的亲族"、他自己所笃信的"先父"甚或"先母"究竟是谁,并对其深表感激而加以绝对崇拜,以便在图腾保护神的庇护与禁忌中,共同面对无情世界的残酷挑战。图腾的基本文化素质和功能,建立在氏族内部准群体生命意识的基础之上,从而唤起"认祖"的意识与向心力。

在文化崇拜意义上,人类原古图腾所可能树立的唯一主神(有的氏族图腾所崇拜的神灵,可能不止一个,所以没有主神),可以为尔后宗教主神意识的孕育和建构,准备思想和思维的人文资源。原古图腾,往往是某一民族宗教的"前史"文化现象。图腾是宗教诞生之前文化"倒错"的心灵与实践行为。它虔诚地将动物、植物甚或日月、山川、苍穹与足迹之类,错认为氏族血缘的"先祖"甚或"先母",真正的祖先其实并不"在场"。而氏族对自身生命之先祖的崇拜和敬畏,却是真诚、真切和真实的,伴随着充满神秘、神奇与神性、灵性、巫性的迷氛与崇拜激情的"诗意"。

在人类文化史上,原古图腾究竟起于何时?是一个烦难而有待于解决的学术难题。关于图腾的考古,总是不断展开且无休无止。要在考古学意义上,真正找到原古图腾文化起始即发生的"第一时"、"第一地"与"第一人",正如确立原古神话与巫术的源头,看来是有些困难的。长期以来,图腾学、图腾文化学的研究已然取得丰硕成果,当代学者对于中国原古图腾的关注与研治,也有新的开展。可是,可能由于这一学术课题本身的烦难,尤其当人们将图腾文化学研究与中国文化与美学的原始人文根因、根性和特质问题联系起来加以探讨时,那种正当而严肃的学术上的分歧和争辩,便不可避免。

其一、关于人类原古图腾文化发生的"第一时"问题,可谓见仁见智,歧见多出。一种意见认为,距今约8 000年的新石器时代早期,已有原古图腾崇拜的理念与行为;一种意见说,距今约25 000年之前,已有原古图腾文化的发生。支持这一见解的,是法国布拉塞姆波遗址所发掘的一个维纳斯小雕像。还有比如"13万年"、"16万年"、"25—20万年"甚或"40万年"前等人类已有原古图腾等看法。有学者以为,距今大约23万年前,人类已经具有"最初萌芽的图腾观念"。理由是,在叙利亚戈兰高地贝雷克哈特-拉姆遗址,发见了在考古学上属于阿舍利文化的女性小雕像,这小雕石像既是"艺术"又是"图腾"的。凡此一切,可谓见仁见智,都提供了进一步加以思考和争辩的学术空间。

图腾起源问题上不同见解的差异太大,它们在考古学上,一般都是有所依据的,显示出在图腾问题上考古发掘的推进,只是对于所持证据的解释有所不同,笔者从不怀疑其严肃的治学态度。关于艺术起源和原古图腾的起源是否同步这个问题,也值得做进一步的讨论。就约23万年前戈兰高地贝雷克哈特-拉姆遗址女性卵石小雕像而言,确实可以证明一点,那可能是迄今考古所发现的人类最原始的艺术作品。而大约23万年之前,那的确是迄今所发现的图腾也是艺术起源的"第一时"么?

凡是图腾,一般总以神性、灵性与巫性化、神秘化了的某种动物、植物或山川等自然现象、有时也以某种与人相关的现象(如中华古时所谓"践大人迹")等为题材、为主题的,或者起码是"半人半兽"的,比如《山海经》的"人面蛇身"与古埃及"狮身人面"等就是如此。这就涉及是否能以23万年前那一女性卵石小雕像为原古图腾的问题。这一女性石雕像,是以人而不是以神性、灵性、巫性的动植物等自然现象为题材为原型的。或然仅仅可以证明，迄今考古所发现的人类的原始生命、生殖崇拜意识，始于23万年之前，却似乎难以证明原古图腾文化也是始于此的。寻找、发现人类艺术起源与原古图腾起源的"第一时"的努力，值得尊重与肯定，然而，原始艺术的起源是否与原始图腾文化的起源同步，看来尚有再思考的必要。实际上，艺术的本原，固然与原古图腾文化相联系，却不等于说图腾之原与艺术之原是合一的。叶秀山先生曾经指出，"'艺术起源'的研究，不但是材料的，而且是理论的；不但是历史的，而且是哲学"，"就经验材料而言，'艺术起源'问题要上溯到历史的'源头'，找出'第一件'艺术品和第一个'艺术家'来。然而，这个工作就像哲学上要找'第一因'那样，是不可能的。"[33] 这里所谓"不可能"找到的"第一因"，不同于从哲学上预设、描述事物的本因本原。中国哲学研究可以预设、发现、肯定和描述事物的本因本原是道，但要从历史学、考古学等，考原这一本原发生的"第一因"与"第一时"，看来"是不可能的"。虽然如此，我们对于叶秀山的"不可能"说，还必须补充一句，对于考古来说，要找到图腾的"第一时"固然是"不可能的"，但考古的不断推进，却可以逐渐接近原古图腾以及其他文化形态如神话、巫术的"第一时"。

其二、从"经验材料"研究而言，期望找到人类历史上"'第一件'艺术品和第一个'艺术家'"的学术努力，是值得尊重的治学态度。问题是，当预设人类史前艺术发生的原始根因为图腾时，可能会遇到一个理论困难，此即人们究竟在什么意义上，来设定、理解"艺术"这一概念。与此相关的问题是，艺术的起源，究竟是美学（审美学）的，还是文化人类学意义上的。

倘若是前者，则上古时期比如"23万年"前，作为成熟形态而纯

33　郑元者《艺术之根——艺术起源学引论》"叶秀山序"，湖南教育出版社，1998年版。

粹的审美性艺术尚未诞生。史前人类尚未真正拥有独立形态与品格的纯粹审美性艺术。原始初民,面对自然景象或粗拙、朴素而"蛮野"的人文,也可能感到某些欣喜、愉悦与感激,在原始巫舞等文化行为中,在新石器甚或一些旧石器上,通过一定的形体动作和符号的刻画而有所表达,创造一些原朴而幼稚的具有一定审美因素的"事件"与文化现象,是可能而必然的。从原始石雕之作、史前洞穴壁画与岩画等创作的出现可以证明,其原始审美意识,早已伴随以原始性的求善、求真与求神等复杂、原朴人文因素的蒙生而蒙生。然而,史前初民的审美器官远未真正发育成熟。史前艺术,仅仅孕育、蕴涵以一定的原始审美胚素而远不是真正成熟的审美,这是可以肯定的。

如果是后者,那么这样的艺术及其起源,其实便是人类文化及其起源的一个学术命题。

朱光潜先生《谈美书简》曾说,"Art(艺术)这个词在西文里本义是'人为'或'人工造作'。"[34] 从本义看,凡是"人为"、"人工造作"的行为、主体及其意识、思维、思想、情感、意志和过程、方式、工具、传播和价值等属人的一切,都可归之于"艺术"实即文化这一范畴之中。这一关于艺术的概念、范畴与理念,实指以人为主体的整个人类文化,即"自然的人化"兼"人化的自然"。罗宾·乔治·科林伍德说,"中古拉丁文中的 Ars,很像早期英语中的 Art","中古拉丁语中的Ars,类似希腊语中的'技艺'。"[35] 在词源学上,Art(艺术)与 Ars(技艺)相系,而本义的"技艺",实指整个人类文化。

这说明,关于史前本来意义的所谓"艺术",是包罗万象的一个概念,它与今人所说的文化,异名而同实。不仅"技艺"是文化也称作

34　朱光潜《谈美书简》,第 10 页,上海文艺出版社,1980 年版。

35　[英]科林伍德《艺术原理》,王至元、陈华中译,第 6、7 页,中国社会科学出版社,1985年版。

"艺术",就连这里正在讨论的图腾以及神话与巫术等,在那时都曾经统称为"艺术"即文化。

就此而言,关于史前艺术发生的原始根因(包括心灵动因)为原古图腾这一点,是可以继续探讨的一个问题。原古图腾本身,无疑包蕴在"史前艺术"这一范畴之中,或者可以说,原古图腾是史前艺术即史前文化的有机构成。如果在概念上将两者分开,那么,这里所说的"艺术之发生"的这一艺术概念,在逻辑上应该指纯粹性的审美艺术才是。这不等于说,这一纯粹性艺术因素发生的文化母体,仅仅是原古图腾,也不等于说原古图腾的发生就是艺术的原始。

其三、文化人类学意义的原始"艺术"与原古图腾二者,实际是一个前者包容后者的关系。作为人类原始"艺术"(文化)的一个历史和人文特例,这里有一个原古图腾的文化机制与品格又当如何的问题。与此相关的是,原古图腾文化的发生,又处在人类文化史的什么"时间"?

关于这后一问题的研究,有赖于田野考古,又并非只有考古才能得以解答的。正如前述,要彻底找到人类原古图腾以及巫术文化等发生之绝对的"第一时"、"第一地"、"第一人",即使以实证见长的考古学,也会显得无能为力。考古,只能愈来愈接近于"第一时"等文化问题的终极,只能做到"迄今所发现"的什么,却永远不能说其发现的是"最早"的。这一缺失与不完美,其实是人类一切学科与科学的"通病"。一切都有盲点与局限,只是层次、品格与水准不同而已。

原古图腾究竟是什么样的一种文化,这是问题的关键。

正如本书前引,苏俄学者的解读有一定代表性。他们说,"图腾"是人类"意识到"自身"集团""共同性"、"集体统一性"的"一切已知"的"最初"文化"形式"。

这里的"形式"一词,可读为"方式"。

首先,如果仅从"已知"这一点看,问题便有些复杂。考古学迄今所证实的最早的原始人类,大约生活在遥远的 600 万至 700 万年前的非洲;160 万至 250 万年前,大约是"能人"时代;10 万年前为"直立人"时代,即早期"智人"进化为晚期"智人"的时代。原古文化形态学所说的图腾,正如原古神话与巫术一样,对于最早的人类文化而言,显然是智慧程度相当高的一种文化,或者可以说,它是一种相对晚近的原始文化。

考虑到本书前引苏联科学院民族研究院《原始社会———一般问题、人类社会起源问题》一书写作、出版于 20 世纪 90 年代之前这一点,可知当时学者所谓考古"已知"关于人类起源的年代,则一定比现在考古所证实的年代,要晚近一些。假如从中国元谋人生活活动于 170 万年前,或从西班牙托尔拉姆与安布罗那遗址地质年代为 40 万年前这些考古"已知",来推断原古图腾文化起始于此,那也依然是有些不可思议的。

其次,以所谓"集团"的"共同性"、"集体统一性",来界定、说明原古图腾起源的"第一时"等,也确实值得做进一步的讨论。

这是因为,人类社会及其文化,自一开始就具有"集团"性即社会性。有如《圣经》中的亚当、夏娃或中国原古神话中的伏羲、女娲这两性才能构成"社会"那样。如果说,原古图腾仅仅因为这一"共同性"、"集体统一性"即"社会"性而发生,那么,这岂不是等于说,原古图腾从人类社会一开始就已经存在?

历史当然并非如此。

汉字"社会"的"社",从示从土;或写作左偏旁为示、右边是一个上木下土的结构。关于示,卜辞有"贞示弗若"[36]之记。徐中舒主编

36　胡厚宣《战后京津新获甲骨集》四一,上海群联出版社,1954 年版。按:该书由成都齐鲁大学国学研究所初版于 1946 年 7 月,后收入《甲骨学商史论丛》第四集,原书名为《战后平津新获甲骨集》。

《甲骨文字典》说,示,"象以木表或石柱为神主之形","卜辞祭祀占卜中,示为天神、地祇、先公、先王之通称",转义表示祭拜之义。

可见,该社字左偏旁的示,主要表示"祭祀占卜"的"神主之形";右边的土,地祇之谓。"会",繁体为"會",卜辞所言"又来会于"之"会"。此字上部"象盖",下部"象盛物之器",中"象所盛之物","表示盛了物品盖了盖。所以引申有会合之义。"[37]"会"的引申义,指男女两性之合,所谓上古社会男女"奔者不禁"。因而,这里所说的社会性即"共同性"和"集体统一性",固然是原古图腾的基本文化性格之一,可是如果从这一社会性即"共同性"等的角度,来解读原古图腾发生的"第一时""第一因",也会是有些困难的。

又次,从文化机制看,原古图腾发生的人文动因,确实关乎那种被"意识到"的人类"共同性"、"集体统一性"的原始生命意识。对于初民而言,其生命意识,主要包括自知个体"活着"(能自知生与死的不同)及与群体生命关系的意识,人的死亡、黑夜与梦境被误解而重构为鬼神、灵魂等意识,以及所谓"万物有灵"即万物皆"生"及人与物、物与物相感应的意识,等等。旧石器甚或新石器时代原始初民的社会意识和能力,是十分初浅而低下的,其感官及其思维、情感与想象力的发育,处于原始蒙昧时代。当初民"意识到"其自身生命何所本、发生于谁等问题时,必然尚来不及具有纯粹求善(实用)、求真(认知)、求美(审美)与求神(崇拜)的相对独立而成熟的文化形态与品性,而主要以这四者的人文胚素、混沌而互融的史前原始面目出现。

由于人肉身生命的存养与繁衍即"活下来"、"传种接代"是初民的第一需要,以食、色为主要方式的实用功利的求善意识,总是领先

37　董作宾《小屯·殷虚文字甲编》三六三〇,商务印书馆,1948 年版。

一步来到世间,表现得尤为经常、直接而急迫。由于那时的社会生产力极度低下,面对大量而经常的生命与生活难题——如有关日月星辰的运行、山河大地等自然灾变及动植物尤其人自身生老病死与梦境等现象,初民总是难以正确地解释与把握,环境的巨大压迫或是恩惠有加,让人在恐惧与感恩交互影响下逐渐萌生一种前生命意识,在经历数百万年所谓"物活"时代之后,才可能由此萌发有关生命的原始求神意识,等等,其中包括英国学者泰勒所谓"万物有灵"说(又称"泛灵"论,Animism)。图腾文化意识,只是初民关于自身的血缘生命来自谁的具有原始神性、灵性兼巫性的一种生命意识,他的发生,是"万物有灵"意识的一个特例。

英国功能主义人类学家之一的马林诺夫斯基曾经指出:

> 第一,一个原始的部落为甚么要选择几种限定的品物(主要是动物和植物——原注)来作图腾? 而且这种选择又根据甚么原则? 第二,这种选择的态度为甚么表现在血统信仰上,表现在生殖礼教上,特别是为甚么表现在图腾禁忌上,而且像澳洲的"图腾宴"那样,又表现在吃的仪式上? 第三,为甚么一面将自然界分为有限定的几种品类(几种因选择趣意而有的品类——原注),一面又恰好将部落也分成相当的族党?[38]

马林诺夫斯基的回答是,"食物是初民与大自然之间根本的系结。因为需要食物,因为希求食物底丰富,所以才进行经济的活动,才采集、才渔猎,而且才使这等活动充满了各种情感,各种紧张

---

38 〔英〕马林诺夫斯基《巫术科学宗教与神话》,第37—38页,李安宅译,上海社会科学出版社,2016年版。

的情感。"[39]先民以植物动物果腹，在漫长的混沌与蒙昧中，逐渐启蒙性地知道植物动物与自身生命的紧密联系而心存感激。如果采集渔猎不利、遭遇风险甚或为此而丧命，便可能产生对有关动植物尤为敬畏的感情，于是导致将有关动植物认作部落、氏族的"血缘"祖先，从而可能产生关于图腾的崇拜意识。久而久之，作为传统，便坚信有关动植物是本部落、本氏族的"生身之父"，从而加以绝对崇拜。又为了不触犯、不侵犯图腾的绝对权威，图腾禁忌便随之产生。比如澳洲那样"表现在吃的仪式上"的"图腾宴"的仪式，是因为初民坚信，有关动植物与本"族党"在"血缘"上本在地存在着灵气的感应，"吃"就是对自身身份的认同，由此建立部落、氏族的图腾意义上的文化归属感。

与巫术文化相比，图腾在人文精神上要显得更"空灵"一些。原古巫术的起因之一，在于求温饱的"实用"。这里的关键是，弗雷泽所说的"万物有灵"及其天人、物我、物物之间的感应，也是图腾文化的本因与机枢。"万物有灵"具有三大文化特征：一、世界每一事物，都具有如人一般的生命，"灵"（拉丁文 Anima，灵魂、生命之义），即指神化、灵化兼巫化的生命，可称为生命的"普在"；二、"灵"超越于生死，无论生物抑或死物，都具有灵性，"灵"是不死的。人的肉身可以而且必然死亡，但灵魂不灭。这种不死的"灵"，或者可称之为"马那"（mana），这也便是中国《周易》所谓巫性的"气"（精气）；三、万物的灵与灵之间相互感应，在先民心目中，绝对具有超自然的神秘感应力与控制力。

比较而言，"万物有灵"意识作为相对高级的原始人文意识，意味着初民的智力、情感与意志等，已经能够对于人自身的生命起源问

39　[英]马林诺夫斯基《巫术科学宗教与神话》，第38页，李安宅译，上海社会科学出版社，2016年版。

题,加以初步的关注,而且有一定的心灵能力对其作出初步的想象和理解。但与此后人类的科学理性相比,又极其稚浅而蕴含较多的原始灵性及其迷信等人文因素。又因灵性而蕴含一定的原始诗性,且因原始理性的尤为少欠而对生命原始问题作出不准确的理解和表达。灵性的理解,以科学理性的标尺衡量,不啻可称为"前理解"或甚至是"伪理解"。它可能天才地猜中人与万物及物物之际本具"感应"(包括可能的相互"控制")的关系,却以诸如"神灵"、"精灵"、"鬼魂"与"命理"之类的字眼,来加以表述,又以"灵魂不灭"去"理解"自然界与人类社会万物之间的普遍联系,成就造神及其神性、灵性兼巫性的崇拜与信仰,可以使精神迷狂的宗教在尔后发生,也为原古图腾的诞生,提供了原始的生殖意识。

由此,我们可以进而简略地分析,原古图腾文化得以蒙生之直接的所谓"第一时"的人文根因及其文化机制与品格问题了。

简言之,人类原古图腾文化来到世间,不仅是人类自己"意识到"自身"集团"的"共同性"与"集体统一性",更重要的,是以人之生命、生殖意识的"前理解"或"伪理解",即以"万物有灵"、"灵魂不灭"等理念、情感、意志等,作为其间接性的人文成因;不仅一般地崇拜生命而达到神性之类的精神迷狂状态,而且在原始信仰意义上,"意识到"而且执著地追寻、坚信人(氏族)的"先祖"究竟是谁,从而确信"谁"是自己的祖神,它是一种典型的原始"信文化"。

原古图腾的文化主题,在于倒错地将那些不是真正"先父"、"先母"的日月星辰、动物植物或风雨雷电等自然现象认同为氏族的"祖先",并将其神圣化、奇迹化和权威化。其发生的因缘及其时间,不仅出于祖神崇拜,而且同时是自然崇拜所致。原古图腾,是原始祖神崇拜和原始自然崇拜最初的奇幻组构。

原古图腾及其成因,决定于人类那种"倒错"的"准生命意识"。

它是祖神崇拜文化的初级形态。一般而言,总是自然崇拜的意识发生在前而祖神崇拜发生在后,尔后才终于可能是两者的结合。这毋宁可以说明,原古图腾文化的生成,正如原古巫术文化一样,或然是相对晚近的事。

如果这一判断可能正确的话,那么,学界诸如所谓"图腾是意识到人类集团成员们的共同性的一切已知形式中最古老的形式"、"意识到人类集体统一性的最初形式是图腾"这一见解是否站得住、是否持之有据,还有再做思考与讨论的必要。

问题的关键在于,原古图腾文化,究竟是否为中华最古老的主导文化形态,它是否蕴含中国美学的人文根因和根性,从而严重影响中国美学人文特质的建构?

中华古籍有关原始图腾的记载甚多。甲骨卜辞与诸如《诗经》"商颂"、《楚辞》"天问"与《山海经》等有关篇什,都有所记述。文字学家、历史学家丁山曾称,中华上古二百余氏族各有其图腾,这可以从卜辞发见其依据。[40]

诸多在原古神话中被想象和描绘的动物,如鸟鱼蛇蛙猪牛羊等以及尤其充满幻想、虚构的神性动物形象如龙之类,都是具有奇幻、奇迹的原古图腾。《诗经》"商颂"有云,"天命玄鸟,降而生商。"[41]可证"玄鸟"是商氏族的"始祖图腾"。西汉司马迁《史记·殷本纪》云:"殷契,母曰简狄。有娀氏之女,为帝喾次妃。三人行浴,见玄鸟堕其卵,简狄取吞之,因孕生契。"[42]《史记·秦本纪》又说:"秦之先,帝颛顼之苗裔孙曰女脩。女脩织,玄鸟陨卵,女脩吞之,生子大业。"[43]不

---

40 参见丁山《甲骨文所见氏族及其制度》,第 32 页,科学出版社,1956 年版。

41 《诗·商颂·玄鸟》,陈子展《诗经直解》卷三十,第 1192 页,复旦大学出版社,1983 年版。

42 《殷本纪第三》,司马迁《史记》卷三,第 12 页,中华书局,2006 年版。

43 《秦本纪第五》,司马迁《史记》卷五,第 29 页,中华书局,2006 年版。

仅称商的图腾为玄鸟,而且称秦的"祖先"也是。玄鸟,古籍一说燕子。《古诗十九首》:"秋蝉鸣树间,玄鸟逝安适?"又说是鹤。《文选·思玄赋》:"子有故于玄鸟兮,归母氏而后宁。"李善注云,"玄鸟,谓鹤也"。郭沫若氏认为,玄鸟指凤(凤)。玄鸟之"玄",幽黑、神玄之义。[44]这三说有些区别,而都指鸟。相传殷商认神鸟为图腾,这是想象、神幻意识所虚构而确信的"祖神"。时至今日,中国民间依然俗称男根为"鸟",大概是出于这个缘故。中国原古图腾文化,一般特具"历史化"的人文特色,司马迁笔下所写传自上古的鸟图腾案例或龙图腾个案,是大致作为"历史"来加以叙述的,而其作为鸟、龙图腾的人文底色依然未泯。

龙图腾是中国最重要而著名的原古图腾传说及其记载之一。关于龙,学界研究甚多。拙著《中国美学的文脉历程》一书,曾将关于龙的解释,归纳为十七见。龙的原型是"蜥蜴"、"鳄鱼"、"恐龙"、"蟒蛇"、"马"、"河马"、"闪电"、"云神"、"春天自然景观"、"树神"、"物候组合"、"以蛇为原型之综合"说以及"起源于水牛"、"由猪演变"、"与犬有关"、"源于鱼"和"由星象而来"等说。这大凡都是被神化、巫化了的动植物与自然景象。罗愿《尔雅·翼·释龙》有云,所谓龙,"角似鹿,头似驼,眼似龟,项似蛇,腹似蜃,鳞似鱼,爪似鹰,掌似虎,耳似牛。"罗愿为宋时人,其所说的龙的形象,已近于今日。这种"九似"之龙,显然是上古九大氏族图腾原型的一个综合。

中国原始龙凤图腾的人文原型,可以在一些考古发现中被证实。迄今考古所发现最早的龙象,发见于山西吉县柿子滩石崖岩画"鱼尾鹿龙"绘形,年代距今约一万年。有"龙形石塑",发见于辽宁阜新查海一个属于前红山文化的原始遗存,据测距今约八千年。它以暗红

---

44 参见郭沫若《青铜时代》,第11页,科学出版社,1960年版。

色石块堆塑而成"龙塑"之形,长度近 20 米而宽约 2 米,作昂首啸吟之状,龙身弯曲,有腾挪之势。又有出土于陕西宝鸡北首岭初民遗址之一的蒜头陶壶"鸟啄鱼"绘纹,是一鱼一鸟且两者相争的形象,表示鸟图腾战胜鱼图腾氏族的文化主题。其年代距今约在 6 800 至 6 000年之间。年代稍后的,是河南临汝阁村仰韶文化遗存绘于彩陶瓮棺的"鸟啄鱼",其纹样更为写实,其鸟躯呈站势,非常肥硕有力,鸟嘴非常尖长,它啄着一条形似今之鲫、鲤的鱼,鱼身下垂而显得无力,显然是一条死去的鱼。又在鸟啄鱼图右方绘一石斧之形。斧形巨大而显得十分笨重,并且斧把刻有"X"标志,可以看作是权威的象征。其年代距今约 6 000 年。河南濮阳西水坡遗址编号为 M45 大墓出土的"龙虎蚌塑"中的"龙",摆塑于墓主人残骸东侧,"由白色的蚌壳精心摆塑而成。'龙'长 1.78 米,高 0.67 米,头北尾南,背西爪东。'龙'头似兽,昂首瞪目;身躯细长而略呈弓形,前后各有一条短腿均向前伸,爪分五叉;尾部长而微曲,尾端具有掌状分叉。总体上看,这'龙'似乎在奋力向前爬行。"[45]值得注意的是,与此"龙"相对应的,是墓主遗骸西侧还有虎形蚌塑,构成中国古代风水学所谓"左青龙,右白虎"的风水态势,成为古代风水格局迄今为止所出土的最早一个实证。其年代距今约 6 460 年。

这一类的考古发现意义重大。如果说前述属于仰韶文化期半坡类型出土的"鸟啄鱼"的"鱼"仅为龙之原型的话,那么这里的"鸟",就是凤图腾的原型。而西水坡 M45 号墓葬的"龙"样,已与中华后世所尊奉的龙象极为相似。很早撰有著名学术论文如《伏羲考》与《说鱼》的闻一多曾经指出,"现在所谓龙便是因原始的龙(一种蛇)图腾兼并了许多旁的图腾而形成一种综合式的虚构的生物(按:这里指

---

45 刘志雄、杨静荣《龙与中国文化》,第 26 页,人民出版社,1992 年版。

罗愿所说的龙象）。这综合式的龙图腾团族所包括的单位,大概就是古代所谓'诸夏',和至少与他们同姓的若干夷狄。"又说,"龙是我们立国的象征","龙族的诸夏文化才是我们真正的本位文化。"[46]成书于殷周之际的通行本《周易》本经六十四卦的首卦为乾卦,全卦六爻及爻辞,都以"龙"取象且以"龙"为巫筮,因而被别称为"龙卦",显然是原古龙图腾的一大文化遗存。

关于原古"履大人迹"这一原古图腾,《诗·大雅·生民》有云:"厥初生民,时维姜嫄。生民何如?克禋克祀,以弗无子!履帝武敏歆,攸介攸止。载震载夙,载生载育,时维后稷。"[47]《史记·周本纪》记述云,"周后稷,名弃。其母有邰氏女,曰姜原(嫄)。姜原为帝喾元妃。姜原出野,见巨人迹,心忻然说(悦),欲践之,践之而身动如孕者。居期而生子,以为不祥,弃之隘巷,马牛过者皆辟(避)不践;徙置之林中,适会山林多人,迁之;而弃渠中冰上,飞鸟以其翼覆荐之。姜原以为神,遂收养长之。初欲弃之,因名曰弃。"[48]以"帝武"即"巨人迹"为"生子"这一图腾,即以姜嫄为母而以"帝武"为"父"(祖神),显得尤为特别。它在人文思维上,与前述"简狄""吞""玄鸟"之"卵"而"因孕生契"具有相类之处。

古籍有关原古图腾的记载甚多。这里,尚未将比如有关日月星辰与《山海经》所谓"人面蛇身"、"人首蛇身"之类的图腾之例加以论析。但是仍然可以有力地证明,原古图腾,确实是中华上古"信文化"的重要构成。恩斯特·卡西尔曾经指出,"中国是标准的祖先崇拜的国家,在那里我们可以研究祖先崇拜的一切基本特征与一切特殊含

46　闻一多《伏羲考》,《闻一多全集》第一册,第32、33页,三联书店,1982年版。

47　《诗·大雅·生民》,陈子展《诗经直解》卷二十四,第911—912页,复旦大学出版社,1983年版。

48　《周本纪第四》,司马迁《史记》卷四,第17页,中华书局,2006年版。

义。"[49]一个十分强调生命、生殖文化的民族与国度,必然有一个祖先崇拜的源远流长而顽强的文化传统,其文化源头,就是原古图腾。

然而,体现于原古图腾的生命、生殖意识,毕竟是初始的而远非成熟的,可称为"前生命意识"或"准生命意识"。原始"认祖"的文化冲动和行为,实际是倒错地认同比如日月星辰、山河大地或动植物这些他者为氏族自身的"生身父母",确实是"前生命"或"准生命"的。初民固然"意识到"认祖的需要性与必要性,却只能将其大致地放在自然崇拜的文化方式中去求得解决,实际它是原始祖神崇拜的一种"前史"文化方式。而且,有的图腾并不很典型。如前述关于"弃"的这一中国原古图腾,"弃"由姜嫄所生养,以践"大人迹"而受孕,以此为图腾。"大人迹"的大人,即《周本纪》所说的帝喾。帝喾与姜嫄都是人,那么,帝喾和姜嫄的图腾又是谁呢?

中国美学关于原始审美意识何以发生的人文根因和根性,显然与原古图腾文化的发生、发展相系,从特具前生命、准生命意识的原古图腾问题探究,是可行而必要的一条学术途径。

但依然有一些问题有待于进一步的讨论。

其一、正如前述,要在考古上追寻、确认中华原古图腾文化起始的绝对的"第一时"、"第一地",尤其要真正厘定图腾起始与原始审美意识的发生之间究竟存在怎样古远而深微的历史和人文联系,看来是相当困难的一件事,然而有关考古,总在不断地接近这个"第一时"、"第一地"。

从目前所掌握的考古材料看,比如中华原"龙"的图腾,最早大约在一万年前(如前述柿子滩石崖岩画的"龙"),其余暂且勿论。原古图腾文化的发生,必然诞生在多少个世纪以前的没有文字记载的时

49　[德]恩斯特·卡西尔《人论》,第109页,上海译文出版社,1985年版。

代,对于最早的图腾文化,其实我们目前是一无所知的。

张光直先生指出,"今天凡是有史学常识的人,都知道《帝系姓》、《晋语》、《帝系》、《五帝本纪》与《三皇本纪》等古籍所载的中国古代史是靠不住的,从黄帝到大禹的帝系是伪古史。"[50]

无根据的"疑古"或盲目的"信古",都是不可取的。我们应当提倡的,是运用"二重证据法"对中国上古史进行实事求是的研究,这是科学的"释古"。不是从某种逻辑即某种观念出发去裁剪有关史料,而是应该将一定的逻辑、结论,拿到历史资料这一学术的审判台前去加以拷问。关键在于"历史优先"。

应当指出,文字文本所记载的图腾的历史,并非中国图腾文化的历史源头,早在文字文本的图腾记载出现之前许多个世纪,世世代代由口头所流传的图腾故事及其图腾崇拜行为早已存在。

原古图腾与神话、巫术,总与中国原古"信文化"相联系。"信"即信仰天地、神灵意识的诞生,在人类十分漫长的文明进化史上,一定是相对晚近的事。而原古图腾,正如原古神话与巫术一样,远远不是中国历史与人文起始的全部,因为在图腾、神话与巫术发生之前的数百万年间,中国文化还有漫长而遥远的"过去"。盲目"信古"的特征之一,是将原古巫术、神话和图腾等同于历史。如关于祖制与帝系的图腾,以伏羲、黄帝等为最著名、最为后人所称道。在人文思维上,从殷周到春秋战国,由文献所表达的,大凡实际并未将图腾意义的"祖神"和历史意义的"人王"分开。其文化心灵所关注的重点,显然并非图腾本身,而是由图腾而衍生的"帝王"谱系。这实际是以图腾的"话语",来叙述和印证历史。

当然,在有关原古图腾以及前文所叙述的原古神话中,一定遗存着

50　张光直《中国青铜时代》,第358页,三联书店,1999年版。

若干真实的史迹史影，它们潜隐在大量散在的经史子集之中，需要做艰苦而长期深入的爬梳研究工作。从原古图腾与神话、巫术那里，力求科学地探寻、甄别真实的历史因素及其审美意识，应当说还仅仅只是开始，并且坚信在文字诞生之前的许多个世纪，必然已经有非常丰富的图腾崇拜与故事曾经发生与口口相传，其图腾，又是与原古神话与巫术等相联系的。

其二、中国美学的历史和人文发展的特质、品格之一，是其生命意识及其生命美学思想，这的确主要源自原古图腾崇拜的文化。原古图腾，确是原始审美意识尤其是关于生命原始的审美意识起始的重要人文源头之一。

从原古图腾这一维即"拜祖"的"前生命"、"准生命"的原始这一点，来解读中国美学的人文根因、根性暨原始审美意识的发生，是可能而必要的。图腾主题即生命及其生殖之祖究竟是谁的问题，虽然在整个原古初民的生活与生命活动中占有重要地位，但是远非只有图腾如此重要。就所蒙起的原古人文意识而言，除准生命、生殖及其祖神意识之外，还有比如原始意义的"天人合一"、"时空"与"象"等原古人文意识的发生。它们与准生命意识一起，共同促成原始审美意识的起始，或直接转化而成为原始审美意识的有机构成。问题在于，我们至今尚难于分辨，原古图腾的准生命意识与天人合一等人文意识的发生究竟孰先孰后或者是否同时发生，等等，也难以彻底判定其究竟在何时何地促成原始审美意识的起源。

举例来说，"姓"这一汉字，《说文解字》有云，"姓，人所生也，古之神圣感天而生子，故称天子。从女从生，生亦声。《春秋传》曰：'天子因生以赐姓'"。这是东汉许慎的释读。"姓"字甲骨卜辞写作 𡥀[51]。其字形，象一女跪拜于一木之下。因为是跪拜的象形，故此木在跪拜

51　罗振玉《殷虚书契前编》，一期，六、二八、三。按：原书名《殷墟书契》，《国学丛刊》石印本三期三卷，1911版。

者心目中应为有灵的神树。生字甲骨文写作 ⊻[52]。《说文》云,"生,进也。象草木生出土上。"甲骨卜辞所言"生",本指草木。可见,该女子既然跪拜于神木之下,那神木便是女子心中的图腾而无疑问。从"姓"字从女、从生似可推知,中华古代大凡姜、姬、妫、嫘、姚、晏等古姓,或李、林、朴、朱、桑、杜、梁与束等姓氏,大约都与原古图腾有关。有人从诸多古姓氏从"女"推知原古图腾及其准生命意识,早在母系氏族社会时期(距今约 10 万—1 万年间,属旧石器时期)已经诞生并有所发展。女娲与西王母,可以是母系氏族文化的神话表述。母系氏族生子,"民但知其母而不知其父",故以神木为图腾,氏族以其"老祖母"为权威。可见,姓氏所蕴含的这一图腾准生命意识及其生命审美意识,首先与"母"(女)而并非与"父"(男)相联系。这种崇"母"的原始生命及其审美意识,其实并未发展为后世中国美学史由该图腾意识发展而来的生命美学思想的主流。例如炎黄二族,炎帝姜姓而黄帝姬姓。《说文》云,"姜,神农居姜水以为姓",可见以姜水为图腾;《说文》又说,"黄帝居姬水以为姓",又以姬水为图腾。"姜"、"姬"二姓都从"女",可见都是属"女"之性。然而,这种"倒错"地认同神化、灵化与巫化的水系,且以自然崇拜为氏族生命之根

---

52 《甲骨文合集》,一期,四六七八、一四一二八,郭沫若主编、胡厚宣总编辑,中国社会科学院历史研究所《甲骨文合集》编辑工作组集体编纂,1978—1982 年版。按:《甲骨文合集》凡十三册。具体出版时间:第一册,1982.10,一期,1—1139;第二册,1978.10,一期,1140—4974;第三册,1978.12,一期,4975—7771;第四册,1979.8,一期,7772—11479;第五册,1979.10,一期,11480—14821;第六册,1979.12,一期,14822—19753;第七册,1980.8,零期,19754—22536;第八册,1981.1,二期,22537—26878;第九册,1981.6,三期,26879—29695;第十册,1981.12,三期,29696—31968,四期,31969—32977;第十一册,1982.1,四期,32978—35342;第十二册,1982.6,五期,35343—39476;第十三册,1982.12,一至五期(摹),39477—41956(一期,39478—40814。附:一期,40815—40910。二期,40911—41302。三期,41303—41453。四期,41454—41694。五期,41695—41956)。参见王宇信《甲骨学通论》增订本,第 514—515 页,中国社会科学出版社,1993 年版。

的图腾崇拜,其实并未形成强大而持久的中华人文传统。从"三皇五帝"谱系[53]看,他们都是男(父)性之"王"(皇、帝)。给人的错觉是,中国从原古图腾发展而来的原始生命意识与生命审美意识,一开始是以山川为图腾,而且崇拜男性之王而培育、生成的。以"老祖母"的"女"系为原古图腾的上古原"史",在"三皇五帝"谱系中全无记载与地位,这是因为,"三皇五帝"的"史"的创作年代,已届先秦春秋战国时代的缘故。

春秋战国,一个崇尚、树立男性绝对权威、被孔子称为"惟女子与小人为难养也"的时代,这个民族的生命及其审美意识的内在基因,早已由"崇母"发展为"崇父"。如果笼统地谈论原始审美意识源自一般的原古图腾,而抹煞该原古图腾其实最早始于"崇母"而非"崇父"这一点,那么,本来想要解决的问题,其实并未真正解决。或者研究中国美学史只谈"生命"问题而排斥其余,那么,本来应当厘清的问题,反而可能变得有些模糊不清。

其三、从美学研究的最重要课题即其本原本体看,从原古图腾文化的研究进入,由于原古图腾的确蕴含史前的"前生命"、"准生命"意识,固然由此可以扪摸中国美学关于原始审美意识之发生的脉搏,也起码在逻辑上可以证明,原始的准生命意识,不会与中国美学的原古文化根因、根性问题无关。可是,中国人之所以创造那么多关于龙凤、关于创世和英雄等原古图腾的"故事",目的主要并非在于审美而在于历史,古时一般是将图腾作为信史来看待的。

无论伏羲抑或炎黄等人王,其实他们多是后代中国历史学意义

---

53 按:关于"三皇五帝",中华诸多古籍记载不一。今人较为认同的"三皇"为:伏羲氏、神农氏、轩辕氏(黄帝);"五帝":少昊、颛顼、帝喾、唐尧、虞舜。古代有的"三皇"谱系,以燧人氏为首,依次为燧人氏、伏羲氏、神农氏,遂将轩辕氏(黄帝)降格为"五帝"之首。

的主角,不是也没有转化、提升为中国哲学与美学的本原本体。凡此传说中的人王,不会不与历史哲学无涉,可是对于中国美学的本原本体而言,他们一般仅是他者。这与西方古代有异。就所谓"上帝创造人"来说,西方宗教的上帝,其实也曾经是一个"祖神"。但其不仅是宗教文化意义之祖神或曰主神,而且顺理成章地升华为西方古代哲学、美学的本原本体,比如古希腊的柏拉图哲学、美学的"理式"论,实际是被哲学精致化了的宗教主神说。这种情况,在中国哲学、美学这里,看来是不可设想的。原古图腾文化对于中国古代生命美学的哺育,其功莫大矣,然则,其对于中国美学重要的本原本体的建构,是否真的并未直接提供什么深微的思维和思想资源?这是值得做进一步的探讨的。

其四、原古图腾文化从原始自然崇拜的角度,倒错地树立一个虚假的、替代的祖宗权威而真正的祖宗其实并未"出席"。这个假想中的祖宗权威是一个巨大的崇拜对象,他的深沉的文化尺度与情感时空,确实为从原始文化意义上的崇拜走向审美意义上的崇高,开辟了一条文化、历史之路。这里所说的原始文化,实际指原始"信文化"。一般的原古图腾文化,作为原始氏族原始生命意识的孵化器之一,是倒错而悲剧性地错认了自己的"生身父母",其崇拜意识虽则迷妄,但初民所经验的内心感受、情感、想象及其心灵的皈依,确是真诚、真切和真实的。所以,在历史与人文契机中,由这具有巨大文化尺度的原古图腾的崇拜,应该可以转化为审美的崇高,这也便是说,美学意义的崇高意识,应该是由上古原古图腾文化所哺育而成的,有如古希腊悲剧美学那样。

可是,中国美学的情况看来并非如此。

"崇高"一词,始见于先秦古籍。其云:"灵王为章华之台,与伍举升焉。曰:'台美夫!'对曰:'臣闻国君服宠以为美,安民以为乐,听德以为聪,致远以为明,不闻其以土木之崇高、彤镂为美。'"[54]这里所谓"崇高",仅指建筑物("章华之台")的高峻。原始初民居住于地穴之中,一旦入住于建在地面之中的宫室,则其心灵、精神便产生一种对于宫室的崇高感,从而肯定自身的创造伟力。"崇高"又称"嵩高"。《国语·周语上》注:"昔夏之兴也,融降于崇山。""融,祝融也。崇,崇高山也。""崇高"如果有美,则与壮美等相通。《易传》又有"崇高莫大于富贵"这一命题,这是指对于财富与显贵地位的满足感,而且将其看作是最大的"崇高",这又显然与美学关系不大。

在中国古代相当漫长的历史时期中,看来并未诞生由原古图腾的崇拜转化而成的审美性的崇高这一美学范畴。中国美学史上,开始大约只有"风骨"、"阳刚"、"壮美"、"雄浑"、"悲壮"、"悲慨"与"沉郁"等与崇高意义相近的美学范畴,在两汉之际印度佛教入渐中土之前,没有那种悲剧性的生命意识充沛而深沉的美学范畴的"崇高"。唐代司空图《诗品》将"雄浑"、"悲慨"等列于诗美二十四品之列,南宋严羽《沧浪诗话·诗辨》又以"雄浑"为诗"九品"之一,且将司空氏的"悲慨"改为"悲壮"。唐来华日僧遍照金刚《文镜秘府论·论体》首倡"宏壮"。王国维《人间词话》又将"宏壮"和"优美"并提。"阳刚"这一范畴,远源于先秦《易传》所言"内阴而外阳,内柔而外刚",而直至清代姚鼐《复鲁絜非书》,才对"阳刚"及与之相对应的"阴柔"有精彩的描述。清末曾国藩《求阙斋日记》明确提出,"阳刚者,气势浩瀚;阴柔者,韵味深美";其庚申三月某则日记又云:"阳刚之美曰雄直怪丽;阴柔之美曰茹远洁适。"这不难见出,"崇高"作为纯粹性、悲剧性的美学范畴,可以说始终未在中国本土的美学视野之内。

这是因为,虽则原古图腾文化具有错认"生身父母"的某些悲剧

---

54 《国语·楚语上》,《国语》卷十七,邬国义、胡果文、李晓路《国语译注》,第512页,上海古籍出版社,1994年版。

性的原始意识因素，却由于其在此后的时代里，执拗而主要地走向了历史学及其伦理学而非哲学领域，遂使"崇高"这一范畴，大致囿于《易传》所言崇"富"崇"贵"的思维和思想域限之中，或是推重"崇德"的伦理，从山的"崇高"转递为人格地位的"崇高"。进而由道德反哺于审美，遂使后代有一系列诸如"雄浑"、"悲慨"等美学范畴。而有如西方美学如古希腊悲剧那般人遭遇苦难、毁灭的悲剧性的"崇高"，除悲剧《赵氏孤儿》等所表达的悲剧性崇高之外，一般较少真正进入中国美学的人文"法眼"。

这或然可以反证，相对而言，由于中华上古时代原古图腾文化的特性和人文地位，使得图腾一般地走向了"历史化"道路，较为缺乏由图腾崇拜直接转嬗、升华为悲剧性审美崇高的强大文化动力。

第二章 巫性人类学：原古巫文化的人文特质

中国原古文化，是一个基本以原古神话、原古图腾和原古巫术为主所构成的动态三维结构，而且以原巫文化为基本而主导。其相应的中国美学关于原始审美意识的人文根因根性的研究，可称为关于原古神话、图腾与巫术的"文化人类学三路向"。

文化人类学"三路向"说的提出与论述，作为对于中华原古也是人类原始文化力求正确的总体把握，在认同原古文化的整体性与有机性的同时，将其分为文化形态学意义的神话、图腾与巫术这基本三支，改变以往学界有关人类原古文化的神话、图腾与巫术三者未分的学术理念与方法。这有机整合的文化三支，在不同氏族、民族、时代的文化体系、结构与传统的发生的先后，以及品性、地位、功能、意象与影响等，自当有异；它们各自与其相应原始审美意识发生、发展的历史与人文联系，也不尽相同。其中原巫文化，在文化起因、品性与功能上，相对独立而自存且相系于原古神话、原古图腾。巫术文化，是文脉独立而相系于神话、图腾的基本而主导的一种原古文化形态。

第一节 人类原古巫术的一般文化共性

正如前述，在学术理念上，学界有些文化人类学言述，往往不分人类原古神话、图腾和巫术这一文化三支，它们将巫术归属于宗教文化，称巫术仅是"宗教的堕落"，没有其自己独立的文化特性。在治学理念上，存在可待商榷、可待厘清之处。

李泽厚先生《美的历程》一书第一部分"龙飞凤舞"，在阐释中华"原始歌舞"与"有意味的形式"的美学问题前，谈到"远古图腾"问题。其用以作为例证之一的，却是从元谋人、蓝田人、北京人到山顶洞人所"发明"与"使用"的"石器工具"种种造型与其"装饰品"[1]。其文有云，比如"山顶洞人的所谓'装饰'和运用红色"，作为当时"并非为审美而制作"的原始"审美或艺术"的萌芽，"它们只是潜藏在这种种原始巫术礼仪等图腾活动之中"；而且从该书一则注文所谓"关于巫术、神话（Myth——原注，下同）、礼仪（Rite）、图腾（Totem）之间的相互关系"[2]云云可知，其关于巫术文化的概念，看来有些含混不清。

李先生将"巫术礼仪等"，归属于图腾这一范畴，取消了"巫术礼仪等"在上古原始文化中相对独立而应有的文化地位和功能。将上古原始文化，分为"巫术"、"神话"、"礼仪"与"图腾"四种，可能也是欠妥的。"礼仪"不是一种与巫术、神话和图腾并列的原古文化形态。无论巫术"作法"、图腾崇拜还是神话叙事，都有一个"礼仪"也称为"仪式"的问题。"礼仪"的"礼"，显然是后代伦理之"礼"的文化原型，表示献祭于神灵，表示人对神灵、鬼魂的拜祭、虔信与感恩等原始等级意识，但是并非指后世道德意义的"礼"。如果以"礼仪"别列一类，便给人一个错觉，似乎"礼仪"在原古文化中是可以独立自存与发展的，又仿佛巫术、图腾和神话等都不具有"礼仪"似的。

1　按：比如云南元谋人，距今约 170 万年，地质年代属于更新世早期，是否已经能发明、使用"石器工具"，可以存疑。一般认为，蓝田人距今约 100 万年，属于更新世的中期，大约在蓝田人与距今约 50 万年的北京人之间，有最原始石器的打制和火的使用。

2　李泽厚《美的历程》，第 2、5、4 页，文物出版社，1981 年版。

与此相类的一种理念，是不以为原古巫文化具有相对独立的文化性格，认为巫术的始初形态，就是原古图腾观念的"行为化、仪式化"，也是图腾的情感的"实践化"，巫术活动在本质上也就成了图腾活动的一种"专门化形式"，并称原古图腾是人类原始文化意识形态的"第一阶段"。这一看法，显然是说巫术从属于图腾。

又，西方一些学者曾将人类原始时代，看作一个"原始神话"文化的时代。似乎人类原始以"神话"一词便可概括无遗，并将神话思维等同于"原始思维"。在那种文化理念中，除了神话，没有图腾与巫术的历史与人文地位。又往往因巫术所特有的迷信，而有意无意地贬低其文化地位或加以忽视。在有的学者看来，巫术之不登大雅，正与神话的诗意和图腾的崇高，形成强烈反差。巫术的尤为神秘而且的确十分迷信，可能令人深感不安、困惑而被人"本能"地拒之门外。刘黎明《灰暗的想象——中国古代民间社会巫术信仰研究》一书，称巫术为"灰暗的想象"。称其"灰暗"固然不错，然而，巫术文化意蕴的复杂与深微，远不是"灰暗的想象"一语可以概括的，况且即使是充满迷信的文化现象，同样值得我们去进行研究，只是不要因其迷信而扰乱我们的心智与理性罢了。

原始初民与世界、现实的最根本、原初的实践关系，既然首先只能是实用功利关系，既然初民最讲实用功利，那么，较之原古神话、图腾等最讲实用功利的原巫文化，首先登上历史和人文舞台，应该是顺理成章的事情。

由于生命、生存与生活难题所迫，遂使原始巫术文化的萌生，可能成为人类命运之最早的不二选择。实用功利意识，较早地将原始巫术"召唤"到人类文化原始的前台。因其讲究实用，人类的原巫文化，有可能成为原古神话与图腾的先导。这是人类命里注定的历史选择，或可称为人类历史的宿命。

究竟什么是原古巫术？这一问题本书前文已略有论析，这里再作续论。

> 巫术（希腊语 mageia，拉丁语 ma-gia——原注，下同）是术士的技艺。已经证实，早在古希腊时期，该词便已在希腊语中出现，甚至还更早一些。其词源很明显：这个词来自波斯人的宗教世界，其中术士（magos）指祭司，抑或是别的专司宗教事务者的专家。希罗多德第一个向我们提及这些人：这些术士们（magoi）组成了波斯的一种秘密阶层，他们负责王（皇）家祭祀、葬礼仪式以及对梦境的占卜和解释；色诺芬（Xenophon）把他们描述为"所有关于神的事务"的"专家"。[3]

这一段关于巫术的分析，除了可将"宗教世界"改为"原始信文化世界"外，都是可取的见解。宋兆麟《巫与巫术》说：

> 巫术是史前人类或巫师一种信仰和行为的总和，是一种信仰的技术和方法。是施巫者认为凭藉自己的力量，利用直接或间接的方式和方法，可影响、控制客观事物其他人行为的巫教形式。[4]

这一言述，大致回答了"什么是巫术"这一问题。

巫术"史前"即有。至于"史前"具体指什么年代，这里没有提供答案。好在在该书第二页上，宋兆麟说，"巫教（按：指巫术）的出现

3　［瑞士］弗里茨·格拉夫（Fritz Glaf）《古代世界的巫术》，第26—27页，王伟译，华东师范大学出版社，2013年版。

4　宋兆麟《巫与巫术》，第214—215页，四川民族出版社，1989年版。

是极其古老的。据外国有些学者的多年研究,巫教起源于旧石器时代晚期。此时欧洲尼安特人已经开始安葬死者,出现了灵魂信仰的萌芽。"[5]所谓"安葬死者"和"灵魂信仰"的"萌芽",还不等于就是原巫文化的起源,它只是提供了巫术起源的一个必要条件而非充分条件。

巫术作为巫师甚至人类的一种信仰,是信仰理念与行为二者的总和。这指明了巫术由意识、理念、思想即弗雷泽所说的"巫术原理"[6]与"技术和方法",即人类学学者通常所说的"伪技艺"或"仪式"所构成的文化事实。当然,这里仅仅指出巫术是一种"信仰的技术和方法",则还是不够的。实际大凡巫术,都是因为在人与神灵感应的前提下,盲目地追求实用功利而起,作为"伪技艺",却总是难以直接达到种种实用目的。然而,人类关于实用功利的原始意识、理念甚而思想,却是首先由原巫文化所培育的。尽管原古巫术的神秘外衣,遮蔽了许多真实,而由巫术所培育的原始实用功利之思,确是一种历史与人文的真实。"伪技艺"这一人类学用词,由英国人类学家弗雷泽所首先提出。拙著《巫术:周易的文化智慧》(1990)一书,曾将原古巫术文化,称为人类童年时代之"倒错的实践"。

巫术的"技艺和方法",分"直接"、"间接"两类。这一说法,来自弗雷泽且暗指其巫术"技艺"两"原则",此即"接触律"与"相似律"。"接触律"是"接触巫术"的原则:"指相互接触的物质实体,哪怕被分开,仍然可以跨越距离发生相互作用;巫师基于此断定,自己可以通过一个人曾经接触过的物体来对这个人施加影响,无论这个物体是不是此人身体的一部分,此类巫术被称为'接触巫术'";"相似律"指

---

5 宋兆麟《巫与巫术》,第2页,四川民族出版社,1989年版。

6 [英]詹姆斯·乔治·弗雷泽《金枝》上册,第16页,陕西师范大学出版有限公司,2010年版。

"顺势巫术"："指同类相生，即同果必同因。巫师根据'相似律'指导，他可以仅通过模仿来达到目的；以此为基础的巫术被称为'模拟巫术'或'顺势巫术'"。显然，宋兆麟的"直接"、"间接"说是颇为简明的，其受弗雷泽的影响也是可以肯定的。弗雷泽有关这两类巫术"方式和方法"的阐述较为理论化，他不无正确地将"接触"、"顺势"两类巫术，统称为"交感巫术"[7]，但不够全面，所以受到一些学者的批评，这是本书前文曾经提到过的。

巫术的施巫者自以为可以"凭藉自己的力量"，施展巫术"技艺"从而达到"影响、控制客观事物和其他人行为"的目的。这一概括比较贴切。它道出了巫术和巫者(施巫者、受巫者)在"信"前提下的自以为"是"。但是值得强调的是，所谓巫术的两大文化功能，只有通过"信"的心灵重构，才有可能发挥、"实现"。巫术是一种"信文化"。对于那些不"信"巫术的人来说，巫术是一个他者。或者反过来可以说，不信巫的人是巫术的他者，巫术在其心灵之外，不具有所谓的"影响"和"控制"功能。

巫术是一种"巫教形式"。这一看法如何评说，学界意见不一。一般而言，巫术既然是一种文化心灵的信仰且施加影响、控制于人和环境，自当具有一定的神性兼巫性品格，称其为"教"，大约并非欠妥。可是，如果说巫术又等同于宗教之"教"而称"巫教"，那么，这是忽视了巫术与宗教的文化差异。这一问题，对于如何力求正确而准确地理解、把握巫术的文化本质和功能，以及如何看待本书的研究主题即巫学、巫性与中国美学的文脉关系，显然是尤为重要的。

比较而言，弗雷泽有关巫术文化的基本理解，值得注意。其文有云：

---

7 ［英］詹姆斯·乔治·弗雷泽《金枝》上册，第16、18页，陕西师范大学出版有限公司，2010年版。

> 巫术的本质是一种伪科学，一种没有任何效果的技艺。它
> 是一种对自然规律体系歪曲的认识，是一套错误的指导行动的
> 准则。

弗雷泽又说：

> 简单地说，巫术之于他绝非科学，只是一种单纯的技艺。要
> 知道在他那尚未开化的大脑里，还很难形成任何有关科学的概
> 念。哲学研究者应该做的是，通过探索巫师施法时的思想活动，
> 从具体到抽象，从应用到原理，透过这种假技艺的外表分析出它
> 的伪科学的本质。[8]

这是力图站在科学理性的立场，指明巫术作为"伪科学"、"假技
艺"（即"伪技艺"）的文化本质，可谓一语中的。巫术作为人企图把
握世界的一种古老文化方式，是"对自然规律体系歪曲的认识"，巫术
是科学的"伪兄弟"，其所运用的，是一套"错误"的"准则"。由这"认
识"的"准则"所指导的"技艺"即"仪式"，弗雷泽将其称为"没有任
何效果"的把戏。但这里必须指出，大凡巫术，对于那些不信巫术的
人来说，确实"没有任何效果"，而对于那些迷信巫术"灵验"之人而
言，却并不是"没有任何效果"的，巫术在于影响、控制人的行为，移动
人的性情与心智，干预人的生活，甚至决定国家大事。这里的关键，
取决于人对于巫术文化的立场和态度。

　　弗雷泽的这一理性立场值得肯定。理性固然不免有盲点，不能
将理性等同于真理。然而，理性尤其科学理性，依然是人性和人格中

8　[英]詹姆斯·乔治·弗雷泽《金枝》上册，第16、17页，陕西师范大学出版有限公司，
　2010年版。

最高贵的部分,值得加以尊重。牟宗三先生曾经将真理分为"外延真理"与"内容真理"两大类,"凡是不系属于主体(subject——原注,下同)而可以客观地肯断(objectively asserted)的那一种真理,通通都是外延真理。科学的真理是可以脱离我们主观的态度的(按:科学真理的表达方式,如数学公式、公理等,是外延真理的表达。这一表达,将真理发现者、表达者在发现、表达时的主观想象、情感、意志与判断的态度因素,过滤干净)。比如一棵树,假定你用审美的态度来看,说这棵树如何如何的美,这个不是科学知识,这是系属于主体的。"这里所说的便是"内容真理"。牟宗三说,"我们除了外延真理外,还得承认有内容真理"。如中国道家、佛家与西方基督教的思想里,"你可以说它不是外延真理,但是它不是外延真理并不能就说它不是真理。这些都是内容真理。"[9]其中可能包含一定的真理性因素。原古巫术,作为一种"伪科学"、"伪技艺",它系属于原古"信文化",其间充满了迷信、迷狂与谬误,其本身并非"内容真理"更不是什么"外延真理"。然而凡此迷信与谬误,也可以在一定的历史与人文契机中,容忍一定朴素理性的存有,成为开启一定"内容真理"甚或"外延真理"的一扇史前的"黑暗"之门。这一论题,牵涉的问题很多,相当复杂,容本书后文再作解析。

从人把握世界的实践方式看,巫术的文化本质是一种"倒错"的"实践",在于它是对一般社会实践的一种无可奈何的替代和补偿。本质上,巫术是人类童年的一种稚浅的文化行为与文化心智。巫术这部"文化机器"是依一定的神灵观念为动力和润滑剂而得以运转的。

然而人并非在神灵面前彻底跪下,毋宁说巫术的力量与所谓的

---

9 牟宗三《中国哲学十九讲》,第20、22页,上海古籍出版社,1997年版。

"灵验",是人对自身的一种神化兼巫化。这里所谓"倒错"的"实践",指其因为人类童年时代社会生产力(包括人的体力和智力)的极度低下,而一时无力克服由自然所施加的种种压力与障碍,又不愿屈服于这种压力与障碍时,加上原始"万物有灵"文化观念的催激,可能促使原始人类的思维、情感、想象与意志等,从人的一般社会实践领域挪移,相信可以通过另一种"实践"手段即所谓巫术,来企图达到人改造自然与人自身的预期目的。原古巫术的发明,出于原始初民不得已而为之。在原始信仰的社会和文化条件下生活的原始初民,相信巫术可以呼风唤雨,改天换地,一切生活与生命的难题都不在话下,一切都可以迎刃而解。正因为原始巫术文化在其"倒错""实践"的机缘中,可能包含某些科技因子但又并非是什么科学,所以弗雷泽和马林诺夫斯基等,都称巫术是"伪科学"、"伪技艺"。

原巫文化的文化性格和功能,与如下情况相关:

一、人生无尽的难题,是巫术来到世间的一大触因。自然和社会的难题总是存在而且被初民意识到,人类所面临的生存困难永远存在,克服了一个,必然还会有更大而一时难解的困难横亘在前,因此,即使在科学最为昌盛的时代,也还会有巫术的存在;

二、人总是盲目迷信自己能够解决一切难题、克服一切困难,这种属于"前史"的心智和心态,一直纠缠着人类充满智慧的头脑。无论人类是否已经走上多么文明的发展阶段,人类却依然是一个依偎在"原古"怀抱的"孩子"。当然,科学理性的昌明,已经愈来愈把巫逼到了历史和现实舞台的一角;

三、人的头脑中,曾经充满万物有灵即鬼神、鬼魂与精灵等人文意识,这种意识之所以统治人类历史许多万年,而且还将不同程度地统治下去,是因为世界、社会的本质规律,永远不可能彻底地被把握,所谓鬼神、鬼魂与精灵之类,就是那尚未被真正把握到的本质规律的神化与巫化；

人的生命与生活本身，促其为求生存、发展而首先将原始意志、情感与想象等心灵之力，凝聚为实用欲求，实现为心灵冲动。心灵是一个渊黑的无底深渊。"心理学家把心灵比作冰山，大部分冰山是看不到的。心灵那广大浸在水面下的底舱到底包含了些什么呢？有人认为它包含了它所经历的每一个记忆和经验，那永不休止的深藏的心灵什么也没有忘记。另外的人如荣格（Carl Jung——原注）就认为那是包括了总结全人类经验的种族的记忆。心理分析对于这些精神黑暗面只能对准几个光点。谁又能说黑暗能够在什么程度下被驱散呢？"[10]原始初民的文化心灵内涵，也是由"记忆和经验"所占有的，而绝大部分的心灵时空，还是未开垦的"处女地"，处于"沉睡"状态。即便如此，那些最早被照亮的"精神黑暗"或者可称为"种族的记忆"，在文化形态学看来，是属于原古巫术、神话和图腾的。其中巫文化，专注于实用需求的心灵冲动。也就是说，一种属于巫性的原始信仰，唤醒了这一企图实现实用功利的心灵冲动，"而且与人有益或有害，必然也是秉赋了灵魂或精神的。"[11]

而且原古巫术，正如神话和图腾那样，远不是人类最初来到这个世界时人的实践与精神面貌，对于具有数百万年历史的人类来说，巫术文化，可以说是一种相当晚近的现代"文明兼野蛮"。列维-布留尔说："'原始'一语纯粹是个有条件的术语，对它不应当从字面上来理解。""'原始'之意是极为相对的。如果考虑到地球上人类的悠久，那么，石器时代的人就根本不比我们原始多少。严格说来，关于原始

10　［美］休斯顿·史密斯《人的宗教》，第25页，刘安云译，刘述先校订，海南出版社，2013年版。

11　［英］马林诺夫斯基《巫术科学宗教与神话》，第4页，李安宅译，上海社会科学院出版社，2016年版。

人(按：即最原始的人类)我们几乎是一无所知的。"[12]巫术是悠邈历史、人类智慧长期酝酿、积淀和进步的文化成果兼垃圾。是原始人类文化心智、情感、想象与意志的解放与束缚、祛魅和蒙蔽。许进雄曾说："巫并不是远古蒙昧时代的产物。而是到了有原始的宗教概念的时候，即人们对于威力奇大而又不能理解的自然界开始有了疑惑与畏惧，才想象有了神灵以后的事物。"[13]这里所谓"原始的宗教概念"，实指"万物有灵"、鬼神与精灵等原始人文意识。原古巫术的发生，不仅始于原始初民对盲目自然力相当错误的理解与"有了疑惑与畏惧"，而且人盲目迷信人自己无所不能，这确实是一种人类童年稚浅的文化心灵和心态。

任何一个完整的巫术行为和操作(即所谓"仪式")过程及其人文理念、情感与意志等，大凡同时具有五大因素：一、先兆迷信；二、预期目的；三、"作法"、"仪式"即操作过程、行为和技艺；四、迷信人神、心物和物物之间的神秘感应；五、想要进行巫术操作的冲动。

原古巫术的发生，建立于初民对于自然界与人类社会几乎无所不在的所谓"先兆"的迷信之上。在"万物有灵"观等的支配、统驭之下，初民迷信人与物以及万物之间存在着必然而能决定人的行为成败、命运祸福的因果联系。因果的因，即巫术所谓兆，它是先于结果而呈现的种种在初民看来是神秘的现象中的。兆是事物神秘变化的蛛丝马迹。《易传》称为"几"(按：机之本字)。其云："知几，其神乎？""几者动之微，吉之先见者也"[14]。晋韩康伯注：合抱之木，起于毫末，吉凶之彰，始于微兆。故为"吉(凶)之先见者也"。初民的心

12　[法]列维-布留尔《原始思维》，第1页，丁由译，商务印书馆，1981年版。
13　许进雄《中国古代社会——文字与人类学的透视》，第505页，台湾商务印书馆，1995年版。
14　按：关于《易传》"吉之先见者也"此句，笔者疑"吉"字之后脱一"凶"字。

灵尤为脆弱,万事万物的无数现象,都可以被认作吉凶之兆,往往深信不疑。所谓"扫帚星"、"无云而雷"、"枯杨生稊"和"白牛生黑犊"等无数异象,都被古人信以为凶兆。甲骨占卜、《周易》占筮,都是通过求得一个兆而占验吉凶、休咎的。《尚书》曾将巫术前兆称为"征"(征兆、征象),亦称"庶征",分"休征"(吉兆)和"咎征"(凶兆)两大类。所谓庶征,指占卜时龟甲所呈现的裂纹,分为五种:"曰雨,曰旸,曰奥,曰寒,曰风"[15]。《周易》占筮所呈现的"象",称变卦或变爻,便是或吉或凶之兆。这便是《易传》所谓"见(现)乃谓之象"。巫术首先重视的是兆,兆是一种在"信"的心灵之中所呈现的"象",而不是一般意义的事物现象。"信"这个汉字,现在人们一般理解为"诚实""信任""信用"等义,所谓"仁义礼智信"的"信",即是如此。所谓"言必信,信必果",是说为人须"说到做到",不诳人,是属于道德人格意义的。但其本义却是具有巫性的。西汉扬雄《太玄经·应》所谓"阳气极于上,阴信萌于下"的"信",《太玄经》注云:"信,犹声兆也。"信字从人从言,这里的人,指的是施行法术的巫师、巫祝与萨满等,"作法"时,往往口中念念有词或是载舞载歌,为的是降神即召唤神灵,据说,果然神灵应召而灵魂附身,这便是巫术的所谓"信"。或者指巫师口中所念的咒语,咒人死便死,祝人活即活,真是"说到做到"。这里的"祝",原本也是一种咒语,不过是善意的。《圣经》称上帝"说要有光,于是便有了光",也是"说到做到",神通广大,这是遗留在宗教典籍中的一个巫术实例。当然,巫术的兆,远不止声兆,自然界的一切现象,人的一切行为、活动、想法甚至道德表现,等等,都可以在"信"意识、理念的统御中,成为巫术的兆头,以预示吉凶休咎。巫术之兆,列维-布留尔称为"表象"。

---

15 《尚书·周书·洪范》,孙星衍、陈沆《尚书今古文注疏》,中华书局,1986年版。

英国功能主义人类学家马林诺夫斯基曾说:"我们越无法倚（依）赖自然和知识,则越会寻求征象,希望神迹,而信托捕风捉影的佳兆。"[16]在浓重的巫术氛围中,初民与古人,对先兆尤为刻骨铭心。人们迷信人与人、人与物、物与物之间的所谓神秘感应,却往往颠倒或张冠李戴式地信从种种因果之链,且与人的命运休咎相联系,测兆象,辨然否,判吉凶,以兆象为根本。这便是法国人类学家列维-施特劳斯之所以称"巫术思想,即胡伯特和毛斯所说的那种'关于因果律主题的辉煌的变奏曲'"[17]。

初民从事巫术活动,没有一个不具有明确的目的。原古巫术如测影(晷景,按:景为影之本字)、测风、望气与扶乩等以及甲骨占卜与易筮之类,都是一定目的、功利欲求驱使下的"有效劳动"。从卜问天下与国家大事、战争成败、年事丰歉到人的生老病死、祭祖拜宗、官职升迁、出行宜忌等,都要通过巫术问询于神灵。对于原古巫术而言,正如马林诺夫斯基所云:

> 世界是马马虎虎的背景,站在背景之下而显然有地位的,只是有用的东西。[18]

正如前述,从人类意识的进化历史看,出于生存即活下去这一人生的根本之需,人求其实用的文化心灵,必然最先被唤醒、被培育。人类最早的意识、意念与行为,都首先服膺于这一生存目的。这也便是原古巫术可能起源最早的根本理据。原古巫术的发生,都从"目

16　［英］马林诺夫斯基《文化论》,第 67 页,中国民间文艺出版社,1987 年版。

17　［法］列维-施特劳斯《野性的思维》,第 15 页,商务印书馆,1987 年版。

18　［英］马林诺夫斯基《巫术科学宗教与神话》,第 27 页,中国民间文艺出版社,1986 年版。

的"处起步且试图实现其预期目的,便是趋吉避凶,保护自己,控制环境与攻击别人。巫术包括"白巫术"和"黑巫术"两大类。弗雷泽曾经举例说:

> "模拟巫术"或"顺势巫术"通常被用于达成险恶或仇恨的目的,但不要认为它只能用来伤害敌人;尽管少见,我们仍不能忽略它作为善良愿望的一面,它曾经被应用于催生和不孕妇女怀胎,比如生活在苏门答腊岛的巴塔那人有这样的传说:不孕的妇女如果想要当母亲,只要把一个婴儿形状的木偶抱在膝上,她就可以梦想成真。[19]

尽管初民或此后的古人施行巫术的实际目的总是落空,然而,其人文意识与欲念的目的真实性,是毋庸置疑的。

任何一个成熟的巫术,都具有其独特的操作过程。别的暂且勿论,就中国甲骨、易筮而言,都具有其各自的操作仪式。甲骨占卜的整个操作,包括捉龟、衅龟、杀龟、钻龟、灼龟与契龟等繁复过程。仅甲骨占卜的前期阶段,即关于龟甲、牛骨等的治理,须包括选材、刮削与钻琢等,以及进而施灼成兆,再以文字将占卜结果契刻于甲骨之上。整个过程,都十分周至、虔诚与迷信。又如古易筮的"作法"即操作仪式,所谓"十八变",则更为繁复。[20]

大凡巫术,无论中外古今,都信奉"万物有灵"包括天人、物我与物物之间的"感应"。这便是原古人文意识、情感和意志等心灵对于

---

19 [英]詹姆斯·乔治·弗雷泽《金枝》上册,第19页,陕西师范大学出版社有限公司,2010年版。

20 按:为约简本书篇幅,恕勿赘述。请参见拙著《巫术:周易的文化智慧》,第128—146页,浙江古籍出版社,1990年版;拙著《周易精读》,第294—303页,复旦大学出版社,2009年版。

神秘的超自然之力的感应。这在中国古代巫术文化中称之为"气"，即《易传》所谓"同声相应，同气相求"。

对此感应，无论巫术信仰者、操作者和接受者，都深为敬惧。周代巫术占筮过程的施筮者和受筮者，其心灵、态度的虔诚与庄严，其占筮过程的繁复神秘，一点儿也不亚于殷代的占卜。殷代占卜的取龟、攻（杀）龟等仪程的进行，须慎选吉时良辰。《周礼·春官》有"凡取龟用秋时，攻龟用春时"之记。攻龟之前，必敬祈神灵，即所谓"衅龟"。《周礼·春官》云，"上春衅龟，祭祀先卜"。"衅龟"者，杀血以祭、敬告神灵也。

《史记·龟策列传》说，攻龟前，"于是元王向日而谢，再拜而受。择日斋戒，甲乙最良。乃刑白雉，及与骊羊。以血灌龟，于坛中央。以刀剥之，身全不伤。脯酒礼之，横其腹肠。"[21]虽说这是后世的一则补述，可能与原始龟卜情形有所出入，而初民、古人内心的敬惧与庄严，一如既往。朱熹《筮仪》记《周易》占筮仪式有云：

> 择地洁处为蓍室。南户，置床于室中央。蓍五十茎，韬以纁帛，贮以皂囊，纳于椟中，置于床北。设木格于椟南，居床二分之北。置香炉一于格南，香合一于炉南，曰炷香致敬。将筮，则洒扫拂拭。砚一，注水，及笔一墨一黄漆板一于炉东。东上，筮者斋洁衣冠，北面。盥手焚香致敬。手奉椟盖，置于格南炉北。出蓍于椟。去囊解韬，置于椟东。合五十策。两手执之，熏以炉上，命之曰：假尔泰筮有常，某官姓名，今以某事，云云，未知可否？爰质所疑于神于灵，吉凶得失，悔吝忧虞，惟尔有神，尚明告之。乃以右手取其一策，反于椟中，而以左右手中分四十九策，

21　《龟策列传第六十八》，《史记》卷一百二十八，第743页，中华书局，2006年版。

置格之左右两大刻。次以左手取左大刻之策执之,而以右手取右大刻之一策,挂于左手之小指间。次以右手四揲左手之策。次归其所余之策,或一或二或三或四,而扐之左手无名指间。次以右手反过揲之策于左大刻,遂取右大刻之策执之。而以左手四揲之。次归其所余之策如前,而扐之左手中指之间。次以右手反过揲之策,于右大刻,而合左手一挂二扐之策,置于格上第一小刻,是为一变……[22]

《周易》占筮过程,一共有"十八变",这里所引录的,仅仅是"一变",已是令人眼花缭乱,似乎不得要领。虽然这是朱熹的记述,未必处处还原了最原始的筮仪,可能有后世的添油加醋,比如"焚香"之类,显然得之于佛教仪式,但筮仪的繁复,是出于算卦的必由之则,因为不这样,便不能算出何为变卦或变爻,以便由所现的吉兆或凶兆而占断人事命运。可见《周易》的古筮仪式,竟是何等神秘何等神圣而不可亵渎,真是出乎今人想象。这也便是《易传》之所以说"渎则不告"的缘故。筮者的无比虔诚之心,实在是巫术施行以保"灵验"的主体精神,所谓"诚则灵"、"信则灵",不"诚"、不"信"则必不"灵"。其神灵、其灵气、其感应,其严格无误的"作法"即种种仪式与过程及其细节,绝不可有任意的更易而成为巫术成败的关键。在古代世界,巫术作为一种"信文化"现象,由于其总是与人类的生命、生存与生活密切相系而不可或缺,不能不是一种普遍而深刻的社会存在。

瑞士学者弗里茨·格拉夫(Friz Graf)曾经指出:

"在古典时期(classisal antiquity——原注,下同),巫术活动无处不在。柏拉图(Plato)和苏格拉底(Socrates)的同时代人把伏都玩偶

22　朱熹《周易本义·筮仪》,怡府藏版影印本,第28—32页,天津市古籍书店,1986年版。

（Voodoo）放在坟墓和门槛上（其中有些玩偶在现代的博物馆中尚可看到）；西塞罗（Cicero）的一个同事自称因受咒语作用而丧失了记忆，西塞罗对此微笑；老普林尼（Elder Pliny）则宣称谁都惧怕捆绑咒语（binding spells）之害。特奥斯（Teos）的居民以咒语来诅咒任何进攻该城邦的人；十二铜表法明文规定禁止用巫术把某处田地的庄稼转移到另一处；帝国的法典包含详尽的对于一切巫术行为的惩罚条款——只有爱情咒语和天气巫术除外。很多杰出的希腊人和罗马人曾被指控施行巫术，从共和国的元老到公元六世纪的哲学家波依提乌（Boethius），不绝如缕。要不是苏格拉底生活在雅典，他也难免遭此风险。古代巫术世代相传：源自古埃及纸草书的希腊咒语，在哥伦布（Christopher Columbus）时代占星术的手抄本中又以拉丁文的形式改头换面重新出现；琉善（Lucian）讲述的巫师的故事，在欧洲文学和音乐中非常有名；倘若没有希腊和罗马的先驱，近代巫师的形象是难以设想的。在一定意义上，巫术属于古代及其遗产，如同神庙、六韵步诗和大理石雕像一样。"[23]原巫文化的繁荣及其对于古人生活、思想与精神的干预，中外皆然。

第二节　基本而主导：巫术作为中华原古"信文化"形态之一

关于中国原巫文化这一严肃而重要的学术课题，种种误解与忽视，似乎一直在在多是。

其一、巫术的确是自远古传承而来的一种神秘文化的迷信，而又远非"迷信"二字可以概括。在原古时代，被今人斥为"迷信"糟粕的巫觋，却曾经作为被"信"其真实的"生活真理"而奉为教条和传统，

23　［瑞士］弗里茨·格拉夫（Fritz Graf）《古代世界的巫术》第一章"导论"，第1—2页，王伟译，华东师范大学出版社，2013年版。

它曾经是初民企图认知与把握世界的一种信仰和处世的方法。学者们似乎一直以为，中国人对于世界与人自己的认识，是从德国学者雅斯贝尔斯所言"轴心时代""哲学的突破"开始的，其实，"早在'哲理化'、'思想化'之前，古人对天地的认识已非常扎实。只是在观察自然规律时，古人并不探究其原理，而是视之为神秘、崇高的对象。古人常用神秘形象来形容其对天地的认识，这些神秘形象构成了上古的宇宙观，同时也成为被崇拜的对象。"[24] 神秘不等于迷信，迷信也不等于巫文化的全部。巫觋迷信作为原古信仰，也可以是属于那一时代的一种生活常式和"思想语言"。

其二、当然，也不能将巫术迷信等同于科学。有学者在谈到医学和巫学的关系问题时说，"例如孙思邈《千金翼方》中有禁咒两卷，什么病念什么咒语即可获致什么疗效"，这便是所谓"祝由"之术。而"现今医科大学教授《千金翼方》的多了，可是不是把这两卷禁经删了，就是根本不教咒语；谈及符咒，则均斥为迷信、不科学，就是这个缘故。"因而对此表示不解。"实则所谓科学，即今之巫术也。"[25] 这等于将巫术混同于科学，是否是对巫术的误解，或可供读者思考。实际只是，原古巫文化之中蕴含着一定的朴素科学因子，并非巫术即科学。

其三、大凡巫术，一般都有"作法"过程、"仪式"即所谓巫术"礼仪"，巫文化的神秘性，惟有通过一定的关于神灵的"礼仪"，才能得以展示与确认。这在今日诸多中国人与外国人看来，是不可理喻、难以接受的。即使是充满智慧的头脑，对此也会误解甚深。

德国康德曾经说过：

24　郭静云《天神与天地之道——巫觋信仰与传统思想渊源·绪论》，上册，第 1 页，上海古籍出版社，2016 年版。

25　高国藩《中国巫术通史·龚鹏程序》，上册，第 14 页，凤凰出版社，2015 年版。

在中国人的华丽辞藻和过于机械的恭维话中，包含着许多荒谬绝伦的丑态，甚至他们的图画也怪诞不经，充满了奇形怪状的、不自然的形象，这类形象世界上无论什么地方都不会有。世界上没有一个民族像他们那样有那么多怪诞的礼仪。[26]

这里所谓"礼仪"，有学者以为指道德礼仪，其实不然，康德所言，确指巫术礼仪。康德对于中国巫术文化的有所误解，由此可见一斑。

中国原巫文化问题的方方面面，以往学界的研究成果，可谓丰硕而歧义多见，这里暂且勿论。笔者的基本看法为，就中国原古"信文化"而言，正如前述，原古神话、图腾与巫术，构成其原古文化形态的基本三维、骨骼与血肉，此外未有第四维。作为中国原古文化动态的三维结构，与神话、图腾相比较，原巫文化应是中国文化的一大原始人文基型与主导形态。巫术与神话、图腾一起，共同熔铸中国美学的原始人文根因、根性与特质。而巫及其巫性，其间起了尤为重要的文化作用。

究竟什么是中国原巫及其如何起源？ 这里试从四个方面解读如次，以供读者批评。

一、巫的文字学略考

有关巫字的殷代甲骨卜辞不胜枚举。随意偶拾有"癸酉卜巫宁风"[27]、

26　[德]《康德著作全集》，第二卷，第 252 页，李秋零主编，中国人民大学出版社，2004 年版。按：关于这一"礼仪"，康德曾云，比如关于日蚀、月蚀之类，中国人迷信必为"天狗"所吞噬，是昏天黑地、大难临头的凶兆，于是大张巫术礼仪，如锣鼓乱捶、鞭炮齐响、鸣枪示警，甚至巫者愤怒地对天大声呵斥，等等。康德称此"风俗""可怜而无知"。

27　罗振玉《殷虚书契后编》下四二、四；《甲骨文合集》三三〇七七，郭沫若主编，胡厚宣总编辑，中国社会科学院历史研究所《甲骨文合集》编纂工作组集体编纂，中华书局，1978—1982 年版。

"庚戌卜巫帝一羊一犬"[28]、"壬午卜巫帝"[29]与"癸亥贞今日帝于巫豕一犬一"[30]，等等。此类卜辞，往往记述巫卜的时间如"癸酉"与"庚戌"，目的如"宁风"等，祭祀品及数量如"一羊一犬"、"豕一犬一"与卜祭方式为"帝"[31]等。

巫，甲骨文一般写作田[32]。考原巫本义，学界歧见不一。唐兰《古文字学导论》下编有云：

> 田字在甲骨和铜器里常见，向来没有人认得（原注：有人释作"癸"，非是），假如我们去读《诅楚文》就可以知道是"巫咸"的"巫"字。[33]

这为陈梦家所采信，其《综述》有云：

> 巫字作田，唐兰释作巫，并引武丁卜辞"御羌于九巫"（《戬》二五一一）为《大荒西经》巫咸等十巫，以"巫帝一犬"为例，巫可能是动词，则帝与一犬是宾词；巫可能是主词，则帝为禘（动词），而一犬是宾词；巫也可能是先置的间接宾词，因为卜辞有"帝东巫"、"帝北巫"者。若以巫为动词，则是祭帝以犬；若以

---

28 《甲骨文合集》三三二九一，郭沫若主编、胡厚宣总编辑，中国社会科学院历史研究所《甲骨文合集》编辑组集体编纂，中华书局，1978—1982 年版。

29 ［日］贝塚茂树《京都大学人文科学研究所藏甲骨文字》三二二一，京都大学人文科学研究所，1959 年版。

30 ［日］贝塚茂树《京都大学人文科学研究所藏甲骨文字》二二九八，京都大学人文科学研究所，1959 年版。

31 按：此"帝"，禘之初文。殷祭称"帝（禘）"。后代指郊祭即祭天，或指时祭即四时祭之一的夏祭，此《礼记·王制》所谓"夏曰禘"。

32 郭若愚、曾毅公、李学勤《殷虚文字缀合》一期二六八，科学出版社，1955 年版。

33 唐兰《古文字学导论》下编，第 17 页，齐鲁书社，1981 年版。

巫为主词,则他是一种人;若以巫为间接宾词,则他是一种神。以下各例之"巫"为宾词无疑:"妥其氏巫"(《乙》四六二八),为此可知巫为神名。[34]

于省吾主编《甲骨文字诂林》云:

田当释巫,毫无疑义。《戬》一·九《佚》八八四同片,亦见《续》一·二·四。王国维、商承祚均误读原辞,郭沫若据《粹》二二一、二二二已辩其非。[35]

赵荣俊《殷商甲骨卜辞所见之巫术》一书,将"巫字之义"归纳为十:

若视诸家所说,亦不外下列十义:第一,可释为卜辞之"筮"字;第二,可释为一种祭祀的名称,类似"方祀、望祀";第三,可释为国名;第四,可释为地名;第五,可释为一种神名;第六,可释为一种人;第七,可释为四方的方位;第八,可释为舞;第九,可释为规矩形;第十,可释为一种巫行法工具。[36]

巫具"十义",归纳甚善。该书又云,"若据许进雄的'甲骨文的

34　陈梦家《殷虚卜辞综述》附图,第 577 页,科学出版社,1956 年版。

35　于省吾主编、姚孝遂按语编撰《甲骨文字诂林》第四册,第 2923 页,中华书局,1996 年版。按:前文所引唐兰、陈梦家所语,请参见《甲骨文字诂林》第四册,第 2920—2924页。此引文所言《戬》,指姬佛陀《戬寿堂所藏殷虚文字》;《佚》,指商承祚《殷契佚存》;《续》,指罗振玉《殷虚书契续编》等书。

36　赵荣俊《殷商甲骨卜辞所见之巫术》(增订本),第 60—61 页,中华书局,2011 年版。按:参见该书第 60—61 页原注。

巫（田）字，作两工形交叉的器具形，大概是行法术时所用的工具象形'等见解，笔者个人认为甲骨文的'田'字，可能为将附于患者身体的鬼魅驱逐除去时使用的道具。"[37]

这一巫字为巫师"道具"说与"工具"说相类，即指前文所引关于"巫"之"十义"的"第十，可释为一种巫行法工具"。

前列"十义"，其中"第三"、"第四"与"第七"义，可能与"巫"的本义关系不大。如甲骨卜辞有巫字[38]，《甲骨文字典》曾释为"地名"，称其"字形结构不明，形近于巫"[39]。又如关于巫为"四方的方位"之"义"，亦似未确。巫并非"四方的方位"义，而是指巫居"四方"，故曰"四方之巫"。古有"四方巫"之说。饶宗颐有云，"田为巫字，东田即东巫，四方巫之一。"[40]

或然可以说，并非"巫"具"十义"，而是学界关于"巫"之义尚有十解。

"巫"为卜筮之"工具"、"道具"说，首先关系到对于"工"义的理解。关于"工"，学界有诸多言述。其中最权威者，莫过于东汉许慎《说文》所云，"巫，祝也。女能事无形，以舞降神者也。象人两袖舞形，与工同意"。"工"，许子《说文》又云，"巧饰也，象人有规矩也，与巫同意"。巫，"与工同意"；工，"与巫同意"。似为巫即工、工即巫。今人多将"工"释为"工具"（道具），此近似许慎所言。今人之所以释"巫"为"工具"（道具），因许子释"巫"字"象人有规矩也"之故。正如李孝定所言："许云'象人有规矩也'，因疑工乃象矩形。规矩为工

37　赵荣俊《殷商甲骨卜辞所见之巫术》（增订本），第61页，中华书局，2011年版。

38　参见《甲骨文合集》二九五，郭沫若主编、胡厚宣总编辑，中国社会科学院历史研究所《甲骨文合集》编辑工作组集体编纂，中华书局，1978—1982年版。

39　徐中舒主编、常正光、伍仕谦副主编《甲骨文字典》，第497、496页，四川辞书出版社，1990年版。

40　饶宗颐《殷代贞卜人物通考》，第287页，香港大学出版社，1959年版。

具,故其义引申为工作、为事功、为工巧、为能事。"[41]

问题是,此"工",真的指卜筮"工具"(道具)么?

考"工"之本义,学界歧义多见。除"规矩""工具"说外,尚有以"工"为"玉"、"斧"、"示"、"贡"与"功"[42]等解读。凡此无非是说,"巫"作为巫术活动的"工具"或供献于神灵的供品(如"玉"等),具有仪式操作及献祭于神灵的功用。

早有学者指明,以"工"为"工具"(道具)之类的见解,虽与"巫"有涉,却并非巫字本义。

> 许君训工"巧饰也,像人有规矩也,与巫同意",非其溯矣。[43]

> 吴氏(按:吴其昌)谓工之凤义为斧恐未必,然以时代言,契文之〔工〕应早于吴氏所举金文诸器之作〔工〕者,则金文之〔工〕乃由〔工〕所讹变,非本象斧形也。[44]

> 此字(引者:工)形体来源,迄无定论。孙海波谓象玉形,吴

41　李孝定编述《甲骨文字集释》(凡八册),第 1594 页,台北中研院历史语言研究所,1970年版。

42　按:孙海波《卜辞文字小记》(《考古学社社刊》第三期):巫字在卜辞中的写法,"象巫在神幄,两手奉玉以祀神,是知工即玉也。引申之治玉之人曰工"。姜亮夫《汉字结构的基本精神》(《浙江学刊》1963 年第 1 期):"譬如能代表石器时代所遗留的生产工具的文字,只有一个'工'字,此应是石器时代所遗的斧形工具。"饶宗颐《殷代贞卜人物通考》(第 582 页,香港大学出版社,1959 年版)指出,"'寅卜,事贞:多工亡尤。'(《粹编》一二八四)按,多工即多宗。他辞云'于多工'(《粹编》一二七一)与此同"。于省吾《骈续》十一《释工典》:"郭沫若引《诗》'工祝致告'为说,不知工,官也,系名词,典亦名词,于文理实不可解。工应读作贡","《易·系辞》:'六爻之义易为贡'。注:'贡,告也'《释文》:'贡,京陆虞作工,荀作功'。是其证"。

43　孙海波《卜辞文字小记》,《考古学社社刊》第 3 期,第 73 页。

44　李孝定编述《甲骨文字集释》(凡八册),第 1594 页,台北中研院历史语言研究所,1970年版。

其昌谓象斧形,诸家皆已辨其误。《说文》以为"巨"字即规矩之象,乃据篆文形体立说,验之商周古文字皆不合。[45]

考工字本义,许慎称"与巫同意",可谓的解。工"与巫同意";巫"与工同意",工、巫二字可以互训。或者可以说,工是巫的本字;巫是工的衍生字。然而,此工并非指一般工具,与巫觋用以占卜的卜骨和占筮的蓍草之类。许慎释工释巫大体甚善,只是其称工者"巧饰也,像有规矩也",实际指的是工字的引申义。

释工字的另一关键,在于厘清巫字与筮字的文义联系。

有的学者为证巫字为巫术"工具"(道具)之见,力倡巫字为筮字"本字"。饶宗颐先生说:"巫与筮通。《周礼·籓(引者按:筮)人》有'九籓',曰巫更巫咸等。"然后引录郑注:"巫读皆当为筮"[46]一句以事证明。张日昇有云,"窃疑,巫字象布策为筮之形,乃筮之本字。《易·蒙卦》'初筮吉'注云:'筮者,决疑之物也。'筮为巫之道具,犹规矩之于工匠,故云'与工同意'。"[47]

这里,值得进一步讨论的问题是:

考甲骨卜辞,几乎随处可见巫字,如"巫帝一犬一豕"[48]、"戊寅卜巫又伐"[49]与"甲子卜巫帝"[50],等等。但迄今尚未检索到甲骨文字"筮"。可证筮字可能为后起。巫字从工,而筮字从竹从巫。《说文》

---

45 于省吾主编、姚孝遂按语编撰《甲骨文字诂林》第四册,第 2918 页,中华书局,1996年版。

46 饶宗颐《殷代贞卜人物通考》,第 41 页,香港大学出版社,1959 年版。

47 张日昇《金文诂林》全十六册,第 2893 页,香港中文大学出版社,1974 年版。

48 《甲骨文合集》二一○七八,郭沫若主编、胡厚宣总编辑,中国社会科学院历史研究所《甲骨文合集》编辑工作组集体编纂,中华书局,1978—1982 年版。

49 《甲骨文合集》四○八六六,郭沫若主编、胡厚宣总编辑,中国社会科学院历史研究所《甲骨文合集》编辑工作组集体编纂,中华书局,1978—1982 年版。

50 《甲骨文合集》三四一五八,郭沫若主编、胡厚宣总编辑,中国社会科学院历史研究所《甲骨文合集》编辑工作组集体编纂,中华书局,1978—1982 年版。

称"筮,易卦用蓍也"。筮的仪式即以蓍草为算,如《周易》古筮法的"十八变",此之所谓"布策为筮"、为"算策"。金文有筭,(即算)字,"筭字从竹从弄,而弄字从玉"[51],不从工。因而,固然筮术是原巫的一种,筮通巫,《广韵》,"龟曰卜,蓍为筮";《礼记·曲礼》有"龟为卜,筴(算、筭)为策"的记载;《诗·氓》曰:"尔卜尔筮"。因而筮(筭、算)与卜皆属巫,而"龟(按:卜)与策(筮、算)之异其事,昭然若揭。"[52]这似乎无不证实巫"乃筮之本字"。

如果将甲骨卜辞的巫字释为"筮",于义未通。有学者以为,"丙戌卜贞巫曰集贝于寻用若(诺)一月"[53]的"巫曰",释为"筮曰"亦可。然而称"巫即筮",看来是没有充分理据的。卜辞作为主语的巫字,假如实指"筮",则通常我们所说的甲骨占卜,实际便变为"甲骨占筮"、所谓卜辞也变为"筮辞"了,这有违常识常理。作为原古占法,卜在前而筮在后,此为《左传》所指明。如果同一件事,同时以占卜、占筮所测得的结果相悖,一曰吉,一曰凶,以卜得的结果为准,是因为卜比筮的历史与人文"资历"更为古远的缘故。

其实在卜辞中,巫指通阴阳、天地、神人的"巫人"的辞例是多见的。如"乙酉卜巫帝犬"[54]等。"巫帝"的"帝",为"禘"(祭名,又,夏祭曰禘),这里名词作为动词用。这一巫字,实指"巫人"即从事巫术活动之人,并非指巫术工具、方式或结果,亦不能释为筮。卜辞有"东巫"、"西巫"等"四方巫"之说,如"帝东巫"[55]这一卜辞便是如此。

51　杨树达《积微居金文说》卷二,第383页,上海古籍出版社,2007年版。

52　饶宗颐《殷代贞卜人物通考》,第40页,香港大学出版社,1959年版。

53　李旦丘《铁云藏龟零拾》二三,上海中法文化出版委员会,1939年版。

54　《甲骨文合集》四〇三九九,郭沫若主编、胡厚宣总编辑,中国社会科学院历史研究所《甲骨文合集》编辑工作组集体编纂,中华书局,1978—1982年版。

55　《甲骨文合集》五六六二,郭沫若主编、胡厚宣总编辑,中国社会科学院历史研究所《甲骨文合集》编辑工作组集体编纂,中华书局,1978—1982年版。

"田为巫字,东田即东巫,四方巫之一。"[56]此巫字,显然指"巫人"而非指"筮"。

问题的关键在于,假如将卜辞之"巫"读作"筮",则无异于承认,占筮即是占卜,这不符合中国原古巫文化的文化实际。将卜辞中巫字都读为"筮",等于承认殷周之时,中国原古巫术似乎惟有易筮而无甲骨占卜。这毕竟不符合有关常识。

巫字从工。何金松云:"工字在甲骨文中有两种形体。《甲骨文编》曰:'武丁时期工字作𢀖','祖庚祖甲以后工字作工'。金文大致有三形:工、工、工。都由繁而简地进行演变。"[57]古时有"百工"。《尚书·尧典》:"允釐百工,庶绩咸熙。"伪孔传:"工,官也。"《周礼·冬官·考工记》:"国有六职,百工与居一焉。"《周礼》注,"百工,司空事官之属","司空掌营城廓,建都邑,立社稷宗庙,造宫室车服器械百工者"。在中国文化中,后代的"百工",显然由殷周的"巫"而非"筮"发展而来。除了"筮",更古远的,还有"卜"。[58]掌管都邑、宫室营造的官职,之所以称"百工",盖因原古巫字从"工"之故。"百工"所从事的营造活动,时时处处离不开古代风水学、风水术,而"风水"的文化属性属于巫术。这与现当代的营造活动大为不同。

巫是通阴阳、贯天地、应神人的特殊人物。他(她)以神通广大、无所不能为能事。巫者,既是人又是神,可谓通神者也,其人文属性,在人与神之际。此即前文引述陈梦家所言"若以巫为主词,则他是一种人;若以巫为间接宾词则他是一种神"然。卜辞有所谓"多工"[59]、

56 饶宗颐《殷代贞卜人物通考》,第287页,香港大学出版社,1959年版。

57 何金松《汉字形义考源》,第179页,武汉出版社,1996年版。

58 按:尽管殷周往往卜、筮互具,作为中国巫术文化的两大形态,倘论起源,毕竟卜在前而筮于后。《左传·僖公四年》云:"筮短龟长,不如从长。"即为明证。

59 按:郭沫若《殷契粹编》,科学出版社,1965年版。按:《殷契粹编》一二八四:"甲寅卜吏贞多工亡尤。"

"百工"[60]的言述。"工"指什么？卜辞所言"工"，确具多义。"工"或
为𠆧（人）字：

  人，甲骨文作𠆥（一期后上三一、六）；𠆥（一期铁四三、一）；𠂆
（二期合集二三四〇三）；𠂇（三期南明六三五）；𠄌（四期合集三二
二七三）。

这"人"字造型，象人侧立之形。人侧立则仅见其躯干及一臂。
《说文》："人天地之性最贵者也。此籀文，象臂胫之形"。[61]
甲骨文另有一"人"字，即"大"：

  大，甲骨文作大（一期合集一九七七三）；大（一期合集一二
七〇四）；大（一期乙七二八〇）；𡗜（一期乙六六九〇）；𡗜（五期
前二、二七、八）；𡘋（五期前四、一五、二）。[62]

徐中舒《甲骨文字典》称，此"大"，"象人正立之形，与象幼儿形
之𠀉（子）相对，其本义为大人，引申之为凡大之称而与小相对。"[63]既
与"幼儿形"相对，则此"大"，象成年男子"正立之形"。此亦正如裘
锡圭先生《文字学概要》所言，关于大（人），"例如古汉字用成年男子

60 按：中国社会科学院考古研究所《小屯南地甲骨》，上册，中华书局，1980 年版。按：
  《小屯南地甲骨》二五二五："癸未卜又祸百工。"

61 徐中舒主编、常正光伍仕谦副主编《甲骨文字典》，第 875 页，四川辞书出版社，1989 年
  版。按：引文所言"后"，指罗振玉《殷虚书契后编》；"铁"，刘鹗《铁云藏龟》；"合集"，
  郭沫若编，胡厚宣总编辑《甲骨文合集》。

62 徐中舒主编、常正光伍仕谦副主编《甲骨文字典》，第 1139 页，四川辞书出版社，1989 年
  版。按：引文所言"乙"，为董作宾《小屯・殷虚文字乙编》；"前"，为罗振玉《殷虚书契
  前编》。

63 徐中舒主编、常正光伍仕谦副主编《甲骨文字典》，第 1140 页，四川辞书出版社，1989
  年版。

的图形 大 表示(大)"。

大者,人也。甲骨卜辞作 大,为 大(工)。孙海波说,"巫字卜辞作 巫,象巫在神幄,两手奉玉以祀神,是知工即玉也。引申之治玉之人曰工"[64]。说此工象"两手奉玉",故"工即玉",未确。而该甲骨文字从 工,实指治巫之"人"。《说文》篆体巫字写作 巫。李孝定曰,"许君此解乃就篆文为说。从 从 象二人相向立"[65],亦有误,实际是指巫者"两袖舞形"。

二、巫的神话传说

中华原古文化中的神话和历史的关系,是一个有趣而纠缠不清的"话题"。在一个一贯崇尚历史的古老国度里,尽管诸多神话传说,保存了诸多丰富而真实的历史记载与遗影,而即使本为神话传说,亦往往被信为"历史"。如《尚书》这一历史典籍,免不了有神话传说的"积极参与"。法国汉学家马伯乐《书经中的神话》,曾经不妥地称《尚书》纯为"冒牌历史"。然而他要求在"冒牌历史"的记述中,"寻求神话的底子"[66]的意见是善意的。关于巫的起源,《尚书》"吕刑"篇有关记载值得引录:

> 王曰:"若古有训。蚩尤惟始作乱,延及于平民。罔不寇贼,鸱义奸宄,夺攘矫虔。苗民弗用灵,制以刑,惟作五虐之刑曰法。杀戮无辜,爰始淫为劓刵椓黥。"[67]

---

64 孙海波《卜辞文字小记》,《考古学社社刊》第三期,第 73 页。

65 李孝定编述《甲骨文字集释》(凡八册),第 1579 页,台北中研院历史语言研究所,1970 年版。

66 [法]马伯乐《书经中的神话》,第 1 页,商务印书馆,1936 年版。

67 《尚书·周书·吕刑》,孙星衍、陈沆《尚书今古文注疏》,中华书局,1986 年版。

　　"上帝监民，罔有馨香德，刑发闻惟腥。皇帝哀矜庶戮之不辜，报虐以威，遏绝苗民。无世在下。乃命重黎，绝地天通，罔有降格。"[68]

　　这是两段周穆王的诰词。其一云，往古蚩尤作乱，祸及平民百姓。无不偷盗横行，巧取豪夺，以至于纲纪不振。苗民不遵政令，便以"五虐"酷刑以代替法纪，滥杀无辜。其二说，上帝察视苗民社会，知晓这里没有花一般芬芳的德政，以至于刑法滥用，到处是血腥煞气。颛顼哀怜无罪而被杀戮的天下百姓，就以德政威权来审判忤虐的苗蛮，让其断子绝孙。于是，命令传说中的作为颛顼之孙而通天的重，主持天上的事；命令他的另一孙子即管人事的黎，来治理地上的细民百姓，禁止百姓和神灵相通。由此，天与地、神与民之间，再也不能升降交通，这便是所谓"绝地天通"。周穆王说，这是古代治理天下的大教训。

　　这两段引文，重要的是"乃命重黎，绝地天通，罔有降格"这一句。

　　在中国原古神话传说和原始人文意识中，鸿蒙初起，人智极其低下。在人的意识中，天地、神人原本未分，即无所谓天与地，也无所谓神与人。《庄子》有云："南海之帝为倏，北海之帝为忽，中央之帝为浑沌。"[69]此之谓也。随文明发展而人文意识大为觉悟，所谓"倏"和"忽"（指时空）"谋报浑沌之德"，面对"浑沌"而"尝试凿之"，"日凿一窍，七日而浑沌死"。

　　就原古巫术的发生来说，所谓"浑沌死"究竟意味着什么？它意

68　《尚书·周书·吕刑》，孙星衍、陈沆《尚书今古文注疏》，中华书局，1986年版。

69　按：见《庄子·内篇·应帝王第七》，王先谦《庄子集解》卷二，上海书店影印本，第51页，《诸子集成》第三卷，1986年版。其实，周庄这一寓言所言"南海"、"北海"和"中央"等，亦不曾分别。庄子如是说，不过"方便说法"而已，实际天地、神人及"南海"、"北海"之类，浑沌一片。

味着这一个世界,原本无所谓天上地下、神界人间,它原本浑沌一片,不分彼此。然则,由于人智大进而茅塞顿开,便在人文意识中分出天与地、神与人之类。有如古印度《梨俱吠陀》(按:印度吠陀经之一)的"宇宙树"(Cosmic Tree)。一旦"宇宙树"这一神话的"奇迹"被创造完成,则意味着人已经具有一定的智慧能力,将世界分为天地、神人两极而相互不得交通。作为两极之际的一个中介与联系,便有所谓"宇宙树"应运而生。但在古印度文化中,"宇宙树"并非通天地、神人的一个"原巫"。中国文化本无"宇宙树"这样的人文理念,有些相似的,有所谓"扶桑"、"建木"。《玄中记》称,"天下之高者,有扶桑,无枝木焉。上至于天,盘蜿而下屈,通三泉。"《山海经·海内南经》也说,"有木,其状如牛,引之有皮。若缨黄蛇。其叶如罗,其木如蓝,其名曰建木。"

"上至于天"而下"通三泉"者,"扶桑"之谓。又,"建木在都广,众帝所自上下。日中无景(按:影之本字),呼而无响,盖天地之中也。"[70]其人文之功,在于交通于天地、神人之际。这是一种原始巫性的"天人合一"的人文意识,亘古而始有,不同于"浑沌死"之前的"原始混沌",而是"浑沌死"之后所建构的"天人合一"的人文模式。它剥夺了绝大多数人"通天"、"通神"的智慧、能力和权力,并将此作为可缘"建木"等而"所自上下"的所谓"众帝"的专权。

据《尚书》所记述的传说,司天以属神的为重,司地以属民的为黎,所谓以"通神"、"通人"为能事,即大类于此。"绝地天通",是将"浑沌死"前原始混沌的格局打破,变成"浑沌死"之后重、黎的专司

---

70 《淮南子卷四·坠形训》,高诱《淮南子注》,上海书店影印本,第 57 页,《诸子集成》,第七卷,1986 年版。

权能。"绝地天通"[71]说借口苗民作乱取消苗黎的通天之权,改变"九黎乱德,神民杂糅"的境况,是为了使天地、神人之间的秩序变得有条有理,而并非绝对地断绝天地、神人之间的一切联系与交往。于是,一个新的问题就提出来了。此即究竟由什么(谁)来维系天地、神人之间的联系和交往呢?民当然是想有"登天"之举的,这一异能与目的,可以通过巫(觋)来实现。

可见所谓重、黎,就是中国古代神话传说所言说的原巫,是中华原巫文化理念意义上的"原祖"的象征。

三、古籍记载的巫

关于巫的古籍记载材料,可谓浩如烟海。暂且不说殷周甲骨卜辞实为巫辞,不说金文所记载的巫例俯拾皆是,也不称《周易》通行本、帛书本与楚竹书本等,都与巫筮相牵涉。笔者仅见,如《四库术数类丛书》[72],收录文渊阁本《四库全书》术数类古籍五十种。暂列目次于此,以供参阅。《太玄经》(汉扬雄)、《太玄本旨》(北周卫元嵩)、《元包经传》(唐苏源明)、《潜虚》(宋司马光)、《皇极经世》(宋邵雍)、《皇极经世索隐》(宋张行成)、《皇极经世观物外篇衍义》(宋张行成)、《易通变》(宋张行成)、《观物篇解》(宋祝泌)、《皇极经世书解》(清王植)、《易学》(宋王湜)、《洪范皇极内篇》(宋蔡沈)、《天原发微》(宋鲍云龙)、《大衍索隐》(宋丁易东)、《易象图说内篇》(元张理)、《三易洞玑略例》(明黄道周)、《灵台秘苑》(北周庾季才、宋王安礼等)、《唐开元占经》(唐瞿昙悉达)、《宅经》(旧题黄帝)、《葬书》(旧题晋郭璞 旧题唐杨筠松)、《撼龙经》(旧题唐杨筠松)、《青囊序》

---

71 按:《国语·楚语下》:"颛顼受之,乃命南正重司天以属神,命火正黎司地以属民,使复旧常,无相侵渎,是谓绝地天通。"

72 按:《四库术数类丛书》,凡九卷,上海古籍出版社,1990年版。

（旧题唐曾文辿）、《青囊奥语》（旧题唐杨筠松）、《天玉经》（旧题唐杨筠松）、《灵城精义》（旧题南唐何溥）、《催官篇》（宋赖文俊）、《发微论》（宋蔡元定）、《灵棋经》（旧题汉东方溯）、《焦氏易林》（汉焦赣）、《京氏易传》（汉京房）、《六壬大全》（不著撰人，朝代未详）、《卜法详考》（清胡煦）、《李虚中命书》（旧题周鬼谷子）、《玉照定真经》（旧题晋郭璞）、《星命溯源》（不著撰人）、《珞琭子赋注》（宋释昙莹）、《珞琭子三命消息赋注》（宋徐子平）、《三命指迷赋》（旧题宋岳珂）、《星命总括》（旧题辽耶律纯）、《演禽通纂》（不著撰人）、《星学大成》（明万民英）、《三命通会》（明万民英）、《月波洞中记》（不著撰人）《玉管照神局》（旧题南唐宋齐邱）、《太清神鉴》（旧题后周王朴）、《人伦大统赋》（金张行简）、《太乙金镜式经》（唐王希明）、《遁甲演义》（明程道生）、《禽星易见》（明池本理）、《御定星历考原》（清李光地等）、《钦定协纪辨方书》（清允禄梅国成何国宗等）。又据袁树珊编著《中国历代卜人传》一书，凡"三十九卷，表一卷，索引一卷。自上古羲农，至民国初先贤，凡三千八百余人"[73]。所载事迹"大都对于阴阳术数，卜筮星相，多所发明。或具特长，或大圣大贤，忠孝节义，儒林文苑，隐士方外，兼研此术"[74]。可谓搜罗宏富，而实未搜罗无遗。

中国古籍究竟有多少有关中国巫文化的记载文字，无法统计，而远超于同样重要的原古神话与图腾等资料，这一点是有目共睹的。

> 大荒之中，有山，名曰丰诅玉门，日月所入。有灵山。巫咸、巫即、巫盼、巫彭、巫姑、巫真、巫礼、巫抵、巫谢、巫罗十巫，从此

---

73 袁树珊编著《中国历代卜人传》之《中国历代卜人传提要》，台北新文丰出版公司，1998年版。

74 袁树珊编著《中国历代卜人传》之《例言》，台北新文丰出版公司，1998年版。

升降,百药爰在。[75]

> 巫咸国在女丑北。右手操青蛇,左手操赤蛇,在登葆山,群
> 巫所自上下也。[76]

作为"古之巫书"[77]的《山海经》,以巫咸为"十巫"之首,或者是一个大巫,或者是原巫的一个共名。《说文》据《世本》说:"巫咸初作巫。"许子是东汉人,称巫咸"初作巫",可能是有据的,或者据传说,不得而知。后世《太平御览》卷七九引《归藏》则进一步将此坐实,其文云,"黄神(按:黄帝)与炎神(炎帝)争于涿鹿之野,将战,筮于巫咸。曰:果哉,而有咎?"据此记述,巫咸与炎黄同时,极言其年代古远。据《左传》"筮短龟长,不如从长"之言,龟卜的始起较巫筮为悠久,而易筮文化的智慧水平远在龟卜文化之上,与炎黄同时的巫咸居然已能"筮",这可能是于史无据的。然而《山海经》中的这两则材料,一在指明原巫以巫咸为首;二则原巫所从事的是"升降"之术,所谓"群巫所自上下";三是点明原巫的"作法"即施行法术的方式,在于"右手操青蛇,左手操赤蛇"。《山海经》是关于神怪的撰作,显然多有神话传说。

先秦古籍,作为"五经之首"的《周易》(通行本)卦爻辞,大凡都是易筮的记录。其中有些卦爻辞,如其蒙卦卦辞"初筮告,再三渎,渎则不告,利贞"与巽卦九二爻辞"用史巫纷若,吉,无咎"等,直接言述

---

75 《山海经·大荒西经》,方韬译注《山海经》,中华书局,2009 年版。

76 《山海经·海外西经》,方韬译注《山海经》,中华书局,2009 年版。

77 鲁迅《中国小说史略》,《鲁迅全集》第 9 卷,人民文学出版社,第 31 页,1957 年版。按:《中国小说史略》称,《山海经》"记海内外山川神祇异物及祭祀所宜","所载祠神之物多与巫术合,盖古之巫书也"。

"筮"、"史巫"的不可亵渎,只有这样,才能筮得"吉,无咎"的结果。

《尚书》有云:

> 禹曰:"枚卜功臣,惟吉之从。"帝曰:"禹! 官占惟先蔽志,昆命于元龟。朕志先定,询谋佥同,鬼神其依,龟筮协从,卜不习吉。"[78]

> 七、稽疑。择建立卜筮人,乃命卜筮。曰雨,曰霁,曰蒙,曰驿,曰克,曰贞,曰悔,凡七。卜五,占用二,衍忒。立时人作卜筮。[79]

作为"即谓上世帝王遗书也"[80]的《尚书》,所载上古巫术材料甚多。这里所录"鬼筮"(卜筮),指明其功用在于"稽疑"。巫者,循天则以断人事。指明龟兆、卦象凡七[81]。《尚书》又说,"伊陟相大戊,亳有祥桑谷共生于朝。伊陟赞于巫咸"[82]。正如前述,巫咸者,古之大巫也。《离骚》:"巫咸将夕降兮,怀椒糈而要之。"王逸《离骚》注:"巫咸,古神医也。当殷中宗之世。"巫医同源,是为证。

《左传》、《国语》所及巫例甚多。《左传》有云,"秋,齐侯伐我辈鄙,中行献子将伐齐。梦与厉公讼,弗胜","公以戈击之,首坠于前,跪而戴之,奉之以走,见梗阳之巫皋","巫曰:'今兹主必死。若有事

---

78 《尚书·虞夏书·大禹谟》,孙星衍、陈沆《尚书今古文注疏》,中华书局,1986年版。
79 《尚书·周书·洪范》,孙星衍、陈沆《尚书今古文注疏》,中华书局,1986年版。
80 《尚书·序》,孙星衍、陈沆《尚书今古文注疏》,中华书局,1986年版。
81 按:《尚书·商书·盘庚》有"盘庚五迁"之记。其云,"明听朕言,无荒失朕命","非敢违卜,用宏兹贲。"其《盘庚》上下篇告于群臣、中篇告于庶民。均已诰文号令天下,动员迁都。其原因为,旧都奄风水有凶,而未敢违逆"卜"命,而据占卜,新都安阳"风水"吉利。古时风水术,为巫术之一种。
82 《尚书·商书·咸乂》,孙星衍、陈沆《尚书今古文注疏》,中华书局,1986年版。

于东方,则可以逞。'献子许诺"[83]。巫皋之言,斩钉截铁,似乎不由人不信的,巫的权威大矣哉。《国语》:"明王圣人能制议百物,以辅相国家,则宝之。玉足以庇荫嘉谷,使无水旱之灾,则宝之;龟足以宪臧否,则宝之。"[84]楚有五宝,"玉"、"龟"、"珠"、"金"和"山林薮泽"。

玉与龟,两者皆通灵之物。其中的龟,尤其是巫术灵物和智慧的象征。《史记》云:"龟者天下之宝也,先得此龟者为天子,且十言十当,十战十胜。生于深渊,长于黄土。知天之道,明于上古。游三千岁,不出其域。安平静正,动不用力。寿蔽天地,莫知其极。与物变化,四时变色。居而自匿,伏而不食。春仓(苍)夏黄,秋白冬黑。明于阴阳,审于刑德。先知利害,察于祸福。"[85]筮,也是神灵之物,古人对其十分崇拜。龟卜与易筮,是巫占的两大型类。《周礼》说,"国有六灾。则帅巫而造巫恒。"[86]《楚辞》说:"帝告巫阳曰:'有人在下,我欲辅之。魂魄离散,汝筮予之。'"[87]《庄子》素以先秦道家哲学名,书中言述"不材之木"、"以至于此其大也"时,却写到了巫:"故未终其天年,而中道之夭于斧斤,此材之患也。故解之以牛之白颡者与豚之亢鼻者,与人有痔病者不可以适河。此皆巫祝以知之矣,所以为不祥也。此乃神人之所以为大祥也。"[88]《韩非子》则说,"今巫祝之祝人曰:'使若千秋万岁!'千秋万岁之声恬耳,而一日之寿无征于人,此人

83 《左传·襄公十八年》,杨伯峻《春秋左传注》,中华书局,1981年版。

84 《国语·楚语下》,邬国义、胡果文、李晓路《国语译注》,第548页,上海古籍出版社,1994年版。

85 《龟策列传第六十八》,《史记》卷一百二十八,第741页,中华书局,2006年版。

86 《周礼·春官·司巫》,孙诒让《周礼正义》,中华书局,1987年版。按:"恒,久也。"孙诒让《周礼正义》五十"司巫"云,清人汪中以为"恒"为"咸"之"转语",故此"巫恒"即指"巫咸"。

87 《楚辞·招魂》,朱熹《楚辞集注》卷六,上海古籍出版社,1979年版。

88 《庄子·内篇·人间世》,王先谦《庄子集解》卷一,上海书店影印本,第29页,《诸子集成》第三卷,1986年版。

所以简巫祝也。"[89]

上古巫与觋、祝有别。《国语·楚语下》云:"在男曰觋,在女曰巫。"[90]可能反映了上古巫文化的实际。这主要并非以性别而以职能分类。《国语》注云,"觋,见鬼者也。""见鬼"似为男觋专职。而一般与鬼神交通之事,是男觋女巫的共同异能。其间,女巫似更擅长以歌舞召唤鬼神以通人事。"而敬恭明神者,以之为祝。"[91]其职能侧重于以祭祀方式而通鬼神。《周礼》有"司祝"的称谓。殷代甲骨卜辞有"祝"字。写作𝒫[92]、𝒫[93]等。卜辞有"贞,祝于祖辛"[94]等记。《说文》云:"祝,祭主赞词者。"徐中舒等云,祝,"象人跪于神主前有所祷告之形"[95]。祝者,一说"男巫"。所据为《诗·小雅·楚茨》"工祝致告,徂赍孝孙"之记。"工祝"者,巫祝也。因"工祝"祭于祖神(宗庙之祭),故释"祝"为"男巫"。

巫、觋和祝三者的区别其实不大,都是通鬼神以就人事的异人。之所以有些区别,除时代因素,恐多为地域不同使然。否则,为何《国语》称"在男曰觋,在女曰巫"而《周礼》则说"男亦曰巫"?古籍往往巫觋[96]、

---

89 《韩非子·显学》,王先慎《韩非子集解·显学第五十》,上海书店影印本,第356页,《诸子集成》第五卷,1986年版。

90 《国语·楚语下》,邬国义、胡果文、李晓路《国语译注》卷十八,第529页,上海古籍出版社,1994年版。按:其文曰:"古者民神不杂。民之精爽不携贰者,而又能齐肃衷正,其智能上下比义,其圣能光远宣朗,其明能光照之,其聪能听彻之。如是,则明神降之,在男曰觋,在女曰巫。"

91 《国语·楚语下》,邬国义、胡果文、李晓路《国语译注》,第529页,上海古籍出版社,1994年版。

92 董作宾《小屯·殷虚文字乙编》七七五〇,科学出版社,1956年版。

93 商承祚《殷契佚存》五七三,金陵大学中国文化研究所影印本,1933年版。

94 《甲骨文合集》〇〇七八七七,郭沫若主编、胡厚宣总编辑,中国社会科学院历史研究所《甲骨文合集》编辑工作组集体编纂,中华书局,1978—1982年版。

95 徐中舒主编《甲骨文字典》,第24页,四川辞书出版社,1989年版。

96 王先谦《荀子集解·正论篇第十八》,上海书店影印本,第223页,《诸子集成》第二卷,1986年版。按:《荀子·正论》:"出户而巫觋有事"王先谦注:"出户,谓出内门也。女曰巫、男曰觋。有事,祛除不祥。"(该书第223页)王符《潜夫论·正论》:"巫觋祝(按:此"祝"为动词,祝福神灵之义。)请,亦其助也。"

巫祝[97]并称。

张光直先生认为,中国古时的巫师,类于"萨满"。其引述亚当·瓦立之言有云:

> 在古代中国,祭祀鬼神时充当中介的人称为巫。据古文献的描述,他们专门驱邪、预言、卜卦、造雨(按:即所谓施行法术而"呼风唤雨")、占梦。有的巫师能歌善舞。有时,巫就被释为以舞降神之人。他们也以巫术行医,在作法之后,他们会像西伯利亚的萨满那样,把一种医术遣到阴间,以寻求慰解死神的办法。可见,中国的巫与西伯利亚和通古斯地区的萨满有着极为相近的功能。因此,把"巫"释为萨满是……合适的。[98]

考虑到中国古代巫术文化如此繁荣这一点,应当说,并非中国的巫类于萨满,而是萨满类于中国的巫。

古籍记述诸多属巫的卜、筮之法。《仪礼》云:"卜日,既朝,哭。皆复外位。卜人先奠龟于西塾上,南首,有席。""筮人许诺,右还。即席坐,西面,卦者在左。卒筮。书卦,执以示主人。主人受眡,反之。"等等。《史记·龟策列传》说:"灵龟卜祝曰:'假之灵龟,五巫五灵,不如神龟之灵,知人死,知人生。'"[99],等等,不胜枚举。

这里所述,仍不免挂一漏万。古代中华巫事极盛,想来古籍所记留存至今的,亦仅万一。测日、测风、卜筮、扶乩、占梦与堪舆之类,都起始于古远时代的巫术。张光直云:

97　按:杜甫撰、蔡梦弼会笺《杜工部草堂诗笺》二十《南池》:"南有汉王祠,终朝走巫祝。"北京图书馆出版社,2006 年版。

98　Arthur Waley, The Nine Songs: A Study of Shammanism in Ancient China (London: Allen Unwin, 1955), p.9,张光直《美术、神话与祭祀》,第 38 页,三联书店,2013 年版。

99　《龟策列传第六十八》,司马迁《史记》卷一百二十八,第 744 页,中华书局,2006 年版。

由卜辞得知：商王在筑城、征伐、田狩、巡游以及举行特别祭奠之前，均要求得祖先的认可或赞同。他会请祖先预言自己当夜或下周的吉凶，为他占梦，告诉他王妃的生育，看他会不会生病，甚至会不会牙疼。[100]

尤其殷人，几乎无事不卜，对巫术的虔诚信仰，无与伦比。巫文化作为中国原古文化的一大基本而主导的文化形态，于此可证。

四、巫的考古发现

中华原古巫术文化究竟始于何时何地，实难考定。宋兆麟《巫与巫术》一书，曾将龙山文化、大汶口文化遗址所出土的玉琮、獐牙钩形器等看作原古巫师"作法"时所用的法器，以此推见巫文化的起始。然而，这类法器在形态上已是相对成熟，似乎未可为"最古"之论据。神话传说，以重、黎为"原巫"，然而这毕竟是神话传说。

刘凤君编著《昌乐骨刻文》一书认为，在甲骨文字之前，已有属巫的"龙"、"凤"（按：龙凤作为原巫的两大原始意象，在古时一般为吉利之象，后世称"龙凤呈祥"）等"骨刻文"，在山东多地发现。刘凤君说："我认为这批刻字是山东龙山文化时期的遗物，距今约4 000—4 500 年，属东夷文字，是中国早期的图画象形文字。"其中骨刻文的龙字，"应是中国第一'龙'字"，而"昌乐骨刻文中'凤纹'样的字很多。"[101]又说："前些年我认为骨刻文主要用以记事，甲骨文主要用以占卜。但近两年随着调查和研究的不断深入，特别是看到龙骨1和大辛庄遗址出土的骨刻文后，我认为骨刻文不但用于记事，同时也用

100　张光直《美术、神话与祭祀》，第45页，三联书店，2013年版。
101　刘凤君《昌乐骨刻文发现与研究》，刘凤君编著《昌乐骨刻文》，山东书画出版社，2008年版。

于宗教祭祀。后期用于宗教祭祀的可能逐渐增多,也出现了占卜现象。这种做法和目的直接为甲骨文所继承。"[102]

对此学界看法不一。张学海说,包括"龙"、"凤"等字在内的骨刻文,"首先很明确地认为这些骨片上的刻痕是人刻的,并非自然腐蚀","即使不排除里边有一些经过了现代人加工造假的,但是绝大部分我个人觉得是可靠的。"但刻痕中,"有些像动物,如果说像'龙'或者像'凤',也不十分肯定。"方辉说,"山东这边发现的文字,龙山,包括丁公、包括龙虬庄","一直以来还有争议"。称这一类骨刻文,"这里面有相当多的我是不敢苟同的。"王育济称:"我觉得'龙'、'凤'等字反而是非常复杂难以刻划的,尽管很漂亮,但是即便是现代人来刻划也并不是件容易的事情,因此我觉得它们真有可能是自然形成的。"[103]因而,称比甲骨文更其古老、早在 4000 至 4500 年之前,中国已有"龙"、"凤"等字的"骨刻文"的见解,看来仍有待于商榷。

读这类有关骨刻文的多种著作,依然觉得有一个问题令人困惑,即为什么骨刻文如"龙"、"凤"诸字的笔画,竟如此繁复、圆熟,而反倒出现于笔画简朴、生硬的甲骨文字体之前?刘凤君先生的解读是,骨刻文是"图像"文字,意思是中国文字的起源,是从"繁"的骨刻文到"简"的甲骨文。他说,"我们可以看出中国早期文字,以骨刻文和甲骨文为代表,从图像逐渐向符号发展是一个历史过程。也可以说,早期文字的产生和发展是由繁逐渐向简化演变的,并不像有些人认为早期文字是由简向繁发展的。"并以许慎《说文解字叙》有关"仓颉之初作书,盖依类象形故谓之文,其后形声相益即谓之字"为立论依据。称"在这里,'文'是指事性的形旁加简化的声旁组成的指示符

---

102 刘凤君《骨刻文与陶器符号和甲骨文源流传承及解读法研究》,刘凤君编著《龙山骨刻文》,第 5 页,山东书画出版社,2012 年版。

103 《骨刻文座谈纪要》,刘凤君编著《寿光骨刻文》附一,山东书画出版社,2010 年版。

号,都是简化的,所以'字'是简易的。"[104]

　　许慎所称的文"依类象形"、字"形声相益"之见,诚然不错。称在甲骨文之前可能有"图像"文字,或者说中国最早的文字类于"图像",也是有所根据的。据考古,河南裴李岗新石器文化遗址曾出土的一片甲骨上,契有一个"目"字,象形,距今约 8 000 年。甘肃秦安大地湾一期文化遗址所出土的红陶钵形器内壁,有彩绘符号,一共有十多个,学界称其为"陶符""陶文",其中一个符号为↑,据碳十四测定,距今约在 7 350—7 800 年之间。[105]可是,这不等于说,中国文字的发生和发展,遵循了一个由如此之"繁"(如骨刻文"龙""凤"二字那样的),向"简"的符号化发展的规律。这一"由繁逐渐向简化"是否符合造字之则,值得做进一步的探讨。当然,中国文字的发明是否与原巫文化有关,同样是一个值得讨论的学术课题。

　　据考古发现,河南舞阳贾湖遗址有"龟甲"遗存[106]的出土,据测,年代距今约在 7 780 年与 7 860 年之间。

　　据考古,1987 年 6 月,曾在安徽含山凌家滩一个新石器晚期墓葬遗址,发现一组玉龟、玉版[107]。李学勤先生说:"这座墓是一座口大底小的长方形土坑墓,未有葬具,墓主只剩遗骨,随葬品有 138 件,计玉器 100 件、石器 30 件、陶器 8 件。"值得注意的是,"玉器多集中于墓底中部,估计原来是放置在墓主的胸上,而玉龟和玉版恰好为其中央。"同时发现,"大致相当这一位置的上方墓口处,端端正正地摆放

104　刘凤君《骨刻文与陶器符号和甲骨文源流传承及解读法研究》,刘凤君编著《龙山骨刻文》,第 5 页,山东书画出版社,2012 年版。

105　参见甘肃省博物馆文物工作队《甘肃秦安大地湾遗址 1978—1982 年发掘的主要收获》,《文物》,1983 年第 11 期。

106　参见河南省文物研究所《河南舞阳贾湖新石器时代遗址第二至第六次发掘简报》,《文物》1989 年第 1 期。

107　参见《安徽含山凌家滩新石器时代墓地发掘简报》,《文物》1989 年第 4 期。

着一件大型石斧。"且玉龟、玉版都经过磨磋、钻孔等颇为精细的加工,其上有繁复的图纹。李学勤说,这葬制显然显示了墓主不凡的身份地位,大型石斧象征其权力。玉龟、玉版经过颇为精细的磨磋、钻孔,且玉版之上有大致规整而繁复的图案,这"必然有特殊的意义,不能以普通的装饰花纹来说明"。而且玉龟、玉版的放置位置恰好"位其中央",显得神秘而重要,这是一种精心"策划"的葬式。据测定,该遗址距今5 000年左右。

李学勤进而引述俞伟超《含山凌家滩玉器和考古学中研究精神领域的问题》一文来加以阐解。俞文云,从"上下两半玉龟甲的小孔,正好相对"这一现象,"一望即知是为了便于稳定在这两个小孔之间窜系的绳或线而琢出的"。绳、线之类的串系可按需将两半玉龟甲闭合或解开,这种"合合分分,应该是为了可以多次在玉龟甲的空腹内放入和取某种物品的需要。即当某种物品放入后,人们便会用绳或线把两半玉龟甲拴紧,进行使整个玉龟甲发生动荡的动作(原注:例如摇晃),然后解开绳或线,分开玉龟甲,倒出并观察原先放入的物品变成什么状态"。由此推见,"这是一种最早期的龟卜方法"[108]。

考虑到原始先民对龟、对玉的神秘感、崇拜感及其迷信龟、玉之神秘灵力这一点,俞、李二氏关于该玉龟、玉版作为迄今所发见的"最早期的龟卜方法"的推论,不为无据。从前述贾湖遗址所发见的龟背、龟版内装小石子这一现象看,这种前后相距约为两三千年的原始文化现象,可能存在某种文脉传承联系。就后者观之,将某"物品"放入玉龟、玉版占卜时,只要将此二者上下闭合、双手握住,便可经过"摇晃"而进行较为容易的操作。初民之所以在"正好相对"的位置、在"上下两半玉龟甲"上钻孔以绳、线相系与解开,这一舍易求难的做

---

108 按:见于李学勤《走出疑古时代》,第116页,辽宁大学出版社,1997年版。

法或可证明,其"龟卜方法",已经具有一定的巫术禁忌理念。先民相信,这样做,可以保证获得龟卜的"灵验"。

安徽凌家滩遗址出土的玉版呈方形,其"正面有刻琢的复杂图纹。在其中心有小圆圈,内绘八角星形。外面又有大圆圈,以直线准确地分割为八等份,每份中有一饰叶脉纹的矢形。大圆圈外有四饰叶脉纹的矢形,指向玉版四角"[109]。

这玉版方形及其所刻琢的图纹虽则复杂,但十分有序,使人惊叹时在四五千年前的古人智慧何以如此卓越。一、玉版的方与圆形线条,显然是"天道曰圆,地道曰方"即"天圆地方"人文意识的早期表现;二、"八角星形"以及向八个方向放射的"矢形",体现出类似后代《周易》八卦方位的意识,或然是古人对于地理方位且人居于中心的领悟,其大圆圈外"指向玉版四角"的四个"矢形",又标示出类于八卦方位"四隅(四维)"的方位意识;三、玉版出土时,夹置于具有占卜功能的玉龟甲之间,其文化意义,显然与龟卜文化攸关。而且该"卜"文化,又与后代易筮、八卦方位理念相联系,可以见出甲卜与易筮的文脉传承之链;四、以往学界曾经根据有关卜辞的"四方风名"说,推见殷周时代已有方位理念。从凌家滩遗址出土的玉版图纹来说,中国有关地理四方与八方及天圆地方的人文意识,其实是起源更为悠古的,它起码应在四五千年之前,且与原始龟卜文化即原巫文化的一种,纠缠在一起。

有关中国原巫文化的考古发现,高广仁、邵望平《中国史前时代的龟灵与犬牲》[110]一文,或可供参阅。在原山东泰安大汶口、江苏邳县刘林及大墩子、原山东兖州王因、山东茌平尚庄、河南淅川下王冈、原四川巫山大溪以及江苏武进寺墩等八处遗址中,都有相类的龟甲

109　李学勤《走出疑古时代》,第115页,辽宁大学出版社,1997年版。

110　按:见《中国考古学研究》,文物出版社,1986年版。

文物出土，大多为龟背甲与龟腹甲同时出土，而且有钻孔。如江苏邳县大墩子44号遗址所发现的龟甲，龟背与龟版相合，内有骨锥六枚，背、腹甲各具四个钻孔，为方形，腹甲一端被磨去一段，上下有X形绳索痕，年代早于安徽凌家滩遗址。这一类令人鼓舞的考古发现，使得有关前述作为原始巫术起始的玉龟、玉版等迄今所发见"最早期的龟卜方法"的推断，增添了不少说服力。

中国史前风水地理遗址的发见，也可以证明原巫文化发生的古远。据发现，"山顶洞人"的居所，位于北京周口店龙骨山。该洞内部空间功能的大致分区，已经初具朦胧而原始之属巫的风水意识。洞内分为考古所命名的"上室"、"下室"与"下窨"三部分。"上室"在洞穴东半区，面积约110平方米，较宽敞而地势高爽，是活人的居住区，这可以从地面残存用火灰烬的痕迹来加以证实。"下室"位于洞穴西半区，地势稍低，有人的遗骸残存之痕，残骸痕迹周围可见散撒的赤铁矿粉末，"赤"象征鲜血生命。"下窨"地势更低，空间更窄小，南北长仅3米、东西宽仅1米，是一条自然形成的南北走向的裂沟，先民在此丢弃诸多动物残骸。三个功能分区的风水意识，活人最尊，故居于东；死者次之而据西。但对于动物残骸也并非随意处置。人的残骸周围象征生命与鲜血的红色赤铁矿粉末的发现，说明"山顶洞人"在处理人的葬所问题上，已经不自觉地遵循了后世中国陵墓风水文化的一条原则，即"视死如事生"。对于"山顶洞人"来说，死是不吉利的，而那时已经萌生了死乃生之始的文化意识。至于动物残骸被丢弃于地势更低的裂沟，证明其已经具有人比动物高贵的文化、风水意识，这正如《荀子》所言，"水火有气而无生，草木有生而无知，禽兽有知而无义，人有气有生有知亦且有义，故最为天下贵。"虽然那时的初民，还谈不上具有道德的"有义"，而关于人自身尊显自重的人文意识，已经初步确立。"山顶洞人"生活于1万8千年前，作为蕴含着巫文化意识的风水处理,可以反推中国原巫文化的起源。

本书前述河南濮阳西水坡45号墓的葬式,也可以证明这一点。西水坡45号墓(亦称"龙虎墓"),"特别奇怪的是,在母猪骨骸两旁,有用蚌壳排列成的图形。东方是龙,西方是虎,形态都颇生动,其头均向北,足均向外",这"龙形在东,虎形在西,便和青龙、白虎的方位完全相合"[111]。托名晋郭璞所著《葬书》有云,"夫葬以左为青龙,右为白虎,前为朱雀,后为玄武。"[112]可见西水坡葬式,是后代崇拜鬼魂、神灵的巫性墓葬风水的前期表现。大凡风水的人文底蕴,不能离弃讲究吉凶、休咎理念的巫,属于仰韶文化期的西水坡墓葬,自当亦是如此。

关于原巫文化的资料,古代典籍的记述不胜枚举。所记当以重、黎为中国原巫文化的原型即巫文化理念的"始祖"为最重要。尽管在如英国泰勒《原始文化》、弗雷泽《金枝》、马林诺夫斯基《巫术科学宗教与神话》与法国列维-施特劳斯《野性的思维》、列维-布留尔《原始思维》等一些西方人类学代表作中,很少提及有关中华原巫文化的种种资料、史实和思想,这是"西方文化中心"论和并不熟悉中国古代巫文化的缘故。实际上,中国原巫文化的古远、丰富和深邃,绝不亚于世界上任何一个文明古国与民族,而且极其富于东方独异的人文特色。

如古代占星、占候和占梦之类,无论宫廷、民间,都很笃信而盛行。其种种术数、作法、情状与理念,包括那些不可理喻的神秘与迷信等,被集中记录、追述于先秦、秦汉的诸多典籍之中。

一、占星

分日占、月占、五星占、恒星占与灾星占等,通过占验,以判吉凶,

---

111 李学勤《走出疑古时代》,第143、144页,辽宁大学出版社,1997年版。

112 旧题晋郭璞《葬书·外篇》,王振复导读、今译《风水圣经:宅经·葬书》,台北恩楷探索家丛书,恩楷出版股份有限公司,2003年版。

是中国原古巫术的古老文化形态之一。

这一占术，相传尧时已经起源。《尚书》"尧典"有云，尧"乃命羲和，钦若昊天，历象日月星辰，敬授人时"。"分命羲仲，宅嵎夷，曰旸谷，寅宾出日，平秩东作"。"申命羲叔，宅南交，平秩南讹，敬致"。"分命和仲，宅西（方），曰昧谷，寅饯纳日，平秩西成"。"申命和叔，宅朔方，曰幽都，平在朔易"[113]。尧之所"命"，分别为羲仲（居于东方阳谷）、羲叔（居于南方交趾）、和仲（居于西方昧谷）与和叔（居于北方幽都），以虔诚之心，观察四方二十八宿星象。这在今人看来，似乎纯属天文之观，为科学理念，而在传说中的尧的时代，却与巫密切地联系在一起。这便是所谓"敬授人时"。"敬"者，非"敬"于人而"敬"于天帝神灵。《易传》云，"古者庖牺氏之王天下也，仰则观象于天，俯则观法于地"。"观法于天"，实际是星占以及本书后文将要说到的候占之类；所谓"观法于地"，实际指"看风水"等，都是中华原始巫术文化的具体形态。

上古中华占星术的起源理念，属于自然崇拜中的星辰崇拜，为的是祈求福寿无灾、太平丰年和国运隆盛等。由于崇祀星辰，自古即有祭祀之风。夏商周三代都具有祭日的传统与现实，夏以落日为祭，商以午日为祭，周以晨曦为祭。祭日盛事，属于帝王专权。所谓"天官"的设立和职能，渊远而流长。《史记·天官书》称，历代掌管星象祭拜的"天官"，有高辛氏前的重黎；唐虞时为羲和；夏时有昆吾；商有巫咸；周则史佚、苌弘，在春秋战国，则有宋子韦、郑神灶、齐甘德、楚唐昧、赵尹皋和魏石申等。都是时巫中的佼佼者。凡此"天官"，前者是传说中人物，后值春秋战国之时，为历史人物。其实，他们都是当时的占星家或后人所谓"天文学家"。据唐《开元占经》称，比如战国时

113　《尚书·虞夏书·尧典》，孙星衍、陈沆《尚书今古文注疏》，中华书局，1986年版。

期的齐国甘德,著有《天文星占》八卷;魏国石申,著有《天文》八卷[114]等。

在人文理念上,将星象的变化与国事兴衰、人生吉凶紧密地联系在一起,使得种种星象,作为预示吉凶的吉兆或凶兆,每每被赋予不同的人文意义。在占星术中,对所谓灾星尤其敏感,甚而可以使人惊恐万状。比如《荆州占》一书称,"妖星:彗、孛、扫、天狗、枉矢、天枪、天棓、挽云、格泽"等异象,是家国、人事要"倒霉"(按:倒楣)的凶兆,认为正与大吉大利的"五星占"相反。

> 人君无德,信奸佞,逐忠良,远君子,近小人,则五星逆行变色出入不时,扬芒角怒。[115]

这里所谓"五星",指金星、木星、水星、火星与土星,依次为白帝、青帝、黑帝、赤帝与黄帝之星,此《春秋纬》之所以称"天有五帝,五星为之使"。凡此,虽然是后人所记载与解读的意思,而实际源于古远。《尚书·胤征》说,"惟时羲和颠覆厥德,沉乱于酒,畔官离次,俶扰天纪,遐弃厥司,乃季秋月朔,辰弗集于房。瞽奏鼓,啬夫驰,庶人走。羲和尸厥官罔闻知,昏迷于天象,以干先王之诛"[116]。"智者"如羲和,亦为败坏先王之大德,违令而沉湎于酒,以至于擅离职守,干扰天则。时至九月初一即日月相会之时,竟不应在房宿而发生日蚀。于是,盲者乐官击鼓,掌管布帛小吏驰舞,众民百姓因惊惧而奔走。羲

---

114 按:此二书皆佚。其部分内容,残存于唐《开元占经》。

115 按:这是《荆州占》佚文,唐瞿昙悉达《开元占经》,四库术数类丛书,第五卷,上海古籍出版社,1990年版。其文云:"王者施恩布德,正直清虚,则五星顺度,出入应时,天下安宁,祸乱不生。"此指帝王政德良善,便五星感应。如果"人君无德",则五星见灾变之兆。

116 《尚书·虞夏书·胤征》,孙星衍、陈沆《尚书今古文注疏》,中华书局,1986年版。

和主掌天文却不知日蚀,这是昏妄于天象,以至于触犯了天条。日蚀
为自然现象,在原巫文化的理念中,却是神秘的凶险之兆。凶兆的出
现,竟然是由于人王良善道德缺失的缘故,不能不说先民的原朴可
爱,其实这也是中国文化一贯重德的缘故。人王的道德良善与否,竟
然能够影响天象运行,或吉星高照、或灾星降临,这种德性,可谓"惊
天动地"。至于所谓"客星"(新发现的星辰)犯宿,在古人看来也是
大凶的。《殷虚书契后编》下九一,有"七日己巳夕,有新大星并
火"[117]之记。这是指初七黄昏,以"客星"来犯"大火"之星(心宿二),
先民迷信,以为不祥而信其有灾变。

二、占候

作为神秘术数之一,占候的"候",指一切事物、人物的现象幻变,
都是巫占的对象,即占候之兆。这是广义的理解。广义占候术,所占
对象包括日月星辰、风云雷电、山川动植与人所认为的不正常的生理
心理现象(包括梦境),可谓包罗万象。狭义的占候术,主要以山河大
地、动物植物等为征候。《易传》所谓"古者庖牺氏之王天下也,仰则
观象于天,俯则观法于地,观鸟兽之文与地之宜,近取诸身,远取诸
物"云云,是指广义的占候。在巫学意义上,候实指巫术之兆。汉代
孟喜易学主"卦气"说,即以卦象配应一年四时十二月二十四节气七
十二候的运行变化,以断人事吉凶。一年节气二十四,每一节气分初
候、次候与末候者三,凡气候为七十二。如节气冬至,历时半月,始于
农历十一月中,初候"蚯蚓结"、次候"麋角解"、末候"水泉动";节气
小寒,历时半月,始于农历十二月节,初候"雁北乡(向)"、次候"鹊始
巢"、末候"野鸡始雊";节气大寒,历时半月,始于农历十二月中,初

117 罗振玉辑《殷虚书契后编》,上虞罗振玉永慕园,1916年版。

候"鸡始乳"、次候"鸷鸟厉疾"、末候"水泽腹坚"。以此类推,其余立春、雨水、惊蛰、春分、清明、谷雨、立夏、小满、芒种、夏至、小暑、大暑、立秋、处暑、白露、秋分、寒露、霜降、立冬、小雪与大雪等二十一个节气,都以古人所认为的典型物候,分别配以卦象,以占验吉凶休咎。这可以参见《新唐书》卷二十八上的有关记载。古人信于物候(亦称气候)之变,物候正常者吉,反常则凶。至于后代由此"物候"说,发展为科学气象理论与对于种种自然现象加以审美,是文明的进步,这一进步始于原巫。这里暂勿细论。

与占星术一样,中华古代有关占候术的文字记载,也不胜枚举。据张家国《神秘的占候——古代物候学研究》一书,仅《四库全书总目·子部术数类》,便列《灵台秘苑》、《开元占经》、《黄石公行营妙法》、《观象玩占》与《戎事类占》等占候学之书;《丛书集成初编》则以《相雨书》、《土牛经》、《天文占验·云气占候篇》、《占验录》与《通占大象历星经》等为"占候之属";据《汉书·艺文志》,如《泰一杂子候书》、《子赣杂子候书》、《五法积贮宝藏》、《种树藏果相蚕》、《武禁相衣器》、《嚏耳鸣杂占》、《请雨止雨》、《别成子望军气》、《常从日月星气》、《国章观霓云雨》、《泰阶六符》、《汉日旁气行事占验》与《海中日月彗虹杂占》,等等,都在古代占候学著述之列。[118]这里,尚未将诸如甲骨卜辞、青铜铭文、四书五经以至于除《汉书·艺文志》之外的历代"艺文志"类有关占候术所载言述包括在内。后世仅《隋书·经籍志》所列有《风气占军决胜》、《对敌占风》、《黄帝夏氏占气》、《兵法风气占》、《兵书杂占》、《用兵秘法云气占》、《气经上部占》、《天大芒雾气占》、《鬼谷先生占气》、《五行候气占灾》与《乾坤占法》等,不一而

118　张家国《神秘的占候——古代物候学研究》,第3、10页,广西人民出版社,2004年版。

足。[119]显然，这里所叙占候之术，多关乎军事。正如三国蜀诸葛孔明"借东风"为古代著名占候以制胜的一大显例那样。

在古代，占候往往无处不在。如风占，《吕氏春秋·有始》将作为物候的"风"分为八类："何谓八风？东北曰炎风，东方曰滔风，东南曰熏风，南方曰巨风，西南曰凄风，西方曰飚风，西北曰厉风，北方曰寒风。"这一分类理念，显然原于《周易》八卦方位之说。今人所谓"风云变幻"，原本指巫性之候，以示吉凶休咎。

在殷周甲骨卜辞中，有关风占之例记述甚多。如"王往田，湄日不菁大凤(按：此指风)？"[120]"戊子卜，宁凤(风)，北巫一犬？"[121]与"癸酉卜，巫宁凤(风)？"[122]等。这里，甲骨卜辞往往以"凤"为"风"，罗振玉称，"王氏国维曰：'卜辞中屡云其遘大凤即其遇大风。《周礼·大宗伯》风师作飌师，从蓬。而卜辞作凤，二字甚相似。'予案此说是也。考卜辞中诸凤字谊均为风。"[123]此言是。

三、占梦

以梦为占，也是中华古代巫文化的重要一翼。《汉书·艺文志》甚而有云，"众占非一，而梦为大。"汉代王符《潜夫论·梦列》说："凡梦，有直，有象，有精，有想，有人，有感，有时，有反，有病，有性。"梦分十类。有"直应之梦"、"象之梦"、"纪想之梦"、"人位之梦"、"感气之梦"、"应时之梦"、"极反之梦"、"百病之梦"、"气之梦"与"性情之

119　参见张家国《神秘的占候——古代物候学研究》，第11页，广西人民出版社，2004年版。

120　董作宾《小屯·殷虚文字甲编》六一五，商务印书馆，1948年版。

121　《甲骨文合集》三四一四〇，郭沫若主编、胡厚宣总编辑，中国社会科学院历史研究所《甲骨文合集》编辑工作组集体编纂，中华书局，1978—1982年版。

122　《甲骨文合集》三三〇七七，郭沫若主编、胡厚宣总编辑，中国社会科学院历史研究所《甲骨文合集》编辑工作组集体编纂，中华书局，1978—1982年版。

123　罗振玉《殷虚书契考释三种》中，第33页，中华书局，2006年版。

梦"等。梦境中，往往出现已死去的亲朋好友且与其交往。大凡梦境，往往朦胧、模糊、怪诞、恐怖、不可理喻、情事奇幻，古人信以为"游魂"使然。在"万物有灵"和鬼神观念的支配下，巫文化相信梦魂为前兆，以此预示吉凶祸福。

奥地利著名精神分析学家西格蒙德·弗洛伊德《释梦》一书指出，梦的本质，"就是一种（被压抑的、被压制的）愿望的（被伪装起来的）满足。"弗洛伊德将人格分为"本我"、"自我"和"超我"三层次。其中"本我"（"力比多"），即被压抑的人的原始、先天潜意识、本能之欲，尤其是性本能，作为非理性、非道德的心理因素，它所遵循的是"快乐原则"；"自我"遵循"现实原则"，它的作用是控制、调节"本我"即非理性、原始激情的释放从而与现实世界达成不稳定的妥协，又引导"本我"变相而有条件地释放。"超我"遵循"理想原则"（道德原则）通过"自我"这一"守门人"，成为监督、规约"本我"的一种精神力量。在一般环境条件下，梦境不会发生。唯有人在睡眠中，由于"自我"的暂时"放松"，遂使"本我"可能以不合逻辑、变相而怪怪奇奇的种种意象出现，于是成为梦境。

这一有关梦的理论，是一家之言。梦是十分复杂、深奥的脑生理学、心理学问题，在此无以表述。《释梦》远不是《周公解梦》之类。作为以梦为兆的一种巫术，正如《易传》所云，"精气为物，游魂为变"。"变"指人的肉身之亡。人死则"魂飞魄散"，变为"游魂"，便不与人之生命肉身相守，古人相信人死而人的"魂"还活着，此即所谓"鬼魂"。《庄子》有言，"聚则为生，散则为死"。聚与散，都指气（亦称精气）的两种存在方式。气聚者生，气散者死。可见，死亡的仅是人的肉体，气永远不死或者说是无所谓生死的。气不死，气如果会死，那还是气吗？但作为散气即所谓"游魂"，尚具有与活着的富于精气（气）之人进行"交往"的功能。在古人看来，做梦，源于本聚之气暂时离开人的肉身而在外到处"游荡"所致。鬼魂可以游走在人肉体之外的任何时空中，对人常常不怀好意，人做梦尤其是噩梦，被认为是凶险的预示。

在原巫文化中，占梦具有十分悠久的传统。甲骨卜辞有"壬午卜，王曰贞，又梦"[124]之记，当然这不是孤例。早在殷代，已有占梦之术存矣。《礼记·表记》有"殷人尚鬼"之说。鬼字甲骨文写作𭥍[125]或𭥍[126]等。郭璞《尔雅》注引《尸子》(按：已亡佚)："古者谓死人为归。"原于《说文》"鬼，人所归为鬼"之说。所谓鬼梦，在人的全部梦境中虽然为数不多，而令人惊怖程度尤甚。《尚书》说，"高宗梦得说，使百工营求诸野，得诸傅岩，作《说命》三篇。"又说，"梦帝赉予良弼，其代予言。"[127]高宗(武丁)梦见该贤者(后为殷相)，令百工画梦中象而赴国内寻访，固然在傅岩找到，于是作《说命》上、中、下三篇。又梦见上帝赐予贤人，代高宗号令天下。这是二枕好梦。《诗经》亦有梦的记诵，所谓"维熊维罴，男子之祥。维虺维蛇，女子之祥"。男女两性所梦有异，多是吉利之梦。古人以错位之梦为凶险。秦汉时，关乎巫的梦文化十分兴盛。传承至汉代的《周礼·春官》，有"占梦，掌其岁时，观天地之会，便阴阳之气，以日月星辰占六梦之吉凶"的"六梦"说。此即"一曰正梦，二曰噩梦，三曰思梦，四曰寤梦，五曰喜梦，六曰惧梦"。随后发展为前文所说的"十梦"。王符《潜夫论·梦列》云：

在昔武王邑姜，方震太叔，梦帝谓己："命尔子虞，而与之

124　刘鹗辑《铁云藏龟》二六、三，上虞罗振常潭隐庐石印本，1931 年版；北京图书馆出版社，2008 年版。

125　董作宾《小屯·殷虚文字乙编》六六八四，台北中研院历史研究所，1953 年版。

126　胡厚宣《甲骨续存》二、八〇二，群联出版社石印本，1955 年版。

127　《尚书·商书·说命上》，孙星衍、陈沆《尚书今古文注疏》，中华书局，1986 年版。

唐。"及生,手掌曰"虞",因而为名。成王灭唐,遂以封之。此为直应指梦也。《诗》云,"维熊维罴,男子之祥。维虺维蛇,女子之祥","众维鱼矣,实维丰产,旐维旟矣,室家蓁蓁"。此谓象之梦也。孔子生于乱世,日思周公之德,夜即梦之,此谓意精之梦也。人有所思,即梦其至,有忧即梦其事,此谓纪想之梦也。今事,贵人梦之即为祥,贱人梦之即为殃;君子梦之即为荣,小人梦之即为辱,此谓人位之梦也。晋文公于城濮之战,梦楚子伏己而盬其脑,是大恶也,及战乃大胜,此谓极反之梦也。阴雨之梦,使人厌迷;阳旱之梦,使人乱离;大寒之梦,使人怨悲;大风之梦,使人飘飞,此谓感气之梦也。春梦发生,夏梦高明,秋冬梦熟藏,此谓应时之梦也。阴病梦寒,阳病梦热;内病梦乱,外病梦发。百病之梦,或散或集,此谓气之梦也。人之情性,好恶不同,或以为吉,或以为凶,当各自察,常占所以,此谓情性之梦也。故先有差忒者,谓之精;昼有所思,夜梦其事,乍吉乍凶,善恶不信者,谓之想;贵贱贤愚,男女长少,谓之人;风雨寒暑谓之感;五行王相,谓之时;阴极即吉,阳极即凶,谓之反;观其所疾,察其所梦,谓之病;心精好恶于事验,谓之性。凡此十者,占梦之大略也。[128]

由这一大段引述可见,《周礼·春官》持"六梦"说,从梦的情感因素释梦,这里的"十梦"说,扩大了梦境类型的概括范围。

《汉书·艺文志·数术略》将"数术"(亦称"术数")概括为"天文、历谱、五行、蓍龟、杂占、形法"六类。前文所简述的占星、占候和

---

128 王符《潜夫论·梦列》,汪继培《潜夫论笺校正》,中华书局,1985年版。按:武王"梦帝",见《左传·昭公元年》子产之言。"直梦",见《淮南子·坠形训》"寝居直梦",高诱注:"悟如其梦,故曰直梦。"孔子"夜梦周公",见《论语·述而》。"阴病梦寒",见《内经·素问·举痛》。

占梦等,仅仅是六类"数术"中很小的一部分。六类"数术",大凡属于流汇于中国古代巫文化汪洋大泽的条条小河。天文,《汉书·艺文志》称,"天文者,序二十八宿,步五星日月,以纪吉凶之象。"历谱,《汉书·艺文志》称,"历谱者,序四时之位,正分至之节,会日月五星之辰,以考寒暑生杀之实。"又说,"凶厄之患,吉隆之喜,其术皆出焉。"五行,金木水火土之谓,其生克关系,将世界万类的本原本体,归之于五大基本因素之间的有序联系,而并非指其中某一因素或五行的总体为事物现象的本原与本体,成为一种从"联系"看世界的十分别致而独异的中国巫性的哲学文化。就五行而言,相生:金生水、水生木、木生火、火生土、土生金;相克:金克木、木克土、土克水、水克火、火克金,首先讲的是人的命理、命运与时空、环境变化的关系,五行系于吉凶,五行的原始并非哲学,而属于原巫文化范畴。杂占,大凡指扶乩、放蛊之类。形法亦称形势,是古代风水术、风水学也是古代中国重要的命理文化。

至于蓍龟,是"术数"六类之中最重要的,主要包括殷代甲骨占卜和周代易筮。盛于殷商的甲骨占卜,自 1899 年王懿荣首度购藏、鉴识至今已逾百年。期间仅自 1928 至 1937 年,曾经先后在安阳殷墟进行了十五次发掘。据胡厚宣《八十五年来甲骨文材料之再统计》(《史学月刊》第 5 期,1984 年)所述,迄今已出土有字契、无字契的龟甲、兽骨凡 16 万片之多(王宇信《甲骨学通论》增订本第 1 页称,"甲骨文自一八九九年被发现以后,迄今已积累了十五万片左右的资料。"见中国社会科学出版社,1993 年版)。甲骨都是占卜材料。其年代,主要在殷代后期(公元前 14 至前 11 世纪)。甲骨是殷商时代用于占卜的灵物,主要是王室及其大巫掌握了占卜的权力。尽管有关当时民间的占卜文化,甲骨文一般未能好好记录,这一点儿也不影响甲骨占卜的属巫文化性质,也可以想见民间占卜之盛。卜辞中,关于巫、祝的辞文,在在多是。"庚戌卜,巫帝(禘),一羊一犬"[129],"癸酉卜,巫宁风"[130],"辛亥卜,贞:其祝,一羌(羊),王受,有右(祐)"[131],等等,不胜枚举。无数卜辞,有时虽无巫、祝等字眼,仍为属巫占卜文化的有力证据。皇皇《甲骨文合集》凡十三册,有哪一条卜辞不是属于原巫之记?

占卜之卜,从卜从口。卜,董作宾氏有云,"卜字本象兆璺之状","卜字之意义为灼龟见兆。"[132] 口,《甲骨文诂林》按:"甲骨文口字象口形。卜辞有'疾口'之占,此乃用'口'之本义。"[133] 巫师之口,《易传》称"兑为口,为巫",此之谓也,表示向天、天命和鬼神的询问。巫卜又称"贞",贞,本为卜问之义。巫师即贞人。卜辞中贞字常见。《周易》本经首卦乾卦辞"元亨利贞"的"贞"的本义,并非如《子夏传》所云"贞,正也"之谓,而是指卜问。尚秉和氏云:

> 至于"贞吝"、"贞凶","不利君子贞"(按:皆为《周易》有关辞文),其义与乾元亨利贞之贞,绝不相同。案《周礼·春官》:"天府季冬陈玉,贞来岁之媺恶。"注:贞谓问于龟卜。郑司农曰:"贞,问也。"《易》曰:"师,贞丈人,吉。"又,《左传·哀公十七年》:"卫侯贞卜。"《国语》:"贞于阳卜。"皆以贞为卜问。[134]

---

129 《甲骨文合集》三三二九一,郭沫若主编、胡厚宣总编辑,中国社会科学院历史研究所《甲骨文合集》编辑工作组编纂,中华书局,1978—1982 年版。

130 《甲骨文合集》三三〇七七,郭沫若主编、胡厚宣总编辑,中国社会科学院历史研究所《甲骨文合集》编辑工作组集体编纂,中华书局,1978—1982 年版。

131 《甲骨文合集》二六九五四,郭沫若主编、胡厚宣总编辑,中国社会科学院历史研究所《甲骨文合集》编辑工作组集体编纂,中华书局,1978—1982 年版。

132 参见董作宾《商代龟卜之推测》,第 105、108 页,《安阳发掘报告》第 1 期。

133 于省吾主编《甲骨文字诂林》,第一册,第 682 页,中华书局,1996 年版。

134 尚秉和《周易尚氏学》第 15 页,中华书局,1980 年版。

其实,《周易》本经乾卦卦辞"元亨利贞"的"贞",也是卜问的意思。主要繁盛于周代的易筮,更是一大典型的中华原始巫文化。一、时代久远。就专用于巫筮的通行本《周易》本经而言,大致成书于殷周之际(公元前 11 世纪)。《易传》说:"易之兴也,其当殷之末世周之盛德邪?"相传周文王于羑里演易,当属可信。二、全书六十四卦凡三百八十四爻与乾卦"用九"、坤卦"用六"两条辞文,都与巫筮攸关。所谓变卦、变爻,都是为求吉凶休咎而筮得的"兆"(象)。《易传·系辞》保存了"大衍之数五十,其用四十有九"的古筮法。三、人文品性独特。《周易》本经的"神秘",其因有三:文辞简古而深奥;卦爻筮符的意义扑朔迷离;筮符与文辞的文脉联系纠缠难解,人文意蕴繁复而深邃。尤其卦爻符号,天下独步。[135]四、人文地位崇高。在人类人文科学领域,世界上有三大著作对人类文明的影响尤为深巨,这便是古印度的《吠陀》,犹太教、基督教的《圣经》与中华《周易》(这里指通行本《周易》)。真正的国学,以五经四书及其经学系统为代表。作为"群经之首"的《周易》及其巫筮文化,可称为中华"第一国学"。易学与巫学,向人类贡献了独异而伟大的中华文化的学术与思想。与原古神话、原古图腾相比,以殷周甲骨占卜和易筮为代表的原巫文化,是中国文化基本而主导的原始人文基型。

---

135 按:天下典籍,浩如烟海。除《周易》外,仅西汉扬雄《太玄》有符号系统,称八十一首。《太玄首序》云:"驯乎玄,浑行无穷正象天。阴阳,以阳乘一统,万物资形。方州部家,三位疏成。陈其九九,以为数生,赞上群纲,乃综名形,八十一首,岁事咸贞。"然考其源,在人文思维上,实源于易之巫筮符号,故古人云,《太玄》为"拟易之作"。

第三章　人性美学与神性美学

　　瑞士神学哲学、神学美学家巴尔塔萨曾经指出："开端不仅对于思考、对于哲学家来说，是一个他时刻铭记在心、决定着他今后所有步骤的问题，对于做出答复、做出决断的人来说，也是一个包含着以后一切的原决断。"[1]牟宗三氏说，"每个文化的开端，不管是从哪个地方开始，它一定是通过一通孔来表现"，"那为什么中华民族是这样开始呢？为什么希腊是那样开始呢？希伯来、印度又为什么是那样开始呢？"[2]这一"开端"、"通孔"的说法，给予我们努力揭示中国美学的人文根因问题的研究以重要启示。根因、根性总是相生相成、结伴而行的。关于"人"，文化人类学与文化哲学，总也怀疑、困惑于如下问题：我现在在哪里；我来自何处；我向何处去；我应当如何。关键的一个问题是：我是谁。这关系到，在中华原巫文化中，作为中国人的这一"大我"，究竟是"谁"。

　　就中国巫性美学而言，"人是什么"、"人何以可能"的问题，是美学研究绕不过去的根本课题。它首先关涉于以人与人性、神与神性、巫与巫性为主题的文化人类学、文化哲学的研究。它所讨论的，是体现为巫、巫性与巫格的人、人性与人格，关涉于中国式的神、神性与神格问题。因而，必须进而研究与巫、巫性相联系的气、象、道以及融涵

1　［瑞士］巴尔塔萨《神学美学导论》，第39页，曹卫东、刁承俊译，三联书店，2002年版。
2　牟宗三《中国哲学十九讲》，第13、10页，上海古籍出版社，1997年版。

于其间的理性、情感与意志等的美学课题。

第一节　人性美学反思

作为主要以人的生命、生存与生活意象、人的情感等为研究对象的审美感性学及其精神现象学,总与人类学、文化哲学意义的人、人性与人格问题相契。美学所关注、研究的人文、学术主题,归根结蒂是一般意义的"人"及其世界。对于本书前引康德关于"人是什么"问题的不同回答,可以建构不同的哲学人类学及其人学美学、人性美学。

柏拉图《泰阿泰德篇》说:"人是万物的尺度,是存在者如何存在的尺度,也是非存在者如何非存在的尺度。"人作为主体、本体与"万物的尺度",是对于真假、善恶与美丑的创造[3]和权衡的唯一标准。真善美或假恶丑,体现了人、人性、人格的"存在"或"非存在"。

人学美学、人性美学,是美学的第一形态。它以"人乃现实之人,现实乃人之现实"为立论基础。早已有学者指出,美学以人与现实的审美关系为研究对象。

人与现实,包括曾在(过去)、当在(现在)与将在(未来)三大形态及其相互联系。曾在,已经和正在成为过去的当在与将在;将在,以曾在、当在为立足点的远眺而必将实现为当在与曾在;当在,当下的人的现实暨现实的人,它对于人的曾在与将在,起到了决定性的意义。

3　按:真善美是人的创造,是人之积极本质力量的肯定性实现;假恶丑也是人的"创造",作为人之消极本质力量的肯定性实现,可称为"负创造"。笔者以为,人的本质的对象化与人的本质的异化,都是关于人的实践过程。是同时诞生、同时发展、同时消解的,其"化"的历程,处于不同的历史与人文水平。

相涉于真假、善恶的美丑,可以归结为人、人性、人格对应于现实、世界的审美关系。就审美而言,现实、世界即"意义"即"价值"。美、美感的发生与实现,在人的"存在"或"非存在"之际。

西方美学史上,关于人的理性、非理性、情感(与此相关的,还有属人的生活世界的意象)等问题,一直备受关注、研究与论辩,从而不断推动人的本质、美的本质问题的讨论和深入。古希腊柏拉图"美即Idea(理式)"及十八、十九世纪黑格尔"美是理念的感性显现"的美的本原本体说,长期被中国学界称为"客观唯心主义",似乎与人、人性、人格的主观因素无关。实际上,与其称"美即理式"、"美即理念",倒不如说"人即理式"、"人即理念"。当亚里士多德将"人"定义为"理性的动物"之时,这位宣说"吾爱吾师,更爱真理"的哲学家美学家,其实也是崇尚"人"即"理念"(理性)说的。不同在于,柏拉图的"理式"(理性)为形上的预设,亚氏虽从形下经验处"打捞",而将美的本质归结为人的"理性"。"亚里士多德的哲学尊重经验、跟随现象,最后归于理智和思维。"[4]这种"理智和思维",亚氏又称其为"理性"和"思想"。范明生指出,亚氏所说的"对象和原理就是'美'"、"理性(思想)所面对的对象,就是它本身是'最好者',即'美';完全意义的理性(思想),也就是完全意义的'美'",这里亚氏所说的"人"即是"美","都属于思想对象的系列"之理解。[5]

十七世纪笛卡尔著名的"我思故我在"的哲学、美学命题,称"理性"是发现、肯定"真理"的唯一"通孔":

> 从而,就是因为我确实认识到我存在,同时除了我是一个在

---

4 [古希腊]《亚里士多德全集》第一卷,第2页,中国人民大学出版社,1990年版。
5 范明生《古希腊罗马美学》,第425、424页,蒋孔阳、朱立元主编《西方美学通史》第一卷,上海文艺出版社,1999年版。

思维的东西之外，我又看不出有什么别的东西必然属于我的本性或属于我的本质，所以我确实有把握断言我的本质就在于我是一个在思维的东西，或者就在于我是一个实体，这个实体的全部本质或本性就是思维。[6]

存在与我（人）的"思维"，即是"理性"。"我是一个在思维的东西"，美的存在也是如此。理性主义的、被称为"形而上学"的人性美学、人学美学，以哲学认识论建构和解析人之美这一问题的何以可能。

时至 20 世纪初叶，这种关于"理性即美"的见解，曾经遭遇过种种严重的理论挑战。也曾经遭遇晚年弗洛伊德"三重人格"说的"发难"，这是历史的必然。从属人的理性、到弗氏所崇尚的属人的非理性（性本能、情欲）的"原型"说，正好走上了人文思想与思维的两个极端。弗洛伊德的本我（id）、自我（ego）和超我（superego）三重人格结构之见，将被压抑的"本我"即非理性、性本能，预设为人的本质，因而也是美的本质。正如其美学悲剧论，作为"快乐原则"的处于人性、人格结构底层的"本我"（实即原始非理性之人的生命本能之欲"力比多"），被"自我"（现实原则，所谓"守门人"）与"超我"（道德原则）这两座大山所重重阻碍与压抑，从而处于不可调和的关系之中，于是酿成人性、人格内在而本在的悲剧性的"对抗"和"冲突"，因"俄狄浦斯情结"（Oedipus complex）或"埃列克特拉情结"（Electra complex），而命里注定地酿成"杀父娶母"（恋母仇父）或"恋父仇母"的悲剧。

西方理性主义或非理性主义的人性美学、人学美学，在方法论上，都将人的理性或非理性加以孤立看待，以"深刻的片面"、"片面

---

6 ［法］笛卡尔《第一章哲学沉思集》，范明生《十七十八世纪美学》，第 488 页，《西方美学通史》第三卷，上海文艺出版社，1999 年版。

的深刻"在天才地抓住诸多真理的同时,又弄出一些错失和谬误。

一切中外古今的人学美学及其人性、人格美学,必须首先在哲学或文化哲学上,从研究人、人性与人格问题着手,"就首先要研究人的一般本性,然后要研究在每个时代历史地发生了变化的人的本性"[7]。

什么是人性(人格)以及对于美和审美,究竟意味着什么?

所谓人性,指那种社会化的人的自然本性与基于自然属性的人的社会属性二者有机的历史和人文"间性"。

《关于费尔巴哈的提纲》说:"人的本质(按:即人的本性),不是单个人所固有的抽象物,在其现实性上,它是一切社会关系的总和。"[8]这凸显了人的现实社会性。实际应当说,人的现实性(曾在、正在与将在的人性),是一切关于人的自然性和社会性的一个"总和"。这是因为,社会性的基础是自然性,社会性是人的自然性的"人化"属性。

休谟曾经指出:"人性研究是关于人的唯一科学。"[9]"人性由两个主要的部分组成。这两部分是它的一切活动所必需的,那就是感情和理解。"[10]这两个"部分"隶属于人的社会性。其中所谓"理解",作为人的知性、理性及其思维能力,依然体现了始于古希腊哲学认识论意义的"理式"、笛卡尔"我思故我在"的哲学和美学的老主题。而这里所说的"感情"(情感),一般只有在"理性"的规范下,才能进入哲学、美学的"法眼"。

德国哲学家赫尔德将人性、人格的美学问题,纳入"人道"范畴来

---

7 [德]马克思《资本论》第一卷,《马克思恩格斯全集》第23卷,第669页,人民出版社,1972年版。

8 [德]马克思《关于费尔巴哈的提纲》,《马克思恩格斯选集》,第一卷,第60页,人民出版社,1965年版。

9 [英]休谟《人性论》上册,第304页,商务印书馆,1980年版。

10 [英]休谟《人性论》下册,第535页,商务印书馆,1980年版。

加以理解。人道,这里指关于人类的"人性、人权、人道本分、人的尊严、对人类的爱"[11]。并且强调"历史"(按:指人的现实、行为、实践)对于建构、发展人性、人格的重要:

> 要在所有艺术和科学领域内建立一种排除历史的关于美的哲学(按:美学)理论,是绝对不可能的事情。[12]

抽象而非"历史"地谈论人、人性、人格与美学的关系,并不为赫尔德所认可。所谓"历史"究竟包含什么样的现实的真实,值得做进一步讨论。这不同于美国实用主义哲学家杜威从其"实用"观来看待人性问题。杜威认为,"人做什么,他就是什么"[13]。"做"(行为、实践、经验等),就是人性成因与建构的决定性因素。人性、人格,首先是在"实用"的生活经验中展开的。杜威认为美只能伴随以"实用",才能得以生成,而且以是否"实用"为审美判断。这当然不同于历史唯物主义的人性、人格说。正如前引,马克思所说的"一切社会关系"包括与其相应的人与自然的一切关系,包括属人的种族、氏族、民族、国家、地域、时代与人的政治、道德、法律、宗教、哲学和经济以及人的性别、自然与社会环境等一切"现实"、一切"实践"关系。人是一种"历史的具体"而不是什么"抽象物"。作为"自然的人化"、"人化的自然",人是"文化的动物"而不是"自然的动物"。但"人的现实",在现实中早已"种"下了"自然"的基因。马克思《1844 年经济学—哲学

11　[德]赫尔德《促进人道的信札》,北京大学西语系资料组编《从文艺复兴到十九世纪资产阶级文学家艺术家有关人道主义人性论言论选辑》,第 452 页,商务印书馆,1973 年版。

12　《赫尔德全集》第五卷,第 380 页,引自范明生《十七十八世纪美学》,《西方美学通史》第三卷,第 942 页,上海文艺出版社,1999 年版。

13　[美]约翰·杜威《人的问题》,第 131 页,上海人民出版社,1965 年版。

手稿》说:

> 随着对象性的现实在社会中对人来说到处成为人的本质的现实,因而成为人自己的本质力量的现实,一切对象对他说来也就成为他自身的对象化,成为确证和实现他的个性的对象,成为他的对象,而这就是说,对象成了他自身。[14]

这一论断的思维方式,不是仅仅从主观、客观的传统哲学认识论,来看待作为一种"历史的感觉"的美与美感。美,离开"人"的"现实"和离开"现实"的"人",都不可思议。现在有学者在宣说"美是快感的对象"说,其实,这是很早以前在西方美学史上就有的看法。在逻辑上,这一看法模糊了美感与快感的区别,将美感等同于快感。其结论是,既然一般的动物都有快感,那么动物也有美感便是理所当然的,并从英国达尔文的"物种起源"、"生存竞争"说寻找立论依据。这种美学见解,离弃了人的社会性、现实性与实践性来谈美与美感,似乎将一般动物,提高到人与人性的高度来看美与美感,实际上是把人与人性,降低到动物、动物性的地步。

人性美学所说的审美主体与对象,是"对象"的"主体"、"主体"的"对象"。主体与对象构成了实践的审美关系,成就一种关于人性、人格的实践论的美学。

> 每一种本质力量的独特性,恰好就是这种本质力量的独特本质,因而也是它的对象化的独特方式,它的对象性的、现实的、

---

14 [德]马克思《1844年经济学—哲学手稿》,《马克思恩格斯全集》第42卷,第125页,人民出版社,1979年版。

活生生的存在的独特方式。[15]

指出这一"独特性"、"独特方式"专指人的审美特性,首先将其与宗教崇拜、科学认知和道德求善区别开来,是妥帖的结论。审美,确是"独特"的"一个'这个'",不可重复、独一无二。然而人学、人性美学,又不是与宗教崇拜、科学认知、道德求善等绝然无关的,这是因为在宗教、科学与道德领域,存在着大量而深刻的人性、人格问题的缘故。

在美的创造实践中所肯定性地实现(确证)的主体与对象,作为属人的主体与对象的历史性、人文性的积淀与突创,一种主要由思维、感觉、想象与情感的人的本质力量或曰人性、人格,实现其趋于全部的深致性和丰富性,从而使得审美及其创造,达到对人自由、自觉的本质的肯定。审美是全人格的投入和浑契。"人不仅通过思维,而且以全部感觉在对象世界中肯定自己","人的感觉、感觉的人性,都只是由于它的对象的存在,由于人化的自然界,才产生出来的","因此,一方面为了使人的感觉成为人的,另一方面为了创造同人的本质和自然界的本质的全部丰富性相适应的人的感觉"[16]。

这里,"感觉"与"思维"等对于审美而言,具有两方面的意义。

瞬间发生的审美,便是审美直觉、审美移情。当主体面对一个对象时,由于对象之美与此时的主体心灵、心境与心态的高度投契,便一下子发生审美感应,好比"黑暗"的世界突然被"照亮",它"忘乎所以",主体、主观暂时忘去柴米油盐、荣辱得失,此时对于审美主体而言,天人、物我、主客浑契,唯有美感是其整个世界、整个精神氛围,如

---

15 [德]马克思《1844年经济学—哲学手稿》第42卷,第125页,人民出版社,1979年版。

16 [德]马克思《1844年经济学—哲学手稿》第42卷,第125、126页,人民出版社,1979年版。

《庄子》所说的"坐忘",愉悦、迷醉(陶然)或者是精神的净化(静穆),或因悲剧性的痛感而在精神上显得崇高而庄严,等等,确实是人格的优美或伟大。此时,"思维"作为人性、人格的理性本自"在场",它融涵于审美感觉,又作为感觉的历史、现实及未来的人文心灵背景而存在。此时的审美,实际是一种"现象直觉"。

审美尤其是美的创造活动,作为一个过程,其间除了包含瞬间发生的审美,又会持续影响于一定的历史时段。此时思维(人之理性)这一人的本质的对象化,可能显得更显著、更强烈。在审美创造与判断中,思维(理性)贯彻于审美全过程,它一方面渗融于审美直觉,使得思维、理性因素,好比"蜜中花,水中盐,体匿性存,无痕有味";另一方面,思维、理性除了存在于审美的背景之上而发挥作用外,又在审美的某一历史时段,来到"前台"对于审美进行理性判断。

任何形态的审美,总是关乎人性、人格的诗性(感觉、现象)和思性(思维、理性)的双兼、融和的精神现象和成果。审美作为人的"自由自觉"的境界,一定是出于人性、人格的诗性兼思性的,而诗性与思性,又一定是相互涵容的。其间,还由于"感觉"的存在,而必有潜隐的潜意识、非理性等因素在发挥作用。

《手稿》关于人性、人格及其人性美学、人学美学的要旨,在于"人的本质对象化"这一命题。"人的本质",不仅关乎理性、思维,而且关乎感觉、情感、意象与意志等。它是一种积极的人性与人格力量。经典作家马克思的主要理论贡献之一,是其政治经济学,关于美与审美的学术见解,较多地从人的政治经济学意义的"劳动"入手。审美既瞬时发生(按:此马克思所谓"人的感觉"),又必在一定现实、历史与环境之中发生。因而《手稿》重点考察、分析了"异化劳动"与审美、美的创造的现实关系问题。

马克思说到了与人性、人格审美相关的"人的本质对象化"和

"异化劳动"的关系。

> 在实践的、现实的世界中,自我异化只有通过同其他人的实践的、现实的关系才能表现出来。异化借以实现的手段本身就是实践的。因此,通过异化劳动,人不仅生产出他同作为异己的、敌对的力量的生产对象和生产行为的关系,而且生产出其他人同他的生产和他的产品的关系,以及他同这些人的关系。[17]

"劳动"使劳动者"自我异化"。此即劳动者失去对劳动"产品"分配的控制权与劳动过程、劳动工具等的自由占有、支配与认同,资本、非劳动者,反过来成为对劳动者的压迫和剥夺。劳动过程与动机等,也时时、处处不令劳动者感到愉悦甚而是痛苦的。在一定意义上,"异化劳动"使劳动者沦为"非人"。这里,马克思确实以资本与利润(剩余劳动价值)为切入口,深刻地揭示了如此一个美学真理:"异化劳动"戕害人、人的本性与人格,从而戕害、甚而在一定程度上毁灭美的创造与欣赏。

可是,人类的"异化劳动",并非孤立地存在,在异化劳动的制度与过程中,又在一定条件、一定程度上,使得人的本质对象化,这又毕竟创造了无数卓越、杰出的艺术及其美。在诸多非艺术领域,如宗教、伦理、科学、经济以及日常生活环境等,同样有美的创造和欣赏。因为蕴含其间,到处有审美意识的洋溢与深潜,并且在一定程度上,发展了人的审美"感觉",这是有目共睹、毋庸否认的现实与历史事实。这就形成了一个悖论:"异化劳动"戕害美又创造美,对此,又应作怎样的认识与理解?

---

17 [德]马克思《1844年经济学—哲学手稿》第42卷,第99页,人民出版社,1979年版。

有的学者说:"这就要诉诸审美的超越性。审美虽然发源于人的实践活动,但不等于实践活动,实践活动是异化的,而审美是自由的。这就是说审美本源于存在,它具有超越性,即超越现实生存,包含超越物质生产实践,超越主客对立,超越理性与感性的分裂,从而达到了自由的领域。"[18]

称"异化劳动"历史时期的美之所以被不断地创造出来,是因为审美本身具有"超越性"的缘故。意思是说,由于美具有"超越性",因而可以规避、抵御"异化劳动"对于审美的戕害,是审美的"超越性"创造了"自由"的美。这就形成了一个"循环论证":美(审美)自己"创造"自己,与"异化劳动"无关。这一逻辑似乎难以成立。

"异化劳动"历史时期的美的创造和欣赏,是否与人的"异化"的实践活动无关? 如果是这样,则违背了美、审美来源于一切社会实践包括劳动实践这一马克思美学的根本原则。马克思明明白白地称审美发源于人的实践活动,"异化劳动"也是一种人的实践活动,属于马克思所说的实践范畴,其可能发生的审美与一般意义上的审美,其实都包含于"人的本质的对象化"的范畴之中。只是"异化劳动"这一实践方式除了戕害美的创造与欣赏,同时又容忍了一定程度的人的本质的对象化以及美的创造与欣赏。其根本原因在于,"异化劳动"也是一种劳动实践,或者可以说,它不是一种令劳动生产力获得彻底解放与自由的劳动,但又不是毫无把握世界的能力、不能生产任何劳动成果的实践,仅仅其所生产的成果被剥夺,以及由于这一剥夺使得其生产过程被"异化"了。对于美的创造来说,"异化劳动"并非美的根本成因,然而"异化劳动"并未彻底泯灭美的创造能力。如果"异化劳动"历史时期美的创造和欣赏与"异化劳动"完全无关,不啻是

---

18 杨春时《我们该如何发掘与继承马克思美学的批判性》,《探索与争鸣》2013 年第 4 期,第 20 页。

说美是非实践、非现实、非历史性的。美作为"自由"的人性、人格的一种存在,岂非成了无源之水、无本之木? 毕竟,迄今为止的人类社会之漫长的审美历史,都是与人的"异化劳动"相伴相生的。

《手稿》固然强调"异化劳动"异化了劳动主体的"感觉"、劳动过程与劳动成果等,使劳动实践与主体、主观形成"对立"、"异己"的关系,从而导致对于美的创造与欣赏的阻碍、戕害甚而毁灭,可是这不等于说,"异化劳动"与美的创造与审美无涉。

异化,指事物自生成、自发展、从而自己反对自己、自己否定自己的过程、状态和结果。社会文化、现实和人的异化,其实在任何社会形态、任何社会阶段都是存在的,仅仅处于不同的历史与人文阶段、性质与程度有异而已。异化,首先是一个历史学、文化学和哲学范畴。异化是人性、人格并非绝对完美的时代体现。绝对完美是永远不可能的,任何社会形态、阶段的人的社会实践包括劳动实践永远不完美,仅仅逐渐趋于完美而已。

就劳动实践来说,它作为人类"两种生产"(按:恩格斯称"物质生活资料的生产"与"人自身的生产")方式之一,它是一个无尽而漫长的历史、人文与科技等的过程。不同历史时期的"异化"方式、性质、程度、作用自是不同。其间,人、人性、人格的完美趋于实现,总是遭受不同程度的挫折、扭曲与打击。尤其在马克思所说的人类"异化劳动"历史时期,人的"自我意识的异化"[19]不可避免地使人在身心尤其在精神上成为"非人"。

这里值得注意的是,马克思确实强调"异化劳动"时期即资本主义时期人的文化、心灵等普遍而深刻地存在着"异化"现象,但不等于说,其余人类社会的人的实践不存在异化。"异化劳动"的历史时期,

19　按:马克思云:"人的本质的一切异化都不过是自我意识的异化。"见马克思《1844年经济学—哲学手稿》,《马克思恩格斯全集》第42卷,第165页,人民出版社,1979年版。

人、人性、人格尤其人的精神遭受空前而深刻的"异化",但不等于说,这种"异化"可以强化到足以彻底毁灭人性、人格的一切创造真善美的愿望、想象、能力、情感和意志。《手稿》并没有说,"异化劳动"历史时期的实践与美、审美绝然无缘的话。凡是劳动包括"异化劳动",都可能在一定意义上,审美地、或多或少地"物化"、"物态化"人的"自我意识"及人的心灵、心血和创造能力,一定程度的肯定性地实现人的"自由本质"。从"异化劳动"的主体、工具、过程、方式和成果看,其实也在一定意义和程度上,可能容受人一定的"自我意识"即一定的主体意识、自由自觉意识的发生,从而,将美和审美"唤上前来",在某种程度上,艰难地、部分地实现美的创造和欣赏。

不同程度的异化的社会实践,包括"异化劳动"与"人的本质的对象化"的历史与现实的联系,是一个内涵丰富、深刻而相当复杂的问题。被称为"异化劳动"的那种实践方式,并非时时、处处、人人而绝对地被异化了,其间也有一些人性与人格的肯定性实现。"异化劳动"可能部分而艰难地"对象化"了"人的本质"即人的自由自觉意识,仅仅其"对象化"的程度很不充分、很不全面罢了。

从"人的本质的对象化"和"异化劳动"的关系看,任何时代、任何社会、任何"人的本质的对象化"和"异化劳动"即在劳动实践中的人性、人格的"异化",都是同时发生、发展、建构、转嬗与消解的。哪里有"对象化",那里就一定伴随以相应的人的本质的"异化",反之亦然。一定条件下,"对象化"必包含一定的"异化"因素;"异化"必包含一定的"对象化"因素,对于迄今为止的人类社会来说,这是一个问题的正反两面,只是两者在这一"复合结构"中的结构方式和各自所占的比重不同而已。某种意义可以说,"异化"也是消极性人的本质的"对象化"。这一"异化",可以是被动的,也可以是主动的。"对象化",可能实现人、人性、人格的真、善、美。只是一定程度上解放了人的自由自觉意识、美的感觉与创造美的能力,这并不等于人、人性与人格得以完美的实现。再次强调,"异化",戕害甚至部分地毁灭人的审美创造与欣赏,却不等于绝对不可能有美的创造与欣赏因素在。其原因在于,人的本质、本性的"对象化"和"异化",是同时发生、发展、建构、转嬗与消解的。两者交互运动、此消彼长、此长彼消、相互制约,是一个漫长而曲折、复杂的社会实践的历史与现实过程。

这就不难理解,为什么"巫性"可以与审美相关这一问题。巫术、巫性一方面异化了人的本质,使人的自由本性来不及实现于对象,另一方面,巫术、巫性又在一定程度上对象化了人的自由本质,它既拜神又降神、即媚神又渎神,通过巫的方式,在尽管是虚妄的"伪技艺"中,曲折地肯定一点点关于人性、人格之"自由"的向往。

简略地考察、分析一下西方关于人、人性与人格美学问题之后,有必要来简略地论析一下"中国"。中国古代关于人、人性与人格的美学,首先与人学意义的人、人性、人格这一中心问题攸关。

正如前述,人这一汉字,在甲骨文中主要有两种写法。

其一、写作 $\langle$ [20]、$\rangle$ [21],等等。

东汉许子《说文》有云:

> $\langle$(人),天地之性最贵者也。此籀文,象臂胫之形。凡人之属皆从人。[22]

清段玉裁注:

---

20 刘鹗《铁云藏龟》一期四三、一,抱残守缺斋石印本,1903 年 10 月第一版。
21 罗振玉《殷虚书契前编》五期二、六、六,《国学丛刊》石印本,第三期第三卷,1911 年版。
    按:原书名《殷虚书契》。
22 许慎《说文解字》第八上,中华书局影印本,第 161 页,1963 年版。

《礼运》曰："人者,其天地之德,阴阳之交,鬼神之会,五行之秀,气也。"又曰,"人者,天地之心,五行之端也。"[23]

许慎、段玉裁所说的人字,是人体侧立的象形,"象臂胫之形"。许慎抑或段玉裁,偏从哲学、伦理释人的本义,指出世间生物万类,未可与"天地之性最贵者也"的"人"相提并论。而段注在指明这一点时,引述《礼记·礼运第九》"故人者,其天地之德,阴阳之交,鬼神之会,五行之秀,气也"等语,将人之所以是"最贵者也"的理据逐一展开。

人禀"天地之德",说明人的本性原于天地自然。德者,性也,德原于性。人的自然本性,原于"天地之德"。天地养育了人,人是天地的精华。然而,不同视域中的天地其"德"(性)不一。从与"地"相对应的"天"而言,自然之天、巫性之天、命运之天与作为古代"墨刑"之天,其义不一。《尚书》"天佑下民,作之君,作之师,惟其克相上帝,宠绥四方。"[24]、"吾之不遇鲁侯,天也。"[25]与通行本《周易》睽卦六三爻辞"其人天且劓"[26]的"天",其义不同。地,指自然、未耕之土,与已经人力耕耘、规划之田亩有异。"天地之德"的不同,关涉于"人"的理解。

"阴阳之交"的"阴阳"本义,系于原始堪舆(风水)之义。

关于"阴阳",许慎云:"阴,闇也。水之南山之北也。从阜,侌(按:读 yīn)声。""阳,高明也。从阜,昜(按:读 yáng)声。"[27]这从堪

---

23 段玉裁《说文解字注》第八篇上,上海古籍出版社,第 365 页,1981 年版。

24 《尚书·周书·泰誓上》,孙星衍、陈沆《尚书今古文注疏》,中华书局,1986 年版。

25 《孟子·梁惠王章句下》,焦循《孟子正义·梁惠王章句下》,上海书店影印本,第 101 页,1986 年版。

26 按:李鼎祚《周易集解》引东汉虞翻言:"劓额为天"。

27 许慎《说文解字》第十四下,中华书局影印本,第 304 页,1963 年版。

舆学释读“阴阳”之义是显然的,阴凶而阳吉。大凡以“趋吉避凶”为主题的学问,可以称为巫学。本义的“阴阳”,无疑是富于原古巫学及其巫性这一范畴的人文意识。

“阴阳”的本字写作“侌昜”。它们的左偏旁,是后人所添加的。甲骨卜辞有“阜”字,写作[28],指高起的陆地。许慎释“阜”为“大陆山(按:即隆高之地)无石者,象形,凡阜之属皆从阜。”[29]根据目前所见的出土资料,甲骨文中未见阴字,或尚有而未及读识;甲骨文有阳字,刻作。金文阴字作(见《平阴币》)。金文这一阴字,左偏旁实际从阜从止而不是仅仅从阜,甲骨卜辞的阳字也是如此。这里,止,趾的本字。“阴阳”二字的左偏旁,从阜从止,可以证明这是指人迹已至隆高之地,具有堪舆术所谓踏勘山地的意思,无疑属于巫文化而具有巫性。因而,所谓“阴阳之交”的本义,属于原古巫学范畴,尔后才发扬为阴阳哲学,等等。

“鬼神之会”的“鬼神”一词,作为中国文化最重要的人文范畴之一,应当说,它是中国文化的“命门”之一,是可能正确而准确地扪摸与理解中国文化底蕴的一大关键。其文化活力的影响与覆盖程度,其实并不亚于诸如“天”、“命”、“天命”、“帝”、“气”、“象”、“道”、“礼”、“仁”、“情”与“天人合一”等重要的范畴与命题。可是长期以来,国内外有关学界,在研究中国文化之时,却往往忽视、遗忘“鬼神”这一范畴的存在及其文化的成因、特性与功能,有时多将其看作“迷

---

28 方法敛、白瑞华《库方二氏藏甲骨卜辞》一期一一〇八,商务印书馆,1935年版。又见徐中舒主编、常正光伍仕谦副主编《甲骨文字典》,第1507页,四川辞书出版社,1989年版。

29 许慎《说文解字》第十四下,中华书局影印本,第304页,1963年版。按:徐中舒主编、常正光伍仕谦副主编《甲骨文字典》云,“古代穴居,于竖穴侧壁”挖出“脚窝以便出入登降”,“甲骨文阜字”,“正象脚窝之形”(该书第1507页)。此“阜”义,舍《说文》之正解,故不取。

信"的糟粕而加以忽视。

鬼神作为一个复合词,其原型重在"鬼"而非"神"。鬼,甲骨卜辞中的写法,前文已有提及,这里从略。《说文解字》称,"鬼,人所归为鬼。从人,象鬼头。鬼,阴气贼害。从厶。凡鬼之属皆从鬼。"《礼记》有云,"宰我曰:'吾闻鬼神之名,不知其所谓。'""鬼神","鬼"、"神"二字连缀。"合鬼与神,教之至也。众生必死,死必归土,此之谓鬼。"[30]魂、魄、魅、魃、魈、魔、魍、魇与魑魅等字,皆从鬼,其义多有不善。如,魃为旱鬼,魈为山怪,魔为孽障,魇指噩梦,魑魅指山川之妖,等等,都并非"良善之辈"。原古鬼意识与鬼观念的生成,不离于泰勒所谓"万物有灵"意识、理念的统御,主要出于人类对自身死亡的恐惧,也同时原于对黑夜、梦境的恐惧。马林诺夫斯基说,在人类原古文化的一切源泉中,"要以死亡这项生命底最末关节,无上的转机,为最重要的了。死亡是通于另一世界的大门","人类不能不在死底荫(阴)影之下去生活,凡与生活很亲而且享受圆满生活的人,更不能不怕生活的尽头。"又说,"人因生命而有的极其复杂的情感,自然也要在死亡这一面找到相当的态度。"[31]这一"态度"是,坚信人死为鬼而魂灵不死,进而认为一切生灵以及万物皆具不死之灵。由于恐惧死亡等原因,遂往往将山川动植与环境之类,想象成鬼魅,看作对人具有恶意的或甚而是"厉鬼"作祟。

原始人感到自己是被无穷尽的、几乎永远看不见而且永远可怕的无形存在物包围着:这常常是一些死者的灵魂,是具有

---

30 《礼记·祭义第二十四》,杨天宇《礼记译注》下册,第809页,上海古籍出版社,1997年版。

31 [英]马林诺夫斯基《巫术科学宗教与神话》,第42页,李安宅译及"译者按",上海社会科学院出版社,2016年版。

或多或少一定的个性的种种神灵。事情正是这样来解释的,他们使用万物有灵论的术语来解释事实。弗莱节尔(按:即弗雷泽)在《金枝》里搜集了大量证据,从这些证据中自然会得出关于上述事实在原始民族中间普遍存在的结论。[32]

在中国,按照古代的学说,"宇宙到处充满了无数的'神'和'鬼'……每一个存在物和每一个客体都因为或者具有'神'的精神,或者具有'鬼'的精神,或者同时具有二者而使自己有灵性。"[33]

在《尚书》中,尚鬼意识表现得很是强烈。"鬼",又称"鬼神"、"神祇"或曰"灵",皆从"巫"说事。如:"禹曰:'枚卜功臣,惟吉之从。'帝曰:'禹!官占惟先蔽志,昆命于元龟。朕志先定,询谋金同,鬼神其依,龟筮协从,卜不习吉。'"[34]"鬼神无常享,享于克诚。天位艰哉!"[35]"吊由灵各,非敢违卜,用宏兹贲。"[36]朱自清先生云:"其实《尚书》里的主要思想,该是'鬼治主义',象《盘庚》等篇所表现的。"[37]墨子有云:"故武王必以鬼神为有,是故攻殷伐纣,使诸侯分其祭,若鬼神无有,则武王何祭分哉?"[38]

段玉裁以"鬼神之会"释"人",可谓的论。中国原古文化的重要

---

32 [法]列维-布留尔《原始思维》,第58页,丁由译,商务印书馆,1981年版。

33 [法]列维-布留尔《原始思维》,第59页,丁由译,商务印书馆,1981年版。

34 《尚书·虞夏书·大禹谟》,孙星衍、陈沆《尚书今古文注疏》,中华书局,1986年版。

35 《尚书·商书·太甲下》,孙星衍、陈沆《尚书今古文注疏》,中华书局,1986年版。

36 《尚书·商书·盘庚下》,孙星衍、陈沆《尚书今古文注疏》,中华书局,1986年版。

37 朱自清《经典常谈》,《朱自清古典文学论文集》,下册,第620页,上海古籍出版社,1981年版。

38 墨翟《墨子》,孙诒让《墨子闲诂·明鬼下第三十一》,第146页,上海书店影印本,《诸子集成》第四卷,1986年版。

一维，在其巫。"故古圣王治天下也，必先鬼神而后人者。""故古者圣王之为政若此，古者圣王必以鬼神为（按："为"字后有脱字，应该是一"有"字）。其务鬼神厚矣。又恐后世子孙不能知也。故书之竹帛，传遗后世子孙。"[39]此是。古人当言说"人"的时候，的确将其放于巫文化的视域之中，而往往谈到"鬼神"。

从"五行之秀"看"人"，"人"的本义也涉于巫。

《尚书》有云，"有扈氏威侮五行，怠弃三正，天用剿绝其命，今予惟恭行天之罚。"[40]《尚书》又云，"初一曰五行"。以"五行"之则为人处世的第一。"一、五行：一曰水，二曰火，三月木，四曰金，五曰土。"[41]学界有曾以"五行"即"五种原始物质"为世界万物"本原本体"的见解，其理据，似乎来自《国语·郑语》所说的"故先王以土与金木水火，杂以成万物"[42]这一句话。其实《国语》此言所值得注意的，是"杂以成万物"的一个"杂"字，指明即使从阴阳五行的哲学看"五行"，也并非说金木水火土五种元物各自而同为世界万物的本原本体，而是指五行的相生相克关系，是万物的本原本体。这是人类哲学独特的思想，可称为"关系"的哲学。

中国古时的"五行"说，源自巫文化。何新说："但是将这些观念加以综合改造，成为一种新的神哲学体系，却是通过战国末年（公元前三世纪前半叶——原注）东方的一位方士——邹衍实现的。"[43]这里所谓"神哲学体系"，应为"巫哲学体系"。邹衍哲学并无"体系"，

39　墨翟《墨子》，孙诒让《墨子闲诂·明鬼下第三十一》，上海书店影印本，第147页，《诸子集成》第四卷，1986年版。

40　《尚书·虞夏书·甘誓》，孙星衍、陈沆《尚书今古文注疏》，中华书局，1986年版。按："三正"即古人所言"正德"、"利用"与"厚生"三政。

41　《尚书·周书·洪范》，孙星衍、陈沆《尚书今古文注疏》，中华书局，1986年版。

42　《郑语·史伯为桓公论兴衰》，《国语》卷十六，邬国义、胡果文、李晓路《国语译注》，第488页，上海古籍出版社，1994年版。

43　何新《诸神的起源·论五行说的来源》，第290页，三联书店，1986年版。

可称为"巫哲学之见"。所以称其为"巫哲学",是因为五行相生相克的思想与思维系统,得启于原巫文化的"趋吉避凶"意识。相生者,吉;相克者,凶。所谓趋吉避凶,便是趋生避死。

人为"五行之秀",这是中国式的人之所以为人,主要是在"天地之德,阴阳之交,鬼神之会"且"五行之秀"之际,历史性地锻炼成长起来的,而且,历史性地伴随以巫术、神话与图腾文化。

中国古人的社会实践与精神成长史,是先成其"巫性之人",尔后才可能成长为诸如"哲性之人"、"诗性之人"与"伦理之人",等等。

其二、甲骨卜辞关于"人"的另一主要写法,为 🧍[44]等,此即所谓"大"。"大"有其本义与引申义。

许慎《说文解字》说:"大,'天大,地大,人亦大'。故大象人形。古文'大'也。凡大之属皆从大。"[45]这里释"大"本义的关键,是"大象人形"四字。卜辞的"大",是一个象形字。

裘锡圭主据《说文》指出,"古汉字用成年男子的图形 🧍 表示(大)","大的字形像一个成年大人"[46]。此是。

萧兵释"美"字而涉于"大",以为《说文》所言"美""从羊从大"的"大",是"正面而立的人,这里指进行图腾扮演、图腾乐舞、图腾巫术的祭司或酋长"[47]。李泽厚刘纲纪说,"美","象一个'大人'头上戴羊头或羊角,这个'大',在原始社会里往往是有权力有地位的巫师

---

44 《甲骨文合集》一期一九七七三,郭沫若主编、胡厚宣总主编,中国社会科学院历史研究所《甲骨文合集》编辑工作组集体编纂,中华书局,1978—1982 年版。

45 许慎《说文解字》十下文二,中华书局影印本,第 213 页,1963 年版。按:许子所引"天大,地大,人亦大"言,见通行本《老子》第二十五章。原文:"故道大,天大,地大,人亦大。域中有四大,而人居其一焉。"

46 裘锡圭《文字学概要》,第 3 页,商务印书馆,1988 年版。

47 萧兵《楚辞审美观琐记》,李泽厚主编《美学》第 3 期,第 225 页,上海文艺出版社,1981年版。

或酋长"[48]。

拙文《郭店楚简〈老子〉的美学意义——〈老子〉美学再认识》[49]与《"大音希声"解》[50]的立论理据及其论析,都以《老子》所言"大"为关键。两文指出,在许慎释"大"引用"天大,地大,人亦大"语的通行本《老子》第二十五章中,还有"有物混成,先天地生。寂兮廖兮,独立而不改,周行而不殆,可以为天地母。吾不知其名,强(按:勉强)字之曰'道',强为之名曰'大'。'大'曰逝,逝曰远,远曰反"的言说。

长期以来,学界有关言述《老子》哲学、美学本原本体的"道"时,几乎都断言"道"的本义,是"阴柔"、"虚静"而"守雌"。诸多学者的这一结论,仅以通行本《老子》第六章所言"谷神不死,是谓玄牝。玄牝之门,是谓天地根。绵绵若存,用之不勤"为理据。陈鼓应引述严复《〈老子道德经〉评点》有云,"以其虚,故曰'谷';以其因应无穷,故称'神';以其不屈愈出,故曰'不死'。"[51]日本学者服部拱《老子说》引东条一堂氏之言有云:"此章(按:指通行本《老子》第六章)一部之筋骨"。"'谷神'二字,老子之秘要藏,五千言说此二字者也"[52]。

如果仅仅从《老子》第六章看"道",上述见解是不错的,《老子》论"道",似乎的确专从雌性入手。陈鼓应强调指出,"玄牝"者,"微妙的母性"之谓,"虚空的变化是永不停竭的,这就是微妙的母性。微妙的母性之门,是天地的根源"[53]是为证。

可是正如前引,通行本《老子》二十五章,却明明是从人的男性论

48　李泽厚刘纲纪主编《中国美学史》第一卷,第 80 页,中国社会科学出版社,1984 年版。

49　拙文《郭店楚简〈老子〉的美学意义——〈老子〉美学再认识》,载于《学术月刊》2001 年第 11 期。

50　拙文《"大音希声"解》,原载于陈允吉《古典诗学会探》,复旦大学出版社,2006 年版。

51　陈鼓应《老子注译及评介》,第 85 页,中华书局,1984 年版。

52　按:见严灵峰《无求备〈老子〉集成续编》,引自萧兵、叶舒宪《老子的文化解读》,第 551页,湖北人民出版社,1994 年版。

53　陈鼓应《〈老子〉注译及评介》,第 86 页,中华书局,1984 年版。

"道"的。长期以来,学者对此视而不见。可能虽已注意到该二十五章与第六章说法不一,然而由于并不理解这个"大"字像"正面而立"的"成年男子"这一点,因此,便将这个"大"误解为"大小"的"大",或索性不加以解读。[54]

在郭店楚简《老子》中,只有通行本《老子》第二十五章的文字内容而没有第六章所说的文字。可见,郭店楚简《老子》论"道",是仅仅从男人、男性角度入手的,不同于通行本《老子》既从人的雌性又从人的雄性论"道"。从这一文本的矛盾或曰男女、雌雄视角双兼的现象,可以证明通行本《老子》,确是战国中期的太史儋所编纂,在相当程度上,没有保持《老子》楚简本的原貌。据考,这位编纂通行本《老子》的太史儋与秦献公同时,处于战国中期,离老聃所处的春秋末期约百年时间。

要之,从甲骨卜辞"大"字辨析,此"大",可以指原古社会的男性大巫即酋长。

从卜辞的"人"作为人的通称或"大"即专指成年男性可知,两者主要指"巫性之人",证明原古中国关于"人"的意识,首先是在伴随以神话与图腾的原巫文化大泽中,得以历练成长的。巫性文化,在殷周二代达于鼎盛,其时间跨度,大致自公元前 1600 年商灭夏,经过公元前 1046 年牧野之战,周武王克商而至春秋末期的老聃孔丘时代(约公元前 5 世纪),大约经历了十一个世纪。殷的龟卜与周的易筮,闹了个"天翻地覆",作为这一漫长历史时期巫文化的重要标志,遂使巫性得以酝酿、发舒,以至于蔚为大观而深入世道人心。巫性,是不可忽视的中华文化的基本人文根性。由此,成为中国文化的人性、人

---

54 按:如陈鼓应《〈老子〉注译及评介》的有关译文为:"我不知道它的名字,勉强叫它做'道',再勉强给它取个名字叫作'大'。……所以说,'道'大,天大,地大,人也大。宇宙有四大,而人是四大之一。"(该书,第 169 页,中华书局,1984 年版)

格意识理念及其人性美学的文化基因。

休斯顿·史密斯说:"我们用的'人格'一词出自拉丁文 persona,它原先是指演员出场,演出他的角色时所戴的面具,通过(per)面具说出(sonare)他角色的台词。面具记录着的是角色,而在它后面的那演员则是隐匿的,超然于他所表演的情绪之外。"[55]人格,好比演员所扮演的"角色",而人性,好比是演员本人。实际所谓人格,就是人性的现实实现。

徐复观氏曾说,中国人的所谓"人性",实指"人格"。"人格与一般物件不同。一般物件是量的存在,可以用数字计算,并可加以分割。人格是质的存在,不能用数字计算,并不能加以分割。人性论是以人格为中心的探讨。人性论中所出现的抽象名词,不是以推理为根据,而是以先哲们在自己生命、生活中,体验所得的为根据。可以说是'质地名词'。"[56]人格这一"质地名词"的原古人文意涵或曰特性,首先是属巫的,巫性是神性与人性的结合。人类文化史上的"神性"一词,之所以被虚拟出来而且被人类永远地信以为"是",是人类为了想要超越人性的局限。

> 啊,神啦,请原谅我因为人性的限制而来的三种罪:你无所不在,而我却在此处崇拜你;你无形象,而我却以这些形象崇拜你;你无须赞美,而我却对你献上这些祈祷的礼敬。神啊,请原谅因为我人性的限制而来的三种罪。[57]

---

55 [美]休斯顿·史密斯《人的宗教》,第31页,刘安云译,刘述先校订,海南出版社,2013年版。

56 徐复观《中国人性论史·先秦篇》"再版序",第2页,上海三联书店,2001年版。

57 [美]休斯顿·史密斯《人的宗教》,第35页,刘安云译、刘述先校订,海南出版社,2013年版。

人性是有"限制"的,而神性是没有时空限制而永恒的。"缺啥补啥",神性的无限,正是对于人性有限的补偿。然则巫性,由于它是神性与人性的结合,因此巫性,既是无限的又是有限的。

这里,关涉对于"性"的认识。

性,其本字为生,甲骨卜辞写作𡳿[58]。《说文》云:"生,进也。象草木生出土上。"[59]

生字衍化为性字,时在先秦时期。徐灏《说文解字笺》:"生,古性字,书(按:《尚书》)传往往互用。"[60]徐复观说:"性字乃由生字孳乳而来,因之,性字较生字为后出,与姓字皆由生字孳乳而来的情形无异。"[61]明代吴廷翰《吉斋漫录》有言,"性者,人物之所以生,无生则无性。以生言性,性之本旨。"又称,"盖性字从心从生,乃人物之心之所得以为生者。人生而有心,是气之灵觉,其灵觉而有条理处是性。"这一类似明王廷相的见解,属于宋明理学的心性说,此暂勿论。

1993年10月发掘于湖北省荆门市四方乡郭店村的楚墓竹简,是先秦心性之说的代表性文本之一。庞朴以为:"如果说,郭店楚简的发现,'补足了孔孟之间所曾失落的理论之环',那么《性自命出》则展示了孔子之后、思孟之前的先秦儒家人性论发展的重要一环。"[62]"性自命出"这一巫性、巫学命题,对于如何理解中国哲学、美学何以源自巫性、巫学这一点,是绕不过去的一个学术课题。

---

58 郭沫若《殷契粹编》一一三一,科学出版社,1965年版。

59 许慎《说文解字》六下生部,中华书局影印本,1963年版。

60 按:参见徐复观《中国人性论史·先秦篇》,第9页。徐氏不同意傅斯年《性命古训辨证》关于"独立之性字,为先秦遗文所无;先秦遗文中,皆用生字为之"(见傅氏该书上卷第1页)的见解。认为"且金文的'弥厥生'的生字,我怀疑也有的应作性字解"。见《中国人性论史·先秦篇》,第5页,三联书店,2001年版。

61 徐复观《中国人性论·先秦篇》,第5页,三联书店,2001年版。

62 庞朴《古墓新知》,《中国哲学》第20辑,第9页,辽宁教育出版社,1999年版。

"性自命出，命自天降"[63]，这是关于巫性的人文命题。[64]这一命题，在其意义上是与天命观相联系的，它为认知蕴含于先秦人性即心性之说的巫性审美，提供了一个基于巫性、灵性意识的天学背景。

《郭店楚简〈性自命出〉的美学意义》曾经指出：

> 在中国文化史上，"帝""上帝"是商代流行的至上神的称谓与观念。卜辞有"天"字，却多作"大"解，如"天邑商"（见罗振玉《殷墟书契前编》二、二、七——原注）与"天戊五牢"（同前，四、一六——原注）等然。杨荣国说："在卜辞中，对于上天的称呼，只称'帝'或称'上帝'，尚未发现称'天'的。'天'字所有，但'天'字是作'大'字用，不是指上天。"……盘庚迁殷之后，表现在《商书·盘庚篇》中的天学思想，开始"帝""天"兼称，具有神秘之"天"与祖宗神的双重意义。而西周时多以"天""天命"代替"帝""上帝"。[65]

丁山先生说：

> 甲骨文证明，在殷商时代，帝不仅为天神的专名，凡山、川、风、云一切自然界的大神，都可以冠以帝号，凡巫、娄、梦、卜一切宗教教主的先祖，也可附以帝名。到了晚期，王死之后，子孙也

63　湖北省荆门市博物馆《郭店楚墓竹简·性自命出》（上篇），文物出版社，1998年版。

64　按：许慎《说文解字五上》："巫，祝也。女能事无形，以舞降神者也。象人两袖舞形，与工同意。古者巫咸初作巫。凡巫之属皆从巫。"（中华书局影印本，第100页，1963年版）其余暂勿论，这里所言"降神"，即是巫的一大功能及其文化主题。《性自命出》篇称，"性自命出，命自天降"，正与此相应。

65　拙文《郭店楚简〈性自命出〉的美学意义》，《复旦大学学报》，2003年第一期（陈立群为该文第二作者）。按：关于杨荣国的引文，引自杨荣国《中国古代思想史》，第4页，人民出版社，1954年版。

配于皇天而追尊为帝了。帝几乎成为天界、空界、地界以至人鬼一切比较尊重的神祇之共名。……周人尊祖配天,先王之名,未有冠于帝号者;而"皇祖"、"帝考",在在证明先王措庙立主可以称帝,即(使)公卿大夫的先祖,也未尝不可冠以帝皇之辞。再以金文作器之人拜受王赐,辄尊时王为皇君、皇王、皇天子视之,不但先王配天,即生王也比隆上帝了。[66]

此所言是。殷代早期独称帝、上帝,殷盘庚开始帝、天并称,西周帝、天兼具,尔后称帝即天、天即帝,这是天人合一、天人感应意识理念发展的大致历史进程和历史轨迹。

这不等于说,所谓天人合一之类,自其一开始就是一个哲学命题。余英时指出,所谓"绝地天通",就是传说中颛顼时代的天人合一。"考古的发现支持了近几十年来的一个新看法,即'天人合一'的观念在古代中国的流行,最初源于巫文化"[67]。所谓天人合一,在原古巫文化中,就是"万物有灵",指万物包括天、人,都合一于灵,而且相互感应。无论原古巫术抑或原古神话、图腾等文化的所谓性,都是天人合一的,中华文化的原古人文根性,又以巫为基本而主导。

帝与上帝、天、命与天命等,是殷周文化所创生的一系列重要的文化概念、理念与范畴。当人们认知、解读这些人文范畴时,可能忽视其与人这一基本范畴的历史与人文联系。实际上这一些范畴,都是中国原古人文意识即关于人的意识所派生的。

帝(上帝)与天等概念,又与"令"的概念联系在一起。《甲骨文字典》收录一个令字,又列出一个命字,称"甲骨文命令一字"[68]。而

---

66 丁山《中国古代宗教与神话考》,第 207 页,上海书店,2011 年版。
67 余英时《论天人之际——中国古代思想起源试探》,第 155 页,中华书局,2014 年版。
68 徐中舒主编《甲骨文字典》,第 89 页,四川辞书出版社,1989 年版。

《甲骨文字诂林》仅列一个令字。卜辞令字写作 👤[69]等。《说文》："令，发号也。"发号施令者，命也；谁发号施令？天也，故曰天命；又谁受命于天？人也。何以见得？卜辞令字下方写作 👤，象一个跪着的人。《甲骨文字诂林》说，"故古令与命为一字一谊。许书训 👤 为瑞信。不知古文 👤 字象人跽形，即人字也。"[70]许子有误。

令即命。凸显了中国原古"万物有灵"观统御之下天与人的巫性关系。"天命玄鸟，降而生商。"[71]这是神话传说所言说的图腾。[72]玄鸟之所以降临人间而生商，是因天命使然。天凭什么如此神通广大，是因为具有灵性、巫性的缘故。除了原始神话、图腾，天的灵性，更多地体现在原巫文化中，这便是巫性之天。郭店楚简"性自命出，命自天降"这一命题的意思，是说人性者，天命之所为。它将人的本性归于天赋，称人性的最终根源是天，而自天至性的中介是命。命，实际是天的至上意志，人力是不可违逆的。

---

69 《甲骨文合集》一四一二九，郭沫若主编、胡厚宣总编辑，中国社会科学院历史研究所《甲骨文合集》编辑工作组集体编纂，中华书局，1978—1982 年版。

70 于省吾主编、姚孝遂按语编撰《甲骨文字诂林》，第一册，第 364 页，中华书局，1996 年版。

71 《诗·商颂·玄鸟一章二十二句》。按：陈子展《诗经直解》所引《列女传》云："契母简狄者，有娀氏之长女也。当尧之时，与其妹娣浴于玄邱之水，有玄鸟含卵过而坠之，五色甚好。简狄与其妹娣竞往取之。简狄得而含之，误而吞之，遂生契焉。"《诗经直解》，下册，第 1195 页，复旦大学出版社，1983 年版。

72 按：郭静云说："学界经常用'商族图腾'概念来解释凤鸾崇拜，但通过对资料的严谨研究，使很多学者非常怀疑此假设能否成立。因为在殷商王族祈祷占卜记录中，完全没有鸟生信仰的痕迹，据此即足以否定这是殷商王室的信仰。"（见郭静云《天神与天地之道——巫觋信仰与传统思想渊源》，上册，第 418 页，上海古籍出版社，2016 年版。）其实，即使迄今尚未检出卜辞有关于商族"鸟生信仰"的"记录"，不等于说殷商一定没有"玄鸟图腾"。诚然，《诗·商颂·玄鸟》是诗而非历史，不能将其所言"天命玄鸟，降而生商"等同于历史事实，然称此诗所吟为神话传说，看来无甚大错。一般认为，大凡神话传说，可能存在一定的历史遗影。郭静云注意到有关青铜铭文有"玄鸟"的"族徽符号"，认为"将该铭文视为殷商王族崇拜玄鸟的证据恐怕过于牵强。"（同前，第 418 页）即使这一铭文不能成为"殷商王族崇拜玄鸟的证据"，又并不等于说，殷商一定没有以"玄鸟"为"图腾"的传说。

值得注意的是，"性自命出，命自天降"这一人文命题，并非指人的自然属性原于天，而是说，基于人的自然性的社会现实性，是"出"之于"命"的，而命是天的灵与巫的功用。至上意志的天，是生发、控制一切的。至上意志自天而降，于是成就人的现实属性即神性与人性双兼的巫性。

> 呜呼！皇天上帝改厥元子，兹大国殷之命。惟王受命，无疆惟休，亦无疆惟恤。呜呼！曷其奈何弗敬？天既遐终大邦殷之命，兹殷多先哲王在天，越厥后王后民，兹服厥命。厥终，智藏瘝在。夫知保抱携持厥妇子，以哀吁天，徂厥亡，出执。呜呼！天亦哀于四方民，其眷命用懋。王其疾敬德。[73]

天命在上，皇天上帝不可违逆。即使帝王也必须受命于天，敬祀天德，否则难逃商纣一般覆灭的命运。因而，中国人的原古人性，总是与从天而降的神性相系，原于至上意志的天，它的确是与巫性相系的。这一巫性原于天性，它出于天令、天命而降临于人间，又相契于人性。中国文化中的所谓人性（心性）、人格，的确经历过一个系于中国式神性与巫性的史前发展阶段。

中国美学，在相当重要的意义上，主要奠基于原巫文化。先秦儒、道关于人性、人格的美学，与原古巫学具有深远的渊源关系。中国美学好比是"亭亭净植"的莲华，"出淤泥而不染"。那"淤泥"，主要指原巫文化及其巫性。它并非西方或印度那般的宗教沃土，而是由原古巫术、神话与图腾这动态三维且以巫术为基本而主导的文化形态。

---

73 《尚书·周书·召诰》，孙星衍、陈沆《尚书今古文注疏》，中华书局，1986年版。

告子说:"生之谓性"、"食色,性也。"[74]这是关于人的自然本性的一般理解。《中庸》所谓"天命之谓性"[75]这一经典人学命题,或为一般的美学研究所忽视,但作为一个巫学命题,是郭店楚简"性自命出,命自天降"的浓缩。人之性不等于天、天命,更不等于时人所说的自然、本然,人性的养成,是一个漫长的文化过程及其成果,它在原古时代,其属性主要是属于巫的。

中国人性论史上,有人性"本善"、"本恶"、"有善有恶(善恶混)"与"无善无恶"等多种见解,它们对于中国巫性美学,分别具有怎样的意义?

其一、"人性本善"说。在孔子"性相近也,习相远也"[76]的基础上,孟子主"人性本善"说。孟子说:

今曰性善,然则彼皆非与。[77]

乃若其情,则可以为善矣,乃所谓善也。[78]

这里所谓情,实即性。程瑶田《通艺录·论学小记》有云,"'乃若'者,转语也。"杨伯峻《孟子译注》说,"乃若",相当于"若夫"、"至

---

74 见《孟子·告子章句上》,焦循《孟子正义》卷十一,上海书店影印本,第437页,1986年版。

75 《礼记·中庸第三十一》,杨天宇《礼记译注》下册,第899页,上海古籍出版社,1997年版。按:原文为:"天命之谓性,率性之谓道,修道之为教。"

76 《论语·阳货篇第十七》,清刘宝楠《论语正义》,上海书店影印本,第367页,1986年版。按:《论语·公冶长篇第五》子贡有言云:"夫子之言性与天道,不可得而闻也。"

77 《孟子·告子章句上》,焦循《孟子正义》卷十一,上海书店影印本,第441—442页,《诸子集成》第一卷,1986年版。

78 《孟子·告子章句上》,焦循《孟子正义》,上海书店影印本,第443页,《诸子集成》第一卷,1986年版。

于"[79]。关于这个情,清代戴震《孟子字义疏证》说,"情,犹素也,实也"。故而情有"质性"(性)之义。唐代李翱《复性书》说:"情不作,性斯充矣。性与情不相无也。虽然,无性则情无以生矣。是情由性而生,情不自情,因性而情是;性不自性,由情以明性者,天之命也,圣人得之而不惑也。"徐复观说:"先秦情性二字常互用,《吕览》且有《情欲篇》。春秋时代,已有由性字孳乳而来的情字;何以不能有情字所自出的性字? 性字在《诗经》时代,尚未流行;所以《诗经》上只《大雅·卷阿》有三性字;情字更为后出,所以《诗经》尽管有许多言情之作,但皆系对感情具体的描写;抽象的情字,仅见于《陈风·宛丘》'洵有情兮'所出现的一个'情'字。"[80]此言是。孟子实际是从"人心"来解释本善的人性的。

> 恻隐之心,人皆有之;羞恶之心,人皆有之;恭敬之心,人皆有之;是非之心,人皆有之。恻隐之心,仁也;羞恶之心,义也;恭敬之心,礼也;是非之心,智也。仁义礼智,非由外铄我也,我固有之也,弗思耳矣。[81]

孟子"性善"说,实际是"心善"之论。中国先秦心性论,实由孟子始。

其二、"人性本恶"说。是对于孟子"性善"说的对治与纠偏。战国末期的荀子说:

79　杨伯峻《孟子译注》,第260页,中华书局,1960年版。
80　徐复观《中国人性论史·先秦篇》,第8—9页,上海三联书店,2001年版。
81　《孟子·告子章句上》,焦循《孟子正义》,上海书店影印本,第446页,《诸子集成》第一卷,1986年版。

> 人之性恶。其善者，伪也。今人之性，生而有好利焉。[82]

人性天生，生而本恶。向善是人"伪"的硕果。伪者，人为，并非指道德"虚伪"之义。"性者，本始材朴也；伪者，文理隆盛也。"[83] 如果说，孟子"性善"说以天、人"本善"为预设，因而持"天人合一"之言，那么，荀子却持天善、人恶之论，以为"天、人相分"，"故明于天、人相分，可以为至人矣"[84]，进而实现"天人合一"。这一"天人合一"的必由之路，即"化性而起伪"[85]。荀子的"性恶"说，强调后天人为。

其三、人性"有善有恶"说。战国世硕（生世未详）《世子》（亡佚）有云：

> 周人世硕以为：人性有善有恶。举人之善性，养而致之，则善长；性恶，养而致之，则恶长。如此，则性各有阴阳善恶，在所养焉。[86]

人性"有善有恶"说，强调后天之"养"。世间之所以有善人与恶人的区别，是因为"人性有善有恶"的缘故，后天之"养"的意义，仅仅在于将自然人性中所本有的善、恶基因发掘出来，实现为人的善或恶

---

82 《荀子·性恶篇第二十三》，王先谦《荀子直解》卷十七，上海书店影印本，第 289 页，《诸子集成》第二卷，1986 年版。

83 《荀子·礼论篇第十九》，王先谦《荀子直解》卷十三，上海书店影印本，第 243 页，《诸子集成》第二卷，1986 年版。

84 《荀子·天论篇第十七》，王先谦《荀子直解》卷十一，上海书店影印本，第 205 页，《诸子集成》第二卷，1986 年版。

85 《荀子·性恶篇第二十三》，王先谦《荀子直解》卷十七，上海书店影印本，第 292 页，《诸子集成》第二卷，1986 年版。

86 王充《论衡·本性篇》，上海书店影印本，第 28 页，《诸子集成》第七卷，1986 年版。按：《汉书·艺文志》班固自注云，世子者"名硕，陈人也。七十子之弟子。"《论衡·本性》以其为"周人"。

的不同道德人格。

其四、人性"无善无不善"说。战国告子说：

> 性犹湍水也，决诸东方则东流，决诸西方则西流。人性无分
> 于善不善也。犹水之无分于东西也。[87]

关于"性无善无不善"说，东汉王充曾经分析道：

> 告子与孟子同时。其论性无善恶之分。譬之湍水，决之东
> 则东，决之西则西。夫水无分于东西犹人无分于善恶也。夫告
> 子之言，谓人之性与水同也。[88]

比较而言，这一说最符合人性自然的实际，人性犹如一块白板，
是无所谓善恶的，但它为人性修持即人格的养成，提供了关于善恶的
无限可能性。

除此之外，正如荀悦所言，中国人性论史上，还有性有上中下"三
品"说等。"或问天命人事。曰：'有三品焉，上下不移，其中则人事
存焉尔。'命相近也，事相远也，则吉凶殊也。故曰穷理尽性以至于
命。"荀悦又说：

> 孟子称性善，荀卿称性恶。公孙子曰，性无善恶。扬雄曰，
> 人之性善恶浑。刘向曰性情相应，性不独善，情不独恶。曰，
> 问其理。曰，性善则无四凶，性恶则无三仁。无善恶，文王之

---

87 《孟子·告子章句上》，焦循《孟子正义·告子章句上》，上海书店影印本，第 433 页，《诸
子集成》第一卷，1986 年版。

88 王充《论衡·本性篇》，上海书店影印本，第 29 页，《诸子集成》第七卷，1986 年版。

教一也,则无周公管蔡;性善情恶,是桀纣无性而尧舜无情也。性善恶皆浑,是上智怀惠而下愚挟善也。理也,未究也,惟向言为然。[89]

性之品有上中下三。上焉者,善焉而已矣;中焉者,可导而上下也;下焉者,恶焉而已矣。其所以为性者五:曰仁,曰礼,曰信,曰义,曰智。上焉者知于五也,主于一而行于四;中焉者知于五也,一不少有言,则少反焉,其于四也混;下焉者知于五也,反于一而悖于四。[90]

从康德"我能够知道什么"这一角度审视,古代中国人性论的种种见解与学说在回答"人是什么"这一问题时,大凡都可归于如前所述的种种答案。此即人性"本善"、"本恶"、"有善有恶"与"无善无恶"及其若干变格。这是从人性的根因根性角度立说,以为人之本,无非"善"、"恶"、"有善有恶"与"无善无恶"等多种。这种种道德人格与践行的人文原型,都是从"娘肚子里带来的",先天的。

问题是,起于先秦的中国人性论的思维视域及其思想旨归,都基本局限于道德哲学范畴。从巫性人类学、巫学哲学的角度看,所谓人性多种,其实可大致归为两大类。

巫学人类学以为,人类的命运是吉、凶二分的,其人性,是在吉、凶二分及其联系之中培育、成长的。由原巫文化所陶冶、融炼而成长的人性,某种意义与巫性的吉、凶相联系。《周易的美学智慧》一书,曾经试析这一巫性哲学及其美学问题:

---

89 荀悦《申鉴·杂言下第五》,上海古籍出版社,1990年版。

90 韩愈《韩昌黎文集·原性》,《韩昌黎文集校注》,马其昶校注、马茂元整理,上海古籍出版社,1986年版。

我们对于《周易》美学智慧的研究,是建立在求真、向善、审美与崇神(巫术——原注)四位一体又具有错综复杂关系的思维框架基础之上的,尤其注意巫学智慧怎样向"诗性智慧"的文化机制的转换问题。过去我们研究美学,往往在真善美与假恶丑这些基本美学范畴中进行思考,其实就《周易》美学智慧的研究而言,还可以而且有必要引入属于巫学智慧的"吉"、"凶"这两个文化学范畴,构成这样一个范畴系列,吉,真——善——美;凶,假——恶——丑。可将这一范畴系列简化为吉——美;凶——丑。[91]

真善美、假恶丑,都系于人性,都是一定人性、人格的现实实现。在人性、人格历史性地相系于真假、善恶与美丑文化形态形成之前,人性的原型而并非如孟荀等关于人之本性的逻辑预设,其实已在原巫文化的吉凶之中,经历了萌生、培育、陶冶与熔炼的漫长的历史时期,而且往往伴随以原古神话与图腾文化等。吉凶,是真假、善恶、美丑的文化原型,或者可以说是其三者各别而相应的人文温床,他们都是历史性的而不是逻辑预设。

仅就道德人格的善恶而言,除告子人性"无善无不善"说外,作为道德哲学之预设的孟轲人性"本善"说,正如荀卿关于人性"本恶"与世硕的人性"有善有恶"等说那样,其实并无什么现实而具体的历史真理性。在原古时期,天帝与人、鬼神与人、部落酋长、巫师与人(氓、百姓)之间的原始不平等关系,即原古的"礼"意识理念的发生可以证明,此时原始道德的人文因素,已经同时诞生。这不等于说,此时作为成熟文化形态的善、恶的德性与德行,已昭然于世。原古人性,

---

91　拙著《周易的美学智慧》,第73页,湖南出版社,1991年版。按:关于这一问题的论析,请参见该书第55—87页。

是"本始材朴"[92]的人性。本始材朴之朴,指原木而未经人的修为改造,与"析"相反。析是已经经过人为加工的意思,这便是荀子所说的"伪"。"本善"、"本恶"与"有善有恶"等三说之所以被提出与加以论析,是为了证明先秦儒家道德规矩的"先天"合理性与合法性。这当然不是善、恶的道德本自有之的历史证据。就此而言,告子所谓"性无善无恶之分"一说,倒是揭示了关于人性本然的历史真理性的。

道德的善恶与原古巫术吉凶的历史与人文对应,在价值指向性上是异质同构的。两者文化属性不一,其结构却是相同的。道德提倡扬善祛恶,巫术追求趋吉避凶,这是道德与巫术两者的异;同在都将人生价值的指向,看作二维结构。

扬善祛恶实由趋吉避凶而起。其因在于,当初民通过卜筮而占得所谓吉利之果时,等于观念地"实现"其原巫意义的向善诉求;如果所占为凶险,则意味着"恶果"临在而滋生了恶这一人文意识。关于吉凶的意识理念,一定曾经强烈地刺激与启发了初民充满神秘、神灵而奇思异想的头脑。在初民的人文意识中,世界总是二分的,比如巫性意义的或吉或凶。尔后便以吉为善甚而为真、为美;以凶为恶甚而为假、为丑,使得从吉凶到善恶,历史地实现从巫术到道德的转嬗。不仅善恶,而且真假、美丑的原型,也是原巫的吉凶。原巫的吉凶,为尔后向真假与美丑的转嬗,提供了无限的现实可能性。

首先,惟有在巫之吉利的人生境遇中,可能哺育与养成善良、平和、从容与向善的心理、心境与人格。孟子道德哲学的所谓"本善",预设了一个道德完善的逻辑性天生的前提,以为人的向善或者说道德的完成,只是人类对于本善天性这一逻辑的呼唤和肯定性回归。

---

92 《荀子·礼论篇第十九》,王先谦《荀子直解》第十三卷,上海书店影印本,第243页,《诸子集成》第二卷,1986年版。按:《荀子·礼论篇第十九》原文为:"故曰:性者,本始材朴也。伪者,文理隆盛也。无性则伪之无所加,无伪则性不能自美。"(该书第243页)

188

善这一本根的哲学及其美学思维,建立在人对于人类道德曾在、当在与将在的充分信任与肯定的基础之上,可以认为是巫之吉的意识理念,长期熏染与影响的结果。在历史与现实生活中,正如无所谓天生的真假和美丑那样,人类天生的自然本性也无所谓善无所谓恶的,仅仅由于原古天命之巫的吉凶意识的长期熏染,遂使孟荀等古贤坚信,现实道德或善或恶的根因根性,一定是本已有之的。然而,这实际只是其种种哲学预设而已。

再看人性"本恶"说,在文化史上与巫术之凶的意识相系。人的生存境遇一旦处在巫性的凶险之中,便可能破坏人本自向往平和、向善的心境与人格平衡,人与环境所构成的紧张甚而冲突,可能让人更为迫切地想逃离、改变凶险的现实处境而注重于"伪"。"有善有不善",原于吉凶互见或先凶后吉、先吉后凶的处境,且在吉凶之际体现原始巫性的善恶意识。而"无善无不善"说,可以说是天才地猜中了自然人性的本相。它与巫文化的人文联系,可能原于一时吉凶莫辨、无所谓吉或者凶、或以某种巫的"作法"克服另一"作法"的情况。[93]

孟子人性"本善"说,在于以"善"为哲学预设,其出发点是伦理道德,以伦理践行回归于"本善"的人性为旨趣。对于中国美学而言,孟子,第一次尝试将先秦儒家的人格美学精神,安放在其不太稳固的

---

93 按:将"无善无不善"的道德本根亦归于巫,问题相当烦难。原古巫术的施行,有所谓"善之神灵"与"恶之神灵"互为"斗法"而不分胜负的巫例;有人王施政因"失德"导致"天谴"而降灾于民;有巫师"作法""失灵"之时,巫师有时为此不得已丧己性命;有"黑巫术"克服另一"黑巫术"等情况;有虽经占卜占筮、扶乱放蛊等"作法"而其结果一时难以判定,等等。在通行本《周易》六十四卦卦辞与三百八十四爻爻辞中,往往只有记述卦象、爻象之辞而无"吉凶"之类的判词,如晋卦卦辞:"康侯用锡马蕃庶,昼日三接",需卦六四:"需于血,出自穴"、比卦六三:"比之匪人"、否卦六三:"包羞"与咸卦初六:"咸其拇",等等,皆无判词。以往易学界多称其为"省略",亦可能因其一时难断吉凶之故。诚然,《易传》凡此卦爻辞解释,皆有"吉凶"之判,然而,那大致是战国时人的解读,可能并不符合原意。

哲学基础之上。假如说，孟子将审美降格为伦理，那么恰恰是孟子自己，同时试图把伦理提高到审美的高度。正是在这一点上，从人性"本善"论出发，孟子建立了"共同美"说，关于这一问题，此暂勿论。

荀子人性"本恶"说，以"恶"为哲学预设，其出发点，也在于道德伦理。其逻辑，以人的伦理践行而解构人性"本恶"，从而实现于"伪"（人为）的人格现实即善的人生境界，与孟子可谓殊途同归。关于这一点，可以从《荀子·性恶篇》所论见出，"人之性恶，其善者，伪也。"[94]孟子称善是人性本具的，荀子却说"其善者，伪（人为）也"。两者的逻辑出发点不同，而道德的归趣则一。荀子抨击"性善"说，"所谓性善者，不离其朴而美之，不离其资而利之也。"[95]坚持认为"伪"即"美"，无"伪"则人之本性不"美"矣。而孟子则说，与道德相系的美，在人的自然心性中本自有之，道德美不是什么创造，而是对于本善人性的发现、回归。

战国世子关于人性"有善有不善"与告子"无善无不善"论，实际从两个相反角度，综合了孟荀的"本善"、"本恶"说。比较而言，所谓"有善有不善"，同于孟荀的思路；所谓"无善无不善"的思路，是与孟荀逆向的。徐复观曾说：

> 人性论是以命（道——原注）、性（德）、心、情、才（材）等名词所代表的观念、思想，为其内容的。人性论不仅是作为一种思想，而居于中国哲学思想史的主干地位；并且也是中华民族精神形成的原理、动力。要通过历史文化以了解中华民族之所以为

---

94 《荀子·性恶篇第二十三》，王先谦《荀子直解》卷十七，上海书店影印本，第289页，《诸子集成》第二卷，1986年版。

95 《荀子·性恶篇第二十三》，王先谦《荀子直解》卷十七，上海书店影印本，第290页，《诸子集成》第二卷，1986年版。

中华民族,这是一个起点,也是一个终点。[96]

《中国人性论史·先秦篇》第十四章再次强调,所谓先秦人性论,"从概念上分解地说,可称为命(道——原注)、性(德)、心、意、情、才;概括地说,可只称之为性,或心。"[97]

先秦人性论,实际是人心论、人格论。

正如徐复观所说,性即心。所谓人性论美学,也可称为心性论美学。其哲学、其美学——同样宗于心性说,原始儒家偏重于心性问题的伦理学解;原始道家偏重于心性问题的哲学解;原始墨家偏重于心性问题的名学解。儒道墨三者的共同人文题材,是关于"生"的性情、情性,其共同的人文源头,是关于命、天命的原巫学说。

考性这一汉字,从心从生,证明中国人所说的性,本不离于心,或者可以说,是从心来看性的。此心,在道德化、哲学化及其美学化之前,早已经历了伴随以神话与图腾的原古巫术文化的长期熏陶。对于巫文化而言,人的心灵,是心即灵、灵即心。正如前述,所谓灵(靈),本自从巫的。在孔孟之际,确有一个漫长的以心释性的历史与人文过程。

中国人所认识的"人"究竟是什么,主要并非如西方古代那样的作为"理性的动物"之人,也不是笛卡尔所主张的那个"在思维的东西"等,而是《四书》之一的《大学》所说的"大道之行,在明明德"、"止于至善",即儒、道所说的"圣贤"、"大人"、"真人"与"至人"。因而,儒、道两家所要发现与实现的美,实际指伦理道德之善。这正如有子

96 徐复观《中国人性论史·先秦篇·序》,第2页,三联书店,2001年版。作者原注:"请参阅本书第十四章。第十四章是一个结论,但也可以说是一个概念。所以读此书的人,最好先从第十四章看起。"
97 徐复观《中国人性论史·先秦篇》,第408页,三联书店,2001年版。

所言"礼之用,和为贵,先王之道斯为美"[98]与孔子所言"里仁为美"[99]
等所言述的美,实际都指人格的善。又指所谓"周公之才之美"[100]、
"子张曰:'何谓五美'?子曰:'君子惠而不费,劳而不怨,欲而不贪,
泰而不骄,威而不猛'"[101]等。当然,孔子论美,还有专指宫室(建筑)
意象如"宫室之美"[102]、服饰等形式美[103]和善、美二分等论述[104],这是
需要说明的。

　　孟子所谓美,实际指浩然之气"大丈夫"[105]人格的"充实之谓
美"[106]。此美指道德人格的完善。这种完善,与审美有关又不等于审
美意义的美。审美与伦理有不解之缘,道德必遵循一定的规矩,而道

98　《论语·学而篇第一》,刘宝楠《论语正义》卷一,上海书店影印本,第16页,《诸子集成》
　　第一卷,1986年版。

99　《论语·里仁篇第四》,刘宝楠《论语正义》卷五,上海书店影印本,第74页,《诸子集成》
　　第一卷,1986年版。按:此"里仁"之"里",非"裏"字之简体。段玉裁《说文解字注
　　疏》:"里者,居也。"

100　《论语·泰伯篇第八》,刘宝楠《论语正义》卷九,上海书店影印本,第162页,《诸子集
　　成》第一卷,1986年版。

101　《论语·尧曰篇第二十》,刘宝楠《论语正义》卷二十,上海书店影印本,第417页,《诸
　　子集成》第一卷,1986年版。

102　《论语·子张篇第十九》,刘宝楠《论语正义》卷二十二,上海书店影印本,第409页,
　　《诸子集成》第一卷,1986年版。按:《论语·子张篇》云:"子贡曰:'譬之宫墙,赐也
　　墙也及肩,窥见室家之好。夫子之墙数仞,不得其门而入,不见宫室之美、百官之富,
　　得其门者或寡矣。'"

103　按:《论语·泰伯篇第八》:"禹,吾无间然矣。菲饮食而致孝乎鬼神,恶衣服而致美乎
　　黻冕,卑宫室而尽力乎沟洫。禹,吾无间然矣。"刘宝楠《论语正义》卷九,上海书店影
　　印本,第169页,《诸子集成》第一卷,1986年版。

104　按:《论语·八佾篇第三》:"子谓韶:'尽美也,又尽善也。'谓武:'尽美也,未尽善
　　也。'"刘宝楠《论语正义》卷四,上海书店影印本,第73页,《诸子集成》第一卷,1986
　　年版。

105　《孟子·滕文公章句下》,焦循《孟子正义》卷六,上海书店影印本,第246页,《诸子集
　　成》第一卷,1986年版。按:《孟子·滕文公章句下》云:"富贵不能淫,贫贱不能屈移,
　　威武不能屈,此之谓大丈夫。"

106　《孟子·尽心章句下》,焦循《孟子正义》卷十四,上海书店影印本,第585页,《诸子集
　　成》第一卷,1986年版。按:《孟子·尽心章句下》云:"可欲之谓善,有诸己之谓信,充
　　实之谓美,充实而有光辉之谓大,大而化之之谓圣,圣而不可知之之谓神。"

德的完善与审美,都是人的自由本质的实现,因此在"自由"这一点上,道德与审美可能相洽。正如前述,如果说孟子将审美降格为伦理,那么恰恰是孟子,同时试图把伦理提升到审美的高度。而且,道德求善的主体在道德修为实践中所获得的崇高感和幸福感,都是通于审美的。

孟子不仅称人性本善,而且从人性本善及五官感觉本身的共通性,提出"同美"这一重要的美学见解,这是中国美学史首度提出的人性论的"同美"说:

> 是天下之口相似也。惟耳亦然。至于声,天下期于师旷,是天下之耳相似也。惟目亦然。至于子都,天下莫不知其姣也。不知子都之姣者,无目者也。故曰,口之于味也,有同嗜焉;耳之于声也,有同听焉;目之于色也,有同美焉。至于心,独无所同然乎?心之所同然者何也?谓理也,义也。[107]

"同嗜"、"同听"与"同美",都是人性本然。这一本然,是身之感觉的相似、相通,"同美"说从人人所共有的五官感觉的"同"立说,体现了先秦身体哲学和身体美学思辨的最高水平。又局限于其人性本善说,将儒家所提倡的理和义,说成是天下之人"同美"(共同美感)的内在人文依据,这是从道德伦理角度看待人性"同美"的缘故。

荀子的人性论美学思想,将本恶作为其人性论的哲学预设。正如孟子那样,虽然不具有哲学认识论意义的真理性,却意外地发现人性之恶即情(欲)这一精神本原之力。恶是本始材朴的"情欲"。作为一种盲目的非理性冲动,为儒家关于道德原于性善的见解所排拒,

---

107 《孟子·告子章句上》,焦循《孟子正义》卷十一,上海书店影印本,第450—451页,《诸子集成》第一卷,1986年版。

但本恶作为人的生命原力之一，比如理性失度、情欲横溢与精神迷狂，等等，一定条件下，成为一种对于性善说的解构力量，从而丰富先秦儒家人性、人格美学的美学精神，这使"化性而起伪"论显得尤为必要。荀子当然并非推崇人性本恶，而是以为通过"化性而起伪"，使盲目好动、具有破坏性的"情（恶）"，有可能达成"虚壹而静，谓之大清明"[108]的境界。这也就是荀子所谓"解蔽"。"君子知夫不全不粹之不足以为美也"[109]。"化性而起伪"的结果，洗涤了"本恶"的自然人性，遂成祛"恶"解"蔽"而又"全"又"粹"的完美人性与人格。

荀子继承、发展了孔子"仁者乐山，智者乐水"的君子"比德"思想。

> 夫玉者，君子比德焉。温润而泽，仁也；栗而理，知也；坚刚而不屈，义也；廉而不刿，行也；折而不挠，勇也；瑕适并见，情也；扣之，其声清扬而远闻，其止辍然，辞也。诗曰："言念君子，温其如玉，此之谓也。"[110]

荀子的人性、人学美学，本始于恶而终于道德的善美，如玉的品性一般。

比较而言，先秦儒家如孟荀的人学美学之思，其关于本善或本恶的哲学预设本身，在人文思维上，富于文化哲学的价值。这在思想上是真理性少欠的，倒是被记载于《孟子》一书的告子关于"性无善无

---

108 《荀子·解蔽篇第二十一》，王先谦《荀子集解》卷十五，第 264 页，上海书店影印本，《诸子集成》第二卷，1986 年版。

109 《荀子·劝学篇第一》，王先谦《荀子集解》卷一，第 11 页，上海书店影印本，《诸子集成》第二卷，1986 年版。

110 《荀子·法行篇第三十》，王先谦《荀子集解》卷二十，上海书店影印本，第 351—352 页，《诸子集成》第二卷，1986 年版。

不善"说,宣说生而有之的本然人性,犹如一张白纸,无论在思维、思想上,都具一定的真理性意义。如此难得的人性论的思想,不幸却被淹没于历史的长河之中。中国数千年的人性论史,以"人性本善"与"人性本恶"为主流,与此相关的儒家人性美学、人学美学也是如此。

这里值得重视的,还有郭店楚简有关儒家著述中的人性美学、人学美学之思。

如果说,孟子的人性论实为心性说,那么,郭店楚简《性自命出》篇以"心"释"性"的人学倾向,则更为突出。《性自命出》有云:

喜怒哀悲之气,性也。[111]

"喜怒哀悲之气",自当不同于"喜怒哀悲"。"喜怒哀悲"者,情也;而这里所谓"气",并非指一般的生命之气。"喜怒哀悲"者,心也。故"喜怒哀悲之气",实即"心气"之谓。郭店楚简的儒家著述中,以心字为偏旁的汉字尤为多见。

在竹简全篇中,"德"字都写作上直下心;"仁"被写作上身下心;"义"字则有五种写法:宜(《性自命出》),義(《语丛一》、《五行》),我(《语丛一》),上我下口(《忠信之道》),上我下心(《语丛一》、《语丛三》);"勇"字写作上甬下心(《尊德义》);"逊"字作上孙下心(《缁衣》);"顺"字作上川下心(《唐虞之道》、《成之闻之》);"爱"字或作上既下心,或作上无下心(《成之闻之》、《性自命出》、《五行》);"为"字作左忄右为為(《性自命出》);"过"字作上化下心(《性自命出》);难字作戁,上难下心

---

111 《郭店楚墓竹简·性自命出》,荆门市博物馆《郭店楚墓竹简》,文物出版社,1998年版。

（《老子》、《性自命出》）。[112]

如此众多从心汉字的出现，证明这一伟大民族在孔、孟之际，曾经经历过一个以心之发现与解放且以心释性的时代。难怪孟子著述，以心学来说人学的倾向如此显明。这种心学美学，源远流长，甚至影响到后代诸如佛学、禅学和宋明理学关于人性、心性、心学美学的建构。

郭店楚简《语丛二》有"情生于性"、"爱生于性"、"欲生于性"、"恶生于性"和"喜生于性"等一系列人性论命题，《性情篇》则云："道始于情，情生于性。"凡此可以证明，战国时人何等重视人的感性生命与感性生活。《性自命出》又有"重情"之说：

> 凡人情为可悦也。苟以其情，虽过不恶；不以其情，虽难不贵。苟有其情，虽未之为，斯人信之矣。未言而信，有美情者也。[113]

中国人性、人学美学史上的"道始于情"说，宣称情为道之本因、原型，可谓发聋振聩。美情说称人情的审美为可悦甚而虽过不恶，等于承认适度的美是可悦的；而非适度的美也可能是可悦的。所谓"美情者"，正如《性自命出》所言："喜斯陶，陶斯奋，奋斯咏，咏斯摇，摇斯舞。舞，喜之终也。"[114] 而且可以达成"信"即真诚、真实而无欺的境界。

112　余治平《哲学本体视野下的心、性、情、敬探究——郭店楚简〈性自命出〉的另一种解读》，《郭店楚简国际学术研讨会论文集》，武汉大学中国文化研究院编，第 355 页，湖北人民出版社，2000 年版。

113　《郭店楚墓竹简·性自命出》，荆门市博物馆《郭店楚墓竹简》，文物出版社，1998 年版。

114　《郭店楚墓竹简·性自命出》，荆门市博物馆《郭店楚墓竹简》，文物出版社，1998 年版。

"美情"审美说别具一格。"手之舞之,足之蹈之",审美之狂喜与陶醉,令人惊异。虽然这不等于是古希腊那般的宗教"酒神精神",而确是由中国原巫文化"巫风鬼气"的传统所养育而成的。儒家诗教一直强调"温柔敦厚"、温文尔雅、循规蹈矩,直至宋明所推崇的,是"无情"的圣人人格之美善及审美标准,甚而倡言、践行"存天理,去人欲"或"存天理,灭人欲",正如南宋朱熹所谓"《书》曰:'人心惟危,道心惟微,惟精惟一,允执厥中'。圣贤千言万语,只是教人明天理,灭人欲。"[115]王阳明也曾说过,"如何不求? 只是有个头脑,只是就此心去人欲、存天理上讲求"[116]。惟"理"、惟"性"而独尊,导致宋人倡言并坚持抑"情"而灭"欲"的信条,以及在文学审美上,提倡"以文字为诗,以才学为诗,以议论为诗"[117],等等,这显然可以证明,中国美学史上由郭店楚简所提倡的"美情"说这一传统,其实难以为儒家正统所容受。

直到明中叶阳明学起,总体上程朱理学的权威开始受到挑战,中国人性美学、人学美学的历史潮流有些脱离了"正统"哲学的河道。王阳明沿袭孟子,也说"万物皆备于我",然而并非惟圣人是瞻,他的关于"我的灵明"等有关人性、人格与人学的命题,在传统儒学规范的"庙门"前,竖起了一杆新的旗帜,以至于"正嘉之后,天下尊王子甚于尊孔子"[118]。李贽倡言"童心"。所谓童心,"绝假纯真,最初一念之本心。"[119]以提倡"本心",来对治程朱的"道学"。"三袁"、"公安"

115 《朱子语类》,宋黎靖德编、王景贤点校《朱子语类》第一册,第 207 页,中华书局,1994年版。

116 王阳明《语录一·传习录上》,吴光、钱明、董平、姚延福编校《王阳明全集》卷一,上册,第 3 页,上海古籍出版社,1992 年版。

117 严羽《沧浪诗话·诗辩》,郭绍虞《沧浪诗话校笺·诗辩》,人民文学出版社,1961 年版。

118 顾宪成《日新书院记》,《顾端文公遗书》卷一《经皋·藏稿》,齐鲁书社,1995 年版。

119 李贽《焚书·续焚书》卷三,中华书局,2011 年版。

派接续南北朝钟嵘与刘勰的"性灵"说,与阳明学相承,要求文学审美具有"慧黠之气",肯定纯真、本心之美。古人说,敢于叛逆于圣人的,莫甚于李贽。尔后如徐文长、祝允明与唐伯虎等辈,也钟爱于"情欲"而黜"性理"。冯梦龙《广笑府序》甚至说,"我笑那李老聃五千言的《道德》,我笑那释迦佛五千卷的文字","哪曾有什么青牛的道理、白象的滋味","又笑那孔子老头儿,你絮叨叨说什么道德文章,也平白地把好些活人都弄死","又笑那张道陵、许旌阳,你便白日升天也成何济。"[120]真正是出言轻狂,百无禁忌,由大倡人的"情欲"而敢笑儒道释之僵死的传统,精神上有摧枯拉朽之势。

中国人学与人性美学的一大主题,是做怎样的人以及怎样做人。这一人文精神、伦理主题渗融于审美、艺术,首先表现为对自然美的审美欣赏。正如前述,从孔子到荀子,都有自然美审美的"君子比德"说。汉代刘向继承了这一传统[121],将孔子的"智者乐水,仁者乐山"加以解读、发挥。魏晋南北朝的田园诗、山水诗,在描摹田园、山水景观之美的同时,所凸显的,依然是《庄子》所说的"素朴而天下莫能与之争美"[122]的老路子。所表述的,还是道家人格。徐复观说:

> 老学的动机与目的,并不在于宇宙论的建立,而依然是由人生的要求,逐步向上推求,推求到作为宇宙根源的处所,以作为人生安顿之地。因此,道家宇宙论,可以说是他的人生哲学的副产品。他不仅是要在宇宙根源的地方来发现人的根源,并且是要在宇宙根源的地方来决定人生与自己根源相应的生活态度,

---

120 冯梦龙《广笑府·序》,《广笑府》卷一,荆楚书社,1987 年版。

121 按:此可参见刘向《说苑》"杂言"篇。原文较长,恕勿引录,可见《说苑译注》,北京大学出版社,2009 年版。

122 《庄子·外篇·天道第十三》,王先谦《庄子集解》卷四,上海书店影印本,第 82 页,《诸子集成》第三卷,1986 年版。

以取得人生的安全立足点。[123]

在比如唐宋诗词和元明清的艺术文学中,情况无比复杂,自当一言难尽。简言之,除佛禅艺术可能深刻地触及文化哲学及美学之魂外,往往多见的,是通过人物故事、命运的描述和意象的营构,伴随以喜怒哀乐情感的渲染与抒发,其所表达的,依然集中于善恶的道德人格域限。《三国演义》写的是战争,本可在战争这一关乎生死的"绞肉机"中,强烈地表现人之为人、人何以可能这一哲学或文化哲学对于人性的人文底蕴的深邃诉求,在意象和情感系统中,熔铸以关于人、人性、人格的形上思考。然而,"三国"的美学主题,基本局限在政治道德伦理的正邪与忠奸的范围。《水浒传》以"忠义"为主题,其人文思维与思想,也大凡在于政治伦理范畴。两著除有一些施"巫"故事情节如诸葛孔明"作法""借东风"与"洪太尉误走妖魔"等,基本不涉于西方那般的宗教神性。《红楼梦》写"一僧一道"之类,涉于宗教神性,但那是"中国化"了的,其神性显然是不足的,倒是该书中所说的"易",大体属于巫术、巫学范畴。

值得注意的是,当本书在此述说西方与中国古代的人性美学、人学美学时,必须对所涉及的比如西方"美是理念的感性显现"、美学研究对象是"人对现实的审美关系",以及与中国传统文化所谓人、人性、人格与美学的关系等问题,进行重新思考。中国文化中的人与西方之人,并非是完完全全的同一种人。从巫学、巫性这一新的学术理念审视,无疑会有不同于传统学术的新的理解与解读。

西方美学史上关于"美是理念的感性显现",是德国黑格尔美学的第一主题。这里关系到对"理念"这一范畴的逻辑规定与理解。黑

123　徐复观《中国人性论史·先秦篇》,第 287—288 页,三联书店,2001 年版。

格尔说,"美就是理念,所以从一方面看,美与真是一回事",又称,"说理念是真的,就是说它作为理念,是符合它的自在本质与普遍性的,而且是作为符合自在本质与普遍性的东西来思考的","当真在它的这种外在存在中直接呈现于意识,而且它的概念是直接和它的外在现象处于统一体时,理念就不仅是真的,而且是美得了。美因此可以下这样的定义:美是理念的感性显现。"[124] 黑格尔这里所说的是"绝对理念",它是自生成、自发展、自否定的,原于古希腊柏拉图的"理式(idea)",即一个由原古希伯来与基督神性文化所哺育而升华的哲学本原本体范畴。古希腊时提倡所谓"事物由于数而显得美"[125],这数,确由上古巫文化所谓"劫数"与"命数"的理念,提升为一大原始宗教神性范畴。从哲学上的"数是万物本原"说角度看,原本宗教神性的"数",成了认识论哲学、关于美学本原的一个关键,又在柏拉图那里,被提炼为哲学思性的理念(理式)这一范畴。它确实是被哲学所精致化了的宗教主神即上帝。

中国的情形与此大相径庭。由于中国宗教未能从原古巫术、图腾与神话文化形态脱颖而出,未能实现向高一级的宗教神性文化的转嬗与提升,因此,具有西方神学文化背景与传统的黑格尔的"美是理念的感性显现"等美学命题,尽管可以成为中国美学的借鉴,而实际它从来就是中国美学的一个他者,两者的"话语"系统与思维模式甚为不合。

谈到中国文化及其美学特质,李泽厚先生说:

> 我以前曾提出"实用理性"、"乐感文化"、"情感本体"、"儒

124　[德]黑格尔《美学》,第 1 卷,第 142 页,朱光潜译,商务印书馆,1979 年版。

125　塞克斯都·恩披里柯《驳数理学家》,第 7 卷,第 106 节,见范明生《古希腊罗马美学》,第 65 页,蒋孔阳、朱立元主编《西方美学通史》,第一卷,第 65 页,上海文艺出版社,1999 年版。

道互补"、"儒法互用"、"一个世界"等概念来话说中国文化思想,今天则拟用"巫史传统"一词统摄之,因为上述我以之来描述中国文化特征的概念,其根源在此处。[126]

暂且勿论李泽厚关于这种"中国文化思想"的所有概括是否完全正确妥切,仅就"实用理性"这一点而言,可谓抓住了中国文化的一个基本特性。"实用理性"说所强调的,确是中国传统人文的世俗性而非宗教神性,决定了中国美学的文化哲学及其理念,它的人文根性,就是笔者所说的巫性。

长期以来,关于美学研究对象是"人对现实的审美关系"这一见解,受到了颇为一致的肯定。这里所说的"关系",实际始于以原巫文化为基本而主导、伴随以原古神话、图腾的中国原始"信文化"的哺育。

人对现实的审美关系,是以人与现实的关系为前提的。人类把握世界的基本方式即人与现实的关系基本有四种:崇神(宗教与巫术、神话、图腾以及带有神性与巫性因素的世俗崇拜等)、求善(实用功利以及在此基础上所提升的道德)、认知(理性以及科学理论形态与科学技术等)与审美(对于一切世界现象、人的一切心理因素的审美观照,以艺术审美为主)。此外并无第五种。这四大基本关系之间,千丝万缕,错综复杂,不同种族、氏族、民族、时代与处于不同历史、现实境遇中的人、人性与人格所兼具的神、神性与神格之人对于现实的关系,复繁而深邃,彼此相系而大不相同。

就中国巫性美学而言,原巫文化作为崇神的一种重要的文化形态与方式,蕴含着中国美学思维与思想及其人文根因、根性与特质无

---

126 李泽厚《由巫到礼 释礼归仁》,第3页,三联书店,2015年版。

可替代的本在。文化人类学、文化哲学关于巫学的文化美学，只有实践地坚持历史与逻辑、实证与思辨相结合的研究，才有可能扩大其学术视野，既揭示以艺术为主的人对现实审美关系的本涵，又可望进而研究中国美学的人文根因、根性与特质等疑难问题，从而使得传统的人性美学，有可能突破其传统界限，走向中国巫性美学。在人性美学一般地研究真假、善恶与美丑的文脉联系的基础上，有可能、有必要将学术视野进一步拓宽，投向巫性的吉凶以及巫性吉凶和美丑（与真假、善恶相系）等的文脉联系问题，这是可以期待的。

第二节　神性美学反思

神性美学，指以宗教神性与审美、以神学与美学的关系为主要研究对象的美学。它属于"作为文化哲学的美学"[127]这一学科范畴。

神性，一个宗教神学、宗教哲学及其文化哲学与文化美学所应当研究的学术课题。横跨于诸多学科领域，足以证明其内涵、意义与价值即思维与思想多栖的特点，其人文与学术品格，复杂而深微。属神的崇拜与属人的审美之间，即二律背反又合二而一，具有深致的人文联系，这正是研究的一个重点。

> 所谓美，就是上帝的在场[128]

作为神的文化属性的神性，一般无须也难以为自然科学所证实

127　［德］海因茨·佩茨沃德《符号、文化、城市：文化批评五题》，第46页，邓文华译，四川人民出版社，2008年版。

128　［瑞士］冯·巴尔塔萨《神学美学导论》，第79页，曹卫东、刁承俊译，三联书店，2002年版。

或证伪,对于神性而言,定量分析徒劳无益且无必要。神性美学所指涉的,正如牟宗三所指出的,是"内容真理"而非"外延真理"。前者,"它不能离开主观态度","我们一定要承认一个内容真理,它是系属于主体(的)";后者,指"凡是不系属于主体(Subject——原注,下同)而可以客观地肯定(Objectively asserted)的那一种真理,通常都是外延真理"[129]。神性本身作为属神的"内容真理",关乎主体、主观的人文立场和态度。神性,一个超验、形上之性的神学范畴。它与审美性之间的文化哲学的联系,决定我们首先应予讨论的问题是:神究竟如何可能。

这一世界本来并无什么神。神来到人的心灵之中,有一个契机,就是人虽然总是生活在有限的经验世界中,作为"宇宙的精华,万物的灵长",却总是向往无限,并且坚信那无限的确是"存在"的。人对于那些奇奇怪怪的形上问题,有特别的兴趣甚至嗜好。然而,宗教的信徒总是提醒我们,神的来到世间,不是要人去理解它而且也不能被理解。"期望我们的心智来抓住无限,就好像要一只狗用鼻子来了解爱因斯坦的公式一样。"[130]神就是无限。凡是无限的事物和境界,都是神秘的。神秘的神,不是理解的对象——理解就是对于神的亵渎,神只能是崇拜的对象。正因如此,且不说古罗马奥古斯丁与中世纪阿奎那等那些虔诚的神学家,对于上帝、诸神充满了敬畏和歌颂,即使西方一些杰出的自然科学家,如开普勒、法拉第与牛顿等,都曾对神和宗教信仰,怀有令人感动的眷恋和挚爱。现代航海学开创者冯·布劳顿(Von Bran 1912—1977)曾说,宇宙的无比神奇,惟有证实我们有关造物主(上帝)确定性的信仰才是"真理"。他称惟有关于

129　参见牟宗三《中国哲学十九讲》第二讲,第18—42页,上海古籍出版社,1997年版。

130　[美]休斯顿·史密斯《人的宗教》,第60页,刘安云译,刘述先校订,海南出版社,2013年版。

神的信仰，人才是一个真正"自由"的人。自由是对必然的准确认知与把握，而在布劳顿氏看来，人的自由，须以神的照耀、抚慰为前提。这在与其所把握的丰富而深致的知识、技术与理性之间，形成强烈反差。人们发现，理解一个承认在宇宙背后存在超理性、超验形上的科学家，和领会一个承认科学、知识真理的神学家，是同样困难的。这是因为，无论哪一个杰出的科学家，都面临无限的未知领域，都会对此深感困惑，因而有可能信仰神、上帝与宗教（当然并非所有的科学家都是如此），并试图将科学未曾解答的难题，交给神去"解决"。这种关于知识、理性、自然科学与神、信仰、超验之间有趣而有深度的人文联系，显然与西方基督教的文化背景、修养与传统相关。

究竟源于什么、而且是什么使"上帝临在"或曰"上帝的在场"？

"上帝临在"，是西方文化、宗教及其哲学的第一命题。

当十九世纪后期，英国著名的古典文化人类学家泰勒《原始文化》首度提出"万物有灵"论时，人民诧异地发现，原来在原古时期，还有一种真正神秘的生命之灵，遍在于这个世界。马林诺夫斯基说，所谓"魂灵的观念，相信死者复有新的生命。""然而甚么是灵呢？对于灵的信仰，又有甚么心理上的根源呢？"他的回答是，"蛮野人极怕死亡，这大概是因为人与动物都有根深蒂固的本能的缘故。蛮野人不愿意承认死是生命底尽头，不敢相信死是完全消灭。这样，正好采取灵的观念，采取魂灵存在的观念。"而"相信不死，结果便相信了灵底存在。"[131]这一关于原始先民承认万物本具"灵性"（魂灵）的言说，几乎让人的人文思维和思想，走到通往神性、神学的黑暗而光明的入口处。

"上帝之灵"，是"万物有灵"最高的凝聚与精华。灵在原巫文化

131　［英］马林诺夫斯基《巫术科学宗教与神话》，第46、48页，李安宅译，上海社会科学院出版社，2016年版。

中本是巫性的,从原巫文化到宗教文化,遂使灵从巫性提升为宗教的神性。不仅"普在",而且其高高地"临在"于这个世界。原古巫术、神话与图腾文化的灵性,为宗教及其神性概念的建构,奠定了一个逻辑基础。从原古"信文化"的灵性,转嬗为宗教的神性,是人类文明的大步跨越。上帝(God)的神性至高无上,遂使上帝的临在是绝对无条件的,是无须任何原因和遵循人间因果律的。西方宗教教义典籍之所以给予上帝许多"圣名",是出于对上帝的绝对神性的绝对崇拜:

> 但另一方面他们(按:信徒、著述者)也赋予了祂(上帝)许多名称,像"我是自有永有的","生命"、"光"、"神"、"真理"。同样还是这些智慧的著述者,当他们赞颂各种存在物的原因时,他们运用了从结果方面构造的名字:善、美、智慧、我所亲爱的、众神之神、万主之主、至圣者、永恒、存在、永世的原因。他们还称祂为生命泉源、智慧、心灵、道、知者、拥有一切知识宝藏者、权能、强大的、万王之王、比时间古老的、不会变老亦不会改变的、拯救、公义、圣洁、救赎、万事中最伟大者,然而又在宁静的微风中。他们说祂在我们的心中、灵中、身中,在天上地下,虽然总在自身之中,祂也在世界之中,环绕世界并超出世界,祂比天高,比一切存在都高,祂是太阳、是星星,是火、水、风和露水,是云、房角的头块石、磐石,祂是一切,祂又不是任何具体事物。[132]

在基督教教义看来,上帝的神性,尽管可以用无比丰富的语言来加以表述,却是无法言说也是言说不尽的。

---

132 (伪)狄奥尼修斯《神秘神学》,第7—9页,包利民译,商务印书馆,2012年版。按:"伪"字为《神秘神学》一书所原有。在"狄奥尼修斯"之前,之所以用一个"伪"字,是因为《神秘神学》一书,一般认为并非狄奥尼修斯所撰。

　　基督教有关于上帝与诸神的"灵感（Inspiration）"说。"灵感"之说，实际是关于上帝的"生命"说。希腊文所谓"灵"，本义为"嘘气"。"上帝之灵"，即本在的"上帝之嘘气"。这"嘘气"就是上帝永恒之"生命"的确证。上帝创造世界与人，是其"嘘气"的伟大成果。"正如当谈到存在时，我说祂是绝对存在的永恒性，现在我则说神圣的、超出生命的生命，是生命本身的给予者与创造者。一切生命与生命活动皆来自一个超出所有生命、超越生命源泉的生命。"[133]

　　《圣经·创世纪》说："起初上帝创造天地。地是空虚混沌，渊面黑暗，上帝的灵在水面上运行。上帝说：'要有光。'于是就有了光。上帝看光是好的，就把光暗分开了。上帝称光为昼，暗为夜；有晚上，有早晨，这是头一日。"[134]上帝便是那无可比拟的光，是太阳。阳光普在。"它是太阳，以为它使万物成为一（个）总体并聚拢了那四分五裂的事物。"又说，"至善被描述为心灵之光，因为祂用心智之光照亮所有超天界存在者的心智，而且因为祂将盘踞在灵魂中的无知与错误驱赶出去。祂给灵魂各自一份神圣之光。祂消除了围绕灵魂的心智之目的无知之雾，祂激励并解放了那些双目紧闭和背负着黑暗的存在者。"[135]又说"泰初有道（按：Logos，逻各斯）。道与上帝同在，道就是上帝。这道泰初与上帝同在。万物是藉着他造的，凡被造的没有一样不是藉着他的。生命在他里头，这生命就是人的光。"[136]"上帝

133　（伪）狄奥尼修斯《神秘神学》，第 63 页，包利民译，商务印书馆，2012 年版。

134　《新旧约全书·创世纪》，第 1 页，中国基督教协会，1982 年版。

135　（伪）狄奥尼修斯《神秘神学》，第 30 页，包利民译，商务印书馆，2012 年版。

136　《新旧约全书·约翰福音》第 1 章第 1—4 节。按：印度教亦称"神"是世界的"创造者"。"神将是创造者（大梵天，Brahma——原注），维持者（毗湿奴，Vishnu）和毁灭者（湿婆，Shiva）"。"'它（按：神）照亮着。太阳、月亮和星辰跟着它照亮；因着它的亮一切都照亮了。它是耳朵的耳朵，眼睛的眼睛，心灵的心灵，语言的语言，生命的生命。'"（［美］休斯顿·史密斯《人的宗教》，第 62 页，刘安云译，刘述先校订，海南出版社，2013 年版。）

之灵"与"万物之灵"的区别,在于后者是巫性的"原创",前者是由巫性向宗教神性的提升。

上帝与美、善的关系,正如西方中世纪基督教神学家奥古斯丁所言:

> 因此,是你,主,创造了天地;你的美,因为它们是美丽的;你的善,因为它们是好的;你实在,因为它们存在。但它们的美善、存在,并不和创造者一样;相形之下,它们并不美,并不善,并不存在。[137]

被伪托的狄奥尼修斯说,"因为祂是全然美好的,是超出一切的美者。祂永远如此,不变换、不变化;祂是美的,但不是像那些有生有死、有长有衰的东西,并非在一个方面美好而又在其他方面丑陋。祂不是'现在'美而'其他时间'又不美,不是与某一事物联系起来美,但与另一事物联系就不美了。祂并非在一地美,但在另一地就不美,好像祂能对有些人美,而对另一些人就不美了似的。决(绝)不是这样! 祂在自身中、根据祂自身,便是独特的和永恒的美。祂在自身中便是一切美的事物的超级丰盛的美之泉源。"[138]无须多置一词,这种对于上帝"临在"的绝对美、永恒美的崇拜与推崇之极,是无以复加的。

西方文化史的源头,并不是希伯来、基督教之类的宗教。成熟的宗教是后起的。在成熟宗教来到这个世界之前许多个世纪,人类文化,早已诞生了诸如神与神性、灵与灵性、巫与巫性等历史与人文意识。可以将神、神性和灵、灵性等有关文化意识,追溯到原古巫术、神话与图腾文化的发生之初,这便是巫、巫性。列维-布留尔说:

---

137 [罗马]奥古斯丁《忏悔录》,卷十一,第4章,周士良译,商务印书馆,1991年版。
138 (伪)狄奥尼修斯《神秘神学》,第32页,包利民译,商务印书馆,2012年版。

很难确切地说菲吉人是怎样想象人的不死部分的实质。"yalo"这个词有下面的意义。它与作为后缀的代词连用表示精神,如 Yalo-ngu。它与单个的物主代词连用则表示幻影或灵,Yalo-yalo 表示影子。[139]

在神话中,神的启示赢得了一种"神圣"的生动形象,这种形象是如此的本真,以至于通过审美无法使之客观化和纯洁化。神性主要就是在这段时间内成型。每个民族都有其独特的神话源头,但希腊的神话源头却囊括了整个西方其他所有民族,描写了各种各样的主题;这些主题的变奏不仅贯穿于罗马时代、中世纪、人道主义时代以及巴洛克时代,甚至还一直延续到存在主义解体之际。[140]

这个世界本来并没有神。那么神是如何"无中生有"的? 是什么无可逃避、命里注定的人文冲动、愿望和意识,让人不得不热衷于塑造、虚构文化意义的西方诸神尤其是上帝,而且总是拿神、上帝来"说事"? 由此,这个世界及其审美与美学便从此多事,且倍增了属于神的诗意与思想。就西方文化及其哲学、美学而言,具有决定意义的,是《圣经》关于"上帝"(耶和华)及其空前的诸神的创设。遂使其在希伯来、希腊两种文化传统的"对话"中,充满神性、神学的灵光,并令其哲学、美学与艺术、科学、人格等别具特性和光辉。

上帝及诸神之"临在"究为何故,上帝对人而言,则意味着什么?

---

139 [法]列维-布留尔《原始思维》,第 80 页,丁由译,商务印书馆,1981 年版。

140 [瑞士]冯·巴尔塔萨《神学美学导论》,第 14 页,三联书店,2002 年版。

其一、上帝及诸神的"临在"[141]，是人类面对世界与生存难题，总难以彻底克服和战胜的一个确证。是人与自然、人与社会、人与人、人之内心的本在关系，注定遭受无穷无尽的蛮野自然力及其蛮野社会力残酷奴役的一个结果。"人一方面具有自然力、生命力，是能动的自然存在物"，"另一方面，人作为自然的、肉体的、感性的、对象性的存在物，和动植物一样，是受动的、受制约的和受限制的存在物。"[142]这一受动性，与人永远相对落后的社会生产力相系，与人的智力即一切心灵、心理能力与体力的结合相系。当蛮野之力与主体的内在尺度相比显得足够强大时，由于种种文化心灵、社会环境、条件和因素的促成，便可能使人不得不屈辱地在漫长而多变的造神运动中，在人的心灵意义上，孕育与创造了上帝与诸神的崇高形象，从而加以崇拜。人的精神、心灵，是人与一般动物的根本区别。但人一开始就很倒楣。他在能动地超拔于物质之上的同时，注定要遭受蛮野自然力的压迫和纠缠。宗教、造神、崇拜以及上帝之类的降临，是人类真正自由、自觉永远不能彻底实现的人文表现。上帝及诸神的诞生与降临于世，是人类总在不断挣得自由生存的同时、又不得不在必然王国的痛苦挣扎。虽然神灵世界的情感迷狂，给信众以无比的抚慰、温暖和关怀而充满了诗意，但上帝、诸神尤其那些恶神的严厉和冷酷，是人的命运悲剧性的一个明证。神、神性并非其他什么，它是因蛮野自然力尚未被人类所准确而正确地把握的自然与社会的本质规律，它由人的一定文化

141　按：（伪）狄奥尼修斯说："神学传统有双重方面，一方面是不可言说的和神秘的，另一方面是公开的与明显的。前者诉诸于象征法，并以入教为前提；后者是哲学式的，并援用证明方法。不过，不可表述者与能被说出者是结合在一起的。一方使得说服并使人接受所断言者的真实性；另一方行动，并且借助无法教授的神秘而使灵魂稳定地面对上帝的临在。"（狄奥尼修斯《神秘神学》，第242—243页，包利民译，商务印书馆，2012年版。）

142　[德]马克思《1844经济学—哲学手稿》，《马克思恩格斯全集》第42卷，第167页，人民出版社，1979年版。

心灵的异化、幻化而成。神与神性，是"先验幻想"的一大精神现象。

其二、上帝与诸神的"临在"，又是人类对绝对完美的世界通过想象、幻想、情感、意志与理想的一种宗教诉求。人类固然无奈而幸福地拜倒在上帝与诸神脚下，但在蛮野自然力、环境的强大压迫之下，并非绝对无能为力。创造诸神与上帝之类，是人类对于十全十美、全知全能的绝对理想主义人格的神性向往，这或者也可以称为神格。

正如前引，《圣经·创世纪》有关上帝"创世"的一段著名的话，即上帝开天辟地，创构一切，抚慰一切，毁灭一切，而且永远不费吹灰之力，上帝的灵，就是上帝的"嘘气"及其言说，使他能够"说到做到"，这其实就是原于巫及其巫性的绝对神性，"《希伯来圣经》中，上帝有多种称谓。'至高的上帝'（El Elgom）、'永生的上帝'（El Olam）、'全能的上帝'（El Shaddai）、'立约的上帝'（El Berit）中均称艾勒。"[143] 上帝万能，至真、至善、至美，这一切都首先是在原古巫性中孕育的。

《圣经》的第一命题为"上帝造人"，其实是"人造上帝"。上帝作为"至神"，是此岸之人自身在彼岸（天国）所树立的无比巨大的光辉侧影。现实世间并无完美的人、人性与人格[144]，于是人所向往的绝对

143　任继愈总主编、卓新平主编《基督教小辞典》，第 347 页，上海辞书出版社，2008 年版。按：据《出埃及记》，上帝应摩西之请，于西奈山自谓"JHWH"。为表示对上帝的尊崇，从公元前三世纪之后，信徒不再诵读，遂成为纯粹的"四字之符"。后基督徒误读为"耶和华"即上帝（God）。

144　按：关于"人格"，前引美国学者休斯顿·史密斯《人的宗教》云，"我们用的'人格'一词出自拉丁文 persona，它原先是指演员出场，演出他的角色时所戴的面具，通过（per）面具说出（sonare）他角色的台词。面具记录着的是角色，而在它后面的那演员则是隐匿的，超然于他所表演的情绪之外。印度教说得对极了：因为角色正是我们的人格，是我们此刻在这最伟大的悲喜剧中，这幕我们同时是作者也是演员的生命剧中所一直扮演着的角色。正如一个好演员把她（按：他）最好的赋予她的角色，我们也应该尽力扮我们的角色。"（见该书第 31 页，刘安云译，刘述先校订，海南出版社，2013 年版）这里我们再一次强调，人性决定人格；人格是人性的现实实现；人格有如面具，是人性的角色扮演。这一喻义，将二者的人文属性区别开来，不等于说人格虚伪不实。以荀子之言，所谓人格，乃是人性之伪即后天的人为。

巨大、崇高与神圣,只有也只能在彼岸观念性地去加以"实现"。上帝,实际是人心目中的最完美的"人"。这个世界到处是苦难、黑暗、罪恶与死亡,于是上帝成了唯一的救世主。基督教教义说,上帝造人,则意味着人与上帝建构了神圣的原始契约关系。人类祖先亚当夏娃受蛇蛊惑,在伊甸园"偷食禁果",因为破坏这一契约而犯下"原罪"[145]。因"原罪"而人必须在现实世间这一"涤罪所",通过宗教修持、接受上帝的"救赎"。

创造上帝而"上帝临在"正可证明:世界毕竟还有真善美在;人心目中也有永不熄灭的真善美的光在照亮这个世界。上帝这一救世主崇高形象的塑造也正可证明,人自信世界与人类自身是有救的。这种自信,集中体现在上帝身上。上帝之光,即人类内在的智慧之光;上帝创造一切,即人类自己坚信能够创造一切;上帝自信,即人类本在的自信;上帝救赎人类,即人类坚信能够自救。

这一绝对完美的理想主义,在宗教教义中,蕴含以丰富而深邃的美学内容。它意味着,人类企图将此岸难以实现的完美世界与绝对完美的人性、人格,拿到彼岸、天国去加以"实现",而且严重影响甚而导引人类自身关于此岸之美的创造与欣赏。

可见,大凡神性尤其是上帝的绝对神性,其实不过是现实人类所期盼的完美人性、人格与完美世界的一个"乌托邦"。西方著名神学美学家巴尔塔萨曾说,在接受希伯来宗教神性文化传统影响的希腊

---

145 按:印度教也称人本具"三种罪":"啊,神啦,请原谅我因为人性的限制而来的三种罪:你无所不在,而我却在此处崇拜你;你无形象,而我却以这些形象崇拜你;你无须赞美,而我却对你献上这些祈祷的礼教。神啊,请原谅因为我人性的限制而来的三种罪。"这一段话本书前文也有引录,见休斯顿·史密斯《人的宗教》,第35页,刘安云译,刘述先校订,海南出版社,2013年版。不过,需要补充的是,基督教所言"原罪",是因人自己违背与上帝的契约而引起的。印度教所谓的"罪",是"因为人性的限制"即本在的"缺陷"而生而有之。其实,从亚当夏娃受蛇蛊惑"偷食禁果"看,它也是人性本在的"欲"所导致的"罪"。

人心目中，"所谓美，就是上帝的在场"，"只有在宗教里才存在着真正的美。"[146]巴尔塔萨将上帝绝对之美，称为"真正的美"，遮蔽了现实相对之美，这是其神学美学观的一个偏颇。应当说，现实相对之美，是上帝绝对美的现实之原；上帝之美，是现实之美的理想表述。

"美这个词在圣经中出现的频率，相较后嗣教父们浩若烟海的著述，并不算很低。这于1919年出版，迄今通行的汉语官话和合本《新旧约全书》固然可考，往上查证，无论是英文 beautyz 之于1611年印行的钦定本或曰詹姆斯王本，拉丁文 pulchrum 之于圣哲罗姆420年完成的拉丁通俗译本，乃至于希腊文 kalos 之于公元前三世纪七十余位巴勒斯坦犹太人应埃及国王托勒密二世之请，于亚历山大相传七十天完成的七十子希腊文本，美的移译基本上是一线相衔"。如《圣经》第六章第二节："上帝的儿子看见人的女子美貌，就随意挑选，娶来为妻。"《圣经》第二十四章第十六节："那女子容貌极其俊美，还是处女。"然而，"圣经作为中世纪美学思想一个十分重要的出典，美如上例所示，不但有凶险相伴，而且往往被认为是一种过眼烟云式的东西。"[147]这是说，在《圣经》看来，凡此美人美事，皆为"过眼烟云"，绝不可靠。若说有美，亦不过是"上帝之美"的"分享"。

其三、从神学角度审视，上帝创造一切；从人学言之，人创造上帝。人类创造一切包括创造上帝这一点，对于基督教教义而言，是亵渎神圣，断不可接受的。然而这不能保证，所谓"上帝万能"这一神学、神性命题，就不会遭到人学的有力挑战。

假定"上帝万能"而创造一切，那么试问：上帝能否创造一座连

---

146 ［瑞］冯·巴尔塔萨《神学美学导论》，第79、11—12页，曹卫东、刁承俊译，三联书店，2002年版。

147 陆扬《中世纪文艺复兴美学》，第14、15、16页，《西方美学通史》第二卷，蒋孔阳朱立元主编，上海文艺出版社，1999年版。

上帝自己也搬不动的大山呢？答案只能有两个：如果上帝能够，那么，此山是上帝自己所搬不动的；假如上帝不能，则证明上帝并非"万能"。这一悖论，昭示了一个真理：上帝诚然能够"创造一切"，却不能创造他自己。这一局限，其实也是人类本身的局限，上帝的尴尬与无奈，也是人类本在的尴尬与无奈。假如上帝能够拯救我们人类，然则，难道上帝能"救活"一个装死之人、或"唤醒"一个假睡的人么？这一关于上帝的提问，无异于有些强词夺理，然而，申言能创造、支配一切的上帝对此的严厉提问，毕竟是无言以对的。由上帝所"创造"的上帝的臣民，有时也会显得相当调皮甚至刁钻，让"万能"的上帝显得有些无奈。

既然如此，人类又为什么要创造上帝这"至上"、"全能"的"天父"且甘愿匍匐在其脚下？这究竟是世界与人性、人格的完美实现，还是反受奴役与戕害？问题的关键是，上帝及其美的理念，对于中华传统的人性、人格的人学美学与人性美学而言，究竟意味着什么。

创造全能全知的上帝且让人顶礼膜拜，证明人是多么无力与软弱，人需要上帝这一强大而无与伦比的精神偶像与精神支柱，来支撑自己疲惫、无力的"心"；又证明人是何等的伟大，人类是怎样的向往绝对之境而诗性葱郁、豪气如虹。人是多么奇诡的一种"文化动物"。人性与神性同在，清醒和糊涂兼有，审美携崇拜偕行。可是这里要强调指出，西方的上帝（God），本来真的不是我们中华民族文化的"天父"，无论在文化、哲学与美学意义上，都不是的。否则，本书的研究和写作，岂不是变得有些多余了？

其四、所谓"上帝临在"之美，自当不如与现实人性、人格相联系的自然美、社会美与艺术美等那般容易被人所悟解。它关乎此岸与彼岸、人性与神性、审美与崇拜的种种关系。

讨论宗教崇拜与现实人性审美二者之际复杂而深致的文化哲学

及其美学问题，或许有些烦难。

首先，神性崇拜作为宗教崇拜与世俗崇拜二类，前者是后者的神性之原，后者是前者的世俗体现。两者神性的程度有差异而无优劣。所谓崇拜，无论是宗教性抑或世俗性的，都是客观对象被神化同时是主体意识的迷失，仅仅各自的程度不一而已。崇拜上帝、佛祖与崇拜帝王、影星与金钱，等等，是同一种同具神性的文化现象，一在宗教，一为世俗。

从客观对象看崇拜，它将人类所处的经验世界、现实人生，化作超验的想象、幻想与意绪的迷狂，在心灵的幻化中，重构一个与主体的现实性相对立的存在，构成一个"想象的世界"及其心灵的氛围。崇拜的所谓神的本质与形象，首先外在、异在于人的本质。宗教的上帝、佛陀与诸神或世俗的政治权威与明星等，即崇拜对象与崇拜者之间，首先是神与人在对立、对应之中的一种相遇。大凡恶神，总是严厉地站在人的对立处；大凡善神，总是至上而俯瞰芸芸众生并施以恩惠。神与人之间是极不平等的。在神面前，人注定是"弱势群体"。崇拜上帝、佛陀、诸神与世俗中被神化的人，往往总是或者虔诚、感激而欣喜，或者睁着一副受苦、无奈甚而惊恐的眼目发问：谁来拯救我们？

从主观角度审视，上帝、诸神及其神性，是与人的现实本质力量相生相伴、相应相逆的人的心灵的一种异化。所谓异化，是被巨大而盲目的客观事物的本质规律通过幻化为神，从而使得主体的心灵遭受威慑与压抑或者被温暖地抚慰。崇拜是一种心灵、心理与心情。心作为异化的主观，不同程度地迷失、弥漫于整个神性崇拜过程与氛围之中。因此，人命定会被上帝、诸神所指引，让精神得以皈依和安慰。人总是按照人的原型来创造神的形象，虚构、夸大、变形甚而"无中生有"。色诺芬称，"埃塞俄比亚人说，他们的神是鼻子矮翘、肤色黝黑,而在色雷斯人的心目中,他们所奉之神则是眼睛碧蓝、发色淡黄。"[148] 在《圣经》中,"到处可以看到神明与凡人一样有躯体,有刀枪可入的皮肉,会流出殷红的鲜血,有同我们一样的本能,有愤怒,有肉欲。"[149] 当然,上帝是一个灵、一个至高无上的灵,作为宗教主神而纯然超验,不以具象加以塑造。基督却是人的形象。基督受难,被钉上十字架,鲜血迸流。但其神性,依然是与人性既对立又和谐的。因为,神、神性的下降为人、人性,必须以人、人性上升为神、神性为文化前提。

从主客关系而言,神性与人性的交集,总在一个统一的崇拜过程与氛围中得以实现。遂使渗融以人性、人格的神性、神格,放射出无限光辉。神性崇拜,也是"主客统一"的,不过是神性意义上的统一,而不是审美的俗性意义的统一。神性崇拜主客观的统一,既是客观对象的被神化,又是主体意识的迷失。人"把一个自然对象在他自己身上所激起的那些感觉,直接看成了对象本身的性态。"[150] 所谓神性崇拜,并非崇拜客观对象的存有本身即其性态,而是崇拜因对象的客观性态而引起的内在心灵、意绪的衍射。并非崇拜某种实在对象,是由崇拜者受激于所体验到的对象的巨大尺度,而由"吾心"所虚构的心灵幻影。崇拜即造神。造神就是将客观对象神格化、虚拟化与永恒化。造神过程就是崇拜过程。人格化的神,就是神格化的人,如果说,人是上帝所创造的,则上帝就是颠倒、夸大的人。如果说人创造了上帝,则上帝就是人之公开的、极其完美的内心向往,就是那尚未在历史进程中,展现其全部丰富性与深邃性的人的本质在天国的

148　[前苏联]谢·亚·托卡列夫《世界各民族历史上的宗教》,第10页,中国科学出版社,1985年版。

149　[法]丹纳《艺术哲学》,第45页,傅雷译,人民文学出版社,1996年版。

150　[德]《费尔巴哈哲学著作选集》,下卷,第458页,三联书店,1962年版。

翻版。

其次,在神性崇拜与人性审美关系中,人本质的异化与人的本质的对象化,是同时发生、同时发展与同时消亡的,两者互逆互顺。世俗审美,似乎与神性崇拜无关,其实不然。我们说,世俗艺术的审美具有崇拜因素,是因为大凡艺术,作为一种通常是审美性的人类实践的方式、过程与结果,以人类所必然依据的客观自然为前提。人的受动性,决定了人无论如何不能凭空创造艺术及其进入审美过程。人们常说,自然及其延伸的人类社会生活与人性、人格,是艺术审美的唯一源泉,这是指人对自然的必然依附与敬畏。人首先必须敬畏、崇拜于自然(包括"心灵自然")与社会生活这一源泉与原型,才可能进行艺术审美创造。

就神性崇拜而言,正如审美蕴含一定的崇拜因素那样,大凡崇拜,都蕴含一定的审美因素,或在现实、历史的陶冶中,从崇拜中陶铸某种审美性因素。这是因为,崇拜与审美异质同构的缘故。

诸多史前艺术,在当时基本是关乎人的崇拜意识与情感的表述,有原古想象、意志等参与其间。新石器时代晚期的所谓"巨石建筑",几乎分布于欧洲全境与北非、亚洲的印度等地域,其中尤为巨伟的,可由一千二百块长形花岗石,排列于广袤的原野,可达三千英尺之遥。这是史前令人惊异的建筑文化现象。有学人指其为史前的坟墓遗存。笔者以为,这是人类原古巫性建筑的一种。其文化功能,以其体积巨硕、质量沉重、质地坚硬与极富灵性的蛮石,排列为漫长、蜿蜒无尽的巨石列阵,这是对初民心目中有害神灵的拦截、推拒与围堵。其巫性目的,要在蛮荒的天地间,营构一个令人感到安宁与美善的心灵空间。而"巨石建筑"上,有些尚有原始刻画之类,可被看作先民企图取悦于巨石之灵、期望巨石列阵发挥更大的巫术魔力。在这崇拜的心灵深处,显然希望达到神、神性与人、人性的一种和解。以巫性相制约的这一史前艺术,是崇拜与审美的背反与合一。作为原古巫术的一种文化样式,原本连一点儿审美的意念也没有,可是,由于文化与历史的积淀,主观上并非审美,则不等于不在崇拜之中蕴含一定的审美文化因素。巨石列阵一旦建造而屹立于大地,已经现实地占有一定的时空场域,成为人的本质在异化氛围中的肯定性实现,自当包含一定的审美因素。原古巫术意识的观念上的"占有",变成了现实的占有。

这正如德国诗人歌德所言,对于艺术审美来说,人既是自然的奴隶又是其主人。人性审美与神性崇拜,却在艺术中结伴而行。

这又正如中华古代的风水文化,作为命理意义的迷信方式,风水充满对于巫灵、巫性(其间包含着一定的神性与人性因素)的敬畏与崇拜。读者只要读一读《宅经》与《葬书》等古人的著作,不难发现那种"畏天"的说教充斥其间。

可是,古代命理风水学在畏天的同时,还有"知命"的一面,在一定程度上,是对其中审美因素的肯定。风水学并非绝然宣扬《论语》所谓"死生有命,富贵在天",而是正如《葬书·内篇》所言,大凡风水学、风水术的施行,可"乘其所来,审其所废,择其所相,避其所害,是以君子夺神功而改天命。"[151]这等于是说,必有一定的审美因素存矣。

神性崇拜与人性审美,即二律背反又合二而一。

费尔巴哈曾经讲到宗教与现实的关系问题,一定意义上,可以借用来说明巫性的风水与现实的联系。费尔巴哈说:

> 宗教是人类精神之梦。但是,即使在梦中,我们也不是处身

---

151 《葬书》,见《风水圣经:〈宅经〉·〈葬书〉》,第120—126页,王振复导读、今译,台北恩楷出版股份有限公司,2003年版。

于虚无与天空之中,而是仍旧在地上,仍旧在现实界之中。[152]

世上没有哪种精神不与现实相联系,宗教的人文精神亦然。人的精神一旦与现实相联系,不管其精神与神性崇拜的关系如何深刻,必与人性审美存不解之缘。这有如佛教,信徒对于佛国、西方的神性崇拜,必然渗融以被颠倒的关于现实、此岸的人性审美因素。总也"法轮"(出世间的象征)未转而"食轮"(世间)先转。"法轮"是神性的空幻,属于崇拜性的超验之境,其本因本根,相系于污淖的"食轮"。有如莲花,出淤泥而不染,是对淤泥的否弃,而不染之莲花,毕竟是始于淤泥的。

---

152 [德]《费尔巴哈哲学著作选集》,下卷,第 17 页,三联书店,1962 年版。

第四章　巫性美学：巫性作为
中华原古人文根性

从文化人类学、文化哲学角度审视中国巫性美学，不能不关注巫性美学的原古人文根性问题。中华文化的原古人文根性究竟如何，学界提供了诸多答案。曰气、曰道、曰象、曰生、曰时、曰情、曰礼、曰仁、曰天人合一，等等，诸多解读，歧义多出而成果不一，这里试作简析。

第一节　从"天人合一"看巫性

比如，关于中国原古人文根性是"天人合一"这一学术见解，几乎是学界所一致认同的。可是不同语境天人合一的文化蕴涵，显然是不一样的。究竟在什么意义上说天人合一，这是问题的关键。天人合一作为文化、哲学与美学的一个命题，与中国文化、哲学、美学的人文联系，自然是丰富而深邃的，而比如先秦儒、道美学所说的天人合一的意义，显然不一。

先秦原始儒家以"天"为敬畏、认知的对象。[1]其关于道德的美学诉求，实际指由天命转嬗而成的圣王、大人与君子的人格至善。儒家

1　按：《论语·季氏第十六》记孔子之言有云："君子有三畏：'畏天命，畏大人，畏圣人之言'。"刘宝楠《论语正义》，上海书店影印本，《诸子集成》第一卷，第359页，1986年版。

崇尚生命，《易传》所谓"天地之大德曰生"、"生生之谓易"等，都是关于生命的命题。其旨，在于重视人伦政教道德，因而其所提倡的天人合一之境，主要是天、人合一于人的德性生命。儒家重"人为"，有进取精神，这正如荀子所言，"可学而能、可事成之在人者，谓之伪"[2]，"性者，本始材朴也；伪者，文理隆盛也"[3]。伪，本义指人为。"文理隆盛"，指道德修为，即"伪"。"人之性恶，其善者伪也。"[4]无论孔或孟、荀，实际都持有天人合一的道德哲学，肯定德性圣人人格。仅就孟、荀而言，两者道德哲学的逻辑原点有异。此正如本著前述，孟子倡"人性本善"，认为人的"善端"本自天成，道德修为的美善，是人性、人格对于天生"善端"的回归。荀子称"人之性恶"[5]，这是其预设的道德哲学原点。荀子又说"故明于天人相分"[6]，似乎是反对天人合一的，实际他所主张的道德终极，依然是天人合一之境，由"伪"而使天合于人。"故圣人化性而起伪，伪起而生礼仪，礼仪生而制法度。"[7]所以，"无伪，则性不能自美。性伪合，然后圣人之名一，天下之功于是就也。"[8]性者，天性之谓。"性伪合"，指本恶之性为向善的道德修为所改变，"改恶从善"，此之谓"化性而起伪"即天人合一。总之，先秦

2 《荀子·性恶篇第二十三》，王先谦《荀子直解》，上海书店影印本，《诸子集成》第二卷，第290页，1986年版。

3 《荀子·礼论篇第十九》，王先谦《荀子直解》，上海书店影印本，《诸子集成》第二卷，第243页，1986年版。

4 《荀子·性恶篇第二十三》，王先谦《荀子直解》，上海书店影印本，《诸子集成》第二卷，第289页，1986年版。

5 《荀子·性恶篇第二十三》，王先谦《荀子直解》，上海书店影印本，《诸子集成》第二卷，第289页，1986年版。

6 《荀子·天论篇第十七》，王先谦《荀子直解》，上海书店影印本，《诸子集成》第二卷，第205页，1986年版。

7 《荀子·性恶篇第二十三》，王先谦《荀子直解》，上海书店影印本，《诸子集成》第二卷，第292页，1986年版。

8 《荀子·礼论篇第十九》，王先谦《荀子直解》，上海书店影印本，《诸子集成》第二卷，第243页，1986年版。

儒家强调道德进取,其天人合一的内在机制,的确是以天合于人为终极目的的。

原始道家比如老庄倡言"自然无为",指出"道"的"本根"兼境界是天人合一。"惽然若亡而存,油然不形而神,万物畜而不知,此之谓本根。"[9]"夫物芸芸,各复其根。归根曰静,静曰复命。"[10]复命,回归于本根之谓。这一本根就是"静"(虚静,即道)。道家倡"归根曰静"说,这是指天人合一之境。一切人为、人事包括艺术审美,凡是循道而有成就的,必然是天人合一的。"致虚极,守静笃。万物并作,吾以观其复。"[11]复有回归义。世俗社会,染污而黑暗,尤其是心灵,因染污而尽失本然,这便是牟宗三所说的"造作",也便是所谓"意底牢结"[12],正与道者素朴、"素朴而天下莫能与之争美"相反。故而,应当如庖丁解牛那般返璞归真,人终于要回到他的精神自然、精神故地。庄子提倡原始"浑沌"(混沌)说,对所谓"日凿一窍,七日而浑沌死"[13]的社会现实和人的精神奴役,力加否弃。老聃、庄周道家二先生,走在天人合一的"回家"的途中,借用道教的话来说,叫作"炼神还虚,复归无极"。庄生有云,"北冥有鱼,其名为鲲。鲲之大,不知其

9 《庄子·外篇·知北游第二十二》,王先谦《庄子集解》,上海书店影印本,《诸子集成》第三卷,第 321 页,1986 年版。

10 《老子》第十五章,魏源《老子本义》上篇,上海书店影印本,《诸子集成》第三卷,第 12 页,1986 年版。

11 《老子》第十五章,魏源《老子本义》上篇,上海书店影印本,《诸子集成》第三卷,第 12 页,1986 年版。

12 按:牟宗三《中国哲学十九讲》云:"照道家看,一有造作就不自然、不自由,就有虚伪。"又称:"现在这个世界的灾害,主要是意念的灾害,完全是 ideology(意底牢结,或译意识形态)所造成的。"(见该书第 87、88 页,上海古籍出版社,1997 年版。)牟氏此言,是就先秦道家之彻底的反人为"造作"而言的。社会"意识形态"多种多样,未可一概称为"造作"即"意底牢结"。道家哲学,亦是一大哲学意识形态,按牟氏的逻辑,也包括在"造作"范畴之内,亦当"不自然、不自由"而扫除,毕竟有些自相矛盾。

13 《庄子·内篇·应帝王第七》,王先谦《庄子集解》,第 52 页,上海书店影印本,《诸子集成》第三卷,1986 年版。

几千里也。化而为鸟,其名为鹏。鹏之背,不知其几千里也。怒而飞,其翼若垂天之云。"[14]这是以寓言叙事,来言说他所体悟的道之境界的恢宏博大,此其一;其二,又称人、人力、人为的何等之"小"。"吾在天地之间,犹小石小木之在大山也。"[15]"有国于蜗之左角者曰触氏,有国于蜗之右角者曰蛮氏,时相与争地而战,伏尸数万,逐北旬有五日而后反。"[16]凡此言述,都竭力倡说天的无比浩大而人的无比渺小。试想,蜗牛已经很小,在蜗牛的左右角上,居然又有"触氏"、"蛮氏"两国相与为战,则国中之人,岂不是更加微不足道。

《庄子》又说,"朝菌不知晦朔,蟪蛄不知春秋,小年也。楚之南,有冥灵者,以五百岁为春,五百岁为秋。上古有大椿者,以八千岁为春,八千岁为秋。而彭祖乃今以久特闻,众人匹之,不亦悲乎?"[17]这是说,无论在空间时间中,人实在难与道的境界以及宇宙的浩瀚无垠与深微相提并论。"此小大之辩也。"[18]仅此而言,老庄所崇尚的天人合一之境,是天与人合一于道,道是广袤、深邃无比的,又是虚与静的。人拥入自然而回归本始,便是消融于自然。这自然,好比《易传》关于"直方大"的大地母亲的怀抱,让人的灵魂、精神,深感安宁和幸福。这可以说是人合于天。庄周哲学又提倡"齐物"。"天地一指

14　《庄子·内篇·逍遥游第一》,王先谦《庄子集解》,第 1 页,上海书店影印本,《诸子集成》第三卷,1986 年版。

15　《庄子·外篇·秋水第十七》,王先谦《庄子集解》,第 101 页,上海书店影印本,《诸子集成》第三卷,1986 年版。

16　《庄子·杂篇·则阳第二十五》,王先谦《庄子集解》,第 170 页,上海书店影印本,《诸子集成》第三卷,1986 年版。

17　《庄子·内篇·逍遥游第一》,王先谦《庄子集解》,第 2 页,上海书店影印本,《诸子集成》第三卷,1986 年版。

18　《庄子·内篇·逍遥游第一》,王先谦《庄子集解》,第 3 页,上海书店影印本,《诸子集成》第三卷,1986 年版。按:"此小大之辩也"的"辩",陈鼓应注:"本书多借'辩'(奚侗《庄子补注》)。后文'辩乎荣辱之境'的'辩',亦借为'辨'。"

也,万物一马也。"[19]"天下莫大于秋毫之末,而大山为小;莫寿于殇子,而彭祖为夭。"[20]因而,道家所谓的天与人一旦合一,又实际没有天与人的大小之分的。佛家也是主张天人合一的,它是主张天人合于空幻,或是天人合一于空幻的无尽消解。

原巫意义的天人合一,在巫筮那里显得尤为突出。《易传》说:"有天道焉,有人道焉,有地道焉。兼三才而两之,故六。六者,非它也,三才之道也。"[21]这一言说的所谓"三才"(三极),指天道、地道与人道三者,首先是就其巫筮而言的。"兼三才而两之",是说《周易》六十四卦每卦六爻的爻位,上两爻位象天、下两爻位象地、中两爻位象人。必然、必须是天、地、人"三才"合一,才可以有巫筮的所谓"灵验"。天、地、人三维,各以比邻的两个爻位象喻。

但是,这里所说的天道与地道二者,在文化概念上,又可以合并为广义的"天"这一概念,因此,《周易》六十四卦的每卦六个爻位,都是一个天人合一的用于占筮的文化模式。《易传》说:"是以立天之道曰阴与阳;立地之道曰柔与刚;立人之道曰仁与义。"[22]便是所谓天地自然之易,天人合一。这种自然之易是巫性的易。"阴与阳"、"柔与刚"、"仁与义"三者合一于巫。当然,这里所说的天人合一,还包含从巫性文化向儒家道德哲学的阴阳[23]与柔刚、仁义的人文转嬗。

---

19 《庄子·内篇·齐物论第二》,王先谦《庄子集解》,第10页,上海书店影印本,《诸子集成》第三卷,1986年版。

20 《庄子·内篇·齐物论第二》,王先谦《庄子集解》,第13页,上海书店影印本,《诸子集成》第三卷,1986年版。

21 通行本《周易·易传·系辞下》,朱熹《周易本义》,怡府藏版影印本,第341页,天津市古籍书店,1986年版。按:该书原名《易经本义》。

22 《易传·说卦》,朱熹《周易本义》,怡府藏版影印本,第347页,天津市古籍书店,1986年版。

23 按:阴阳这一范畴,本义指山体与阳光照射的地理、时间关系。阳光未及即背阴处为阴,反之者阳。此"阴阳"与巫术吉凶观念相系。堪舆(风水),又称"阴阳",《诗经·大雅·公刘》所言"既景(按:影之本字)乃冈,相其阴阳,观其流泉"是为证。

庄子曾有"天地与我并生,而万物与我为一"[24]的"齐物"之言,正如前文所析,由此可见其指的是哲学意义的天人合一,但就《庄子》通篇审视,又未尽然。《庄子》托名"仲尼"有云,人"受命于地,唯松柏独也在。冬夏青青,受命于天。唯尧舜独也正。"[25]"独也正"的"松柏"的自然物性,与"尧舜"的崇高人格之所以如此,都是因为人"受命于""地"、"天"的缘故。命,地祇、天命之谓,具有命理的意义。《庄子》说:"六合之外,圣人存而不论。"[26]"六合"[27],指天下、世间的现实,"六合之外",是非现实的世界。庄周天人合一的哲学与美学的思维域限,显然与命理巫性相系而不是与西方那般的宗教性相系,具有我们民族文化的人文特质。大凡一个民族、一个时代的哲学及其美学,断然不能自己始生自己,必然具有属于它自己的人文原型,处于基本而主导地位的原巫文化,伴随以原古神话与图腾等,是中国哲学与美学的人文原型。

在历史上,西汉公羊学派的今文经学家董仲舒,曾经提出有关天人合一的思想。"天亦有喜怒之气、哀乐之心,与人相副。以类合之,天人一也。"[28]又称:"事各顺于名,名各顺于天。天人之际,合而为一。"[29]北宋初张载说:"儒者则因明致诚,因诚致明,故天人合一,致

---

24 《庄子·内篇·齐物论第二》,王先谦《庄子集解》,第13页,上海书店影印本,《诸子集成》第三卷,1986年版。

25 《庄子·内篇·德充符第五》,王先谦《庄子集解》,第32页,上海书店影印本,《诸子集成》第三卷,1986年版。

26 《庄子·内篇·齐物论第二》,王先谦《庄子集解》,第13页,上海书店影印本,《诸子集成》第三卷,1986年版。

27 按:《管子·宙合》称天下为"宙合","天地,万物之橐。宙合,又橐天地。""宙合之意,上通于天之上,下泉于地之下,外出于四海之外,合纳天地为一裹。"此"宙合",指"宇宙"。"六合",不同于"宇宙"。合,盒之初文。《正韵》:"合,盛物器"。"四方上下曰六合"。

28 董仲舒《春秋繁露·阴阳义》,上海古籍出版社,1989年版。

29 董仲舒《春秋繁露·深察名号》,上海古籍出版社,1989年版。

学而可以成圣，得天而未始遗人，《易》所谓'不遗'、'不流'、'不过'者也。"[30] 天人合一这一著名的人文命题，此时才得以完整地提出来。北宋时，程颐《语录十一》称，"人与天一物也"。其《语录二上》说，"道未始有天人之别"，《语录十八》又说，"安有知人道而不知天道乎？道一也。岂人道自是一道、天道自是一道？"所以"天地人只一道也"。凡此，都在说天人合一之理。而程颐最明确地指出，"天人本无二，不必言合"[31]。

先秦之后，古代学者说天人合一之义的，以取义于道德哲学为多见。追溯道德哲学意义的天人合一意识的生成，归原于原古"信文化"，主要归原于巫。从天人合一人文意识的源起看，早在原始"万物有灵"说中，已具端倪。在原古巫性的天人合一结构中，人与物都是有灵的。天人、物我、主客合一于灵，此灵便是天人合一的。

当今学者言说天人合一的，尚不乏其人，兹试举二例。张岱年先生曾说，"中国哲学可以称为'天人之学'，以天人之学为主要问题。戴震著《原善》，自称'天人之道，经之大训萃焉'。以'天人'为主要问题，如此理解，天人仍可以作为哲学的基本范畴"，称"性在于心，而原于天。心、性与天是一贯的。"[32] 并引《孟子》所言，"此天之所与我者""尽其心者知其性也，知其性则知天矣"（《孟子·告子》——原注，下同），来作为立论的理据；又引程颐"只心便是天"（《二程遗书》卷二上）与王阳明"心即天，言心则天地万物皆举之矣"（《答李明德》）、"心即道，道即天，知心则知道知天"（《传习录》卷上）等言说，为其持论依据。又有张世英先生为此而专门写了一部哲学著作《天人之际》，凡此，都是持之有据而言之成理的。

---

30 《张子正蒙·乾称篇下》，《张子正蒙注》，张载著、王夫子注，中华书局，1975年版。
31 《二程遗书》卷六，第132页，程颢程颐著，潘富恩导读，上海古籍出版社，1992年版。
32 张岱年《中国古典哲学概念范畴要论》，第15、21页，中国社会科学出版社，1987年版。

余英时先生说：

1943 年金岳霖(1895—1984)写了一篇英文论文以概括"中国哲学"的独特形态,他指出"天人合一"的命题作为(是)中国哲学的一个主要特征。(原注：Yuch-lin Chin, "Chinese Philosophy", in Social Sciences in China, vol.1, no.1, March, 1980, pp.83 - 93)关于"天人"及其他相关的"合一"的讨论,见 pp.87 - 91。按：金氏此文初未刊行,但因冯友兰英文本《中国哲学小史》(原注：Fung Yu-lan, A Short History of Chinese Philosophy, New York：Macmillan, 1948)曾加以介绍,金氏的基本观点在西方哲学界颇受注意。但英文稿正式发表以后,在大陆上似未引起积极反响。

冯先生(按：冯友兰)不但认为"天人之际"是中国哲学的"主要对象",而且他自己所向往的哲学境界也是"天人合一"。

无论如何,"天人合一"的命题在当时中国哲学界仍然占据着中心的位置,这是不容置疑的。

余英时的最后结论是：

何以"天人合一"在现代中国思想界还能发挥出这样大的吸引力呢? 文化传统是一个决定性的因素。略略回顾一下历史,我们便会发现：从先秦诸子到宋、明理学和心学,"天人合一"在每一时代的主流思潮中都构成了怀德海(原注：Alfred North Whitehead, 1861—1947)所谓"基本预设"(原注："fundamental assumptions")之一。我们也可以说,"天人合一"是中国思想史上一个重要的基调。"天人冲突"或"天人分途"的假定虽然也时时出现,但大体言之,都始终处于相当边缘的位置。[33]

从哲学角度看中国文化及其思想,古今学者反复申明中国哲学的"基本预设"是"天人合一",有关这方面的精彩之见,在在都有,指明这一点是必要的。

可是关于天人合一问题的研究,其实并未结束。假如要进一步探索"中国古代思想起源"而非"思想"本身,那么,从中国文化原古根因根性角度进行研究,是必要而值得的。从天人合一思想的起源看,它不是也不能是一个纯粹的哲学问题。否则会给人一个错觉,以为在春秋战国作为理论形态的中国哲学兴起之前,倒好像中国原古本来就没有任何作为天人合一的哲学、美学温床的文化似的。

从文化形态学看,中国文化的原古人文根因根性,并非成系统的哲思、哲学,而是原古文化本身,一定的原古哲学胚素,蕴含于原古文化的形态之中。由于成熟形态的原古文化总是发生于前而哲学文化随其后,尽管可能而且必须指明一定的哲学原素蕴含其间,可是原古文化本身,却并不是一般的哲学研究所可洞明的,它是文化人类学暨文化哲学所应该面对的研究课题,一直以来所强调的古时的天人合一,首先并非一般性的哲学主题而是一个人类学与文化哲学的研究对象。

其一、所谓天人合一,必在初民在意识中能够分清何为天、何为人与何为合一之时,才可能成为初民的一种意识现实。它是最初蕴含着一定原始哲学胚素的原古人文意识之一,存在于原古巫术与神

---

33 余英时《天人之际:中国古代思想起源试探》,第 152、153、153、153 页,中华书局,2014年版。

话、图腾文化之中。这三者，实际是一个天人合一的人文模式，但是，其各自的文化结构、机制与功能等，却是不一样的。在思想、理论上，自觉地建构天人合一这一哲学命题，是晚近的事，这正如中国哲学史所一再证明的那样。而最原始的中国文化，由于天与人、神与人、阴与阳之类混沌未分，实际是谈不上天人合一的，而不必遑论哲学意义的天人合一。

其二，文化人类学与一般哲学所说的天人合一的文化内涵，大为不一。不同时代、不同文化的天、人与合一这一系列概念的文化理解，也是不一样的，大凡可以归根于原巫。

据《辞源》，天这一概念，具有的要义大凡有六：一、命运之天。《论语·颜渊》记孔子言："死生有命，富贵在天。"汉今文经学家董仲舒说："人受命于天也。"[34] 二、巫理之天。《易传》述占卜之兆称，"天垂象，见吉凶，圣人象之。"[35] 三、伦理之天。《左传·宣公四年》曰："君，天也。天可逃乎？"《左传·隐公元年》："兄弟，天伦也。"四、意志之天。《尚书·泰誓下》："尔其孜孜，奉行一人，恭行天罚。"《汉书·礼乐志》："王者承天意以从事，故务德教而省刑罚。"五、自然之天。指人头顶之上的天空。许慎《说文解字》说："天，颠也。"《诗》云，"三星在天。"[36] 也指自然天则。《易传》云："乾元用九，乃见天则。"[37] 荀子有言："天行有常，不为尧存，不为桀亡。"[38] 六、墨刑之天。

34　董仲舒《春秋繁露·人副天数》，上海古籍出版社，1989年版。

35　《易传·系辞上》，朱熹《周易本义》，怡府藏版影印本，第315页，天津市古籍书店，1986年版。

36　《诗经·国风·绸缪三章》。按：原诗为："绸缪束薪，三星在天。今夕何夕，见此良人？"陈子展《诗经直解》云："三星在天者，参三星也。时在冬季，参宿中天。《月令》（按：指《礼记·月令第六》），季秋草木黄落，乃伐薪为炭。（按：原文为，'是月也，草木黄落，乃伐薪为炭'。）"该书上卷，第352页，复旦大学出版社，1983年版。

37　《易传·文言》，朱熹《周易本义》，怡府藏版影印本，第50页，天津市古籍书店，1986年版。

38　《荀子·天论篇第十七》，王先谦《荀子集解》，第205页，上海书店影印本，《诸子集成》第二卷，1986年版。

《周易》睽卦六三爻辞:"其人天且劓。"唐李鼎祚《周易集解》引东汉易学家虞翻之言,称为"劓额为天。"

在中国文化中,天的语义甚多。这里,所列出天的第五义即自然(天则)义,与哲学尤为相关,却是比较后起的。伦理义,主要涉于人伦道德,此义亦相对后起。而其命运、巫理与意志等义,相对悠古,自然义与伦理义是其衍生。

试再就《庄子》所称天人合一之义稍加辨析。

> 河伯曰:"何谓天? 何谓人?"北海若曰:"牛马四足,是谓天;落(王先谦注:"落同络")马首,穿牛鼻,是谓人。故曰,无以人灭天,无以故灭命,无以得殉名。谨守而勿失,是谓反其真。"[39]

"牛马四足"者,天然自成;"落马首,穿牛鼻",遵循自然规律的人为、人工。庄子的本意,在于否弃人的妄为,即反对违反自然规律的人为、人事而毁灭事物的天然本性,这也便是庄子所谓"无以人灭天";否弃人自身的胡作非为,反对戕害人自身的性命,不使妄为之人,沦为人的自然本性的他者,此之谓"无以故灭命";否弃因贪求名利而为名利所系累,此之谓"无以得殉名";提倡不妄为、不造作,"是谓反其真",即回归于人的本然,此之谓"则以天合天,器之所以疑(凝)神者,其是与。"[40]所谓"以天合天",王先谦的解释是,"以吾之天遇木之天。此言顺其性则工巧若神,乖其性则心劳自拙。"[41]制器

---

39 《庄子·外篇·秋水第十七》,王先谦《庄子集解》,第105页,上海书店影印本,《诸子集成》第三卷,1986年版。

40 《庄子·外篇·达生第十九》,王先谦《庄子集解》,第120页,上海书店影印本,《诸子集成》第三卷,1986年版。

41 《庄子·外篇·达生第十九》,王先谦《庄子集解》卷五,第120页,上海书店影印本,《诸子集成》第三卷,1986年版。

者以我之"天"即精神本然,去合于木材的天然,所制造的,便是鬼斧神工,而回归于自然天成,其原由即在于此。

《庄子》一书,大致上通篇都在讲哲学讲美学,充满了关于无、天人合一、思性兼诗性的光辉思想,但其哲学与美学的思性兼诗性,具有一大原古文化根性,这便是巫性。庄周以寓言喻其飞扬而沉潜的哲思与诗情,其哲理之磅礴与深邃、其诗情的极富想象力,确实是由原巫文化所培育的。诚如闻一多先生所说的那样,"他那婴儿般哭着要捉月亮似的天真,那神秘的怅惘,圣睿的憧憬,无边际的企慕,无涯岸的艳羡,便使他成为最真实的诗人。"[42]从《庄子》"鹏之徙于南冥也,水击三千里,抟扶摇而上者九万里。去以六月息者也。野马也,尘埃也,生物之以息相吹也"[43]一语看,庄子无边际、无涯岸的奇特想象与天真,确为原古的巫文化所哺育。因为只有在巫术中,其巫性的魔力、法力,才没有时空的限制,才无视实际矛盾的存在,才什么都可以成真。这在美学中,便升华为极富于想象、夸张与虚构的诗性。在巫学上,这是巫性的表现。从原古巫性到诗性,尽管经历了千百万年的孕育、转嬗与提升,但不能改变的,是两者的异质同构性。

要之,关于天的命运、巫理等义,显然主要契于原古占卜与易筮等巫性,也必关涉于原古神话与图腾。凡此都与人性、人格问题相应。须知中国人的人性、人格,主要是以中国的巫性、巫格为根由的;也同时一般地与东方远古中国文化的神性、神格隐然有涉,但其神性、神格义,又显然不等于西方古代基督教、中东古代伊斯兰教与印度古代佛教那般的神性与神格。这是因为天、天命等义,更多地与巫性、巫格而非单单与神性、神格相联系的缘故。

---

42 闻一多《古典新义·庄子》,《闻一多全集》第二册,第 281 页,三联书店,1982 年版。

43 《庄子·内篇·逍遥游第一》,王先谦《庄子集解》,第 1 页,上海书店影印本,《诸子集成》第三卷,1986 年版。

值得注意的是,就天人合一这一命题来说,一般所理解与认同的哲学意义的天人合一之人,实际指一般哲学意义即统称之人。人们以为,所谓天人合一,从来就是具有普在性的,以为在古代人人都能够做到天人合一、并且进入天人合一之境。其实不然。原古巫术、神话与图腾文化天人合一结构中的所谓人,是地位崇高的巫师、酋长与圣王之类。关于这一点,只要重温一下前文所引《易传·说卦》"昔者圣人之作《易》也,将以顺性命之理。是以立天之道曰阴与阳;立地之道曰柔与刚;立人之道曰仁与义"这一言说即可。原巫文化最早实现的天人合一之人,在神话传说中,就是所谓"黄帝哀怜庶戮之不辜,报虐以威,遏绝苗民,无世上下。乃命重、黎,绝地天通,罔有降格"[44]的重、黎。前文曾经指出,这二者,是皇帝颛顼之孙,并非普通人,实际是通于天人的巫。由于重、黎是第一次出现于传说中的巫,其独享通天、通人(地)的特权,所以可称之为传说中的巫的先祖。

甲骨卜辞迄今尚未检出"民"这一汉字。"民人"这一概念,是比较后起的。《太平御览》卷七八引《风俗通义》说:"俗说天地开辟,未有民人。娲抟土作人,剧务,力不暇供。乃引绳于泥中,举以为人。故富贵者,黄土人;贫贱凡庸者,绹人也。"女娲"抟土作人"(按:或称"抟土造人")而"富贵者,黄土人"。试问:黄土人何以为富贵者?据阴阳五行、五色相配之理,为土、为黄的,必位居于中。居中之人,其位必尊。古代民与人的意义不一。民者,氓也,氓的本字为民,不是尊显的人。古时,仅说天人合一而不说天民合一,更不说天氓合一,就是因为民、氓是没有资格与崇高的天合一的。

---

44 《尚书·周书·吕刑》,孙星衍、陈沆《尚书今古文注疏》,中华书局,1986年版。按:此"绝地天通",意指自颛顼命其孙重、黎管理天上、地下及其上下交通,即《吕刑》此篇所言"遏绝苗民,无世上下"之后,"民"再也没有"上下"交通之权,实即意指原古文化,告别"原始混沌"状态,在文化意识中,进入只有巫具有通天、通地(人)之特权的时代。

再说"合一"。原巫文化的天人合一意识,因其原本并非一般哲学,因而其天、人都是特指。余英时说:"在传统的颛顼时代,'绝地天通'已是一种特殊形态的'天人合一'。"[45]此言是。所谓"特殊形态"的天人合一,并非指哲学而是一个巫学命题。

在文化史上,天人合一这一命题,适合、贯通于一切文化领域,而其文化意蕴有别。

其一、崇神。其基本模式为神人合一。宗教的崇神,为拜神,指宗教信徒的精神皈依上帝、佛等诸神;原古巫术与神话、图腾,也有一个崇神问题,尤其具有神秘性。在"万物有灵"意识的支配下,迷信巫术的离奇魔力,先人心灵所体验与巫术的仪式、过程等,始终充满了《周易》所说的"咸"(感应)和列维-布留尔《原始思维》所说的天人、物我与主客之间的"互渗",从而可能达到精神迷狂。巫术的第一原则,就是相信心灵感应。因为感应与互渗,巫术总是"心想事成",似乎不费吹灰之力而能成就一切。

> 想让仇人哪里疼,就刺模型对应的地方,比如想让仇人胃疼,就刺模型的肚子;倘若想让他立刻死亡,干脆从头到脚戳穿模型,像包裹真正的尸体一样将它包裹起来,像对真正的死者祈祷一样祷告,然后将它埋在仇人必经的路中间。[46]

这便是弗雷泽的所谓"模拟巫术",它之所以"有效",是因为相信模型与对象之间存在一种灵力,通过巫者"作法"而达成神秘的感应、互渗。

45　余英时《论天人之际——中国古代思想起源试探》,第154页,中华书局,2014年版。

46　[英]詹姆斯·乔治·弗雷泽《金枝》上册,第19页,陕西师范大学出版有限公司,2010年版。

　　尽管就原巫文化而言,其文化功能为降神。这便是《国语·楚语》所谓"如是,则明神降之。"并非神"降"人即并非神让人拜倒在自己脚下,而为巫降神。巫一方面借助神的灵力,同时巫自身又有"通灵"之力,于是神之灵与巫之灵相互感应,从而巫师的"降神"之效似乎就"实现"了。这是宗教"拜神"与巫术"降神"的根本区别。比较而言,巫术的降神比宗教的拜神,更强调"萨满的通神能力"("shamanic powers")[47]与主观意志,无边的魔力(法力)正是巫所特具的所谓"神通"。人类学家林惠祥说:

　　　　在一部落之中能做酋长的人,大抵是因为他具有孔武勇健的身体,是无畏的猎人、勇敢的战士;至于具有最灵敏最狡猾的头脑、自称能通神秘之奥者,则成为神巫,即运用魔术的人。

　　　　这种人的名称有很多种,依地而异。或称巫(Wizdrd)、觋(Witch),或称禁厌师(Sorcer),或称医巫(Me-dicine man),或称萨满(Shaman),或称僧侣(Priest),或称术士(Magician)。名称虽不一,实际的性质则全同,所以这里把他们概称为巫觋。巫觋们常自称能呼风唤雨,能使人生病并为人疗病,能预知吉凶,能变化自身为动植物等,能够与神灵接触或邀神灵附体,能够用符咒、法物等作各种人力所不及的事。[48]

　　巫"通神秘之奥者",可谓无坚不摧、无所不能。在巫术中,极大地夸大人类自身的实际能力,真不知天高地厚,也不知应尊重万事万物及其本质规律这一"绝对权威"。然而,这一降神的文化之所以依然应该归类于"崇神",是因为巫术的文化机制,依然内含着崇拜神灵

47　余英时《论天人之际:中国古代思想起源试探》,第156页,中华书局,2014年版。
48　林惠祥《文化人类学》,第327、328页,商务印书馆,1934年版。

的因素。它是借助神灵之力,来擅于人事,以达到人的目的。巫祝虽然是特殊的人,然而如果没有外在的神灵且对其加以崇拜,面对世界的无数难题,巫祝也无能为力。巫祝因为通神而降神,将神灵、鬼魅"唤上前来",为"我"服务。实际并无什么神灵、鬼怪与神灵之类,仅仅是人的意识、理念与情感、意志等自我神化、巫化与虚构的结果。神之灵与巫之灵,是同一个灵。神灵作为他者,也便是巫的自我。巫术的崇神,实际是人类童年稚浅而狂野的自我崇拜。其天人合一,本合于巫性。

其二、求善。原巫文化之所以历史地诞生而不可避免,是因为原始初民欲克服一切生命、生存与生活难题、求其功利实用的缘故。人生存的首务,首先是一个"功利实用"问题。人必须首先有吃有穿有住,方得为人。这便是李泽厚所说的"实用理性"与"吃饭哲学"[49]的关系。其意是说,认识与探讨中国"实用理性"的哲学,必须紧紧抓住"吃饭"这一历史原点。同样,如欲解开原巫文化的原始"密码",不必刻意求深,惟须抓住其第一"功能"即"实用"即可。人类最原始的人文意识的觉醒,没有不由此起步的。在巫文化中,观念上所首先"实现"的,一定是其功利实用目的。合目的,称为吉;不合目的则为凶。从吉凶到善恶,意味着从巫术走向道德。吉为善而凶为恶。吉、善意味着天人合一;凶、恶则天人相悖。无论巫术抑或道德,都以求善为目的。可见,原巫文化因其求吉、求善的功利实用性,成为人类道德文化之所以能够发生的文化沃土和温床。

余英时说,"考古的发现支持了近几十年来的一个新看法,即'天人合一'的观念在古代中国的流行,最初源于巫文化,复由于巫文化

---

49 李泽厚《历史本体论》,第 1 页,三联书店,2002 年版。

后来主宰了'礼'的系统。"[50]此言是。道德之礼原于巫。《说文》有云:"礼,履也。所以事神致福也。从示、从豊。"原始的礼,指献祭于神灵。清代文字学家段玉裁说,礼者,"莫重于祭。故礼字从示。豊者行礼之器。"[51]示,《说文》称"天垂象,见吉凶(按:见于《易传·系辞》)。所以示人也。""观乎天文,以察时变。示神事也。"故示者,表示之谓,指原巫向神灵表达虔敬的心意。为的是召唤神灵、鬼魅为自己服务,便是所谓"降神"。王国维依《说文》所言,"豊,行礼之器也。从豆象形。案殷虚卜辞有豊字。其文曰:'癸未卜贞'。"又说,豊字从豆,豆中盛以二玉为献祭于神灵的贡品。故豊字"象二玉在器之形。古者行礼以玉","故《说文》曰:'豊,行礼之器。'其说古矣。"[52]何以要以玉献祭于神灵?是因为玉器"通灵"的缘故,小说《红楼梦》所谓"通灵宝玉",是巫性的。

　　原古之礼,原本是人对于神灵而言的。人与神灵,体现了原礼的文化属性关系,它以求善为目的是显然的。人有求于神灵,以"作法"方式降神,便是巫。巫集人性、人格与灵性、灵格于一身,既认同神灵这一外界"权威"而讨好之,又召唤其按自己的"法术"的灵通与意志,为自己"做事"。巫作为有"异秉"的人,体现了神灵与人两者复杂的人文联系。在迎合与推拒之中,建构起不平等又平等的巫性关系。归根结蒂,巫的灵力,始源于神灵。尚无神灵这一历史、人文的逻辑原点,巫便不复存在。原巫之礼,根本而首先的,是人与神灵之间的不平等性。后世道德伦理之礼,原于巫。后世的道德礼仪之所以十分严厉、严肃,其根本原因即在于此。

50　余英时《论天人之际:中国古代思想起源试探》,第155页,中华书局,2014年版。

51　段玉裁《说文解字注》,第2页,经韵楼藏版,上海古籍出版社,1981年版。

52　王国维《释礼》,《观堂集林》卷六,第15页,《王国维遗书》第一册,上海古籍书店,1983年版。

子曰："非礼勿视,非礼勿听,非礼勿言,非礼勿动。"[53]

夫礼者,所以定亲疏、决嫌疑、别同异、明是非也。礼,不妄说人,不辞费。礼,不逾节,不侵侮,不好狎。修身,践言,谓之善行。

道德仁义,非礼不成;教训正俗,非礼不备;分争辨讼,非礼不决;君臣、上下、父子、兄弟,非礼不定;宦学事师,非礼不亲;班朝治军,涖官行法,非礼威严不行;祷祠祭祀,供给鬼神,非礼不诚不庄。是以君子恭敬、撙节、退让以明礼。[54]

《论语》与《礼记》的这三段言述,剖析道德之礼甚为明晰。"定亲疏、决嫌疑、别同异、明是非","教训正俗"、"分争辩讼"以及"君臣、上下、父子、兄弟"等一切人伦关系,都是必须循礼、依礼而行的,不可逾越错失,此之谓"善行"。其中"明是非"者,"明善恶"之谓。礼的本身,首先是树立人伦的不平等原则。就社会人人都须遵礼而"修身、践言"看,礼又是平等的。"非礼不诚不庄",道德之礼,具有严肃、庄严与崇高的德性。这种德性,实原于原巫文化等对神灵的虔诚、崇拜与敬畏。德性,由巫性所培育。《礼记》全书,种种人伦礼仪多如牛毛,凡事都有强制性的规定,其文化原型,是原巫文化的禁忌[55]。礼,

---

53 《论语·颜渊篇第十二》,刘宝楠《论语正义》,第262页,上海书店影印本,《诸子集成》第一卷,1986年版。

54 《礼记·曲礼上第一》,杨天宇《礼记译注》上册,第3页,上海古籍出版社,1997年版。

55 按:关于巫术禁忌,为原始初民在施行巫术行为时,因吃够了苦头、甚或遭遇死难而不得不迷信之"天条"和禁区。弗雷泽说,为巫术迷信所死纠缠之头脑,充满了无数的禁忌。比如吃东西,"刺猬一遇到危险就缩成一团,吃刺猬肉会使士兵胆小;不吃公牛膝,是为了避免士兵像公牛一样膝盖变软而无法行军;吃死于争斗的公鸡,意味着自己有可能死在战场上;吃任何被刺死的动物,预示着自己可能会被刺死"。(见英国人类学家詹姆斯·乔治·弗雷泽《金枝》上,第27页,陕西师范大学出版有限公司,2010年版。)

天经地义。合礼者,天人合一。

其三、认知。弗雷泽说:"巫术的本质是一种伪科学,一种没有任何效果的技艺。它是一种对自然规律体系歪曲的认识,是一套错误的指导行动的准则。"[56]原巫文化作为"伪技艺"与"倒错的实践",自然"是一套错误的指导行动的准则",与科学认知背道而驰,则是不言而自明的。

然而,原巫并非是"一种没有任何效果的技艺"。虽其本身不是科学,却在一定程度上,容受了原朴而稚浅的认知因素,可以成为对于朴素的科学认知因素的一种文化"召唤"方式。因为其文化整体并非科学,自当没有因科学而产生的"任何效果"。但是,巫术将"伪科学"错认为"科学",这一"效果"还是存在的。召唤,就是一种巫性的效果。根据应然律,人类的文化、历史,似乎一开始就应该走进科学殿堂"这一个房间";根据当然律,却首先必然地要走进"伪科学"的"另一个房间",这便是所谓命中注定,无可逃避。

科学,无论自然科学抑或人文社会科学,都属于人类的高级智慧,试想人类童年时代如何能够从事这样的科学? 但是所谓"伪科学",却可以是科学认知的文化与历史的前导。

"聪明的人们自然会发现,他们过去所依靠的巫术,其仪式和咒语并不能帮助他们完成心愿——尽管当时大多数头脑简单的人仍然对巫术深信不疑。巫术无效的重大发现,必然会给那些聪明且坚定的人带来一场缓慢而彻底的思想革命。"[57]这里弗雷泽所说的革命,包括宗教与科学。比如求雨,巫术的"作法"方式实属愚昧得可爱,可

---

56 [英]詹姆斯·乔治·弗雷泽《金枝》上,第16页,陕西师范大学出版有限公司,2010年版。

57 [英]詹姆斯·乔治·弗雷泽《金枝》上,第62页,陕西师范大学出版有限公司,2010年版。

以让人啼笑皆非。"为了求雨,瓦戈戈人将黑鸡、黑绵羊、黑牛全部作为祭品,供奉在祖先坟前,祈雨巫师们在雨季一直身着黑衣。马塔贝尔男巫求雨时,则以黑公牛的血和胆汁作为媒介",为什么要这样呢?因为人们坚信,"黑色将使天空充满雨云而变黑"[58],黑云翻滚,昏天黑地,是下雨的征兆。其行巫的"原理",是天空黑云的黑,与祭品、巫师黑衣的黑,存在神秘的感应、互渗。

伊修悟(Christopher Isherwood——原注)根据一篇扼要叙述灵魂在宇宙中生长的印度寓言,写了一则故事。一个老人坐在草地上,给一群围在他身边的孩子们讲述关于那满足一切愿望的魔法树。"如果你跟他说话,告诉他有一个愿望;或是你躺在他下面去思想或者甚至去梦想一个愿望,那么那个愿望就得以实现。"老人又告诉他们,有一次他得到这样一棵树,就把他种在自己的院子里。他告诉他们:"那边就是一棵魔法树。"[59]

"魔法树"的故事,渲染了巫术的"神通",这种神通,让现代人感到不可思议,经不起知识和科学理性的检验。巫术作为"伪技艺",古人企图用来解决一系列生活中所遭遇的困难。比如求雨,有时碰巧遇上天自然下雨,迷信巫术的古人,即将天下雨归因于求雨巫术的成功,这在其传统中,更增添了巫术"无所不能"的信仰,成为一种顽强的传统人文之力。但千百年间无数的失败和灾难,即使最愚痴的头脑,也会渐渐地被唤醒,让原朴的理性认知因素,极其艰难困苦地慢

58　[英]詹姆斯·乔治·弗雷泽《金枝》上,第 79 页,陕西师范大学出版有限公司,2010年版。

59　[美]休斯顿·史密斯《人的宗教》,第 67 页,刘安云译,刘述先校订,海南出版社,2013年版。

慢地走上历史与人文舞台。

据弗雷泽《金枝》之见,弗洛伊德的《图腾与禁忌》将科学认知的生起,放在人类经历了原古巫术与宗教文化的阶段之后。如求雨,在巫术中的人们坚信,可以通过巫者"作法",使雨下如注。此正如诸葛孔明登上七星台,通过"作法"而"借东风"一般,此其一;二、巫术求雨的无数失败,让人的头脑逐渐有些清醒过来,他深感人自身的无奈与无力,于是从人相信神灵的相对权威,转而绝对地相信上帝、诸神的绝对权威,从而由巫术的"降神"求雨走向宗教的"拜神"求雨。这当然并非人类原朴理性认知力的贬损与倒退。就宗教崇拜而言,诚然到处是非理性甚而宗教的精神迷狂,可是宗教的产生及其教义、戒律体系与僧团等的建构,其所须的理性认知因素,无疑比巫术文化有力、高级得多,于是由巫法求雨,逐渐变成了为求雨而走向宗教的求神拜佛;三、然而宗教崇拜,终究让人深感人自身绝对的软弱无力与人格的屈辱。这又反而催激人类努力推开神的"关怀"而学会自己走路,这便是科学求雨时代的到来,即人工降雨时代。[60]

尽管弗雷泽与弗洛伊德关于巫术—宗教—科学的理性认知三阶段说,不免有些机械,人类文化与文明的发展,实际并非如三段论式这般整齐划一,然而,毕竟可以由此见出人类理性认知成长的大致走向。认知尤其科学认知的理性,意味着主体对于客体对象及其本质规律的准确而正确的知行合一的把握,科学昌明的时代到来了。

其四、审美。审美与巫性的亲缘联系,同样毋庸置疑。

简而言之,一、审美远非人类生命、生存与生活的全部,审美是人类生活中的诗性部分,审美将原本枯燥无味的生活,尽可能地打理得富于情趣。作为情感、意趣、意象的诗性的体验、表达与宣泄,总发

---

60 按:关于"巫术—宗教—科学"的"三阶段"说,可参见英国马林诺夫斯基《巫术科学宗教与神话》第3—5页,中国民间文艺出版社,1986年版。

生于人类的衣食住行得以基本满足、或始而满足而再度失去之时。功利实用不是审美。

康德说："那规定鉴赏判断的快感是没有任何利害关系的"，"一个关于美的判断，只要夹杂着极少的利害感在里面，就会有偏爱而不是纯粹的欣赏判断了。"[61] 这不等于说审美与功利实用无关。总是先有功利实用，然后才有审美的发生且对功利实用加以扬弃与否定。利害目的实际是审美的温床与背景。"世界是马马虎虎的背景，站在背景以上而显然有地位的，只是有用的东西。"[62] 这对于巫术来说，也是如此。

二、从文化形态学看，最初的艺术不等于审美，却蕴含了原始审美意识的人文因素。本书前文曾经提及，艺术的本义是"人工造作"，一切人为、人工的意识、理念、情感与过程、成果、工具以及人自身等等，其中包括巫术、图腾与神话之类，在古时都可称为"艺术"。这里再加补充，在古代很长的历史时期中，巫术是被称为"艺术"的。《晋书》曾有所谓"艺术之兴，由来尚矣。先王以是决犹豫、定吉凶、审存亡、省祸福"之记。无疑，这里所说的艺术，实指巫术。这种艺术（巫术），具有强烈的目的意志属性，人类在原巫文化中所体现出来的原始目的意识，包含着一种原始生存意志，意志的实现或者被否定，必然在原始心灵的情感层次引起强烈的冲动与激荡，这为原始审美意识的初步启蒙与觉醒，打开了历史的心灵之门。

三、审美离不开情感，同时又不舍于意象因素等。审美的心灵、心理、心态，首要的是意象、想象与情感等精神因素，舍此则谈不上审美。易筮本为巫。巫术之一的易筮，是原古意象的渊薮。是故夫象，"圣人有以见（按：现）天下之赜，而拟诸其形容，象其物

61　[德]康德《判断力批判》上卷，第 40、41 页，商务印书馆，1987 年版。

62　[英]马林诺夫斯基《巫术科学宗教与神话》，第 27 页，中国民间文艺出版社，1986 年版。

宜,是故谓之象。"[63]易象具有"见天下之赜"的文化功能。《易传》云:"见乃谓之象。"[64]象是"见"(现)于心灵而不是客观存在于外界的。客观存在于外的,是事物的形体、形状。我们常说的"对象"一词,已经包含着主体对于外物被观照,而对映于心的心灵因素。因而,象即意象。意象,指易筮的占筮者与信筮者,"见"之于心灵、渗融于象素的意蕴、情愫、领悟与理会,这从"见天下之赜"的"赜"可以见出。"赜",精微、深奥。唐孔颖达《周易正义》曰,"象,言物象尚微也",此是。"赜"之中,蕴含以巫灵的"启示"与生活的"真理",便是由意象所唤起的原始巫性兼诗性。这里不分天人、物我、主客,意象,是巫性、诗性与思性因素的原始的"天人合一"。闻一多先生曾经说过,"《易》中的象与《诗》中的兴","本是一回事"。"所以后世批评家也称《诗》中的兴为'兴象'。"[65]尽管易象与诗兴,实际并非"本是一回事",易象的人文内涵与外延的深广度,大不同于诗兴,诗兴显然比易象要纯粹得多,然而,两者的人文根性意义的"思性的诗性"兼"诗性的思性",是一个异质同构的关系,两者同构而人文性质不一,而且原始的诗性因素,蕴含于巫性之中,又从原古巫性生起。

第二节 "敬鬼神而远之":在人性与神性之际

作为中国原古人文根性"天人合一"的巫性,究竟如何可能?

---

63 《易传·系辞上》,朱熹《周易本义》,怡府藏版影印本,第298页,天津市古籍书店,1986年版。

64 《易传·系辞上》,朱熹《周易本义》,怡府藏版影印本,第314页,天津市古籍书店,1986年版。

65 《闻一多全集·甲集》,第118、119页,湖北人民出版社,1993年版。

中国巫性美学

孔子说:"务民之义,敬鬼神而远之,可谓知矣。"[66]又说:"祭如在,祭神如神在。"[67]这是指明了,"鬼神"同是尊奉与疏远的对象,是对待鬼神的第三种人生态度(第一种为绝对尊奉上帝、佛陀与诸神等的宗教态度;第二种,不信、不事鬼神而发现、遵循事物本质规律的科学态度)。不是不尴不尬,也并非不伦不类,更无三心二意之意,而是左右逢源,一种进退自如,富于弹性的文化策略。

在孔子看来,祭神当然是必要的。如果不祭呢? 那么,神就不"在"了。神不是一个"本体",所以也更缺乏权威性。神是"祭"出来的,这不啻是说,不是笃信彼岸确有"神"在,而是彼岸之"神"不妨有,也可以没有。

"敬鬼神而远之"这一著名的人文命题,道出了中国原巫文化、原始巫学的基本精神。《礼记》说:

> 子曰:"夏道遵命,事鬼敬神而远之,近人而忠焉,先禄而后威,先赏而后罚,亲而不尊。其民之敝,惷而愚,乔而野,朴而不文。殷人尊神,率民以事神,先鬼而后礼,先罚而后赏,尊而不亲。其民之敝,荡而不静,胜而无耻。周人尊礼尚施,事鬼敬神而远之,近人而忠焉,其赏罚用爵列,亲而不尊。"[68]

记载于《礼记》、托名"子曰"的这一段话,显然是关于《论语》所记孔子之言"敬鬼神而远之,可谓知矣"的阐释与展开,在于批评夏商

---

66 《论语·雍也篇第六》,刘宝楠《论语正义》,第 126 页,上海书店影印本,《诸子集成》第一卷,1986 年版。

67 《论语·八佾篇第三》,刘宝楠《论语正义》,第 53 页,上海书店影印本,《诸子集成》第一卷,上海古籍出版社,1986 年版。

68 《礼记·表记第三十二》,杨天宇《礼记译注》下册,第 938 页,上海古籍出版社,1997 年版。

周三代古礼的种种弊端。"事鬼敬神而远之"及其对于鬼神的"亲而
不尊"（夏）、"尊而不亲"（殷）又"亲而不尊"（周），是一以贯之的历
史与文化传统，它源于原巫文化。

　　原古中国人心目中的"神灵"或曰"鬼神"，不同于西方古代宗教
意义的"神"。两者的不同，一与原古巫术、神话与图腾文化相联系；
一与宗教文化相联系。从字源学看，神的本字为申。神字从示，表示
对于申（神）的虔敬与崇拜。申，甲骨文写作ㅂㅁ[69]。《说文解字》云，
"申，电也"、"申，神也"。先人敬畏于闪电、雷震于天而创构申字，其
本义是原古天命观的自然崇拜。在原古神话中，申（神）是初民称颂
与礼敬的对象；在原古图腾中，是图腾对象即"祖神"，诸多自然物，曾
被错认为氏族的祖先而受到顶礼膜拜；原巫文化中的申（神），即为
灵，是占验吉凶的种种征兆，也是崇拜对象。除了崇拜，同时也是被
巫师召唤的对象。

　　申字演化为神字，始于战国。神字异体写作"袘"，从示从电。
《说文》又收录一"魓"字，称"神也，从鬼申声。"[70]魓从鬼从申。这可
以证明，古时是从鬼来看申（神）而但称"鬼神"的，或者可以说，在人
文意识理念上，鬼、申（神）合一而未分。钱锺书先生称，古时但言
鬼神：

> 　　皆以"鬼"、"神"、"鬼神"浑用而无区别，古例甚夥，如《论
> 语·先进》："季路问事鬼神，子曰：'未能事人，言能事鬼？'"《管
> 子·心术》："思之思之，思之不得，鬼神教之"，而《吕氏春秋·
> 博志》："精而熟之，鬼将告之。"《史记·秦本纪》由余对缪公曰：

69　胡厚宣《战后京津新获甲骨集》四七六，群联出版社（上海），1954年版。
70　许慎《说文解字》示部，中华书局影印本，第188页，1963年版。

"使鬼为之,则劳神矣"。[71]

古时多言鬼神,而且有时仅说鬼而不说神,鬼即神、神即鬼,正是原巫文化的特色。

朱自清先生曾说,"其实《尚书》里的主要思想,该是'鬼治主义',像《盘庚》等篇所表现的。"[72]殷汤九世孙祖丁之子盘庚,曾经率领他的臣民从奄地(今山东曲阜)迁都于殷(今河南安阳),史称"盘庚迁殷"。考其原因,在于虔信原地奄城风水不利而新都盘庚吉利之故。讲究吉凶、休咎的风水学风水术,是笃信鬼神、命理的古代巫性的一大文化方式。

《尚书·商书·伊训》记成汤之语云:"敢有恒舞于宫,酣歌于室,时谓巫风。""信巫鬼",确是中国原古巫文化的本蕴。诸多今人不免有些困惑,吾皇皇中华的伟大文化,源远流长、光辉灿烂而博大精深,自立于世界民族文化之林而毫不逊色,何以竟与如此"不登大雅之堂"的"巫风鬼气"相联系?人们担心,从巫、巫性说中华文化,岂非辱没堂堂中华及其炎黄子孙?李泽厚先生说,"盖由巫入礼归仁为中华文化关键所在,虽学界寂然,但问题至要。"[73]之所以"学界寂然",一是因为对这一巫问题不了解、不理解而无从谈起;二则以为巫、巫性仅仅是"宗教的堕落"、"灰色的想象",因而以为不重要而不屑于谈论,三、将巫问题仅仅等同于迷信、巫婆神汉装神弄鬼那般浅薄、庸俗而觉得不必言说。可是,中国原巫文化之如此"至要",其所牵涉的,实际多为关系到中国文化的全局性与深层次的问题。

---

71 钱锺书《管锥编》第一册,第183页,中华书局,1979年版。

72 朱自清《经典常谈》,《朱自清古典文学论文集》下册,第620页,上海古籍出版社,1981年版。

73 李泽厚《由巫到礼 释礼归仁》"前记",三联书店,2015年版。

近百年前,梁漱溟先生曾经说过:

> 中国文化在这一方面的情形很与印度不同,就是于宗教太微淡。[74]

中国文化为什么"于宗教太微淡"?当时的梁漱溟,没有来得及从原巫文化方面作出解答。实际上,当中国原巫文化发生、发展之时,巫并没有走向宗教或者说发育成宗教,而是走向了以"实用理性"为本涵的人伦的"礼"即政治道德的伦理文化。根本原因在于,是中国原巫文化十分强盛而又神性不足的缘故。这是认识、解读中国文化根性的一大关键。所谓神性不足,是说中国文化理念中的神,并非西方基督教的上帝(God),也不是伊斯兰教那样的先知。

马克斯·韦伯说:

> 像中东、伊朗或印度那种在社会上有势力的先知(Prophetie),在中国是闻所未闻的。这里从来没有一个以超世的神的名义提出伦理"要求"的先知。中国宗教始终如一地不间断性地排除了先知的存在。[75]

尽管有关中国上古究竟有没有所谓的"原始宗教",原古巫术、神话与图腾是否可以归属于"原始宗教"范畴,以及韦伯所说的"儒教",到底是不是宗教和中国文化"始终如一"地"排除了先知的存

---

74 梁漱溟《东西文化及其哲学》,《梁漱溟全集》第一卷,第441页,山东人民出版社,1989年版。
75 [德]马克斯·韦伯《儒教与道教》,洪天富译,第151页,江苏人民出版社,2010年第二版。

在"，则何以可称为"中国宗教"等等问题，一直以来，都有不断的学术争论，尽管即使韦伯本人在同一部著作中，关于"中国的宗教，不管它是巫术性的或祭典性的，就其意义而言是面向今世的"[76]说法如何欠妥，而人们不禁发问，世上的宗教包括所谓"中国的宗教"，"就其意义而言"，难道只是"面向今世（按：此岸）"而与"他世"（彼岸）无关么？假如仅仅具有"今世"的意义，则怎么能说中国有"宗教"呢？尽管如此，马克斯·韦伯关于中国文化在上古没有宗教"先知"的见解，是正确的。中国自古关于神的观念，的确由原古巫术、神话与图腾的萌生、兴盛而应运而生。中国原古文化的"神"的意识理念，一般具有巫文化等意义的神秘、神奇与神圣性，并非是一个严格意义上的宗教学范畴。

与神、神灵观念相契，殷代有关于"帝"的人文意识，到周代而发展为"天命"观，大凡与原古巫术、神话与图腾文化相维系，但主要缘于原巫。

卜辞的帝字，写作帝[77]。诸多学人释为"禘"。帝，"象架木或束木燔以祭天之形，为禘之初文，后由祭天引申为天帝之帝及商王称号。"[78]从帝字的甲骨文字形看，的确"象架木或束木燔以祭天之形"，祭天者，禘也。此说似可通。然则，如果说帝字是"禘之初文"，则有一个问题难以自圆。似乎先民先有祭天即祭祀天帝的理念与行为，尔后才能诞生关于帝（天帝）的人文意识理念。这是可能的么？如果初民头脑中没有关于帝这一崇拜对象，哪又如何会有祭天的意识、理念与行为？在上古，祭天的天不具有政治伦理意识与科学意义的自

76　［德］马克斯·韦伯《儒教与道教》，洪天富译，第153页，江苏人民出版社，2010年第二版。

77　董作宾《小屯·殷虚文字乙编》六四〇六，科学出版社，1956年版。

78　徐中舒主编、常正光伍仕谦副主编《甲骨文字典》，第7页，四川辞书出版社，1989年版。

然意识等是显然的,那是因为那时国家尚未起源、科学并未昌明。上古的祭天之天,具有比较单纯而原朴的灵、鬼与命运、命理等意义,从而天与帝相对应。实际帝与禘字及其意义,是同时发生的,在原古的祭天活动中,作为对象的是帝,作为祭祀行为及其崇拜意识的是禘,帝与禘实际是彼此相系的。从一般的造字规律看,帝是禘的本字,禘字的左偏旁即示字是后加的。

丁山曾论及帝、禘、谛与蒂四个汉字的关系:

> 白虎通、说文解字、孝经援神契、书尧典序疏皆曰:"帝,谛也。"大澂(按:指吴大澂)窃疑谛为后起字。上古造字之始,不当先有谛字,以帝之大,与上帝天帝并称,何独取义于审谛? 此不可解也。

> 其为帝字,无疑。许书,帝古文作 帝,与'鄂不'之'不'同意,象华蒂之形。

> 蒂落而成果,即草木之所由生,枝叶之所由发,生物之始,与天地合德,故帝足以配天。虞、夏禘黄帝,殷、周禘喾,禘其祖之所从出,故禘字从帝也。[79]

统观丁山这三段言说,值得注意的是,丁山称《白虎通》与《说文》等,皆曰"帝,谛也",未确。《说文》"示部"释禘云:"禘,祭也。"并未说"帝,谛也",然而谛字与禘字显然具有文脉联系。段玉裁称,《说文》"'言部'曰,谛者,审也。谛,祭者,祭之审谛者也。何言乎审

79　丁山《中国古代宗教与神话考》,第191页,上海书店,2011年版。

谛？自来说者皆云审谛昭穆也。谛有三，有时谛（禘）、有殷禘、有大禘。时禘者，《王制》：'春曰灼、夏曰禘、秋曰尝、冬曰蒸'是也。夏商之礼也。"[80]可见，谛字作为动词，有审视细察义。如《关尹子·九药》"谛毫末者，不见天地之大"的谛字然。故称审谛。段氏又称时谛与殷禘、大禘并列。可见此谛即禘。"上古造字之始，不当先有谛（禘）字"。此为何故？段注给出的理由是，"以帝之大，与上帝、天帝并称，何独取义于审谛？"这是将"帝之大"的帝，解读为人间帝王了，显然欠妥。帝与禘（谛）孰为本字孰为引申字？徐中舒等说：

> 卜辞禘不从示，象架木或束木以燔，并于其上加横画 ▬ 或 ═ 以表示祭天。禘祭初为殷人祭天及自然神、四方之祭，其后亦祭先公先王。禘由祭天而引申为天帝之帝，又引申为商王之称号。帝字多从 冖 作帝，禘则多从 囗 作帝，但亦通用。[81]

可见，卜辞中既有帝字又有谛字，两者都不从示，这可从其字形见出。卜辞"今二月帝令雨"[82]的"帝"，当释为"帝"，为主词。徐中舒等说，此"帝为殷人概念中之神明，亦称上帝，主宰风雨灾祥及人间祸福。"[83]此言可从。卜辞"丙辰卜品贞禘于岳"[84]的"帝"，为动词。

王国维氏有云，"帝者，蒂也。""但象花萼全形，未为'审谛'。"[85]这为丁山所从，称帝字，"象华蒂之形"。帝，一个表示原古时代植物

---

80 段玉裁《说文解字注》一篇上示部，第 5 页，上海古籍出版社，1981 年版。

81 徐中舒主编、常正光伍仕谦副主编《甲骨文字典》，第 23—24 页，四川辞书出版社，1989年版。

82 刘鹗《铁云藏龟》一二三、一，北京图书馆出版社，2008 年版，见徐中舒主编、常正光伍仕谦副主编《甲骨文字典》，第 7 页，四川辞书出版社，1989 年版。

83 徐中舒主编、常正光伍仕谦副主编《甲骨文字典》，第 7 页，四川辞书出版社，1989 年版。

84 金祖同《殷契遗珠》八四六，见《甲骨文字典》，第 24 页，四川辞书出版社，1989 年版。

85 王国维《说天》，《观堂集林》卷六，《王国维遗书》第一册，上海古籍书店，1983 年版。

（花蒂）崇拜的古汉字。其字造形，其实并非"象架木或束木燔以祭天之形"，如以祭天之义释读，则是以禘释帝、即以禘字为帝之初文，恐未妥。甲骨卜辞帝字具有三义。陈梦家氏有云："卜辞中的'帝'字共有三种用法，一为上帝或帝，是名词；二为禘祭之禘，是动词；三为庙号的区别字，如帝甲、文武帝，名词。"[86]

上古时，植神崇拜是自然崇拜文化的重要一支，植神崇拜，是图腾、神话尤其巫术的经常性主题。在初民心目中，祭天地山川、天帝地祇与植神，有类于祭祀祖神，都极其神圣、肃穆而隆重，植神不可亵渎。祭，首先是一种巫术"作法"，有一系列不可错越的规范。《礼记》说：

> 祭法：有虞氏禘黄帝而郊喾，祖颛顼而宗尧；夏后氏亦禘黄帝而郊鲧，祖颛顼而宗禹；殷人禘喾而郊冥，祖契而宗汤；周人禘喾而郊稷，祖文王而宗武王。

> 燔柴于泰坛，祭天也。瘗埋于泰折，祭地也。用骍犊。埋少牢于泰昭，祭时也。相近于坎坛，祭寒暑也。王宫，祭日也。夜明，祭月也。幽宗，祭星也。雩宗，祭水旱也。四坎坛，祭四方也。山林川谷丘陵能出云，为风雨，见（按：现）怪物，皆曰神。有天下者祭百神。诸侯在其地则祭之，亡其地则不祭。[87]

首先，"天子建德，因生以赐姓，胙之土，而命之氏。"[88] 这是说，

86　陈梦家《殷虚卜辞综述》，第562页，科学出版社，1956年版。

87　《礼记·祭法第二十三》，杨天宇《礼记译注》下册，第788、789页，上海古籍出版社，1997年版。

88　《左传·隐公八年》，杨伯峻《春秋左传注》，中华书局，1981年版。

"始祖诞生神话会使全氏族获得一个共同名称和一个族徽（图腾）。"[89]以某一植物为某氏族的原始图腾而拜其为"祖先"，或为一族的姓氏，如朱、李、柏与桑等皆是。《山海经》云："有树赤皮支干，青叶，名曰朱木。"[90]朱木为神木。李树也是神木，《史记·天官书》称，"左角，李；右角，将。大角者，天王帝廷。"[91]李为星名，也是地上人世的姓氏，是植神崇拜的显例。柏，《论语·子罕》有名句曰："岁寒，然后知松柏之后凋也。"其显在意义，在于赞颂人格的坚贞无畏，隐在则是对于柏的巫性敬畏。桑，《诗·卫风·氓》咏桑有名句云："桑之未落，其叶沃若。"通行本《周易》否卦九五爻辞有"其亡，其亡！系于苞桑"句。苞，草木之苞发也。爻辞的大意是，我的宗族，要断子绝孙了，要断子绝孙了！我血族的命运休咎，系于这桑树春日能否苞发绿叶嫩枝。所谓燕之祖泽，齐之社稷与宋之桑林，男女所乐而观者也。桑林与祖泽、社稷是并列的，因而桑这一姓氏，包含着对于桑林的巫性崇拜。

中华古时的阴阳五行之说，以金木水火土"相生相克"为万物生灭的本因，这从原巫文化角度看，相生者，吉利；相克者，凶险。阴阳五行说，肇自于巫。殷有"五正"。"木正曰句芒，火正曰祝融，金正曰蓐收，水正曰玄冥，土正曰后土。"[92]都是被崇拜的缘故。五正，为殷代五行官，具有巫性，"春官"的木正亦然。植神之所以受到氏族崇拜而具有巫性，是因为植物茎叶、果实可以果腹、令人敬祈而感激的缘故，早在上古植物采集的时代就种下了这一人文之根。作为根因，实属简单而平易，却酝酿为颇为神秘兮兮的巫与巫性，历史真是奇

89　张光直《美术、神话与祭祀》，第 1 页，三联书店，2013 年版。

90　《山海经·大荒西经》，方韬《山海经译注》，中华书局，2009 年版。

91　《天官书第五》，《史记》卷二十七，第 151 页，中华书局，2006 年版。

92　《左传·昭公二十九年》，杨伯峻《春秋左传注》，中华书局，1981 年版。

妙,这便是蒂之所以为帝的缘故。

其次,中华自古以农立国,植神崇拜,渊远流长,且与地祇崇拜紧密联系。这里,暂且不说土木为中国古代建筑文化的基本材料与语汇符号,其建筑的所谓风水是巫性文化的渊薮之一。从前引"木正曰句芒"、"土正曰后土"可见,传自上古的,有"社神"、"稷神"与"后土"等崇拜之说。

社神的社,从示从土。示,为表示之义。《诗·小雅·鹿鸣》有"人之好我,示我周行"的歌吟,这不是示的本义。其本义为地祇。《周礼·春官·大宗伯》:"大宗伯之职,掌建邦之天神、人鬼、地示之礼。"[93]以天神、人鬼与地示三者并提,这便是《周易》所说的"三才"即"三极"的"以神道设教"。地示的示,初为崇拜土地之义,扩而指一切具有敬畏、崇拜之义的汉字,都从示,如"祭祀"、"祈祷"、"祝福"、"神祇"等。社神的社,从土,社神即"土神",具有敬祈的意义。《周易》有坤卦,与乾卦并列为六十四卦的首要。坤,从土从申,申者,神之本字。故坤字本身,本含神性实即巫性。社字的别体,古时候写作左偏旁为示、右则上木下土。所以,崇敬地祇也同时虔敬植物之神。《白虎通义》说:"人非土不立,非谷不食","故封土立社,示有土也;稷,五谷之长,故立稷而祭之也。"[94]古时社神、稷神合一而社稷连称。《周礼》曰:"以血祭社稷五祀五岳。"[95]古时,稷被称为"五谷之神"。《左传》:"有烈山氏之子曰柱,为稷,自夏以上祀之;周弃亦为稷,自

---

93 《周礼·春官·大宗伯》,孙诒让《周礼正义》,中华书局,1987年版。

94 班固《白虎通义三·社稷》,陈立《白虎通疏证》,吴则虞点校,中华书局,1994年版。

95 《周礼·春官·大宗伯》,孙诒让《周礼正义》,中华书局,1987年版。按:五祀,《礼记·祭法第二十三》:"王为群姓立七祀,曰司命,曰中霤,曰国门,曰国行,曰泰厉,曰户,曰灶(灶)。"而"诸侯为国立五祀,曰司命,曰中霤,曰国门,曰国行,曰公厉。"五岳,《尔雅·释山第十一》:"河南华,河西岳,河东岱,河北恒,江南衡。"泰山(东岳)、衡山(南岳)、华山(西岳)、恒山(北岳)嵩山(中岳)。

商以来祀之。"[96]丁山曾云：

> 展禽分析社稷之神的来源以为共工氏之子后土，能平九土，故祀以为社。烈山氏之子柱"能殖百谷百蔬，周弃继之，故祀以为稷"。如此说来，社神即是后土；稷神，先有烈山氏子柱，然后才有后稷。无论社神、稷神，他们头上总是冠以"后"号，这是值得研讨的问题。[97]

此是。虽烈山氏为"神农"一说，学界尚有争论，如丁山所言，"我认为烈山氏就是象征'烈山泽而焚之'原始田猎时代的生产技术，不一定是古代帝王的名号。如其刻舟求剑要举出人来，说他是炎帝可也，说他是伯益亦无不可。"[98]然而，神农氏即炎帝，几为学界所共识。古史"炎黄"并提，神农的"资历"，当在伏羲之后、黄帝之前。"包牺（按：伏羲）氏没，神农氏作，斫木为耜，揉木为耒，耒耨之利，以教天下，盖取诸益。"[99]这里，"益"指《周易》益卦，六十四卦之一。相传伏羲氏始创耒耜、教民用火、耕稼，神农为民疗疾而尝尽百草。《礼记》云，季夏之时，"是月也，树木方盛，乃命虞人入山行木，毋有斩伐。不可以兴土功"，"毋举大事，以摇养（按：阳）气。毋发令而待，以妨神农之事也。水潦盛昌，神农将持功，举大事则有天殃。"[100]这里所说的神农，实为土神。此《礼记》注所以说，"土神称曰神农者，以其主于稼穑。"神农者，农神，以农为神，是保佑农植的神，即以土、木（草

96　《左传·昭公二十九年》，杨伯峻《春秋左传注》，中华书局，1981 年版。

97　丁山《中国古代宗教与神话考》，第 14 页，上海书店出版社，2011 年版。

98　丁山《中国古代宗教与神话考》，第 31 页，上海书店出版社，2011 年版。

99　《易传·系辞下》，朱熹《周易本义》，第 323 页，天津市古籍书店，怡府藏版影印本，1986 年版。

100　《礼记·月令第六》，杨天宇《礼记译注》上册，第 266 页，上海古籍出版社，1997 年版。

木、植物）为神，"辟土殖谷曰农"[101]；"阴阳不测之谓神"[102]。三国魏
王弼《周易注》："神也者，变化之极，妙万物而为言，不可以形诘者
也。"这是以哲学解释神字意义。神者，本为《易传》所言"知几其神
乎"的"几"，是巫筮之兆，指事物幽微变化而初现的现象，可称为蛛
丝马迹。古时有"农正"。《国语·周语上》云："农正，田大夫也。主
敷陈籍礼，而祭其神，为农祈也。"所谓农祈，田正、田祖、神农之谓。
"稷（后稷），田正也。"[103]这便是后代农官之长。田祖，"凡国祈年于
田祖"。"祈年，祈丰年也。田祖，始耕田者，谓神农也。"[104]明永乐年
间，北京筑有天坛祈年殿，其高为古制九丈九尺，取《周易》尚"九"之
意。九为阳数之最，是帝王的象喻，帝王称"九五之尊"。殿顶周长三
十丈，喻一月约三十日。殿内金龙藻井下植擎天楠柱四，示冬夏交
替、春秋代序四季。殿内有立柱十二，象十二月令。外设立柱十二，
表一日十二时辰。内外立柱凡二十四，为一年二十四节气之象示。
加以前述楠柱者四而共为二十八，是二十八宿的象喻。凡此建筑空
间意象之喻，富于政治伦理与美学价值，意在祈农时、祝丰年，其人文
根因根性，是文化学意义的巫性。古人坚信，非此"数之象征"可保丰
年吉祥，否则为凶。歌颂丰年的人文主题竟是如此强烈，而其人文底
蕴，与北京先农坛相类，都执著于田正、田祖、神农的崇拜即祭礼。

　　有研究者以为，《礼记》记述道德"礼仪"无数，惟教人遵礼而为，
固然是矣。可是倘仅止于此，则难以追溯道德伦理之礼的人文来由，
竟何以如此严肃、严厉而科条分明，实难以追溯在道德之礼的前面还

101　班固《汉书·食货志第四上》，《汉书卷二十四上》，第157页，中华书局，2007年版。

102　《易传·系辞上》，朱熹《周易本义》，第295页，天津市古籍书店，怡府藏版影印本，
　　　1986年版。

103　《左传·昭公二十九年》，杨伯峻《春秋左传注》，中华书局，1981年版。

104　《周礼·春官·籥章》及注，孙诒让《周礼正义》，中华书局，1987年版。

有什么。道德之礼的人文根因根性，是原古巫文化等的原礼。前引《礼记·月令第六》所说季夏之月，"树木方盛"而"毋有斩伐"，否则"妨神农之事"、"则有天殃"。"天殃"指天之祸殃、惩罚，为凶。凡言吉凶、祸福、休咎者，都可归类于巫。

再次，所谓社神、稷神等，古时或称为"后"。《尚书·尧典》有"班瑞于群后"、古本《竹书纪年》有"夏后相即位，居商丘"之记。《诗·大雅·文王有声》说："王后惟翰，王后烝哉。"丁山氏云，无论群后、夏后与王后，云云，"都是三代以上统治阶级的尊称"。如有夏之世的后相、后杼、后昊、后桀与后羿等，"无不称后"，"因此，周代的文献总称有夏一代为夏后氏。可见统治者称后，实始于夏世；后，实中国最古的君称。"[105]

《尔雅》以"林、烝、天、帝、皇、王、后、辟、公、侯"诸字为一大集群，称诸字之义统为"君也"[106]。胡奇光、方环海先生根据有关古籍加以逐一解释。有"百礼既至，有壬有林"，"林，君也"[107]。"文王烝哉"，"毛传"："烝，君也"；"天降滔德，女兴是力"，"天，君。"；"文王陟降，在帝左右"，集传："帝，上帝也"。又，"今之王，古之帝也"；"於昭于天，皇以间之"，"皇，君也"；"昔三后之纯粹兮，固众芳之所在"，"后，君也，谓禹、汤、文王也"[108]，等等。

丁山氏所言"后，实中国最古的君称"，此言是。可是他又称，"由卜辞、金文'后'字的结构看，它是象征母亲生子形，诗经所谓'载

105　丁山《中国古代宗教与神话考》，第15页，上海书店出版社，2011年版。

106　《尔雅·释诂第一》，胡奇光、方环海《尔雅译注》，第2页，上海古籍出版社，1999年版。

107　胡奇光、方环海《尔雅译注》，第2页，上海古籍出版社，1999年版。

108　胡奇光、方环海《尔雅译注》，第2页，上海古籍出版社，1999年版。按：这里该书所引，依次为：《诗·大雅·文王有声》及毛传；《诗·大雅·荡》及毛传；《诗·大雅·文王》及集传；《左传·僖公二十五年》；《诗·周颂·桓》及郑笺；《楚辞·离骚》及王逸注。

生载育’,即其本谊。那末(么),农神称‘后稷’,地神称‘后土’,当然是从生殖神话演来,其原始的神性都应该属于妇女。可是,展禽所传说社稷来源都是男性,这又不能不使人怀疑了。"[109]其实这不必"怀疑"。后字的本谊,确实属于女性、属于土属于阴性,"民但知其母而不知其父",氏族的"老祖母",被尊奉为绝对权威,这正是原始母系氏族文化崇祀地祇与植神"帝,蒂也"的孑遗。待到父系氏族社会,那"老祖母"已成"明日黄花",其权威被消解了,代之以氏族男性祖神的皇皇威权,正如派伊《亚洲权利与政治》一书所言,此时的中华,"典型的父亲可期待完全的尊敬"。春秋时,父亲无可替代地是政治的标识、伦理的表率、文化的象征、人格的偶像与人性生命之根。这就难怪《论语·阳货》记述孔子之言有云:"唯女子与小人为难养也,近之则不孙(逊),远之则怨。"此时的天、帝与君等,其神性、其巫性、其威权,已纯属于男性、阳性,本来与天、帝与君同列的后,被降格为专指皇后、后来者之后的意义了。

时至战国中期,又渐渐转嬗为天与地、乾与坤、男与女、阴与阳两者并称,这一文化发展趋势,始于战国初年的子思时代。在大致成篇于战国中后期的《易传》中,天地的"根喻"分别是男女与父母,也称乾坤。《易传》说,"乾,天也,故称乎父;坤,地也,故称乎母。"杨荣国曾经正确地指出:"有一点是不可忽略的:孔墨虽言'天'而不言'地',子思则是'天'与'地'并言的。"[110]难怪《易传》说:"天地絪缊,万物化醇;男女构精,万物化生。"难怪比通行本《老子》晚出的《庄子·田子方》也说,"至阴肃肃,至阳赫赫。肃肃出乎天,赫赫发乎地。两者交通成和,而物生焉。"

109　丁山《中国古代宗教与神话考》,第19页,上海书店出版社,2011年版。

110　杨荣国《中国古代思想史》,第155页,人民出版社,1954年版。

虽则时至战国中后期,已是天地、乾坤与帝后[111]并提,却并不能改变后、后稷、后土即帝与君、王的关系与本义。追溯其本因本根,依然宗守"帝者,蒂也"这一原古植神崇拜的第一命题。

帝字本义为"华蒂",因植神崇拜而起,其神性的未足或曰其神性未能彻底地向彼岸超越,遂使中华之帝的人文属性,多染巫性,与西方基督教的上帝不一,它不是一个"God"。陈梦家曾说,"殷人的上帝或帝,是掌管自然天象的主宰。"[112]此言甚为有理。中华之帝,"是掌管自然天象的主宰",也是社会人事的主宰和权威。这都始源于自然力的神化或巫化。这种从天象到人事主宰的神化兼巫化,具有如下特点:

第一、帝者,原始于植神的华蒂义,具有崇祈生物、生命、生灵与生殖的意思。由此,从自然崇拜走向祖先崇拜,尔后两大原古崇拜合一。继而,是祖神崇拜与天神崇拜的几乎重叠,是中国历史、人文发展的必由之路。遂使祖神暨天神崇拜,成为中华文化"绵绵瓜瓞"的人文洪流与伟大传统之一。

王国维说,殷"高祖乙则夒,必为殷先祖之最显赫者","盖即帝喾也","帝喾生而神灵"。又称《礼记》"'祭法':'殷人禘喾'。'鲁语'作'殷人禘舜'","为商人所自出之帝,故商人禘之。"[113]

天帝者,天上之人王也;人王者,人间之天帝耳,两者合于祖神。一定意义而言,帝即祖,祖即帝。祖宗的祖字,本字为且,在甲骨卜辞中,是一个男性性器的象形字。卜辞有"贞今日于祖丁"之记,其"祖丁"的"$\exists$",是祖的本字。宗,从宀(读 mian)从示,《说文》释为"宀,

---

111　按:此"后"指皇后,与"后"的"本谊"不一。

112　陈梦家《殷虚卜辞综述》,第 580 页,科学出版社,1956 年版。

113　王国维《殷卜辞中所见先公先王考》,《观堂集林》卷九,《王国维遗书》,第二册,上海书店出版社,1983 年版。

交覆深屋也,象形";示,地祇,转义为对于神灵、鬼异之祭祀。因而所谓宗,表示在宗庙祭礼于祖神。《白虎通义》:"宗者,尊也。为先祖主(按:神主之位)者,宗人之所尊也。"祖神作为人间的天帝、上帝,是殷人的第一祭主。张光直氏有云:

> 卜辞中的上帝是天地间与人间祸福的主宰——是农产收获、战争胜负、城市建造的成败,与殷王祸福的最上的权威,而且有降饥、降馑、降疾、降洪水的本事。上帝又有其帝廷,其中有若干自然神为官,如日、月、风、雨;帝廷的官正笼统指称时,常以五为数。帝廷的官吏为帝所指使,施行帝的意旨。殷王对帝有所请求时,决不直接祭祀于上帝,而以其廷正为祭祀的媒介。同时上帝可以由故世的先王所直接晋谒,称为"宾";殷王祈丰年或祈天气时,诉其请求于先祖,先祖宾于上帝,乃转达人王的请求。事实上,卜辞中上帝与先祖的分别并无严格清楚的界限,而我觉得殷人的"帝"很可能是先祖的统称或是先祖观念的一个抽象。[114]

"卜辞中的上帝与先祖"几乎没有"严格"的"界限"。殷王祭祀天帝,先"诉其请求于先祖",此言是。正如徐复观所言:"殷人的宗教生活,主要是受祖宗神的支配。他们与天、帝的关系,都是通过自己的祖宗作中介人。周人的情况,也正是如此。""是周人以天、帝为至尊,故常以祖宗为中介人,与殷人正同。"同时指出,"殷先王可以宾于上帝,则上帝分明系超于先王先公之上。""殷代之帝,系超宗神的

114　张光直《中国青铜时代》,第 372 页,三联书店,1999 年版。

普遍地存在,在今日治甲骨学者中,殆成定说。"[115]

第二、卜辞中的帝字,不同于 God 那般的宗教主神,不具充分而彻底的神性,不能发育、突创为哲学的本原本体。殷代之帝以及周代之天,实际是甲骨占卜、《周易》占筮等的两大人文范畴。正如前引,两者被预设为"卜辞中的上帝是天地间与人间祸福的主宰",以预测祸福、休咎、吉凶之类为职能,具有属巫的人文属性;通行本《周易》所说的"故神无方而易无体"、"一阴一阳之谓道"与"极数知来之谓占,通变之谓事,阴阳不测之谓神"[116],往往被解读为哲学命题,实际上这原本是些巫学命题。这里所谓神的属性,实际指巫性、灵性。"张光直认为,巫通天人,王为首巫"[117],此是。李泽厚说:

> 从远古时代的大巫师到尧、舜、禹、汤、文、武、周公,所有这些著名的远古和古代政治大人物,还包括伊尹、巫咸、伯益等人在内,都是集政治统治权(王权——原注,下同)与精神统治权(神权)于一身的大巫。[118]

大巫通于天人。中国典籍中无论天、帝、天帝与上帝还是人间帝王与祖神等,都是神性与人性集于一身的"大巫",都具有巫性。

关于巫性这一范畴,可以从现象学的时间观加以分析,所谓命运,可以将"命"与"运"分开来进行解读。"命"是前定而天生的,可

---

115 徐复观《中国人性论史・先秦篇》,第 15、16 页,三联书店,2001 年版。

116 《易传・系辞上》,朱熹《周易本义》,第 293、295 页,天津市古籍书店,怡府藏版影印本,1986 年版。

117 见李泽厚《由巫到礼 释礼归仁》,第 6 页,三联书店,2015 年版。按:关于"巫通天人,王为首巫"语,该书原注四为:C. K. Chang(张光直):An, Myth and Ritual,第 45 页,Harvard UP,1983。

118 李泽厚《由巫到礼 释礼归仁》,第 7 页,三联书店,2015 年版。

称为"神性时间";"运"是后天人为的一种契机,可称为"人性时间"。《周易》巫筮文化的时间意识,处于神、人即神性时间与人性时间之际,笔者将其称为"巫性时间"。

人的命,具有先天性,这有如《论语》记孔子之言云"死生有命,富贵在天"的意思。任何个人,出生于何国、何族、何时、何地及其家庭、性别、长相甚或有否某种遗传病因等,都是前定的,早在血亲父母媾和之时就已被注定,此之谓"听天由命"。命是一种异己的力、环境、条件与因素的一个综合,它为每一个体前定了一个原始、原初的人生底色,因其异在于我,对我而言,自然是具有神性因素的,此即所谓"阴阳不测之谓神"。人之运,指后天的人生遭际、历练、习得、修为与影响等条件,尤其是人自身的主体条件包括眼光、理念、方法、人格、情感、意志与理想等。运,《周易》称作"几"(机之本字),指人的后天机运、机会与机缘,凡此一切,都取决于人自己的主观努力与作为。在易筮中,所谓几,指算卦的当下所把握到的变爻,或称为兆,它的时间性极强,瞬息万变、稍纵即逝,用西方现象学时间哲学的一个命题来说,叫作"当下照面",实际就是《易传》所说的"吉(凶)之先见者也"的兆。

人的命运,指先天、后天一切因素、条件的交互之果。无论国家、民族抑或人的群团、个体等,命作为前定,奠定了命运的底色与基质;运作为被主体所把握到的机遇、机会,决定了在命的基础上不断建构的命运的色彩、姿态、风度、趋向与成败。其间,人的主体条件、主观努力等一切后天因素,自当尤为重要。是的,这便是所谓"机会只给那些有准备的头脑"。无论或成或败,除决定于对运即机遇、机会的把握与否之外,命并非可有可无,不管承认与否,它总是权威地存在且发挥作用。运,因为是可以被把握的,它的现实的张力、弹性与结果,是可以大不一样、千差万别的。

第三、就巫文化而言,如果说命作为前定而具有巫性即灵性的话,那么,运属于人性范畴。因此所谓命运,是一个巫性兼人性、巫学兼人学的人文范畴。

这个世界本来并没有什么巫,正如本来没有神、神灵、精灵与鬼魅一样。一定是因为原始初民所遭遇的生存困难、苦痛与死难尤为深重的缘故,才由此激励初民通过幻想、想象、情感与意志等心灵因素,而发明巫术这一"认知"与"把握"世界的"倒错的实践"方式。而且须有神灵、精灵与鬼魅等的参与,同时必须具备以巫的身份、功能与目的出现的人的巫性"作法",才有可能观念地"实现"与"有效"。

处于巫术文化氛围与环境中的人,对于帝、上帝与祖神等神灵、鬼魅,以献媚、讨好、敬惧与感激为能事,尤其注重对于山川、社稷、上帝与祖神等的虔诚祭祀,以企求于神灵的感动,且从神灵获取灵感灵力,祈其天下、国家与生活的安吉。因而巫文化的第一特性,是媚神。

因为媚神而献祭是必不可少的。正如前引,《礼记》遍述祭禘、"祭天"、"祭地"、"祭时"、"祭寒暑"、"祭日"、"祭月"、"祭星"、"祭水旱"、"祭四方"、"祭百神",尤其重视祭祖神,祭神农、黄帝、颛顼、夏禹、殷誓与文武周公,等等。衣食住行,家国之事,几乎没有什么不祭的。朱芳圃先生曾说:"先民迷信鬼神,每食必祭,食物熟后,先荐鬼神,然后自食,故引申有进(敬)献及祭祀之义。"[119]为求献祭于神灵,往往以"血祭"为"灵验"。巫的血祭,不胜枚举。比如人牲祭:

> 关于人牲祭现象,在殷墟文化中比比皆是。如殷墟第三期建筑遗址,"有一个'奠基墓',埋小孩1;有'置础墓'9,埋人1,牛33,羊101,狗78。"

---

[119] 朱芳圃《殷周文字释丛》,第93页,中华书局,1962年版。

　　"乙七基址,埋人1,牛10、羊6、狗20;七个'安门墓',埋人
18,狗2,人或持戈执盾,或伴葬刀、棍之类。"[120]

　　"经常用人'奠基'。一般是在台基上挖一个长方形竖穴,
把人用席子卷好,填入穴内,再行夯实"。[121]

　　据有关典籍,秦穆公亡而入葬于陵,曾用血祭,殉葬者凡一百七
十七人,其中包括奄息、仲行与鍼虎子三大贤人。有《诗·黄鸟》为
证:"彼苍者天,歼我良人! 如可赎兮,人百其身。"这良人,指奄息、仲
行与鍼虎子三大贤者。

　　凡此血祭,在今人看来是十分残酷的,而在古代,却是施行巫术
的一大品类,是巫觋对于鬼神尤为虔敬的表示与敬礼。巫者与受巫
者,都信以为真,以牺牲人、牲等生灵为吉兆,用以博得吉祥平安,那
时的人们以为,这样的巫礼行为,是必须而值得的,否则必遭凶险、
报应。

　　巫的血祭仪式,是中外皆然的,它渊远而流长。印度佛教的"本
生"故事,如"舍身饲虎"之类,意喻佛的慈悲。其原型,实际是巫性
的血祭,有为神灵献身的意义在。因为佛的血祭本生的慈悲感天动
地,因而佛获得了无比的神性和巫性。关于佛陀的种种传说和"神
通",也大凡是巫性的。"他(按:佛陀)的一生充满了可爱的传说。
这些传说包括:瞎子渴望看到他的荣光,以至于他们恢复了视觉;聋
子和哑巴以忘神的喜悦谈论着那即将来临的事情;驼背的身子直起
来了;跛子能走路了;囚犯们从镣铐里解放出来,而地狱的火也被熄

120　邹衡《夏商周考古学文集》,第79—80页,文物出版社,1980年版。
121　中国社会科学院考古研究所《新中国的考古和研究》,第225页,科学出版社,1984
　　年版。

灭了。世界为和平所围绕,甚至野兽也不再吼叫。"[122] 又,《后汉书》记西南巴人的巫例:"廪君死,魂魄世为白虎。巴人以虎饮人血,遂以人祠之。"[123]《太平寰宇记》称,"西山有大蟒蛇,吸人血。上有祠,号曰西山神。每岁,土人庄严,一女置祠旁,以为神妻。蛇即吸将去。不尔,则乱伤人。"[124]

当然,史上也有不信巫、不媚神的人,最著名的,是战国邺令魏人西门豹治邺的故事。据《史记·滑稽列传》,漳河水害,邺县"三老"之流,大事迷信,每岁由女巫"作法",诡称"河伯娶妻",以祭河神,择民女投于漳水。"共粉饰之,如嫁女床席,令女居其上,浮于水中。始浮,行数十里乃没。其人家有好女者,恐大巫祝为河伯取(娶)之,以故多持女远逃亡。"西门豹遂将女巫、三老投之于水,以坚强的理性反制巫魅。[125] 又修西门渠以灌农桑,于是此巫俗得以制止。虽然如此,古时候迷惑于"血祭"的人众多而反巫的人少。这便是巫术文化的媚神与害人。

媚神的同时,巫又渎神,这是原巫文化特性重要的另一侧面。《说文解字》说:"巫,祝也。女能事无形,以舞降神者也。象人两袖舞形。"[126] 这里,暂且勿论以祝释巫是否妥当[127],巫的最大能耐在于"降神",不同于宗教崇拜仅在于"拜神"。拜神即媚神,降神则渎神。

122　[美]休斯顿·史密斯《人的宗教》,第 80 页,刘安云译,刘述先校订,海南出版社,2013 年版。

123　《后汉书·南蛮西南夷列传》,中华书局,2007 年版。

124　《太平寰宇记》卷八三引《蜀郡国志》,中华书局,2007 年版。

125　《滑稽列传第六十六》,司马迁《史记》卷一百二十六,第 732—733 页,中华书局,2006 年版。

126　许慎《说文解字》工部,第 100 页,中华书局影印本,1963 年版。

127　按:段玉裁《说文解字注》云,"按祝乃覡之误"。"祝,祭主赞辞者。《周礼》:祝与巫分职。二者虽相须为用,不得以祝释巫也"(该书"工部",第 201 页,上海古籍出版社,1981 年版)。

巫一身而兼二职。凡是巫,自当跪拜于帝与祖神等之前,然而,巫仅仅跪倒了一条腿。巫降神的灵力与灵感,原于神灵、鬼魅之类,没有拜神,则谈不上降神。可是如果没有降神,又绝对不成其为巫与巫术,那些占卜、易筮、扶乩与放蛊之类,都是无从谈起的。

既拜神,又降神;既媚神,又渎神,这便是巫。《马王堆帛书·要》:"赞而不达于数,则其为之巫。"《中庸》:"能尽物之性,则可以赞天地之化育。"赞,辅佐义。数,天命之谓,古时指天文、历法、五行、卜筮与堪舆等为数术亦称术数。人命中注定、受苦受难甚而遭受毁灭而无可逃避,这便称为劫数。巫者,拜、媚神灵而天(帝)佑之,降、渎神灵受天命制约又不听天由命,便是"赞而不达于数"。因此,如果仅仅以《论语》"死生有命,富贵在天"一语来说巫与巫性,是并不妥切的。

巫,在人与神之际;巫性,在人性与神性之际。

值得再次强调,这里的所谓神,指与巫相契的神灵,并非西方基督教上帝那样的主神;所谓人,指与巫相契的大人、圣人与帝王等。《庄子》有云,"六合之外,圣人存而不论。"[128]六合即四方上下,指天地与现实世界,包括这世界的巫术、神话与图腾等。《庄子》既然称言"六合之外",说明其不仅知"六合",而且或许知道"六合之外"还有什么。然而"六合之外"究竟是什么,《庄子》以为是不重要的,所以"存而不论"。

李泽厚先生提倡中国文化的"一个世界"说:

> "巫"的特征是动态、激情、人本和人神不分的"一个世界"。相比较来说,宗教则属于更为静态、理性、主客分明、神人分离的

128　《庄子·内篇·齐物论第二》,王先谦《庄子集解》,第13页,上海书店影印本,《诸子集成》第三卷,1986年版。

"两个世界"。[129]

与西方基督教那样的宗教相比，中国的巫作为"一个世界"而"人神不分"，不同于宗教神、人分离的"两个世界"。然而在逻辑上，当李泽厚称宗教文化的世界是两个世界时，是将神与人、神性与人性截然二分的；当他说一个世界时，又实际是说，这一人本世界，是包含一定的神与神性因素的。这里有一个问题，"两个世界"说中的"人的世界"不含有神与神性的人文因素，可是"一个世界"说中的"人"是具有一定的"神"性的，仅仅是"人本和人神不分"而已。

可见，当我们说中国文化的"一个世界"时，所谓"人本和人神不分"，实际指巫与巫性。应当说，西方宗教的神及其神性，有异于中国原古巫术、神话与图腾等的神灵及其神性、灵性。但问题在于，在"一个世界"中，毕竟蕴含着一定的神灵及其神性、灵性的，这便是《庄子》虽然看到了这一点，却还是"存而不论"。

站在西方"两个世界"说的传统立场，就会误将中国文化，看作并不包含神与神性的。笔者以为，这便是一些西方学者、包括一些受西方影响的中国学者，总在那里说中国文化在先秦，尤其在春秋战国如何"理性化"、如何"早熟"的缘故。中国文化的确尤其在春秋战国时期，有一个了不起的"哲学的突破"或者可以称为"理性化"过程，但是这一"突破"和过程的文化基础与前提，是以原巫为基本而主导、伴随以神话与图腾的原始发生、发展与繁荣的，其根因根性基本是早熟的巫与巫性，其"理性化"的过程及其实现，主要是从原始巫性走向哲学的思性，同时才是艺术与审美的思性。

西方宗教文化，一个是属人与人性的现实世界，一个是属神与神

129　李泽厚《由巫到礼 释礼归仁》，第 13 页，三联书店，2015 年版。

性的超现实世界,这借用康德的哲学术语来说,前者叫作"现象界",后者叫作"物自体"。西方"人神二分"的"两个世界",用印度佛教的话来说,称为此岸与彼岸、世间与出世间;东方中华,固然是属于人与人性的"一个世界",可是这一"世界",与人与人性相关、相和的,还有一定的东方式的神灵及神灵之性,这便是巫及巫性。否则,我们为什么可以说,巫者拜神媚神与降神渎神是两者兼得的?李泽厚又说:

> 特别重要的是,它(按:指巫)是身心一体而非灵肉二分,它重活动过程而非重客观对象。因为"神明"只出现在这不可言说不可限定的身心并举的狂热的巫术活动本身中,而并非孤立、静止地独立存在于某处。神不是某种脱开人的巫术活动的对象性的存在。[130]

是的,中国原古文化基本不具有彼岸意义的神,更不具有西方基督教"上帝"那样的主神,中国原古文化中的神的意识是为了神化人间帝王、圣人之类而诞生的,因而所谓"祭神",不啻可以看作是对于人间帝王、圣人与祖先等的膜拜,这种"神",更多的是具有人与神、人性与神性双兼的巫性的人文特质。从实际需要出发,关于"神",是可以"祭"可以"不祭"的,"神"的"在"还是不"在",是根据"祭"抑或"不祭"来决定的。这便是孔子所谓"祭神如神在"。可是,其实西方宗教之神,也"不是某种脱开人"的纯粹"对象性的存在",不是只有中国的巫文化人神不分。从一定意义说,大凡崇拜,无论宗教、巫术或世俗崇拜等,所谓崇拜对象,皆为"心造的幻影",只是各自的结构方式和程度不同罢了。

---

130 李泽厚《由巫到礼 释礼归仁》,第 12 页,三联书店,2015 年版。

第五章　巫性美学：巫术与宗教、科学

人类文化，从原古巫术与神话、图腾三维的文化形态向前发展，大凡具有两大路径，一个是走向宗教，尔后为哲学、科学、政教与艺术审美等文化的成熟开辟道路；另一个则绕开或基本绕开宗教，走向"史"的文化，尤其重于政治教化伦理而促成哲学、史学、科技与艺术审美等的成熟。这第二大文化路径，是作为"巫史传统"的中华所独异的历史人文生态，这便是由原古巫性而开掘的"史"文化，它为中国美学的萌起与发展，开辟了一条独异的路。

第一节　从巫术走向宗教之可能

为求解读由"巫史传统"所养育的"史"文化所展开的中国美学的根性的巫性特质，首先有必要对原巫文化与宗教的一般关系以及从巫术如何走向宗教等问题，加以简略的辨析。

原古巫术与宗教的关系，是一个颇为烦难的学术课题，涉及两者的联系与区别以及孰先孰后诸多问题。如果将巫术与宗教混为一谈，不适当地将巫术归属于宗教，是不可取的。法国学者马塞尔·莫斯说，"巫术是一种宗教类型"[1]。有学人也说，"在韦伯（按：指德国

1　［法］马塞尔·莫斯《巫术的一般理论》，杨渝东译，广西师范大学出版社，2007年版。

学者马克斯·韦伯)的认识中,巫术现象是原始宗教的产物或内容",
"由此,它便决定了中国宗教的性质"。这一看法,在"后来也成为张
光直的文明观或历史观的一个重要甚至是支柱部分"[2]。此言甚是。

　　韦伯自称是一个"宗教上的不合拍者"与"缺乏宗教共鸣的人",
这不影响他以西方基督教那把"标准"的"尺子"来衡估中国文化及
其"宗教"。韦伯称,"中国的宗教——无论其本质为巫术性或祭典
性的——保持着一种此世的心灵倾向。这种倾向此世的态度较诸其
他一般性的例子,都要远为强烈并具原则性"。并说中国"一般民间
的宗教信仰,原则上仍停留在巫术性与英雄主义的一种毫无系统性
的多元崇拜上"[3]。休斯顿·史密斯《人的宗教》一书,论析世界七大
"宗教"加一个"原初宗教",其中包括中国的"儒家"(该书第四章)
与"道家"(第五章),当然在史密斯看来,中国的"儒家"与"道家"也
是宗教。

　　关于将巫术等同于宗教的见解,值得作一些分析,仅供读者
参考。

　　称"巫术是一种宗教类型",可能是无视巫术文化独立文化品性
的缘故。长期以来,学界有将原古巫术以及神话、图腾等,归于"原始
宗教"这一范畴的做法。《人的宗教》一书考察了"澳洲经验",认为
"这里没有教士,没有宗教集会,没有中介的主祭,没有旁观者",但是
比如原住民的"做梦主题","在原初宗教的人口中却是我们唯一要
提到的一个"。并称"口述性、地点和时间",是"原初宗教"的三大要
素。关于"口述性",《人的宗教》一书说,"我们可以引述人类学家雷

2　吾敬东《中国宗教的巫术孑遗——韦伯论中国宗教与巫术的"亲和"关系》,《文史哲》,
　　2008年第3期,第52页。

3　[德]马克斯·韦伯《中国的宗教、宗教与世界》,康乐、简惠美译,第210、208页,广西师
　　范大学出版社,2004年版,参见吴敬东《中国宗教的巫术孑遗——韦伯论中国宗教与巫
　　术的"亲和"关系》,《文史哲》,2008年第3期。

丁（Paul Radin——原注）的话来总结排他性口述的天赋。'由于字母的发明，使我们整个的心理生活以及整个对外在事物的领悟，都出现了混乱，并且字母的整个倾向是要提升思想与思考以作为一切真实的唯一证据；这些情况，从来都没有在部落民族中出现过。'"这意思是说，由于"口述"是原古文化交流的特殊属性，所以他是"原初宗教"的一个"证据"；关于"地点"，《人的宗教》说，对于原古初民而言，"没有一个地方像家一样"，并引述《原始思维》所说"一切神圣的事物必须有它们的地方"来加以证明；关于"时间"，《人的宗教》说，"原初的时间是非时间性的，是一种永恒的现在"，也就是说原始初民没有历史时间的意识观念，他们只注重于当下。"当神的创造没有遭受到时间和管理不善的破坏，世界是如它所应该的那样。"而"原初世界"的神话（口述）与图腾崇拜，就是"原初宗教"的"心灵"的"象征"。至于原始"艺术"，《人的宗教》一书比附说，"在美国印第安人的语言中没有'艺术'这样的字眼，因为对于印第安人而言，每一件事物都是艺术。"其结论是，因而，"同样的，一切事物，以其自身的方式，都是宗教的。"[4]显然，凡此对于人类原古文化的分析，似乎都是有理而可取的，然而，这是否能够用来证明这样的一种"原初宗教"即原始宗教在历史上确实存在过，相信读者自会得出自己的结论。其实休斯顿·史密斯所发现的证据，倒是可以用来证明原古巫术、神话与图腾文化在原古社会的存在。

韦伯将"本质为巫术性或祭典性的"这一类文化现象，归于"中国的宗教"这一范畴，是欠妥的。巫术与祭祀，固然与宗教本具亲缘联系，或者在宗教文化的成熟时代，可称为宗教的孑遗，然而这并不等于可以将"巫术"及其"祭祀"等同于宗教或者等同于"中国的宗

---

4 按：参见［美］休斯顿·史密斯《人的宗教》，第九章"原初宗教"有关论述，第347—356页，刘安云译，刘述先校订，海南出版社，2013年版。

教"。在本质上,宗教包含了巫术与祭祀等,但是宗教又远非仅仅具有"巫术性或祭典性"。宗教起码应该具有五大要素:一、信仰与理想;二、教主与神谱;三、教义理论系统;四、信众与教团;五、修持与戒律。

在上古时代,初民的文化智慧,还来不及达到宗教文化的历史水平。因此只能诞生原古巫术、神话与图腾文化等的原始"信文化"形态。这为尔后宗教文化的诞生,准备了社会、环境与主体等多方面的条件。就原古巫术文化来说,它是具有信仰的,但没有终极意义的理想;它有大批信众,但没有有组织的教团;它信仰"万物有灵",但没有教主与神谱;它有无数的禁忌,却没有戒律,而且,它也没有教义理论系统。而如果说巫术是有"理想"的,便是注重于"实用"目的的实现。

从人类宗教史看,几乎"所有宗教都提供一些普遍的有关存在的陈述,而巫术则关注特别的和立即的结果,忽略意义问题——它通常甚至不能提供对于它的自身机制为什么和怎样运作的解释"[5]。巫的人文意识甚至思想,一般是多元而杂乱的,巫术除了追求"实用"这一点很明晰以外,尚无其他追求。它是原始情感、想象与意志的一个综合。

马林诺夫斯基说:"巫术和宗教是有区别的。宗教创造一套价值,直接地达到目的。巫术是一套动作,具有实用价值,是达到目的的工具。现代的宗教有许多仪式,甚至伦理,其实都该归入巫术一类中的。"[6]宗教的"本质",并非"巫术性或祭典性","巫术性"的残余存在于宗教文化,而宗教的"祭典性",是巫性祭祀这一巫术的"作法"

5 《信仰的法则——解释宗教之人的方面》中译本,第129页,见刘黎明《灰暗的想象——中国古代民间社会巫术信仰研究》上册,第47页,巴蜀书社,2014年版。
6 [英]马林诺夫斯基《文化论》,第51页,费孝通等译,中国民间文艺出版社,1987年版。

手段在宗教文化中的继承和提升。

马克斯·韦伯认为中国的巫术与祭祀（祭典，祭奠）"保持着一种此世的心灵倾向"，这一此世性，绝不等于是宗教的全部。宗教的文化属性，远比此世性丰繁而深邃。巫术与祭祀的此世性，也不等于一般宗教的此世性。前者完全是功利意义的"实用理性"，对应于巫性；后者是宗教神性所蕴涵、锻炼与积淀的那种此世性质，指即使宗教的终极旨归在彼岸、天国、来世，它的发生的基础与基因，则依然还是在现实大地之上，宗教是为了试图解决现实社会与人生的种种问题而创生的，它总是对应于宗教的神性，而不是巫性或者其他什么。

韦伯认为中国巫术文化属于"一种毫无系统性的多元崇拜"的看法，是大致正确的，这也是其从人类一般巫术文化的共性角度来看待中国巫文化的结果，从中国的口咒、符咒、驱鬼、驱旱、驱病、招魂、放蛊与扶乩等巫术看，对于鬼神、精灵的崇拜，确实是多元而没有系统性的。然而，比如甲骨占卜，称其"毫无系统性"就有点儿不符史实，实际关于甲骨的整治、烧灼龟甲以及将占卜的结果契刻在甲骨之上，等等，都是有一定的规矩的，不能随意，否则便是亵渎神灵，被看作有害于"灵验"的。由《尚书·周书·洪范》所记述的"稽疑"之术，仅仅关于龟甲之兆的分类，就有"雨"、"霁"、"蒙"、"驿"与"克"等五种。至于《周易》占筮，是一种高级的巫性数术，记录在通行本《周易》本经中的古筮法即所谓"十八变"的操作规范和过程，是很系统的，而且从其人文意识理念看，对于气、灵的崇拜，是专一而不是多元的。当然，这一易筮绝不是如西方基督教那样的"一神教"。

总之，正如张光直先生所说的那样，马克斯·韦伯对于巫术以及中国巫术文化问题是相当重视的，其有些见解往往给人以较深刻的启示。然而，我们依然有理由认为，如果将原古巫术与神话、图腾等，仅仅归之于"原始宗教"的范畴，其实可能只是看到了巫术、神话、图腾等与宗教的某些人文共性,却模糊了巫术尤其中国巫文化的人文特性。

　　站在西方宗教神学的传统学术立场,一般难以凸显中国原巫文化的真正的人文根因、根性与特质。固然可以用"神秘主义"、"非理性"与"信仰"等字眼,来说明巫术等与宗教文化的共性,但对于巫术尤其中国原巫文化的研究来看,这样做可能会显得有些笼统。即使同为"神秘主义"、"非理性"与"信仰",其实巫术之类与宗教所指的人文内涵与底蕴,还是不一样的。笼统地以"原始宗教"来概言原古巫术等文化形态,并不能了别其真正的文化本根、机制与价值,也可能有碍于扪摸与把握巫术之灵以及从原古巫术、神话、图腾走向宗教那跳动的人文脉搏。

　　这里,且让我们再来试析"原始宗教"这一学术概念。

　　应当说,"原始宗教"这一概念,在以往的学术研究中,是相当活跃的,或者可以说是一个不幸被滥用的概念。有些习惯性的学术思维,往往将人类原古文化,等同于原始宗教,或称人类史前就是原始宗教的文化阶段,等等。但在笔者看来,"原始宗教"这一概念的使用,是比较粗疏而随意的。

　　正如列维-布留尔所说的那样,"'原始'一语纯粹是个有条件的术语,对它不应当从字面上来理解。我们是把澳大利亚土著居民、菲吉人(Fuegians——汉译者注:"太平洋菲吉群岛的土著居民")、安达曼群岛(汉译者注:"在西太平洋,属印度")的土著居民等等这样一些民族叫作原始民族。当白种人开始和这些民族接触的时候,他们还不知道金属,他们的文明相当于石器时代的社会制度。""他们之所以被叫作原始民族,其原因也就在这里。""但是,'原始'之意是极为相对的。如果考虑到地球上人类(历史)的悠久,那么,石器时代的人就根本不比我们原始多少。严格说来,关于原始人,我们几乎是一无所知的。因此，必须注意，我们之所以仍旧采用'原始'一词，是因为它已经通用，便于使用，而且难于替换。"[7]即便如此，当我们称"原始民族"、"原始宗教"时，其实其概念是比较模糊、游移而不清晰的。原因在于"原始"一词所指"极为相对"之故。

美国学者休斯顿·史密斯说，可以从六个方面，来看待宗教的重要特征。"宗教经常出现的六个特征，提示了它们的因子存在于人的构造中，其中之一是权威"；"宗教的第二个通常特色是仪式"；"因之玄想就成为宗教的第三个特色"；"第四个宗教的特征是传统"；"宗教的第五个特色是恩宠，亦即信仰"；"最后，宗教在奥秘中出入"。休斯顿·史密斯说，总之，"这六者——权威、仪式、玄想、传统、恩宠以及奥秘——每一种对宗教都非常重要"[8]。不过，如果仅仅从这六个方面来评判一种文化是不是宗教，其实有些论述并不妥帖。除第一项"权威"类于主神（诸神）的崇拜与信仰比较接近于宗教标准外，其余五项"仪式、玄想、传统、恩宠以及奥秘"等，在非宗教如原始巫术、神话与图腾文化中，一般也是存在的。或者说，加上"权威"这第一项，这全部六项，也大致上是原古巫术、神话与图腾文化的基本特质。因而，如果仅仅凭"这六者"，还不能够将宗教与伴随以神话、图腾的中华巫术这二者区别开来。"这六者"，一般并非所谓"原始宗教"的基本特质。

"那么巫术与宗教之间又是什么关系呢？"弗雷泽在这一发问之余，又称人们"总是先提出他自己独特的宗教概念，然后才开始探讨宗教与巫术的关系。世界上最具争议的课题大概就是宗教的性质了。"

7　［法］列维-布留尔《原始思维·作者给俄文版的序》，丁由译，商务印书馆，1981 年版。　按：这一段引文，本书前文曾有部分引录。

8　［美］休斯顿·史密斯《人的宗教》，刘安云译，刘述先校订，第 89、90 页，海南出版社，2013 年版。

我所谓的宗教,是被认为能够影响和控制自然与人生进程的,超自然力量的信仰或抚慰。这就将宗教分为理论与实践两大方面:一是对超自然力量的信仰,二是讨神欢心、安抚愤怒。显然,信仰是先导,若不相信神的存在,就不会想要取悦于神了。当然,如果这种信仰并没有带来相应的行动,那它便只能被定义为神学,而不是宗教。[9]

弗雷泽对于宗教文化的理解,其要点在于:一、"对超自然力量的信仰";二、"讨神欢心、安抚愤怒";三、"被认为能够影响和控制自然与人生进程";四、有"信仰"且有"相应的行动"。

凡此四要,大致上与前述的宗教要素并不矛盾,的确大致是宗教的人文特质。然而,其实这也是巫术文化的特质。两者都属于"信文化"的范畴。都须取悦于神,都希望影响和控制自然与人生进程,都有理念的信仰而且具有行动即践行。这四者,也并未能够将宗教与巫术严格地加以区分。

值得再次强调的是,诸如关于诸神尤其主神的预设及其信仰观的树立,是尤为至要的。主神的绝对权威,是整个宗教大厦的顶梁柱。惟因有此,才"能够影响和控制自然与人生进程"。惟有在绝对信仰的前提下,信众的无尽潜力与智慧,才得以激发与肯定。而信众即僧团的组成,主神、诸神与信众之间的"感应"、信众的绝对之"信",是神与信众相互"感应"的本因与源泉,这便是所谓"信则灵"。至于具有系统或体系的理论形态即教义与生活制度、秩序的建立与践行等,是为了实现理想诉求与神性、神格的达成。

进一步讨论这一问题,关系到人类把握世界的基本方式和境界。

---

9 [英]詹姆斯·乔治·弗雷泽《金枝》上册,第 5、56 页,陕西师范大学出版有限公司,2010 年版。

文明社会中人类把握世界的基本方式即人与世界的基本关系或曰人生之境界,究竟有几种?

宗白华先生曾说:

> 人与世界接触,因关系的不同,可有五种境界:(1) 为满足生理的物质的需要,而有功利境界;(2) 因人群共存互爱的关系,而有伦理境界;(3) 因人群互制的关系,而有政治境界;(4) 因穷研物理,追求智慧,而有学术境界;(5) 因欲返本归真,冥合天人,而有宗教境界。功利境界主于利,伦理境界主于主于爱,政治境界主于权,学术境界主于真,宗教境界主于神。但介乎后二者的中间,以宇宙人生的具体为对象,赏玩它的色相、秩序、节奏、和谐,皆以窥见自我的最深心灵的反映;化实境为虚境,创形象以为象征,使人类最高的心灵具体化、肉身化,这就是'艺术境界'。艺术境界主于美。[10]

这里所说的"境界"可以归纳为四种,即将功利境界、伦理境界和政治境界合并为求善境界,包括追求人的生理的满足和追求人际关系的和谐,再加上求真境界(学术境界、认知境界)、求神境界(宗教境界)和求美境界(艺术境界)。这也便是前述人类把握世界的基本方式即人与世界四大基本的现实关系。

就成熟形态的人类文化而言,求神(宗教)、求善(伦理)、求真(科学)与求美(艺术)四者,的确是人与世界的基本关系,除此没有第五种。

然而就原古文化来说,在这四大文化形态成熟之前,还有一个原

---

10 宗白华《美学散步》第 59 页,上海人民出版社,1981 年版。

古文化的动态三维结构的漫长文化阶段，这便是主要由原古巫术、神话与图腾所构成的原古"信文化"。

假如要讨论中国上古比较成型的原始文化形态究竟是什么，则大致是三种视角、三种路向。必须将这三者，看作一个三位一体的结构，指出三者并不是对立这一点是必要的。中国的龙，既是中国古老文化最显著的"原始意象"（神话原型），又是关于中华民族生殖、崇祖的图腾崇拜，而且，龙大致还是原巫文化中的一种吉兆。因此，龙象是上古中华文化集神话原型、图腾崇拜与巫术行为于一身的一个原始"混沌"。这一动态三维结构，以原古巫术为基本而主导，它也是求神（宗教，包括巫术等）、求善（伦理）、求真（科学）求美（艺术）之因素四者合一的"原始"形态。原古巫术以及神话与图腾，都蕴含着可以发展为后代宗教崇神、伦理求善、科学认知与艺术审美的原始因素，而凡此四种，在不同原始民族文化中，其构成、机制、地位、侧重与功能等，自当不一。

这可以证明，巫术等文化是不能与宗教相混同的。巫术与宗教崇拜，表面上都是相信"感应"的，而两者的内在机制、品性不一又是显然的。所谓"天人感应"，对于巫术等与宗教文化来说，都是重要的。可是就巫术文化来说，《易传》所谓"同声相应，同气相求"，正如《淮南子》所说，"夫物类之相应，玄妙深微，知不能论，辩不能解，故东风至而酒湛溢，蚕咡丝而商弦绝，或感之也。"[11] 是一种巫性现象，用弗雷泽的话来说，属于"交感巫术"。"巫术的首要原则之一就是相信心灵感应。"[12] 指人通过巫的"通神"能力与施行法术，或者称之

11　《淮南子·览冥训》，高诱《淮南子注》，上海书店影印本，第90页，《诸子集成》第七卷，1986年版。

12　[英]詹姆斯·乔治·弗雷泽《金枝》上册，第27页，陕西师范大学出版有限公司，2010年版。

为"作法"、"伪技艺"。巫术感应,意味着巫师通过"作法"而获得"召神"的灵力。宗教崇拜的感应,主要通过一定的仪式如跪拜、祭祀等,是信众对于被祭之神的"感动"。一种"心造的幻影",在心灵之中与神同"在",其中主要是心灵对于神的感激、依赖与皈依。表面看,巫术与宗教都须有一定的"仪式",但二者的文化内涵不一。"我们必须要把巫术仪式跟宗教仪式加以区分。""而且感应也不是巫术的特权,因为在宗教当中也存在着感应行为。"不过,"宗教仪式是公开举行,在众目睽睽下实施,而巫术仪式却要秘密进行。"[13]巫术仪式有明确的实用目的,巫觋"召神"前来,为的是"降神"从而让神灵为人自己"服务"。但宗教仪式仅仅是媚神表现,宗教信徒是心悦诚服地向神跪下。"如果一种仪式只是表现性的,而没有目的(按:指没有巫术那样的"目的"),因为它不是实现目的的手段,而是目的本身,那它就是宗教。""人们祈求上帝(按:指基督教上帝而非中国巫文化的"帝"、"上帝")赐福于我们的所有言行都是为了避免我们落入'炼狱',虽然这种祈求相当明确,但在马林诺夫斯基教授看来,这并不是实际的目的。"[14]因而其中的所谓"感应",宗教比巫术更为"纯粹"。

从发生学角度分析,原古巫术、神话与图腾等文化先于宗教文化的诞生,是显然的。

弗雷泽说:

> 巫术要早于宗教登上历史的舞台。巫术仅仅是对人类最简单、最基本的相似联想或接触联想的错误运用;而宗教却假设自

13　〔法〕马塞尔·莫斯《巫术的一般理论》,第29、31页,杨渝东译,广西师范大学出版社,2007年版。

14　〔英〕拉德克利夫·布朗《禁忌》,引自史宗主编《20世纪西方宗教人类学文选》上册,第105、106页,三联书店,1995年版。

然的背后还存在着一个强大的神。很显然,前者要比后者的认识简陋得多,后者认定自然进程取决于有意识的力量(引者:指宗教的上帝、诸神),这种理论比那种认为事物的发生只是由于互相接触,或彼此相似的观点深奥得多。[15]

梁钊韬先生曾说:

> 简言之,在质的方面巫术是动作,是技艺,宗教则是信仰,是崇拜;就起源的年代而言,巫术比宗教为先;就演变系统而言,巫术统属于宗教之内;就发展程度而言,宗教当然高于巫术,是属于人类文化较高一级的表现。[16]

如《周易》文化智慧的人文基质,在于巫术占筮。巫术,确是人类早期必然诞生的一种"信文化"智慧。巫术与宗教相比,其智慧程度相对较为初浅稚朴,这是历史的真实。宗教尤其成熟形态的宗教,其教义的形上部分,实际属于哲学,有如犹太教、基督教、伊斯兰教与印度佛教那样,都是对于世界与人如何、为何以及人如何可能、走向何处、应当如何等"存在"问题,表现出浓厚兴趣,而且格外关注与努力发现规律、寻找答案。"教父神学把基督教的学说本身理解为真哲学。"在西方中世纪,哲学曾经是神学的"婢女"。潘能伯格曾经引用

---

15 [英] 詹姆斯·乔治·弗雷泽《金枝》上,第 60 页,陕西师范大学出版有限公司,2010 年版。按:这里所谓"互相接触"、"彼此相似",指巫术"感应"的两大类型。弗雷泽言,"在分析巫术思想时,发现可以把它们归纳成两个原则——'相似律'和'接触律'。前者是指同类相生,即因果必同因。巫师根据'相似律'推导出,他可以仅通过模仿来达到目的,以此为基础的巫术被称为'模拟巫术'或'顺势巫术'";"后者是指相互接触的物质实体,哪怕被分开,仍然可以跨越距离发生相互作用"(《金枝》上册,第 16 页)。
16 梁钊韬《中国古代巫术——宗教的起源和发展》,第 16 页,中山大学出版社,1999 年版。

达米安主教《论上帝的全能》一书说,神学家对于哲学,"首先,他剃掉哲学的头发,亦即无用的理论;然后,他修剪哲学的指甲(迷信的作品——原注),再后脱去她的旧衣服(异教的传说和神话),只有这时才拿她做妻子。但即使这样,她也必须依然是仆人,不是走在作为其主人的信仰前面,而是追随在信仰的后面。"[17]

尽管哲学在西方中世纪,曾经历过说不尽的"屈辱"与"苦难",而宗教、神学的智慧内核,依然是高贵的哲学。其原因,在于宗教、神学所尤为关注的,始终是人的灵魂与精神问题。

巫术则直接针对人的实际利益如"趋吉避凶"等,专注于力图改变人自身的当前的命运、处境,扩而至于天下、国家的前途、战争的胜负与国与国之间的交往等,都希望通过卜卦之类,试图以此让神灵来指示其吉凶如何。其信仰、想象与幻想的翅膀,是"沉重的翅膀",尚未像宗教那般的思虑深沉与精神飞扬。而且,一般的巫术,尤其是民间俗巫,是没有任何一种成熟形态的哲学建构其上的。

巫术总是对于事物之间的种种矛盾实在,表现出普遍的忽视与不关心。凡是所遇的困途甚或死亡的悲剧,等等,都以所谓无所不在、不可战胜的与神灵的"感应"与"灵力",来轻易地加以观念的"解决",一般的巫术缺乏对于世界意义尤其存在本身的形上探究。巫术,甚至不能提供其自身成因、品格、机制、功能与价值等的合理解释。

这诚然不等于说,大凡巫学,一概与世界意义与哲学本体论绝然无涉。中国的原巫文化,尤其是周代的易筮,其卦爻辞本身,尽管只是些与吉凶、休咎、灵验与否相关的断言与判词,其本身并非本体意义的哲学,可是原古易筮的巫学意义,却在历史与人文的长期酝酿与

---

17 [德]潘能伯格《神学与哲学》,第 21、16 页,李秋零译,商务印书馆,2013 年版。

陶冶之中,终于从巫走向了"史",由巫文化而间接地催激为一定的中国式的哲学、伦理学与美学思想,等等。它们从巫文化复繁而深邃地导引出"史"的文化传统。这"史"文化,的确由巫转嬗、提升而来。

不过,一般的而非中国的原古巫术等文化作为传统,确实曾经为人类文化从原古神话、图腾与巫术的三维动态的原始文化形态走向宗教,提供了历史的可能。

巫文化与神话、图腾等的神灵信仰,为宗教信仰贡献了一个历史先导。虽然原巫文化尚未历史地生成关于信仰的主神意识,但无论巫术信仰的神鬼、精灵抑或宗教的主神意识,都是"超自然力量"的化身。超自然力的文化意识与理念,是由原古巫术与神话、图腾等所早已具备的。阿奎那的《神学大全》,曾将宗教信仰及其神学,称为"一种基于超自然启示的学说",其原型,显然根植于原古巫术、神话与图腾等的文化之中。

原古巫术等文化的原始理性,为宗教大张旗鼓地登上历史与人文舞台,准备了一个理性思维的基础。从巫术等走向宗教,让人类的理智与理性经受了深度的考验和提升。宗教信仰本身,属于非理性的心灵因素,而宗教信仰观的何以建构,却是人类思维、理智与理性的历史性推进。这一推进有一个出发点,便是原巫等文化所奠基的原始理性。"所以它需要一种提升,来超越受制于他(按:指人类)的理智的本性的限制,而这样的提升他是通过信仰之光来分享的。因此,人按照自己的本性着眼于一种超越其界限的知识,所以在托马斯(按:即托马斯·阿奎那)看来,在自然和超自然之间,在哲学和神学之间,不存在任何对立或者矛盾,而是超自然的恩典成全人的本性。这也就意味着,自然的理性是以服侍的方式指向信仰的。"[18] 人类"理智的本性",首先历史地实现为巫术等文化中的原始理性,却在原巫

18　[德]潘能伯格《神学与哲学》,第22页,李秋零译,商务印书馆,2013年版。

等文化中是深受"限制"的。这一限制,使得"宗教的理性"的成熟成为可能。理性而且惟有理性及其思维,才是由原巫等文化形态走向宗教即宗教的诞生,开启了历史契机。

弗雷泽指出,"在巫术时代结束后,宗教时代才开始。"这当然不等于说,在宗教时代巫术等已经绝迹。原巫文化实际上的归于失败甚而酿成人的死亡的悲剧让人警醒,"聪明的人们自然会发现,他们过去所依靠的巫术,其仪式和咒语并不能帮助他们完成心愿——尽管当时大多数头脑简单的人仍然对巫术深信不疑。巫术无效的重大发现,必然会给那些聪明且坚定的人带来一场缓慢而彻底的思想革命。"[19]这革命,便是由原始理性的觉醒或曰"祛魅"所促成的人类文化的成长,此即宗教时代的到来。

原巫等文化传统,在原始信仰与原始理性氤氲、积淀的前提下,为宗教的发蒙,奠定了一以贯之的情感与意志的基质与表达方式。

古人云,"不事而自然谓之性,性之好恶喜怒哀乐谓之情,情然而心为之择谓之虑。"[20]"天地感,而万物化生;圣人感人心,而天下和平。观其所感,而天下万物之情可见矣。"[21]情者,性之摇荡。"情生于性"而"喜怒哀悲之气,性也",此所谓"喜斯陶,陶斯奋,奋斯咏,咏斯摇,摇斯舞",又"愠斯忧,忧斯戚,戚斯叹,叹斯抚,抚斯踊"[22]。这是指情的本在为性,性是生命之气。作为主体对外在事物、环境之变与价值判断的人的心灵与心理反应,即是情的起伏流变。情即情感。情感者,内在之心应和外在因素而感动之谓。情、性不能分拆。中国

---

19 [英]詹姆斯·乔治·弗雷泽《金枝》上册,第62页,陕西师范大学出版有限公司,2010年版。

20 《荀子·正名篇第二十二》,王先谦《荀子集解》,上海书店影印本,《诸子集成》第二卷,第274页,1986年版。

21 《易传·彖辞》,朱熹《周易本义》,天津市古籍书店,怡府藏版影印本,1986年版。

22 《郭店楚墓竹简·性自命出》,荆门市博物馆《郭店楚墓竹简》,文物出版社,1998年版。

儒家文化有"性、情、欲"三重观。简喻之,有如大海之水,微波荡漾者,情;浊浪排空者,欲;而无论微波、浊浪,作为水的"湿性"却是始终不变的,这便是性。意志,指人的意图、意向与心力等执著、敬畏于某一生命、生存与生活的目的与理想者。意志总与一定的目的相联系、令人为之做出不懈的追求。

在不同宗教中,信众情感与意志的表现、功能与价值判断,自然是不一样的。"信"(信仰)、"望"(希望)与"爱"(上帝之爱),是基督教耶稣所践行的三大原则,无一不体现出上帝的"太上之情",以及对于上帝及其"道成肉身"即基督的绝对信从。这也意味着,信徒对于上帝的启示与普世救赎持无条件的绝对期盼,以及对于上帝爱人、人爱上帝和人际博爱的信条深信不疑。这三者,是无处不在、无时不在的基督教的三大准则,其间充溢着情感与意志因素。基督教的"原罪"说称,亚当、夏娃惑于私欲、偷食禁果而违背人生来就与上帝所立的契约,遂使恶俗之欲纠缠于终生而万劫不复。"人本有罪",情欲为人性邪恶、堕落之根,由此奠定基督教文化的"罪感"意识与"忏悔"精神。但世人不能自救,上帝才是"万能之天父"、才是救世主。上帝派遣"独生子"即耶稣血染十字架、舍身"救赎"而于第三日"复活"。凡此,情感与意志的强烈自不待言。但在另一方面,基督教的基本精神又是"抑情"的。上帝又是"冷峻的理性",以"无情"树立其最高的神格。信众的俗情与意志,当在被"救赎"与"洗涤"之列。这不等于说,信众是绝对无情感、无意志的。其意志与情感,在于信徒在俗世人间这一"涤罪所""洗涤""原罪"之时,无限追随上帝而达于天堂的理想。印度与中国佛教也是主张抑"情"抑"意"的,视俗情、俗志为解脱、涅槃的大敌。佛教称眼、耳、鼻、舌、身、意为"六根",也名之曰"六情",都是应当"放下"的。佛教有"情累"说,指"六情"为妄情妄念,人则堕于"苦海",便是滞累。所以成佛即拔离诸苦、回头是岸。

"若乃系情累于外物,留曲念于闺房,亦俊贤之所宜废也。"[23]陆士衡此言,深受佛教的影响是无疑的。"情累"又称"情尘"、"情猿"。《慈恩寺传》九有云:"制情猿之逸懆,系意象之奔驰。"心猿意马,妄思妄想,理当"制"(抑制)、"系"(管控)才是。佛教称此岸为"欲界"。未成佛的,称为"有情众生"。"情"为首恶,因而修行先得对治于俗世妄情。佛教有"三缚"说,《俱舍论》卷二一有云,"缚有三种。一贪缚,二瞋缚,三痴缚","缚"于妄"情"(情感)、妄"意"(意志),是沉沦于苦海。佛教有"三识性"说,称为"徧计所执性"(妄有)、"依他起性"(假有)与"圆成实性"(实相)。凡夫俗子妄执于因缘假合,弄得妄情惑念如遮天蔽日,心时时妄起,计度一切,执依因缘而烦恼不已,都是情、志所迷而滞累无度。因而,惟有离妄情、祛妄执,才能灭妄而得真,圆成真如法性之境。"圆成"之谓,无所执著,便是无妄的境界。诸般佛教教义,确实都是以消弭人的世间俗情与意志为主题的。

作为宗教前驱的原古巫术、神话与图腾文化等,为宗教历史地积淀了原始情感、原始意志以及原始理性等心灵、心理的人文氛围。这种心灵、心理,正是人类稚浅的童年心态。那时,由于初民尚未真正深切地体验到,改造自然和社会是何等的艰苦卓绝,由于初民的不知天高地厚,有点儿初生牛犊不怕虎似的,但又一时不懂得如何掌握改造自然和社会的真正有效的方法与途径,加上"万物有灵"文化观念的熏染,于是,便运用巫术来做了古人心目中"有效"的工具。初民相信巫术的有效性而总是对巫术本身、对人自身的前途充满了自信,并且头脑里满是乐观的种种奇思异想,似乎在肥皂泡里看到了美丽的彩虹。没有哪一人类文化所包含的情感因素与方式,像原古巫术这样如此具有盲目的自信,而且因信心满满而一往情深地表现为盲目

23　陆机《吊魏武帝文序》,昭明太子萧统《文选》,李善注,上海古籍出版社,1986年版。

的乐观。人们坚信，巫师能无中生有，撒豆成兵，呼风唤雨，改天换地，灵力无垠，无所不能。在原巫世界中，简直没有不可克服的困难。巫师要达到任何生活目的，都可以通过巫术"作法"来"实现"，时时处处，显得轻而易举，简直不费吹灰之力。巫术让人生活在梦中。北美印第安人"要想伤害一个人，就可以在代替他本人的东西上，如沙土、灰烬等，画出这个人的像，然后用削尖的棍子来刺画像，或用其他方法伤害它。比如当一个奥基波维印第安人试图害仇人时，就会制作一个仇人模样的小木偶，然后用针刺木偶的头部和心脏，或者把箭头射进木偶体内，因为他相信仇人的这一部位也会痛；他如果想马上杀死仇人，只要一面将这个木偶焚烧或埋葬，一面念动咒语即可。"[24]由于要渲染巫术的神秘与"灵验"，巫师在"作法"时，往往以夸张而超常的表情、动作、歌吟、诅咒、舞蹈，甚至呼天抢地、寻死觅活，进入身心迷狂状态，"将世界转变成一个魔法乖张的园地"。而中国的传统"巫术活动，此处也和世界各地一样，仍免不了出现狂喜和纵情的场面。"[25]巫师的激情与迷狂，或自信或让受巫者坚信已是"神灵附体"而变得"不可战胜"。

由于巫术崇信原始的"乐观主义"，在其原始情感与原始意志中，蕴含以初浅简陋的"理想主义"。人们坚信，这世界和人都是有救而且终究是美好的。基督教将"救赎"世界与人的希望，寄托于上帝。佛教寄望于佛陀启示人的觉悟，佛陀本是一个"醒悟了的人"[26]。巫

24　[英] 詹姆斯·乔治·弗雷泽《金枝》上册，第18页，陕西师范大学出版社有限公司，2010年版。

25　[德] 马克斯·韦伯《儒教与道教》，第206、189页，洪天富译，江苏人民出版社，2010年版。

26　按：休斯顿·史密斯《人的宗教》一书说："当人们怀着疑惑来到佛面前，他给的回答为他整个的教义提供了一个身份。'你是神吗？'他们问他。'不是。''一个天使？一个圣人？''不是。''那么你是什么呢？'佛回答说：'我醒悟了。'他的回答变成了他的头衔，因为这就是佛的意思。梵文字根budh含有醒来和知道双重意思。那么，佛，意思就是'启悟了的人'，或是'醒悟了的人'。"（该书第79页，刘安云译，刘述先校订，海南出版社，2013年版。）

术弥漫的世界,在尚未创造宗教主神的境遇与语境中,坚信巫能统治与改造世界,不承认帝、上天与天命的绝对权威。巫通神、通鬼又通人,既通天又辖地,自以为"我"就是真正的"神圣"、真正的"大人"而舍我其谁。巫肩负着无上的荣耀与希望,脚踏于大地而昂首向天,显得踌躇满志,所向披靡。巫术"把对美好未来的憧憬化作双翼,去引诱那些疲倦的探索者和追求者,带他穿越密布的乌云和失望的现实,翱翔于碧海蓝天,俯瞰天国美景。"[27]

然而,这一理想的"乐观"意绪的文化底蕴,由于总是归于失败甚至酿成人的死亡,它实际上是悲剧性的。这一文化境遇,经历过漫长、曲折的积淀与突创,终于从巫术对于神灵的相对的崇拜,变成绝对崇拜,从而导致宗教时代的到来。当然宗教诞生的历史与人文前提,从文化形态学角度分析,除了原始巫术,同时还有原始神话和原始图腾。然而,原巫文化是其中尤为重要的前提,巫术伴随以原始情感、原始意志与原始理性的逐渐觉醒,是宗教起源根本的历史与人文动因之一。

当砍断原始哲学家停泊在古老岸边的思维之船的系绳,放任它颠簸在充满怀疑的汹涌海面上时,在他的信心被粗暴地摧毁时,他一定悲哀、困惑和激动过,直到思维之船进入一种新的信仰和实践体系为止,就像在充满风暴的航行之后进入一个安静的避风港一样。这种体系看似解答了那些使他陷入烦恼的怀疑,并且极其危险地变更了他舍不得放弃的对自然的统治权。于是他坚信,既然这个世界不是在他和他的同伴们的帮助下正常运行的,那就必然有更强大的人物指挥着世界的运行,进而衍

27　[英]詹姆斯·乔治·弗雷泽《金枝》上册,第55页,陕西师范大学出版有限公司,2010年版。

生出世界的千变万化。尽管他曾经一度认为这些事是凭借巫术实现的！但现在他相信：正是那些人物，使暴风肆虐、闪电耀眼、雷声轰鸣；是他们奠定了坚固的大地，限制了波涛汹涌的大海，点亮了天上光辉闪耀的星辰；是他们赐予飞禽与野兽食物，是他们令大地结出累累硕果，是他们让森林覆盖高山，是他们让泉水喷涌出山石，是他们让宁静的水边长满青翠的牧草；是他们把赋予人类的生命，通过饥荒、瘟疫和战争收回。他已通过大自然辉煌壮观的万千景象，看到了这些强大的人的能力。于是人们垂下了高昂的头，开始谦卑地承认，自己需要依赖他们的权力；于是开始恳求并祈求他们在最后的痛苦和悲哀的来临之前，把他的灵魂从躯体中解脱出来，将其带到一个可以享受安宁与幸福的更为欢乐的世界，在那里他将与一切好人的灵魂同在。[28]

　　恕笔者在此大段引录。弗雷泽以诗赋一般的语言，铺陈、阐述人类从原古巫术走向宗教的路向，所述可谓清晰。这里所谓"原始哲学家"，指原古巫师，是那个时代最有学问的人。施行巫术实际上的失败，让巫师的自信受挫，随之"思维之船"便驶入"一种新的信仰和实践体系"，于是有宗教。宗教是人类精神"安静的避风港"，放弃了原巫"对自然的统治权"，即放弃对于世界的"控制"。在宗教中，主神便成为"更强大的人物"，它创生而改变一切。于是巫术便让位于宗教，令信徒皈依宗教、灵魂得以"解脱"而"享受安宁与幸福"。从巫术到宗教的"伟大转变"，使得宗教的神性神格，上升为绝对权威，必然是巫性巫格的堕落，而

28　[英]詹姆斯·乔治·弗雷泽《金枝》上册，第63页，陕西师范大学出版有限公司，2010年版。

宗教时代的巫术,失去往日的主导与辉煌,最终沦为只能依附于宗教的孑遗。

第二节　由巫术导引科学之可能

关于原古巫术与科学的关系问题,往往令人感到困惑。为什么作为非理性之大泽的原巫文化,具有导引科学的可能。

确实,巫术是愚昧、落后与迷信的代名词,其非理性、精神迷乱与迷狂的种种情状,不免令人沮丧。占星、望气、风角、甲卜、易筮、放蛊、扶乩、招魂、驱鬼、祠禳、占梦与堪舆,等等,非理性甚或迷狂的意绪,无处不在。巫祝"作法"之时,巫风鬼气,怪怪奇奇,鬼鬼神神,幻变无踪,令人惊悚畏怖,不可理喻。

> 晋永嘉中,有天竺胡人,来渡江南。其人有数术(按:方术),能断舌复续,吐火。所在人士续观。将断时,先以舌吐示宾客,然后刀截,血流覆地。乃取置器中,传以示人。视之,半舌犹在。既而还,取含续之。[29]

> 其法用药用符,乃令人飞行上下,隐沦无方,含笑即为妇人,戚面即为老翁,距地即为小儿,执杖即成林木,种物即生瓜果可食,画地为河,撮壤成山,坐致行厨,兴云起火,无所不作也。[30]

> 有巫者名"就地滚"。能以术致亡者魂。其为术也,先伏地喃喃咏咒,咏毕,就地一滚,则亡者之魂已附其身,与家人问答如

29　干宝《搜神记》卷二,中华书局,1979 年版。

30　葛洪《抱朴子·内篇·遐览》,《抱朴子内篇注释》,中国社会科学出版社,2004 年版。

生时。其术甚验，故得是名。[31]

这里所引，不免有些文学描述的夸饰的因素。然而，我们仍然可以由此体会一二，所谓巫术，是何其"神通广大"、不可思议。所谓巫术的"成功"，无论"断舌再续"、"执杖成林"、"画地为河，撮壤成山"与"鬼魂附体"以至于鬼魂"与家人问答如生"，等等，都不费吹灰之力。尤其是那些所谓的"黑巫术"即攻击性、或称"积极性"、"矛"性的巫术（法术），立即可以置对方于死地，指那打那，甚至可用"意念"杀人，真正可以说是"说到做到"、"想到做到"。

这种巫术，与人为恶而不为善，故而称为"恶的巫术"。所谓放蛊这类妖术就是如此。正如《红楼梦》第二十五回"魇魔法姐弟逢五鬼"，言述赵姨娘因嫉恨宝玉与凤姐两人，遂买通马道婆装神弄鬼地"作法"（"施法"）了一通一样，居然能将宝玉、凤姐折腾得死去活来。[32]然而，其所传达的巫术的实际上的迷信与非理性种种，倒是很真实。尽管在今人看来，如前引有关来华"天竺胡人""断舌复续"的把戏，大约仅仅是一种魔术表演而已，古人却信以为真。日人吉田祯吾说：

---

31 俞樾《右台仙馆笔记》卷四，徐明霞点校，上海古籍出版社，1986年版。

32 按：《红楼梦》第二十五回"魇魔法姐弟逢五鬼，红楼梦通灵遇双真"写道，"马道婆看看白花花的一堆银子，又有欠契，并不顾青红皂白，满口里应着，伸手先去抓了银子掭起来，然后收了欠契。又向裤腰里掏了半晌，掏出十个纸铰的青面白发的鬼来，并两个纸人，递与赵姨娘，又悄悄的教他道：'把他两个的年庚八字写在这两个纸人身上，一并五个鬼都掖在他们各人的床上就完了。我只在家里作法，自有效验'。"自此，则"他叔嫂（按：指宝玉、凤姐）二人愈发糊涂，不省人事，睡在床上，浑身火炭一般，口内无般不说。""那凤姐和宝玉躺在床上，亦发连气都将没了。"此时，有"一个癞头和尚一个跛足道人"前来"解救"。只取下宝玉颈项里挂的那块"宝玉"，"说了些疯话"即"持颂持颂"，"又摩弄一回"，"悬于卧室上槛"而果然"灵验"，于是两人之病痊愈。这是一个"作法"即"施法"害人、救人的荒唐"故事"。

　　我们所说的萨满(按:巫师)[33]的神智昏乱,是指心理的分离,即包括意识微茫、意识丧失、人格变换、所谓巫者的病态等等的一种心理现象。可是,从外表观察萨满的神智昏乱,无论多么高明的心理学家还是精神医学专家,都难以准确判定究竟是真正的神智昏乱还是故意假作神智昏乱。萨满是否进入神智昏乱状态,不论是在一般地意义上说,还是就萨满的修行水准说,都应当根据社会信仰、集合表象(按:集体表象)的有无,根据注视萨满活动的属于同一文化共同体的人们的意见和判断来确定。因而,在就心理状态来说尚未进入神智昏乱境界的情况下,如果周围的人们认为已经进入了这一境界,则也应当理解为已经进入了神智昏乱状态。[34]

　　尽管"神智昏乱"的真假,一时难以分辨,而"神智昏乱"即非理性与迷狂,对于巫术"作法"的"成功"来说,一般都是完全必要的。即使为了取信于受巫者,巫师为求维护自身通神、通鬼又通人的权威形象,假装"神智昏乱",也一定是必需的。

　　迷信、非理性甚或迷狂,是巫术的第一文化要素与表现,否则便不成其为巫术。此之所以巫术被称为"伪技艺"、"伪科学"的缘故。

33　按:高国藩《中国巫术通史》将国外对巫师的主要称谓,归纳为"一、Wizard(巫师);二、Witch(女巫);三、Sorcerer(禁厌师);四、Medicine Man(巫医);五、Saman(萨满);六、Priest(僧侣);七、Magicia(术士)。"中国的巫师称谓主要有:"娘母"(海南黎族女巫)、"把莫"(门巴语音译,西藏门巴族女巫)"昂巴"(门巴语音译,男巫)、"波"(蒙语音译,内蒙、黑龙江男巫)、"勃跑"或"活袍"(阿昌语音译,云南阿昌族)、"莫陶"(云南傣族,汉语称"魔头")、"南木萨"(云南独龙族)、"鬼婆"或"禁婆"(广西壮族女巫)、"许"或"释比"(四川羌族)、"苏尼"(贵州、广西彝族)、"客子师"(闽、粤、台客家)与"尼阿玛为尼"(哈尼族),等等。参见该书第10、11、12页,凤凰出版社,2015年版。

34　[日]吉田祯吾《宗教人类学》,第14页,王子今、周苏平译,陕西人民教育出版社,1991年版。

人的文化心灵结构,包括明意识、潜意识、无意识、下意识、感觉、感受、感悟、情绪、情感、想象、联想、意志、欲望、思维、理念与思想诸要素。对于原始初民而言,其文化心理结构,正有待于逐渐成熟。各个心灵因素的先后成熟与否,自然是不一样的。这是因为各别心灵要素所处的位格不一所致。由于以生存、发展为根本之需,凡与生存目的直接相系的,人必然执着而力求达成。因而,被人类历史与实践最先召唤于文化前台的,一定是人的原始意志、原始情感,且伴随以原始想象等。原始意志与情感、欲望之类,指向个体的生存即衣食住行与群体生存、发展即生殖繁衍这一既定目的。原始意志,尚未来得及经由成熟理性尤其科学理性的规范与导引,它不得不基本处在盲目状态之中。原始生存实践的或成或败,是对原始情感无可逃避的催激。在"万物有灵"原始混沌意识的氤氲中,一会儿大喜过望,对神灵感激涕零,只是一味念叨老天的好处;一会儿惨遭厄运,陷入生存绝望的深渊。如此种种,不一而足。遂使原始初民的文化心灵,常由原始意志的执拗,反复经历诸如愉悦、狂喜、困惑、焦虑、痛苦甚而绝望等情感体验,处于尚未成熟的理性尤其科学理性所掌控的原始无序状态。就此而言,原古巫术、神话与图腾,的确是人类童年之梦。在这梦一般的生活中,虽不能说初民过得糊里糊涂、浑浑噩噩,却也时时处处基本为意念的迷惑、意志的失当与情感的非理性等等,弄得颠三倒四、左支右绌。

这不等于说,原始初民的精神世界与原始理性因素绝然无缘,或者说根本没有原始理性的存有。原古巫术以及神话与图腾等原始文化,既是原始非理性、情感迷狂又是原始理性等得以存在的人文温床。

首先,原古巫术与神话、图腾等文化本身的发生,须以一定的原始理性为前提。考巫术等文化缘起的心灵动因动机,以改变生存环境与达成生存、发展为目的。人在发明巫术这一把握世界的实践方式之时,是必然经过头脑思考过的,尽管这思考显得何等稚浅甚而可能是错误的。巫术文化发生的契机,主要在于与实用目的相系的原始理性。这理性,与原始意志相辅相成,伴随以原始想象与情感,等等,成为初民心灵构成的主要成分。李泽厚曾将中国文化的基本特质之一,归于"实用理性",意指道德理性。实际这里所谓"实用理性",首先指求其"实用"的动因动机,早在原古巫术发蒙之初即已存在,它具有"原始发动"的功用。

其次,巫术是科学的"伪兄弟"。巫术作为"倒错的实践",在人文思维上,主要是对于因果律的滥用。正如《周易》大过卦九二爻辞"枯杨生稊(按:稊,初生之叶),老夫得其女妻"、九五爻辞"枯杨生华,老妇得其士夫",其人文思维,是对事物实际因果联系正确认识的错失。它并非不承认事物的普遍联系与一切事物之变是具有因果律的,然而,那种被意识到的"因果联系",却是在巫性意义上被人为地建构起来的,是不真实的"因果联系"。巫术兆象即因而占断即果,初民错误而朦胧地认识到事物之间都是具有联系的,却将一切联系都归于巫性的因果。正如本著前引胡伯特、毛斯所言,巫术的所谓"理性判断"(占断),是"因果律的辉煌之变奏曲"。然而,由于承认事物之间是具有因果联系的,所以使得巫术与科学有些"亲近"起来。

因此从认识世界的概念上来说,巫术与科学十分相近。因为它们都认定,事物的变化发展是有规律可循的,并且可以通过对这些规律的探索来预测未来。自然的进程排除了一切偶然和意外的因素。无论是巫术,还是科学,都为那些想要深入了解事物的起因,认识宇宙奥秘的人提供了无限的发展空间。

巫术最致命的缺陷,在于它错误地认识了控制规律的程序性质,而不在于它假设是客观规律决定事件程序的。通过分析,我们不难发现,它们是对思维两大基本规律的错误运用,即错误地对空间或时间进行"相似联想"以及"接触联想"。错误的"相似联想"是产生"顺势巫术"的根源,错误的"接触联想"则是产生"接触巫术"的根源。联想本身具有无可比拟的优越性,它也无愧为人类最基本的思维活动。联想得合理,科学就有望取得成果。稍有偏差,收获的只是科学的伪兄弟。[35]

巫术发展了人脑的联想,根因于与生存实用目的相联系的原始心智。巫者意识到万事万物都是具有"规律"的,却将其仅仅归之于巫性因果律;意识到因果即事物的普遍联系,却不懂得这仅仅是事物多种联系的一种,不懂得或者忽视比如矛盾律、排中律等其他事物的联系;承认因果联系的"规律",却抹煞因果的存在与发展都是有条件而非主观随意的。

又次,巫术固然依存于意志、情感、联想、想象、非理性甚或精神迷狂等,处处时时与理性尤其科学理性背道而驰,作为对"超自然力量"的肯定,渲染魔法、妖术的灵验,让理性尤其是科学理性一时难以诞生或遭到贬损。可是在另一方面,巫术对于原始理性与科学理性因素,又一般地采取了宽容、容忍的人文态度,或者成为巫术施行的思维背景。

试以疗疾、祛病的巫术为例来略作分析。

对于信巫者而言,有病患而请巫师"作法"疗治,有时居然病好了。究其原故,并非巫术"作法"本身实有其效,一种可能的情况是,

---

35 [英]詹姆斯·乔治·弗雷泽《金枝》上册,第54—55、55页,陕西师范大学出版有限公司,2010年版。

这一疾病不经治疗过一段时间也会自然痊愈，却将痊愈的功劳，归于巫术的"灵验"。笔者小时，住于上海浦东乡下，清晨上学途中，每每见小木桥的桥栏上，贴有红纸一张，上书"天皇皇，地皇皇，我家有个夜啼郎。路过君子念一遍，一夜睡到大天光。"并未知道也不需要知道是哪家夜哭小孩的家长所为，这是属于巫术咒语，又如祈愿之文。笔者经过总要不自觉地念一遍，并非相信这是什么有效的巫术，而是出于好玩。其实，这类巫术并无实际治疗"夜啼"之功是可以肯定的。或者有时小儿不再夜啼，一定是另有原由的，但巫术的传统十分顽强，这一类祝咒与祈愿的传统，竟然绵绵不绝。

另一可能的情况是，有时巫师的"作法"，可以增强患者抵御疾病的自信心，对于信巫者来说等于是一个"精神疗法"，也许有利于康复，甚而导致病体痊愈。马林诺夫斯基说：

> 如果你能把全身的力量，来维持你胜利的自信心——这就是说，如果你相信你的巫术的价值，不论它是自然而然的或是传统的标准化的——你一定会更勇往直前。如果你在生病的时候能靠巫术——常识的、术士的、精神治疗的，或是其他江湖上的、专家的——而自信你总会康复，你的身体也可能会比较健康，如果你的整个心思是趋向胜利而不顾失败，在事业上你成功的机会亦可较多。[36]

受巫者坚信巫术能"包治百病"。如此的自信，本是盲目的，没有任何科学依据。可是人的自信本身，却是一种真实的心灵体验，可能有益于病者身心的康复。巫术的"无畏"，变成了受巫者的无畏。自

36　[英]马林诺夫斯基《文化论》，第69页，中国民间文艺出版社，1987年版。

信作为一种精神力量，具有一定的人文"科学"的意义。本来并非医学科学意义的疗效本身，却在客观上，达到类似于科学治病的功效。就此而言，巫术认科学为"伪兄弟"，是一点儿也不错的。

从施行巫术者角度看，没有材料可资证明，笃信或不信或半信半疑巫术有效的人，究竟各占多少比率。笔者在此愿意相信，在原古巫师群团中，这三类都大有人在。古时巫医不分，巫即医、医即巫。中医作为一种经验性科学，一定程度上，原本确实由原巫文化所哺育，这是于史可证的。当巫师在"作法"为人治病时，巫术的"成功"即医术的实效，施巫者信巫抑或信医，虽然也许只有当事者自己心里明了，但一个迷信巫术的受巫者，一定要比巫师非理性得多，倒是巫师反而往往是理性的。

> 在甲骨卜辞中，"医"作"毉"。这说明，在中国文明的早期，巫师与医师、巫术与医术并没有甚么区别。我们甚至可以说，在人类文明的早期，医术曾一度被巫术完全覆盖，不过是巫术的内容之一，医术的效果与巫术仪式的效果没有泾渭分明的区别，它们似乎是一回事。[37]

医字繁体为毉，从巫。可见造字之初，其意识理念，医巫是同源的。从原古时代巫与医的关系可以证明，巫术的原始理性与非理性，可相互容受。表面所渲染的，是巫术"作法"的"灵验"即"成功"，实际之所以"成功"，是因为有一定的经验与科学理性在暗中助其一臂之力的缘故。《三国演义》的华佗为关云长"刮骨疗毒"，在华佗这一边，疗毒的成功给人的感觉是华佗确有"神助"而并非凡人，实际是华

37　刘黎明《灰暗的想象——中国古代民间社会巫术信仰研究》上册，第487页，巴蜀书店，2014年版。

佗的高超医术在起作用,支撑"神医"这个绝对权威的,是符合科学理性的有关医疗知识和医疗技术。关羽忍受和战胜刮骨的巨大痛苦,在现代人看来,那是关公人格中不可战胜的意志使然,然而谁又能否认,那不可战胜的意志力,有没有关羽出于对巫的巨大魔力的绝对信任? 关羽对于华佗的非凡也是充满巫性的信心的。好比"诸葛孔明借东风"的故事,无论《三国演义》的小说抑或电视剧对这一"近妖"的情节,竭力营构其妖氛四起的情状,表现得都很生动。在屏幕上,诸葛孔明身披八卦图案的法衣,披头散发,仗长剑而登七星之坛,口念咒语,果不其然,他轻而易举地就把东风"借"来了,真是"召之即来"矣。实际的情形却是,孔明上知天文,下晓地理,预见某日必有东风至。当时赤壁之战,发生于阴历十一月寒冬之季,赤壁位于亚洲东部的长江中游,冬日大陆比海洋降温要大,可以在亚洲中部形成冷高压,所以一般冬季中国长江流域多刮西北风,而气象之变纷繁复杂,有可能一时之际,赤壁的西北部可以形成一个小低气压,或者赤壁的东南部有小高气压形成,从而导致东南风应时而起。这是巫术对于科学知识采取容忍态度的一个很好的例子,是诸葛亮虚其巫术而实为科学预测的缘故。

人类控制、改变环境,必须依赖知识理性,舍此别无他途。尤其是科学理性,显然是人性、人格的高贵部分。"人们只有在知识不能完全控制处境及机会的时候才有巫术。"[38]人类不得已选择巫术作为"把握"世界的方式之一,总是在知识、理性不健全或缺损之时。巫术在贬损、抹煞与反理性、渲染"奇迹"和迷狂的同时,又不得不迎对、允许知识与理性的到来,对其做出妥协与屈从。在原古巫术等"蛮野"文化的重压之下,人类实践提供了原朴知识及其理性潜生暗长的可

---

38 〔英〕马林诺夫斯基《文化论》,第53页,中国民间文艺出版社,1987年版。

能。弗雷泽指出：

> 他们（按：巫师）不仅直接导致内外科医生的出现，还是各
> 自然科学分支的科学家和发明家的前辈；他们是那些创造了众
> 多辉煌成果的后继者的源头。[39]

尤其在施行巫术遭遇失败时，对知识、理性的呼唤尤为急切。

> 原始人的巫师们比任何人都迫切地追求真理，就算是为了
> 保持一个智慧的外表也是绝对有必要的。一旦发现一个错误，
> 他们就要接受以生命为代价的惩罚；这大概是他们为了隐藏自
> 己的无知而实行欺诈的原因之一。然而，也正是这些强大的动
> 力，推动了他们以真才实学来代替欺诈。[40]

巫术文化对于知识、理性与真理因素的容忍或看重，不啻可被看作
科学的"初试身手"或曰"理性的胜利"。美国学者罗德尼·斯达克说，
"从早期的基督教开始，教父们就在谆谆教诲：理性是上帝至高无上的
馈赠，是人们不断增进对经文和启示理解的途径。"[41]宗教与理性的关
系的人文基因，根植于原古巫术与神话、图腾等古文化之中。

> 德尔图良在 2 世纪时说道："理性是属神的事，造物主用理性

39　[英] 詹姆斯·乔治·弗雷泽《金枝》上册，第 68 页，陕西师范大学出版有限公司，2010
　　年版。
40　[英] 詹姆斯·乔治·弗雷泽《金枝》上册，第 68 页，陕西师范大学出版有限公司，2010
　　年版。
41　[美] 罗德尼·斯达克《理性的胜利——基督教与西方文明》，第 2 页，管欣译，复旦大
　　学出版社，2013 年版。

创造、处理和命令万物,没有什么他不要求用理性去处理和理解的。"亚历山大里亚的克莱门同样在 3 世纪时告诫道:"不要认为这些东西只能用信仰来接受,它们同样为理想所断言。真的,如果排斥理性,将其仅仅归诸信仰,那是靠不住的。真理离不开理性。"[42]

宗教信仰本身是非理性甚或迷狂的,然而,诞生宗教信仰的本因与宗教理论体系的建构,假如没有知识、理性,则无以成就。罗德尼·斯达克引录西方中世纪奥古斯丁的话说:"但愿上帝不会憎恨那使我们超越禽兽的东西。但愿上帝阻止我们的信仰走上不接受、不寻求理性的道路。因为如果灵魂不是理性的,我们甚至不能有信仰。"他又指出,"信仰必须先于理性,对心灵进行净化,使之做好接受理性的强大光芒的准备。"值得注意的是,尽管"在一些不能把握的重大时刻,信仰先于理性,那说服我们相信这一点的一小部分理性,却必须先于信仰。"[43]所言是。宗教的知识体系,是理性的成果;这不等于说巫术与神话、图腾的诞生与施行就不需要原始理性,尽管它是相当微弱的。

宗教与理性或曰宗教与科学的关系,是一个烦难的论题。相比之下,巫术与理性、科学的关系,同样烦难而令人困惑,这是因为巫术比宗教更为原始更为神秘的缘故。然而无论宗教或是巫术,在一定条件一定程度上,都容忍甚至尊重理性的存在。尽管如此,宗教的上帝与巫术的鬼神是否真的存在,不是科学可以而必须加以证明的。科学与理性也不免有盲点。但关于上帝、鬼神的阐述与解读,却可以而且应当是理性而科学的。在信仰领域,宗教上帝、诸神或巫术的神

---

42 [美]罗德尼·斯达克《理性的胜利——基督教与西方文明》,第 5 页。管欣译,复旦大学出版社,2013 年版。

43 [美]罗德尼·斯达克《理性的胜利——基督教与西方文明》,第 5—6 页。管欣译,复旦大学出版社,2013 年版。

灵,固然不可亵渎,然而,真正不可欺不可亵玩的,是理性与科学本身。理性毕竟是人性中最高贵的,科学理性,首先应当受到应有的尊重。当巫术宣称"神通广大"、"无所不能"之时,则意味着总要面对科学理性的严重挑战。

为此,巫公巫婆有时不免作假,行那些令人不齿的江湖骗术,以惑受众。

晚清吴趼人《二十年目睹之怪现状》,写一"茅山道士"(按:兼为巫师),当众弄那所谓"探油锅"的巫术把戏,信巫者以为法力无比,对其真要佩服得五体投地。那道士"烧了一锅油,沸腾腾的滚着,放了多少铜钱下去,再伸手一个个的捞起来,他那只手只当不知。看了他,岂不是仙人了吗?岂知他把些硼砂,暗暗的放在油锅里,只要得了些暖气,硼砂在油里面要化水,化不开,便变了白沫,浮到油面,人家看了,就犹如那油滚了一般,其实还没有大热呢。"这虽然是小说描写,却可能是作者的见闻实录。但是,这一则"巫例"之所以显得如此神奇、神异,并非巫师"作法""降神"而超凡入圣,而是巫师懂得而且利用了硼砂的有关化学知识。它实际并不是巫术而是理性与科学的胜利,也可以说是巫术向科学的屈服。

清人董含《三冈识略》卷六有"祷雨自沉"之记。清初(1645)松江大旱,"细林山道士(按:兼为巫师)曹耕云,向以术自诩。筑台高数丈,步罡画诀,每日上奏三次。又以黑犬磔血,杂降檀焚之。扰扰半月,日色愈炽。时有僧明愿者东昌人,俗姓田,披剃马耆寺,合掌跪赤日中,不饮不食,望空拜恳,誓愿以身殉。至期,跃入跨塘桥河,自沉死。"学者刘黎明称,这"自沉于水是祈雨失败的自我惩罚。"[44]究竟田姓僧人兼巫者"誓愿以身殉",还是出于崇信以命相搏为求感动上

---

44 按:以上巫例,参见刘黎明《灰暗的想象——中国古代民间社会巫术所以研究》上册,第126、392页,巴蜀书店,2014年版。

苍而求雨？或者理性地知道天则不可违逆而深感绝望，抑或因"祈雨失败"承担道义的责任而"自我惩罚"？则吾辈尚未可知也。中国古代，的确有为人薄行、缺乏诚敬而无德者不得行巫的古训，这是重德文化的传统使然。倘然如此，那是关于巫术与道德关系的另一个问题。马塞尔·莫斯说："我们必须承认在他们（按：巫师）中间总存在着某种程度的伪装。我们甚至不怀疑各种巫术事实带有一种不变的'欺骗'，甚至巫师各种可靠的幻觉在某种程度上一直是故意的。"但是，看来这也不能统统归于"伪装"与"欺骗"。巫师施行巫术时，除了"理性"为之，也可能"渐渐地，它变成了无意识的事了，最后产生了各种极度幻觉的状态；巫师自我欺骗，就像演员忘了自己在演戏了"，"巫师要伪装是因为大家要他伪装，因为大家要找到他，而且因为大家强迫他行巫；他不是自由的。"[45]这一类情况可能存在，但只能证明巫师"作法"时，是将无意识、非理性与迷狂意绪"逼迫"到了"前台"，是对巫术的原始理性、甚或科学理性因素的暂时"遮蔽"，实际却不是也不能是对于巫术所容受的理性与科学因素存在的否定。至于巫师"伪装"的所谓"不自由"，说明一个民族、时代与社会的巫风鬼气一旦被搅动起来，其关于巫灵、妖术的意绪氛围与迷信意向，几乎可以裹挟社会的每一个成员，就连巫师也难以"自由"。这其实绝不能证明，理性与科学因素与巫术无关、或从原古巫术走向科学技术是不可能的。

---

45 ［法］马塞尔·莫斯《社会学与人类学》，第 66 页，余碧平译，上海译文出版社，2003 年版。

第六章　祛魅：巫术向"史"文化转嬗的"中国事件"

对于人类文化而言,从原古巫术与神话、图腾等文化方式向前发展,有多条人文之路可供历史选择。或直接走向宗教,如奠基于古代希伯来、犹太文化的基督教那样。当然,人类文化何其丰富多彩,并非仅仅只有这一个文化模式一条道路,比如走向基督教,也不是全人类每一民族的唯一道路。

中国文化,自古走上了和中东、希腊与印度等文化模式不相同的路向。以原古巫术为主伴随以原古神话与图腾等向"史"文化的历史性转嬗,可以看作人类文化所特有的一个"中国事件"。

第一节　由巫到史：礼乐、仁义与"内在超越"

近一个世纪前,梁漱溟先生曾对"文化"做过一个解读：

> 你且看文化是什么东西呢? 不过是那一民族生活的样法罢了。生活又是什么呢? 生活就是没尽的意欲(Will——原注)——此所谓"意欲"与叔本华所谓"意欲"略相近,——和那不断的满足与不满足罢了。通是个民族通是个生活,何以他表现出来的生活样法成了两异的采色? 不过是他那为生活样法

最初本因的意欲分出两异的方向，所以发挥出来的便两样罢了。然则你要去求一家文化的根本或源泉，你只要去看文化的根原的意欲，这家的方向如何与他家的不同。你要去寻这方向怎样不同，你只要他已知的特异采色推他那原出发点，不难一目了然。[1]（按：原文原有着重号）

文化、或曰"生活的样法"的"最初本因"，即是"意欲"（Will）。在西文里，大凡意志、欲望，都可以称 Will。问题是，这最初的"意欲"究竟从何而来，这里没有着落。关于这一问题，可以暂且勿论。

笔者以为，所谓文化，就是"人化的自然"兼"自然的人化"，是自然被人类加工、改造而成的结果、过程、方式、形相、工具尤其作为主体的人自身，指人类改造自然的理念、方法等一切因素，文化包含物质、精神、制度（结构）、传播、价值（意义）、语言文字与人体等因素，是这诸多因素的一个综合。

从文化"精神"一维看，梁漱溟以其所引叔本华所谓生活"意欲"作为研究文化的出发点，是无可厚非的。

所谓文化的根原的"意欲"，实际指人类求生存、求发展的原欲。人类原古文化最早成熟的心灵，执求于生存、发展这一最原始而实用的生活目的，一切都从这原始"意欲"上来。

就"意欲"看，自当以与生存、实用目的最直接、最切要的原古巫术为主。

中国文化的根原侧重于巫术，这与其他"民族的样法"没有"两异"。然而由此发展下去就不一样了。在世界四大古文明形态中，古代东方之中华走上了与世界其他主要民族不同的文化发展之途。春

---

1 梁漱溟《东西文化及其哲学》，《梁漱溟全集》第一卷，第 352 页，山东人民出版社，1989 年版。

秋战国，一个"多思"而所谓"理性早熟"的时代，诸子不安而深邃的灵魂，曾经使得这一伟大民族，在思想、精神上经历了"哲学的突破"。没有人能够否认，这一特殊时代的出现，是以仁学与道学等为早熟标志的。祛魅，意味着中国文化从原巫等文化阶段，跨入了"史"的历史阶段。

李泽厚将中国文化的特征，归原于"巫史传统"[2]。"在孔子之前，有一个悠久的巫史传统"[3]。这是说，所谓"巫史传统"，指的是"孔子之前"的中国文化，并非雅斯贝尔斯所说的"孔子和老子"等"轴心时期"所奠定的中国文化传统，这是值得注意的。

在笔者看来，中国文化在"孔子和老子"等古哲之前，是一个以原古巫文化为主、伴随以原古神话与图腾的动态三维结构，是以原巫为主的文化传统，到老子、孔子与墨子等即所经历的"轴心期"，大致已经完成了主要由巫向"史"的转嬗，即进入了一个重现实人事、家国社会而对于"性与天道，圣人存而不论"的时代，这也便是西人所说的中国文化所谓"理性的早熟"。

这里所谓"史"，并非指一般概念与意义的历史，而是指，主要由原古巫术文化所转递、升华的春秋战国时期的中国哲学、礼学、仁学与美学思想，等等，并非那种典型的西方式的宗教文化。中国"史"的文化的根因根性，主要根植于原古巫术文化之中。

史，卜辞写作 史 [4]与 史 [5]等。

史，从中从又。许慎云："记事者也。从又持中，正也。"此言，除

2　见李泽厚《说巫史传统》（原载《己卯五说》）与《"说巫史传统"补》，李泽厚《由巫到礼 释礼归仁》，第1页，三联书店，2015年版。

3　李泽厚《说巫史传统》，见《由巫到礼 释礼归仁》，第4页，三联书店，2015年版。

4　董作宾《小屯·殷虚文字乙编》，一期三三五〇，科学出版社，1956年版。

5　[日]贝塚茂树《京都大学人文科学研究所藏甲骨文字》，一期三〇一六，京都大学人文科学研究所，1959年版。

"从又持中",余皆为"史"的后起之义。

甲骨卜辞"中",写作中[6];中[7];中[8];中[9]等。

"又",像手之形。甲骨文写作又[10]与又[11]等。

许子称史字"从又持中"即从中从又,不为无据。

唐兰先生《殷墟文字记》有云,中者,"本为氏族社会之徽帜,古时有大事,聚众于旷地先建中焉,群众望见中而趋赴","群众来自四方则建中之地为中央矣。"然而,这里所谓"中"为"氏族社会之徽帜",并非中字本义。此可从卜辞见出。

卜辞有"立中"之记。如"无风,易日"而"丙子其立中,无风,八月"[12]、"癸卯卜,争贞:翌"与"立中,无风,丙子立中,允无风"[13]等。可见"立中"之义,不是指中央"立"一旗帜而四方"群众"前来"趋赴",实指"立"一"中"而测日、测风即"测天"之谓,这是专就测天的巫术而言的。

中,本指原古晷景[14]的一种装置。从甲骨卜辞的中字造型看,李

6　董作宾《小屯·殷虚文字乙编》,一期四五〇七,科学出版社,1956 年版。

7　董作宾《殷虚粹编》,一期五九七,科学出版社,1956 年版。

8　郭沫若《殷虚粹编》,四期八七,科学出版社,1965 年版。

9　郭若愚、曾毅公、李学勤《殷墟文字缀合》,三二九八二,科学出版社,1955 年版。

10　胡厚宣《战后京津新获甲骨集》,一期二二一六,群联出版社,1954 年版。

11　胡厚宣《战后京津新获甲骨集》,五期五二三八,群联出版社,1954 年版。

12　胡厚宣《甲骨六录》双一五,成都齐鲁大学国学研究所,1945 年版。按:卜辞"易日"之"易",阳之本字。丁山《中国古代宗教与神话考》"释易"云,"高阳之阳",易为阳之本字。其引朱骏声《说文通训》"易者,云开而见日也",称高阳,是为帝颛顼,无异于说颛顼即是日神(见该书第 379、380 页)。

13　王襄《簠室殷契征文》天十,天津博物院石印本,1925 年版。

14　按:晷景之景,为影之本字。所谓晷景即晷影,即测日影之巫的一种器物。数年前夏日,笔者曾赴日本冲绳(古为琉球)首里城参访,琉球国古迹,几荡然无存。惟于古城旁边不起眼处,见有石刻晷景器物之陈列,晷面圆形,斜向,为中国明代遗制。上海浦东新区世纪大道东端,立一大型不锈钢现代雕塑作品,题为"世纪之光",其创作灵感,受启于古时晷景。远古测天巫术中,先有测日影之举,后发展为既测日又测风。后之"风景"一词,实为"风影",证明审美意义的"风景",实由远古测日、测风之巫术而来。

圃《甲骨文选读序》将"中"释为中华古代晷景义,是妥帖的。李玲璞、臧克和、刘志基《古汉字与中国文化源》一书又重申这一看法。

> 甲骨文中已出现"中"这个字形,写作中,据学者们考定为测天的仪器:既可辨识风向,也可用来观察日影。[15]

姜亮夫先生曾经发表过类似见解。"中者,日中也。杲而见(现)影,影正为一日计度之准则,故中者为正,正者必直。"[16]《周髀算经》称晷景"周髀长八尺。夏至之日,晷一尺六寸。髀者,股也。正晷者,勾也。"考原古晷景之功用,自当并非"为一日计度之准则"。这种计度即标杆垂直于地面,便是周髀的髀所投射于地的阴影有规律的移动与长短的变化,后来成为原始经验科学意义上的时辰知识,其原型与文化本质,却是初民通过这一"立中"方式,企图对那种在他们看来是神秘的日影加以人为的却是倒错的把握,以达到趋吉避凶的目的。

史,确是原古晷景的一大文化方式。史从中从又,其字即具"立中"之义。徐中舒先生等释史字"从中"的"中",以为甲骨文的中字象干字形,据《说文》"干,犯也"义,称"按干应为先民狩猎之工具"[17],进而释中字之义,"以搏取野兽"、"古以捕猎生产为事,故从又持干即会事意",认为中字"实为事字之初文,后世复分化孳乳为史、吏、使等字"[18],由于未从原古巫文化角度加以解读,恐未妥。

先民有关巫术的鬼魂意识观念,主要出于对地震、雷电、山火、日

---

15 李玲璞、臧克和、刘志基《古汉字与中国文化源》,第98页,贵州人民出版社,1997年版。
16 姜亮夫《楚辞学论文集》,上海古籍出版社,1984年版。
17 徐中舒主编《甲骨文字典》,第209页,四川辞书出版社,1989年版。
18 徐中舒主编《甲骨文字典》,第316页,四川辞书出版社,1989年版。

蚀与人之死亡、梦境、黑夜等的心灵畏怖。日影,即白日之"黑夜"。故迷信暑景投射在地的阴影之中有"魂",因其有魂,先民视其神秘而可怕。这一阴影之魂,又称为"勾"。所谓"勾魂摄魄"的原义,即源于此。

甲骨卜辞的史字,是中国文化由巫的"中"走向"史"文化的有力字证。

史字本义,源自巫的"立中",以测影、测风而推断吉凶休咎。卜辞有"丁巳卜,史贞"[19]与"辛亥卜"而"共众人,立大史"[20]等记。说明殷时的巫,有时也称"史"。周代有史官制度。唐代刘知幾说:

> 盖史之建官,由来尚矣……至于三代,其数渐繁。按《周官》、《礼记》有大史、小史、内史、外史、左史、右史之名。大史掌国之六典,小史掌邦国之志,内史掌王书命,外史掌书使乎四方,左史记言,右史记事。《曲礼》曰,史载笔,大事书之于策,小事简牍而已。[21]

《说文》云"史,记事者也"、《尚书·金縢》曰"史乃册",诚然是矣。这个史字,原本指巫师在由巫向史的进程中,逐渐完成了角色的转变,成为懂得而且也从事巫占、在人王之侧记录其言行的臣僚。据《尚书》,"既克商二年,王(按:周武王)有疾,弗豫。二公(太公、召公)曰:'我其为王穆(恭敬)卜。'""'祝曰:今我即命于元龟,尔之许我,我其以璧与珪归俟尔命;尔不许我,我乃屏璧与珪。'乃卜三龟,一

---

19 罗振玉《殷虚书契后编》上六、八,影印本一册,一九一六年三月,《艺术丛编》第一集本,见王宇信《甲骨学通论》,增订本,附录二,中国社会科学出版社,1993年版。

20 林泰辅《龟甲兽骨文字》二、十一、十六,日本商周遗文会影印本,二册,1921年版。

21 刘知幾《史通·外篇》,辽宁教育出版社,1997年版。

习吉。启籥见书,乃并是吉。"[22]这"记事"就是所谓"册",原本指将占卜之"事"包括占断的结果以卜辞刻于甲骨。册与策通,指竹简纬编成册。易筮为策。策,从竹从束,原指《周易》巫筮以筮竹五十握在巫师手中,"其用四十有九",随意留一策不用而象太极,进行算卦。册抑或策,都是关于巫(史)的用词,但是后世实现了从巫到史的转换。

从一般意义看,巫即史、史即巫。"祝即是巫,故'祝史'、'巫史'皆是巫也,而史亦巫也。"[23]。史,具有巫的人文根因根性于此可知。

巫的称名,较史更为古远,史孕育于巫,尔后才是巫、史二者的渐渐分化。古籍有"巫史"、"史巫"之记,大抵可以明了由巫到史的两个文化阶段。"巫史"的职能,以巫卜、巫筮等为主,兼为"记事";"史巫"这一称名,在周代有关典籍中常常提到。"但周人将'史'置于'巫'前,称'史巫'而不称'巫史',却大可注意。"[24]周人是否绝对"不称'巫史'",则不敢断言。但《左传》有"其祝史(按:即巫史)陈信于鬼神"的记述。从"巫史"向"史巫"即由巫至史的历史性转嬗,的确是不争的史实。

在原古时代,巫师的巫职相对单一,惟测日、测风、相命、解梦、驱鬼与放蛊之类,渐渐地与氏族、国家的政事、战事与祭典等大事有了交集,随着时序的推移与历史的陶铸,便有大巫小巫、大史小史以及内史外史等区别,他们的社会地位有些不一样。早在周代,已有"史官"(原为大巫)之称,世人以其为崇高。孔子时代,巫与史已经不可同日而语。孔夫子甚至说,"惟女子与小人为难养也",这"小人"可能指小巫、民巫与俗巫之类。《周礼·春官》说,"大史,掌建邦之六

---

22 《尚书·周书·金縢》,江灏、钱宗武《今古文尚书全译》,第 252—253、253 页,贵州人民出版社,1990 年版。

23 陈梦家《商代的神话与巫术》,《燕京学报》第 20 期。

24 汪裕雄《意象探源》,第 96 页,安徽教育出版社,1996 年版。

典",参与或主持国家大典,而且成为帝王、君主的高级幕僚,或如后世西汉司马父子那般从事国家文典整理、著述的"高级知识分子",大约就是如此。即使是一般的占卜,卜人(巫)与史官,也是有分工的,"卜人定龟,史定墨,君定体。"[25]是。

大凡史官,仍然往往兼擅巫事。有如《左传》之言,"周史有以《周易》见陈侯者,陈侯使筮之。"然而,史与巫毕竟有了分野。史原于巫,史是巫进一步的"文明"方式。

原古的巫向史的历史性转递或曰"祛魅"又并非真正地走向宗教,是中国文化有别于西方、中东与印度等的另一路向,这种民族与历史性的选择,大致完成于春秋战国之时。李泽厚将其概括为"由巫到礼 释礼归仁"[26]。就儒家文化的文脉来说,此言是。

可以就儒家仁学的人文原型略加考辨。从文字学辨析,儒者,濡也。卜辞儒字,写作ᚱ[27]与ᚠ[28]等。《周易》有需卦☵,乾下坎上之象。孔颖达《周易正义》据《易传·象辞》"云上于天,需"之义,释需为"云上于天,是天之欲雨,待时而落。"历代易学家释需卦之义为"须待",颇合需卦本义。需的本义,何金松引清朱骏声"即今所用濡湿字"[29],马叙伦称"是濡之初文"[30],李镜池说,"需,濡之本字,从雨

25 《礼记·玉藻第十三》。按:"卜人定龟","为君掌卜事之官"。据孔《疏》,"龟甲有多种,占卜不同的事项当用不同的龟甲,故须定之。""史定墨","灼龟甲后,由史官用墨涂其坼裂处(指兆纹),其裂广而深者,则墨可渗入而显,其裂细微者则墨不可入而不显,然后根据其显裂之兆纹以断吉凶。""君定体","郑《注》曰:'定体,视兆所得也。'"杨天宇《礼记译注》上册,第495页,上海古籍出版社,1997年版。

26 李泽厚《由巫到礼 释礼归仁》,三联书店,2015年版。

27 董作宾《小屯·殷虚文字乙编》一期七七五一,科学出版社,1956年版。

28 胡厚宣《战后京津新获甲骨集》一期二〇六九,成都齐鲁大学国学研究所,二册,1946年版。按:原书名为《战后平津新获甲骨集》。

29 朱骏声《说文通训·定声》,中华书局,1984年版。

30 马叙伦《说文解字六书疏证》,上海书店出版社,1985年版。

从而。'而'当是'天'的隶变"[31]。说"需字的本义不是等待，而是沾湿"[32]。实际上，需卦的这个需字，是"有待于濡湿"的意思。需卦爻辞"初九：需于郊，利用恒，无咎。"其大意可以解释为：筮遇初九，等待在郊外。有耐心、有恒心的等待，是吉利的。筮遇此爻，没有错失。《易传·彖辞》又说，"需，须也。险在前也，刚健而不陷，其一不困穷也。"这里所谓的"险在前"，指风雨将临的意思。需卦下卦为乾上卦为坎，初九阳爻居于阳位，是得位的爻；它与六四爻有应，所以有"利用恒"之说，它是吉利之爻。然而这"等待"，指郊雨来临之前的等待而不是一般意义的等待。从文字学角度分析，需字从天从雨。恰与需卦结构下卦乾上卦坎相应。关于下卦乾，《易传》云，"乾为天"；关于上卦坎，《易传》曰，"坎为水"。雨者，水也。需字是一个下"而"（天，乾）上"雨"（水，坎）的结构。所以所谓需，既具有等待又具有濡湿的意义。

某种意义上，需字又通于濡，需是濡的本字。濡，又是儒的初文。这可以从前述甲骨卜辞的儒字造型见出。儒字从𦥑从⫶。𦥑，成年男子正立之形；⫶，水滴、流水的形相。徐中舒等学者说，甲骨文字儒，"象人沐浴濡身之形，为濡之初文"，"上古原始宗教（按：原古巫术等）举行祭礼之前，司礼者须沐浴斋戒，以致诚敬，故后世以需为司礼者之专名。需本从象人形之大，因需字之义别有所专，后世复增人旁作儒，为緟事增繁之后起字。"[33]是。

《礼记》一书有"儒行"篇，曾假借孔子之言，说儒者的德行操守。

31　李镜池《周易通义》，第13页，中华书局，1981年版。

32　何金松《汉字形义考源·释需》，第366页，武汉出版社，1996年版。

33　徐中舒主编、常正光伍仕谦副主编《甲骨文字典》，第878、879页，四川辞书出版社，1989年版。参见徐中舒《甲骨文所见的儒》，《四川大学学报》（社会科学版），1975年第4期。

"哀公曰：'敢问儒行.'孔子对曰：'遽数之不能终其物,悉数之乃留,更仆未可终也'."³⁴大意是说,儒行有许多方面,时间仓促说不尽,恐怕说到仆人交班还说不完。比如儒者"衣冠"、"居处"、"近人之道"、"自立"、"仕宦"、"容众"、"举贤"与"怀仁尊让",等等,谨守德行无已。而其"儒者澡身而浴德"³⁵这一命题,是对于种种儒德的高度概括,未可仅从道德规范言之。

"儒者澡身而浴德"的根因根性,深植于儒的前身即巫之中。巫师占卜占筮之前,必净身沐浴,此之谓濡。必须"洗涤"身心而后才能进行巫事,以示对于神灵的崇信与尊敬而绝无亵渎之念,可以看作"作法"成败的一个前提。这可确证,儒的原型是巫。

伴随以原古神话、图腾等的原巫文化,是先秦之儒也是道、墨等文化的人文渊薮,未独儒文化是如此。李泽厚以"巫史传统"概括整个"中国文化思想"、"中国文化特征"³⁶,所论仅限于儒的文化传统。

由原巫文化等"历史地生成"的中国古代整个礼制,自当以儒礼为最典型。读一读《礼记》凡四十九篇,即可知道儒礼多如牛毛。大至国祭君守、礼乐仪规,小到衣食住行、生老病死的繁文缛节,几乎无所不包。所谓"经礼三百,曲礼三千"³⁷,"皆极言其多,并非确数。据朱熹《语类》说,经礼指礼的大节,曲礼指礼的小目"³⁸。礼是天下头等大事,非礼勿视、勿听、勿言、勿动,礼叫人生活得规规矩矩。礼制规矩,准法之谓。正如《大戴礼·礼察》所言,礼者,禁于将然之前；法

---

34 《礼记·儒行第四十一》,杨天宇《礼记译注》下册,第1022页,上海古籍出版社,1997年版。

35 《礼记·儒行第四十一》,杨天宇《礼记译注》下册,第1029页,上海古籍出版社,1997年版。

36 李泽厚《说巫史传统》,《由巫到礼 释礼归仁》,第3页,三联书店,2015年版。

37 《礼记·礼器第十》,杨天宇《礼记译注》上册,第400页,上海古籍出版社,1997年版。

38 见杨天宇《礼记译注》上册,第400—401页,上海古籍出版社,1997年版。

者,禁于已然之后。对于一个古时候骨子里"无法(无法律)无天(无宗教)"的民族而言,礼,确实具有代法律、代宗教的意义。

中国古代礼制,由以巫为主的原古文化所培育。原古巫术以祭祀事神灵。祭即献。《说文》云:"礼,履也。所以事神致福也。从示从豐。"饶宗颐:"事神即礼。"[39]礼,本字为豐。豐字从豆,豆是祭祀所用的器具。正如王国维所云,豐"象二玉在器之形。古者行礼以玉","豐,行礼之器","又推之,而奉神、人之事,通谓之礼"[40]。巫礼是最古的礼,首先献祭于神灵,是媚神兼召神的巫性手段。

> 龟为卜,筴(按:策)为筮。卜筮者,先圣王之所以使民信时日(按:神秘天时),敬鬼神,畏法令(天命)也;所以使民决嫌疑、定犹与(豫)也。故曰:"疑而筮之,则弗非也;日而行事,则必践之。"[41]

卜筮之巫,决犹豫、见吉凶、别同异、明是非、定亲疏,以致神、献祭与礼敬为要。《礼记》称,"一献质,三献文,五献察,七献神。"[42]献的方式、程度不同,以"七献"为最神圣。《礼记》假托孔子之言有云:

> 孔子曰:"诵《诗》三百,不足以一献。一献之礼,不足以大飨(按:太庙祭祖)。大飨之礼,不足以大旅(祭五帝)。大旅具

---

39 饶宗颐《通考》,第357页,见于省吾主编、姚孝遂按语编撰《甲骨文字诂林》第三册,第2785页,中华书局,1996年版。

40 王国维《释礼》,《观堂集林》卷六,艺林六,《王国维遗书》第一册,上海古籍书店,1983年版。

41 《礼记·曲礼上第一》,杨天宇《礼记译注》上册,第40页,上海古籍出版社,1997年版。

42 《礼记·礼器第十》,杨天宇《礼记译注》上册,第410页,上海古籍出版社,1997年版。

矣,不足以飨帝(祭天)。毋轻议礼!"[43]

礼是神圣无比的,断不可妄议,妄议则是对于神灵的亵渎。原古巫礼,为后世的政教礼制、道德伦理规范等,提供了种种人文资源。

道德礼节的神圣性,源于巫礼对于神灵、鬼怪的敬献。前者对虚拟的天帝、神鬼,后者对实存的帝王、祖宗。道德伦理之诚,源于原古巫礼的信,"信则灵"是矣。无论原古巫礼抑或后世的伦理,都属于"信文化"及其诚敬的范畴。"诚为天地之本",这是宋明理学的一大命题,其远缘,起始于原巫文化等,是无可怀疑的。然而,这种以敬、诚与信为圭臬的神圣性,一般没有经过真正严格的宗教的洗礼,它的形上性自然是不充分的。徐复观指出:

> 周初所强调的敬的观念,与宗教的虔敬,近似而实不同。宗教的虔敬,是人把自己的消解掉,将自己投掷于神的面前而彻底皈归于神的心理状态。周初所强调的敬,是人的精神,由散漫而集中,并消解自己的官能欲望于自己所负的责任之前,凸显出自己主体的积极性与理性作用。敬字的原来意义,只是对于外来侵害的警戒,这是被动的直接反应的心理状态。周初所提出的敬的观念,则是主动的,反省的,因而是内发的心理状态。[44]

关于这一论述,李泽厚《由巫到礼 释礼归仁》一书有所引录。徐氏对巫术与宗教关于敬的"心理状态"(实指心灵状态),做了简略的比较。宗教之敬,所谓"将自己投掷于神的面前而彻底皈归",实际指

---

43 《礼记·礼器第十》,杨天宇《礼记译注》上册,第412页,上海古籍出版社,1997年版。
44 徐复观《中国人性论史·先秦篇》,第20页,三联书店,2001年版。

崇拜。所谓崇拜,客观对象的被神化同时是主观意绪的迷失。这便是"把一个自然对象在他自己所激起的那些感觉,直接看成了对象本身的性态。"[45]所谓巫文化"主动的,反省的"敬,指巫师不仅敬鬼神,而且是自敬。这就导致后世之人在伦理礼仪中,虽然因为对象的巨大而有力,不得不以崇敬之心而服膺之,而且仍旧可以保持一点自持、自敬之心。这一点自持自敬,开启了因巫礼而"归仁"之门,仁者,爱人,这是人的内心之需。此暂勿论。

道德礼制的种种规范,源于巫礼的无数巫术禁忌。巫术禁忌,包括巫术"作法"所必须严格遵循的所谓仪式甚至禁欲之类,正如李泽厚所说,初民原先"超道德(按:实际此时人类的道德规范尚未成熟)的神圣性、仪式性、禁欲性都来自巫。"[46]此是。原巫文化,培养、积淀了后人的"集体无意识"、行为的循规蹈矩与无敢僭越的敬畏之情。何者该做、何者不该,设立无数禁区以约束自己,既是人类对于世界事物本质规律这一"绝对权威"无以把握的无奈与恐惧,又可以证明有所把握时的从容与宽慰。人类在自然铁律面前,是一个多么有趣而尴尬的角色。

古人云,"乐统同,礼别异",从原古文化形态看,中华礼乐文化的源头,主要在于原巫文化。首先是"礼别异"。礼制的实质,在于帝王、贵族与平民、百姓之间天生的不平等,礼,将人类这一"文化的动物",分为三六九等,否则,便难以实现孔子所说的"劳心者治人,劳力者治于人"的社会秩序。这不平等观念,首先体现在天帝、天命与人,天帝、鬼神与巫觋,巫觋与信巫受巫者之间。将这一原始的不平等,看作天经地义,不可改易。在古人看来,这不平等本身是正常的。后世人伦关系的不平等,源自神灵、巫觋与民氓(受巫者)之间的原始不

45　[德]《费尔巴哈哲学著作选集》下卷,第158页,商务印书馆,1984年版。
46　李泽厚《由巫到礼　释礼归仁》,第25页,三联书店,2015年版。

平等。巫祭是不平等的原始。《礼记》说：

> 夫祭有十伦焉。见(按：现)事鬼神之道焉，见君臣之义焉，
> 见父子之伦焉，见贵贱之等焉，见亲疏之杀焉，见爵赏之施焉，见
> 夫妇之别焉，见政事之均焉，见长幼之序焉，见上下之际焉。此
> 之谓十伦。[47]

还有祭义、祭法以及丧仪、丧服等的不平等。祭天地、山川、四时、鬼神、祖宗，始为巫礼，尔后为人伦之礼，类别繁多，大讲等差、阶级，等等。一如既往，渊远流长，仅仅它所蕴含的人文内容与特质有变而已。

"礼也者，反其所自生。乐也者，乐其所自成。是故先王之制礼也以节事，修乐以道志。故观其礼乐，而治乱可知也。"[48]人们不免有些诧异，几乎通篇讲礼的一部《礼记》，为什么又特录《乐记》一篇？殊不知虽礼乐本是对立，两者却因对立而互补。礼乐是天下、家国及其社会治乱的擎天大柱，有如鹏飞双翼，缺一不可。《礼记》说，"乐者，通伦理者也。""知乐，则几于礼矣。礼乐皆得，谓之有德。德者，得也。"又说，"乐者为同，礼者为异。同者相亲，异者相敬"、"乐由中出，礼自外作"而"大(按：读 tai，第四声，原初、根本义)乐与天地同和，大礼与天地同节。"[49]所以礼乐同在，两者都是治世、悦心的首要。考礼乐之乐的精神与意绪来由，其实在原巫等文化中已有孕育，是因巫术的成毁而激起人的内心或快愉悲愤、或企盼绝望、或困惑洞明等

47　《礼记·祭统第二十五》，杨天宇《礼记译注》下册，第836页，上海古籍出版社，1997年版。

48　《礼记·礼器第十》，杨天宇《礼记译注》上册，第409页，上海古籍出版社，1997年版。

49　《礼记·乐记第十九》，杨天宇《礼记译注》下册，第631、634、635、636页，上海古籍出版社，1997年版。

原始情志与意绪,成为与巫礼相错相谐的一大文化原素。

先秦的礼与仁由原巫文化发嬗而来。先秦儒家所倡言的仁学,显然是巫礼的历史性发展,或者说阐释亦可。在由巫而礼、从礼归仁的这一历史与人文的路向中,文明的程度已大步向前,而始终不变的,是原巫文化的人文基因本在,只是仅仅改变其表现形态罢了。学界一向推重孔孟的仁义观,以为仁比礼高一层次,其实两者都归因于巫。

> 颜渊问仁。子曰:"克己复礼为仁。一日克己复礼,天下归仁焉。为仁由己,而由人乎哉?"[50]

如果说夏、殷之礼,是关于鬼神、巫觋通过卜筮之类所体现的那种强有力的意志整肃、从而衍射为严格人伦规矩的话,那么时至周代尤其春秋战国及此后许多个世纪,仁的一再被强调,则意味着中国文化对于礼的心灵底蕴的重新发现。

人自觉地尊礼、复礼与循礼,这便有可能走向仁的境界。关键在于人内心的自觉与否。如果将外在的意志强迫,成就其内在人性、人格的自觉需求,那么,这就成就了"克己复礼"的仁的境界,在复礼的同时,也便为由礼向仁扫平了障碍、开辟了道路。

孔子从巫礼的原始,发现、建构与肯定了深植于原巫之礼这棵大树的灿烂之华,这便是仁,并非另外种植了一株叫作仁的树。孔子期盼"天下归仁"而并未抹煞礼,重申"非礼勿视,非礼勿听,非礼勿言,

---

50 《论语·颜渊篇第十二》,刘宝楠《论语正义》,第262页,上海书店影印本,《诸子集成》第一卷,1986年版。

非礼勿动"[51]。孔子对待礼、仁无有偏废，只是其所推崇的，是那种"克己"、"由己"的仁、便是自觉遵循的礼。为什么《礼记》一书说尽了无数的礼却不忘记仁？原因就在这里。

孟子主张"人性本善"。所谓"恻隐之心，人皆有之；羞恶之心，人皆有之；恭敬之心，人皆有之；是非之心，人皆有之"[52]的这个心，就是"本善"也便是孔子所说的仁。孟子又说："恻隐之心，仁之端也；羞恶之心，义之端也；辞让之心，礼之端也；是非之心，智之端也。"[53]仁义礼智四端，指心性本善或称善端。这里，孟子仅仅说了四端却没有说到信这一点，其实，仁义礼智信的信，对于四端而言，是尤为重要的。可以说，信是四端的原端，它是孔孟仁义之学的文化之根。当然，在孔孟仁学与荀子礼学中，仁义礼智信的信，是仅仅作为道德意义的诚实、不欺来理解的，这是忘却了信作为原巫文化的根本这一本来面目。

其实，信有个来历，原巫文化尤其讲到命理意义的信与不信。《列子》引杨子之言说，"不知所以然而然，命也。今昏昏昧昧，纷纷若若，随所为随所不为，日去日来，孰能知其故，皆命也。夫信命者亡（按：无）寿夭，信理者亡是非，信心者亡逆顺，信性者亡安危，则谓之都亡所信都亡所不信。"[54]那么究竟信还是不信？巫的文化态度，首先是信仰鬼神、天命，这便是《论语》之所以称"死生有命，富贵在天"。然而，这仅仅是理解巫性的一个方面。巫文化对于命，是既信

---

51 《论语·颜渊篇第十二》，刘宝楠《论语正义》，第 262 页，上海书店影印本，《诸子集成》第一卷，1986 年版。

52 《孟子·告子章句上》，焦循《孟子正义》，第 446 页，上海书店影印本，《诸子集成》第一卷，1986 年版。

53 《孟子·公孙丑章句上》，焦循《孟子正义》，第 139 页，上海书店影印本，《诸子集成》第一卷，1986 年版。

54 《列子·力命第六》，张湛《列子》，第 72—73 页，上海书店影印本，《诸子集成》第三卷，1986 年版。

又不信的,实际处在信与不信之际。孔子有"三畏":"畏天命,畏大人,畏圣人之言",把"畏天命"即畏天放在"三畏"的重要位置,孔子又有"知天命"的思想,这便是它自己所说的"吾十有五而志于学,三十而立,四十而不惑,五十而知天命,六十而耳顺,七十而从心所欲不逾矩"。其中"知天命",便是"知命"即对于天命的认知与把握。这也正如孟轲所说的"知天"。命,同是敬畏、崇拜与认知、把握的对象。所以仅仅从信这一角度,来理解巫性是不够准确的。李零教授所撰《死生有命 富贵在天》[55]一书,意在巫只讲信命信天,似乎颇为值得商榷。因为,原始易是巫,大凡原巫,是既讲"畏天"又讲"知命",即拜神又降神、既媚神又渎神的。

诚然应当指出,古人论析原巫文化,的确多有偏从于信的角度。扬雄曾有"阳气极于上,阴信萌于下"的话,"信",原注:"犹声兆也。"[56]阳气发舒而阴气必来相应,这便是所谓"阴信"的信。关于"声兆"的兆,《易传》说,"吉(按:疑此脱一凶字)之先见(现)者也。"兆,或称为声兆、声气。源自《易传》"同声相应,同气相求"[57]义。这也便是《周易》与扬雄所说的应。巫术算卦之所以"灵验",关键在巫师与神灵、受巫者与神灵以及巫师与受巫者之间,构成了一种巫性的信的神秘联系。信的兆头便是神灵之间的相应。"同声相应者,若弹宫而宫应,弹角而角动是也。同气相求者,若天欲雨而柱础润是也。此二者声气相应也。"[58]

就原巫文化而言,兆或曰兆象,在信巫者看来,是不期而至、人力所不能为的。它意味着,神灵与巫、人之间建构起了原古巫信的关

---

55 按:李零《死生有命 富贵在天》,三联书店,2013年版。
56 扬雄《太玄·应》及注,上海古籍出版社,1990年版。
57 《易传·乾文言》,朱熹《周易本义》,天津市古籍书店,怡府藏版影印本,1986年版。
58 《易传·乾文言》疏,见王弼、韩康伯注、孔颖达疏《周易正义》。

系。这并非西方那般的人与上帝所达成的原始契约关系。同样源于原古信文化,西方最终以上帝为绝对皈依,中国则以巫信为相对的皈依。西方以上帝的神性、神格为人的法律与道德的人文原型,中国则以巫性、巫格为人的道德人格的人文源头,至于法律准则,在古时一向是不被尊重的,尤其对于帝王来说,是凌驾于法律之上的,"朕就是法",所以是人治。人治的意义主要有二:对于帝王及其统治集团来说,不要说所谓"君要臣死臣不得不死"之类是何等的严酷,即使是一个里正的话,细民百姓也是必须要听的,此其一;其二、在一般的家庭血族人伦关系中,除了严肃地遵循夫妇、父子、兄弟等道德准则外,在友朋之间所讲究的,是义,义就是仁、就是道德的诚信。这诚信,原于原古受巫者对于神灵的敬信,这里,西方那样的人与上帝所建立的精神上的"契约"关系,是不存在的。

礼乐原于以原巫文化为主且其伴随于神话与图腾等原始文化,礼乐归于仁。《礼记》云:

> 温良者,仁之本也;敬慎者,仁之地也;宽裕者,仁之作也;孙(逊)接者,仁之能也;礼节者,仁之貌也;言谈者,仁之文也;歌乐者,仁之和也;分散者,仁之施也。儒皆兼此而有之,犹且不敢言仁也,其尊让有如此者。[59]

"温良"、"敬慎"、"宽裕"、"孙接"、"礼节"、"言谈"、"歌乐"与"分散"等,都是儒的善言善行,属于道德范畴,而归于仁。其中的礼节与歌乐,合仁的外在表征与内在和谐于一体。礼外而乐内,统归于

---

[59] 《礼记·儒行第四十一》,杨天宇《礼记译注》下册,第 1030 页,上海古籍出版社,1997年版,按:"孙接"之"孙",逊之初文,谦逊义。"分散",此指财物普施义。

仁。所谓仁,格物、致知、诚意、正心、修身、齐家、治国、平天下,惟仁而已。[60]仁者,心诚。朱熹说:"人只是要求放心。何者为心？只是个敬。"[61]饶鲁《五经讲义》卷九:"惟其敬,故能诚。""敬者,所以存养其体,省察其用,乃体道之要也。"然则这一个敬,本来是孔子所说的巫术"敬鬼神而远之"的"敬"。此敬至于彼敬,所敬的对象不一,而诚敬之心则一。仁者,良知良能亦便是王阳明所说的"灵明"。黄宗羲说:"盖良知即是未发之中,此知之前,更无未发,良知即是中节之和,此知之后更无已发。"[62]王阳明称:

> 我的灵明,便是天地鬼神的主宰。天没有我的灵明,谁去仰他高？地没有我的灵明,谁去俯他深？鬼神没有我的灵明,谁去辨他吉凶灾祥？天地鬼神万物离却我的灵明,便没有天地鬼神万物了。[63]

阳明心学,说的是伦理哲学,与巫学不类。岂料若将这一段名言的"灵明"二字,改作"巫灵",便是有关巫术文化之精彩而贴切的一个解读了。并非阳明本人迷信于巫术,其哲学理性深邃而坚强。而是由此可以证明,中国的原始文化形态,确实以原古巫文化为主、且伴随以神话、图腾的起步而一直影响至后世。从巫之礼、信、敬、诚、

60　按:《礼记·大学第四十二》,杨天宇《礼记译注》下册,第1034页,上海古籍出版社,1997年版。其文云:"古之欲明明德于天下者,先治其国;欲治其国者,先齐其家;欲齐其家者,先修其身;欲修其身者,先正其心;欲正其心者,先诚其意;欲诚其意者,先致其知;致知在格物,物格而后知至,知至而后意诚,意诚而后心正,心正而后身修,身修而后家齐,家齐而后国治,国治而后天下平。"此谓"先致其知"之"知",即孟子所言"良知"、明王阳明所言"我的灵明"耳。

61　黎靖德编《朱子语类》卷十二,《朱子语类》第一册,第209页,中华书局,1994年版。

62　黄宗羲《姚江学案》,《明儒学案》上,修订本,卷十,第180页,中华书局,1985年版。

63　《传习录下》,《王阳明全集》上卷,卷三,第124页,上海古籍出版社,1992年版。

灵到属于实用理性范畴的礼乐以及良知、灵明、礼仪与规矩等,具有一条可寻的不断择取、汰遗、积淀、突创的历史与人文线索。

自巫而礼、由礼而仁,这便是"祛魅"。努力祛除原古巫术与神话、图腾文化等鬼魅意识,这便是西方学者的所谓"轴心时代"的"哲学的突破",亦即"理性之发扬"。

马克斯·韦伯说:

> 中国人的"灵魂"从未受到过先知的革命洗礼,也没有私人的"祈祷"。受过礼仪(按:此指伦理仪轨、制度等)及文献教育的官员,尤其是皇帝,照料着一切,而且也只有他们能够如此。
>
> 而理性主义,无论是在中国还是在其他国家(此指汉文化圈的一些东方国家),从内心深处就蔑视宗教。在中国,这种理性主义不需要宗教作为驯服民众的工具。[64]

此言是。"理性主义",又被韦伯称为"实践理性主义"。"在这种实践理性主义的支配下","没有理性的科学,没有理性的技艺训练,没有理性的神学、法律学、医学、自然科学和技术,没有神圣的权威或者势均力敌的人类的权威;而只有一种切合于官僚体系的伦理,只有在顾及到氏族内部的传统势力时,以及在对鬼神的信仰中,才会受到限制"[65]。这一论述,说得有些过于绝对,其表述不够准确,是显而易见的。而关于"实践理性主义"这一概念的预设,则触及了中国文化的本蕴。学界或称"实践理性"或称"实用理性",所谓"实践"的践,含有践履义,正与《说文》释"礼,履也"之义相切;所谓"实用",凸

---

64 〔德〕马克斯·韦伯《儒教与道教》,洪天富译,第 151、152 页,江苏人民出版社,2010年版。

65 〔德〕马克斯·韦伯《儒教与道教》,第 160 页,洪天富译,江苏人民出版社,2010 年版。

显了原巫、原礼及后世人伦之礼"求善"的实用目的义。

中国原巫等文化,何以并未走向宗教而竟以礼乐、仁义等达到了"祛魅"与"超越"? 依李泽厚的见解,这是"理性化"的缘故。

> 从内在心理方面说,"德"、"敬"作为主观心理状态都与"巫"有关,是由"巫"演变即理性化之后的产物。它们把巫术中有关"爱"的迷狂情感和神秘魔力理性化了,成了世俗化和人际化的道德、品格、心理。所谓"理性化"也就是将理知、认识、想象、了解等各种理性因素渗入、融合在原始迷狂情绪之中,并控制、主宰这种迷狂,成为对人们(首先是首领、巫君)的行为、心理、品格的要求和规范,这也就是上面已强调过的巫的情感特征的转化性创造。[66]

所言甚是。只是将"想象"归于"理性"范畴,看来总也有些说不过去,又称所谓"理性化",是将"各种理性因素",由外"渗入、融合"于巫文化的结果。人们不免要问:难道这一"理性",始终是原古巫术等文化莫名其妙的他么,如果是他者,那又是什么力量、凭何种契机,才能使得理性"渗入、融合"于原巫的迷狂意绪之中?

其实正如本书所一再阐明的,中国文化的"祛魅"即从巫而礼、由礼而仁的所谓"理性化",原于原古巫术等文化形态本身的原始理性因素。原始理性作为根因根性,在现实与历史文明不断进步的催激与种种其他心灵因素相互作用之下,才有可能成就"理性化"的人文成果。

学界将这一"理性化"称为意识、理念的"超越"。余英时先生把

---

66 李泽厚《由巫到礼 释礼归仁》,第102页,三联书店,2015年版。

它分为中西的"外向超越与内向超越"两种。

> 我认为西方文明可以代表"外向超越"的典型;在西方对照之下,中国的"超越"才显出其"内向"的特色。[67]

余英时展开其论述有云,古希腊柏拉图的"理型"("Idea"或"Form"——原注,下同)这一哲学预设,便是所谓"共相"(Universals),"并非从殊相中抽离出来的主观概念,而是确有所指的客观实在",它是"好的理型"("Idea or Form of the Good"),作为"一切个别理型的根源",柏拉图《理想国》喻其为"太阳"。惟有"太阳"才得发光,其余的都不是。余氏引录泰勒之言有云:

> 在一个重要意义上,我们依持"理性"("Reason"——原注)而认可的"道德本源"("Moral resources")并不在我们内部。这些本源可以看作是外在的,即在"好的理型"之中;或者应当说,我们同意接受一个更高的(精神)状态这件事,发生在我们和"好的理型"之间的"空间"中(见 Charles Taylor, Sources of the Self: The Making of the Modern Identity, Cambridge, Mass.: Harvard University Press, 1989, p.123. 按:泰勒以引号加在"空间""space"一词之上即表示"好的理型"是精神实体,不应理解为通常含义的空间。——原注)[68]

余英时说,由此西方哲学"建立起上述的理型世界和感官世界的

---

67 余英时《论天人之际——中国古代思想起源试探》,第 198 页,中华书局,2014 年版。

68 余英时《论天人之际——中国古代思想起源试探》及原注,第 200 页,中华书局,2014 年版。

尖锐对比(按:立)",并说"理型"必先于基督教之上帝而"存在",这是真正的"外向超越"。

中国文化的"内向超越"之道是人伦的礼与仁。正如《中庸》假托孔子之言,称"道不远人,人之为道而远人,不可以为道。"人伦之礼也罢仁也罢,都是因"百姓日用"而施设的,余英时的最后结论是,"孔子以'仁'说'礼',开创了内向超越,才是'轴心突破'的真正始点。"[69]

这一有关"外向超越"与"内向超越"的阐述,发人思考,不过在逻辑上似乎有一个问题:既然两大超越是相对而言的概念,则在逻辑的位格上,两者的蕴涵应是同一而平等的,只是一为内向、一为外向而已。可是实际上,西方的外向超越,预设了一个精神的"太阳"即"好的理型",同时预设为基督教的上帝;中国文化的内向超越虽然有"道"的预设,但是这道绝对不是西方的理型与上帝。可见,以西方的超越这一标准来衡量,中国文化其实并无真正宗教意义的"超越"。李泽厚所以说,中国文化并无什么"超越",它其实只是"超脱"而已。

> 正由于没有很明确的另个世界,中国传统也就很难谈什么"超越",因为没有另一世界,人又能"超越"到哪里去呢?
> 中国人喜欢讲的是这种回归自然(按:指道家的"自然无为"及其如陶潜的田园诗境等)却仍然是在这个世界中的心境超脱,而不舍弃身体追求灵魂离开肉体到另一个世界的超越。[70]

此言是。"外向超越",指向彼岸世界的超越,中国文化在印度佛

69 　按:参见余英时《论天人之际——中国古代思想起源试探》,第196—211页,中华书局,2014年版。

70 　李泽厚《由巫到礼 释礼归仁》,第99、100页,三联书店,2015年版。

教入渐中土之前,尚谈不上具有真正的外向超越的文化品格。中国文化的人文思维与思想,基本没有预设真正宗教位格的主神以及诸神。关于神与鬼的意识理念,在思维上总是相互纠缠不清,这正如《说文》释神字,收录了一个神字别体写作"魁"那样。这个神字别体,从鬼从申。申,是神字的初文,这是前文曾经说过的。中国文化讲神灵,灵字繁体写作靈。靈,从霝从巫。靈,原指巫性的雨神,与基督教所谓的"上帝之灵"(God the Holy Ghost)意义不一。基督教宣说God只是唯一,圣父、圣子、圣灵"三位一体"。这三位一体的一,指可以提升为宗教主神的灵。所谓"道成肉身"即圣子基督,也只是"分享"了上帝之灵,那的确是从原巫的意蕴实现了"外向超越"。中国文化偶尔也有"先知"说,《孙子兵法》云,"明君圣贤将所以动而胜人,成功出于众者,先知也。"但是这先知,与神灵意识有关,却不是属于宗教之神的,它既属神又属人。有时,它甚至是关于圣贤的现实人性、人格的最高表达,具有中国式的神性与人性即巫性的品格,并非指基督教上帝的"不可能不存在的存在"那般神性的先知先觉。

李泽厚反复强调,"超越者是上帝,不能是人,也不能是人的心灵。上帝可以在你的心中,但你的心仍非上帝,上帝仍然是'全然异者'(The Wholly Other——原注)"。"所以只能是'外在超越',而不可能'内在超越'。Kant(按:康德)明确说过,'内在'与'超越'直接矛盾,不可能有。"[71]

关于这一见解,依然可以做一些辩说。具有宗教"超越性"的上帝这一神性概念,实际是由人所创设的。基督教教义总是说,"上帝创造一切",可是,上帝并没有能够自己创造自己;教义所谓"上帝创造人",实际是人创造上帝。如果人的意识、理念与精神等即所谓人

---

71 李泽厚《由巫到礼 释礼归仁》,第125页,三联书店,2015年版。

的心灵固然真的毫无"外向超越"性,那么,基督教文化就不可能有上帝及其教义。因此,所谓上帝的"外在超越"性,归根结底是人的超越性。一旦现实与历史的诸多条件许可,由于人的本性总也具有反省现实的理性能力与需求,"先验之思"往往是不可避免的。笛卡尔曾经说"我思故我在",这一关于人之"在"的思性,是与宗教上帝的神性在一起的,只是以哲学的方式加以表达罢了。因而,就西方文化与哲学传统而言,"我思"的"我",其实是与上帝同"在"的。

如果说"上帝是'全然异者'",即所谓绝对他者,那么,西方上帝与人之间,就难以建立本在的信任关系,所谓上帝的信徒,又何以可能皈依上帝?

因而我们只能说,中国文化传统中,的确本无基督教上帝及其"外在超越"那般的意识与理念,中国文化本来仅以原古巫术与神话、图腾等诉求作为其终极关怀,坚信惟此才能拯救这个世界与人自己,中国先秦本无真正的宗教文化,无所谓"外向超越"("外在超越");因没有"外向超越",也便无所谓"内向超越"("内在超越")。

然而这又不等于说,在历史、现实发展的契机中,数千年浸润于中国本土文化传统的中国人的精神,就绝对没有任何"外在超越"的可能。否则在历史与现实中,如印度佛教与西土基督教等,又何以能够在后世的中土有所传播呢?

李泽厚说:"儒、道由于巫史传统,都没有对迥然异质的另个世界的'超越'追求和个体拯救。严格说来,中国只有'超脱',并无'超越'。"又说:"当然,中国人也不是完全没有'超越'的'天'和另个世界。"但是,这"与希伯来的上帝之城、柏拉图的两个世界很不一样"[72]。如果中国本土文化与西方希伯来、基督教文化毫无可通约之

---

72 李泽厚《由巫到礼 释礼归仁》,第133页,三联书店,2015年版。

处，则等于承认人类世界的东西方，有两种"迥然异质"的人与人性、神与神性的存在，而历来的中西"对话"，也就绝对没有任何可能。

历史与现实的世界，实际是一个统一的人类世界，仅仅东西方世界统一的结构、方式与内涵不同罢了。西方文化在人的世界之外，预设了另一个"神的世界"，实际是人的世界的先验性表述，以反照人的现实世界，为改造人的现实树立一个神的标准。梁漱溟先生曾说：

> 宗教可以说是一种对于外力之假借，此外力却实在就是人自己。宗教中所有其对象之伟大、崇高、永恒、真实、善美、纯洁原是人自己本具之德，而自己却相信不及。[73]

是的。宗教所预设的天国与彼岸等等，只是人间与此岸的颠倒和夸大的光辉侧影，神性是人性的绝对理想的表述。只是为了逻辑分析的方便，柏拉图哲学与基督教文化等，前者分世界为"理式"与"理式的模仿"——这也便是十八世纪康德关于"物自体"与"现象界"说的前期表达；后者即基督教文化等的观念，也是二分的，即一是在观念中所预设的宗教之神的世界，一是在现实中服膺于上帝的人的世界。可见"神的世界"，首先在逻辑上是不包括人这一因素在内的。李泽厚先生的"两个世界"说，在逻辑上并无不妥，它同时包含了"两个世界"实际是对于两个"一个世界"的理解。当《由巫到礼 释礼归仁》一书称西方是"两个世界"的时候，不仅将"神的世界"与"人的世界"分开，实际也指包括"神"与"人"在内的两个"一个世界"，在逻辑上，并非指与"巫"相关。

正如前引，李泽厚说："'巫'的特征是动态、激情、人本和神本不

73　梁漱溟《中国文化要义》，第108页，上海人民出版社，2003年版。

分的'一个世界'。相比较来说,宗教则属于更为静态、理性、主客分明、神人分离的'两个世界'。"又说,"许多学者讲,宗教与世俗的很大区别就是,那个是超乎经验的世界,这个是经验的世界。而中国恰恰不是这样,中国是将这两个世界合在一起,神就在这个世界也包括人间的'礼'(按:指巫祭之礼与尔后的人伦之礼)中,人间的礼仪就是神明的旨意,人与神同在一个世界。"[74]

这里所说的所谓中国的"一个世界",显然指"巫的世界",意思是说,此外别无其他什么世界。可是,当其称西方文化是"两个世界"时,实际包含着与其"两个世界"说相系的两个"一个世界"的逻辑解读,即一个是"神"的世界,一个是"人"的世界。这在逻辑与理念上,与他自己关于西方"两个世界"的任何一个"世界"的认知本涵,是有些不一致的。

李泽厚说,中国历来没有宗教"外在超越"而只有道家的"道"那样的"超脱",可是,当他说中国文化是"人与神同在一个世界"时,又说这种"巫的世界"的文化,与西方宗教文化的"两个世界""迥然异质",却又蕴涵着西方宗教那样的"神"的因素,具有可以向天国、彼岸"超越"的可能。

这种关于西方"两个世界"和中国"一个世界"说的逻辑上的纠缠,说明李先生是以西方宗教有关主神即上帝的理念,来解读中国巫性文化中有关"神"的文化含蕴的。实际上,关于神与神性,西方或者印度、以色列等宗教文化模式,与中国以巫为主的原古文化的人文底蕴,是不一样的。这是问题的关键所在。

中国原巫文化并非没有中国式的神性因素,只是这一神性,不同于其他宗教文化的神性。但是,中国原古巫神、巫灵以及原古神话与

74　李泽厚《由巫到礼 释礼归仁》,第13、99页,三联书店,2015年版。

图腾等的神性意识、理念与情绪等,尽管不同于西方宗教的神的意识理念,也应看到,在原古巫术、神话与图腾等文化基因之上所提升的比如孔孟的礼乐仁义、老庄的自然哲学与墨翟的逻辑名学等,无疑都有中国式神灵并未走向绝对"超越"的因素在。

笔者以为,在原古意义上,无论中国还是西方的文化模式,都既是"两个世界"又是"一个世界"的,仅仅两者关于神的意识理念及其内在根因、本涵、机制、结构、功能和历史过程等不同罢了。

对于中国来说,原巫文化及其神话与图腾等,一方面是神、神性即灵、灵性(天、虚拟)与人、人性(地、现实)的分立,是天人相分的,可以称为"两个世界"。另一方面,又是天人合一即"一个世界"的,其主要的文化模式,是巫(灵)处于中国式的神灵与信众之际。巫性(巫格),处在神性(灵性)与人性(人格)之际;对于西方基督教那样的文化来说,也是"两个世界",一方面由原巫文化以及神话、图腾等转嬗、提升为宗教主神及其诸神谱系即虚拟世界,另一方面是信仰宗教的信众所生活的现实世界,两者天人相分。同时又是天人合一即"一个世界"的,是上帝与人同在、人与上帝同在。

第二节　自巫向史何以必然

中国处于基本而主导地位的原巫文化,伴随以原古神话、图腾,在春秋战国转嬗为"史"文化,是关于礼乐、仁义的一个伟大的"中国事件"。可是为什么没有走向西方那样的宗教文化模式,或者说未能从原巫文化等实现西方那样宗教文化的转换,这里拟出三点假设,其立论是否站得住,愿读者批评。

假设之一,从民族文化智慧看,每一民族的文化头脑都可能产生超越(超脱)意识。这种人文意识基本可分两大类:一、从世间向出世间即从此岸向彼岸的"超越";二、在世间即此岸范围内的"超脱"。凡是前者就可能构成健全的宗教观念,古代西方的基督教就是典型一例。

成熟文化形态的宗教的主要标志之一,首先是其主神的确立,这是根本的所谓"外在超越"的首要条件。这超越作为人类精神的跃升,早在原古巫术与神话、图腾文化中种下了基因,主要便是原始理性与原始信仰。"外在超越"本身,作为宗教主神的诞生与塑造,充满关于超验世界的神秘体验与对主神的皈依感。主神意识之所以诞生,主要是原始理性、原始意志等的哺育。"当然,一些教会中人反对强调理性,他们主张信仰最需要的是神秘主义和精神体验。具有讽刺意味的是,最积极提倡这种观点的人是用非常理性的神学进行论述的"而"理性是属神的事"[75]。

但是,并非所有氏族、民族的巫术等原古文化形态,都可以由此诞生宗教的主神意识,关键在于巫术等所蕴含的原始理性等是何种类型和品性。没有哪种类型的巫术与其目的相契的原始理性不是"实用理性",原始意志的执拗,则极大地加强了"实用理性"的精神指向。然而同是"实用理性",其理性的精神性程度与理性之中所蕴含的意志的指向,显然是不一样的。

从原始理性的精神性向度看,正如前述,中国原巫文化历时的漫长和品性的强势,显然在于十分强调人的实用目的的实现。专注于人生求善之实用目的的巫,成为原古中华文化舞台上的"第一提琴手"即一大主要的文化方式。遂使一般不具有或不那么具有实用功能的相对空灵而超越的神话与图腾,没有一直能够站在历史的最前沿。中国有盘古"开天辟地"的神话,但盘古实际是人间帝王的神话

---

[75] [美] 罗德尼·斯达克《理性的胜利——基督教与西方文明》,管欣译,第6、5页,复旦大学出版社,2013年版。

化,不是也不能是宗教的主神。

中国原巫文化,培育了中国文化的"实用理性"。从中国最典型、最强有力的原巫文化形态甲骨占卜和《周易》占筮看,其目的,原本都是为了解决人生即所谓"百姓日用"的种种"实际问题",但是,由于它的人文思维和思想,从来没有离开过一系列的生活实际问题,惟求实用并且胶柱于实用,使得它没有也不能为宗教的诞生,提供肥壤沃土,基本抑制了诞生绝对"先验幻想"的文化条件。中国原巫文化的天帝、神灵意识,正如《易传》所言"神无方而易无体"、"阴阳不测之谓神"、"知几其神"以及"与鬼神合其吉凶"、"是故知鬼神之情状"等"神""鬼神"的含义,原指巫筮的神秘、神奇而不可言述。神往往与鬼相提并论,甚至但称"鬼神",鬼在前而神在后,这可以看作神的意识观念开始是由鬼嬗变而来的。难怪中国原古文化,被学者称为"鬼治主义"。

原古巫术重祭,自有其追念祖神的莫大功德在,有崇拜其伟大生殖力的用意在,且以不祭不足以达成人生吉祥为要,祭祖、祭天地、祭鬼神,是从国家、部落到百姓生活的头等大事,祭者属巫。

> 宰我曰:"吾闻鬼神之名,不知其所谓。"子曰:"气也者,神之盛也。魄也者,鬼之盛也。合鬼与神,教(按:此指巫祭)之至也。众生必死,死必归土,此之谓鬼。"[76]

这里所谓"气也者,神之盛也"的神,指人的肉身活着的状态,人活着即为神之盛。《朱子语类》有云,"此言盛者,则是指生人身上而言";人死则为"神"之亡,而"气"是无所谓生死的。所谓祭祀鬼神,

---

76 《礼记·祭义第二十四》,杨天宇《礼记译注》下册,第 809 页,上海古籍出版社,1997年版。

实为祭鬼。古时鬼道、神道并言。《尚书》称,"鬼神其依,龟筮协从。"[77]卜辞有鬼字,"庚辰卜贞多鬼梦不至祸"[78],关于"鬼"的意识,甚为古远。《逸周书》称,"昔者玄都贤(按:此为崇信、礼敬义)鬼道,废人事天,谋臣不用,龟策是从。"巫性"龟策"者,"鬼道"也。中国原巫文化的意识、理念与意绪,从来没有将鬼与神严加区分。其文化精神,也许不能说绝无一点儿"外在超越"[79]的冲动,然而,"实用"至上与王权独尊的意识理念,使"外在超越"成为不可能,它在春秋战国曾经经历过"祛魅"这一过程,却远没有彻底地实现"向外超越",这便是宗教及其主神意识难以发蒙与确立的原由。中国原巫文化强烈的"实用理性",专注于实际生存问题的解决,尔后通过礼乐、仁义等,来调节、实现人伦与身心(按:郭店楚简《性自命出》篇"仁"字别体写作上身下心)的和谐,似乎除此再无需其他,所谓"天道远,人道迩",此之谓。中国文化在"轴心期"所养成的"人道",是经过原古巫术与神话、图腾等所培育而历练过的,没有像西方文化中的人道精神,具有上帝、宗教的人文背景。原先巫术、神话与图腾文化的天、天帝、祖神等人文主角,尚未向宗教主神转嬗,在先秦,他们反倒变成了伏羲、神农、西王母、黄帝与颛顼等巫性化的历史传说中的伟大人物。

美国学者斯达克说:"要完整地评价神学,有必要去研究为什么

---

77 《尚书·虞夏书·大禹谟》,孙星衍、陈沆《尚书今古文注疏》,中华书局,1986年版。

78 罗振玉《殷虚书契后编》下三、一八,1916年版,见王宇信《甲骨学通论》增订本,附录二,中国社会科学出版社,1993年版。

79 按:李泽厚《由巫到礼 释礼归仁》说:"在巫术礼仪中,内外、主客、人神浑然一体,不可区辨。特别重要的是,它是身心一体而非灵肉两分,它重活动过程而非重客规对象。"(三联书店,2015年版,该书第12页)此言是。但这里得补充一句,巫术礼仪"非重客观对象",不等于无"客观对象"。在巫术礼仪(作法、祭祀)之巫者心中,总是一定有所预设的,如天帝、祖神与鬼魅等"超自然"的偶像,否则,"作法"(包括祭祀)的礼仪活动便不可能发生。

东方没有产生神学。就拿道家来说吧,道是超自然的本质、潜在的神秘力量,抑或是生命的支配原则。"但是,"其间没有理性(按:宗教理性)的用武之地。"又说,"东方没有神学家,本该探索此道的人们拒绝了神学的根本前提:一个有意识的、万能的上帝的存在。"[80]先秦老庄之学的"道",自然是"超自然的本质、潜在的神秘力量"的一个哲学表述,倘说没一点儿精神、意念的"超越"的品格,则不足以为道家哲学。然而,其本原本体之道的哲学理性,仍然不是由宗教主神意识转变而来的,"道"并非是被精致化了的宗教主神,倒是由巫而"史"、从巫而礼、且与仁相应,这也便是通行本《老子》凡八十一章为何论道又论德的缘故。形上玄虚的道终于成就为形下之德。德是道的现实实现。道家的道与儒家之道一样,都是为解决天下家国和人生人间的实际问题而预设的。不过,道家比儒家多一个哲学环节而已。先秦儒家的礼学、仁学,直接由原始巫学发嬗而成,中间未经真正的宗教的人文洗礼。先秦道家及其哲学,为东汉道教的创立准备了一种思想基因,然而倘以西方基督教的宗教标准来衡量,大约只能称其为中国式的"人间宗教"而已,而且归根结蒂,道教的文化根因是巫,这便是鲁迅先生之所以说"中国的根柢全在道教"的缘由,巫是中国文化的"根柢"。道这一本原本体范畴,只是原巫文化意义的天、天命与帝王的一种精致化的哲学表达。

假设之二,任何民族如果要在原始巫术基础上创立宗教,或是从巫学智慧转化为宗教学智慧,则这种原始巫术作为宗教文化智慧的基础,必须具有充分的非理性基因,倘然原始巫术文化智慧中的情感力量、非理性因素相对而言是不够充分的,那么就有可能缺乏一种从原始巫术推衍到宗教的情感"内驱力"。

80　[美]罗德尼·斯达克《理性的胜利——基督教与西方文明》,管欣译,第4页,复旦大学出版社,2013年版。

　　考中国原巫文化,自当不乏非理性与巫的意志、情感等,否则就不是巫术了。但一般而言,中国巫术少有那种极度迷狂的激情燃烧。同样是巫术的"作法",一个欧洲远古氏族的村夫,可以为了祈求丰年,而在田野里不间断地日夜蹦跳,直至精疲力竭、昏死过去,其全过程,始终洋溢着强烈而热狂的巫术激情。一个埃斯基摩人的"成丁礼",是巫师的"作法"将一、二百根钝而不锐的骨针,满刺男子全身,最后一根要横穿舌头,弄得血流如注。那步入青年时代的男子如果不哼一声,咬牙坚持,即使昏死过去,便是巫术的大功告成。这标志着他从此真正成年,从肉体到灵魂充满了巫性的魔力,从而所向披靡,战无不胜。这意味着尤其是他的精神,从"元黑暗"走向了"元光明"。

　　一般而言,中国巫术缺乏如此的无比激情与迷狂。比如占卜、巫筮的全过程,都是心平气和、慢条斯理的,表现为情绪、动作的相对平静。

　　就占卜而言,陈梦家据《周礼》卜官之记,所叙述的占卜过程是:

　　一、龟人——取龟(捉龟)、攻龟(杀龟,包括锯、削、刮与磨等);

　　二、筡氏——"掌共燋契"(所灼材料之准备);

　　三、卜师——作龟(举火以灼龟);

　　四、大卜——作龟、命龟(告龟以所卜之事);

　　五、占人——占龟、系币(视兆坼以定吉凶与契刻卜辞其上等)[81]。

　　取龟、攻龟、作龟、契龟、灼龟与卜辞钻刻,等等,都极为虔诚。

81　参见陈梦家《殷虚卜辞综述》,第 17 页,中华书局,1988 年版;参见王宇信《甲骨学通论》,增订本,第 118 页,中国社会科学出版社,1993 年版。考此一过程之描述,似需有所调整、补充。其一、可将"一"龟人取龟、攻龟分为二阶段,此因取龟、攻龟往往不在一地、一时进行且历时较久故;其二、"三"、"四"之作龟、命龟,实际是同时进行的,故可合为一个阶段;其三、在攻龟前,有一重要之衅龟仪式,陈梦家未列人;其四、灼龟后须淬龟,即将已灼之龟甲,即时趁热水浸,以闻爆裂之声与裂纹而断吉凶。

《周礼·春官》说，"凡取龟[82]用秋时，攻龟用春时"。捉之宜其秋熟；攻之有"衅龟"仪式，以血祭之。王宇信《甲骨学通论》引录董作宾《商代龟卜之推测》所述"衅龟用牛"说，据《管子·山权数》，卜前衅龟，竟"一日而衅之以四牛"。又引《史记·龟策列传》"于是元王向日而谢，再拜而受。择日斋戒，甲乙最良。乃刑白雉，及与骊羊。以血灌龟，于坛中央。以刀剥之，身全不伤。脯酒礼之，横其腹肠。"以雉（鹌鸡）、羊的血而隆重祭之。[83]何以如此？都在于取信、乞灵于龟甲的缘故。但是整个占卜过程，是相对理性的，这是一种融渗着神秘而非理性的理性。

就易筮看，作为世界上独一无二的一种高级的巫术"作法"方式，自始至终是数的神秘运演。《汉书·历律志》："自伏羲画八卦，由数起。"《左传·僖公十五年》："筮，数也。"《易传》："昔者圣人之作易也，幽赞（引者：赞，佐助义）于神明而生蓍，参（叁）天两地而倚数，观变于阴阳而立卦。"[84]"数"指筮数即占筮所谓"大衍之数五十，其用四十有九"的那个数，并非文明时代具有冷峻理性的数学，而指天命、劫数之数。

> 每当他（按：巫师）想到作为数的数时，他就必然把它与那些属于这个数的、而且由于同样神秘的互渗而正是属于这一个数的什么神秘的性质和意义一起来想象。数及其名称同是这些互渗的媒介。

82　按：王宇信说："占卜用龟（按：即取龟）多在秋天从南方贡来。"见《甲骨学通论》增订本，第108页，中国社会科学出版社，1993年版。此恐未确。殷商时中原地区气候温润，有大象生活于此，殷墟曾出土大象遗骸可证。故当时中原产龟，亦有可能。

83　参见王宇信《甲骨学通论》增订本，第108页，中国社会科学出版社，1993年版。

84　《易传·说卦》，朱熹《周易本义》，第346页，天津市古籍书店，怡府藏版影印本，1986年版。

因此,每个数都有属于它自己的个别的面目、某种神秘的氛围、某种"力场"。[85]

中国巫文化的所谓"数",是神秘的"互渗",指难以把握又企图把握的人的命运与巫者的心灵体验。然而,易筮因其独有的筮数运演,尤具可待于发展为数学理性的人文基因,其整个筮数的推演过程,的确比世界上其他一些巫术要平静、理性得多。

简而言之,我们可以说,在原始人的思维中,从两方面看来数都是在不同程度上不分化的东西。在实际应用中,它还或多或少与被计算的东西联系着。在集体表象中,数及其名称还如此紧密地与被想象的总和的神秘属性互渗着,以至与其说它们是算术的单位,还真不如说它们是神秘的实在。[86]

巫数的结构是"神秘的互渗"甚而是"神秘的实在"。"它还或多或少与被计算的东西联系着。"巫数的本性并非理性,却与一定的数的理性因素相联系。

这便是以甲骨占卜、《周易》占筮为代表的中国原巫文化为什么相对地趋于巫之理性的缘故。

中国巫术,一是在其目的意义上,具有充沛的"实用理性"与"实际"的目的,于是,往往使得它的"头脑"与"先验幻想"的翅膀变得有些沉重,一般难以有向绝对"超越"性的宗教王国飞越、高扬的可能;二则比如给中国文化以巨大影响的易筮的操作过程,其神秘巫数,本具有待于趋向葱郁、冷峻的数学理性的可能,反而使得巫术迷狂的意

---

85 [法] 列维-布留尔《原始思维》,第201页,丁由译,商务印书馆,1981年版。
86 [法] 列维-布留尔《原始思维》,第202页,丁由译,商务印书馆,1981年版。

绪受到压抑,这是中国原巫文化未能真正走向宗教的第二方面的原因。当然这不等于说,在中国的原巫文化中,不可能发育出哲学、仁学与道学等社会意识形态。实际上,原巫文化,正是尔后中国哲学等意识形态的重要的人文温床之一。

假设之三,宗教所虚构的彼岸世界,诸如基督教的天堂和佛教净土宗的"西方极乐世界"等等,都是美妙绝伦、幸福无限、快乐无比的地方。大凡宗教,具有强烈的苦乐观以及由此而演进的善恶观,即在这种宗教中,首先是对苦、恶有了深沉而强烈的历史性感觉与领悟,才有可能促进人之思维与情感力图出离此岸之苦、恶,去向往彼岸虚幻的"乐"、"善",这往往是关于人、人之本体存在的一种忧患意识。因此,如果某种原始巫术能够发展为宗教,那么,一般作为宗教智慧母体的原始巫学智慧,必须具有内涵充沛的关于人生苦、乐的文化意识即关于人、人之本体的"忧患"意识。

可是,这一沉郁的文化景观与文化机制,在以占卜、占筮为代表的中国原巫文化中,一般是难以存有的。

梁钊韬《中国古代巫术》一书,原于西方人类学之见,将人类的一切巫术,分为"黑巫术(Black Magic)"与"白巫术(White Magic)"两大类型。黑巫术即"恶的巫术"或可称为"积极性巫术",通过巫术,主动攻击对象、击败对方以至于企图致人死地,等等。如"你去死"这一诅咒,就是一种最简单的"恶的巫术"。如扶乩、放蛊之类,可以具有攻击性,所谓驱鬼之术,也是"积极的巫术"。但是,在整个中国巫术王国中,"黑巫术"并非主流。倒是"白巫术"即"善的巫术",尤其甲骨占卜、《周易》占筮等,一般以趋吉避凶、向善祛恶为目的。笔者曾对通行本《周易》本经所载录的筮例做过粗略统计,其中筮辞写明"吉"之类字样的,约二百五十余条,"凶"之类的约七八十,吉与凶的筮例,大约是三比一。这或可证明,在《周易》巫筮的文化理念中,看世界的现实与未来,还是以为吉多而凶少的。即使危机重重,终于相信能逢凶化吉,或者寄望于逢凶化吉。中国原巫文化的"心灵",是与人为善的,相信这世界与人自己终于是有救的。《周易》巫筮并非故意抹煞世事、人生的种种困难、悲剧甚而是死难,等等,比如屯卦、困卦与蹇卦等的主题都是如此,然则关于凶险与危机之类及与此相系的人生苦、恶,总也并非把它们看得很绝望,人们坚信,吉之前途的可趋而凶之结局的可避,以及苦、恶的随之可解,应该是世界与人生的正则与主流。但看《周易》占筮的目的,都是在遭遇疑惑、困难时,以求能够施以对策、保护自己、为善而起的"白巫术",从不主动诅咒世界、攻击别人。据有关粗略统计,通行本《周易》录其筮问之事的筮例,关乎行旅(近百)、战事(八十余)、饮宴(三十余)、居家(二十余)、享祭(二十)、渔猎(十九)、婚娶(十八)、畜牧(十七)、诉讼(十)、疾病(七)、妇孕(三),等等,竟没有一例是属于"黑巫术"的。《周易》的巫筮之"心"可谓善良。

弗雷泽《金枝》一书,曾经记载一些有关中国古代巫事的例子。

自上古以来,中国便有在坟地周围植树的习俗,以安抚死者的魂魄,避免其尸体腐烂。松柏一起四季常青、千年不朽的特性,多被种于坟地四周。人们认为,坟地四周树木的荣枯与死者魂魄的安宁与否息息相关。在西南地区的苗族聚居区,每个村庄在村口都种着一棵神树,所有村里的居民都认为那里面住着祖先的灵魂,他们的命运由里面的祖先掌控。有些村庄的附近是大批的圣林,里面的树木即使枯萎凋亡,人们也不敢擅自动它,必须先向树祭奠,得到允许后才可以挪动。[87]

87　[英]詹姆斯·乔治·弗雷泽《金枝》上册,第 128 页,陕西师范大学出版有限公司,2010年版。

树木被砍或者被火烧时发出的痛哭、怒吼或流血的事情也记载在中国的很多书籍中,包括正史。[88]

巫术理念中的树木之类,都是具有灵性的,作为巫术之兆,是与家族的命运相系的,如果树木一旦"枯萎凋亡",或任意动土移栽尤其遭到砍伐、焚烧,那是不由人不痛心疾首、如丧考妣的。

这一类向神灵、鬼魅发出善意的中国"白巫术",自古以来不胜枚举。如古代有求雨巫术,投童男童女于水,以殉、祭河神,实际是企图讨好神灵。有些巫术看上去甚为可怕,却是以"恶"制"恶",其巫者的本意还是驱恶向善的。如巫傩,《后汉书·仪礼志·大傩》说:"先腊一日,大傩,谓之逐疫。其仪:选中黄门子弟年十岁以上、十二岁以下,百二十人为侲子(按:幼童)皆赤帻制,执大鼗(小鼓,有柄)。方相氏黄金四目,蒙熊皮,玄衣朱裳,执戈扬盾。十兽有衣毛角。中黄门行之,宂从仆射将之,以逐恶鬼于禁中。"为了感动鬼神,甚至不惜献出人的生命,这种对鬼神施以善意的代价,实在是太大了。《清稗类钞》录一驱鬼巫例:

巫有送大落水鬼之术,以纸人一,供于病者榻前之小几,上设酒醴鱼肉之属,焚香而祝之。至黄昏人静时,乃请善饮者一人,与之对饮,频频劝酒,一杯复一杯,至无量数。既而忽曰:"闷饮寡欢,吾辈须寻一行乐法。"乃作种种诙谐语,鄙俚不堪。少顷,又曰:"此亦不佳,吾辈盍拇战?"于是独伸其拇,喧呼不已。时别有二人,渐移小几至病室外,而中堂,而大门,蹑其足以行,若唯恐纸人有所觉者,陪饮者亦随之出。既出门,则已有一船泊

88　[英]詹姆斯·乔治·弗雷泽《金枝》上册,第 125 页,陕西师范大学出版有限公司,2010 年版。

于水滨,于是复由岸上渐移至舟中,解维疾驶,速如激箭。陪饮者则仍与之对酌,频频劝酒而已。至四五里外旷野无人处,乃举纸人而掷之,铜钲乱鸣,拨棹即返。至家,则互相庆曰:"大落水鬼送去矣。"[89]

这故事颇为生动。无论实有其事抑或为好事者所虚构,都说驱鬼之巫以善意相待,在劝饮行乐、猜拳喧呼之间,依凭有关"纸人"这一魔法,便轻而易举地将鬼"送"了。

"白巫术"的以求自保、与人为善与"黑巫术"的攻击对方、与人以恶,说明两者的意志指向与目的是很不一样的。在中国古代"白巫术"盛行的年代,也有一些"黑巫术"横行于世间,有时便是以巫制巫,而终于是善者获胜、邪不压正。比方说,为人们所熟知的神魔小说《西游记》,唐僧携众弟子去西天取经,经历九九八十一难而终成正果。这里就有许多巫性的"斗法",实际是以巫制巫。神猴悟空对诸多妖魔鬼怪施法,一个筋斗十万八千里,随手拔下一把毫毛变出小猴无数,等等。又,虽被如来佛的魔法压在阴山底下凡五百年,却终于不死,一双火眼金睛识穿善变的妖孽而"三打白骨精"。过火焰山,居然"作法"钻进铁扇公主的肚子,又终于借得铁扇灭了泼天大火,以及驾驭神龟遂使师徒三人与白马安全渡过通天河,等等。凡此种种故事情节,让人读得如痴如醉,以为神异无比。

对于这一切,从巫学观察,也只是平常。一言以蔽之,《西游记》里的孙悟空等与妖魔斗法,没有一次是主动出击的,所施行的都是守势的"白巫术",从而"战胜"了那些主动攻击、加害、要"吃唐僧肉"的"黑巫术"。我们可以将《西游记》的巫例,看作是巫术在佛教文化中

---

89 《清稗类钞·方伎类·巫送大落水鬼》,见刘黎明《灰暗的想象——中国古代民间社会巫术信仰研究》上册,第508页,巴蜀书社,2014年版。

的遗存现象,有一种佛教以正祛邪、以善抗恶的慈悲精神。

刘黎明说,"黑巫术与非黑巫术(按:指白巫术)在'原理'方面并无差别",此言不差。"为了达到一种力量的平衡,许多黑巫术在设计出来的同时也伴随着破解方法。"并引敦煌文献第三八七四《观世音及世尊符印十二通及神咒》一则材料以资证明。[90]其破解之法,实为"白巫术"耳。可见,终于是恶不敌善、邪不压正。巫,坚信趋吉避凶是不易的真理,坚信世界与人自身的结局总是美善的,美善之境,成为其坚定的巫性信仰和道德哲学。

甲骨卜辞有"美"、"喜"等字,如"子美亡(按:无)蚩"[91]之美与"辛丑妇喜示四屯"[92]之喜等。从多部甲骨文著述中,笔者迄今尚未检出(或本无有)"苦"、"恶"诸字。这或可证明,中国人关于人生苦难、丑恶等的觉悟,是比较迟的。笔者检阅整部通行本《周易》的卦爻辞,也难以直接见到苦字与恶字,这实在并非偶然。卜筮强调趋吉避凶、转危为安,坚信人的处境即使不佳,也能否极泰来、安分随时、从容不迫,觉得一切苦厄、丑恶与危亡等,仅仅是世界、人生的暂时现象,而且可以通过卜筮来加以推断而解决的。由这种巫性的善,尔后开启了道德的善以及善的哲学与美学等。

---

90 刘黎明《灰暗的想象——中国古代民间社会巫术信仰研究》下册,第 722、723 页,巴蜀书社,2014 年版。按:《观世音及世尊符印十二通及神咒》:"若有恶人冤仇欺凌者,画此人形状,用细柴著火,诵咒念遍,取此形象,拍取一片,此中烧满八百遍,其恶人即因病。若解法,用乳蜜,著干柴同前八百遍即损。"原注:《敦煌宝藏》第 131 册,第 372 页。

91 董作宾《小屯·殷虚文字乙编》三四一五,科学出版社,1956 年版。见徐中舒主编《甲骨文字典》,第 416 页,四川辞书出版社,1989 年版。按:董作宾《殷虚文字乙编》分上、中、下三辑。该书上、中辑,由商务印书馆先后出版于 1948 年 10 月、1949 年 3 月;下辑,由台湾"中国科学研究院历史地理研究所"出版于 1953 年 12 月,(中国大陆)科学出版社出版于 1956 年 3 月。"乙编"相对于"甲编"而言,董作宾《殷虚文字甲编》,商务印书馆出版于 1948 年 4 月。

92 "南坊"二、一,参见徐中舒主编、常正光伍仕谦副主编《甲骨文字典》"喜"字条,第 513 页,四川辞书出版社,1989 年版。

　　中国原古巫术文化中并非绝然没有关于"忧患"的人文意识，不是没有遭遇与体会人生常在的压力、困难、痛苦与死灭，可是在巫术中，一则总以善良的心灵猜度与判断世事人生；二、虔信可以用巫的方式，足以改变人的生存处境；三、被巫术的"实用"目的所支配，有关的天、天命观等，纵然有所"形上"，实际却惟有落实在礼、仁之上，以为这才具有积极的意义而且被认同。《周易》乾卦九三爻辞说："君子终日乾乾，夕惕若厉，无咎。"《文言》对此发挥道："故乾乾因其时而惕，虽危无咎矣。"[93]中国原巫文化，自信而乐观地看待这一从来多事、不宁的世界及其人生，用《易传》的话来说，叫作"乐则行之，忧则违之"、"乐天知命故不忧"[94]。

93　《易传·文言》，朱熹《周易本义》，第47页，天津市古籍书店，怡府藏版影印本，1986年版。

94　《易传·文言》，朱熹《周易本义》，第46页；《易传·系辞上》，《周易本义》，第292页，天津市古籍书店，怡府藏版影印本，1986年版。

第七章 文化哲学：气的巫性美学研究

　　许多年前，笔者曾经将中国美学范畴史的文脉历程，看作是一个"气、道、象"所构成的动态三维的历史与人文结构并加以论析。这结构，由文化人类学意义上的"气"、文化哲学意义上的"道"与艺术审美意义上的"象"所构成。这三者，作为中国美学范畴史的本原范畴、主干范畴与基本范畴，各自构成了范畴群落而且相互渗透，共同构建起中国美学范畴史的历史与人文大厦。这一写在《中国美学范畴史》"导言"中的初浅之见，对于整个中国美学的知识与理论结构来说，是否能够成立，是值得重新检讨的。

　　大凡美学理论的体系或系统，由表现为语言文字符号系统的一系列概念、逻辑、推理与判断等思想与思维方式所构成，就符号系统及其所指而言，它是名词、术语、命题、概念、观念与范畴等的综合集成。在"气、道、象"这一动态三维结构中，以气为文化人类学的本原，以道为其文化哲学的主干，以象为审美艺术学的基本的框架中，作为原范畴的气，实际上对于道、象二者，具有基础性统驭的意义。就中国巫性美学来说，作为文化哲学意义的道与审美艺术学意义的象，实际上都是与"人类学意义"之气相联系的。无论气抑或道与象，在三者之间贯穿了一根红线，便主要是原于巫、属于巫又超于巫的文化哲学。

　　值得思考的是，由于原巫文化的发蒙较早，它伴随以神话和图腾，成为中国原古文化的基本而主导的一种文化形态。殷代的甲骨

占卜与周代的巫术易筮,是尤为兴盛的两大巫性文化类型,基本铸就
了自古以来中国民人的基本信仰、时代精神与巫史传统。这一巫史
传统作为古老东方强大的文化主潮,其"史"这一文化形态和现象,首
先重在以先秦原儒为代表的政教和伦理,尽管具有一定的哲学"超
越"因素,却没有、也不可能从原古巫术与神话、图腾等文化而走向宗
教。其后起的春秋战国以道家和儒家为代表的哲学,并不是西方那
样与宗教一起生起的。与宗教相系相成的所谓"宗教的哲学"与"哲
学的宗教",其实在中国先秦时期并未真正诞生[1],倒是主要地从巫
性、灵性与神话、图腾的神性等,引出了哲学的思性。

　　如黑格尔曾经评说的那样——中国没有哲学或文化哲学,这种
见解显然欠妥。在"气、道、象"元范畴的动态三维结构及其范畴群落
中,蕴含着"史的哲学",为中国式的美学或文化美学,奠定了形上的
思性及思性兼诗性的人文基因与范式。

第一节　气范畴生成及其美学范畴群落

　　汉语"范畴"本义,范,指模型,如古之陶范、铜范、钱范然。"埏

1　按:在东汉,道教的创立和流布,以先秦老子为教祖,以《老子》一书的哲学为道教教义
　的理论基础,以始于上古的原巫文化的种种信仰创造神仙谱系和方术,可以说是一个启
　蒙于先秦道家哲学、结合自古以来的原巫文化传统、又受到大致在两汉之际印度佛教文
　化东来影响的本土宗教。东汉顺帝年间(公元125—144),张陵在四川鹤鸣山,创"五斗
　米道"(此为道教原始),奉老子为教祖,以《老子》一书为经典;灵帝熹平元年(172),张
　角自称"大贤良师",奉"黄老道",持《太平经》布道,教化信众,以咒语、符水等巫术方
　式,为人治病与捉妖、驱鬼之类,以扩大影响;灵帝中平元年(184),张角组织道徒为"三
　十六方",利用民间道教的力量,聚众揭竿为黄巾起义,谶言"苍天已死,黄天当立",实际
　是以道教黄老为起事的旗帜,后张角病故,"黄巾"败亡;献帝初平二年(191),张鲁继而
　传道,在汉中自号"师君",述作《老子想尔注》。然后,从汉末三国、两晋到南北朝,葛洪
　的《抱朴子》进而阐发老子之学,为道教的发展奠定理论基础,道教上清派、灵宝派等相
　继建立,而终于是所谓"三清"神祇制度的确认和传承。有一点是一以贯之的,就是无论
　何时,道教始终不离于巫觋、方术。

埏以为器"[2]，"故陶人埏埴以为器"[3]。这也便是王充所说的"今夫陶冶者，初埏埴作器，必模范为形，故作之也"[4]。《礼记》所谓"范金，合土，以为台榭、宫室、牖户"[5]。范作动词，有规范、把握的意思。畴，田亩义，指经过耕耘、管理的土地，此即《说文》所谓"耕治之田也"。范畴，其本始意义指陶作、耕田的范型、规矩。

《洪范》说："箕子乃言曰：'我闻：在昔鲧湮洪水，汩陈其五行。帝乃震怒，不畀洪范九畴，彝伦攸斁。鲧则殛死，禹乃嗣兴，天乃锡（按：赐）禹洪范九畴，彝伦攸叙。'"[6]这里，并未合成"范畴"一词，仅指"洪范九畴"为天帝所赐的治理天下的根本大法。由此，范畴这一理念，开始进入人文领域。

范畴作为思想、思维趋于成熟或已经成熟的理性与知识形态，是人类理性思维的言辞表述，体现一定事物的本质属性及其内在联系。任何学科，一旦出现范畴与范畴群落，可能意味着这一学科的知识、理论规范与系统，正在或已经建构。范畴并非思性整体的理论系统，是有待于整体思性的凝聚、浓缩、节点与纽结，或者可以称为一定思想、思维的筋骨与血脉。尤其一些重要范畴，如古希腊的逻各斯、理式，海德格尔的存在，中国的气、太极、象以及先秦道家的道等，都可以因其超验或趋于超验的预设而成为哲学或文化哲学的本原本体范畴。范畴是一定的思想、思维及其理性的标志，它体现了一定历史、人文阶段的认识的自由。自在的自然界在未被主体把握之时，对人

2 《老子》第十章，魏源《老子本义》，上海书店影印本，第 8 页，《诸子集成》第三卷，1986年版。

3 《荀子·性恶篇第二十三》，王先谦《荀子集解》，上海书店影印本，第291页，《诸子集成》第二卷，1986年版。

4 《论衡·物势篇》，王充《论衡》，上海书店影印本，第 31 页，《诸子集成》，第七卷，1986年版。

5 《礼记·礼运第九》，杨天宇《礼记译注》上册，第 366 页，上海古籍出版社，1997 年版。

6 《尚书·周书·洪范》，孙星衍、陈沆《尚书今古文注疏》，中华书局，1986 年版。

而言是无序而混乱的。它一旦为主体所把握,则意味着与人照面的世界的意义向人生成。范畴是自在"黑暗"的世界被"照亮",它具有一定的洞明的思性品格。

中国巫性美学的本原性范畴,无疑是气。其实,气也是整个中国文化最重要的本原性范畴之一。

气是什么?张岱年先生曾经说:

> 气,是中国古代哲学中表示现代汉语中所谓物质存在的基本观念。气的原义指有别于液体、固体的流动而细微的存在;在古代思想发展的过程中,气亦指一切独立于人的意识之外的客观实在的现象。人和生物依靠呼吸而生存,于是古代人认为气是生命之源,而气本身并非生命。[7]

这无疑是从哲学角度释气。其要有五:气者,哲学之"基本观念";物质性"细微的存在";"独立于人的意识之外";"生命之源";"气本身并非生命"。

从哲学角度解读气的本义,是无可厚非的。问题在于如何从哲学诠释。所谓"气的原义指有别于液体、固体的流动而细微的存在",是把气看作物质性的一种"客观实在的现象",实际仅指实际存在之物。可见这里所解释的气,并非指形上性的哲学本原范畴。又称气是哲学的"基本观念"或者说基本范畴,自当不错。假定气是"人之意识之外的客观存在",也并无不可。然而,气作为哲学范畴一旦被假设,则不能不与意识形态相关,否则,就连这一假设本身也是不能成立的。又指出,"气是生命之源"而其"本身并非生命"也是对的。在笔

---

7 张岱年《中国古典哲学概念范畴要论》,第30页,中国社会科学出版社,1987年版。

者看来,关于气,如果不从文化人类学、进而从文化哲学或曰巫性哲学加以阐析,倘欲认知中国气范畴的人文真谛,可能是相当困难的。

气这一范畴,似乎类似于古希腊人所说的"空气",其实不是。气这个汉字的本来意义,是难以用英语来翻译的,它原本指一种神秘而超自然的"感应力"。假如勉强地给以英译,可权且译为:Field。

古希腊哲学如米利都学派与哲学家赫拉克利特等,曾经以具体之物如气(空气)、水、火之类作为世界本原。这在思维思想上,类似于古印度耆那教哲学以地、水、火、风、空为事物本原。比较而言,前者滞碍于原始朴素的"唯物",后者的人文思维与思想,因为同时提及空为本原,便显得有些趋于空灵而形上。古希腊柏拉图哲学所说的本原本体范畴,即"理式"(Idea,或曰理念,即前文所言"好的理型")、"逻各斯"等,是绝对形上的。处于理式与气、水、火之间的,是所谓"数"。亚里士多德《形而上学》曾经表述,毕达哥拉斯哲学所崇尚的数,指世界、事物的本性,万物都以数为范型。数的理念,与人的灵魂、命运观相系,有类于中国原古时代的气范畴。希罗多德说,"在埃及,人们相信地下世界的统治者是墨忒耳和狄奥尼索斯。此外,埃及人还是第一个认为人类的灵魂是不朽的。在肉体死去的时候,人的灵魂便进到当时正在出生的其他生物里面去,而在经过陆、海、空三界的一切生物之后,这灵魂便再一次投生到人体里面来。整个一次循环要在三千年中完成。"[8]由这一"地下世界"可知,古埃及哲人所持的文化、哲学见解,实际是所谓的"两个世界"说,其"灵魂"观念,显然与中国古代有别。

比较而言,中国原古文化的所谓气,与世界其他古文明所说的不一样。气是一个独特而很"中国"的范畴。李约瑟称其"宁肯不进行翻译",实在是明智之见。李约瑟称气"是一种感应力",可谓的论。

---

8 [希腊]希罗多德《历史》,第二卷,第123节,商务印书馆,1985年版。

又称"它可以是气体或水气",则大谬矣。

关于气（繁体为氣）的本义，许慎《说文》首先将气、氣分而释之。其一有云：

> 气，云气也，象形。凡气之属皆从气。

段玉裁注：

> 气氣古今字。自以气为云气。字乃又作餼，为廪氣字矣。气本云气。引申为凡气之称。[9]

许慎《说文解字·米部》释氣字之义又云：

> 氣，馈客之刍米也。从米气声。《春秋传》曰："齐人来氣诸侯。"
>
> 氣，或从食。

段玉裁注：

> 《聘礼》："杀曰饔，生曰餼。"餼有牛羊豕黍粱稻稷禾薪刍等。不言牛羊豕者，以其字从米也。言刍米不言禾者，举刍米可以该禾也。《经典》（按：唐陆德明《经典释文》）谓："生物曰餼"。《论语》："告朔之餼羊。"[10]

9　许慎撰、段玉裁《说文解字注》，第 20 页，上海古籍出版社，1981 年版。
10　许慎撰、段玉裁《说文解字注》七篇上·米部，第 333 页，上海古籍出版社，1981 年版。

许慎将气、氣二字分列,段氏指"气氣古今字"。实际上,氣字由气字衍化而成,气是氣的本字。由氣字进而以食字为左偏旁,为餼,是强调了人的生命之气与"食"尤为密切的意思。氣与餼,都是气的后起字。餼、氣的词根为气。餼、氣的本字全无"云气"之义。

何金松《汉字形义考源》说,甲骨文字气,写作三。"或释为数字三,或以为'川'之古文,至于省吾释为'气'(《甲骨文字诂林》第八〇页——原注),便成定论。"又称"气的本义是空气。空气充满于地球表面的大气层中。上下两长画表示天和地,中间一短画表示空气。空气存在于空中,三千年前的殷商居民已经发现。因为看不见,无形可象,不如云气有形可象,故在两长画中着一短画表示"[11]。这是采纳了于省吾的"气"说,不同意"气"为"数字三"与"'川'之古文"的说法,认为"气的本义"指"空气"。

所谓气,一指"云气",二指"数字三",三称气字是"川之古文",四、将其释为"空气",等等,其实都不是气字本义。至于气字与氣、餼二字的关系,是另一个问题。

甲骨卜辞有气字而无氣字,气,写作二[12]。卜辞有"贞佳我气有不若十二月"[13]之记。《甲骨文字典》说,气字,"象河床涸竭之形,二象河之两岸,加·于其中表示水流已尽。即汔之本字。《说文》:'汔,水涸也。'"[14]此是。

问题在于,又如何理解气即汔、"汔,水涸也"之义。如果将气仅

---

11 何金松《汉字形义考源》"释气",第18页,武汉出版社,1996年版。

12 董作宾《小屯·殷虚文字甲编》二一〇三,商务印书馆,1948年版。

13 明义士《殷虚卜辞》二三二二,上海别发洋行石印本,一册,1917年版。徐中舒主编《甲骨文字典》,第39页,四川辞书出版社,1989年版。

14 徐中舒主编、常正光伍仕谦副主编《甲骨文字典》,第38页,四川辞书出版社,1989年版。按:于省吾主编、姚孝遂按语编撰《甲骨文字诂林》(全四册)一书(中华书局,1996年版),未收录气字条目。

仅理解为知识意义上水的蒸发，则难以理解气的本义。

气在甲骨文里写作二，指原始初民文化心灵对河流始而流水滔滔、忽而干涸之自然现象的神秘体验，兼指在初民看来那种河水忽然干涸之神秘的自然状态。甲骨文"气"，是一个象形字，上下两横象河岸，两横中间一点，表示流水干涸之处。由于是神秘地看待这一自然现象，因而气这一范畴的理念中，一开始就蕴含着远古"万物有灵"的"灵"这一人文意识。

初民见河水忽而汹涌、忽而干涸的现象，想要探其真正的成因根由而不得，以智力的极其贫弱，又崇信"万物有灵"，于是虚拟、想象和坚信，这是因为超自然力即神灵所为的结果。这神灵，或者可以称为鬼神。鬼神、超自然以及与人的神秘感应，以汉文字来加以表示，就是气字及其本义。

甲骨卜辞气字的本义，显然与原巫文化相关。气，是关乎神灵、鬼神与神秘的"一种感应力"。这用法国列维-布留尔的话来说，叫作"神秘的互渗"。布留尔说：

> 原始人感到自己是被无穷无尽的、几乎永远看不见而且永远可怕的无形存在物包围着：这常常是一些死者的灵魂，是具有或多或少一定的个性的种种神灵。

> 没有哪座山岩、哪条道路、哪条河、哪座树林没有鬼。

布留尔又说：

> 在中国，按照古代的学说，"宇宙到处充满了无数的'神'和'鬼'"。

> "每一个存在物和每一个客体都因为或者具有'神'的精
> 神,或者具有'鬼'的精神,或者同时具有二者而使自己有
> 灵性。"[15]

鬼、神与灵的人文意识观念,在中国人心目中,可谓根深蒂固。直至如今,中国人一旦碰到不可理解的事,总会感叹一句,"这真是见鬼了",或者说"这事真神了",等等。因而,初民发明气这一汉字,用以表示对不可理解的自然现象的认知与感受,是我们今人所可以想象和理解的。气字所蕴含的词义、词性,是与吉凶意识联系在一起的,可称之为灵性、巫性。

略考气的字脉文脉,自卜辞出现气字,到西周末年(公元前780年),始有伯阳父释其为地震成因,又说"天地之气"分阴分阳:

> 周将亡矣!夫天地之气,不失其序。若过其序,民乱之也。阳伏而不能出,阴迫而不能烝,于是有地震。今三川实震,是阳失其所而镇阴也。阳失而在阴,川源必塞。源塞,国必亡。[16]

由这一论述可见,实际上,当时已将气分为阴气与阳气两种,二者对立互补、相反相成,这两种盲目而超自然的神力量,人力未可控制,而且影响国运、家事等等。但有一个办法,就是巫术,可以加以预测和管控。

《左传》有"声亦如味。一气、二体、三类、四物、五声、六律、七

---

15 [法]列维-布留尔《原始思维》,丁由译,第58、59页,商务印书馆,1981年版。

16 《国语·周语上》,邬国义、胡果文、李晓路《国语译注》,第21页,上海古籍出版社,1994年版。

音、八风、九歌,以相成也"¹⁷之记。这里所说的气,仅仅是声之相和的九大因素之一,并未从哲学论气。所谓"声",指安邦定国平天下的"声",便是《诗》"德音不瑕"的所谓"德音"而"成其政也"。无疑,这里还是将音、声之和看得很神秘的。音、声之和,预示、象征了天下太平,其中之气,居于"相成"的九大因素之首,无疑是富于巫性的。

《左传》又倡"六气"说:

> 天有六气,降生五味,发为五色,徵为五声,淫生六疾。六气曰阴、阳、风、雨、晦、明也。

> 则天之明,因地之性,生其六气,用其五行。¹⁸

六气指天的六大要素,试图用以解答天何以如此这一问题。而且,说五味、五色、五声、六疾的生成,都是决定于六气的。这显然已经趋向于哲思的提问与解答了。

然而所谓六气,都指具体物事。风、雨、晦(阴)、明(晴)自不必言。即使这里所谓阴、阳,其初也并非是一对哲学的对偶性范畴。

甲骨卜辞中,迄今未检出阴字。卜辞有阳字,写作昜¹⁹(易)。易

17 《左传·昭公二十年》,杨伯峻《春秋左传注》,中华书局,1981年版。
18 《左传·昭公元年》、《左传·昭公二十五年》,杨伯峻《春秋左传注》,中华书局,1981年版。
19 参见郭沫若主编、胡厚宣总编辑,中国社会科学院历史研究所《甲骨文合集》编辑工作组集体编纂《甲骨文合集》(一期)六四六○,中华书局,1978—1982年版。按:卜辞有"甲戌卜宾贞在易牧隻羌"(金祖同《殷契遗珠》七五八)之记。此"易",为地名,非阴阳之阳字。见徐中舒主编《甲骨文字典》,第1044页,四川辞书出版社,1989年版。卜辞又有"鬼方易,亡(按:无)咎"(董作宾《小屯 殷虚文字乙编》六六八四)之言。于省吾云,"甲骨文易字习见","'鬼方易'为旧所不解",实际"鬼方易的易字作动词用,是说鬼方飞扬而去,言其逃亡之速"(于省吾主编、姚孝遂按语编撰《甲骨文字诂林》,第二册,第1100页,中华书局,1996年版)。

是阳(陽)的本字。金文有阴字,《平阴币》作阥、《大阴币》作勄。金文阳,《农卣》作昜、《虢季子白盘》作陽。通行本《周易》本经有一阴字,中孚卦九二爻辞云:"鸣鹤在阴,其子和之。"《周易》本经无阳(昜)字。惟夬卦卦辞有"扬于王庭"之言。阳、扬为古今字,繁体皆从昜。1973年湖南长沙马王堆出土的《帛书周易》夬卦卦辞,写作"阳于王庭"。

卜辞昜字具有三种意义:一指太阳初升。《说文》:"阳,高明也。"通旸;二指地名,如金祖同《殷契遗珠》七五八"甲戌卜宾贞在昜牧隻(按:读 huo,获)羌"的昜;三作动词用,通扬字。《说文》:"昜,开也。从日、一、勿。一曰飞扬。"甚是。

六气说所谓"阴、阳",以阴与阳、阳与阴相对应,表示日照的向背。阳光未及者为阴,阳光照及处为阳。假定山脉东西走向,山与山之间为流水,则正如《说文》所说:山南阳、水北阴。阴阳,确实是一个古代风水术、风水学的概念。古时崇尚风水迷信,以为所谓阴、阳,有神秘之气存在并发挥神秘的作用。

要之,《左传》所说的"六气",虽然已经说到气,并且认此六类物事各自具有神秘之气,却没有能够将气假设为世界万物的本原本体。"六气"说的所谓阴阳,尚未真正进入哲学思想与思维层次。

在老庄时代之前,《诗经》曾经说到"阴阳",阴阳二字连用而且成为一个对偶性范畴。

> 笃公刘! 既溥既长,既景乃冈。相其阴阳,观其流泉。[20]

---

20 《诗·大雅·公刘》。按:陈子展《诗经直解》解读云:"老实忠厚的公刘! 他的土地已广已长(按:原为句号,改为逗号。下同),已用日圭(即日晷)测影(本字为景)定位就登上高冈(原为逗号)。勘察了那里的日照南北阴阳(原为句号),观看了那里流泉灌溉的方向(原为分号)。"(陈子展《诗经直解》(下),第 939 页,复旦大学出版社,1983年版。)

350

这里所谓阴阳,是一个巫学意义的风水学范畴而无疑。古时风水术但称"阴阳"、"地理"与"堪舆",等等。张岱年先生说:"'阴阳'本指物体日光的向背,向日为阳,背日为阴。《诗经》的《大雅·公刘》云:'既景乃冈,相其阴阳。'此乃阴阳二字本义。"[21]何为"本义"?指巫学意义的风水学之义,显然并非其他含义。

具有哲学意蕴的气这一概念,可以从所谓阴气、阳气之说见出,大致起于战国中后期,对此,学界尚有争论。

《易传》说:"潜龙勿用,阳气潜藏。"[22]阳气,指《周易》本经乾卦初九爻所蕴之气,处于潜藏状态。既然乾初九具有阳气,则等于在意识、理念与思维上,承认对应于阳气的坤卦阴气的存在,所谓"履霜坚冰,阴始凝也"[23]的阴,实指坤卦的阴气。阴、阳之气,在思维和思想属性上,属于巫学、巫性范畴。这范畴的对偶性,实际是由巫学开始步入哲学领域的。所以才有晚出于《易传·象辞》的《易传·系辞上》所谓"一阴一阳之谓道"[24]这一哲学命题的诞生。阴气、阳气的对立互补、互逆互顺、此消彼长、相互推助,是事物的本在,并且决定事物的性质和发展的走向。

《易传》首次提出"精气"即"气"[25]这一范畴。唐代易学家孔颖达曾说:

21　张岱年《中国古典哲学概念范畴要论》,第83页,中国社会科学出版社,1987年版。
22　通行本《易传·文言》,朱熹《周易本义》,第50页,天津市古籍书店,怡府藏版影印本,1986年版。
23　通行本《易传·象辞》,朱熹《周易本义》,第58页,天津市古籍书店,怡府藏版影印本,1986年版。按:《周易》坤卦初六爻辞为"履霜,坚冰至",故其象辞有"履霜坚冰"之言。
24　通行本《易传·系辞上》,朱熹《周易本义》,第293页,天津市古籍书店,怡府藏版影印本,1986年版。
25　按:在中国气学说史上,如前所述,先有气这一范畴,气字繁体为氣。此氣从米,且以氣解释人之生命本蕴,以为人之生气,有赖于饮食。故原先文本中的气范畴,演变为"精气"。时至东汉许慎《说文》,收录有气、氣、餼三字,此见前文。

中国巫性美学

　　"精气为物"者,谓阴阳精灵之气,氤氲积聚而为万物也。
"游魂为变"者,物既积聚,积则分散。将散之时,浮游精魂,去离
物形,而为改变。则生变为死,成变为败,或未死之间变为异
类也。[26]

　　"精气"是人的生命本蕴,或者称为"血气"[27],它是成就人的肉体
生命、精神以及万物的本原。由人及于万物,将万物视作人一般具有
生命,所以万物也从"精气"而生。人的肉身由生变死、自成而败,追
问其根因,是精气从聚到散的缘故,这是一个文化学也是哲学问题,
但首先是文化学问题。"游魂为变"与"鬼神"这种巫学言辞的表述,
开启了中国关于气的文化哲学,气确实沐浴在原巫文化及其传统的
灵光之中。难怪《易传》说,"阴阳不测之谓神"[28]。阴气阳气万变、恒
变而永不休竭,在古人看来,其神奇神妙而神秘,是不可以形诘问而
无以言语表述的。

　　　　天下万物,皆以阴阳或生或成(按:包括或死或毁等一切变
化),本其所有之理,不可测量之谓"神"也。[29]

　　以"不测"的"神"这一字眼,对哲学之气这一范畴来加以言述,
其哲学,依然带有原巫文化的胎记。《庄子》称言六经主题有云:

26　王弼、韩康伯注、孔颖达疏《周易正义》,阮刻十三经注疏本,中华书局,1980 年版。

27　按:《论语·季氏第十六》说:"孔子曰:'君子有三戒。少之时,血气未定,戒之在色;及
其壮也,血气方刚,戒之在斗;及其老也,血气既衰,戒之在得。'"刘宝楠《论语正义》卷
十九,第 359 页,《诸子集成》第一册,1986 年版。

28　《易传·系辞上》,朱熹《周易本义》,第 295 页,天津市古籍书店,怡府藏版影印本,1986
年版。

29　王弼、韩康伯注、孔颖达疏《周易正义》,阮刻十三经注疏本,中华书局,1980 年版。

　　《诗》以道志，《书》以道事，《礼》以道行，《乐》以道和，《易》
以道阴阳，《春秋》以道名分。[30]

　　"《易》以道阴阳"这一命题的所谓"阴阳"，指阴气阳气，本属巫
性。《庄子·天下》此言，是从哲学角度论说和概括易理的精魂，应当
说是相当准确的。不过，它没有显示阴阳易理原本于巫这一点。在
笔者看来，研究阴阳易理的文化哲学，如果不去追寻这一哲学的思维
和思想本原于巫，是知其流而不知其源。

　　"《易》以道阴阳"，可能是《庄子·天下篇》里的言述，学界一般
有一个共识，"天下篇"为庄子后学所撰。这不等于说，《庄子》全书
没有论说巫性的"阴阳"。一般认为《庄子》内篇为庄周本人所写，在
内篇中，在庄子论说与描述其哲学思想的同时，也保留了一些有关道
的哲学源自原巫文化的证据。

　　据属于《庄子》内篇之一的《大宗师》记述，子舆患病，子祀去探
望。子舆说，道作为造物者真是伟大，将我造成了一个驼背者。"曲
偻发背"，"颐隐于齐（按：脐），肩高于顶，句（佝）赘指天"，这是"阴
阳之气有沴"，而"其心闲而无事"[31]。这里所说的"阴阳之气"，指造
人的原始。因为"阴阳之气"失调，才天生一个驼背的人，便是所谓
"知天之所为者，天而生也。"[32]《庄子》又说，"父母于子，东南西北，唯

30　《庄子·杂篇·天下第三十三》，王先谦《庄子集解》卷八，第216页，《诸子集成》第三
　　卷，1986年版。按：这一论述，有学者如马叙伦等，疑为《庄子》注言而非《庄子》原文。
　　陈鼓应《庄子今注今译》一书，未予采录（见该书"天下"篇部分，第852—907页，中华书
　　局，1983年版）。

31　《庄子·内篇·大宗师第六》，王先谦《庄子集解》卷二，上海书店影印本，第42、43页，
　　《诸子集成》第三卷，1986年版。

32　《庄子·内篇·大宗师第六》，王先谦《庄子集解》卷二，上海书店影印本，第37页，《诸子
　　集成》第三卷，1986年版。按王先谦解释，所谓"天生"，"凡物皆自然而生，当顺其自然。"
　　（该书，同上）这是可待商榷的。本来是要解释庄子哲学意义的"道"即"自然"所谓"天
　　生"的本因是什么，却不料以"道"（自然）来解释"天生"，这是同义反复、循环论证。

命之从。阴阳于人，不翅（按：同啻）于父母。"[33]意思是天生的阴阳之气，无异于人的父母，气是天生而前定的，所以称"唯命之从"，在此，已经有一定的巫性意义在。庄子所谓"阴阳之气"的道，说的是哲学，但也不忽略、否认哲学之道的巫性根源。在"气"成长为哲学本原范畴之前许多个世纪，它早已成为原巫文化与神话、图腾的重要人文意识之一。

> 回曰："敢问心斋？"仲尼曰："一若志，无听之以耳而听之以心，无听之以心而听之以气！耳止于听，心止于符，气也者，虚而待物者也。"[34]

这一有关"心斋"的论述，假托孔子之言，提出哲学意义的"气"范畴，实指"道"。陈鼓应先生的翻译是，"孔子说：'你心志专一，不用耳去听，而用心去体会；不用心去体会而用气去感应。耳的作用止于聆听外物，心的作用止于感应现象。气乃是空明而能容纳外物的。'"[35]以"空明"释"气"即"道"之"虚"，实际是以佛教的空这一概念，来解释道家所说的无。陈鼓应说，"气：在这里'气'当指心灵活动到达积纯精的境地。换言之，'气'即是高度修养境界的空灵明觉之心。所以说：'气也者，虚而待物者也'。"[36]以类于明王阳明所说的气，来解读先秦庄子所谓气，由于先秦之时印度佛教尚未东渐，总让人觉得有些不妥。实际上，首先以巫性之气，来解读哲学之气，才是

33　《庄子·内篇·大宗师第六》，王先谦《庄子集解》卷二，上海书店影印本，第43页，《诸子集成》第三卷，1986年版。

34　《庄子·内篇·人间世第四》，王先谦《庄子集解》卷一，上海书店影印本，第23页，《诸子集成》第三卷，1986年版。

35　陈鼓应《庄子今注今译》，第121页，中华书局，1983年版。

36　陈鼓应《庄子今注今译》，第117—118页，中华书局，1983年版。

顺理成章的。"耳止于听,心止于符,气也者,虚而待物者也",这是说的哲学之道,但同时也隐然地指巫性之气,否者,庄子为什么要把气说得如此玄虚而不可捉摸呢?是的,"耳止于听,心止于符",而"气也者,虚而待物者也"。只有巫性之气,才能如此。这正是初民曾经体会过的巫、巫性及其境界。因为哲学之道(气)本原于巫性之"道"(气),才有老庄对于哲学之道这样那样玄虚的说法。

有一问题值得注意。

在《庄子》之前,通行本《老子》有云:"道生一,一生二,二生三,三生万物。万物负阴而抱阳,冲气以为和。"[37]考"冲气"之说,应早于庄周的气论。这值得做进一步阐述,以图尽可能厘清是非。

据考,老子者老聃也,生于公元前 576 年前后,为"周守藏室之史",约与孔子同为春秋末期的人而稍长于孔。假如通行本《老子》的作者确为老聃,则"冲气"之言,应成于《庄子》之前[38]。《老子》一书,迄今有三大版本。其一、帛书本《老子》,分甲、乙本,1973 年发掘于湖南长沙马王堆汉墓;其二、楚简《老子》,1993 年出土于湖北荆门四方乡郭店村;其三、通行本即今本《老子》,由唐玄宗钦定,传世最久、影响最大。

通行本《老子》,实际上是战国中期太史儋在古本《老子》基础上所编纂而成的。"简本(按:指楚竹书本)《老子》出自老聃,今本出自太史儋"[39]。考太史儋时代,据《史记·秦本纪》"十一年,周太史儋见

---

37 《老子》第三十六章,魏源《老子本义》下篇,上海书店影印本,第 35 页,《诸子集成》第三卷,1986 年版。按:此所谓"冲气"义,循前文"负阴而抱阳"而来。"冲气"者,阴阳之气相"和",即"负阴而抱阳"。"冲气"即"和气"。

38 据考,庄周(约公元前 369—前 286),战国蒙(今河南商丘东北)人,曾为蒙地"漆园吏"。

39 参见郭沂《楚简老子与老子公案》,载《中国哲学》第二十辑,第 136 页;李泽厚《初读郭店竹简印象记要》,姜广辉《郭店楚简与早期道家》,《中国哲学》第二十一辑,第 8、227—228 页,辽宁教育出版社,2000 年版。

献公"的记载可知,这位编纂通行本《老子》的太史儋与秦献公同时。献公十一年,即公元前374年,处于战国中期,离老聃所处的春秋末期约二百年时间。

故通行本《老子》"万物负阴而抱阳"的"冲气"说,稍早于庄子。

考楚简《老子》,为古本《老子》抄本。其文字篇幅,不及通行本的五分之二。通行本一些关于道之玄虚、形上性的论述,如"冲气"等言说,本为楚简《老子》所无,可以看作太史儋所添加。

在漫长的历史及其人文陶冶中,气这一范畴,因其本原本体的属性[40],便逐渐构成了以气为中心的审美范畴群落。

在中国美学史上,自先秦至清末,气是一个尤为活跃而影响深巨的文化哲学与美学范畴。有关论述之多、其意义之丰富与深邃,是难以一一述说的。

气但称元气。"元者,气也。无形以始,有形以分,造起天地,天地之始也。"[41]在哲学上,气是天地万物的本根。"惛然若亡而存,油然不形而神,万物畜而不知,此之谓本根,可以观于天矣。"[42]此是。

气又称精气。《易传》说:"原始反终,故知死生之说。精气为物,游魂为变,是故知鬼神之情状。"[43]正如前述,这一哲学表述,依然不乏巫风鬼气之色彩。

庄子妻死,惠子往吊,见庄生"鼓盆而歌",觉得太过分了。庄子因此大发议论:"察其始而本无生。非徒无生也,而本无形。非徒无

---

40 张岱年《中国哲学大纲》:"宇宙中之最究竟者,古代哲学中谓之为'本根'。"(该书第6页,中国社会科学出版社,1982年版)。

41 何休《春秋公羊传解诂·隐公元年》,上海古籍出版社,2014年版。

42 《庄子·外篇·知北游第二十二》,王先谦《庄子集解》卷六,第138页,上海书店影印本,《诸子集成》第三卷,1986年版。

43 《易传·系辞上》,《周易本义》,第291—292页,天津市古籍书店,怡府藏版影印本,1986年版。

形也,而本无气。杂乎芒芴[44]之间,变而有气,气变而有形,形变而有生,今又变而之死,是相与为春秋冬夏四时行也。"[45]人的由生到死,是一个从无到有再到无好比"四时行"一般的自然过程。气,本来如此,本自存有,否则为什么说气是万物的本根? 但这是从哲学上说气。气原本属巫。巫性之气无关于人的肉体的生死,气无所谓生死。所谓生前"无气",指气尚未与人的肉身(形)相结合,并非指气本来无还是有;所谓"有气",指人肉身的聚气状态,则为"有";所谓"今又变而为死",指散气状态即人肉身的死而不是指气的死。气无所谓生或死。气如果会死去,则在原巫文化中何以能够有巫的感应、巫的"灵验"? 在哲学中,又怎么能够成为事物的本根? 这种情况,好比是天气"四时行",它仅仅改变其形态而不会改变其"行"的。庄子所谓"通天下一气耳"这一哲学、美学命题,指明不仅人的肉体生死本在于气,而且万物的成毁与荣枯,人生的顺逆与人事的进退,等等,都是气的不竭不尽的演替过程。在庄子建构"通天下一气耳"这一哲学命题之前,中国原巫文化,早已在意识理念上,将巫性之气看作弥漫于"天下"的。

战国末年荀子说:"水火有气而无生,草木有生而无知,禽兽有知而无义。人有气有生有知亦且有义,故最为天下贵也。"[46]这是说气之哲学的普适性,兼明人的生、知与义三项,指出人因为基于气的这种存有形态,所以最为"天下贵"。

---

44 芒芴,依褚伯秀《义海纂微》,读同"恍惚"。参见陈鼓应《庄子今注今译》,第451页,中华书局,1983年版。

45 《庄子·外篇·至乐第十八》,王先谦《庄子集解》卷五,第110页,上海书店影印本,第110页,《诸子集成》第三卷,1986年版。

46 《荀子·王制篇第九》,王先谦《荀子集解》卷五,第104页,上海书店影印本,《诸子集成》第二卷,1986年版。

在荀子前,《性自命出》有"喜怒哀悲之气,性也"[47]之说。在哲学上,这是将气范畴心灵化了。孟子说:"夫志,气之帅也。气,体之充也。"[48]由于强调仁义道德,以"志"(情志)为"气之帅",实际是颠倒了气与志的主从关系。气是生命的原在,是先于道德情志的。孟子又推崇道德人格的"浩然之气"。

> "敢问何谓浩然之气?"曰:"难言也。其为气也,至大(按:读 tai,太之本字,原本、原始、根本义)至刚,以直养而无害,则塞于天地之间。"[49]

"浩然之气"的所谓气,指人格的本原本根。它"塞于天地之间",这是《庄子》"通天下一气耳"的孟子版。孟轲的这句话,专注于道德伦理的哲学解读,其思维局限于道德,其格局稍逊于庄生。荀子曾经批评"庄子蔽于天而不知人"[50],看来有些绝对。实际上,荀卿因过于"蔽"于"人"的道德,倒是有些"不知"天了。然而关于先秦的气论,荀子基本上尚未从哲学本原本体的立场后退,他所说的气"至大至刚"、"塞于天地之间"等等,仅仅偏重于将气视为人格的"浩然之气"而已。

先秦关于气的哲学,为后世中国美学有关气范畴群落的建构,奠定了基础。气首先作为文化人类学意义的元范畴,与历史上的诸多

---

47 《性自命出》,《郭店楚墓竹简》,文物出版社,1998年版。

48 《孟子·公孙丑章句上》,焦循《孟子正义》卷三,第115—116页,上海书店影印本,《诸子集成》第三卷,1986年版。

49 《孟子·公孙丑章句上》,焦循《孟子正义》卷三,第118页,上海书店影印本,《诸子集成》第三卷,1986年版。

50 《荀子·解蔽篇第二十一》,王先谦《荀子集解》卷十五,第262页,上海书店影印本,《诸子集成》第二卷,1986年版。

哲学、美学命题和范畴,具有文脉联系。比如太极、阴阳、生死、中和、形神、意象以及刚柔、虚实与动静等,没有一个不与"气"有着直接、间接的深层联系,它们或是与"气"对摄并列,或是"气"的派生范畴。太极为一片淳和未分之气;阴阳是气的既对立又互补的属性;生死者,气之聚散也;中和是气的溶合浑一;形神的根元是气,形乃气之外在表现,神则气之精神升华;意象的底蕴又无疑是气,因为意象作为一个动态性的审美境界,必有灌注生气于其间,又是气之溶和流溢与气之充沛的缘故;而阳气性质刚健,阴气性质柔顺;阳气者动,阴气者静。

仅仅以其中的"形神"一说为例,形神是中国美学、艺术学的一大审美范畴,在学界可谓尽人皆知。可是以前大凡所论,比较多见的,是从形与神的对偶对应关系着眼,应该说大致上并无什么不妥。可是,正如讨论中国古代的风水理论那样,论说形神问题,要是无视形神的本蕴是气,那么,就可能难以扪摸形神问题的真义。[51]其实早在汉初《淮南子》一书中,已有关于形、神、气的完整论述:

> 故形者生之舍也,气者生之充也,神者生之制也。一失位则三者伤矣。是故圣人使人各处其位,守其职而不得相干也。故夫形者,非其所安也而处之,则废。气不当其所充而用之,则泄。神非其所宜而行之,则昧。此三者,不可不慎守也。[52]

51　旧题晋郭璞《葬书》对于"风水"下了一个定义:"经曰:'气乘风则散,界水则止。古人聚之使不散,行之使有止,故谓之风水。风水之法,得水为上,藏风次之。'"这里,我们可以对其中说到的风与水、聚与散、行与止、得水与藏风等四对矛盾进行研究,然而,要是不从"气"这一根本着手,就不能真正理解中国风水学、风水术的人文底蕴。其实,关于形神问题的研究也是如此,气是形神的本原。

52　《淮南子·原道训》,高诱《淮南子注》卷一,第17页,上海书店影印本,《诸子集成》第七卷,1986年版。

形、神、气三者,统一于生。人的肉身(形)、内在精神(神)与人的生命底蕴(气)这三者,不可缺一不可其位失置。它们彼此相系,是人生及其艺术美的三个层次、三个境界。人的外在形象或者艺术形式的美,是气的完满的物化或物态化;人的内在精神气质、气度与气韵,是作为精神底蕴的气的心灵升华;气,则是外在形体、形象与内在精神这二美的不二根元[53]。

这不影响我们得出气作为中国美学史的第一范畴这一学术结论。气在原古巫术与神话、图腾文化中,本来指鬼气指神灵,实际是指所谓鬼魂、精灵的根因根性。正因如此,才在先秦的文化"祛魅"之后,得以能够转嬗、升华为哲学、美学的本原、本体。

气作为美学意义的诗学范畴,始于三国魏曹丕《典论》。"文以气为主。气之清浊有体,不可力强而致。譬如音乐,曲度虽均,节奏同检,至于引气不齐,巧拙有素,虽在父兄,不能以移子弟。""文以气为主",是曹丕对于中国古代文论、美学的一大理论贡献。曹丕曾以气这一范畴、标准,品评艺术文学的作品与作者。称"徐干时有齐气,然粲之匹也。如粲之《初征》《登楼》《槐赋》《征思》,干之《玄猿》《漏卮》《圆扇》《橘赋》,虽张、蔡不过也"、"应玚和而不壮,刘桢壮而不密。孔融体气高妙,有过人者"[54],等等。又说,"孔璋章表殊健,微为繁富。公干有逸气,但未遒耳。其五言诗之善者,妙绝时人"[55]。这里所说的气,主要用以衡量诗人、诗文的才性、才具、风调、品格与

53 当然,《淮南子》一书,未能彻底持"形神气"三维说,在此外,又持"形神气志"四维之见。"形神气志,以随天地之所为"(《淮南子·原道训》)。将道德意义的"志",作为与"形神气"并列之一元,显然受先秦孟子"夫志,气之帅也"之影响而无疑。
54 曹丕《典论·论文》,夏传才·唐绍忠《曹丕集校注》,中州古籍出版社,1992年版。
55 曹丕《与吴质书》,夏传才·唐绍忠《曹丕集校注》,中州古籍出版社,1992年版。按:《三国志·魏志·吴质传》注引《魏略》:"(按:建安)二十三年(公元218年),太子(曹丕)又与吴质书。"

底蕴。

以气为主的中国美学范畴群落，是一个庞巨、华丽而底蕴淳厚的"家族"，彼此有着亲缘的文脉联系。气象、气味、气韵、气骨、气势、气力、气格、气性、气度、气理、气体、气调、气化、气原、气田、气秉、元气、精气、神气、清气、逸气、浊气、正气、风气、文气、心气、灵气、生气、静气、阴气、阳气、志气、体气、怒气、愤气、粹灵之气、浩然之气、阳刚之气与阴柔之气，等等，这里无以一一言述，真可谓妙处难与君说。其各个侧面、各个层次，洋溢着中国诗性文化及其文化哲学、美学生命的美与意境。

这里择其要者，略为言述。

气象。象含气、气蕴象之谓，气内在而象显现于外。自然美、艺术美生气勃郁，所谓大象雄伟者，谓之有气象。"仆闻古往今来，理运之常数；春荣秋落，气象之定期。"[56]这是指由"常数"即恒常的巫性命数所注定的那种神秘的自然现象。剔除其天命"理运"的观念，则自然、人生及其艺术气象，可大气磅礴，可英气逼人，可清气洋溢；也可以秽气弥漫、妖气乖戾与浊气沉滓，等等。在审美上，是诉求不一而气象万千的。汉代刘向云："雅颂之声动人而正气应之，粗厉猛贲之声动人而怒气应之，郑卫之声动人而淫气应之。"[57]此是。审美气象，是一种心气、心象向往美善、祛避丑恶的境界。

气象。犹言意象，这是因为意象蕴含生气的缘故。古人说："书不尽言，言不尽意。"意者，无限广阔而深邃的人的心灵时空，如何能得穷尽？又说，"圣人立象以尽意"[58]。象的神妙表述功能，在于超越

---

56 《梁书·徐勉传·答客喻》，姚思廉《梁书》，中华书局，1973 年版。

57 刘向《说苑·修文》，北京大学出版社，2009 年版。

58 《易传·系辞上》，朱熹《周易本义》，第 317 页，天津市古籍书店，怡府藏版影印本，1986年版。

于书、言二者。意、象同构对应，其表情达意，为尽之未尽、未尽之尽。假定意象无气，则无所谓气象、意象。气象的根因、根性在于气。唐李世民论书艺笔法，称夫欲书之时，当收视反听，绝虑凝神。心正气和，则契于玄妙。心神不正，字则欹斜。志气不和，书必颠覆。收视反听的反，即返，回归义。什么是反听？这原于庄子之言：即所谓"心斋"，"一若志，无听之以耳而听之以心，无听之以心而听之以气"。这是前文曾经引述过的。所谓反听，指心志回归于气。所谓绝虑凝神，杜绝俗念、杂念而意守于虚静之境，即庄生所说的静虚之气。古人所谓气象、意象之美的境界，以道家所悟为高格。张怀瓘《书断》论书之美，称"意与灵通"，实指意与气通。灵字，繁体写作靈，从靁从巫。可见，书艺等艺术美所常用的范畴"灵气"及其衍生范畴"气象"云云，其意识、思维之根，原于巫灵文化。

气味。古时有"五味"与"淡味"、"无味"、"真味"、"风味"、"余味"等说，气味是其统称。"气之五味，发为五色，章为五声"[59]，"辨于味而后可以言诗也"、"倘复以全美为工，即知味外之旨矣"[60]。"气者，气味也。韵者，态度风姿也。"[61]气味者，诗美品格与情感倾向，或者是品诗所获得的主观审美感受。《红楼梦》第四十八回写香菱从黛玉学诗。香菱说："我只爱陆放翁的诗'重帘不卷留香久，古砚微凹聚墨多'，说得真有趣！"所谓"有趣"云云，指诗的气味气韵，指审美的味蕴境界。黛玉却说"断不可学这样的诗"，惟嫌其气味不足。黛玉所批评的这两句诗，见于陆游《书室明暖终日婆娑其间倦则扶杖至小园喜作长句》一诗。《红楼梦》第一回说："满纸荒唐言，一把心酸泪。

59 《左传·昭公二十五年》，杨伯峻《春秋左传注》，中华书局，1981年版。
60 司空图《与李生论诗书》，《司空表圣文集》，蜀刻本唐人集丛刊，上海古籍出版社，1994年版。
61 方东树《昭昧詹言》卷一，人民文学出版社，1961年版。

都云作者痴,谁解其中味?"这便是"红楼"所说的一种意蕴气味。气味之味,属于与味觉通感性相关的一种审美。

气韵。韵原指音声的谐和。有组织结构、有节奏音律、有谐和底蕴的乐音,称为有音韵之美。韵之含气,气之有韵,指生气灌注、沛然天成。气韵,生命及其艺术的至健至美境界。气韵作为中国美学的一大范畴,在历代艺术审美中,尤具葱郁而深邃的生命之力。

谢赫《古画品录》始论画之"六法"有云:

> 六法者何?一、气韵,生动是也;二、骨法,用笔是也;三、应物,象形是也;四、随类,赋彩是也;五、经营,位置是也;六、传移,模写是也。[62]

"气韵,生动是也",这是画艺也是整个艺术美学的重大命题,是包括画家在内的历代艺术家所看重、所阐释与发挥尤多的一个美学思想。

> 昔谢赫云:画有六法,一曰:气韵,生动是也……古之画,或遗其形似而尚其骨气,以形似之外求其画,此难与俗人道也。今之画,纵得形似,而气韵不生。以气韵求其画,则形似在其间矣。上古之画,迹简意淡而雅正,顾陆之流是也。中古之画,细密精致而臻丽,展郑之流是也。近代之画,焕烂而求备。今人之画,错乱而无旨,众工之迹是也。夫象物必在于形似,形似须全其骨气。[63]

---

62 齐谢赫《古画品录》,沈子丞编《历代论画名著汇编》,第17页,文物出版社,1982年版。

63 张彦远《论画·论画六法》,沈子丞编《历代论画名著汇编》,第36页,文物出版社,1982年版。

气韵与形似并非一定背悖,其要在于"遗其形似而尚其骨气,以形似之外求其画"。倘然没有骨气,则气韵顿失而惟余惰气、昏气而已。

> 故积惰气而强之者,其迹软懦而不决,此不注精之病也;积昏气而汩之者,其状黯猥而不爽,此神不与俱成之弊也。[64]

宋代韩纯全说:

> 凡用笔,先求气韵。次采体要,然后精思。若形势未备,便用巧密精思,必失其气韵也。以气韵求其画,则形似自得于其间矣。[65]

艺术作品所塑造的形象、意象,以生气灌注、诗性与思性高度融合者为富于气韵。元代杨维桢说:"传神者,气韵生动是也。"[66]明唐志契说:

> 气运生动与烟润不同。世人妄指烟润遂谓生动,何相谬之甚也。盖气者,有笔气,有墨气,有色气,俱谓之气。而又有气势,有气力,有气机。此间即谓之运。[67]

---

64 郭熙《林泉高致》,沈子丞编《历代论画名著汇编》,第66页,文物出版社,1982年版。

65 韩纯全《山水纯全集·论用笔墨格法气韵病》,沈子丞编《历代论画名著汇编》,第142—143页,文物出版社,1982年版。

66 杨维桢《图绘宝鉴·序》,夏文彦《图绘宝鉴·附补遗》,清刻本,商务印书馆,1937年版。

67 唐志契《志契论画·论气韵生动》,沈子丞编《历代论画名著汇编》,第220页,文物出版社,1982年版。

"气运生动"的,便是有气韵。运,这里指生气的流动与充沛。明代著名文人画家董其昌说:

> 画家六法。一曰气韵生动。气韵不可学,此生而知之,自然天授。然亦有学得处,读万卷书,行万里路,胸中脱去尘浊。自然丘壑内营,成立鄞鄂,随手写出,皆为山水传神。[68]

清代唐岱论山水,依然不离气韵之说:

> 画山水贵乎气韵。气韵者,非云烟雾霭也。是天地间之真气。凡物无气不生。山气从石内发出,以晴朗时望山,其苍茫润泽之气腾腾欲动。故画山水以气韵为先也。……六法中,原以气韵为先。然有气则有韵,无气则呆板矣。气韵由笔墨而生。或取圆润而雄壮者,或取顺快而流畅者,用笔不痴不弱,是得笔之气也。墨要浓淡相宜,干湿得当,不滞不枯,使石上苍润之气欲吐,是得墨之气也。不知此法,淡雅则枯涩,老健则重浊,细巧则怯弱矣。[69]

唐人尚气,宋人尚韵。无论宋唐,其实都是重视气韵的,无非各有偏至而已。有气而无韵,韵之未成;无气而求韵,无气韵可言。气韵的极致,谓之神韵。从气韵到神韵,都重在于气。而气的人文原型,实际是巫性神灵(鬼神)。《礼记》曰,"明则有礼乐,幽则有鬼神","是故情深而文明,气盛而化神。和顺积中,而英华外发",所谓逆气一旦成象,便兴淫乐,非正声感人,顺气而应。顺气者成象,盖和

68　董其昌《画禅室随笔》,沈子丞编《历代论画名著汇编》,第249页,文物出版社,1982年版。
69　唐岱《绘事发微·气韵》,沈子丞《历代论画名著汇编》,第419页,文物出版社,1982年版。

乐也。"文侯曰：'敢问溺音何从出也？'子夏对曰：'郑音好滥淫志，宋音燕女溺志，卫音趋数烦志，齐音敖辟乔志。此四者，皆淫于色而害于德，是以祭祀弗用也。'"[70]这是指原始的气韵。今人以为，说气韵、神韵时以"鬼神"名之，是以"鬼神"描述、修饰气韵的神妙。其实在原古时代，气韵本身就是指神灵、神巫的人文属性。《易传》说"阴阳不测之谓神"便是这个意思。《礼记》称"礼乐"、"气韵"二者是"明"与"幽"的关系，明为幽之显；幽为明之隐。明幽、显隐一体。所谓幽隐，指气韵。气韵，本自神灵、神巫，它首先是巫性的。神灵、神巫，有气的正邪、顺逆与盛衰之别，其所志的气是不一样的。邪、逆、衰之气一旦成象，便成为淫滥的"溺音"。

气骨。南朝梁刘勰论及文之风骨有云：

> 故辞之待骨，如体之树骸；情之含风，犹形之包气。结言端直，则文骨成焉；意气骏爽，则文风清焉。若丰藻克赡，风骨不飞，则振采失鲜，负声无力。是以缀虑裁篇，务盈守气。刚健既实，辉光乃新。其为文用，譬征鸟之使翼也。故炼于骨者，析辞必精；深乎风者，述情必显。捶字坚而难移，结响凝而不滞。此风骨之力也。[71]

所论的确指风与骨的内在联系，然而这两者的底蕴，全赖于气。《文心》"风骨"篇云："故魏文称'文以气为主'。气之清浊有体，不可力强而致。故其论孔融，则云体气高妙；论徐干，则云时有齐气；论刘

70　《礼记·乐记第十九》，杨天宇《礼记译注》下册，第636、650、660页，上海古籍出版社，1997年版。

71　刘勰《文心雕龙·风骨第二十八》，范文澜《文心雕龙注》下册，第513页，人民文学出版社，1958年版。

桢，则云有逸气。公干亦云，孔氏卓卓，信含异气。笔墨之性，殆不可胜。并重气之旨也。"[72]这是说得很到位的。

唐代殷璠说："言气骨则建安为传。"[73]气骨义近风骨。学人所谓魏晋风度，首先指其有气骨存矣。魏晋风度者，人格之魅也。审容神、任放达、重才智、尚思辨是矣。作为士人人格的魏晋风度，是一种特殊的人品气度，以风骨气骨傲世。倘然没有气骨，人则可能变得油腔滑调、玩世不恭，或者精神萎靡不振，人格随波逐流。人格决定文格。"结言端直，则文骨成焉；意气骏爽，则文风清焉。若丰藻克赡，风骨不飞，则振采失鲜，负声无力。"回想汉末三国之时，张既《表毋丘兴》，有"志气忠烈，临难不顾"。又称徐邈"才博气猛"[74]。三国魏曹植《前录·序》有云，故君子之作也，俨乎若高山，勃乎若浮云，质素也如秋蓬，摛藻也如春葩，泛乎洋洋而与雅颂争乎可也。余少而好赋，其所尚也，雅好慷慨。慷慨悲歌，气骨浩然之谓，有"风萧萧兮易水寒，壮士一去兮不复还"之概。刘勰论文章风骨，兼顾风、骨二维，与人格相系，重在于气而突出于骨，便是气骨、风骨。

气势。原于古时候的中国风水学风水术。气者，生命的本原与底蕴；势字从执从力，本义指雄性生殖之力。古代风水学风水术之一，以应在《周易》后天八卦方位、处于西北乾位的山脉为龙脉的原点，龙脉从西北向北蜿蜒而来，山势高峻、雄伟而葱茏。《易传》说，乾为父为龙为阳为刚，所以应在后天八卦方位西北乾位的山，在风水理论中，称为太祖山。从西北向北奔腾而来的山势，构成了正向的龙脉（在风水理论中，龙脉有多种，以起自西北乾卦方位的为正脉），依次

72 刘勰《文心雕龙·风骨第二十八》，范文澜《文心雕龙注》下册，第513—514页，人民文学出版社，1958年版。

73 殷璠《河岳英灵集·集论》，中华书局上海编辑所，1958年版。

74 陈寿《三国志·魏书·徐邈传》，裴松之注，中华书局，1979年版。

是太祖山、少祖山、祖山，最后是正北的主山。这是建造在山南的城市、乡村以及民居、宫殿、寺庙、陵墓或园林建筑等的靠山。龙脉就是所谓"形势"。"千尺为势，百尺为形。"[75]这便是远观为势，近看为形。势，就是对于山水的远观效果，一种磅礴的气势。气势者，龙脉的山势葱茏高峻，英气勃郁，生机盎然，自西北奔涌而至。

风水学风水术中有关形势即气势的思想，在艺术美学中有广泛深刻的借鉴和运用。汉代蔡邕有书法"九势"说："夫书肇于自然。自然既立，阴阳生矣。阴阳既生，形势出矣。藏头护尾，力在其中。下笔用力，肌肤之丽。故曰：'势来不可止，势去不可遏。惟笔软则奇怪生焉'。"[76]南朝梁刘勰《文心雕龙》有"定势"篇，唐王昌龄有"十七势"说，皎然《诗式》有"明势"之言。《文镜秘府论》引王昌龄"十七势"说，称为文为诗，必须讲究"势"。如：开头，"第一，直把入作势"、"第六，比兴入作势"；诗文中间的喻指，"第九，感兴势。感兴势者，人心至感，必有应说。物色万象，爽然有如感会"；结尾，"第十五，理入景势"、"第十六，景入理势"、"第十七，心期落句势"。在诗性美学中，气势指全篇一气呵成而浑然一体，起承转合，生气贯融，阳刚之美洋溢。

气格。指人品、诗文美的气韵、格调。《石林诗话》说："欧阳文忠诗始矫昆体，专以气格为主。"气格义近格调。"高古者格，宛亮者调"[77]。清沈德潜评诗尤重格调。气格，诗文之品格而人格之写照

75　《风水圣经：〈宅经〉·〈藏书〉》，第108页，旧题黄帝、郭璞，王振复导读、今译，台北恩楷出版股份有限公司，2003年版。

76　蔡邕《九势八字诀》，王原祁等纂辑《佩文斋书画谱》，上海古籍出版社，1981年版。按：关于"笔软，则奇怪生焉"句，刘熙载《艺概·书概》云："余按：此一'软'字，有独而无对。盖能柔能刚之谓'软'，非有柔无刚之谓'软'。"此是。"奇怪"，指书艺奇崛、雄奇之美。

77　《驳何氏论文书》，李梦阳《空同集》，四库明人文集丛刊，上海古籍出版社，1991年版。

也。唐司空图《诗品二十四则》以"雄浑"、"高古"与"典雅"等为诗之
高格。如言"雄浑",以"真体内充"、"积健为雄"、"横绝太空"与"寥
寥长风"[78]等辞句来加以形容。艺术审美的所谓气格,气性,气质、秉
性的一个综合,而且是阳刚的。人格禀赋不一,遂使文格之气有异。
"人禀气于天","人以气为寿,形随气而动。气性不均,则于体不
同。"[79]人的躯体生命,因气的聚散而荣枯。西汉董仲舒从气性说"性
有三品":"圣人之性"、"斗筲之性"与"中民之性"[80]。北宋张载倡言
"太虚无形,气之本体"而"太虚即气"[81],分人的秉性为二类即"天地
之性"与"气质之性"。以为"天地之性"者,"天性在人,正犹水性之
在冰,凝释虽异,为物一也"。"性于人无不善"。"气质之性",后天
沾溉物欲之渥薄者。"形而后有气质之性,善反之,则天地之性存
矣"[82]。气性兼为先天本有、后天修为二维。魏曹丕"文以气为主。
气之清浊有体,不可力强而致"之言,正在于指明诗性美学意义的气
性的先天性。而所谓文如其人字如其人画如其人等,指文气诗情、字
骨墨韵等的高下美丑,由先天、后天的气性凑泊而成。《大戴礼·文
王·官人》:"心气华诞者,其声流散。心气顺信者,其声顺节。心气

---

78 司空图《诗品二十四则》,《司空表圣文集》,宋蜀刻本唐人集丛刊,上海古籍出版社,
    1994 年版。按:"真体内充"的"体",指气。"充",先秦《孟子》曰,"充实之谓美"。充
    实者,孟轲所谓"浩然之气"。

79 王充《论衡·无形篇》,第 13、14 页,上海书店影印本,《诸子集成》,第七卷,1986 年版。

80 董仲舒《春秋繁露·深察名号》;《春秋繁露·实性》,凌曙注,中华书局,1991 年版。
    按:《春秋繁露·玉抔》:"人受命于天,有善善恶恶之性,可养而不可改,可豫而不可
    去。""性"即"气性",即"自然之质",为"仁",后天实现为"善";"圣人之性",全善而无
    恶,惟"性"无"欲"。"欲"即"贪",后天实现为"恶"。"斗筲之性",情欲泛滥,《论语·
    子路》:"斗筲之人,何足算也。""中民之性",仁贪、善恶参半,如西汉末扬雄《法言·修
    身》所言"善恶混"说:"人之性也,善恶混。修其善则为善人,修其恶则为恶人。"王充指
    出,人之气性高下,秉元气之多寡而自然生成,其《论衡·率性篇》云,"秉气有厚泊
    (薄),故性有善恶也。""人之善恶,共一元气。气有少多,故性有贤愚。"

81 《张子正蒙·太和》,王夫之《张子正蒙注·太和》,上海古籍出版社,2000 年版。

82 《张子正蒙·诚明》,王夫之《张子正蒙注·太和》,上海古籍出版社,2000 年版。

鄙戾者,其声嘶丑。心气宽柔者,其声中易。信气中易,义气时舒,智气简备,勇气壮直。"心气不同,人格便有差异。气度,人格美品格的崇高与卑下、慷慨猥琐与平淡激越,等等,一定程度上,决定了艺术审美的气度。大江东去与小桥流水都可以是美,然而其格局、气度与气格是大不一样的。

元气。指生命的本原,也称精气。《易传》说:"精气为物,游魂为变,故知死生之情状。"天地与人肉体的生死,关乎气。阳化气,阴成形,阴阳一气。犹地气上为云,天气下为雨。雨出地气,云出天气。阳为气,阴为味。味归形,形归气。气归精,精归化。精食气,形食味。化生精,气生形[83]。"精气之集(按:归义。)也,必有入(充实义。《孟子》:"充实之谓美。")也。集于羽鸟,与为飞扬;集于走兽,与为流行;集于珠玉,与为精朗;集于树木,与为茂长;集于圣人,与为俊明,精气之来也。因轻而扬之,因走而行之,因美而良之,因长而养之,因智而明之。"[84]元气淋漓而充沛,生命力旺盛。元气又称血气。"孔子曰:君子有三戒。少之时,血气未定,戒之在色;及其壮也,血气方刚,戒之在斗;及其老也,血气既衰,戒之在得。"这是前文引录过的。孟子说:"敢问何谓浩然之气?曰:难言也。其为气也,至大至刚,以直养而无害,则塞于天地之间。其为气也,配义与道。无是,馁也。"[85]孟子所谓气,指阳刚血气,直贯于仁义道德。元气即生气。《淮南子》说:"天地未形,冯冯翼翼,洞洞灟灟,故曰太昭。道始于虚郭,虚郭生宇宙,宇宙生气。气有涯垠。"[86]元气,人的喜怒哀悲决定

---

83 参见《阴阳应象大论篇》,《黄帝内经》,人民卫生出版社,1956 年版。

84 《吕氏春秋·尽数》,高诱注《吕氏春秋》卷三,第 26 页,上海书店影印本,1986 年版。

85 《孟子·公孙丑章句上》,焦循《孟子正义》卷三,第 118 页,上海书店影印本,《诸子集成》第一卷,1986 年版。

86 刘安《淮南子·天文训》,高诱《淮南子注》卷三,第 35 页,上海书店影印本,《诸子集成》第七卷,1986 年版。

于此。"喜气为暖而当春,怒气为清而当秋,乐气为太阳而当夏,哀气为太阴而当冬。"[87]"天亦有喜怒之气、哀乐之心,与人相副。以类合之,天人一也。"[88]总之,"元气,天地之精微也。"[89]"人未生,在元气之中;既死,复归元气。元气荒忽,人气在其中。"[90]在文艺审美上,元气、精气、生气与神气,等等,是被视为十分活跃的事物本原。"然文之所起,情发于中。人有六情,禀五常之气。情感六气,顺四时之序。"[91]故"此声(按:音乐)气之元,五音之正也。"[92]

中国美学所谓阳刚之美与阴柔之美,原于阳刚、阴柔之气。《易传》有云:"'潜龙勿用',阳气潜藏。"[93]"'履霜坚冰',阴始凝也。"[94]《易传》又说:"阳卦多阴,阴卦多阳。"[95]"阴阳合德,而刚柔有体。"[96]阴阳以及阳刚、阴柔,本原于气。"天地氤氲,万物化醇;男女构精,万物化生。"[97]朱熹释曰:"氤氲,交密之状;醇,谓厚而凝也,言气化者也。化生,言形化者也。"[98]然而,阳刚之美、阴柔之美这一对偶性范畴,直到清代才由姚鼐(1732—1815)正式加以阐释与描述:

87　董仲舒《春秋繁露·阴阳尊卑》,凌曙注,中华书局,1991 年版。

88　董仲舒《春秋繁露·阴阳义》,凌曙注,中华书局,1991 年版。

89　王充《论衡·四讳篇》,第 228 页,上海书店影印本,《诸子集成》,第七卷,1986 年版。

90　王充《论衡·论死篇》,第 203 页,上海书店影印本,《诸子集成》,第七卷,1986 年版。

91　《文苑传序》,李百药《北齐书》卷四十五,百衲本,国家图书馆出版社,2014 年版。

92　孔颖达《礼记正义·礼运第九》。按:《礼记·乐记第十九》有云:"地气上齐,天气下降,阴阳相摩,天地相荡,鼓之以雷霆,奋之以风雨,动之以四时,煖之以日月,而百化兴焉。如此,则乐者天地之和也。""天地之和"即"五音之正"的本原。见杨天宇《礼记译注》下册,第 640 页,上海古籍出版社,1997 年版。

93　《易传·文言》,朱熹《周易本义》,第 50 页,怡府藏版影印本,天津市古籍书店,1986 年版。

94　《易传·象辞》,朱熹《周易本义》,第 58 页,怡府藏版影印本,天津市古籍书店,1986 年版。

95　《易传·系辞下》,朱熹《周易本义》,第 327 页,怡府藏版影印本,天津市古籍书店,1986 年版。

96　《易传·系辞下》,朱熹《周易本义》,第 335 页,怡府藏版影印本,天津市古籍书店,1986 年版。

97　《易传·系辞下》,朱熹《周易本义》,第 333 页,怡府藏版影印本,天津市古籍书店,1986 年版。

98　朱熹《周易本义》,第 333—334 页,怡府藏版影印本,天津市古籍书店,1986 年版。

天地之道，阴阳刚柔而已。文者，天地之精英，而阴阳刚柔之发也。

其得于阳与刚之美者，则其文如霆，如电，如长风之出谷，如崇山峻崖，如决大川，如奔骐骥；其光也，如耀日，如火，如金镠铁；其于人也，如冯（凭之本字）高视远，如君而朝万众，如鼓万勇士而战之。其得于阴与柔之美者，则其文如升初日，如清风，如云，如霞，如烟，如幽林曲涧，如沦，如漾，如珠玉之辉，如鸿鹄之鸣而入于寥廓；其于人也，如漻乎其如叹，邈乎其如有思，暖（暖）乎其如喜，愀乎其如悲。观其文，讽其音，则为文者之性情形状，据以殊焉。且夫阴阳刚柔，其本二端，造物者糅而气有多寡进绌，则品次亿万，以至于不可穷，万物生焉。故曰："一阴一阳之谓道"。[99]

继姚鼐之后，直至清末曾国藩《求阙斋日记》才提出与阴柔相对的阳刚这一美学范畴："阳刚者，气势浩瀚；阴柔者，韵味深美。"其庚申三月的日记写道，"阳刚之美曰雄直怪丽；阴柔之美曰茹远洁适"[100]。

这一美学范畴群落，皆宗本于气，气作为文化人类学的一个中心问题，丰富而复繁，其底蕴其妙处，难以一一述说。

第二节　气范畴的文化哲学

中国美学气范畴的生成及其群落，已略如前述。进而有必要阐

99　姚鼐《复鲁絜非书》，姚鼐《惜抱轩文集》，《中国历代文论选新编·明清卷》，黄霖主编，邬国平编著，上海教育出版社，2007年版。按："金镠铁"，《尔雅·释器》："黄金谓之璗，其美者谓之镠。"《尔雅》注："镠，即紫磨金。"
100　曾国藩《求阙斋日记》，《曾国藩日记》，金城出版社，1995年版。

第七章　文化哲学：气的巫性美学研究

析,气范畴的文化哲学究竟如何。

中国原巫文化的独异性,在于气。这是以甲卜、易筮为代表所蕴含的巫气为典型的。在中国文化史上,气,原本用以指称河水始而滔滔、忽而干涸之时,初民目睹这一神秘现象深感惊异而心灵所受的强烈冲击与神秘体验。关于这一点,可见于前述有关甲骨卜辞的气字本义。继而古人又称气为"原物",这便是《易传》所说的"精气为物,游魂为变"的"物"。气即指巫性的精灵、鬼神的一种属性。再而,将气认作巫性的神秘"感应力"及其感应。古人笃信,巫术之所以"灵验",是因为蕴含巫气的缘故。倘然无气,则无所谓巫与巫性。此则所以称"巫风鬼气",等等。中国的巫,没有不与气相系的;原始的气,也没有不与巫、巫性相契的。巫师"作法",全赖于气与气之间的感应。最后,作为巫与巫性的本始之气,经过历史与人文的"祛魅",终于升华、超拔为中国哲学兼美学本根本体的一个元范畴,本始的气的意识理念,是属于文化人类学范畴的。

前述原古希伯来、犹太教与伊斯兰教等所蕴含的异域巫文化,将原巫的精灵、鬼神意识与理念,祛魅、演化为上帝、真主及诸神之类。中国原巫,则以气这一文化人类学关于巫学的原范畴,转嬗为这一伟大民族的帝王权威、无上道德伦理与生命本蕴追根溯源的表述,进而陶铸为哲学兼文化哲学元范畴。

将气这一人类学的元范畴,放在哲学的意义上来加以解读,便可能使气成为一个文化哲学的元范畴。在中国文化哲学中,气究竟是一个什么角色?

当有关古籍对气做出哲学解读之时,不应当忘记气本在于巫这一点。《庄子》由气而论生死,其所取思路,实际属于今人所说的文化哲学一路。庄周假托黄帝有云:

> 生也死之徒[101]，死也生之始，孰知其纪！人之生，气之聚也；
> 聚则为生，散则为死。若死生为徒，吾又何患！故万物一也，是
> 其所美者为神奇，其所恶者为臭腐；臭腐复化为神奇，神奇复化
> 为臭腐。故曰"通天下一气耳。"圣人故贵一。[102]

生、死相系且相续，便是"臭腐复化为神奇，神奇复化为臭腐"，全
赖于气与气的推助。气作为"故万物一也"的一，是万物与人生死的
唯一根由。这里，似乎在于仅仅谈论一般的哲学而没有触及文化哲
学，其实不是的。

生，"气之聚也"，"聚则为生，散则为死"，这是庄子说过的。人
的生死，仅在于气的聚、散之际。人的生，气之聚态；人之死，气之散
态。王充说："血者，生时之精气也。""人之精神（气），藏于形体之
内，犹粟米在囊橐之中。死而形体朽，精气散，犹囊橐穿败，粟米弃
出也。粟米弃出，囊橐无复有形；精气散亡，何能复有体，而人得见之
乎？"[103]生、死无异，而两者的区别，仅仅在于气的聚或散。无论人肉
身的生存（神奇）或死亡（臭腐），都不等于气有生、有死。气是永恒
的存有。

如此说来，似乎一般哲学只是说到了气而无关乎巫、巫气与巫
性，其实不是。习惯性的哲学思维，就哲学论哲学，并未追究其本原
本体从何而来因何而起，这不是有关人类学的文化哲学的视野。文
化哲学，却必须从文化言说其哲学，追问这一哲学本原本体的文化源

---

101 按：陈鼓应先生将此句解读为"生是死的连续"，陈鼓应《庄子今注今译》，第 562 页，
   中华书局，1983 年版。"死之徒"，语见通行本《老子》五十章、七十六章。

102 《庄子·外篇·知北游第二十二》，王先谦《庄子集解》卷六，第 138 页，上海书店影印
   本，《诸子集成》第三卷，1986 年版。

103 《论衡·论死篇》，王充《论衡》，第 203 页，上海书店影印本，《诸子集成》第七卷，1986
   年版。

头与文化属性。这不生不死或曰永远不死的气,从哲学层次看,称为本原本体;从巫学角度看,它是精灵、鬼魂的属性。后世哲学所说的本原本体之气,实际原于巫与巫性的精灵、鬼魂之类。

《庄子》言气,与《易传》所谓"精气为物,游魂为变",是异曲同工的。《庄子》作为哲学著述,有的学人以为比如"通天下一气耳"是一个一般的哲学命题,这在文化人类学看来是不够的。《庄子》的思想固然是先秦道家哲学,这不等于说《庄子》的哲学表述中,没有任何巫学基因的内容。气,首先是一个巫学范畴。如果无关乎气的巫学、巫学的气,那么何来中国的气的哲学?从巫学角度进入而解析气的哲学,可以称为气的文化哲学。

与气尤为相关的一个范畴,是太极[104]。

关于太极这一范畴,《易传》与《庄子》都曾提出和论析,可能是中华典籍中最早提出的。这里,暂且勿论其提出的时间究竟孰先孰后。《易传》有言:

> 是故易有大极(按:太极)[105],是生两仪。两仪生四象,四象生八卦。八卦定吉凶,吉凶生大业。[106]

关于这一重要而著名的论断,易学界往往作哲学的解读。称气

104　按:如东汉《易纬·河图括地象》:"易有太极,是生两仪。两仪未分,其气混沌。清浊既分,伏者为天,偃者为地。"(日安居香山、中村璋八辑《纬书集成》下册,第1092页,河北人民出版社,1994年版)东汉易学家郑玄《易注》:"极中之道,淳和未分之气。"(林忠军《周易郑氏学阐微》,上海古籍出版社,2005年版)唐孔颖达《周易正义》:"太极,谓天地未分之前,元气混而为一,即是'太初'、'太一'也。"(《周易正义》,十三经注疏本,魏王弼晋韩康伯注·唐孔颖达疏,上海古籍出版社,1990年版)即是。

105　按:朱熹《周易本义》写作"易有大极"。此"大",读tai,太之本字。怡府藏版影印本,第314页,天津市古籍书店,1986年版。

106　《易传·系辞上》,第314页,怡府藏版影印本,天津市古籍书店,1986年版。

生天地,天地生四时即春夏秋冬,而四时生八卦。看到其中有一个生字,则断言既然阴阳、四时与万物都由太极所生,那么有关太极之论,是生命哲学而无疑。

问题是,这一论断果真是一般意义的哲学么?

不是。实际上,关于这一论述,最值得注意的,是"易有太极"这一命题。这一论断明明是说"易有太极"而不是"太极有易"。可见所谓太极,不是一般哲学意义上所预设的逻辑原点。这里所说的易,指体现在上古易筮文化中的原古之巫,它蕴含以哲学的胚素但不是成熟的哲学。

《汉书·艺文志》说,易者,"人更三圣,世历三古"。三古之易,指上古易(先天、伏羲之易,指传说中的伏羲"始作八卦")、中古易(后天、文王之易,指通行本《周易》本经,文王"重易六爻",作卦爻辞)与下古易(指《易传》),《艺文志》称,"孔子为之作《彖》、《象》、《系辞》、《文言》、《说卦》、《序卦》、《杂卦》之属十篇"[107]。所谓"易有太极"的易,不是指《周易》这一部书,指原古易筮文化及其巫性。关于下古易,这里暂且不论。在上古易与中古易中,作为成熟形态的中国哲学尚未诞生,仅仅在这巫筮文化中,蕴含以原始、朴素的哲学胚芽而已。仅就三千多年前殷周之际《周易》本经六十四卦的有序排列、相传文王系卦爻辞的中古易而言,其实那里并无什么系统的哲学思想,仅仅包含一定的哲学因素而已。这些因素主要是,六十四卦序,往往构成对偶性即错卦、综卦或错综卦等排列,又如将第六十四未济卦排列于第六十三既济卦之后等,显然是具有一定的哲理思辨

107　按:《易传》非孔子所作,可能为春秋战国儒家后学所为。在易学史上,宋欧阳修《易童子问》首先疑"《易传》七文十篇为孔子所作"说。其文	曰,《易传》多有"子曰"字句。如"子曰:'书不尽言,言不尽意'"、"子曰:'君子居其室'"、"子曰:'劳而无伐'",等等。欧阳修云,"何谓'子曰'?讲师(按:指孔子)言也。"如《易传》确为孔子所撰,岂有自称"师言"的?参见《欧阳修全集》(全六册),李逸安点校,中华书局,2001年版。

的。除此以外,通行本《周易》本经,总体上并非哲学著作是可以肯定的。但是,它是有待于发育为哲学、仁学与美学等的一部人文著作,便是包括《周易》本经和具有"史"的性质的《易传》。易理本原在于原巫文化。这便是《周易尚氏学》为什么说《周易》的"本诂"是"占卜"(按:实际指占筮)的原由。

从"八卦定吉凶,吉凶生大业"这一论述分析,所谓"易有太极"的易,显然并非后代所谓"哲学易",而是指"巫学易"或者可称为关于巫术占筮的"文化易",否则,为什么《易传》在论说"易有太极"时,要说"八卦定吉凶,吉凶生大业"?"原始易学是巫学"这一学术命题的提出和论析,可以说抓住了原始巫性之易这一根本。

从文字学角度看,东汉文字学家许慎曾说:"易,蜥易(蜴)、蝘蜓、守宫也。象形。《秘书》说:'日月为易,象阴阳也。一曰从勿'。"[108] 段玉裁注:"《秘书》为纬书。""按《叄同契》曰:'日月为易,刚柔相当。'陆德明引虞翻注:'《叄同契》云:字从日下月'。"[109] 所谓"日月为易",作为哲学解读,取《易传》"日往则月来,月往则日来"义,以示其"易者,变也"的哲学意义。

从东汉许慎、虞翻、唐陆德明到清段玉裁诸多学者,并未见到甲骨卜辞的易字,因而汉代以往,从哲学释"日月为易"的在在多见。《四库全书总目提要·经部·易类一》说,"易兼五义":一变易、二交易、三反易、四对易、五移易。易理本在于变,可谓抓住了易理的根本。只是须要指出,原始之易并非哲学的易,而是有待于发育为哲理、伦理与文理等的巫性之易。

考许慎释易字义,有些特别之处。既说易字"象形"而象"蜥蜴、

---

108 许慎《说文解字》文一、重一九篇下·易部,第198页,中华书局影印本,1963年版。

109 段玉裁《说文解字注》,经韵楼藏版,文一、重一九篇下·易部,第459页,上海古籍出版社,影印本,1981年版。

蜒蜓、守宫"即四脚蛇、壁虎、变色龙之类——民间传说变色龙一日内变化十二色,秦始皇以为其神秘莫测而可怖异常,以其守护宫门,故称"守宫";又称"日月为易"而作哲学解;又说易字上从日、下"从勿"而并非从月。

其实,易字并非从日从月,易字的下部也并非"从勿"。

甲骨卜辞有易字,写作 [110] 或 [111] 等,象形。徐中舒等有云:"原字为 ,象两酒器相倾注承受之形,故会赐与(按:赐予)之义,引申而有更易之义。后省为 ,乃截取 之部分而成。" [112] 这一古易字,象液水从一个容器倾注于另一个容器,未必一定是酒器。然而称此字"后省为 ",可谓的论。

这些"易"字,象征人用双手把液体从一个容器倾倒到另一个容器中去,这是最古老的"易"字。

后来,随着文字书写形式的逐渐简化,"易"字从 演变为 ,再演变为 、,最后,只剩下半个容器与液体的象形,写作 ,直到发展为春秋战国时期的篆文 。

这种将液体从一个容器倾倒于另一容器的行为,是利用了物的液态流动性,在今天看来,根本没有任何神秘性可言。可是在原古人们的心目中,这一现象却是很令人惊讶而困惑的,由此衍生出一种关于水等液体的巫文化理念,即水的变幻不定,与人的命运吉凶息息相关。[113]

---

110 《甲骨文合集》一期八二五三,郭沫若主编、胡厚宣总主编,中国社会科学院历史研究所《甲骨文合集》编辑工作组集体编纂,中华书局,1978—1982年版。

111 《甲骨文合集》一期五四五八,郭沫若主编、胡厚宣总主编,中国社会科学院历史研究所《甲骨文合集》编辑工作组集体编纂,中华书局,1978—1982年版。

112 徐中舒主编《甲骨文字典》,第1063页,四川辞书出版社,1989年版。

113 拙著《周知万物的智慧——周易文化百问》,第38—39页,复旦大学出版社,2011年版。

这便是说,易在后世衍生为哲学变易义,由"与人的命运吉凶息息相关"的巫学意义之水的"变幻不定"而生起。先有巫学意义的易,然后才有哲学意义的易。变的哲理,源自原古巫理。这里,包含着初民对于液体包括液水流动不测的神秘敬畏。黄寿祺、张善文《周易译注》曾说:"唯'从勿'之义,则颇难通。"看来,这是并未从甲骨卜辞的易字理解易的本义之故。《说文解字》称易字"一曰从勿",其实这里并非勿字,而是"半个容器与液体的象形"。

郭沫若氏曾经指出,"卜辞多见'易日'字。孙诒让说为'更日'。或疑为祭名。案此二字每与天象字同见于一片(按:指见于同一片卜骨)",又说,此与"易日"相对应,"是则'易日'犹言阴日矣",并引《说文》"旸,日覆云,暂见也,从日易声"为证。[114]天从晴至阴,是为"易日",已有"变易"之义存焉。于省吾主编《甲骨文字诂林》云:

> 卜辞的"易日"考释诸家大体上可有三种不同的意见:
> 一、孙诒让谓"犹言更日"(《举例》上4),孙海波谓"犹言变天"(《诚考》14);二、饶宗颐读"易日"为"锡日",谓"天雨求赐日也"(《通考》82);三、郭沫若读"易"为"旸",谓"易日"犹言"阴日"(《殷契余论》)。陈梦家赞同郭沫若的说法,认为:"卜辞所卜'易日'、'不易日',皆指某一日的阴与不阴"(《综述》244)。
> 卜辞大量的辞例证明"易日"当以读作"旸日"为是。[115]

"不易日"(晴)为吉,"易日"(阴)为凶,显然与巫术测天相关。其易理,指巫卜意义的变易。

---

114 郭沫若《古代铭刻汇考》,《殷契余论》,见于省吾主编、姚孝遂按语编撰《甲骨文字诂林》第四册,第3383、3384页,中华书局,1996年版。

115 于省吾主编、姚孝遂按语编撰《甲骨文字诂林》第四册,第3390页,中华书局,1996年版。

"易有太极"的太极,是哲学意义的太极的前期表述,此易,指原巫意义的易理。

《周易》古筮法:"大衍之数五十,其用四十有九"[116],须留下一策不用,这"不用"的那一筮策,被战国时人称为太极,因而有"易有太极"之说。《周易》算卦,须用筮策四十九,否则无法操作。算卦中,留下的那一策是十分关键的,它决定了巫筮的能否操作和成败。在古人看来,五十筮策皆具灵气,而"不用"之策,原策也,具有本原性质的灵气。所以,太极是巫筮意义的本原本体,它是巫气、巫性之原。

解易惟有将这太极(一片淳和之气)先做巫学意义的理解,才能入于大易堂奥。如果认此太极为哲学范畴,则所谓"八卦定吉凶,吉凶生大业"这后一句,就不好理解了。否则,人们也许不免感到困惑:中国文化史,是否倒是先有哲思、哲学而后才有巫思、巫学不成?

惟有理解巫筮的太极本义属于巫学范畴,尔后才可以印证,从哲学意义的太极到文化哲学意义的太极究竟如何可能。

当人们称"太极即元气"时,先得辨析太极、元气是哲学意义还是巫学意义的。太极、元气,之所以在后世成为中国哲学、美学的元范畴,因其发原于原古巫学与神话学、图腾学之故。如果没有原古巫学等意义的意识、理念与思想,则后世有关太极、元气的哲学与美学之类,便无以生成。考其人文的思维、思想过程,始于巫学而终于"史"的哲学,其走向,就是所谓"巫史传统"。从巫学的太极、元气到哲学的太极、元气之所以可能,是因为巫性的太极、元气,本自含有可以发育为后世哲学等的缘故。巫筮操作留下的那一"不用"之策,恰恰是巫筮的本原。"不用"者,体也、原也。

---

116 《易传·系辞上》,朱熹《周易本义》,第 304 页,怡府藏版影印本,天津市古籍书店,1986 年版。

孔子曰:"易始于太极,太极分而为二,故生天地。天地有春夏秋冬之节,故生四时。四时各有阴阳刚柔之分,故生八卦。八卦成列,天地之道立,雷风水火山泽之象定矣。"[117]

这是伪托孔子的话,指原易的巫筮而不是指易的哲学。正如前述,这里的所谓太极,假如首先理解其为哲学范畴,则可能会得出易的巫学始于易的哲学的不当结论。神秘的元气,氤氲于原巫与原始神话、图腾等文化之中,元气就是《易传》所说的太极。从字面看,"是故易有太极,是生两仪,两仪生四象,四象生八卦"云云,似乎天地、四时与八卦,以至于万物,都是由太极所生的,所以学界有人称其为"太极哲学"。实际上,这是一个蕴含以哲思胚素的巫学表述,强调巫筮惟凭天启而非人力之为,朱熹称为"天地自然之易"。朱熹说:"有天地自然之易,有伏羲之易,有文王周公之易,有孔子之易。伏羲以上,皆无文字,只有图书,最宜深玩。可见作易本原精微之意。"[118]图书,指由朱熹首次列于其著卷首的河图、洛书、伏羲八卦方位图与文王八卦方位图等九图,朱熹并未将太极图列于《周易本义》卷首。尽管《周易》所有图书,实际无一不是人力所为与人的智慧结晶,然而古人总是坚信,易在本原上,无一不是"天地自然"所造就的。作为"天地自然之易",太极分阴分阳(天地);阴阳分太阴少阴太阳少阳(四时);继而分乾坤震巽坎离艮兑(八卦)。凡此序列说的是,用于巫术占筮的八卦何以"自然"天成的道理,称巫筮操作,都是伴随以神秘之象的神秘之数的运演。太阴为六、少阴为八、太阳为九、少阳为

117 《易纬·乾凿度》,[日]安居香山、中村璋八辑《纬书集成》上册,第7—8页,河北人民出版社,1994年版。

118 朱熹《周易本义》,第20页,怡府藏版影印本,天津市古籍书店,1986年版。

七。"九六变七八不变"[119]。筮数在古人心目中,当然也是神秘而奇幻的。

与巫术相伴的原古神话,重言语魔力与感应,可以证明它也倚重于神秘之气,或者是巫术之气对于原古神话的渗透。上古神话的创造者与讲述者往往是巫祝。巫祝咒语或者说神咒、禁咒,与神话是相辅相成的。只是咒语一般不具有故事、人物而神话具有故事情节与人物罢了。因此,可以将巫祝的咒语,看作神话的一种早期文化形态。

《易传》有云,兑(按:悦之本字,读 yue)"为口舌,为巫"[120]。东汉许慎说,"祝,祭主赞词者。从示从儿口。一曰:从兑省。《易》曰:'兑为口、为巫。'"[121]赞词者的赞,见《尚书》"三旬苗民逆命,益(按:伯益)赞于禹曰:'惟德动天,无远弗届。'"疏:"赞,明也,佐也"[122]。大禹征伐"逆命"之苗民,伯益以赞词祝祭昊天,以德感天,称为巫祝的赞词,兼为神话的表述。赞,本义为巫术"作法"的一种,以巫的口舌即咒语,来赞佐巫术的成功,称为赞成。后世赞成一词及其意义,原于巫。赞有佐义。虽则神话因言语的魅力而可证其倚重、认同神秘的气,但神话之气,除其本身具有天人、神人相感应、互渗外,实际便是渗融于神话言辞的巫性之气。

原古图腾的文化主题,专注于寻找"他的亲族",追问和回答"祖宗者谁"这一问题。图腾所认同的祖神,并非真正具有历史真实血缘

---

119 按:关于《周易》古筮法及其操作,烦琐而深蕴易理、巫性,此暂勿赘述。参阅拙著《周易精读》第 294—303 页的解说与论析,复旦大学出版社,2009 年版(第二次印刷)。

120 《易传·说卦》,朱熹《周易本义》,第 357 页,怡府藏版影印本,天津市古籍书店,1986 年版。

121 许慎《说文解字》一篇上·示部,第 8 页,中华书局影印本,1963 年版。

122 《尚书·虞夏书·大禹谟》及疏,孙星衍、陈沆《尚书今古文注疏》,中华书局,1986 年版。

的祖宗。所谓吾中华族裔是"龙的传人",而华族之祖,真的是龙这一"神物"么?当然不是。龙的传人,不是史学而是人类学与诗学意义的一大人文命题。《诗·商颂》说:"天命玄鸟,降而生商。"这不是知识常理所能接受的,但它契合于自古中华的巫性与诗性情感。玄鸟,一说燕子,一说鹤[123]。玄鸟即商族图腾,但商族的真正祖先绝非玄鸟。玄鸟,是原古神话的华裔祖宗的一个共名。

周予同先生曾说:"儒家的根本思想,出发于生殖崇拜。"这一崇拜,原于原古图腾。又说,"儒家与墨家不同,不信鬼神。""因为儒家所崇拜的,假如我们深刻点说,并不是祖先已死的本身,而是祖先的生殖之功;也可以说,而在纪念祖先所给予我们的生命。"[124] 称儒家"不信鬼神",可待商榷。应当说在鬼神问题上,儒家人文态度是:"敬鬼神而远之"。称儒家"出发于生殖崇拜"是不错的,儒尤重祖宗祭祀,主张慎终追远与孝为天下先。这实际是自古以来的生命文化意识、血缘伦理与图腾的人文余绪。在先民心目中,图腾崇拜的拜祖之所以极其虔诚而显得很"灵验"[125],是因为在图腾与子裔之间,有永恒不死之气的存有。气是图腾、子嗣两者"互渗"、"交通"的媒介,崇拜图腾,实际是崇拜祖神不息的气(灵)。舍此,则既无所谓图腾,又不可能有图腾崇拜。原古图腾称为灵的气,衍成了历史先祖、创世英雄和伟大人物的形象。图腾敬祀祖神,固然在于崇拜祖先的生殖之功(生殖之灵),同时又是巫文化意义的祭祀祖神的精灵、鬼魂。精

---

123 按:《古诗十九首》(清沈德潜选编《古诗源》,中华书局,2006年版):"秋蝉鸣树间,玄鸟逝安适?"梁萧统《昭明文选·思玄赋》:"子有故于玄鸟兮,归母氏而后宁。"李善注:"玄鸟,谓鹤也。"

124 周予同《孝与生殖器崇拜》,《周予同经学史论著选集》,第77、78页,朱维铮编,上海人民出版社,1983年版。按:原载《一般》杂志第三卷第一号(1927.9.5);收入《古史辨》第二册中编(1930.9)。

125 按:指图腾崇拜因其有气、有感应,故可借图腾之灵力而荫庇血缘之后人。

灵、鬼魂固然能够庇护、保佑我，也可以谴告、惩罚我。图腾，可以渗融以巫的意识、行为，以断吉凶休咎。所以，与其说原古图腾的灵（气）可能上升为气的哲学，倒不如说，作为渗融于图腾文化中的巫，为气的哲学或者说文化哲学的生成，提供了一定的人文思维与思想资源。

气，原本指"万物有灵"的所谓灵力，它无处无时不在，真可谓"通天下一气耳"。有关气的意识理念，早在殷时活跃了许多个世纪，而周代的易筮也是极盛的。气，成为殷代占卜、周代易筮的不二之魂。周代尚易之风，推助汉代的象数之学风行天下。承先秦易说的余绪，以《子夏易传》为西汉古易的正宗，有孟喜、焦延寿与京房等的易学推波助澜。东汉谶纬横行，自郑玄、荀爽至虞翻而达于极盛。卦气、卦变、飞伏、逸象、方位、消息、干支、五行、卦时、纳甲、互体、爻辰以及阴阳灾异，等等，种种易说，说不尽千言万语，其义烦琐幽奥，几未得尽观矣。然则一言以蔽之，其实只说了一个字：气（灵）。

中华历代诸多贤哲，曾经从各个侧面层次，几乎无不说到气。有的说，"芒芒昧昧，因天之威，与元同气"[126]；有的说，"天坠（地）未形，冯（按：凭之本字）冯翼翼，洞洞灟灟，故曰太昭。道始于虚郭（廓之本字），虚郭生宇宙，宇宙生气"[127]，气是巫的本原，由"虚郭"、"宇宙"所"生"；有的说，"气为之充而神为之使也"[128]，气为灵异，气者鬼使神差，等等。

气分阳气阴气。"阳气暖而阴气寒，阳气予而阴气夺，阳气仁而阴气戾，阳气宽而阴气急，阳气爱而阴气恶，阳气生而阴气杀"[129]，为

---

126 《淮南子·泰族训》，高诱《淮南子注》卷二十，第355页，上海书店影印本，1986年版。

127 《淮南子·天文训》，高诱《淮南子注》卷三，第35页，上海书店影印本，1986年版。

128 《淮南子·原道训》，高诱《淮南子注》卷一，第17页，上海书店影印本，1986年版。

129 董仲舒《春秋繁露·王道者三》，苏舆注，《新编诸子集成》，中华书局，1992年版。

什么竟然如此？易巫说：阳吉而阴凶耳。"人，物也，万物之中也，有智慧者也，其受命于天，秉气于元，与物无异。"[130]此为朴素唯"物"之见。"儒者论曰：'天地故生人。'此言妄也。夫天地合气，人偶自生也。犹夫妇合气，子则自生也。"[131]虽则唯"物"，又称"受命于天"，称"天地合气"，依然宗于命理之思。"天地开辟本根，乃气之元也。欲致太平，念本根也。"[132]这一些说法，与前引《淮南子》不一致，而可以由此证明气的哲学是从气的巫学而生起的。

《易纬》之言，依然宗"气者，易巫"之说：

> 天地未分之前，有太易、有太初、有太始、有太素、有太极，是为五运。形象未分，谓之太易；元气始萌，谓之太初；气形之端，谓之太始；形变有质，谓之太素；质形已具，谓之太极。五气渐变，谓之五运。[133]

天地的生成，历经"五运"：太易—太初—太始—太素—太极。这一言述，仅太初与气攸关，其余似乎都未说到气。其实不然。古人称太初"元气始萌"，不等于其余四者即太易、太始、太素与太极不具有淋漓的元气。太易元气氤氲，原始混沌，有如种子；太初元气始萌，气机发动；太始元气始形，形体有成；太素形变有质，等于承认先形而后质、质由形变；惟有太极的地位处在天地生成的最后阶段。考太极之说，与先秦战国《易传》的"是故易有太极，是生两仪（天地）"云云彼此相应。《易传》所谓"是故易有太极"的太极说，并非具有哲学的

130　王充《论衡·辨祟篇》，第239页，上海书店影印本，《诸子集成》，第七卷，1986年版。

131　王充《论衡·物势篇》，第31页，上海书店影印本，《诸子集成》，第七卷，1986年版。

132　《太平经·修一却邪法》，王明《太平经合校》，中华书局，1960年版。

133　《易纬·孝经钩命诀》，［日］安居香山、中村璋八辑《纬书集成》中册，第1016页，河北人民出版社，1994年版。

纯粹形上性,这是因为太极原指巫筮操作中"其用四十有九"而留取一策"不用"的缘故。不过统观"五运"说,无论怎样烦琐,以太易即巫筮这原古之易作为其文化哲学的逻辑原点的这一立场,是始终一贯的。否则,古人又为什么称"五气渐变,谓之五运"?五气,实原于易巫之一气,统归于一气。在文化理念上,天地生成的五个阶段,实际始于巫性、巫气的运演而已。

这里所说的太极并非绝对形上,并非指哲学意义的本原本体,这不等于说,从巫学的太极不能历史地走向文化哲学的太极。从原古巫术之太易的巫气(元气),经过太初、太始、太素而发育成熟为文化哲学的太极,是顺理成章的。"元者,气也。无形以起,有形以分,造起天地,天地之始也。"[134]郑玄说,太极者,极中之道,一片淳和未分之气。太极,"若将一粒粟种下,生出无数粟米。"[135]"原'极'之所以得名,盖取枢极之义。圣人谓之太极者,所以指夫天地万物之根也。"[136]《庄子》云:

> 夫道,有情有信,无为无形。可传而不可受,可得而不可见。自本自根,未有天地,自古以固存。神鬼神帝,生天生地。在太极之上而不为高,在六极之下而不为深。先天地生而不为久,长于上古而不为老。[137]

关于这一段论述,陈鼓应先生的解读是:"道是真实有信验的,没

---

134 《公羊传·隐公元年》,李学勤《春秋公羊传注疏》,北京大学出版社,1999年版。

135 王夫之《读四书大全说》卷四,中华书局,1975年版。

136 黎靖德编、王星贤点校《朱子语类》卷九十四,《朱子语类》第六册,第2366页,中华书局,1994年版。

137 《庄子·内篇·大宗师第六》,王先谦《庄子集解》卷二,第40页,上海书店影印本,《诸子集成》第三卷,1986年版。

有作为也没有形迹的;可以心传而不可以口授,可以心得而不可以目见;它自为本自为根,没有天地以前,从古以来就已存在;它产生了鬼神和上帝,产生了天地;它在太极之上却不算高,在六合之下却不算深,先天地存在却不算久,长于上古却不算老。"[138]这一解读,一般而言似乎并无不妥之处。只是把"神鬼神帝,生天生地",解释为"它(按:指道)产生了鬼神与上帝,产生了天地",看来值得商榷。称鬼神上帝与天地都诞生于道,从哲学看是合乎逻辑的;从史学看,则并非历史真实。应当说,中国人的鬼神、上帝与天地意识理念中,固然蕴含以道,而道其实并非历史的源头,道只是一个逻辑预设的事物本原。从中国的文化思维思想史看,在老子、庄子提出及阐述道这一道家哲学理念前许多个世纪,在中国人的原古巫术、神话与图腾文化中,早已诞生了"神鬼神帝"的意识与理念。原古神鬼神帝的意识理念,是哲学之道的人文温床之一。陈鼓应关于庄子之言仅从哲学来进行解读无可厚非,然则庄周的哲学之道,是否仅仅"无为无形"绝对形上,尚可作进一步的推敲。从这一段言述分析,庄子既说道"无为无形",又称其"有情有信",可见这里所说的道并非纯粹形上。所谓"有情有信",是与"神鬼神帝"相对应的,证明哲学之道,原于"神鬼神帝"的原古情、信等文化,这便是伴随以神话、图腾的原巫文化。无疑,庄子此说,从其哲学逻辑看,道的确是"自本自根"的;从史学或文化哲学看,作为成理论形态的老庄之道,又并非"自本自根",它原于巫。至于庄子关于"太极"这一范畴的提出,这里暂勿赘述它与《易传》相比究竟孰先孰后,仅仅从《庄子》的道"在太极之上而不为高"这一点分析,庄子的太极之思,似乎毕竟还不够彻底形上,在思维品格上,实际与《易传》的太极观相类。它揭示了从巫学到文化哲学的

138　陈鼓应《庄子今注今译》,第 183 页,中华书局,1983 年版。

历史之链。

庄子哲学,具有一个巫性根源是显然的。《庄子》说:"故解之以牛之白颡者与豚之亢鼻者,与人有痔病者不可以适河。此皆巫祝以知之矣,所以为不祥也。此乃神人之所以为大祥也。"[139]这是说,祭祀如果以白额之牛与鼻孔上翻的小猪为祭品,或让生痔疮者主持祭祀河神,是对神灵的大不敬,所有巫祝都知道这一巫术禁忌。然而就白牛、小猪免遭杀身之祸看,无论对于神灵与人而言,都可以说是根本的吉祥。《庄子》又说:"受命于地,唯松柏独也在,在冬夏青青;受命于天,唯尧舜独也正,在万物之首。"[140]这里关于松柏与尧舜之类都"受命于"天地的看法,并非哲学而是巫学之见。什么是天命? 天令之谓命。天命不可违逆,却可以就天命以尽人事,甚至通过巫的方式改易天命,这便是巫。学者解庄,有将这一天命理解为天则即自然之道的,是把原本是巫学的范畴,直接看成哲学范畴了,似乎大凡哲学的意识理念,不是原于巫术以及神话、图腾等原古文化形态,倒好像是自古本来就有的。这种把哲学看作历史源头的看法,正是不从文化人类学、文化哲学看问题的结果。

"死生,命也,其有夜旦之常,天也。"[141]这是记叙于《论语》的孔子之言"死生有命,富贵在天"的《庄子》版。这里的命与天,似乎可以理解为自然规律(道)之类,但是之所以可作这样的理解,正可印证庄子的哲学之道,是本原于原古巫学与神话学、图腾学的命与天的意识理念的,否则,庄生又凭什么要以命、天这类概念来言说他的哲学

---

139 《庄子·内篇·人间世第四》,王先谦《庄子集解》卷一,第 29 页,上海书店影印本,《诸子集成》第三卷,1986 年版。

140 《庄子·内篇·德充符第五》,王先谦《庄子集解》卷二,第 32 页,上海书店影印本,《诸子集成》第三卷,1986 年版。

141 《庄子·内篇·大宗师第六》,王先谦《庄子集解》卷二,第 39 页,上海书店影印本,《诸子集成》第三卷,1986 年版。

之道呢？

《庄子》说："子来曰：'父母于子，东南西北，唯命是从。阴阳于人，不翅于父母；彼近吾死而我不听，我则悍矣，彼何罪焉！夫大块载我以形，劳我以生，佚我以老，息我以死。故善吾生者，乃所以善吾死也。'"[142] 这里，或许庄子不妨将"惟命是从"哲学化，可是，惟命作为原本巫学命题这一点，却是不可改变的。阴阳者，气也；不翅者，不啻义。阴阳作为哲学范畴，根原于巫术等原古文化，也是显然的。本书多次说过，所谓阴阳，原指日光与地形、地理之间的关系，日光照及处为阳，未及处为阴。阴阳本为属巫的风水学范畴。阴阳之气，是与命理相契的气，两者的关系，有如古时的父母于子，惟命是从。

《庄子》说："郑有神巫曰季咸，知人之生死存亡、祸福寿夭，期以岁月旬日若神。郑人见之，皆弃而走。列子见之而心醉。归以告壶子，曰：始吾以夫子之道为至矣，则又有至焉者矣。"[143] 神巫季咸，精于巫之相术，可以预知人的死生祸福，测定岁月旬日何为吉何为凶，似乎无有不准，好比神祇无所不能。故郑国人众一见季咸，都赶快逃走，惧怕他一眼看透自己灾祸难逃。列子心智不凡，见了神巫季咸，却也疯疯傻傻、心驰神往。列子对其老师壶子说，我本以为您老说的道理至为高深，不料还有比您更为广博深邃的。关于这一段言述，虽然看来并非庄子本人所言，却借列子之口，对巫性的相术大为推崇，可谓赞赏之情溢于言表。

这里暂且勿论在《庄子》的外篇、杂篇中，还有几多肯定巫术的话，仅仅就其内篇而言，已经可以雄辩地证明，作为哲学家的庄周本

142　《庄子·内篇·大宗师第六》，王先谦《庄子集解》卷二，第43页，上海书店影印本，《诸子集成》第三卷，1986年版。

143　《庄子·内篇·应帝王第七》，王先谦《庄子集解》卷二，第49页，上海书店影印本，《诸子集成》第三卷，1986年版。

人,对巫术意义的气、天命、太极、阴阳与预测之类,抱有肯定的人文立场与态度。由此可以体会,庄子哲学的人文根因根性究竟何在。今世学人,如果以哲学为先入之见,不问这一哲学到底因何而起,只捡那些有利于证明其哲学的庄子言辞,来为自己的立论寻找理据,却对书中有关庄子哲学之源即原巫的言说弃而不顾,或强作哲学解读,是没有不误读《庄子》的。

关于气、太极之类的文化哲学,还有一个问题在此须略加说明:气、太极,究竟是有、是一还是无或〇?

《律历志》说:"太极元气,函三(按:指三统历,即天统、地统、人统)为一。极,中也;元,始也。""夫太极之初,浑沌未分,万物纷错,与道俱隆。盖有形必朽,有迹必穷。茫茫元气,谁知其终?"[144]太极,元气之谓。"衍又问:'《易》曰太极,是有无?'业兴对:'所传太极是有。'""又问:'易有太极,极是有无?'业兴对曰:'所传太极是有。'"张岱年先生引录有关史籍《李业兴传》后说,"李业兴是北朝经学家,以太极为有,系祖述郑玄之说。南朝经学家推崇王弼、韩康伯,以太极为无。"他又引《周易正义》云,"太极谓天地未分之前元气混而为一,即是太初、太一也。故老子云:'道生一',即此太极是也。又谓混元既分即有天地,故曰'太极生两仪',即老子云'一生二'也。"[145]

这一系列言述,似乎不免令人感到有些困惑。其实,从《易传》"是故易有太极,是生两仪,两仪生四象,四象生八卦,八卦定吉凶,吉凶生大业"这一论述分析,关于道的生成,是一分二、二分四、四分八的逻辑序列。既然《周易》古筮法"大衍之数五十,其用四十有九"留

144　曹植《七启》,《曹植集校注》,人民文学出版社,1998年版;萧统编、李善注《文选》卷三十四,上海古籍出版社,1986年版。

145　《魏书·李业兴传》;《北史·李业兴传》;孔颖达《周易正义》,十三经注疏本,上海古籍出版社,1990年版。参见张岱年《中国古典哲学概念范畴要论》,第49页,1987年版。

下一策"不用",则这一"不用"之策,是一是有而无疑。这也是东汉易学家郑玄所说的太极是"一片淳和未分之气"的意思。因此,太极是有、是一。一即有,有即一。

　　自汉代到清末,大凡易学家与经学家,一般多持此见。南北朝李业兴宗郑玄之言,诚然也是如此。唐孔颖达疏《周易正义》,虽宗玄学鼻祖之一王弼的《周易注》,而其所说的太极,依然称太极为有为一:"太极谓天地未分之前元气混而为一";张载的"太虚即气"说,以"太虚"来言说太极,实际仍然主张太极为有为一之见。"太虚者,天之实也","太虚者,心之实也"[146]。太虚确是一个"实",实,有之谓、一之谓。张载哲学的主要命题是:"太虚无形,气之本体。"[147]朱熹说:"太极无形象,只是理。"[148]又说,"太极是五行阴阳之理,皆有,不是空底物事。若是空时,如释氏说性相似。又曰:'释氏只见得个皮壳,里面许多道理,他却不见。'"[149]明王廷相《慎言》称:"天内外皆气,地中亦气,物虚实皆气,通极上下造化之实体也。"王夫之说:"太虚,一实者也。"这是宗张载之见,"易有太极,故有之也,同有之也。"[150]

　　张岱年先生说:"总起来看,'太极'是儒家哲学中表示最高实在

146　《张子正蒙·语录》,王夫之《张子正蒙注》,上海古籍出版社,2000年版。

147　《张子正蒙·太和》,王夫之《张子正蒙注》,上海古籍出版社,2000年版。

148　黎靖德编、王星贤点校《朱子语类》卷九十四,《朱子语类》第六册,第2366页,中华书局,1994年版。按:南宋易学家、理学家朱熹主"理本体"说。关于理、气与太极之关系问题,曾发诸多见解。其云:"太极只是一个'理'字。有自理后生是气,自'一阴一阳之谓道'推来。"又说,"天下未有无理之气,亦未有无气之理。"其门生请教:"或问'理在先,气在后'。曰:'理与气本无先后之可言。但推上去时,却如理在先,气在后相似。'""问:'有是理便有自气,似不可分先后?'曰:'要之,也先有理。只不可说是今日有是理,明日却有是气;也须有先后。且如万一山河大地都陷了,毕竟理却只在这里。'"(见朱熹《理气上·太极天地上》,《朱子语类》卷第一)或云理"先"气"后";或云理、气"本无先后";或云"也须有先后",理、气与太极之逻辑关系,尚未厘清,实际朱熹为理气二元论者,但始终并未否定太极为一为有、太极含气说。

149　黎靖德编《朱子语类》卷九十四,《朱子语类》第六册,第2367页,中华书局,1994年版。

150　王夫之《思问录·内篇》,王伯祥点校,中华书局,2010年版;王夫之《周易外传》卷五,中华书局,2011年版。

的范畴。对于'易有太极'四句,历来有不同的解释,汉儒认为是讲天地万物演化的过程,朱熹提出'画卦说',以为讲画卦的次序;李塨主张'揲蓍说',以为讲揲蓍的次序。其实朱、李二说都是讲不通的,还应承认汉儒旧说。"[151] 太极作为哲学范畴,"表示最高实在",承认关于"太极","历来有不同的解释"。可是,张岱年说到"是故易有太极"义,却称朱熹的"画卦说"与李塨的"揲蓍说",是应当加以断然拒绝的,理由是"朱、李二说都是讲不通的"。这是从一开始,将太极看成了一个哲学元范畴而没有追问这元范畴究竟何以可能的缘故。

哲学元范畴的发生,必不在哲学本身,而在于孕育以哲思、哲理的原古文化。从原巫文化探问与其相应的哲学及其美学何以发生,可以称之为关于原古巫学、巫性的文化哲学与文化美学。仅仅就被张岱年批评为"讲不通"的朱熹的"画卦说"来说,其实朱熹的"画卦说",正是关于"易有太极"之有力的巫筮文化的究源之论。

> 一每生二,自然之理也。易者,阴阳之变。大(朱熹原注:音泰)极者,其理也。两仪者,始为一画以分阴阳。四象者,次为二画以分太(引者:太阴、太阳)、少(少阴、少阳)。八卦者,此为三画(指八卦的每一卦,皆由三爻所构)。而三才(天、地、人)之象始备。此数言(即前引张氏所云"'易有太极'四句")者,实圣人作易自然之次第。有不假丝毫智力而成者,画卦揲蓍,其序皆然。[152]

> 问"易有太极,是生两仪,两仪生四象,四象生八卦"。曰:

151 张岱年《中国古典哲学范畴要论》,第53页,中国社会科学出版社,1987年版。

152 《易传·系辞上》,朱熹《周易本义》卷三,第314页,怡府藏版影印本,天津市古籍书店,1986年版。

> "此太极却是为画卦说。当未画卦前,太极只是一个浑沦底道
> 理,里面包含阴阳、刚柔、奇偶,无所不有。及各画一奇一偶,便
> 是生两仪。再于一奇画上加一偶,此是阳中之阴;又于一奇画上
> 加一奇,此是阳中之阳;又于一偶画上加一奇,此是阴中之阳;又
> 于一偶画上加一偶,此是阴中之阴,是谓四象。所谓八卦者,一
> 象上有两卦,每象各添一奇一偶,便是八卦。"[153]

朱熹解说《易传》"是故易有太极"这"四句",的确是从原古巫筮文化的"根"上说,目的在于解释、揭示关于太极哲学的文化根因根性,在笔者看来,是没有什么"讲不通"的。

同样持"太极为气"说,与儒家不一的道家持太极为无为〇之见。《庄子》云:"汤问棘曰:'上下四方有极乎?'棘曰:'无极之外,复无极也。'穷发之北有冥海者,天池也。有鱼焉,其广数千里,未有知其修者。其名为鲲。有鸟焉,其名为鹏,背若泰山,翼若垂天之云,抟扶摇羊角而上者九万里。"[154]又称,道者,"在太极之上而不为高,在六极之下而不为深"[155]。试问是何缘故?一言以蔽之,道,为无为〇之故。道无边际,道无限,不可从空间加以度量。陈鼓应先生说,所谓"在太

---

153 《朱子语类》卷七十五,宋黎靖德编,《朱子语类》第五册,第 1929 页,中华书局,1994 年版。

154 《庄子·内篇·逍遥游第一》,王先谦《庄子集解》卷一,第 2 页,上海书店影印本,《诸子集成》第三卷,1986 年版。按:这一引文中关于"汤问棘曰:'上下四方有极乎?'棘曰:'无极之外,复无极也。'"该二十一字,《庄子集解》缺佚,现补入。陈鼓应《庄子今注今译》云,"近人闻一多说:'此句与下文语意不属,当脱汤问棘事一段。唐僧神清《北山录》曰:汤问革曰:上下四方有极乎? 革曰:无极之外,复无极也。僧慧宝注曰:语在《庄子》,与《列子》小异。案革、棘古字通,《列子·汤问篇》正作革。神清所引,其即此处佚文无疑。'"(闻一多《庄子内篇校释》),《庄子今注今译》,第 12 页,中华书局,1983 年版。又按:"汤之问棘",见于《列子·汤问篇》。

155 《庄子·内篇·大宗师第六》,王先谦《庄子集解》卷二,第 40 页,上海书店影印本,《诸子集成》第三卷,1986 年版。

极之先而不为高，在六极之下而不为深"，"谓道涨宇内，无所不在（陈启天说）。'太极'，通常指天地没有形成以前，阴阳未分的那股元气，这里或当指天。'六极'，即六合。'太极之上'，原作'太极之先'，依俞樾之说改。俞樾说：'按下云：在六极之下而不为深'，则此当云：'在太极之上'，方与'高'义相应。今作'在太极之先'，则不与'高'义相应，而转与下文'先天地生而不为久'，其意相复矣。《周易·系辞传》曰：'易有太极。'《释文》（按：指唐陆德明《经典释文》）曰：'太极，天也。'然则庄子原文，疑本作在'太极之上'，犹云在天之上也。后来说《周易》者，皆以太极谓天地未分之前，于是疑太极当以先后言，不当以上下言，乃改'太极之上'为'太极之先'，而于义不可通矣。《淮南子·览冥训》曰：'引类于太极之上。'按：俞说可从。日本金谷治译注《庄子》本亦依俞说改正为'太极之上'。"[156] 太极，指"阴阳未分的那股元气"。既然如此，太极不当指"天"。太极即气，这与儒家所持相同。不同在于，儒家以为太极是有是一，故为实；道家以为太极是无是〇，故为虚。无论道家所说的太极与道是无是虚，都是指气。

《老子》所谓"道生一，一生二，二生三，三生万物"中的"二"，指阴阳即天地；"三"，指阴阳和谐，即"冲气以为和"的和；"三生万物"，指万物因和谐之气而生成。

"道生一"的一究竟指什么，这是问题的关键。儒家所说的"有"（一），不是道家所说的"无"。如果道家所说的道等于一，那么便变成了"一生一"，不合逻辑。因此道家"道生一"的道，一定是〇，其性为无为虚为静。

156　陈鼓应《庄子今注今译》，第 182 页，中华书局，1983 年版。按：《庄子今注今译》说："'太极之上'，原作'太极之先'，依俞樾之说改。俞樾说：'按下云：在六极之下，而不为深，则此当云：在太极之上，方与高义相应。'"（该书第 182 页）

这便是为什么通行本《老子》称"是故天下万物生于有,有生于无"。生"天下万物"的,必然是○。○即虚无、虚静之气,这便是老庄哲学、美学所预设的一个逻辑原点。

这虚无之气,似乎有类于《易传》所说"是故易有太极"的太极,但其实并非如此。

这里有一问题尤为值得注意。《庄子》一书所说的道,是指"在太极之上而不为高,在六极之下而不为深"的太极,在其哲学逻辑序列中,是比道低一层次的概念。太极,本指天的最高处。这一人文理念,原于先秦宫室观即建筑观。中国建筑观的所谓极、太极,指建筑物的最高处,如屋脊然。先秦哲学有"宇宙"[157]观,源自"宇宙即建筑,建筑即宇宙"的观念。建筑文化的所谓太极,属于形下之器,比拟之于天象,在古代"盖天"说中,指天宇北斗,或称为北极星。

正因如此,当《庄子》由宫室这宇宙的太极观导引出哲学的太极观时,就通过"汤问棘"这一对话方式,问"上下四方有极乎?"答:"无极之外,复无极也。"便在太极之上,建构了无极这一哲学范畴。无极这一范畴,实际始于通行本《老子》"复归于无极"之言,且为《庄子》所继承。北宋初年周敦颐有"无极而太极"、"太极本无极"之见。

> 无极而太极。太极动而生阳,动极而静;静而生阴,静极复动。一动一静,互为其根,分阴分阳,两仪立焉。阳变阴合,而生

---

157 按:关于"宇宙"这一人文概念,在汉代《淮南子》中有两种说法。其一,《淮南子·齐俗训》云:"往古来今谓之宙,四方上下谓之宇。"(《淮南子》卷十一)其二,《淮南子·览冥训》云,"凤皇(凰)之翔,至德也。雷霆不作,风雨不兴,川谷不澹,草木不摇。而燕雀佼(骄)之,以为不能与之争于宇宙之间。"(《淮南子》卷六)以上引文,见于《诸子集成》第七册,第178、93页,上海书店影印本,1986年版。前一个"宇宙",指哲学意义的时空;后一个"宇宙",指宫室即建筑。宇宙的本义指建筑,扩而指称整个天地宇宙为一所其大无比的"大房子",或者可以说,古时中国人,是从宫室(建筑)来"阅读"、比附与认识天地宇宙的,并且由此发展出哲学意义的宇宙时空观。

水火木金土,五气顺布,四时行焉。五行一阴阳也,阴阳一太极也,太极本无极也。[158]

朱熹说,"'无极而太极',不是太极之外别有无极"[159],认为"太极本无极"之义,指"太极"即"无极"。假如确实如此,则无必要除太极之外另立无极一词,也无必要于无极之外再引述太极一词。实际上,先秦《庄子》是将太极、无极分开来说的。在庄子看来,无极即道而太极者非道也。因而,周子所说的道家、道教的"太极本无极",实际指太极本于无极。

张岱年先生说:"《太极图说》首句'无极而太极',有一个版本问题。朱熹所见传本作'无极而太极',而当时官修《国史》中的'周敦颐传',尽载《太极图说》,首句作'自无极而为太极。'朱熹以为不应有'自'、'为'二字(《朱子大全集》卷七十一《记濂溪传》)。明清时代有人认为《国史》本传不可能有误,原本应作'自无极而为太极'。"[160]此是。

朱熹曾说,太极者,如屋之有极,天之有极,到这里更没去处。又说"原'极'之所以得名,盖取枢极之义。"[161]为什么称为"枢极"?是因为太极本指屋宇的最高处,所谓"枢极",便俨然是"大房子"既天地宇宙的太极,这太极有边际、有限度而充满"一片淳和之气",类于《易传》所说的那个太极,又不等于《庄子》作为事物本根的无极,这是很显然的。

158　周敦颐、邵雍《太极图说·通书·观物篇》,上海古籍出版社,1992 年版。

159　朱熹《周子之书·太极图》,黎靖德编、王星贤点校《朱子语类》卷九十四,《朱子语类》第 6 册,第 2367 页,中华书局,1994 年版。

160　张岱年《中国古典哲学概念范畴要论》,第 50 页,中国社会科学出版社,1987 年版。

161　朱熹《周子之书·太极图》,黎靖德编、王星贤点校《朱子语类》卷九十四,《朱子语类》第 6 册,第 2366 页,中华书局,1994 年版。

那么,时至宋代周敦颐、朱熹等关于太极、无极二者的论述,为什么似乎总有纠缠不清、一时难以理清其逻辑线索?这是因为时至宋明,儒道两家的文化意识、思想及其关于太极、无极等思维思想,正在走向融合的途中,在太极、无极、道与气之外,又有理学的理等作为哲学范畴等渗融其间,加上佛学亦来相接相融,于是范畴群落内部的种种逻辑关系,就显得更为纷繁复杂了。复繁的情形往往在于,原本属于儒家文化的太极和道家(包括道教)的无极概念,常常互用,于是让人感到扑朔迷离。然则大致而言,儒家的太极指有(一)而道家(道教)的太极指无(○),是泾渭分明的。

总之,中国文化史或者哲学史上,无论太极抑或无极的人文含蕴,始终指气,这是很显明的。正如明代王廷相所说,从根因根性来看,"元气之外无太极,阴阳之外无气",称朱夫子"不言气而言理,是舍形而取影,得乎?"[162]虽然王廷相对于朱熹哲学的批评,有些不够公允,因为朱熹并非"不言气而言理",朱子仅仅在理、气孰先孰后、孰主孰次的问题上,有些立场游移而有时自相矛盾而已。但要论太极、无极,前者为有为一为实;后者为无为○为虚。两者的分野,依然是清晰的,太极者,实气;无极者,虚气。这气的本始,一言以蔽之,源自巫气。

---

162 王廷相《太极辨》,《王廷相集》,中华书局,1989 年版。

第八章 现象直观：象的巫性美学研究

英国著名文化人类学家詹姆斯·乔治·弗雷泽指出，"在分析巫术思想时，发现可以把它们归纳成两个原则——'相似律'和'接触律'。前者是指同类相生，即同果必同因。巫师根据'相似律'推导出，他可以仅通过模仿来达到目的：以此为基础的巫术被称为'模拟巫术'或'顺势巫术'"；"后者是指相互接触的物质实体，哪怕被分开，仍然可以跨越距离发生相互作用；巫师基于此断定，自己可以通过一个人曾经接触过的物体来对这个人施加影响，无论这个物体是不是此人身体的一部分，此类巫术被称为'接触巫术'"[1]。

"相似律"与"接触律"作为巫术文化的两大原则，究竟意味着什么？

依弗雷泽之言，模拟巫术或者说顺势巫术之所以符合相似律，是因为在巫术预兆与巫术推断两者之间构成了灵的同类相生、同果同因的关系；接触巫术之所以"灵验"而有效，在于人与物之间一旦相互接触，便能跨越时空"发生相互作用"，从而施加影响。可谓神哉奇矣，从冷峻的科学理性角度看，这简直是不可理喻的。

值得注意的是，弗雷泽将相似律与接触律这原巫文化的两个原则在"巫术原理"意义的成立，归结于巫术的所谓"联想"及其"错误

---

1 ［英］詹姆斯·乔治·弗雷泽《金枝》上，第 16 页，陕西师范大学出版有限公司，2010年版。

应用"。弗雷泽说:"如果我上述分析无误,那么巫术的两大原则其实只是'联想'的两大错误应用方式。基于'相似'的联想而建立的'顺势巫术',其错误是把相似的事物看成同一个事物;基于'接触'的联想建立起来的'接触巫术',错误之处在于把曾经接触过的事物看成是一直保持接触状态。"[2]

正如英国著名文化人类学家泰勒所说:"人早在低级智力状态中就学会了在思想中把那些他发现了彼此间的实际联系的事物结合起来。但是,以后他就曲解了这种联系,得出了错误的结论:联想当然是以实际上的同样联系为前提的。以此为指导,他就力求用这种方法来发现、预言和引出事变,而这种方法,正如我们现在所看到的这种,具有纯粹幻想的性质。"[3]

曲解世界、事物的实际联系的错误的联想与幻想,是一切巫术文化的心灵特质。当初民因智力低下而无力真正认识、把握世界万物之间的实际联系时,一种精神上的"自由",遂以错误的联想与幻想,在巫术心灵中虚构世界及其万物的联系。

这种虚构,是一种原古心灵现象与心灵作用,使得作为世界万物实际联系的他者即构成人与物、预兆与推断、原因与结果之间属巫的虚拟联系成为可能,并且被初民认定为"真理"。巫性的联想与幻想于是出现,并且成为顽强的心灵定势和心灵传统。其所以如此,是因为作为一种"信文化"的信仰,人的情感、意识、理念与意志综合的巫气巫象存在并且作为心灵而发挥作用的缘故。

巫气巫象,可以简称为气、象。由于二者是一而二、二而一的氤氲关系,也可称为气之象、象之气。巫术文化中天与人、人与物、兆与

2　[英]詹姆斯・乔治・弗雷泽《金枝》上,第17页,陕西师范大学出版有限公司,2010年版。

3　[英]爱德华・泰勒《原始文化》,第93页,连树声译,广西师范大学出版社,2005年版。

断、因与果之间所谓的"相似"与"接触",巫术"作法"之所以"有效",实际全凭初民所信仰的气、象这二"灵"而实则为一。作为"作法"过程的惟一媒介且大化流行,灵是心理的关键因素。这是一切巫术文化的"奥秘"所在。巫性的联想、幻想与虚构之所以生起,作为错讹的文化心灵,惟有属巫之气、象二者作为"尊神"可以依赖。相似律和接触律对于气、象来说,构成了巫术包括中国巫筮文化的主要结构和机制。气与象或曰巫气、巫象,在《周易》中称为象数。

关于巫气及其巫性美学,本著第七章已稍有论析。这里,试从现象直观角度,继续解析与巫气密切攸关的巫术之象及其巫性美学的人文意蕴。

第一节　象范畴生成及其美学范畴与命题群落

象,作为中国文化与美学的一大重要范畴,是并非偶然的。象在文化与美学中的地位、作用与价值,几可与气并提。有学人曾将象看作中国文化及其哲学、美学的元范畴,以为这是由于中国文化一贯重"象"的缘故,于是优先发展了尚象的形象思维、灵感思维而并非崇尚真这一抽象思维即逻辑思维。如此认为自当无可厚非。

考人类意识、思维及其思想史,没有哪一种族、氏族与民族的文化,不是首先从形象思维之类起步的。形象思维与灵感思维,在"万物有灵"论的统驭下,必然首先在原古巫术、神话与图腾文化中得以孕育、发生。世界对人而言,总首先是五官感觉的对象,同时才可能成为意识的对象。人类朴素的科学意识、思维与理性尤其科学理性一开始就很倒楣,它们总是相对后起的。但感觉之所以成其为人的感觉,则意味着必有一定的意识、思维因素蕴含其间,或成为支配感觉的心灵原驱力,否则人的感觉也便不可能发生。

　　蕴含以原始意识、理性、原始思维的感觉、感受、形象与灵感等，注定要成为形上之理性、抽象思维与逻辑思维之类的导引者。

　　列维-布留尔引用弗雷泽之言有云："在思维的进化中，如同在物质的进化中一样，最简单的东西总是在时间上领先。"[4] 这样说一般并无不妥。人面对世界、环境与人自己，总是"自然"而"本能"地先以眼耳鼻舌身去感觉对象，同时才可能用脑子想一想，而且往往总也"想"不明白，而且其感觉往往很不可靠。人一开始是一种偏于情感、意绪与意象的"动物"，同时才可能进而是"意志的动物"与"理性的动物"。在人类意识、思维史上，首先登上舞台的，必然是那种不分天人、物我、主客的那种被布留尔称为"集体表象"、"互渗"的"象情感"、"象意志"及其"象思维"。这说明，这时人的所谓原始意识与思维对于世界、环境与人自己的主导与支配力，实际与猿猴等高等动物相差无几，既然对于最原始的人类而言，世界是混沌一片而不分天人、物我、主客，则人在那时实际是无法进行什么像样的理性思考的。像某些动物那样，人具有一定的感觉和情绪等，却还没有成熟的属于人的感受和情感。人在那时，在人的实践与环境的交往中，比如人在食、色二维活动中，已经获得初步的快感，这种偏于生理的快感，有待于发育为心理、心灵的融和了意识、理性、情感、想象和意志等一切因素的美感，但是生理快感本身并非美感，它对于尔后有待于在意识、理性指引下所发育而成的有关气与象的心灵建构而言，是不自觉的。关于这一点，一切种族、氏族与民族的初始心灵结构，大凡一概如此而无有例外。

　　因此，当有学人称象是中国文化特殊的哲学与美学元范畴时，看来还须将论题回溯到这个原范畴得以建构之前的时代。

4　[法] 列维-布留尔《原始思维》，第14页，丁由译，商务印书馆，1981年版。

这不等于说,象在中国文化、哲学与美学中无足轻重。

中国原古文化中一系列的"象问题",曾经何等美妙地开拓、发展又困扰着中国人的文化心胸,将其特有的"象情感"、"象意志"与"象思维"的东方景观、东方故事与东方智慧呈现于世界。在原始意义上,象是与巫气相伴而相生的,巫性的卜筮之象系统的神秘与神奇、深邃与瑰丽,平添了中国文化、哲学与美学不同于其他民族的诗性兼思性的人文品格。

象,甲骨卜辞写作 ⌒⌒[5]、⌒⌒[6]等。卜辞有"今夕其雨,获象"[7]等记载。东汉许慎《说文解字》称:"象,南越大兽。长鼻牙,三年一乳。象耳牙四足之形。"这里所说的象,指作为动物之一的大象。问题是,作为动物的大象,为什么后代成为中国文化、哲学与美学充满活力而至要的一大范畴?甲骨学家罗振玉氏早就指出:

> 《说文解字》:"象,长鼻牙,南越大兽,三季一乳,象耳牙四足之形。"今观篆文,但见长鼻及足尾,不见耳牙之状,卜辞亦但象长鼻。盖象之尤异于他兽者,其鼻矣。又象为南越大兽,此后世事。古代则黄河南北亦有之。为字从手牵象,则象为寻常服御之物。今殷墟遗物有镂象牙,礼器又有象齿甚多(非伸出口外之二长牙,乃口中之齿——原注)。卜用之骨有绝大者,殆亦象骨。又卜辞卜田猎有获象之语。知古者中原有象,至殷世尚盛也。王氏国维曰:"《吕氏春秋·古乐篇》:'商人服象为虐于东

5 罗振玉《殷虚书契前编》,五、三○五、五,《国学丛刊》石印本,第三期第三卷,1911年版。
6 董作宾《小屯·殷虚文字乙编》九六○,科学出版社,1956年版。
7 《甲骨文合集》一期一○二二二,郭沫若主编、胡厚宣总编辑,中国社会科学院历史研究所《甲骨文合集》编辑工作组集体编纂,中华书局,1978—1982年版。

夷,周公乃以师逐之,至于江南。'"此殷代有象之确证矣。[8]

殷代时,中原有大象生存于此的有力证据,是有关甲骨考古的发现[9]。罗振玉《殷虚书契前编》有卜辞"今夕其雨,隻(获)象。"[10]与"贞王象为祀,若(诺)。"[11]之记。

据有关中国气象史研究资料,大约在殷周之际或周初,中原气候骤变为寒,迫使喜温的大象不得不南迁。《甲骨文字诂林》云:

> 卜辞记田猎获兕象多见。今兕象均热带或亚热带动物,而殷代中原地区盛产之,此为研究当时地理气象之重要线索。根据卜辞有关田猎之记载,当时中原地区应是广袤之原始森林,雨量充沛。周代以后,气候之变易,加上人为之破坏,中原地区之自然环境已完全改观。[12]

当时中原的气候与环境,虽并非"完全改观",然而气候、环境的大变,足以令大象因畏寒而南"逃"。时至战国,中原民人,已经未能

---

8 罗振玉《殷释》中三十页下,参见于省吾主编、姚孝遂按语编撰《甲骨文字诂林》,第二册,第 1605 页,中华书局,1996 年版。

9 按:据王宇信杨宝成《殷墟象坑和"殷人服象"的再探讨》(见胡厚宣等《甲骨探史录》,第467—489 页,三联书店,(1982 年版)一文,1935 年秋与 1978 年春,曾分别在殷王陵区祖宗祭祀坑遗址,考古发现大象遗骸各一。前者象坑,为长方形竖穴,长 5.2 米,宽 3.5 米,深 4.2 米,埋象骸一、驭象奴一;后者象坑内,埋象骸一、猪骸一。二坑之遗骸,皆相当完整。

10 罗振玉《殷虚书契前编》三、三一、三,《国学丛刊》石印本,第三期第三卷,1911 年版。
   按:该书初版以《殷虚书契》名,1916 年 3 月,罗氏出版《殷虚书契后编》,简称《后》,于是,称《殷虚书契》为《殷虚书契前编》,简称《前》。这一卜辞,收入《甲骨文合集》,一期一〇二二二,见前。

11 罗振玉《殷虚书契前编》五、三〇、五,《国学丛刊》石印本,第三期第三卷,1911 年版。

12 于省吾主编、姚孝遂按语编撰《甲骨文字诂林》,第二册,第 1607 页,中华书局,1996年版。

亲自目睹大象五六百年之久。然而代代相传,数百年间,人们一直保持着关于大象之遥远的历史记忆。

这成为由动物大象转嬗为人文之象的一个历史性契机。

当人们不期然而然地从地下挖出某种动物遗骸,便可能会提出疑问:这是否真是绝迹数百年的大象?《战国策·魏策》有"白骨疑象"之记,是并非偶然的。《韩非子》称:

> 人希见生象也。而得死象之骨,案其图以想其生也。故诸人之所以意想者,皆谓之象也。今道虽不可得而闻见,圣人执其见功以处见其形。故曰:无状之状,无物之象。[13]

战国时北地中原之人欲见"生象"即活着的大象,已经没有可能,必须到南方才有可能,称为"希见"而实际上是见不到。

那么,这人文之象的象,究竟指什么?

某物、某人与某境等,以往见过、接触过、了解过,当下已不在眼前,也并无接触,却对它一直保持一定的心理、心灵的记忆,可以被回想、被意想或由此作可能的想象甚或幻想,这便是笔者所理解和认为的人文之象这一概念的内涵。

象,心理、心灵的印记、印迹与印象甚而是一种氛围。它是以视觉、听觉为主的五官感觉在人的心理、心灵的回响与烙印。

人文之象,并非指客观存在之物,而是客观存在之物在心理、心灵所留下的记忆、印象、轨迹和氛围,等等。象,"意想者"之谓。

值得强调指出,象这一范畴,首先并非出现于中国哲学及其美学,而是首先出现在中国文化及其历史学的叙述中。

---

13 《韩非子·解老第二十》,王先慎《韩非子集解》,第108页,上海书店影印本,《诸子集成》第五卷,1986年版。

试以《尚书》与《周易》为例。

据笔者不完全统计，今存《尚书》凡五十九篇，言"象"之处大致如次：

"象恭滔天"[14]、"象以典刑"[15]、"予欲观古人之象"[16]、"方施象刑"[17]、"乃审厥象"[18]与"崇德象贤"[19]等凡此六例的象概念，大凡具有外表、图象、梦境、刻画与仿效等义，可以分为名词与动词两类。

《尚书》原称《书》，战国末期荀卿有言，"故《书》者，政事之纪也"。[20]《尚书》所说的象，似乎仅仅是一个普通的名词或动词，大凡指器物的外形和人以某物的形状进行描摹、刻画和效法等行为。其实，对于作为"上古之书"的《尚书》而言，却不能以一般的政事之纪视之。从人类学关于巫学的角度看，其中有些象字意义，却并非指器物一般的形相和人的描画行为，而是具有巫性意味的。

如前引"予欲观古人之象"的象，确实指古人的服饰图象。然而如果我们首先仅从历史学或美学看，就可能忽视其所蕴含的人类学

---

14 《尚书·虞夏书·尧典》，孙星衍、陈沆《尚书今古文注疏》，中华书局，1986 年版。按：此"象恭滔天"之"滔"，"通'慆'，怠慢的意思。《诗·大雅·荡》：'天降滔德，女兴是力。'《毛传》：'滔，慢也。'"（见江灏、钱宗武《今古文〈尚书〉全译》，第 18 页，贵州人民出版社，1990 年版）大意为：外表谦恭，实质上对老天也怠慢不敬。此"象"，外表之义。

15 《尚书·虞夏书·舜典》，孙星衍、陈沆《尚书今古文注疏》，中华书局，1986 年版。按："象以典刑"，意为将典型之刑罚以文字镂刻于器物。"象"，刻画义，名词作动词用。

16 《尚书·虞夏书·益稷》，孙星衍、陈沆《尚书今古文注疏》，中华书局，1986 年版。按：其文云，"予欲观古人之象，日月、星辰、山龙、华虫（有文采之虫），作会（绘）；宗彝（宗庙祭祖之彝器）、藻火、粉米、黼黻，絺（缝纳）绣，以五彩彰施于五色。作服，汝明。"故此"象"有图案义。

17 《尚书·虞夏书·益稷》，孙星衍、陈沆《尚书今古文注疏》，中华书局，1986 年版。按："方施象刑"之"象刑"，即前文所言"象以典刑"义。

18 《尚书·商书·说命上》，孙星衍、陈沆《尚书今古文注疏》，中华书局，1986 年版。按："乃审厥象"之"厥象"，指梦境、梦中之象。

19 《尚书·周书·微子之命》，孙星衍、陈沆《尚书今古文注疏》，中华书局，1986 年版。按："崇德象贤"，尊崇祖德，效仿贤者义。

20 《荀子·劝学篇第一》，王先谦《荀子集解》卷一，第 7 页，上海书店影印本，《诸子集成》第二卷，1986 年版。

的巫学意义。试问：古人为何要"以五彩彰施于五色，作服，汝明"？并非为了穿在身上好看为了审美，而是由古人传承而来的"日月、星辰、山龙、华虫"与"宗彝、藻火、粉米、黼黻"等图象"作会（绘）"、"絺（缝纳）绣"于衣，显然有巫术魔力的意义。

凡此图象，或者是吉利之象，如"日月"、"星辰"、"山龙"与"华虫"等；或者具有镇妖之功，如"宗彝"，就是王国维所说的"尊彝"。"尊彝皆礼器之总名也。古人作器，皆云作'宝尊彝'，或云作'宝尊'，或云作'宝彝'。然尊有大共名之尊，有小共名之尊，又有专名之尊。彝则为共名而非专名。"[21]"彝，常也，谓钟鼎为宗庙之常器。"[22]所谓尊彝都是礼器。古人为何要在宗庙以尊彝祭祖？为的是尊礼。《说文·示部》有云，礼，"所以事神致福也。"礼繁体为禮，从示从豊。示，凡是表示敬奉神灵与吉凶休咎之义的汉字，都从示。除了礼字，如祭、祀、福、祇、祈、祇、祖、神、宗、祝、祥、祸、禁、禘与祷等，都从示。礼之本字为"豊"。王国维说：

> 豊又其繁文（按：指豊字在卜辞中，有多种写法），此诸字皆象二玉在器（按：指豊字下部的豆字，豆为祭器之象形）之形。古者行礼以玉，故《说文》曰："豊，行礼之器。"其说古矣。[23]

礼者，首先是对于神灵而言的。指人、神之间所构成的一种崇拜与被崇拜的意绪及其文化方式，礼的原古人文意蕴，体现了人、神之际的差异、不平等、冲突、妥协与和解。尔后，礼才衍射于人际关系，

---

21 王国维《说彝》，《观堂集林》卷三，第16页，《王国维遗书》，第一册，上海书店出版社，1983年版。

22 《左传·襄公十九年》注，杨伯峻《春秋左传注》，中华书局，1981年版。

23 王国维《释礼》，《观堂集林》卷六，第15页，《王国维遗书》，第一册，上海书店出版社，1983年版。

成其为伦理之礼。《礼记》云："夫礼者,所以定亲疏、决嫌疑、别同异、明是非也。礼,不妄说(悦)人,不辞费。礼,不逾节,不侵侮,不好狎。修身,践言,谓之善行。行修,言道,礼之质也。"[24]这里所说的是人际伦理之礼而非原古事神、敬神之礼。

《尚书》所说的"作服",东汉郑玄《尚书》有注云："此十二章为五服,天子备有焉。公自山龙而下,侯伯自华虫而下,子男自藻火而下,卿大夫自粉米而下。"指服饰的人伦礼制,诚然是矣。然而,这种自古传承而来的"作服"制度,不是无根无由的。其根因根性,实际在本具巫性的拜神、礼神的古制之中。在原古意义上,"作服"倘非如此,被人坚信是凶险而不吉利的,至于讲究以服饰的不同图象,来表示不同的社会身份、等级以及伦理意义的审美,倒在其次。因此古时"作服"之象,原本是属巫的,尔后才转嬗、参与了礼乐文化与审美文化的建构。

通行本《周易》本为"象数之学"。王夫之曾经称其为"象数相倚":

> 天下无数外之象,无象外之数。既有象,则得━之、╍之而数之矣。既有数,则得以奇之、偶之而象之矣。是故象数相倚。象生数,数亦生象。象生数,有象而数以为数;数生象,有数而遂成乎其为象。[25]

这里所说的"象数"的数,曾被有的"科学易"研究者直接理解为现代数学的数。《周易》的数,确实是中国古代自然科学门类之一数学的萌芽,然而不能将《周易》所谓"数"与数学二者混为一谈。

《周易》象数,是中国古时"数术"(或称"术数")的一种。汉代刘

24　《礼记·曲礼上第一》,杨天宇《礼记译注》上册,第3页,上海古籍出版社,1997年版。
25　王夫之《尚书引义》卷四,《尚书稗疏　尚书引义》,《船山全书》第二册,长沙:岳麓书社,1989年版。

歆《七略》,将数术分为"天文"、"历谱"、"五行"、"蓍龟"、"杂占"与"形法"六种。象数,指"蓍龟"之蓍,或曰筮。蓍(筮),以巫性的数即兆(又称"几")来推演、推断人事命运,在智慧程度上,是中国古时最高级的一种数术。在大致成篇于战国中后期的《易传》中,保留着所谓算卦的古筮法,即"大衍之数五十,其用四十有九"[26]那一大段文字的表述。

象即数、数即象,"象数相倚"。依法国学者列维-布留尔所言,可以称之为象与数的神秘"互渗"。天人、物我、主客与情理等,合二而一。列维-布留尔说:

> 有一个因素是在这些关系中永远存在的。这些关系全都以不同形式和不同程度包含着那个作为集体表象之一部分的人和物的"互渗"。所以,由于没有更好的术语,我把这个为"原始"思维所特有的支配这些表象的关联和前关联的原则叫作"互渗律"[27]。

被原始思维所决定的那个不分彼此、相互渗透的所谓"集体表象"之象中,蕴含对于"万物有灵"的神灵与原始初民关于自身命运的体会、认同和敬畏。象,必同时蕴含着被中国古人称之为"数"的那个东西。无数,则无所谓象;无象,也无所谓数。象数"互渗"。

巫性之数,命运之谓。古时也称"数奇"[28]、"天数"(所谓命里注

---

26 《易传·系辞上》,朱熹《周易本义》,第 304 页,怡府藏版影印本,天津市古籍书店,1986 年版。按:古筮法本为"神秘"、"灵验"之数的运演,涉及《系辞上》第九章文字部分。因运演程式相当繁复、烦难,这里从略。可参见拙著《周易精读》,第 294—304 页(复旦大学出版社,2009 年第二次印刷)的详细解读。

27 [法]列维-布留尔《原始思维》,第 69 页,丁由译,商务印书馆,1981 年版。

28 按:如司马迁《史记》一○九《李将军传》云:"大将军青(指卫青)亦阴受上诫,以为李广老,数奇,毋令当单于,恐不得所欲。"

定）、"劫数"（所谓在劫难逃），等等。皆指命运多舛、无可逃避。《论语》所谓"生死有命，富贵在天"，云云，即指命运之数。

在初民头脑中，象并非独立自存，必与数"互渗"。因而须从数论象，由象说数。尤其在言象之时，不能无视、忽视巫性的"数问题"。"科学易"将《周易》的数，往往等同于自然科学的数学，其可取之处在于，揭示了中国数学作为一门学科肇始于原古易文化的历史真实，但《周易》的巫筮之数，始终与巫性之象未分，远不是数学的数，不像数学的数那样是抽象性的。列维-布留尔说："在这里，被感知的任何东西都同时包含在那些以神秘因素占优势的集体表象的复合中。同样，在这里也不存在简单地只是名称的名称，也不存在只是数词的数词。""每当他想到作为数的数时，他就必然把它与那些属于这个数的，而且由于同样神秘的互渗而正是属于这一个数的什么的性质和意义一起来想象。"[29]

中国原古巫学的最高成就，的确在于《周易》数占。时至汉代及之后，古人即以"数术"或曰"术数"，来通称一切中国巫术及与巫文化相关的文化现象，包括测日、测风、望气、甲卜、筮占、五行、历算、扶乩、放蛊、遁甲、形法（即风水、堪舆）与医术、音律，又包括起自西汉而盛于东汉的谶纬，等等。更凸显"数术"之数的命运、命理意义。《周礼》所谓"三曰六艺：礼、乐、射、御、书、数"[30]的"数"，狭义指易筮、历算，或者可称为"算术"，广义则指一切巫术及其"作法"。

有意思的是，在蔚为大观而作为"象数之学"代表的通行本《周易》本经中，其六十四卦卦辞、三百八十四爻爻辞及乾卦"用九"、坤卦"用六"两条文辞，竟没有一个象字，这或可证明象字是后起的。

29　[法]列维-布留尔《原始思维》，第 201 页，丁由译，商务印书馆，1981 年版。

30　《周礼·地官·大司徒》，孙诒让疏，王文锦、陈玉霞点校《周礼正义》，中华书局，1987年版。

　　然而不等于说,《周易》本经并非中华古时"象数"及"象数之学"人文意识的渊数。其阴爻阳爻、八卦与六十四卦等筮符系统,都是象、数及其象数结构,是"互渗"的巫意识之原,其数的意识、数的情感与数的意志等,融渗于全部筮符系统与占筮全过程。《周易》本经的巫筮符号及与其大致对应的文辞言说,都是其有力的佐证。《左传·僖公十五年》说:"筮,数也。"[31]《汉书·律历志》说:"自伏羲画八卦,由数起。"[32]数即象、象即数,须将这两者放在一起来加以理解。这便是《易传·系辞》之所以称"参伍以变,错综其数。通其变,遂成天下之文;极其数,遂定天下之象。"[33]的缘故。"象备而数周,故其精蕴可以阐化原而穷事物。"[34]这里所说的易的"精蕴",是巫。

　　《易传》言说易象(易数)之处甚多。在《易传》中,有直接称为《象》(大小)二篇,其余都不离于象(数)这一范畴。

　　"在天成象,在地成形,变化见矣。"[35]象属天而形属地,是因为初民生活于大地,大地可触摸可亲近,是很实在的,而高远的苍穹不可亲历,所以容易激起幻觉与想象,所谓神秘、神奇和幻象,便首先与天及与观天的经验相联系。

　　"古者包牺氏之王天下也,仰则观象于天,俯则观法(按:形)于地,观鸟兽之文与地之宜,近取诸身,远取诸物,于是始作八卦,以通神明之德,以类万物之情。"[36]朱熹云:"俯仰远近,所取不一。然不过

31　《左传·僖公十五年》,杨伯峻《春秋左传注》,中华书局,1981年版。

32　班固《汉书·律历志第一上》,《汉书》卷二十一上,《汉书》第110页,中华书局,2007年版。

33　《易传·系辞上》,朱熹《周易本义》,第309页,怡府藏版影印本,天津市古籍书店,1986年版。

34　《河洛精蕴·金氏序》,江慎修《河洛精蕴》,第9页,学苑出版社,1989年版。

35　《易传·系辞上》,朱熹《周易正义》,第284页,怡府藏版影印本,天津市古籍书店,1986年版。

36　《易传·系辞下》,朱熹《周易正义》,第322—323页,怡府藏版影印本,天津市古籍书店,1986年版。

以验阴阳消息两端而已。'神明之德',如健顺动止之性;'万物之情',如雷风山泽之象。"[37]此之谓"圣人设卦观象,系辞焉而明吉凶,刚柔相推而生变化,是故吉凶者,失得之象也;悔吝者,忧虞之象也;变化者,进退之象也;刚柔者,昼夜之象也"。[38]可见,观象及其系辞即在卦爻符号之下设列卦爻辞,为的是"明吉凶"。古人的观象与系辞,是一种巫术活动;易象之性,实为巫性;吉凶与悔吝、变化与刚柔,都是具有巫术意义的。

在《易传》中,象首先是一名词,尔后才作为动词。"圣人有以见天下之赜,而拟诸其形容,象其物宜,是故谓之象。圣人有以见天下之动,而观其会通,以行其典礼,系辞焉以断吉凶,是故谓之爻。"[39]朱熹:"赜,杂乱也。"[40]故幽深难现。这并非指哲学意义的幽微不明,而是指,对于古人而言,世界变幻莫测,神秘无穷,吉凶之兆,难以显现。清代李光地引吴澄的话说:"圣人见天下不一之动,而观其极善(按:吉)之理(巫理),以行其事。见理精审,则行事允(信)当也。以处事之法为辞,系于各爻之下,使筮而遇此爻者,如此处事则吉,不如此处事则凶也。"[41]此言是。而《易传》"象其物宜"的象,象示、象征、象喻义,即占筮所呈现吉凶兆象的意义。这也便是《易传》所谓"是故易者,象(按:为名词)也。象也者,像也"。[42]

尚秉和氏指出:

37　朱熹《周易本义》,第323页,怡府藏版影印本,天津市古籍书店,1986年版。

38　《易传·系辞上》,朱熹《周易本义》,第287—288页,怡府藏版影印本,天津市古籍书店,1986年版。

39　《易传·系辞上》,朱熹《周易本义》,第298页,怡府藏版影印本,天津市古籍书店,1986年版。

40　朱熹《周易本义》,第298页,怡府藏版影印本,天津市古籍书店,1986年版。

41　李光地《周易折中》,李一忻点校,九州出版社,2002年版。

42　《易传·系辞下》,朱熹《周易本义》,第326页,怡府藏版影印本,天津市古籍书店,1986年版。

易本用以为筮。故有卦辞，又有爻辞。其所言皆天地间公例公理。昔人谓专言天道者固非，谓专言人事者亦非。否泰往来，剥复循环。天道与人事，无二理也。包括万有，孕育深宏。凡哲学无不根源于是。[43]

说者以简易、不易、变易释之，皆非。愚案：《史记》、《礼》书云，能虑勿易，亦以易为占。简易、不易、变易，皆易之用，非易之本诂。[44]

易、易数、易象，本为巫筮，本具巫性。大凡其哲学及其美学意义的"简易、不易、变易"之类，"皆易之用"而非易之原。易、易数、易象，"凡哲学无不根源于是"。有人误以为易学本即哲学，其实是忽视易的哲学及其美学的文化根由之故。将易象等同于艺术审美之象，正如将易数等同于自然科学的数学一样，也是忽视易象是艺术审美之象的本原的缘故。

巫象是中华艺术审美之象的人文原型之一，而且是重要而主导的人文原型。巫性之象对于艺术审美之象而言，确是其人文温床之一。象孕育于巫，又"历史地生成"在艺术之象的审美之中。

其生成，有一个历史与人文过程。

巫象意识，萌生于中国原古文化，这便是前文所说由动物大象而转嬗于人文之象，是首先进入人文心灵与心理领域的象（数）。

考郭店楚墓竹简[45]《老子》全文，分甲书、乙书与丙书，惟见两个象字。

---

43 尚秉和《周易尚氏学·周易尚氏学总论·第二论周易大义之认识》，中华书局，1980年版。
44 尚秉和《周易尚氏学·周易尚氏学总论·第一论周易二字本诂》，中华书局，1980年版。
45 按：据考古，1993年10月，在湖北省荆门市沙洋区四方乡郭店村所出土的楚简《老子》，为迄今所发见最古《老子》抄本。该本《老子》，篇幅不及通行本五分之二，学界以为有三种可能：其一，该墓曾遭盗掘导致竹简残缺；其二，陪葬时未将《老子》全文放于墓穴；其三，原本如此。参见拙文《郭店楚简〈老子〉的美学意义——老子美学再认识》（载《学术月刊》2001年第11期）一文。

大方亡隅，大器曼成，大音傲声，天象亡形，道隐无名。[46]

执大象，天下往。[47]

先看第一段引文，亡隅、亡形的亡，读作无。大器曼成的曼，"裘锡圭读为'趣（慢）'，此说可从"。大音傲声之傲，"《说文》：'嫚也。'今书作'傲'。傲，《正韵》：'慢也，倨也。'"这一段引文的大意，"大的方正没有楞（棱）角，大的器物较为晚成，大的声音迟缓发出，天象没有行迹，道幽隐而没有名称"。[48]这里，释曼为慢，傲具慢义，此是。释大方、大器、大音的大，为形容词大之义，欠妥。这里的大为名词，其义为原本、原始。《说文》说："大，像人形。"此大指人。在卜辞中，大字是正面站立的成年男子的象形。裘锡圭指出，"古汉字用成年男子的图形大表示"大"，"大（按：此"大"为名词）的字形像一个成年大人"。[49]因而，大方、大器、大音，并非指"大的方正"、"大的器物"、"大的声音"，而是指原本的方无所谓棱角，原本的器无所谓成还是不成，原本的音不能也不是听得见的声音。

《老子》所说的大方、大器、大音之类，实指搏之不得、视而不见、听之不闻的道。

老子所说的象，有的哲学研究者称其原本就是一个哲学范畴，认为既然老子是哲学家，那么他所说的道，理所当然便是哲学范畴了，而且，这的确可以从通行本《老子》那两段名言即"道可道，非常道。

46　《郭店楚墓竹简·〈老子·乙书〉》，文物出版社，1998年版。

47　《郭店楚墓竹简·〈老子·丙书〉》，文物出版社，1998年版。按：通行本《老子》第三十五章称："执大象，天下往，往而不害，安平太。"

48　侯才《郭店楚墓竹简〈老子〉校读》，第101、102页，大连出版社，1999年版。

49　裘锡圭《文字学概要》，第3页，商务印书馆，1988年版。

名可名,非常名"和"道生一,一生二,二生三,三生万物"[50]得到证明。

道在《老子》一书中是一个哲学范畴固然不错。可是哲学之道,并非自中华文化的一开始就有的,它应该有一个文化来源处。哲思哲理孕育于文化而不能自生,正如子不能自生而须生于父母那样。《老子》说:"天下有始,以为天下母。既得其母,以知其子;既知其子,复守其母,没身不殆。"[51]从道与象的人文联系看,两者都生于中华原古信文化即原古神话、图腾与巫术等文化形态中,并且以原巫文化为基本而主导,其象意识、象情感、象意志与象幻想,等等,参与了道这一哲学范畴的历史性建构。

正如前引,郭店楚简《老子》既说"天象"[52],又称"大象"。天象的天,东汉许慎《说文》释曰:"天,颠(巅)也,至高无上,从一大。"[53]这里的"大",实指人,人头顶之上的,是自然的"天"(天空)。但是从"至高无上"一语,可隐约见出天字的神性兼巫性意义,但又并非明指天的原古巫性与蕴含于巫性的神性。

从人类学关于巫学的理念角度看,天的本义,在于巫在于体现为巫性的神性。《尚书》:"今商王受(按:纣王之名),弗敬上天(天之别称),降灾下民。""天佑下民,作之君,作之师,惟其克相上帝,宠绥四方。"[54]天(上天)的意义,显然具有神性兼巫性。因而有天命一词,"君子有三畏:畏天命,畏大人,畏圣人之言。"[55]命者,天之令也。具

---

50 魏源《老子本义》上、下篇,第1、35页,上海书店影印本,《诸子集成》第三卷,1986年版。

51 《老子》下篇,魏源《老子本义》下篇,第42页,上海书店影印本,《诸子集成》第三卷,1986年版。

52 按:楚竹书《老子》在言"天象"的同时,又称"天道"。该本《甲书》云:"天道圆圆,各复其根。"

53 许慎《说文解字第一上》,第7页,中华书局影印本,1963年版。

54 《尚书·周书·泰誓上》,孙星衍、陈沆《尚书今古文注疏》,中华书局,1986年版。

55 《论语·季氏第十六》,刘宝楠《论语正义》,第359页,上海书店影印本,《诸子集成》第一卷,1986年版。

有天数即天命所定的意义,"天数有违,江山难恃"。[56]天具有命运义。
《孟子》有云:"人力不至于此,不取,必有天殃,取之何如?""若夫成
功则天也。""他日君出,则必有司所之。""吾之不遇鲁侯,天也。"[57]
此是。

由天与象所构成的"天象"一词,原本并非指自然界意义的天空
气象,它具有巫性兼神性的意义,其象,与天命、天数和天令之义相勾
连。《易传》称"天垂象,见吉凶,圣人则之"。[58]天垂象的象,即易筮所
谓兆,圣人视兆而判定天下、人事吉凶,可见《周易》所说与天相勾连
的象的本始意义,指巫象。

前引郭店楚简《老子》关于论道的"大方亡隅"那一段文字,通行
本《老子》写为:"大白若辱,大方无隅,大器晚成,大音希声,大象无
形。"[59]以楚竹书《老子》与通行本《老子》相比较,前者既言天象又说
及大象这一概念,后者却仅仅称言大象。从天象到大象,证明与象之
意识、情感、意志、幻想(想象)相系的《老子》道论,是由巫性兼含神
性的象意识向哲学思想与思维的进一步抽象化。天象的天,偏于具

---

56 《后汉书十三·公孙述传·赞》,范晔撰,李贤等注,中华书局,1965 年版。

57 《孟子·梁惠王章句下》,焦循《孟子正义》卷二,第 89、96、99、101 页,上海书店影印本,
《诸子集成》第一卷,1986 年版。

58 《易传·系辞上》,朱熹《周易正义》,第 315 页,怡府藏版影印本,天津市古籍书店,1986
年版。

59 通行本《老子》第四十一章。王弼注《老子道德经》下篇,上海书店影印本,第 26 页,《诸
子集成》第三卷,1986 年版。按:关于此段老子之言,魏源《老子本义》下篇为:"大成若
缺,其用不敝(蔽)。大盈若冲,其用不穷。大直若屈。大巧若拙。大辩若讷。"(上海书
店影印本第 37 页,《诸子集成》第三卷,1986 年版)关于王弼《老子》注本这一老子名
言,陈鼓应解读为:"最洁白的好像含垢的样子;最方正的反而没有棱(棱)角;贵重的总
是最后完成;最大的乐声反而听来无音响;最大的形象反而看不见行迹;"(陈鼓应《老
子注译及评介》,第 230 页,中华书局,1984 年版)此释未妥。"大白"、"大方"、"大器"、
"大音"与"大象"等,"原白"、"原方"、"原器"、"原音"与"原象"之谓,皆言"道"。正如
前述,此"大",原始、本始义。这一段老子之言,大意为:道为事物本根,无所谓物件之
白垢、形体之方圆、成器之早晚、音声之多寡与形象之有无,又决定天下万类之生成。
作为"原白"、"原方"、"原器"、"原音"与"原象"之"道",皆如是。

有巫性及其神性,大象之大,则偏于哲理思性。可见老子的象论与道论,如何从蕴含以神性之巫性、巫性之神性,向文化哲学意义的哲理思性的转嬗。

大象一词,是道的文字表述之一。在其思想与思维品格上,郭店楚简《老子》比通行本《老子》,更接近于迄今未被发现的《老子》祖本。

象,原本是一个原古"信文化"范畴,在神话、图腾与巫术文化中都是存在的。对于中华原古文化而言,以巫文化为基本而主导,尔后在历史的陶冶中,才逐渐地主要由巫文化演化为哲学及其美学等。通行本《老子》说:

> 道之为物,惟恍惟惚。惚兮恍兮,其中有象;恍兮惚兮,其中有物。窈兮冥兮,其中有精。其精甚真,其中有信。[60]

老子以为,从"惟恍惟惚"的角度看,道,其实不是一个纯粹的形上本体,因为"其中有象"、"其中有物"、"其中有精"、"其中有信"。这显然与通行本《老子》开篇所说"道可道,非常道;名可名,非常名"、其"元(玄)之又元(玄),众妙之门"[61]的彻底形上的立论相抵牾。

从"惟恍惟惚"此言可知,其实在老子那里,关于道的形上品性,有时还不一定看得十分真切而肯定。作为哲学本原本体的道,还包含着物、象与信等人文因素,说明道并非纯粹形上。与物相联系的

60　通行本《老子》第二十一章,王弼注《老子道德经》上篇,第 12 页,上海书店影印本,《诸子集成》第三卷,1986 年版。

61　通行本《老子》第一章,王弼注《老子道德经》上篇,第 1 页,上海书店影印本,《诸子集成》第三卷,1986 年版。

象、信等因素，正是老子在建构道这一本原本体时，受到中华文化巫性意义的象的意识、思想与思维等影响的一个明证。此象，是巫象的存遗；此信，是原古信文化参与道哲学建构的一大证据。原古信文化，包括原古神话、图腾与巫术，且以巫文化为基本而主导。

徐复观说："老子思想最大的贡献之一，在于对自然性的天的生成、创造，提供了新的、有系统的解释。在这一解释之下，才把古代原始宗教的残渣，涤荡得一干二净，中国才出现了由合理思维所构成的形上学的宇宙论。"[62]可是通行本《老子》，实际是一个思想蕴涵与思维方式比较复杂的文本。如果注意到老子这一段"其中有象"、"其中有物"与"其中有信"的言说，是不肯说老子已将作为哲学原型的巫性"涤荡得一干二净"这类话的。老子，的确并未将所谓"原始宗教"实际是以原古巫术为基本而主导、伴随以原古神话与图腾的信文化的"残渣"，"涤荡得一干二净"。尽管老子哲学之道具有形上之性，而巫性之象与信的人文因素，依然遗留在其哲学思想与思维之中。老子哲学，命里注定要拖着一个以原巫为主的信文化的人文"阴影"。至于如章太炎所说"老子并不相信天地鬼神和占验的话。孔子也接受了老子的学说，所以不相信鬼神，只不敢打扫干净，老子就敢于打扫干净"[63]，等等，也恐怕部分地失去了立论的依据。

从《庄子》这一哲学文本看，不乏有关命理巫性之象的记述。

《庄子》说，"仲尼曰：'天下有大戒二：其一，命也；其一，义

62　徐复观《中国人性论史·先秦篇》，第287页，三联书店，2001年版。

63　章太炎《演讲录》，引自陈鼓应《老子註译及评介》，第50—51页，中华书局，1984年版。按：通行本《老子》言"鬼神"与"吉凶"处甚多。如第三十一章称，"吉事尚左，凶事尚右"（第三十一章）。意为：做事以左为吉，以右为凶。古时中华的风水方位，左阳右阴，亦即左上右下、左吉右凶、左主生右主死。又如其第三十六章云："将欲取之，必固与之，是谓微明。"意为：做事想要有所取舍之前，先得看事物变化的征兆。"微明"之"微"，在巫性文化中称为"几"。正如《易传·系辞下》所言，"知几，其神乎？""几者，动之微，吉（引者：疑缺一凶字）之先见（现）者也。"

也。'",此则"无所逃于天地之间"[64]。陈鼓应先生解释为"孔子说:'世间有两个足以为戒的大法:一个是命(自然的),一个是义(人为的)'","这是没法逃避得了的"[65]。这是将命理作了哲学的理解,其实是欠妥的。

甲骨卜辞有命、令二字,命即令。令者,"古人振铎以发号令,从卩(按:读 jie)乃以跪踞之人表受命之意。"[66]这是宗《说文》"令,发号也"之义。令字"从卩"之"卩",《玉篇》解为"瑞信"。甲骨卜辞未见"瑞信"的信字。但有一个允字,这便是通行本《周易》本经升卦初六爻辞"允升,大吉"的允。《说文》:"允,信也。"又称,"信,诚也。从人从言,会意。"指人与人之间的言谈交往,以诚信为要,属于伦理学范畴。这也便是《礼记》所谓"信,事人也"。《礼记》凡四十九篇礼学文献,大致由先秦至秦汉时人所编集,《说文》则为东汉时作,这一解读,只是言说信字的道德引申义而失落了信字本义。

信字本义,指"声兆"。信字从人从言,此人,巫也;此言,指巫觋的祝词或咒语之类。在原巫文化中,言语本具魔力,巫师以祝词、咒语"作法",此之谓。《说文》在解读"祝"义时说:

> 祝,祭主赞词者。从示从人口。一曰:从兑省。《易》曰:"兑为口为巫。"[67]

刘黎明指出,"咒语在巫术中使用得极其普遍,我们甚至可以说:

---

64 《庄子·内篇·人间世第四》,王先谦《庄子集解》卷一,第 25 页,上海书店影印本,《诸子集成》第三卷,1986 年版。

65 陈鼓应《庄子今注今译》,第 127 页,中华书局,1983 年版。

66 徐中舒主编、常正光伍仕谦副主编《甲骨文字典》,第 1000 页,四川辞书出版社,1989年版。

67 许慎《说文解》一上示部,第 8 页,中华书局影印本,1963 年版。

有多少种巫术,就有多少种咒语。清·张培仁《妙香室丛话》卷五'咒语':山行念仪方二字,可却蛇虫;念仪康二字,可却狼虎;念林兵二字,可却百邪。夜行念主夜神咒,曰'婆珊婆演帝',可避恶梦;赌博时念'伊谛弥谛弥羯罗谛'万遍,则赌博必胜。又,渡河者,朱书禹字佩之,免风涛。"[68]古人竟如此崇信所谓"咒语",让不信巫的今人深感惊讶。

庄子所言"命",具有巫性的命运命理意义,否则,便不会称"命"为"天下""大戒"之一。

庄子又说:"死生,命也。其有夜旦之常,天也。人之有所不得与,皆物之情也。彼特以天为父,而身犹爱之,而况其卓乎! 人特以有君为愈乎己,而身犹死之,而况其真乎!"[69]

考这一言述与象的关系,首先须从命运、命理角度略加试析。

陈鼓应先生云:"人的死生是必然而不可免的,就像永远有黑夜和白天一般,是自然的规律。许多事情是人力所不能干预的,这都是物理的实情。人们认为天是生命之父,而终身敬爱它,何况那独立超绝的道呢? 人们认为君主的势位超过自己,而舍身效忠,何况那独立超绝的道呢?"[70]因为先将道定义为形上的哲学之道,所以把命、天等,理解为"必然而不可免的""自然的规律",是以今人的哲学理性来解读庄子的哲学之道。庄子所说的道,固然是理性而形上的哲学,然而,它本有一个人文来源处。其形上之道,实际与巫性、巫理的命、天观相联系。否则,庄子凭什么称"彼特以天为父,而身犹爱之"? 这

---

68 刘黎明《灰暗的想象——中国古代民间社会巫术信仰研究》上,第272页,巴蜀书社,2014年版。按:所引清代张培仁《妙香室丛话》,见《笔记小说大观》第27编第9册第5563页(原注)。

69 《庄子·内篇·大宗师第六》,王先谦《庄子集解》卷二,第39页,上海书店影印本,《诸子集成》第三卷,1986年版。

70 陈鼓应《庄子今注今译》,第180页,中华书局,1983年版。

显然是出于对天与命的敬畏与崇拜。天、命感应于人与人生，须以象（兆）为中介。在此，依然可以用《易传》"天垂象，见吉凶，圣人则之"来解读。

应当说，即使理性、形上如庄子的道论，仍旧不乏与巫象相系的关于天、命的论说，庄子其实并未彻底否定天与命。正如前引，庄子说："受命于地，唯松柏独也在，在冬夏青青；受命于天，唯尧舜独也正，在万物之首。"[71]松柏与尧舜之所以"独也在""独也正"，是因为"受命"于天地之故，此命，相系于巫性之象的天之令、地之祇。"曰：'吾思夫使我至此极者而弗得也。父母岂欲吾贫哉？天无私覆，地无私载，天地岂私贫我哉？求其为之者而不得也。然而至此极者，命也夫！'"[72]"我"之所以"至此极者"即身处绝境，并非"父母"要我如此，而是天地大公无私奖罚分明，天命使然，命里注定。"故解之以牛之白颡者与豚之亢鼻者，与人有痔病者不可以适河。此皆巫祝以知之矣，所以为不祥也。此乃神人之所以为大祥也。"[73]"牛之白颡者"（白额的牛）、"豚之亢鼻者"（鼻孔上翻的小猪）与"有痔病者"不适于将其投入河中祭祀河神，是因为此类异象或病象（此皆为凶兆），在巫术文化中，都是亵渎神灵的。这是巫祝都知道"不祥"的，但"神人"却以为"大祥"。是什么缘故呢？庄子推崇巫祝不假，而更肯定"神人"（还有"真人"、"至人"等）。然而巫祝与神人，都属于推断吉凶、祆祥、休咎的巫，都是对巫象的信从。

中华文化尤其在中华传统审美文化中，笔者以为最为关键的，是

71 《庄子·内篇·德充符第五》，王先谦《庄子集解》卷二，第32页，上海书店影印本，《诸子集成》第三卷。1986年版。

72 《庄子·内篇·大宗师第六》，王先谦《庄子集解》卷二，第47页，上海书店影印本，《诸子集成》第三卷，1986年版。

73 《庄子·内篇·人间世第四》，王先谦《庄子集解》卷一，第29页，上海书店影印本，《诸子集成》第三卷，1986年版。

气、象与道这三大范畴。叶朗先生曾经在称"中国古典美学体系的中心范畴并不是'美'"时说,"老子美学中最重要的范畴也并不是'美',而是'道'——'气'——'象'这三个互相联结的范畴。"[74]其实,这"道——气——象"的三维结构,不仅仅是"老子美学",更是关系到整个中华文化及其美学体系的问题。《易传》云:

> 见乃谓之象,形乃谓之器。[75]

这是关于人文之象的一个经典性定义,关键在于将象与形、器加以区分。象的客观根源在形(器),其主观根源是心。象是"见"(现)于心理、心灵的。[76]象不等于器,象在物我或曰心器之际。象在意内,不在意外,象是一个与文化、美学相契的心理学名词。象作为心理学心灵学的一个范畴,总是包含意这一心理成分的。某种意义上可以说,象即意象。《易传》说:

> 是故形而上者谓之道,形而下者谓之器。[77]

那么试问,象在何处? 答案只有一个:象,在道与器、形而上与形而下之际。

74　叶朗《中国美学史大纲》,第 24 页,上海人民出版社,1985 年版。

75　通行本《周易·易传·系辞上》,朱熹《周易本义》,第 314 页,怡府藏版影印本,天津市古籍书店,1986 年版。

76　按:长期以来,有学人以为"象"乃"客观存在",举"自然现象"、"社会现象"与《周易》卦爻之象为证。其实是对"象"这一概念的误解。先秦时,古人的人文思维,并未自觉地意识到是主客二分的,故有时便将事物形器之形,以"象"言之,所谓卦象、爻象,实际指卦符、爻符。今人所谓"自然现象"与"社会现象"云云,实际指自然界与人类社会万类形器在人心中的意象。然而,人们通常将其理解为"客观存在"的事物。

77　《易传·系辞上》,朱熹《周易本义》,第 318 页,怡府藏版影印本,天津市古籍书店,1986 年版。

《周易正义》说:"道在形之上,形在道之下。故自形外已上者谓之道也,自形内而下者谓之器也。形虽处道、器两畔之际,形在器不在道也。既有形质,可为器用,故云'形而下者谓之器'也。"[78]这里所言述的,似乎是一个"道——形——器"的三维结构,实际指"道——形(器)"二维。形与器,都是形而下的。

道、器、象三者,实际是上、下、中三维。形而上者,道;形而下者,器;形而中者,象。象在形上、形下之际,是一个"道——象——器"的三维结构。象,因心理、心灵受器物(形体)的激发而生起。象,主要与形(器)在一起,是外物形器成为人之心象的主要感觉方式,实际是视觉感受。

先秦之时,意与象、形与象,一般是分开说的,并未构成意象、形象等复合词。《易传》曾说,"立象以尽意"、"在天成象,在地成形",等等。学界有人以为,形象、意象二词(image),来自西方,其实不然。

时至西汉,大易流渐,尤重象数。汉武帝采董仲舒"天人三策"之言,推行"罢黜百家,独尊儒术"的政治与文化政策,遂使经学成为官方哲学及其思想统治之术。作为"五经之首"的《周易》及其易学,尤被推崇。汉易倚重象数是其一大特点。汉人宗于《易传》,发其微言大义。其卦气说、纳甲说、八宫说、互体说、爻辰说、飞伏说、阴阳说、五行说与十二消息说,等等,在说"气"的同时,蕴含以无所不在的象之说,当时所说的易象,实指关于易的巫象。

值得注意的是,汉代关于易象的见解,已将巫象与自然现象在观念上加以对接。人们的目光,已从易巫角度,去关注诸多自然现象,这便产生了与易象相对应的"候"的理念。候,在《周易》算卦中称为兆(几),在卦气说中,已经延伸到与兆相对应的种种物候,这在后代

78　《周易正义·系辞上》,王弼、韩康伯注,孔颖达疏,阮刻十三经注疏本,上海古籍出版社,1990年版。

422

称为"气候"。

如孟喜卦气说[79]，以《周易》六十四卦某些卦配一年、四时、十二月、二十四节气、七十二候[80]。即以冬至为起始，每月六候，每候五日。

从冬至(阴历十一月中)，经小寒(十二月节)，到大寒(十二月中)，为时一月。与物候分别对应的，依次为坎卦初六爻，与节气冬至相对应，为时半月，依次为，初候："蚯蚓结"；次候："麋鹿解"；末候："水泉动"。坎卦九二爻，与节气小寒相对应，为时半月，依次为，初候："雁北乡(按：向)"；次候："鹊始巢"；末候："野鸡始鸲"。一年中其余十一个月的气候，都是如此。都以某一个"典型"[81]的自然现象为候。如春分(二月中)，与震卦九二爻对应，初候："玄鸟(按：燕子)至"；次候："雷乃发声"；末候："始电"。如立秋(七月节)，与离卦九四爻对应，初候："凉风至"；次候："白露降"；末候："寒蝉鸣"。如大雪(十一月节)，与兑卦上六爻对应，初候："鹖鸟不鸣"；次候："虎始交"；末候："荔枝生"，等等。

孟喜卦气说，依次列出七十二候，对应于七十二种典型的自然之象，大凡都在于从易理解读自然现象的呈现与变迁，于是富于巫性文

按：孟喜言述其卦气说等的《孟喜章句》十卷已佚，部分见于唐陆德明《经典释文》、孔颖达《周易正义》与李鼎祚《周易集解》等，其卦气之言，见于《新唐书》所载唐僧一行《卦义》。

按："七十二候"说，据一行《卦义》，"原于周公《时训》，《月令》虽颇有增益，然先后之次则同。自后魏始载于历，乃依《易轨》所传，不含经义，今改从古。""七十二候"说是否"原于周公"，史无定论。然《吕氏春秋·十二纪》与《礼记·月令第六》等，确有此说。《礼记·月令》依月时而记述大量"候"象。如"孟春之月"，"东风解冻，蛰虫始振，鱼上冰，獭祭(按：古人迷信，以为水獭捕鱼前，须像人一样要祭一下)鱼，鸿雁来"；"孟夏之月"，"蝼蝈鸣，蚯蚓出，王(按：土瓜，属葫芦科)瓜生，苦菜秀"；"孟秋之月"，"凉风至，白露降，寒蝉鸣，鹰乃祭鸟"；"孟冬之月"，"水始冰，地始冻，雉入大水为蜃(按：古人误以为如此)，虹藏不见(现)。"

按：典型一词及其意义，在中国美学史上的地位比较重要，但典型一词的出现，直到唐代才有。唐初卢藏用《蓟丘览古·序》称汉晋时代"虽大雅不足，然其遗风余烈，尚有典型。"录此以备参阅。

中国巫性美学

化色彩,体现了汉人对于自然现象的敏感观察与心灵的感悟,其间渗融着关于自然的审美意识。这审美意识原本于巫,汉人始于七十二候的巫性观照,进而培育、锻炼了关于自然现象的感觉力和观察力,打开了从易理巫性走向审美诗性的历史与人文之门。

西汉有"十二消息卦"说,此以一年、四时、十二月配十二个卦。此即复卦(十一月中,冬);临卦(十二月中,冬);泰卦(正月中,春);大壮(二月中,春);夬卦(三月中,春);乾卦(四月中,夏);姤卦(五月中,夏);遯(六月中,夏);否卦(七月中,秋);观卦(八月中,秋);剥卦(九月中,秋);坤卦(十月中,冬)。

"十二消息卦"的逻辑序列是很有意思的。其所遵循的,是"阴消阳息"之则。所谓消,阴进阳退,即阴爻进而阳爻退:姤卦由乾卦纯阳即全卦六爻皆为阳而生阴于初(一阴始生于初,即乾卦初九变为姤卦初六),经遯卦二阴生、否卦三阴生、观卦四阴生、剥卦五阴生至坤卦六阴生(全卦六爻皆阴),这是消的历程;所谓息,阳进阴退,即阳爻进而阴爻退:复卦由坤卦的纯阴即全卦六爻皆阴而生阳于初(一阳始生于初,即坤卦初六变为复卦初九),经临卦二阳生、泰卦三阳生、大壮卦四阳生、夬卦五阳生至乾卦六阳生(全卦六爻皆阳),是息的历程。

唐僧一行《卦义》曾云:"十二月卦出于孟氏章句,其说'易'本于气,而后以人事明之。"又说"消息一变,十有二变而岁复初。"[82]实际所谓"十二消息卦",既通天时,又明人事,因通天时而明人事。称"十二消息卦""本于'气'",固然是矣,而气的大化流行,象之必在焉。象不同于气,象又不离于气。所谓"消息",是气与象的融和流变。这也称为易时。所谓时,从天时看,指自然时间物理时间;从人

---

82 见《新唐书》卷二十八上,欧阳修、宋祁撰,岳麓书社,1997 年版。

事看,指人文时间心理时间。时是自然与人文的统一。

东汉时期的易象说,深受谶纬之学的濡染。学界所说的"谶纬神学",实际上谶纬是一种巫学。谶,"诡为隐语,预决吉凶"[83]。《说文》:"谶,验也。有征验之书。河洛所出书,曰谶。"谶,属于巫文化范畴。纬,指丝帛组织的横线,与作为纵线的经相对应。谶纬的纬,是对经(儒家经典、经义)的神秘或者可以说是巫性解读。谶,始于秦而盛于东汉。谶纬迷信的文化实质,是巫性的,重在灾变(凶)与符瑞(吉)及其互转之说。早在西汉,谶纬之说已经兴起。

> 天地之物,有不常之变者,谓之异。小者谓之灾。灾常先至而异乃随之。灾者,天之谴也。异者,天之威也。谴之而不知,乃畏之以威。凡灾异之本,尽生于国家之失。国家之失乃始萌芽,而天出灾异以谴告之。谴告之而不知变,乃见(现)怪异以惊骇之。惊骇之尚不知畏恐,其殃咎乃至。[84]

董仲舒信从"天人感应"。这一段言述的逻辑在于,其一、"灾异之本","生于国家之失"即治国的失策;其二、因治国之失而天出灾异以为"谴告";其三、谴告无效,于是天现怪异之象以为"惊骇"即警告;其四、警告无效,于是天降"殃咎"于人间。

这里有两点值得注意:一、天灾出于人祸("国家之失"),天本仁慈,本欲降祥瑞于人间,因为人治有失而天灾必至。可见在强调天威的同时,更重视人为。这正是巫文化人文思想与思维的一个特点;二、灾异是天的谴告,以惊省于下民。如果人不知悔改,那么殃咎必至。其间的所谓灾异,实际是天命垂以异象也便是所谓凶兆。这种

---

83 《四库全书总目提要·易类六》,纪昀、永瑢等总纂,河北人民出版社,2000年版。
84 董仲舒《春秋繁露·必仁且知》,苏舆注,《新编诸子集成》,1992年版。

人文思想与思维,依然是先秦《易传》所说的"天垂象,见吉凶"的老路子。

人事吉凶的消长,即《易传》所谓"阴阳不测之谓神"、"一阴一阳之谓道"的巫文化本涵,尔后这一类命题,才具有从巫性发展而来的思性的哲理。纬书说,"变易也者,其气也。天地不变,不能通气。五行叠终,四时更废。君子取象,变节相移。能消者息,必专者败。""阳动而进","象其气之息也";"阴动而退","象其气之消也"[85]灾异之兆(象)所以一再地垂示于人而终于殃咎乃至,都是因为人不知悔改、不能随天、气之变而随机应变的缘故。

由先秦大易传承而来的象思维、象情感、象意志与象幻想,在东汉谶纬巫学中,得以进一步的陶冶和锤炼。不过汉代的巫性谶纬,甚至比在春秋战国"祛魅"之前显得更加具有巫风鬼气的特点。即使兼治今古文经学、并未墨守成规的著名学者郑玄,除承传先儒易注诸如卦气、互体、四正卦、十二消息卦与五行说等外,又另启"爻体"与"爻辰"等偏于巫性之说,大凡仍然在象与气的人文思维框架之中"徘徊"。

《周易》的象问题,首先是一个巫问题,由其巫象而逐渐发展为艺术审美之象。

中国文化自古重"形",如果说欧西文化主要用耳朵倾听世界而发明拼音文字的话,那么,中国文化自古主要以眼睛看世界,于是早早地发明了象形文字。"形象"一词及其意识理念,正可证明中国文化首先是以"眼"来看世界的。

先秦时期,形与象是分别说的,并未构成形象这一复合词。西汉《淮南子》有云:"大道坦坦,去身不远。求之近者,往而复返。迫则

---

85 《易纬·乾凿度》,[日]安居香山、中村璋八辑《纬书集成》上册,第4、5、13页,河北人民出版社,1994年版。

能应,感则能动。物穆无穷,变无形象。优游委纵,如响之与景(按:影之本字)。"[86]这里所说的形象,类于事物现象。所谓"变无形象",是说大道形上而多变,然而其变化时,始终并未伴随以形象因素。

东汉王充《论衡》说:"金翁叔,休屠王之太子也,与父俱来降汉。父道死,与母俱来,拜为骑都尉。母死,武帝图其母于甘泉殿上。"而休屠王之子"拜谒起立,向之泣涕沾襟,久乃去。夫图画,非母之宝身也。因见形象,泣涕辄下。"[87]

这一形象,并非纯粹指艺术形象,然而既然是"母死"之后、武帝邀人"图其母"之作,力求写实是其特点。作为金翁叔之母的"第二形象",本来并非是其母亲音容笑貌本身,必有一定的想象因素在。这一形象,显然已经具有一定的艺术因素,否则也就难以"图其母"了。

汉代文化的有关形象意识既立,证明汉人已能心灵奋张目光如炬,极大地发现外在世界及其人的吉凶与善恶、真假、美丑。凡此都是不离于心之形象的感觉感受,它开辟了从吉凶巫性向善恶、真假与诗性美丑形象审美的道路。

比如文学审美的汉赋的崛起并非偶然。"赋家之心,苞(包)括宇宙,总揽人物。斯乃得之于内,不可得而传也。"[88]在美学品格上,凡是赋,都铺陈其事,笔墨坦然,重在对于事物外在形貌与气象的描摹和渲染,尤其是其中的大赋,几乎不写人物内心及作者的心理活动,而不厌其烦地铺陈城市的繁华、商贸的发达、物产的丰饶、宫殿的崔嵬、服饰的奢丽、逐猎的惊鸿一瞥与歌吹的欢畅淋漓,重在于外在

---

86 《淮南子·原道训》,高诱《淮南子注》卷一,第13页,《诸子集成》第七册,1986年版。
87 王充《论衡·乱龙篇》,第158页,《诸子集成》第七卷,1986年版。
88 《全汉文》,《全上古三代秦汉三国魏晋六朝文》第一册,严可均编纂,上海古籍出版社,2009年版。

人工美、自然美的浓墨重彩,抛却了孔子"绘事后素"的古训,于是汉人用惊奇的目光、夸张的言辞兼世俗的精神,宣说人工、物事巨大的、令人惊羡的意象之美。在汉赋中,赋的作者好像总是以其耳目到处在听、在看,却来不及用脑子好好地想一想沉思一下,就以直率而动感强烈的感性,全盘托出其感官所拥抱的外在世界。当然,汉赋并非绝对不写赋者的内心意象,不过这种内心意象,是关于外在世界的写实的形象,主要不是变形、抽象的意象。而汉赋直接铺陈外在世界与人物的形貌与行为,也是其内心意象的表达,由此可以见出其内心韵律之感的究竟如何。

汉赋与经学相对应。经学尚繁而赋体亦尚繁。经学说不尽千言万语,汉赋道不够连篇累牍,一在于称说学问深奥而无限;一在于夸饰诗情洋溢且多姿。两者之同,同在都宗于象(气)。

正如象与数不能互拆,象与气也不能互离。《黄帝内经·素问》通篇谈生论气,也处处在说象。其《阴阳应象大论》所说的养生问题,是围绕着象与阴阳来展开的。从生的角度看,象是心之灵气。所谓脉象[89]法,中医诊病四法即望闻问切之一,指医家切脉时手按病人腕部、取寸关尺脉搏之象而作诊断。

> 善诊者,察色按脉,先别阴阳。审清浊而知所分。视喘息。听声音,而知所苦。观权衡规矩,而知病所主。按尺寸,观浮沉滑涩,而知病所生。[90]

89　按:晋王叔和《脉经》将脉象分为二十四种:浮、芤、洪、滑、数、促、弦、紧、沉、伏、革、实、微、涩、细、软、弱、虚、散、缓、迟、结、代、动。明李时珍《濒湖脉学》增长、短、牢三脉,共二十七,明李中梓《诊家正眼》又增疾脉为二十八。而脉学始于《黄帝内经·素问·阴阳应象大论》。

90　《黄帝内经·素问·阴阳应象大论》,人民卫生出版社,1956年版。

428

中医诊病四法尤其诊脉,都是关乎意象的。惟其如此,秦汉时人的象意识的觉悟,实际已经从巫逐渐而进入养生与艺术审美领域。

> 凡奸声感人,而逆气应之;逆气成象,而淫乐兴焉。正声感人,而顺气应之;顺气成象,而和乐兴焉。[91]

这是说得很到位的。

然而意象一词,直至东汉王充的《论衡》才开始出现。

> 天子射熊,诸侯射麋,卿大夫射虎豹,士射鹿豕,示服猛也。名布为侯,示射无道诸侯也。夫画布为熊麋之象,名布为侯,礼贵意象,示义取名也。[92]

这可能是中国美学史上首次提出的意象范畴。它并非是纯粹的美学范畴。天子等社会地位不一,所射动物之象不同,以示其政治道德的人伦等级。然而其所射并非动物本身,而是画于"布"即"侯"的动物画像,因而这里已经蕴含着一定的艺术审美因素。问题是这一艺术因子如何可能。

远古狩猎活动,因为时代使然,是不免有些巫气的。所谓游猎骑射,必身正而严守射猎之法度、标准与分寸,狩猎才能成功,所以立射以身正,先民将其看作狩猎成功的一个吉兆,后世这带有原始巫气的狩猎理念向道德伦理领域渗透,人们认同立德须身正的道理。"以立德行者,莫若射。"这是《礼记·射义》里的一句话(按:见于《礼记·

---

91 《礼记·乐记第十九》,杨天宇《礼记译注》,下册,第648页,上海古籍出版社,1997年版。按:《礼记》初为西汉戴圣所编纂,据考,《乐记》此篇,为西汉刘德所撰。
92 王充《论衡·乱龙篇》,上海书店影印本,第158页,《诸子集成》,第七卷,1986年版。

射义》第四十六）射为古代"六艺"之一。

立射须身正，身正有如吉兆，这是反将狩猎者"身正"的人格因素，看作狩猎成功的吉兆。因此，王充所说的"射侯"之礼强调政治地位等级，是不足为奇的。"射侯"的对象，作为动物的绘形，是不免有所艺术虚构的，不同于原先田野狩猎的动物在狩猎者心中所留下的印象，它是熊麋等绘形在心灵的映象。因而"礼贵意象"的"意象"，既系于礼又系于艺，实际是象从巫术、神话与图腾文化通过古礼这一中介，再向艺术审美转换的一个人文历史的过程。

中国文化的象的意识、情感、意志与幻想等，还受到古时人们看得十分神秘而玄妙的梦境、梦象的影响。

东汉王符《潜夫论》说："凡梦，有直，有象，有精，有想，有人，有感，有时，有反，有病，有性。"[93]他将梦分为十类，实际这十类都是梦象，所叙的逻辑可能不甚合理，而毕竟开中国古时析梦的先河。

所谓"直"，"直应之梦"，《淮南子·坠形训》高诱注："悟如其梦，故曰直梦。"指梦醒后回忆得起来的梦象梦境；"意精之梦"，如孔子夜梦周公，乃日思夜想而成梦；"纪想之梦"，实为"意精之梦"的一种，忧思过甚，夜则忧梦纠缠；"人位之梦"，高诱注，"贵人梦之即为祥，贱人梦之即为殃；君子梦之即为荣，小人梦之即为辱"。《诗》云："维熊维罴，男子之祥。维虺维蛇，女子之祥。"意为：男子梦见熊罴为吉，女子梦见虺蛇为吉。表面看，吉凶之梦由于性别不同，实际是因为社会地位不一的缘故；"感气之梦"，"阴雨之梦，使人厌迷。阳旱之梦，使人乱离。大寒之梦，使人怨悲。大风之梦，使人飘飞"；"应时之梦"，"春梦发生，夏梦高明，秋冬梦熟藏"；"极反之梦"，"晋文公于城濮之战，梦楚之伏己而盬其脑，是大恶也，及战乃大胜"；"百病之

93　王符《潜夫论·梦列》，《潜夫论笺校正》，汪继培笺，彭铎校正，中华书局，1985 年版。

梦","阴病梦寒,阳病梦热。内病梦乱,外病梦发";"性情之梦","人之性情,好恶不同。或以此吉,或以此凶",[94]等等。

关于梦,奥地利著名精神分析学家西格蒙德·弗洛伊德《释梦》一书,做了别开生面的研究,成为其精神分析学说体系的重要构成。弗洛伊德指出,梦的本质,就是一种(被压抑的、被压制的——原注)愿望的(被伪装起来的)满足[95]。弗洛伊德将人格分为"本我"、"自我"与"超我"三层次。本我,指人的原始、先天潜意识,或可称为本能之欲即"原欲",尤其指性本能,它是生理性的,自然地遵循非理性、非道德的"快乐的原则";自我,遵循"现实的原则",处于本我与超我之际,作为二者之间的"守门人",起到控制、调节本我的非理性、非道德与原始激情的作用,引导部分本我即"力比多"、生理能量得到有条件的释放,与现实世界达成某种妥协;超我,遵循"理想的原则",既是监督、规约自我的精神力量,又是本我、自我的精神性升华。

弗洛伊德的人格三重结构说,解释、揭示人格现实的深层机制,尤其关于本我——实际是性本能、无意识、潜意识、非理性的发现与解读,是其主要的精神分析的理论贡献。作为人性、人格的基因,本我总是处于被压抑之时。然而其生命本在的能量尤其"力比多",总是生气勃勃、不甘于被压抑,作为"守门人"的自我,有时不免会"放松"一下,人在梦中,便可能暂时放弃"现实的原则",遂使被压抑的本我得以"移置"或"升华",这便成为人的梦境。按弗洛伊德所说,凡是梦境,是人的本我即被压抑的"个人无意识"等突破自我管束而达成源于生理的一种变相的表达或精神性升华。凡是梦,都是象或者说意象的无序呈现。是无逻辑、反逻辑的。按脑生理学,凡人睡眠之时,没有不做梦的。不过,有些在人醒来不能记得而有些记得,有

---

94 见王符《潜夫论·梦列》,《潜夫论笺校正》,汪继培笺,彭铎校正,中华书局,1985年版。
95 参见[奥]西格蒙德·弗洛伊德《释梦》,商务印书馆,1996年版。

些绝对无序不合现实逻辑,而有些梦象的人事情节颇合逻辑,是因为人做梦时处于半睡半醒状态的缘故。

中国原巫文化鬼神意识的发生,大凡具有四大人文根因:人与动物死亡的恐惧;地震、火山、旱涝等自然灾异爆发所引起的惊怖;黑夜笼罩一切的无助;梦境的千奇百怪让人悲喜交加。凡是梦象梦境,都具有虚拟的特征,无论好梦连连还是噩梦纠缠等,都是如此。正如王符《潜夫论·梦列》所说"十梦"那样,是培育鬼神、灵魂意识的一个重要来源。《说文》说,所谓鬼,"人所归为鬼","阴气贼害"[96]。这是东汉时人的看法。称鬼为阴气贼害,导出了古人对于鬼的畏怖与恐惧心理。甲骨卜辞有鬼字,可证鬼意识起源很早,而且与梦象梦境相系。卜辞有"庚辰卜贞多鬼癙不至祸"[97]之记,证明梦鬼之象,实际是巫象。凡此一切,都是古人关于梦象梦境之中梦见死者的巫性意识。所谓由占梦而判断吉凶休咎,才成为可能。《红楼梦》第一〇九回,写"潇湘妃子"林黛玉病故将近一载那"混世魔王"贾宝玉仍旧悲念深切,奇怪自己从未梦见黛玉,书中写道,"正是'悠悠生死别经年,魂魄不曾来入梦'"[98],这指的是巫性梦境。

梦,由于具有幻化的性质,由于往往不合现实常态与逻辑,从人类学关于巫学的人文理念看,有可能唤起想象与虚构的灵觉,成为艺术审美之象的孵化器之一。

象作为美学范畴,在中国美学史上显得相当活跃,逐渐形成一个

---

96 许慎《说文解字》文二、重一,中华书局影印本,1963 年版。按:《礼记·祭义第二十四》云:"众生必死,死必归土,此之谓鬼。"杨天宇《礼记译注》下册,第 809 页,上海古籍出版社,1997 年版。

97 罗振玉《殷虚书契后编》三、一八,罗振玉《殷虚书契五种》,中华书局,2015 年版。按:癙,梦的本字。"《广韵》引《周礼》:'以日月星辰占六癙之吉凶。'"见于《辞源》修订本第二册,第 867 页,1980 年版(修订本)。

98 按:此二句,原自唐白居易《长恨歌》,写"马嵬坡之变"杨贵妃被缢死后,玄宗渴望与贵妃在梦中相会。

以象为中心的范畴与命题群落。

其一、自先秦巫象即孕育、生成于卜筮文化的巫性之象,从《易传》"见乃谓之象"到秦汉的巫性之梦象,再到西汉《淮南子》的所谓"形象"、孔安国《尚书注疏》的所谓"审说梦之人,刻其形象,以四方求于民间",再到东汉王充《论衡》所说的"形象"与"意象",大致完成了从巫性兼神性(神性蕴于巫性之中),到以哲思为中介的诗性之象审美的转嬗历程。其间,在其思维与思想上,有气与道二者的必然参与。

其二、汉代的象意识、象情感、象意志与象思维,一方面传承先秦巫性之象的人文传统,尤其在谶纬巫学中,象问题曾一时变得更为神秘与迷信,可以看作关于象之理性思维与思想的"黎明前的黑暗";另一方面,在汉赋等诗性审美中,证明汉人的思域已不再拘泥于巫性之兆、候等人文局限,已能将目光转向自然现象与社会人物情事这一广阔天地的初步审美。然而关于象的思性的理论建构,却是相对滞后的。我们只能在东汉王充的有关言说中,看到意象这一范畴的若干思性审美因素。

其三、时至三国魏何晏、王弼倡"贵无"论玄学,王弼"尽扫象数"、提出"得意忘象"的命题,从而代替了战国《易传》所谓"立象以尽意"的老命题。"夫象者,出意者也。言者,明象者也。尽意莫若象,尽象莫若言。言生于象,故可寻言以观象;象生于意,故可寻象以观意。意以象尽,象以言著。"这是对于"立象以尽意"的解读。然而王弼话头一转,有开陈出新之论:"故言者所以明象,得象而忘言;象者所以存意,得意而忘象。犹蹄者所以在兔,得兔而忘蹄;筌者所以在鱼,得鱼而忘筌也。"[99]这不啻是说,就玄学意义的无这一哲学的本

---

99 王弼《周易略例·明象》,楼宇烈《王弼集校释》下册,第609页,中华书局,1980年版。

原本体而言,象已落"第二义"。但可以证明,王弼已彻底地将象问题看作一个哲学问题,历史性地推进了先秦老庄关于象问题的哲学思辨。从老子言道,称"其中有物"、"其中有象"、"其中有信",到王弼言说无而尽扫象数,是一个祛巫与巫象从而开启哲学之无的历史与人文过程。由此便不难理解,三国魏稽康《声无哀乐论》所谓"夫哀心藏于苦心内,遇和声而后发;和声无象,而哀心有主"究竟是什么意思。和声者,大音希声之大音也。大音即道;道即无;无即本原本体;本原本体者,得象而忘言、得意而忘象。

其四、象范畴、象命题的历史与人文建构,又大致在两汉之际印度佛教的东渐之后展开。要而言之,东晋义学高僧僧肇倡"象外"之说。僧肇评说鸠摩罗什般若中观学时曾说:

> 有天竺沙门鸠摩罗什者,少践大方,研几(按:几,指巫性之兆,即本书前引《易传》"几者,动之微,吉之先见者也"的"几")斯趣,独拔于言象之表,妙契于希夷之境,齐异学于迦夷,扬淳风于东扇,将爰烛殊方而匡耀凉土者,所以道不虚应,应必有由矣。[100]

称说罗什有"少践大方,研几斯趣"的经历,却能"独拔于言象之表",是说罗什的般若中观学,不仅"无知"即《道行般若经》所谓"般若无所知,无所见",而且"无象",即"无相"即般若中观不滞类于象(相)而空诸一切。因而僧肇说:"然则圣智(即般若空智)幽微,深隐难测,无相无名,乃非言象之所得。"[101]此是。

---

100 僧肇《般若无知论》,《肇论》,《中国佛教思想资料选编》第一卷,第147页,石峻、楼宇烈、方立天、许抗生、乐寿明编,中华书局,1981年版。

101 僧肇《般若无知论》,《肇论》,《中国佛教思想资料选编》第一卷,第147页,石峻、楼宇烈、方立天、许抗生、乐寿明编,中华书局,1981年版。

由此,僧肇引述《宝积经》经义有云:

> 无心无识,无不觉知。斯则穷神尽智,极象外之谈也。[102]

"象外"本为佛学范畴,其实在印度佛学东渐之前,象外之境,已经存在于原巫文化之中,是巫性的象外,后世佛教所谓象外之境在于空,不同于原巫的巫性。在历史、文化与哲学的长期熔铸中,这一范畴向诗性审美的渗透,成其为必然,说明从佛学到美学,并无一条不可逾越的鸿沟。[103]时至唐代,正值中国佛教大盛,除皎然倡"象外之象"说,又有司空图持"超以象外,得其环中。持之匪强,来之无穷"[104]之见,称说"象外之象"这一渗融以禅悟旨趣的美学命题。司空图《与极浦书》说:"戴容州云:'诗家之景,如蓝田日暖,良玉生烟,可望而不可置于眉睫之前也。'象外之象,景外之景,岂容易可谈哉?"[105]正如"景外之景","象外之象"不可以目视亦不可言说而惟有心悟。"象外之象"命题一旦创立,便出现了同类的美学命题,如"不著一字,尽得风流"与"韵外之致"等。

其五、其实早在东晋至南朝宋,佛教徒宗炳(375—443,东晋孝武帝宁康三年至南朝宋文帝元嘉二十年)曾鼓吹"神不灭"论,"夫圣之作易,天之垂象,吉凶治乱,其占可知"。这里说到了象问题,又回溯到原巫文化的巫象说。"神不可灭,则所灭者,身也。"宗炳说:

---

102 僧肇《般若无知论》,《肇论》,《中国佛教思想资料选编》第一卷,第147页,石峻、楼宇烈、方立天、许抗生、乐寿明编,中华书局,1981年版。

103 按:关于这一点,韩驹《赠赵伯鱼》云,"学诗当如初学禅,未悟且遍参诸方。一朝悟罢正法眼,信手拈来皆成章。"

104 司空图《二十四诗品·雄浑》,袁枚《诗品集解》,人民文学出版社,2005年版。

105 司空图《与极浦书》,《司空表圣文集》,宋蜀刻本唐人集丛刊,上海古籍出版社,1994年版。

若都无神明,唯人而已,则谁命玄鸟,降而生商?孰遗巨迹,感而生弃哉?[106]

象外是神明的所在。在古时占卜中,占卜之所以"灵验","天之垂象"的缘故。天即神明,天之命生万类。人之肉身亡而神不灭。"有神理必有妙极,得一以灵,非佛而何?"[107]这是以巫性思维来误读佛。而所谓神不灭,指灵魂、精神不灭,指气不灭,实指象外。

宗炳由此倡说"澄怀味象"这一美学命题。"圣人含道应物,贤者澄怀味象。至于山水,质有而趣(按:趋)灵",则"旨微于言象之外者"[108]。象外即灵境,这是属于巫性解说;象外即道即无,这是魏晋玄学的解说;悟象外之境,必须澄怀才得味象,这是佛教徒所体会的空与禅,所谓味象,就是品味、领悟象外,已经有审美的意味在。

其六、时至南朝梁代,始有意象这一文论兼美学范畴的倡说。梁刘勰《文心雕龙》云:

是以陶钧文思,贵在虚静,疏瀹五脏,澡雪精神。积学以储实,酌理以富才。研阅以穷照,驯致以怿辞。然后使玄解之宰,寻声律而定墨。独照之匠,窥意象而运斤。此盖驭文字之首术,

---

106 宗炳《明佛论》(一名《神不灭论》),《弘明集》卷二,《四部丛刊》影印本,《中国佛教思想资料选编》,第一卷,第243、238、242页,石峻、楼宇烈、方立天、许抗生、乐寿明编,中华书局,1981年版。

107 宗炳《明佛论》,《中国佛教思想资料选编》,第一卷,第242页,石峻、楼宇烈、方立天、许抗生、乐寿明编,中华书局,1981年版。

108 宗炳《画山水序》,见唐张彦远《历代名画记》,人民美术出版社,1963年版;按:叶朗主编《中国历代美学文库·魏晋南北朝卷(上)》(第391页,高等教育出版社,2003年版):"含道应物",或写作"含道映(暎)物"。据《全宋文》、《佩文斋书画谱》皆作"应"改。所谓"含道映物",欠通。

谋篇之大端。[109]

这里解释意象之义甚为精到。作为美学范畴的意象,必须陶钧文思,有一个虚静的审美心境,暂时忘其荣辱得失、柴米油盐等一切俗思俗念,做到澡雪精神而心无挂碍。庄子说:"老聃曰:'汝斋戒疏瀹而心,澡雪而精神。'"[110]庄子有"心斋"、"坐忘"说,都与审美心境或曰心之意象相契。范文澜氏指出,这里所说的意象,"极有伦序。虚静之至,心乃空明。于是禀经酌纬,追骚稽史。贯穿百氏,泛滥众体。巨鼎细珠,莫非珍宝。"[111]彦和将关于意象之境的陶铸称为"神思",这是原于庄学之论。意象并非外在的文字形貌,而是"驭文字之首术,谋篇之大端"。意象者,必致内心虚静而空灵,心灵独照尔后才得撷取。

其七、意象这一美学范畴一旦建构,就显示其活跃而深蕴的诗性生命。唐张怀瓘论书法艺术之美:

> 仆今所制,不师古法。探文墨之妙有,索万物之元精。以筋骨立形,以神情润色。虽迹在尘壤,而志出云霄。灵变无常,务于飞动。或若擒虎豹,有强梁拿攫之形。执蛟螭,见蚴蟉盘旋之势。探彼意象,入此规模。忽若电飞,或疑星坠。气势生乎流便,精魄出于锋芒。观此欲其骇目惊心,肃然凛然,殊可畏也。[112]

109 刘勰《文心雕龙·神思第二十六》,范文澜《文心雕龙注》卷六,下册,第493页,人民文学出版社,1958年版。
110 《庄子·内篇·知北游第二十二》,王先谦《庄子集解》卷六,第139页,上海书店影印本,《诸子集成》第三卷,1986年版。
111 范文澜《文心雕龙注》下册,第498页,人民文学出版社,1958年版。
112 张怀瓘《文字论》,《法书要录》,《法书要录》卷四,张彦远辑录,范祥雍点校,上海古籍出版社,2013年版。

"鸡声茅店月,人迹板桥霜。"人但知其能道羁愁野况于言意之表,不知二句之中,不用一二闲字,止提掇出紧关物色字样,而音韵铿锵然,意象具足,始为难得。[113]

这一艺术意象,生气灌注,用思恢宏,气势磅礴,显然是从其空间性加以讨论的。

明代王廷相说:

夫诗贵意象透莹,不喜事实粘著。古谓水中之月,镜中之影,可以目睹,难以实求是也。[114]

言征实则寡余味也,情直致而难动物也。故示以意象,使人思而咀之,感而契之,邈哉深矣,此诗之大致也。[115]

意象,言述诗美之境空间广大,不拘泥于实事实物,其性灵虚,因其灵虚而"邈哉深矣"。

其八、与意象相系的,是气象这一范畴。唐王维《山水论》指出,"凡画山水,意在笔先","观者先看气象,后辨清浊"[116]。气象也者,蕴气之象。气象亦即意象,仅仅强调意象之中蕴气而已。五代荆浩说:

---

113 李东阳《怀麓堂诗话》,李庆立《怀麓堂诗话校释》,人民文学出版社,2009 年版。

114 王廷相《与郭价夫学士论诗书》,《王氏家藏集》卷二八,《王廷相集》,中华书局,1989年版。

115 王廷相《与郭价夫学士论诗书》,《王氏家藏集》卷二八,《王廷相集》,中华书局,1989年版。

116 王维《山水论》,沈子丞《历代论画名著汇编》,第 32 页,文物出版社,1982 年版。

夫画有六要：一曰气，二曰韵，三曰思，四曰景，五曰笔，六曰墨。曰画者，华也。但贵似得真。[117]

似者，得其形，遗其气。真者，气质俱盛。凡气传于华，遗其象，象之死也。[118]

象必蕴意，意必含气，此之谓真。真则气质双兼。虽说"画者，华也"，而此华如拘泥于物实，只能做到"似者，得其形"，故曰"遗其象，象之死也"。

这里，关键在于气。而气，本原于巫性文化，这是本著前文一再论析的。

其九、与意象、气象范畴相系的，是兴象。唐殷璠对于无"兴象"之作，多有抨击。

夫文有神来、气来、情来，有雅体、野体、鄙体、俗体。编记者能审鉴诸体，安详所来，方可定其优劣，论其取舍。至如曹刘（按：曹植刘桢），诗多直致，语少切对。或五字并侧（按：仄），或十字俱平，而逸价终存。然挈瓶（按：汲水之器）肤受之流，责古人不辨宫商，词句质素，耻相师范。于是攻乎异端，妄为穿凿。理则不足，言常有余，都无兴象，但贵轻艳。[119]

兴象范畴的关键，既在象又在兴。兴为古时"六义"之一，"赋、比、兴"之一。兴起或曰起兴之谓，或称兴寄。赋，直陈其事；比，以此

117　荆浩《笔法记》，沈子丞编《历代论画名著汇编》，第49页，文物出版社，1982年版。

118　荆浩《笔法记》，沈子丞编《历代论画名著汇编》，第49页，文物出版社，1982年版。

119　殷璠《河岳英灵集序》，中华书局上海印刷所，1958年版。

比彼;兴,先言彼再言此。兴的彼与此,必然具有意义关联,否则无以为兴。兴象者,兴寄于诗象之谓。明胡应麟氏云:"作诗大要,不过二端:体格声调,兴象风神而已。"[120]又说:"东、西京兴象浑沦,本无佳句可摘。然天工神力,时有所至。搜其绝到,亦略可陈。"举例而言,比如"河汉清且浅,相去复几许? 盈盈一水间,脉脉不得语"[121]那样。有兴象的诗作,其诗句往往先写自然景物,尔后发抒感慨,遂令诗境含蓄蕴藉寄慨遥深。

其十、由意象、气象而发为境象这一范畴,顺理成章。唐王昌龄有"诗有三境"之说:

> 诗有三境。一曰物境,欲为山水诗,则张泉石云峰之境,极丽绝秀者,神之于心。处身于境,视境于心,莹然掌中,然后用思,了然境象,故得形似;二曰情境,娱乐愁怨,皆张于意而处于身,然后驰思,深得其情;三曰意境,亦张之于意,而思之于心,则得其真矣。[122]

关于王昌龄的"三境"即物境、情境与意境之论,目前学界分歧颇大。笔者以为,王昌龄"诗有三境"说,指的是中国诗歌的三种审美心理、品格与境界,而作为第三种品格与境界的意境,主要是对于禅诗

---

120 胡应麟《诗薮·内篇卷五》,上海古籍出版社,1979 年版。
121 胡应麟《诗薮·内篇卷二》,上海古籍出版社,1979 年版。
122 王昌龄《诗格》,《全唐五代诗格汇考》,张伯伟编校,江苏古籍出版社,2002 年版。按:关于《诗格》,《四库全书总目提要》以宋陈振孙言,称该书为后人"依托"。《中国大百科全书·中国文学》1986 年版收录周振甫所撰"意境"条目云,"但《诗格》是伪作,几成定论"。《辞源》1915 年版、《辞海》1980 年版、《中国学术名著提要·文学卷》1999 年版等,皆未言王昌龄撰《诗格》。而今日学界,比较一致地认为,《诗格》为王昌龄所撰。其根本依据,北宋欧阳修、宋祁《新唐书·艺文志》始载王昌龄《诗格》二卷,北宋去唐未远,当属可信。

而言的,就意境的哲学、美学本体来说,是在无与空之际,是一种从道家的无趋转于佛家的空、又沾溉于无的"元美"境界,一种消解了物境(物累)、情境(情累)之无善无恶、无悲无喜、无染无净、无死无生的空灵之境。

第二节 象的现象学美学意义

在研究《周易》这一"群经之首"的经典文献时,有一个问题一直萦绕在脑间:象、巫象与现象学美学是否有关,如果有关,则这一关系又当如何?

这是一个烦难的学术课题,这里试作简析。

海德格尔说:

> 当你们用"存在着"这个词的时候,显然你们早就很熟悉这究竟是什么意思,不过,虽然我们也曾相信领会了它,现在却茫然失措了。"存在着"这个词究竟指什么?我们今天对这个问题有答案了吗?不。所以今天要重新提出这一意义问题。我们今天之所以茫然失措仅仅是因为不领会"存在"这个词吗?不。所以现在首先要重新唤醒对这个问题的意义之领悟。[123]

存在问题,现象学美学的第一理论与学术主题。海德格尔称,现象这一范畴,源自希腊语。"等于说:显示着自身的东西,显现者,公开者","因此,'现象'一词的意义就可以确定为:就其自身显示自身

---

123 [德]马丁·海德格尔《存在与时间》,第1页,陈嘉映、王庆节合译,熊伟校,三联书店,1987年版。

者,公开者。"[124]倪梁康解读:

> 希腊文的"现象(Phaenomen)"在海德格尔那里有两个含义:(1)自身展示(sich zeigen)——就其自身展示自身;(2)虚现(scheinen)——不就其自身展示自身。第一个含义是原生的,第二个含义是派生的。
>
> 德文的"现象(Erscheinen)"(我们这里译作"显现"——中译本原注)在海德格尔那里也有三个含义:(1)自身不显示,但自身报到(sich melden);(2)报到之物自身(des Meldene selbst);(3)在显现中隐蔽着的某物的"报到性发射(meldene Ausstrahlung)"。[125]

这是对海德格尔关于"现象"含义的展开。

现象学的所谓现象,主要包含如下意义:"就其自身显示自身";"隐蔽"而"报到"即有待于"开显";"显现"即"现象";假象。

值得注意的是,海德格尔所说的现象,同时包括假象,中译本《存在与时间》将其确当地译为"现像"或称"病理现像"。海德格尔说:

> 甚至它可能作为它就其本身所不是的东西显现。
>
> 这种显现称为显似。
>
> 即现象这个词在希腊文中也有下面的含义:看上去象是的东西,"貌似的东西","假象"。

---

124 〔德〕马丁·海德格尔《存在与时间》,第36页,陈嘉映、王庆节合译,熊伟校,三联书店,1987年版。

125 倪梁康《现象学及其效应——胡塞尔与当代德国哲学》,第194页,三联书店,1994年版。按:这里倪梁康所言"报到",即海德格尔所言"呈报"。见海德格尔《存在与时间》,第38页。

唯当某种东西究其意义来说根本就是假装显现,也就是说,假装是现象,它才可能作为它所不是的东西显现,它才可能"仅仅看上去象(像)"。[126]

巫象,无论是占卜的龟象,抑或《周易》占筮的卦爻之象,等等,实际是一种作为假象的"现像"。从人类认识、把握世界与真理的角度看,作为"伪技艺"与"倒错的实践"、作为科学"伪兄弟"的巫术,是人类企图认识世界、把握真理的一种史前信文化方式,由于神灵、命运意识的统御、纠缠与干扰,初民往往误判即总是做出错误判断,有如《周易》有关爻辞"舆说(脱)辐,夫妻反目"、"枯杨生稊,老夫得其女妻"的误判那样。从科学角度看,大车的车轮脱散,并非夫妻反目成仇的原因,枝干枯死的杨树从其根部苞出新芽,也不会是老头子娶得女娇娃的真正原由。但是在信巫的人文头脑中,却把"舆说(脱)辐"、"枯杨生稊"等现象作为原因(兆),从而得出"夫妻反目"或"老夫得其女妻"的结果,而且坚信这一点,认为除此之外再无其他原因。因此从科学角度看,巫象作为前兆,实际往往并非事物、世界发生变易的真正的根源,这种巫性的因果论,多为武断而错误的因果论。胡伯特曾经说过,大凡巫术,迷信因果律又是因果律的滥用,这是"因果律的辉煌的变奏曲"。是。

巫象作为先兆作为兆象(因),实际往往是假象,真正的象其实并不"在场"。《易传》说,"见乃谓之象",然而这一显现,一般并非现象学的科学意义的"就其自身显示自身",而是现象学的巫性意义的"现像"亦即"假象"。《易传》云:"象者,象也。"第一个象字,指卦爻筮符,第二个象字,指"见乃谓之象"的象,指心象。《易传》又说:"象

---

126 [德]马丁·海德格尔《存在与时间》,第36—37页,陈嘉映、王庆节合译,熊伟校,三联书店,1987年版。

也者,像也。"这一象字,指卦爻筮符,而"像",一般释为象征义,从现象学角度分析,即海德格尔所说的"现像"。

现像不等于现象,现像实际是真正的现象的遮蔽,却又是导向于象的"开显"[127]的。就此而言,现象学意义的巫象,遮蔽与开显二者,既二律背反又合二而一。

从现象学美学角度分析,胡塞尔曾于1907年对于现象学做出一个基本的分析与评估,认为在探讨现象学的科学意义之前,首先有必要讨论作为"特殊的哲学思维态度"与"特殊的哲学方法",胡塞尔及其传承和发扬者海德格尔的现象学的主题,是哲学。胡塞尔说:

> 现象学:它标志着一门科学,一种诸科学学科之间的联系;但现象学同时并且首先标志着一种方法和思维态度:特殊的哲学思维态度和特殊的哲学方法。[128]

凡是美学,无论是哪一种美学,都是具有哲学之魂的,否则便是"伪美学"。哲学不等于美学,美学却必须以哲学为灵魂。对于一般美学或人类学美学而言,哲学或文化哲学是其学理的本然和品格。

《周易》的现象学美学之所以可能,是由于巫性之象及其时间哲学的复杂而深刻的人文联系。问题不仅在于比如《周易》卦爻筮符、卦爻辞如此精彩地表喻人类命运即巫性时间的人文真谛,而且重要的是,《周易》象数及其筮辞,还是中华古人关于时间、关于时间哲思的一种提问方式。所谓"时"意识,不仅指时间是什么,更重要的是在

---

127 按:这里应当补充一句,在文化本涵上,巫术是"伪科学"、反科学的,却由于其坚信因果律,便与科学认知具有不解之缘,可称为科学前的"伪科学",蕴含以某些"向往科学"的人文精神。

128 [德]埃德蒙德·胡塞尔《现象学的观念》,第24页,倪梁康译,上海译文出版社,1986年版。

人文思维意义上,是"时间"地怀疑、思考与体悟人及其世界,一种"时间优先"地看待与处理世界的理念与方法。

不仅易筮的巫象,一切巫术之象,都具有"现像"即"显似"的功能。一切巫象的时间性,都富于人之心灵、心理的人文属性。胡塞尔称之为"意向性"。作为开启西方现象学研究的胡塞尔《逻辑研究》一书,重在探讨"意向本质",以为人的内在意向结构,主要由"质性"与"质料"两大因素所构成。胡塞尔说,"在我们看来,质性和质料是一个行为(按:指人的心灵、心理行为)的极为重要的、因而永远必不可少的组成部分,所以,尽管这两者只构成一个完整行为的一个部分,我们把它们称之为行为的意向本质仍然是合适的。"[129]关于两者的区别,倪梁康举例说,"无论我是看见南京中华门城堡,还是仅仅想象这个城堡,质料在这两个行为中都是相同的,改变的只是行为的质性而已。"[130]事物的质料客观自存,质性实际是"意向"的心的属性,五官的直接感觉所引起的心灵、心理的象与想象、幻想之象随心的"行为"不同而改变。然而胡塞尔说:

> 在这个本质之中建立着一个观念规律的联系,这种联系就是:质性特征不具有补充的"质料"就无法存在,只是随着质料的补充,与对象的联系才得以进入到具体的完整的意向体验本身之中。[131]

意向作为心灵与心理的"体验",首先是本具时间性的。时间是

129　[德]埃德蒙德·胡塞尔《逻辑研究》,第二卷,第一册,A392/B417,倪梁康译,上海译文出版社,1998 年版。

130　倪梁康《现象学及其效应——胡塞尔与当代德国哲学》,第 42 页,三联书店,1994 年版。

131　[德]埃德蒙德·胡塞尔《逻辑研究》,第二卷,第一册,A458—459/B494,倪梁康译,上海译文出版社,1998 年版。

一个历程,意向的流动即"意向之流",首先存在于时间向前推进的历程之中。之所以称时间为"首先",是因为"意向体验"也可以是空间性的,不过居于其次而已。然而现象学所说的"意向",并非指其一般的心理学意义,而是关于"意向"的哲学的提问。现象学的时间哲学,"朝向绝对认识的意向"[132]。

海德格尔说:"康德耽搁了一件本质性的大事:耽搁了此在的存在论,而这耽搁又是由于康德继承了笛卡尔的存在论立场才一并造成的。这种耽搁,就笛卡尔最本己的倾向来说,是决定性的耽搁。笛卡尔发现了'Cogito sum'["我思故我在"],就认为已为哲学找到了一个新的可靠的基地。但是他在这个'激进的'开端处没有规定清楚的就是这个能思之物的存在方式,说得更准确些,就是'我在'的存在的意义。"[133]

存在,总是存在者的存在。"能思之物"即人,就是主要的存在者。胡塞尔与海德格尔不同于康德之处在于,康德称"能思"之人即存在者,"思"即"存在"。胡塞尔和海德格尔,则以渗融以"思"之因子的"意向"在时间之中的流变为存在。

一切存在论问题的中心提法都根植于正确看出了的和正确解说了的时间现象以及它如何根植于这种时间现象。[134]

并非一切时间现象都与哲学存在论相契。这种时间现象,特指

---

132 [德]胡塞尔手稿(按:尚未正式发表),B II 19,第 15 页,见于倪梁康《现象学及其效应——胡塞尔与当代德国哲学》,第 169 页,三联书店,1994 年版。

133 [德]马丁·海德格尔《存在与时间》,第 30—31 页,陈嘉映、王庆节合译,熊伟校,三联书店,1987 年版。

134 [德]马丁·海德格尔《存在与时间》,第 24 页,陈嘉映、王庆节合译,熊伟校,三联书店,1987 年版。

"当下"，或称"照面"。

> 现象——就其自身显示自身——意味着与某种东西的特具
> 一格的照面方式。[135]

时间性即哲学现象学的所谓"意向性"，总是不断地经历在"曾
在——当在——将在"之无尽的意向、意象之流中。关于这一点，《存
在与时间》修订译本的文字表述，显得更为严谨而准确：

> 我们把如此这般作为曾在的有所当前化的将来而统一起来
> 的现象，称作时间性。[136]

"意向性"——时间性的世界作为矢性时间流，曾在（过去）、当
在（当下）与将在（未来）三维统一。曾在，过去了的当在与将在，其
已经不"在"；将在，必将实现为当下且必以曾在为归宿，其亦不
"在"；当在即当下，存在于当下，实际仅仅是由将在转递为曾在之际
的一个瞬间。

历史学范畴所说的当下、当前与当代，指某一时段，是可以度量
的。时间现象学所谓的当下，为极短的不能再短的一瞬。以庄子之
言，可以称为"倏忽"或如"白驹过隙"；借用佛教之言，是"刹那生
灭"，其瞬息万变。

当在，实际指处于曾在与将在之际的一个契机。从现象学存在

135　［德］马丁·海德格的《存在与时间》，第 39 页，陈嘉映、王庆节合译，熊伟校，三联书
　　店，1987 年版。

136　［德］马丁·海德格尔《存在与时间》（修订译本），第 372 页，陈嘉映、王庆节译，熊伟
　　校，陈嘉映修订，三联书店，1999 年版。

论的时间哲学看,比如当我说"现在正在当下"这话之时,无数个连续的当在其实已经不"在"而飞逝而去,在其成为无数个连续之曾在的同时,有无数个连续的将在,实现为无数当在。时之流,无穷无尽,奔流不息,在而不在,不在而在,又是在而不在。

人是一种善于瞻前顾后的"文化动物"。人十分敏感于过去与未来。瞻前者,向往、理想之谓;顾后者,回忆、恋旧之谓。人们以为,只要将曾在(过去)和将在(未来)紧紧地攥在手里,就掌握了自己的命运。然而,人总是慢待、挥霍当下(当在),总也对当下忘乎所以。用现象学的话来说,叫作"时间遗忘",笔者则将其称为无可救药的"人性的黑暗"。就现象学时间哲学而言,无论对于曾在的回忆眷顾,还是对于将在的向往憧憬,两者都曾经在或将在当下"照面"。这便是海德格尔所说的"时间到'时'"[137]。曾在、将在因曾经或将来于当下而"在"。当下就是"到'时'"的"存在"。

当下"到'时'"的"在"的现象学美学意义何以可能?

正如前述,现象学所说的现象,某种意义上是指心灵属性即人的内在"意向性"(intentionality),这便是"意向性"循"象"的"显现"。这又令人想起《易传》的著名命题:"见乃谓之象"与另一命题"知几,其神乎",都揭示了中国式的现象学美学的意义。

这里关系到现象学意义的时间问题。关于时间,自然时间对应于人文时间,物理时间对应于心理时间,神性时间对应于人性时间。就神性时间与人性时间的关系而言,存在着一个中介或者说中间状态,可以称为巫性时间。

《周易》巫筮的关键,在于通过算卦把握循"象"的巫性时间。这可以从《易传》所谓"小往大来""大往小来"、"数往者顺,知来者逆"

---

137 [德] 马丁·海德格尔《存在与时间》(修订译本),第 375 页,陈嘉映、王庆节译,熊伟校,陈嘉映修订,三联书店,1999 年版。

与"神以知来,知以藏往"等论述体会一二。

《周易》算卦的目的,即所谓知来察往。怎么"实现"这一目的?全赖于《周易》巫筮"知几"即令"时间到'时'"。"这在存在论时间状态上的涵义是'在场'"[138]。

《周易》占筮重在当下时间,占筮的结果,是看变卦变爻。变卦变爻就是呈现于当下的兆,占筮就是凭借所显示的兆,来判断吉凶。尽管正如前述,"见乃谓之象",实际是"现像"或曰"病理现像",在试图揭示生活真理的意义上,所"见"之"象",多为假象。然而,整个易筮操作即"十八变""作法"的关键,通过"大衍之数五十,其用四十有九"的烦琐运演,召唤吉兆或凶兆于当下,从而做出推断以"指导"人事。所谓巫性之兆,又是"知几"的"几"。几,繁体为幾。幾,从幺,幽微、隐匿义。幻术、幻想、幻象等幻字与幽冥、幽梦等幽字,皆从幺。《易传》云:"夫易(按:指易筮),圣人之所以极深而研几也。""唯几也,故能成天下之务。"东汉易学家虞翻注:"务,事也。"此"几",正如本书前引,指"动之微,吉(按:疑此脱一凶字)之先见(现)者也。"当下呈现吉凶休咎的卦爻之象,尽管就追求真理意义而言,多为"现像",而就"几"本身来说,却是真实的。几,机之本字。后世所谓机运、机会、机缘与时机等复合词,都由这"几"发展而来。可见凡此人文根性,皆为巫性。《易传》是将"知几"看作神秘、神奇而神圣的。"知几",即通过算卦来认知这一"几",以图把握人自身的命运。命为先天而运为后天。从现象学的时间观看,人的命运,是先天时间与后天时间、神性时间与人性时间的结合和妥协,这便是巫性时间。巫性时间当下"到'时'",是当下所呈现的兆象。

"知几"者,"知"天命而就人事,恰逢当下之"时"。首先是一种

---

138 [德]马丁·海德格尔《存在与时间》(修订译本),第30页,陈嘉映、王庆节译,熊伟校、陈嘉映修订,三联书店,1999年版。

天人感应、天人合一的巫性文化及其思维方式。这一重要命题出现于《易传》，既具有巫学也具有文化哲学的意义，不啻可以看作从神性与人性双兼的巫性时间走向蕴象的哲思时间与审美时间的一种文化转嬗，体现战国时人因信奉巫筮而培育、生成的"有待去'时'"的时间观。海德格尔所谓"照面"，属于其现象学哲学存在论的当在观。中国巫性文化如甲骨占卜、《周易》占筮等的"当在（当下）"观，半遵于天命，是对巫性时间及其意象的崇拜；半信于人力，蕴含着对于神性时间与人性时间双兼的及其意象的审美因素，两者的结合与妥协，即巫性时间及其意象，是天命与人事、真实与虚假、知与非知、崇拜与审美的二律背反兼合二而一。

这里，依然必须引述三国魏王弼《周易略例》所谓"夫卦者，时也。爻者，适时之变者也"这一言说。这里所谓"时"，确切而言是一个巫性之当在的"时"问题，这是易理的根本。《周易》文化的根因根性是"象数"，指人的命运、命理之象，不等于西方现象学所谓现象，然而，《易传》关于"见乃谓之象"与"知几，其神"的论述，已在遥远的中华古代，有与西方现象学的时间观暗合的一面。可惜海德格尔尚未接触及理解以甲骨占卜、《周易》占筮为代表的中华原巫文化及其象数之学，否则，这位思想深邃的西方著名的存在论哲学家，想来可能会将其名著《存在与时间》，写得更加理论精辟、思想透彻。海德格尔说：

> "现象学"这个名称表达出一条原理：这条原理可以表述为："走向事情本身！"[139]

139　［德］马丁·海德格尔《存在与时间》，第 35 页，陈嘉映、王庆节合译，熊伟校，三联书店，1987 年版。按：中译本《存在与时间》原注："'zu den Sachen selbst!'是本世纪初以埃·胡塞尔［E. Husserl］为代表的哲学现象学提出的一句著名口号。在一定意义上，它针对当时流行的新康德主义的口号：'回到康德去！'［zuruck zu kant!］而提出。这里，我们译为'走向事情本身'。"

关于这一哲学现象学的重要命题,学界通常的译文是:"面向事情本身"或"朝向事情本身"。胡塞尔说:"合理化和科学地判断事物就意谓着朝向事情本身(Sache selbst),或从语言和意见返回事物本身,在其自身所与性中探索事物并摆脱一切不符合事情的前见。"[140]

问题并不在于译文"走向"、"面向"与"朝向"三者的译义究竟有多大区别,而是现象学作为一种哲学方法论,要摆脱"一切""前见"是否可能。现象学的阐释学,并非主张摆脱一切前见,实际上也摆脱不了,它只是要求"摆脱一切不符合事情的前见"。这里的关键,是"事情本身"究竟指什么以及有关"前见"对于阐释现象学的意义何在。

学界对于"面向事情本身"或"走向事情本身"这一命题,往往另译为"面向事实本身"或"面向实事本身",将"事情"与"事实"相混淆。实际上,无论胡塞尔、海德格尔还是伽达默尔的现象学理论,都从未提出、论证所谓"面向事实本身"这一命题。"面向事情本身"与"面向事实本身"的文字上的不同,所根据的,是同一个德文版的原文,而仅仅是译文的不同而已。

在哲学现象学看来,世界由种种事实及其总和所构成。事实作为构成世界的基本元素,指事物与事物间无数的复杂联系,事实不等于事物。无数联系构成世界事态。最基本的事态,指基本(原子)事情之间的联系,这便是现象学所说的"事情本身"。这一逻辑推导有些费解,而"事情"与"事实"或曰"实事"在现象学那里的意义不一样是显然的。洪汉鼎说,在语义上,将"事实"(Tatsache)、"事态"(Sachlage)与"基本事态(Sachverhalt)"三者加以区分是必要的,指出其中"Sachverhalt,是指一种最基本的事情关系,意思是事物(或事

---

140 [德] 埃德蒙德·胡塞尔《纯粹现象学通论·纯粹现象学和现象学哲学的观念》,第一卷,第 75 页,李幼蒸译,商务印书馆,1992 年版。

情——原注)的相关性"。"因此它是一种可能的事态或逻辑的事态,而不是实际存在或实际不存在的事实"。而"事情本身",原文为"Sache selbst"[141]。

这一有关基本概念之语义上的厘清十分必要。对于现象学方法论的误解,往往是从将"事情本身"混同于"事实本身"开始的。胡塞尔现象学"面向事情本身"所强调的,在于通过"现象直观","开显"所谓"先验自我"即"意向性",虽将"事实本身"作为其逻辑论证的一个环节,却是对"事实本身"的拒绝。胡塞尔所言"现象",当然并非指经验事实的"直接的参与",也不是如《易传》所言那种"见乃谓之象"。如果说,胡塞尔的"面向事情本身"、意谓"回到"所谓"知识"的"绝对基础"即"意向性"该"认识"之原点的话,那么,海德格尔则将"回到事情本身"理解为"此在"的"显现"或曰"揭示",认为"事情本身"并非"先验自我"(意向性),而是与"当下即是"这一"此在"相联系。其《存在与时间》所谓"存在"与"时间"的纠结点之一,是"此在"的生存性与"回到事情本身"相联系。在阐释学问题上,海德格尔承认从"事情本身"而非"事实本身"出发,去认知与处理"前见"和"前把握"是合理的。这不等于说,他抹煞一切阐释行为、过程发生之前的"前见"和"前把握"。他只是将所谓"此在"的生存的"实存性"与"事实性"相区别,认为与"回到事情本身"相联系的"实存性(Faktizitat)不同于事实性(Tatsachtigkeit)"

伽达默尔说:"每一种理解和相互理解都涉及到一个置于其面前的事情。"[142]阐释学首先所直接面对的,是"当下"的"事情",而将

---

141 洪汉鼎《何谓现象学的"事情本身"(Sache selbst)(上)——胡塞尔、海德格尔、伽达默尔理解之差异》,《学术月刊》2009 年第 6 期。

142 [德] 伽达默尔《诠释学 I:真理与方法》(修订译本),第 534 页,洪汉鼎译,商务印书馆,2010 年版。

"事实"置于阐释的背景之上。没有哪一种阐释不会受到"前见"即"前理解"的一定影响与遮蔽,否则阐释无以发生。阐释的对象,是"事情本身"而非"事实本身"。"事情本身"必然包含"前见"与"前理解"。

所谓"事实本身",是某一哲学观的一大假设,称其绝对独立于主体及其认识与实践活动,似乎"不以人的意志为转移"。实际所谓"客观存在",都是对人而言的。在地球人类诞生之前,无所谓"地球"、"事物"、"事实"、"客观"与"存在"等称谓及其意义。凡曰"存在",都着染了人的因素。当我们称"事实"如何如何之时,实际上说的都是"事情",而不可避免地把"事实"推到阐释的背景上。阐释总是对那个假定的"事情"的阐释,而非所谓的"事实本身"。凡"事情本身",都着"我"之颜色。因而,阐释现象学所说的"存在",只能直接"面向事情本身"而不是那种假定"客观存在"的"事实本身"。

万物的存在,是"事情本身"而非"事实本身"意义的存在,必然是关乎人、人的感觉、意识、情感、认知与意志的存在。这一切都由人的实践活动而来。人的实践是一个历史与现实过程,由此诞生、发展与提升了人的感觉等。人的五官感觉,首先是一个"象"问题。象感觉、象意识、象思维、象情感、象幻想与象意志,等等,如此而已,然后才是其他。

从"象"开始而直接"面向事情本身",便是现象学所说的"本质直观"或可称为"现象直观"。

直观,首先是从各别物象的象感觉起步的,胡塞尔《逻辑研究》一书称其为"个体直观"。胡塞尔举例说,从个别红纸之象,不能"发现"世间所有红的东西的"红本身"。然而"红本身"的发现,首先依赖于对"这个红""那个红"的"象感觉"。"即从这个红或那个红中直观出的同一的一般之物;现在个别性本身不在被意指,被意指的不再是这个红或那个红,而是一般的红"¹⁴³。从无数红的东西的象感觉,经过象感觉基础上的抽象而发现"一般的红",称为现象的"本质直观"。有如须将美的东西与美相区别。美的东西之所以是美的,是因为"美本身"。假定当人们一旦在认知、理智上趋向于把握了"美本身",便是关于肇自象感觉的"本质直观"及其"本质直观"的完成。

问题在于,人类的实践活动是一个无休无止的历史与现实过程,等于是说"面向事情本身"是无穷无尽的,亦即关于红纸、红的东西等万类事物的"现象直观"无限多样而不可终止。就此意义而言,"本质直观"及其本质或曰现象的阐释,必然没有穷期。象感觉之类与"本质直观"、本质及其阐释,尽管可以推进其历史与人文甚而科学等水平,却永远在途中。不仅"美是难的",而且一切事物"本质直观"与其对于本质的"发现",都是"难的",这也便是现象学存在论、阐释现象学所指出的人类宿命。

"本质直观"因其为直观,与"象"具有不解之缘。直观者,直接观象之谓。所谓观象,是外在形器的感性形式作为对象,激起主体的象感觉的意思,而且是当下发生的"现象"。观即观照,与审美观照、审美体验相通。"独照之匠,窥意象而运斤:此盖驭文之首术,谋篇之大端。""神用象通,情变所孕。物以貌求,心以理应。"¹⁴⁴从象感觉与象思维等的"心",导致象领悟,便是"审美直觉",即"现象直观"。它是始终不离于"象"(意象),又有神、情与理等心灵因素参与的。然而在审美的"现象直观"中,凡此种种心灵因素,都融渗于"直观"之象,这有如古人所说,蜜中花,水中盐,体匿性存,无痕有味。

现象学美学以哲学现象学为其立论之基。人与世界何以可能、

143　[德]埃德蒙德·胡塞尔《现象学的观念》,第49—50页,上海译文出版社,1986年版。
144　刘勰《文心雕龙·神思第二十六》,范文澜《文心雕龙注》下册,第493、495页,1958年版。

应当如何与走向何处这三大相系的哲学命题,在哲学现象学从而是现象学美学中的合法性与合理性,都与"现象"及其"现象直观"相联系。从"面向事情本身"到"回到事情本身",这便是"先验还原"。胡塞尔说:

> 我们不以自然的方式来进行那种属于自然构造意识、带有超越命题的行为,并且我们不让自己受到那种在这些行为中隐含着的、不断朝向更新的超越命题的动机的制约——我们将所有这些命题"排斥"出去,我们不附和这些命题;我们在进行把握和进行理论研究时将我们的目光趋向那个在其绝对的本己存在中的纯粹意识。因此,尽管我们将整个世界连同所有的事物、生物、人,包括我们自己,都"排斥"掉了,但这个在其绝对的本己存在中的纯粹意识仍然作为我们正在寻找的"现象学的剩余"而留存下来。[145]

这里所谓"自然的方式",指人们对待文化、哲学及其传统的那种习以为常、不加怀疑的方式与态度,这正是胡塞尔要加以批判与摒弃的。"先验还原",作为一种现象学的哲学方法,实际是一种批判哲学的理念。

首先是对于先验问题的理解。笔者的理解是:假设将这个世界一切的生命、生存与生活经验统统拿走,放在"括号"里,剩下那绝对拿不走的,就是所谓"先验"。其次是对于所谓"还原"的理解,还原就是回到原点,便是胡塞尔哲学现象学所预设的"逻辑原点",这一原点即"纯粹意识"。

---

145 〔德〕埃德蒙德·胡塞尔《纯粹现象学通论·纯粹现象学和现象学哲学的观念》,第一卷,第94页,李幼蒸译,商务印书馆,1992年版。

　　胡塞尔的意思是说,除其所主张的所谓绝对无待的存在即"纯粹意识"外,世界的一切,"包括我们自己"及所有既往的文化、哲学、思想、精神与命题等,都应"放在'括号'里"加以"'悬置'起来",便是一概"都'排斥'掉了"。可见胡塞尔要舍弃的,首先是所谓的逻辑命题。大凡命题,作为一定知识的一种表述形态,包含一定思性的逻辑、判断与推理,因而"先验还原",要求哲学现象学断然地从人的知性与思性的心理心灵牢笼之中解放出来,而要做到这一点必须先要中止原先的判断,以"先验意识"去拥抱循象的自由、本然的超感即胡塞尔所说的"超越"性世界。

　　这一理念方法,对于决绝地否弃一切人类文化、哲学、思想与传统的牢笼而言,自当具有批判性。除了"纯粹意识",这世界与人的一切,似乎都应归于"零",为求现象学哲学的"超越",认为一切应从"零"开始。

　　这便是胡塞尔"先验还原"论的基本哲学观。当对世界与人的一切加以重新审视、一切皆"推倒重来"之时,则意味着"金猴奋起千钧棒,玉宇澄清万里埃"般实现了"先验还原"的美丽的世界图景。这"纯粹意识",即指先验存在;还原之原,指"纯粹意识";所谓还原,就是"还"回那被遮蔽的"本已存在中的纯粹意识"的"本来面目",这也便是胡塞尔哲学现象学所说的根本性的"开显"。

　　胡塞尔现象学的时间观,否弃了历史时间即人文时间,就连自然时间即物理时间的存在,也统统被"'排斥'掉了"。它理所当然地受到后继者海德格尔尤其伽达默尔现象学的批评与扬弃。应当强调指出,从胡塞尔哲学现象学方法论角度看,其"先验还原"的"时间"及其"现象"性,逻辑上无染于人类的历史与现实因素,实际却是以这一"先验还原"的哲学高蹈与远眺的方式,试图重新解释与揭示被遮蔽的世界、人类的历史与现实的真相。在胡塞尔看来,世上从来没有、今后也不会有哪一种哲学能逃避这一宿命,哲学现象学或曰现象学的哲学本身,也不例外。这种哲学的"梦想",难道是可以实现的吗?

总之,以"意向性"为立论基础,以"面向事情本身"(或称"走向事情本身"等)为第一哲学命题的现象学存在论,同样须以曾在(过去)的人类所累积的一切文化、智慧、哲学那种前设、前见与前阐释为历史时间的人文背景,哪怕如胡塞尔那般逻辑上将一切既定的人类文化、哲学归之于零的"先验还原"论,也依然无可逃避地存在这一历史时间的背景。

中国巫性美学的现象学意义时间性的人文本原——或称之为根因根性,自当并非胡塞尔所说的"先验意识",而毋宁暂时称其为"后验意识"。它在历史时间的源头诞生,在历史时间的大泽中得以涵泳、汰洗与养育。它必然本具"前设"、"前见"与"前阐释",那么这是什么? 便是"历史向人生成"的巫象、巫性。

别的暂且勿论,《周易》本经巫筮以象数的结构模式预测人的命运,尔后《易传》由其占筮的巫性转递为哲学思性、从巫象生成审美的艺象等,这是不言而喻的。关于象、关于时及其两者的关系,在人类对此尚未真正觉悟之前,没有哪一部中国先秦古籍,也没有哪一本古代西方文典能象整部通行本《周易》那样,如此集中而深致地提出、论述与象问题相倚的时问题。

《易传》有云,乾卦"六位(按:指乾初九、九二、九三、九四、九五、上九)时成,时乘六龙(乾卦六爻皆阳,象喻龙的六种时态,乾卦别称"龙卦")以御天",其"趣(趋)时者也";坤卦"承天而时行",而君子仿效则"待时而动";大有卦"其德刚健而文明,应乎天而时行";随卦"而天下随时,随时之义大(按:此"大"具原本、原始之义,下同)矣哉";贲卦"观乎天文,以察时变";大过卦"大过之时大矣哉";坎卦"险之时用大矣哉";遯卦"与时行也","遯之时义大矣哉";睽卦喻乖悖之理、因时而运化，"睽之时用大矣哉"；损卦言减损之道，发"损刚益柔有时，损益盈虚，与时偕行"；革卦"动静不失其时"，"天地盈虚，与时消息"，"革之时义大矣哉"，等等。这里所说的"时"，不能等同于西方现象学所说的时间。然而《易传》言"时"，都是与卦爻之象及其巫性意识联系在一起的，是象之时、时之象。胡塞尔的哲学现象学预设了一个称之为"纯粹意识"的逻辑原点，《周易》本经则以巫、巫性为其历史原点。所谓卦时、爻时，都具有巫的时间性。卦时与爻时，是以象的方式向世界"开显"的。巫性固然蕴含以后世转嬗为知识理性与哲学之类的契机与可能，是因为它包含着一定的原始理性之故。巫性本身并非知识理性，又并非如西方现象学那般的对于知性、判断的断然拒绝。巫象、巫时与巫性对于知识、理性等，抱有一定程度的宽容的人文态度。发现、捕捉甚而创造某种先兆（象），以此做出吉凶之类的占断，这其间以兆象为因、占断为果的因果链，是一种伴随以兆象而由此做出判断的巫的时间性。正如前述，就其是否具有真理性而言，兆象大凡是"现像"即假象，而这里所谓"时"，无论指时运或时令等，都是指巫性时间或与巫性相系的原始天文学的时间因子。命与运是两个彼此相系又不同的概念，从时间现象学角度看，命相系于巫性时间；运指人性时间。《周易》本经巫筮的人文时间意识，显然处于神与人、神性与人性、神性时间与巫性时间之际，这便是本书一再强调的巫性时间。

巫性时间以及体现于原古神话与图腾文化的时间观，都是神秘的灵性时间的意识与理念，不类于胡塞尔、海德格尔那般的"纯粹意识"与"存在"。然而，在巫时历程中所展开的龟卜之象与巫筮之象及其人文性等，又有类于胡塞尔所谓"意向"及其"意向性"。这也便是亨利·柏格森《时间与自由意志》所说的"延展性"（duration）。"意向性"或者说"延展性"，是"现象"的时间性。这是两者原点不一的缘故。西方现象学比如胡塞尔以"纯粹意识"这一"先验"为逻辑原点,提倡现象学意义的"本质还原",其哲学思路与方法论莫不奠基于此。西方现象学美学的所谓"原美",便是所谓"纯粹意识",世界万类之美的人物与事物现象,都是这一原美的现象即"开显"。东方中华的原巫文化,以巫的吉凶之性,作为尔后"历史向人生成"的事物真假、品行善恶与艺术美丑之性的现象展开。巫术文化及其巫性,作为由吉凶转嬗为美丑的人文温床,根本不具有"纯粹意识"般的逻辑预设。可是其历史性的现象展开,又与西方现象学所谓"意向性",具有相通的一面。

第九章 "实用理性"的美学：
道的巫性美学研究

试图以"实用理性"来概括"道"的巫性美学本涵，是基于对道与巫性必然的文脉联系的理解。有些学人论道，或直接从哲学或伦理学等角度进入，似乎道这一范畴，一开始便是一个哲学或伦理学范畴似的。其实在原巫文化中，作为哲思与伦理之道的思想与思维，仅在孕育与积淀之中，不能将本义的道，等同于后世哲学、伦理学意义的道。

道这一哲学、伦理学范畴，并非自古就有。它孕育于原古巫术、神话与图腾文化之中。就中国文化而言，道，主要是以原巫文化为基本而主导、伴随以神话和图腾文化的哺育与赐予。它原本也并非是一个先验性的哲学范畴。

道的本义指什么？东汉许子有云："道，所行道也。"又称"一达谓之道。"[1]道字在郭店楚简中写作衜，从彳从亍从人。所谓"彳亍"，"小步而行"义。道的本义，指行，指人行及人所行之路。《说文》："行，人之步趋也。"段玉裁注："《毛传》每云：'行，道也。道者，人所行。'故亦谓之行。道之引申为道理，亦为引道。"[2]张岱年先生曾说："具有一定方向的路叫作道。引申为人或物所必须遵循的轨道，通称

---

1 许慎《说文解字》二下，中华书局影印本，第42页，1963年版。

2 段玉裁《说文解字注》二篇下，第75页，上海古籍出版社，1981年版。

为道。日月星辰所遵循的轨道称为天道,人类生活所遵循的轨道称为人道。"[3]

中国先秦,是奠定道的本义和生发道的引申义的一个时代,此后有关道范畴的言说与理解,都是建立在先秦文化这一基础上的。无论儒、道抑或墨、法等,关于道的学说,所论角度与程度不一,都不离于道的本义与引申义及其两者的关系。先秦道家论道(天道)诚然相对形而上,而所论的最后归宿,依然落实于人生之道(人道)。无论儒、道等,做怎样的人以及怎样做人,是其学识的纽结点与共同归宿,也是其所主张的人生目标,他们的美学,不离于这一人文母题。

先秦关于道的美学,必有一个历史与人文的来源处,这里笔者将其归结为属巫的"实用理性"。"实用理性"美学的思想特性与思维方式,可以而且应该追溯到原古巫性。

第一节 道范畴生成及其美学范畴

在自古以来中国文化的结构和模式中,道是一个富于生命力、其人文影响深巨而相当活跃的范畴,它的重要地位和意义,一点儿也不亚于前文所阐述的气、象二范畴。

道的人文意识及其范畴源远流长。"中国道范畴的演变,从殷周直至清王朝灭亡,历经三千余年漫长的岁月,经过了道路之道→天人之道→太一之道→虚无之道→佛道→理之道→心之道→气之道→人道主义之道九个阶段。每一个阶段的哲学思潮、时代精华,直接反映着历史的进程,体现着逻辑与历史的统一。"[4]这一概括大致是正确

---

3 张岱年《中国古典哲学概念范畴要论》,第 23 页,中国社会科学出版社,1987 年版。

4 张立文《道·绪论》,张立文、岑贤安、徐苏铭、蔡方鹿、张怀承《道》,第 10 页,中国人民大学出版社,1989 年版。

的。历史上大凡关于道的言说与见解，往往与气、象二范畴相系。

《尔雅·释宫第五》："路、旅，途也。路、场、猷、行，道也。""一达谓之道路，二达谓之歧旁，三达谓之剧旁，四达谓之衢，五达谓之康，六达谓之庄，七达谓之骖，八达谓之崇期，九达谓之逵。"这是关于道路意义的道的一个概念集群。"一达谓之道路"，即许子"一达谓之道"。"一达"，即一条直通之路。所谓"二达"、"三达"直至"九达"，等等，意在强调道、路种类的繁多，但看来并非确指。"汪中《释三九》云：古人常'约之三以见其多'，'约之九而见其极多'。故对《释宫》'三达谓之剧旁''九达谓之逵'等说法，不必泥于文字，因为'三''四''九'云云，只表虚数，并非实指。如'剧旁'并非限于'三达'，刑疏引孙炎云：'旁出歧多故曰剧'。'衢'亦非限于'四达'，郝疏：《楚辞·天问》注：'九交道曰衢'。《淮南·缪称篇（按：训）》注：'道六通谓之衢'。……据《楚辞》、《淮南》注，是道四达以上通谓之衢。"[5] 诚然，《尔雅》的解释，是对《说文》关于道之本义说的丰富和展开。

先秦言道，不胜枚举。大致成书于殷周之际的《周易》本经卦爻辞，言道之处甚多。[6]《尚书》亦然。[7]《左传·襄公十二年》："忠信笃敬，上下同之，天之道也。"《国语·周语下》："鲁侯曰：'寡人惧不免晋，今君曰"将有乱"，敢问天道乎抑人故也？'"这是明言"天之道"（天道）。《左传·僖公十三年》："天灾流行，国家代有，救灾恤邻，道

5　胡奇光、方环海《尔雅译注》，第213页，上海古籍出版社，1999年版。

6　按：如上经复卦卦辞："亨。出入无疾，朋来无咎。反复其道，七日来复，利有攸往。"履卦九二爻辞："履道坦坦，幽人贞吉。"随卦九四爻辞："随有获，贞凶。有孚在道，以明何咎。"

7　按：如《尚书·虞夏书·五子之歌》："其三曰：'惟彼陶唐，有此冀方。今失厥道，乱其纪纲，乃底灭亡。'"《尚书·商书·汤诰》："天道福善祸淫，降灾于夏，以彰厥罪。"《尚书·周书·洪范》："无偏无陂，遵王之义。无有作好，遵王之道。无有作恶，遵王之路。无偏无党，王道荡荡。无党无偏，王道平平。无反无侧，王道正直。"《尚书·周书·康王之诰》："皇天用训厥道，付畀四方，乃命建侯树屏，在我后之人。"

也。"此道实指人道。春秋末期之前,已有道、天道与人道及其相互联系的人文思想与思维。

春秋末至战国,关于道、天道与人道的言述更多。郭店楚简《性自命出》:"性自命出,命自天降。道始于情,情生于性。"[8]构成一个"天→命→性→情→道"的思想与思维之链,且将道置于这一思维链的末端。似乎有点儿不合逻辑,其实在先贤那里,倒是顺理成章的。这里的天,具有天道义。天者,命也。天有命的功能,故命沟通天与人,天命降临于人寰,因而这里的道,落实于人道。

《性自命出》又说:"道者,群物之道。凡道,心术为主。道四术,惟人道为可道也。其三术者,道之而已。"[9]关于这一段话,刘昕岚引《说文》:"术,邑中道也。"郑玄《礼记·乐记》:"术,所由也。"称"道四术","指道之分支有四"。"或可据《尊德义》(按:《郭店楚墓竹简》中的一篇)故释之为治民之道(即人道——原注)、行水治水之道、御马之道、艺地务农之道。"[10]可见"其三术者",指"行水治水"、"御马"和"艺地务农"的道。这"三术"即三道,实指处事的方法,是道本义的引申。其余一术,指"治民之道"即人道。

值得注意的是,其一、这里所说的人道,是以"心术为主"的。心术者,心路之谓。道,本指客观实存的路径,转义为具有心理、心灵因素。道范畴从指涉实存之物,开始走向指涉一种意识形态,为此后道的转嬗、升华为一大哲学、美学范畴,打开了历史、人文之门,其间,可以见出心与道的文脉联系。其二、"惟人道为可道也"的"可道"之道,刘昕岚引《庄子·田子方》成疏释为训导义,又引《广雅·释诂

8　荆门市博物馆《郭店楚墓竹简·性自命出》,文物出版社,1998年版。

9　荆门市博物馆《郭店楚墓竹简·性自命出》,文物出版社,1998年版。

10　刘昕岚《郭店楚简〈性自命出〉篇笺释》,武汉大学中国文化研究院编《郭店楚简国际学术研讨会论文集》,第335页,湖北人民出版社,2000年版。

三》"道,治也"而释为治理义[11]。所言是。而所谓训导,实际已经兼具言说义,言说是道的第三义。

学界一般以为,在年代上早于通行本《老子》的郭店楚简《老子》,篇幅不及通行本的五分之二,其关于道的哲学与美学思想,较通行本为原朴[12],已能从哲学角度言说道与天道的意义。一、"道恒亡(按:无)名朴","道法自然",道指本体;二、"天道员员(圆圆),各复其根",天道指本根;三、"反(返)也者,道动也",道指运动规律;四、"保此道者,不欲当盈"[13],道指人道即人的德行。

原始儒家孔子言道甚多。《论语·里仁》:"子曰:朝闻道,夕死可矣。""子曰:参乎!吾道一以贯之。曾子曰:唯。"[14]此道,实指人道。何以见得?"子贡曰:夫子之文章,可得而闻也。夫子之言性与天道,不可得而闻也。"[15]实际是,孔子罕言"性与天道",且将天道与人道分开,以人道为重。孔子弟子"有子曰:……君子务本,本立而道生。孝弟(悌)也者,其为仁之本与。"刘宝楠《正义》释云,"本,基也。基立而后可大成。先能事父兄,然后仁道可大成。"[16]人道以孝悌为本,人道者,"仁道"之谓。"曾子曰:夫子之道,忠恕而已矣。"刘宝楠《正义》释云:"盖忠恕理本相通。忠之为言中也。中之所存,皆

---

11 参见刘昕岚《郭店楚简〈性自命出〉篇笺释》,武汉大学中国文化研究院编《郭店楚简国际学术研讨会论文集》,第335页,湖北人民出版社,2000年版。

12 按:楚简《老子》的篇幅不及通行本的五分之二,有三种可能:一、该墓曾遭盗掘而导致竹简残损;二、陪葬时未将《老子》全文放入墓中;三、原本如此,既然是古抄本,篇幅短小合乎常理。究竟如何,目前学界尚无一致结论。又,简本《老子》出自老聃,今本(按:指通行本)出自太史儋。老聃与孔子同为春秋末年人而老聃稍年长。

13 荆门市博物馆《郭店楚墓竹简·老子》,文物出版社,1998年版。

14 《论语·里仁第四》,刘宝楠《论语正义》卷五,第78、81页,上海书店影印本,《诸子集成》第一卷,1986年版。

15 《论语·公冶长第五》,刘宝楠《论语正义》卷六,第98页,上海书店影印本,《诸子集成》第一卷,1986年版。

16 《论语·述而第一》,刘宝楠《论语正义》卷一,第4页,上海书店影印本,《诸子集成》第一卷,1986年版。

是诚实。《大学》所谓诚意毋自欺也。""君子忠恕，故能尽己之性。
尽己之性，故能尽人之性，非忠则无由恕，非恕亦奚称为忠也。《说
文》训恕为仁，此因恕可求仁。故恕即为仁。"[17]

通行本《老子》论道，最重哲学之思。一、"道生一，一生二，二生
三，三生万物。万物负阴而抱阳，冲气以为和。"道为本原本根，且与
气相系；二、"反者，道之动。"道"强为之名曰大（按：太）。大曰逝，
逝曰远，远曰反。"道指事物发展及其规律性；三、"道生之，德畜之，
物形之，势成之，是以万物莫不尊道而贵德。"形上之道的形下落实即
为德，德者，道之用。故"尊道而贵德"，这是老子的人生理想；四、
"道可道，非常道。名可名，非常名。无名天地之始，有名万物之
母。"[18]"道可道"的道，前者指事物的本原本体，后者为言说义。所谓
道可道，非常道，大意为：作为本原本体的道是可以言说的，然而所
言说的，却并非作为本原本体的恒常之道。道又召唤人类不得不加
以不断地言说，道的人文魅力别具一格、深邃而隽永。因而，这里用
得着《庄子》的一句名言，叫作"非言非默"[19]，道作为本原本体，处在
"言"与"默"之际。

先秦道、儒论道的思维域限，大凡不出天道、人道及其两者之际
的联系。《庄子》说：

> 何谓道？有天道，有人道。无为而尊者，天道也；有为而累

17　《论语·里仁第四》，刘宝楠《论语正义》卷五，第82页，上海书店影印本，《诸子集成》第
一卷，1986年版。

18　通行本《老子》第四十二、四十、二十五、五十一、一章，王弼《老子道德经注》，第26—
27、25、14、31、1页，上海书店影印本，《诸子集成》第三卷，1986年版。

19　《庄子·则阳第二十五》，王先谦《庄子集解》卷七，第175页，上海书店影印本，《诸子集
成》第三卷，1986年版。按：原文为"道，物之极。言、默不足以载。非言非默，议有其
极。"（该书第175页）

者,人道也。主者,天道也;臣者,人道也。天道之与人道也,相
去远矣,不可不察也。[20]

　　《庄子》站在其道家的哲学立场,以天道为"尊"为"主"、以人道
为"累"为"臣",这为中国哲学文化中的道家"主干"说[21],提供了有
力理据。天道、人道,分而为二又合而为一。天道说,重形上先验之
道而不废道的德用;人道说,罕言天道(形上之道)而尤为强调仁德。
两者的思维出发点有异,却殊途同归。不同在于,通行本《老子》论
道,先悬拟一个形上的道范畴而言说之,且贯通、落实于现实、形下之
德用;主要记述于《论语》的孔子及其门徒的儒家之道,大凡直接以道
言说人间正道即圣德、贤德等。同样讲至善的德用,道、儒大有区别。

　　通行本《老子》说:"上善若水。水善利万物而不争,处众人之所
恶,故几于道。居善地,心善渊。与善仁,言善信。正善治,事善动。
动善时,夫惟不争。故无尤(忧)。"[22]上善之德若水,水性素朴、蕴涵、
洁净、谦退而不争。而儒家所谓圣贤之德,以正心诚意修身齐家治国
平天下为目的。

　　通行本《老子》论道,或以"玄牝"为比:"谷神不死,是谓元(玄)

20　《庄子·在宥第十一》,王先谦《庄子集解》卷三,第69页,上海书店影印本,《诸子集成》
　　第三卷,1986年版。

21　按:"道家主干"说,首先由周玉燕、吴德勤《试论道家思想在中国传统文化中的主干地
　　位》一文所提出,见《哲学研究》1986年第9期。陈鼓应《老庄新论》(上海古籍出版社,
　　1992年版)一书与其《道家在先秦哲学史上的主干地位》(《哲学研究》,1990年第1期;
　　《中国文化研究》1995年夏之卷)等文,曾作研究、阐析。笔者以为,从整个中国文化
　　言,其"主干"为儒学文化;从中国哲学文化言,以老庄为代表的道家为"主干",陈鼓应
　　所说甚是。方克立、张智彦、赵吉惠等《笔谈老子研究》(《求索》1986年第1期)认为,
　　如果独以"儒"为"主干","多少有些偏狭"。拙著《中国美学的文脉历程》(四川人民出
　　版社,2002年8月第一版),曾辟"道家'主干'说评析"一节(该书第111—126页)略加
　　阐述。

22　通行本《老子》第八章,王弼《老子道德经注》,第4—5页,上海书店影印本,《诸子集成》
　　第三卷,1986年版。

牝。元牝之门,是谓天地根。"称道性守雌、阴柔而虚静;或以"大"名之:"有物混成,先天地生,寂兮廖兮,独立而不改,周行而不殆,可以为天下母。吾不知其名,字之曰道,强为之名为大。"[23]正如前述,这个大字,是太字初文。大的本义,是正面站立男子的象形。太比大多的那一点,是文字造型对男性的强调。

因而在原始道家哲学的表述中,道勉强以"大"(太)字命名之,可以证明这里所说的道,是阳刚而实动的,是刚健又强势的。通行本《老子》有一个文本表述上的矛盾之处。其第四十二章云:"道生一,一生二,二生三,三生万物。"指出万物由道所生,从道的生成论的逻辑序列可以推断:此道可以用○来表示。可是在该书第三十九章中,又将道称为一。"昔之得一者,天得一以清,地得一以宁,神得一以灵,谷得一以盈,万物得一以生,侯王得一以为天下贞。"[24]这一文本矛盾,正可证明通行本并非老聃原本,它是战国中期由太史儋根据当时的流行本所编纂的。

先秦道、儒论"道",极具代表性。孔、老之后的儒门与道家以及西汉末年印度佛教东渐关于中国哲学与伦理学的道论,丰富而多元,且时有新说,但依然不出天道、人道及其联系这一思想与思维的框架,恕勿赘。

道范畴本义指道路。这里有一个问题仍须做进一步的讨论:这一道路究竟指什么?

一个民族文化的不二选择,并非出于某个先知、圣人的假设和悬拟,而是人种、地域、环境、人的生存方式与文化传统等无数自然与历

---

23 通行本《老子》第六、二十五章,王弼《老子道德经注》,第4、14页,上海书店影印本,《诸子集成》第三卷,1986年版。

24 通行本《老子》第四十二、三十九章,王弼《老子道德经注》,第26、24—25页,上海书店影印本,《诸子集成》第三卷,1986年版。

史积淀因素的综合成果。有如汉文字自一开始就走上了一条"象形"之路，这是历史的必然。欧西民族发明、使用拼音文字，而吾中华却发明、使用象形文字，这两大族群文化历史性选择的文化根因，大约只能以其某种感官对于外在世界的不同敏感程度来加以解释。而感官敏感程度的不一，以及何者"优先"的看法，也不宜看得过于绝对，实际上，汉民族之所以优先选择"看"、欧西民族之所以优先选择"听"，必然有许多可知与目前尚不可知的原因及其综合因素的。

人类最初从"根"上而起的文化选择，是一个复杂而烦难的学术课题。牟宗三先生《中国哲学十九讲》一书，曾有关于文化选择的"通孔"的见解："每个文化的开端，不管是从哪个地方开始，它一定是通过一通孔来表现，这有形而上的必然性。但是为什么单单是这个孔，而不是那个孔？这就完全没有形而上的必然性。也没有逻辑的必然性，只有历史的必然性。"这一段话，本书前文曾有引录。对于中华民族的原初文化选择来说，比如首先以"目观"世界万象而非首先"耳听"世界之声，这判断大约并非毫无根据。在河南裴李岗新石器文化遗址发掘中，曾在出土的一片甲骨上，见到契有一个类似"目"字的刻画符号，其年代距今约 8 000 年，似可证明关于人之眼目及其功用，先民对此的原始觉悟的确可能较早。

但正如前述，关于这一问题，确实是不宜看得过于绝对的。因为在甲骨卜辞中，同时有"目"与"耳"字的出现，可见其造字之早。[25]在四川广汉三星堆文化遗址，有青铜立姿人像的出土，其造型，以深目、大耳为其主要特征，可见是目、耳双兼的。汉民族象型文字如"目"字

25　按：如"贞：王其疾目？贞：王弗疾目？（《丙编》一〇六）……贞：有疾目龙？贞：有疾目不其龙？（《乙编》九六〇）"（于省吾主编、姚孝遂按语编撰《甲骨文诂林》，第一册，第551—552 页，中华书局，1996 年版。）"《类纂·正编》十二第五十三页下"录一"古耳字"。"卜辞'耳'用如本义。'疾耳'即指耳有疾。《前》八·五·三'耳鸣'当连读。"（参见《甲骨文诂林》，第一册，第647、648 页）

的出现固然很早,而这一民族关于音乐的原始感觉,大约也不太晚,否则,春秋战国时期音乐的繁荣就谈不上了。

仅从文化形态学角度看,中华民族所选择的"通孔",即以巫术为基本而主导的信仰、认知与企图把握世界,且伴随以神话与图腾等文化方式。它是必然的历史性选择,也是这一古老而伟大民族迫于"生计"而选择的一条"人生道路"。

当春秋战国主要由道、儒两家分别以"哲学的突破"与"仁学的超脱"方式,将"道"转嬗、提升为哲学和仁学的主干范畴之时,其实原古意义的道,早已在原巫文化中孕育,经历过一个漫长而曲折的历史时期。

甲骨卜辞未见道字却已检索到一个途字,主要写作 、、、[26]。途,《说文》未收录。《尔雅·释邱》:"途,道也。"途,从余从止。止,趾之初文。人足所行处,为途。然则此途(道),并非指一般道途。于省吾云,契文此字,"即今途字。其用法有二:一为道途之途。"卜辞有"途若兹鬼","鬼为恶劣之义。""则鬼为不吉明矣。此言道途若此之恶劣也。"[27]

对于先民而言,选择走哪一条路以及如何行走,有一个巫性吉凶的问题,趋吉避凶,就是最好的人生选择。这就是说,在甲骨文时代,道(途)范畴从一开始,就具有巫性视域与巫性意义。正如前引,大致成书于殷周之际的《周易》本经卦爻辞所涉及的道范畴,一般都具有巫性。

复卦卦辞:"亨。出入无疾,朋来无咎。反复其道,七日来复。利有攸往。"这里的道指路途,取其本义。道路及其人的行走,是作为吉

---

26 按:依次见罗振玉《殷虚书契前编》七·三二·一;董作宾《小屯·殷虚文字乙编》三四〇一;董作宾《小屯·殷虚文字乙编》七八二八;胡厚宣《甲骨续存》一·一二三七。参见徐中舒主编、常正光伍仕谦副主编《甲骨文字典》,第159、160页,四川辞书出版社,1989年版。

27 于省吾主编、姚孝遂按语编撰《甲骨文字诂林》,第一册,第860页,中华书局,1996年版。按:该字"一途作动词用,义为屠戮伐灭,应读为屠。"(该书第860页)此暂勿论。

象、吉兆而写在筮辞中的。这是指筮遇此卦，可以祭祖。这里的"亨"，通享祭的享。[28]小畜卦初九爻辞："复自道，何其咎，吉。"筮得的结果是，以从原路返回为吉，所以不会有错失。[29]履卦九二爻辞："履道坦坦，幽人贞吉。"爻象是象示人行走在平坦大道。筮遇此爻，幽独的人可获吉祥。履卦卦象兑下乾上。九二爻变（按：指九二变六二，遂使下卦之兑变为震）为震，震为大途。故有履道坦坦之象。九二处下卦的中位，无应而守中，有幽独之义。九二在下无应，为幽。朱熹《周易本义》云："刚中（指九二爻）在下，无应于上，故为履道平坦，幽独守贞之象。幽人履道而遇其占，则贞而吉矣。"

《周易》本经有关卦爻辞所说的道，取道字本义即道路之谓。此道，皆具占筮巫性，即通过占筮推断吉凶休咎而决定人生道路如何选择。《周易》本经大约成书于3 100年前的殷周之际，当时中国远没有学科意义的哲学，更遑论什么美学，所以原始的道保持着原朴的人文特色。在殷周之际之后约七八百年战国中后期的《易传》成篇时代，道哲学及其美学意识的兴起，已是新声雄放、蔚为大观，这在《易传》之中表现得相当典型而突出，于是道范畴，尤其具有活跃而强健的人文生命力。

《易传》言"道"之处甚多。《系辞上》第二章："六爻之动，三极之

28　按：《易传·象辞》"'反复其道，七日来复'，天行也"的"道"，已由本义的道，转义指"天行"之道（规律）。据十二消息卦，由姤卦一阳消、遯卦二阳消、否卦三阳消、观卦四阳消、剥卦五阳消、坤卦六阳消至复卦一阳来复，历"七"变，从一阳消亡至一阳息生，古人以为是一个天道运行的历时性周期。朱熹《周易本义》云，"天行"者，"阴阳消息，天运然也。"从本经到《易传》，道范畴由其本义转嬗为天道义。

29　按：小畜卦乾下巽上。《易传·象辞》："'复自道'，其义吉也。""初九性阳体小畜之始，与六四为应，又远于六四之阴，因而能自守，进复自身之道。下乾为刚，性本进取，但是小畜性止，不能进，还复本位，称'复自道'。李光地《周易折中》：'处下居初（按：指初九爻）而有刚正之德，上应六四为其所畜，是能顺时义而止，退复自道之象。不惟无咎，而且吉矣。复谓返也。'"（拙著《周易精读》，第97页，复旦大学出版社，2009年版第二次印刷）此是。

道也。"唐陆德明《经典释文》引东汉郑玄云："三极，三才也。"三才，指天地人三维。唐李鼎祚《周易集解》引陆绩有云："此三才极至之道也。"三极之道，指天道、地道、人道。《系辞上》第四章："易与天地准，故能弥纶天地之道。"朱熹《周易本义》："易者，阴阳而已。幽明、死生、鬼神，皆阴阳之变、天地之道也。天文则有昼夜上下，地理则有南北高深。原者，推之于前。反者，要之于后。阴精阳气，聚而成物，神之伸也。魂游魄降，散而为变，鬼之归也。"[30]天地之道即天道、人道，都原于巫性之道。《系辞上》第五章："一阴一阳之谓道。"这是一个关于易理的深刻而影响深远的哲学命题。朱熹《周易本义》："阴阳迭运者，气也。其理，则所谓道。"[31]此道，指天道、人道及其运行规律。朱熹以气、理释道，可见道与气、理相系。气，原于巫。气即精气之谓。《系辞上》："精气为物，游魂为变，是故知鬼神之情状。"此是；理，指运变的条理、法则。《韩非子·和氏》："王乃使玉人理其璞。"理之本义为治玉，转义为"玉石之纹理"，引申为事物条理与运行规律。刘劭《人物志·材理》云，理者，"若夫天地运化，盈虚损益，道之理也。法制正事，事之理也。礼教宜适，义之理也。人情枢机，情之理也。"因而，"一阴一阳之谓道"，即指事物变化之道。正如《系辞上》第九章所云，"子曰：'知变化之道者，其知神之所为乎'。"《系辞上》第十二章："是故形而上者谓之道，形而下者谓之器。"以道与器相对应。《说卦》又云："昔者圣人之作《易》也，将以顺性命之理。是以立天之道曰阴与阳，立地之道曰柔与刚，立人之道曰仁与义。"这是对前述三极之道的展开。天道，阳刚；地道，阴柔；人道，仁贤。这三

30　朱熹《周易本义·系辞上传》，《周易本义》卷之三，第 292 页，天津市古籍书店，怡府藏版影印本，1986 年版。

31　朱熹《周易本义·系辞上传》，《周易本义》卷之三，第 293 页，天津市古籍书店，怡府藏版影印本，1986 年版。

者的运化是有条有理、相系而融涵的。

道是一个意涵丰富而深邃、在中华古籍中出现频率很高的范畴。这里所言,可谓挂一漏万。简略地说,从道的本义指途、路开始,它所经历的含义变化大致是:一、道分天道、人道。二、天道,与天命、天理、天则相系。人道,为道之德用,指政治、伦理、教化与制度等,包括仁义礼智信等一切道德准则和行为规范。三、与天道相系的人道,又分真假、是非、美丑。人道还分仁道、霸道,等等。道涵盖、浸润于中华文化、哲学、伦理学与美学等一切领域。道的历史人文之根,主要在于原古巫性。

道通天上地下,无时无处不在。天道即天命,原本指神性、巫性之道。荀子说,"天行有常,不为尧存,不为桀亡。应之以治则吉,应之以乱则凶。"[32]商鞅:"凡知道者,势、数也。故先王不恃其强而恃其势,不恃其信而恃其数。"[33]道者,太极也,气也。郑玄:"极中之道,淳和未分之气也。"[34]太极的底蕴是道,指气的"淳和未分"状态。道为礼、为仁、为义、为忠、为孝、为德、为诚、为仁政、为规矩,等等。《孙子兵法·计篇》云:"兵者,诡道也。"《管子》论兵法,有"三官五教九章"的用兵之法,称"三官五教九章,始乎无端,卒乎无穷("无端无穷,皆出敌不意,彼不能测知也。"——原注)。始乎无端者,道也;卒乎无穷者,德也。道不可量,德不可数也。"[35]这里,商君所说的"势"指形势,是一个属于"数"即巫性数术的风水地理概念。《葬书》说:"千尺为势,百尺为形。"堪舆学所谓形势,指龙脉的走势及其远观效果。数,

32 《荀子·天论篇第十七》,王先谦《荀子集解》卷十一,第 205 页,上海书店影印本,《诸子集成》第二卷,1986 年版。

33 《商君书·禁使第二十四》,第 39 页,上海书店影印本,《诸子集成》第五卷,1986 年版。

34 按:见王应麟《周易》卷七郑注。

35 《管子·兵法第十七》,戴望《管子校正》,第 95 页,上海书店影印本,《诸子集成》第五卷,1986 年版。

指术数命理。在管子看来,用兵须先认知、把握风水、术数,才能出其不意攻其不备。韩非子重法,称"道"为"有国之母"。"母者,道也。道也者,生于所以有国之术。所以有国之术,故谓之有国之母。夫道以与世周旋者,其建生也长,持禄也久。故曰有国之母。"法固然重要,而作为治国之术的法之本,即道。此道,即韩非所言"有道之君"[36]所遵行的道,指合乎天道的人道。

道与审美的历史与人文联系,是一个过于庞大而深致的学术课题。从巫性之道到哲学思性之道,存在一个道与审美之历史与人文联系的接引之链。首先是先秦道家的哲学,成为原古巫性之道与诗性审美之道的文脉中介。

通行本《老子》第四章云:"道冲而用之或不盈,渊兮似万物之宗。挫其锐,解其纷,和光同尘,湛兮似或存。吾不知谁之子,象帝之先。"[37]"道冲"的冲,"古字为'盅',训虚。'冲'傅奕本作'盅'。《说文》:'盅。器虚也;《老子》曰:道盅而用之。'"[38]"道冲"即指道的虚义。"道冲"之冲,又是《老子》四十二章所谓"冲气以为和"的冲[39]。

36 《韩非子·解老第二十》,王先慎《韩非子集解》卷六,第103、105页,上海书店影印本,《诸子集成》第五卷,1986年版。

37 通行本《老子》四章,王弼《老子道德经注》上篇,第3页,上海书店影印本,《诸子集成》第三卷,1986年版。

38 按:见陈鼓应《老子注译及评介》,第75页,中华书局,1984年版。

39 按:冯友兰说:"《老子》书说:'道生一,一生二,二生三,三生万物,万物负阴而抱阳,冲气以为和。'(四十二章——原注)这里说的有三种气:冲气、阴气、阳气。我认为所谓冲气就是一,阴阳是二,三在先秦是多数的意思。二生三就是说,有了阴阳,很多的东西就生出来了。那么冲气究竟是哪一种气呢?照后来《淮南子》所讲的宇宙发生的程序说,在还没有天地的时候,有一种混沌未分的气,后来这种气起了分化,轻清的气上浮为天,重浊的气下沉为地,这就是天地之始。轻清的气就是阳气,重浊的气就是阴气。在阴阳二气开始分化而还没有完全分化的时候,在这种情况中的气就叫作冲气。'冲'是道的一种性质,'道冲而用之或不盈'(四章)。这种尚未完全分化的气,与道还差不多,所以叫冲气。也叫一。(引自《老子哲学讨论集》,第四一页)"(见陈鼓应《老子註译及评介》,第234—235页,中华书局,1984年版。)冯友兰先生所言甚是。

道作为哲学的本原本体[40]，在气中盈育，由气所衍化、转嬗与升华而来。这便是所谓"挫其锐，解其纷，和其光，同其尘，湛兮似或存"。而气的原始为巫，这是本书前文曾经一再论析过的。

关于道这一哲学的本原本体，老子说，"吾不知谁之子，象帝之先"。王弼解"帝"为"天帝"[41]，此是。此帝，指中国原古巫性之帝，这是前文辨析过的。老子关于道"象帝之先"的言说，虽说得并不肯定，意思还是明晰的。即称本原本体之道，在人文品格上，处于巫性的"帝"之先。"吾不知谁之子"一句，实际由此隐约可见哲学之道始于巫性之道的意思。

"任继愈说：'子产不信龙能对人危害，说'天道远人道迩'，但是子产还没有从理论上、从哲学世界观的高度给宗教（按：实指原古巫术、神话与图腾）、上帝、鬼神以根本性的打击。最多不过是一种存疑主义，对鬼神采取各走各的路、'互不干涉'的态度而已，和孔子的'敬鬼神而远之'差不多。而且对'上帝'，不论《诗经》、《左传》、《国语》，都还没有人敢否认它的存在，也没有人敢于贬低它的至高无上的地位，只是说几句抱怨的话，埋怨上帝不长眼，赏罚不公平而已。既然恨天、骂天，可是遇到有委屈还是向天倾诉衷肠，这算什么无神论、'神灭论'呢？《老子》的哲学，其光辉、前无古人的地方恰恰在这里，他说自然不过是天空和大地；他说道是万物的祖宗，上帝也不例外。（引自《老子哲学讨论集》，第三四页——原注）'"[42]徐复观氏云："老子思想最大的贡献之一，在于对自然性的天的生成、创造，提

---

40 按：在这一段《老子》四章关于道的言述中，老子称"道""似万物之宗"，不如其四十二章"道生一，一生二，二生三，三生万物"那般说得十分肯定。

41 通行本《老子》四章，王弼《老子道德经注》上篇，第3页，上海书店影印本，《诸子集成》第三卷，1986年版。

42 按：见陈鼓应《老子注译及评介》，第76页，中华书局，1984年版。

供了新的、有系统的解释。在这一解释之下,才把古代原始宗教(按:
实指原始巫术、神话与图腾)的残渣,涤荡得一干二净,中国才出现了
由合理思维所构成的形上学的宇宙论。"[43]虽则这里任继愈、徐复观
二先生所说的不免有些绝对,因为无论从通行本抑或楚竹书本《老
子》的文本实际看,都并未将中国哲学之道诞生时的巫性上帝、鬼神
的"残渣","涤荡得一干二净";老子所说的自然,并非"不过是天空
和大地";徐复观称哲学思维为"合理思维"而巫性思维似乎是"不合
理思维"的看法,也是欠妥的。当然,老子的道哲学,的确"前无古
人",从"道冲而用之"一语可见,老子不仅强调道的形上性,而且指
明了道之用即道的德用义。唐陆德明《经典释文》说:"德者,道之用
也。"此是。

通行本《老子》说:"道之为物,惟恍惟惚。恍兮惚兮,其中有象;
惚兮恍兮,其中有物。窈兮冥兮,其中有精。其精甚真,其中有
信。"[44]陈鼓应氏译为:"'道'这个东西,是恍恍惚惚的。那样地惚惚
恍恍,其中却有形象;那样地恍恍惚惚,其中却有实物。那样地深远
暗昧,其中却有精质,这精质是非常真实的,这精质是可信验的。"[45]
有的学人似乎总是习惯地以为,《老子》哲学之道,是绝对形上即绝对
抽象的,实际上,这还不如《易传》"是故形而上者谓之道,形而下者
谓之器"所说的道,来得纯粹而抽象。诚然,"道之为物"的物,与《老
子》第二十五章"有物混成,先天地生"的"物"一样,可释为"元物"。
元物者,非物之谓。"有物混成",郭店楚简《老子》写作"有状混成"。
是说哲学之道,正如《老子》第十四章所说"无状之状"那样。本原本

43　徐复观《中国人性论史·先秦篇》上篇,第287页,三联书店,2001年版。

44　通行本《老子》二十一章,王弼《老子道德经注》上篇,第12页,上海书店影印本,《诸子集成》第三卷,1986年版。

45　陈鼓应《老子注译及评介》,第152页,中华书局,1984年版。

体之道,指无的状态。否则,为什么它"先天地生"而能为"为天下母"?

《易传》:"是故吉凶者,失得之象也,悔吝者,忧虞之象也。"此象具有巫性。《易传》又说"精气为物"。《庄子·秋水第十七》:"夫精,小之微也。"[46]"《管子·内篇》:'精,气之极也。精也者,气之精也。'"陈荣捷、林语堂等将"气"译为"life-force"(生命力)可能欠妥。[47]此"物"此"精",所谓能"知鬼神之情状"者,惟巫而已。而《老子》称"道""其中有信"的信,王弼释为"信验也。"[48]是就巫而言的。信字从人从言,在后世道德文化中,指言必信,指人格意义上的诚即"说到做到"。所谓"说到做到",早在原巫文化中自古有之,是指巫觋口中念念有词,比如"说"让天神降临,天神便降临于人间以就人事,"说"某日"东风至",固然某日就刮起了东风,"说"受巫者的疾病即刻痊愈,固然巫师的咒语"说"到何人而那人便立刻康复,等等,似乎真正神通广大,点石成金。巫师为求降神、媚神,"作法"时每每口念咒语或祝词,或者载歌载舞,这是什么缘故? 巫者坚信言辞(一般为咒语或祝词)或歌唱(往往伴以舞蹈)的巫术信力即所谓"声兆"等,可以由此通天人、感鬼神。《尚书·虞夏书·舜典》说:"诗言志,歌永(咏)言,声依永,律和声。八音克(达到)谐,无相夺伦,神人以和。"长期以来,学界称这是中国诗歌审美的"最早论述",似乎并不错。其实这是望文生义,误将此"诗"此"歌",等同于今人所钟情的审美性诗歌艺术。实际这种"无相夺伦"即无与伦比的"诗"与"歌"所追求的,是"神人以和"的巫的境界。巫,在神与人之际。巫,确实

---

46 《庄子·秋水第十七》,王先谦《庄子集解》卷四,第102页,上海书店影印本,《诸子集成》第三卷,1986年版。

47 按:朱谦之《老子校释》,参见陈鼓应《老子注译及评介》,第150页,中华书局,1984年版。

48 王弼《老子道德经注》上篇,第12页,上海书店影印本,《诸子集成》第三卷,1986年版。

是"神人以和"的。和,在后世诚然是一种审美之境,而这种和作为审美境界产生之前,早已在原巫文化(同时还有神话与图腾)中,历史地轰轰烈烈地经历了许多个世纪。在这一"神人以和"中,固然有艺术审美的原始因素孕育其间,可以证明艺术审美的原始因子,确实起始于原巫文化(同时还有神话与图腾),可是就文化根因根性而言,《尚书》所说的"神人以和",首先是一个巫学命题,而不是什么诗学命题。

原古文化的道范畴本具巫性。先秦道家的文化哲学之道,因其深致而葱郁的理性,代表了这一伟大而古老民族"理性的早熟"。之所以称其为文化哲学之道而非一般的哲学之道,是因为此道的文化根因根性,深扎在伴随以神话和图腾的中华原巫文化之中。文化哲学之道,成为由原古巫性之道走向审美诗性之道的一个中介与契机,同时伴随以由原古巫性的气与象,走向审美诗性的气与象。中国美学的道的文化哲学之原,并不能因其后世所成就的冷峻的理性精神,而人为地舍弃与原古感性、非理性的巫性其中包括原始诗性因素的天然联系。

在本原本体意义上,道既是一个文化哲学的主干范畴,也是一个文化美学的主干范畴。中国美学史上,先秦原始道家老庄哲学之道的本原本体说,为"照亮"其整个文脉历程,奠定了一个理性基础。从道的本义指道路,到巫性之道,再升华为文化哲学之道,指道的无、虚、静、理、心、气及其言说,以及道指德用、仁义、人道与佛道甚或自由,等等,建构起中国先秦哲学与礼仁之学、两汉经学、魏晋玄学、隋唐佛学、宋明理学、清代实学和西学东渐的自由之思的现实理性之则。

道作为中国美学的主干范畴,与诸多其他美学范畴,构成千丝万缕的意义联系。

简言之,道与天构成天道观。天、天命与天帝等,是道的天学、巫学背景。道与人构成人道,作为对应于天道的一个范畴,具有强烈的世间性、伦理性及其实践性。道与气、道与生,似乎并未构成美学新范畴,而道作为美学范畴,其意蕴洋溢着人的生命、生气和生活的规矩与情调。正如前述,老庄曾经从气论道,孟荀也不乏以气言道的思想。道与理合为道理这一范畴,在于道是理的本涵,理是道的条理秩序。道与德相系,即所谓道德,形上之道的向下落实为德,形下之德的向上提升为道。哲学之道,无、玄、虚、静,与礼仁之道的有、皦、实、动相勾连,道性是基于无、玄、虚、静的无与有、玄与皦、虚与实、静与动的相互对待。道与象相与涵摄,老子论道,就有"其中有象"的见解。道与心、性的关系尤为丰富。老庄之道,指本心、本性与自然;孔孟之道,指善心、善性与善行。道与仁义礼智信,蕴含着道与道德五常之灵魂、灵枢的意义,道至高无上,是道德五常的总原则、总标准。道与情、欲的关系,以道为情、欲的主宰,道为人伦道德的铁律而不可逾越。如果说,道为生命、生活的"思"之原则,那么情、欲作为生命、生活的"诗",应循道而守持。比如宋明理学"存天理,灭人欲"(同时有"存天理,去人欲"、"存天理,遏人欲"之说)这一理学命题,体现了儒门规矩的身心的严肃性与严厉性。

道与文即质与文的文脉联系,是儒家美学传统的一大课题,值得在此稍加论析。

《论语·学而篇第一》:"君子务本,本立而道生。"什么是君子必须遵循的人生之本?"孝弟(悌)也者,其为仁之本欤。"刘宝楠《正义》云:"本,基也。基立而后可大成。先能事父兄,然后仁道可大成。"[49]

《论语·学而篇第一》:"有子曰:'礼之用,和为贵。先王之道,

---

49 《论语·学而篇第一》,刘宝楠《论语正义》,第4页,上海书店影印本,《诸子集成》第一卷,1986年版。

斯为美'。"刘宝楠《正义》云,"礼,祭(按:原古巫性文化之一种)义云。礼者,履此者(此指道德规矩)也。《管子·心术篇》:'登降揖让,贵贱有等,亲疏有体,为之礼。'《方言》:'用,行也。'《说文》:'用,可施行也。'礼主于让,故以和为用。"又说:"美,善也。""礼有威仪文物,故以美言之。"[50]

《论语·雍也篇第六》:"子曰:'质胜文则野,文胜质则史。文质彬彬,然后君子。'"刘宝楠《正义》:"礼有质有文。质者,本也。礼无本不立,无文不行。能立能行,斯谓之中,失其中则偏。偏则争,争则相胜。君子者,所以用中而达之天下者也。""当时君子,非质胜文即文胜质,其名虽称君子,其实则曰野曰史而已。夫子为之正其名,究其义。曰:'文质彬彬,然后君子'。"[51]彬,从林从彡。彡,日光照耀之影。彬彬,一片林木葱茏而阳光普照貌,象喻文质兼备。史,史巫、巫史之谓。孔子时代,尚巫之史的社会地位每下愈况,将史看作野人,故史有野义。而有道君子的道德人格,是义质彬彬的。"子张曰:'何谓五美?'子曰:'君子惠而不费,劳而不怨,欲而不贪,泰而不骄,威而不猛。'"[52]这五者为君子人格之美。

韩非子说:"道者,万物之所以然也,万物之所稽也;理者,成物之文也。道者,万物之所以成也,故曰道,理之者也。"道乃万物之质,理为万物之文。道、理灿然,质、文相和。"有道之君,外无怨仇于邻敌,而内有德于人民。夫外无怨仇于邻敌者,其遇诸侯也,外有礼仪;内

50 《论语·学而篇第一》,刘宝楠《论语正义》,第16页,上海书店影印本,《诸子集成》第一卷,1986年版。

51 《论语·雍也篇第六》,刘宝楠《论语正义》,第125页,上海书店影印本,《诸子集成》第一卷,1986年版。

52 《论语·尧曰篇第二十》,刘宝楠《论语正义》,第417页,上海书店影印本,《诸子集成》第一卷,1986年版。

有德泽于人民者,其治人事也。"[53]外、内兼修,是谓"有道之君"。韩非子又说:"礼为情貌者也,文为质饰者也。夫君子取情而去貌,好质而恶饰。夫恃貌而论情者,其情恶也;须饰而论质者,其质衰也。何以论之,和氏璧不饰以五彩,隋侯之珠不饰以银黄,其质至美。物不足以饰之。夫物之待饰而后行者,其质不美也。"[54]这是重质而轻文、好质而恶文,指老子之道。《老子》曰:"五色令人目盲,五音令人耳聋,五味令人口爽,驰骋田猎令人心发狂,难得之货令人行妨。"[55]在老子看来,"五色"之类都是背道而驰的。这与《庄子》所谓"素朴而天下莫能与之争美"[56]说相契。

　　质与文的关系,实质是道与文的关系。南朝梁刘勰说:"盖《文心》之作也,本乎道,师乎圣,体乎经,酌乎纬,变乎骚,文之枢纽,亦云极矣。"[57]这里所说的道,指文之"本"、"文之枢纽"。此道与"圣"、"经"、"纬"、"骚"相列,指儒家之人道而无疑。"原道"之原,儒之人道也。刘勰说:"文之为德也大矣,与天地并生者何哉?夫玄黄色杂,方圆体分,日月叠璧,以垂丽天之象,山川焕绮,以铺理地之形。此盖道之文也。""道之文"的道,依然是儒家的人道,从《文心》的《原道》篇所言"故知道沿圣以垂文,圣因文而明道。旁通而无滞,日用而不匮。《易》曰:'鼓天下之动者,存乎辞。'辞之所以能鼓天下者,迺

53　《韩非子·解老第二十》,王先慎《韩非子集解》卷六,第 107、105 页,上海书店影印本,《诸子集成》第五卷,1986 年版。

54　《韩非子·解老第二十》,王先慎《韩非子集解》卷六,第 97 页,上海书店影印本,《诸子集成》第五卷,1986 年版。

55　通行本《老子》十二章,王弼《老子道德经注》上篇,第 6 页,上海书店影印本,《诸子集成》第三卷,1986 年版。

56　《庄子·天道第十三》,王先谦《庄子集解》卷四,第 82 页,上海书店影印本,《诸子集成》第三卷,1986 年版。

57　刘勰《文心雕龙·序志第五十》,范文澜《文心雕龙注》卷十,下册,第 725 页,人民文学出版社,1958 年版。

(乃)道之文也。"[58]也可以证明这一点。

应当指出,这一人道的人文根因根性,是巫、巫性。"爰自风姓,暨于孔氏。玄圣创典,素王述训。莫不原道心以敷章,研神理而设教。取象乎蓍龟,观天文以极变,察人文以化成。然后能经纬区宇,弥纶彝宪,发挥事业,彪炳辞义,故知道沿圣以垂文,圣因文而明道。"[59]"因文而明道"这一中国美学与文论命题,开后代"文以载道"之先河。

刘勰《原道》篇所说的道,既指儒门之道又指老庄之道。《文心》云,道者"惟人参之,性灵所锺,是谓三才;为五行之秀,实天地之心。心生而言立,言立而文明,自然之道也。傍及万品,动植皆文。龙凤以藻绘呈瑞,虎豹以炳蔚凝姿;云霞雕色,有逾画工之妙;草木贲华,无待锦匠之奇,夫岂外饰? 盖自然耳。"[60]范文澜氏指出,《文心》一书,言称"心生而言立,言立而文明,自然之道也"、"夫岂外饰,盖自然耳","综此以观,所谓道者,即自然之道"。其引清纪昀评曰:"文以载道(按:即"文而明道"),明其当然,文原于道,明其本然。识其本乃不逐其末,首揭文体之尊,所以截断众流。"[61]此是。

儒道释三学的趋于融合,须至宋明时代才能真正实现。但齐梁之际,这一趋势已经开始。儒、道两家展开这一"对话",始于先秦《易传》。《易传·象辞》释贲卦卦义,有"观乎天文,以察时变;观乎

58 刘勰《文心雕龙·原道第一》,范文澜《文心雕龙注》卷一,上册,第 1、3 页,人民文学出版社,1958 年版。

59 刘勰《文心雕龙·原道第一》,范文澜《文心雕龙注》上册,卷一,第 2—3 页,人民文学出版社,1958 年版。按:风姓,《礼记·月令第六》正义引《帝王世纪》:"太皞帝包牺氏,风姓也。"素王,指孔子。杜预《春秋左氏传·序》:"说者以仲尼自卫反(返)鲁,修《春秋》,立素王。"

60 刘勰《文心雕龙·原道第一》,范文澜《文心雕龙注》上册,卷一,第 1 页,人民文学出版社,1958 年版。

61 范文澜《文心雕龙注》上册,第 3、4 页,人民文学出版社,1958 年版。

人文，以化成天下"之说。"天文"，这有如道家所言天道；"人文"，有如儒家所言人道。而"观"乎"天文"（天道）、"人文"（人道）的目的则一，都在于"察时变"而"化成天下"。刘勰的道（质）、文之论，无论道指天道、自然抑或指人道、仁义之类，最终毕竟还是落实于天下现实与世道人心的。其所谓"文而明道"，下启"文以载道"说，走的是一条"崇本（质、道）以息末（文）"的人文思维与思想之路。

文与道的矛盾，是中国美学与文论思想的基本矛盾之一，它和阴与阳、道与技、情与性、意与象等中国美学的基本矛盾一起，一直纠缠着中国美学的智慧头脑，严重影响中国美学文脉的走向与审美品格。正如前引，孔子已有"质胜文则野，文胜质则史。文质彬彬，然后君子"的言述。这一传统渊远而流长。

略举数例：唐柳宗元《答韦中立论师道书》（见《柳宗元集》卷三十四）："乃知文者以明道，是固不苟为炳炳烺烺、务彩色、夸声音而以为能也。"文为明道之器，此道为儒家所说的人道而无疑，重申了刘勰"文而明道"的老命题。"宋初三先生"之一的孙复，为思为学宗于韩、柳"古文运动"的传统。其《答张炯书》（《孙明复小集》）云："夫文者，道之用也；道者，教之本也。故文之作也，必得之于心而成之于言。得之于心者，明诸内者也；成之于言者，见之于外也。"心"内"而言"外"，道"本"而文"用"，有柳宗元"文者以明道"的人文余绪。北宋理学开山周敦颐《通书》倡"文以载道"说："文，所以载道也。轮辕饰而人弗庸，徒饰也，况虚车乎！文辞，艺也；道德，实也。"此说影响深远。文乃道之具，道指人伦道德，这是典型的儒家文论。南宋理学大家朱熹说："文是文，道是道。文只如吃饭时下饭耳。"[62]持道本而文末之见。这正如陆九渊所说："有德者必有言。诚有其实，必有其

---

62 《朱子语类》卷第一百三十九《论文上》，黎靖德编、王星贤点校《朱子语类》，第八卷，第3305页，中华书局，1994年版。

文。实者,本也;文者,末也。"[63]等等。

唐宋美学与文论有关"文、道"的思想和言说,在此难以一一述说。尽管其间往往受到释、道不同程度的影响[64],而基本宗于"文以明道"、"文以载道"的儒家诗教传统,是可以肯定的。以孔圣发其端,经汉唐、宋明直至清季,两千年漫漫历程而基本未有改辙,在此恕勿赘。

第二节　道的"实用理性"的美学意义

中国的哲学及其美学,与以先秦儒家为代表的德性(人道)之学的关系,存在一个道德与审美的关系问题,其枢机在于:道德作为审美如何可能。康德《纯粹理性批判》指出:"我的理性的全部旨趣……汇合为以下三个问题:(1)我能够知道什么?(2)我应当做什么?(3)我可以希望什么?"[65]首先,"我能够知道什么"这第一个问题,是就人的理论理性是否能够认知与证明西方上帝这一形上"预

63　《象山先生全集》卷十一,陆九渊撰,四部丛刊本,齐鲁书社,1997年版。

64　按:如隋代大德智顗《无量寿经优婆提舍愿生偈》云:"道者,通也。以如此因,得如此果;以如此果,酬如是因。通因至果,通果之因,故名之道。"以因果论"道",是佛家思路。佛教所言道,指空幻、菩提、真如、佛性、佛道与般若中道等。佛教称佛之道为"内明",统称孔老为"外道",皆为滞累而非究竟。宗密《原人论》:"外道宗旨,但在乎依身而行,不在究竟上元由。"成玄英《庄子大宗师疏》:"夫《庄子》者,所以申道德之深根,述重玄之妙旨。"以道家的自然之道为儒家伦理道德的"深根"。在三教渐趋融合的北宋时代,《苏氏易传》云,"东汉以来,佛法始入中国,其道与老子相出入,皆《易》所谓形而上者,而汉世大夫不能明也。""老、佛之道非一人之私说也,自有天地而有是道也。"意为:无论儒抑或老、释之道,都是"形而上"的"自有天地而有是道"。"苏轼的文、道观,并不是什么惟'文'而是其'道'已从传统儒家道统立场有所转移,渗透着道、释因素。东坡的'至味'(按:指其《送参寥师》"咸酸杂众好,中有至味永"的"至味"),是文与道(儒、道、释)高度统一所达到的审美境界。"(见拙著《中国美学的文脉历程》,第678页。)

65　[德]康德《纯粹理性批判》,第591—592页,李秋零译,中国人民大学出版社,2004年版。

设"而言的。简言之,上帝作为"一个纯粹的理性概念,即一个单纯的概念,它的客观实在性是不能为理性所证明的。""康德彻底否定了中世纪经院哲学盛期以来试图藉助理性以科学的方式证明上帝存在的做法。但是,康德也反对任何用理论理性来否认上帝存在的企图。……同时也为人类通过实践理性来信仰上帝留下了空间。"[66]

康德所说的"我能够知道什么"、"我应当做什么"与"我可以希望什么"这三大问题,都与"实践理性"说有关。

"实践理性"这一哲学概念,确实为人类信仰上帝与道德自律及其二者关系的解读,留下了思想与思维的空间。学者李秋零说,"就像形而上学的关键是确立普遍必然的先天认识形式一样,伦理学的关键也是发现普遍必然的道德法则。""要使实践理性原理成为道德法则,就必须承认纯粹理性在只凭自己决定意志方面具有充分的根据。道德法则只能是理性自身的形式规定,只能在实践理性或者意志自身中去寻找。"[67]既然属于上帝的"纯粹理性"不能为理论理性所证明,那么,所谓"纯粹理性"这一作为上帝的哲学表述,就只是一个信仰问题,并且必须贯彻、落实于"实践理性"。当康德称言"藉助于纯粹的实践理性,道德是自给自足的"[68]之时,这等于承认,至善的道德,实际便是伦理领域的唯一上帝。神学意义的至善之德,即是上帝的"自由意志"。也就是说,人类尽管可以而且必须通过"实践理性",去仰望道德的上帝及其幸福,却永远不能达到上帝之巅。

"纯粹理性"是关于上帝的先验理性,可望而不可即,人却可以提出"实践理性",从"我应当做什么"开始,从而实现"我可以希望什

---

66 李秋零《康德哲学中的宗教问题》,刘光标、杨慧林主编《神学美学》,第二辑,第192、194页,三联书店,2008年版。

67 李秋零《康德哲学中的宗教问题》,刘光耀、杨慧林主编《神学美学》,第二辑,第194页,三联书店,2008年版。

68 《康德著作全集》,第六卷,第4页,李秋零主编,中国人民大学出版社,2007年版。

么"这一目标,达成对于上帝所赐幸福的向往。康德将道德分为"他律"与"自律"两种。他律的道德,实际受种种外在因素包括个人经验与目的的制约,不具有普遍有效的道德高标即"纯粹理性";自律的道德,是无条件无功利目的的,它仅仅与主体所践行的道德"动机"和"义务"有关,不问其效果如何。一个人做善事,是自己觉得"应当"去做,完全出于自觉,不是别人的期待或是启发,更不受胁迫,也不求任何回报,是人之所以为人的理性以及理性化的意志与情感,对于道德理性本身的敬畏,也是理性本在的自由与快乐。这一道德的行为完全出于人自己为自己立法,不附加任何外在条件和因果关系,处于"绝对自由"的状态与境界,康德将其称为"自由意志"即"善良意志",便是"至上的善"[69]。因为至善之德"自给自足"即自身圆满具足,所以康德说,它在它之外已经"绝对不需要宗教",实际却是一种被绝对道德化了的宗教。或者说,一方面,道德的"实践理性"以"纯粹理性"为其神学、神性的本因与背景;另一方面,"纯粹理性"对应于"实践理性",作为"自由意志",是从宗教神性的高度来看待道德的至善。

"实践理性",是人关于道德自由意志的现实理性,是人认同、实现人自身的自由、自觉而合目的、合情感的知识与能力。它以道德为主要实践对象。从哲学认识论角度所认知道德践行的思性,可以称为"实践理性"。牟宗三曾经指出,"实践理性"相通于中国儒门所言"良知"。康德的"至上的善",类于"良知"。人类的理智活动,"也就是洛克、莱布尼茨、休姆(谟)、康德所考察的那个 understanding。那里面没有良知,所以洛克、莱布尼茨、休姆都没有发现到这一点。""实践理性"并不等于理智及其活动。牟宗三继续说:

---

69 [德]康德《实践理性批判 判断力批判》,《康德著作全集》第五卷,第117页,李秋零主编,中国人民大学出版社,2007年版。

只有康德客气一点,他除了讲这种 understanding 以外,他还讲一种实践理性(practical reason)。他可以从实践理性这个地方把主体呈现出来、把人当人看。所以康德总是说,你要把人当成目的来看,而不要把人看成是工具。把人当目的就是恢复人的主体,因此这个明才能显现。所以这个时候康德就不讲理论理性(theoretical reason),他要讲实践理性。[70]

当然在实际上,"实践理性"并不绝对等同于中国儒门的所谓"良知"。孟子首倡"良知良能"说。"人之所不学而能者,其良能也;所不虑而知者,其良知也。"[71]朱熹《四书章句集注》:"良者,本然之善也。"孟子主"人性本善"说,从其思维逻辑看,将"良知"看作人生而有之,这是可以理解的。孟轲以为,"良知"就是先天至善的根因。康德所说的"实践理性",从其哲学逻辑的根因而言,本具先验性。关于"实践理性"与"良知"的关系,也许可从"良知"与道德的复杂联系之中,窥其一二。德国学者诺博托·霍尔斯特说:

> 当然,我们每个人都一定是有着某些良知的,人们的良知中蕴藏着某些道德规范,也就是人所赞同的那些道德规范。但是,那些按照施贝曼的理论被认为是普遍有效的、预先设定的道德可能并不能进入我们的良知。因而,我的良知正是我的一部分,我所拥护的道德规范是我的良知的范围之内的。这些规范,也就是我的良知的内容到底在什么程度上是合理的,这个问题无论如何都是没有明确答案的。因此,施贝曼的良知的内容所对

---

70 牟宗三《中国哲学十九讲》,第 30、30—31 页,上海古籍出版社,1997 年版。
71 《孟子·尽心章句上》,焦循《孟子正义》卷十三,第 529 页,上海书店影印本,《诸子集成》第一卷,1986 年版。

应的道德规范,与我的良知的内容所对应的道德规范,显然有一部分是相同的,而另外一部分是相异的。[72]

"每个人都一定是有着某些良知的"这一论述,类似以中国孟子的"良知"说,来试图解读康德"实践理性"道德哲学的神性根源,会是有所偏颇的。

孟子说:"人皆有不忍人之心",有如"今人乍见孺子将入于井,皆有怵惕恻隐之心。"[73]这便是作为至善人道之根因的"良知"。"物伤其类"的怜悯与悲哀,诚然是生命万类的本能反应,终究会升华为至善的人性人格。毫无疑问,"实践理性"并非是一个生物学范畴,它具有关于道德的人类学品格。

康德提出了假言命令(Hypothetische Imperativ)与绝对命令(Kategorischer Imperativ 按:此"命令",或译为"道德律令"或"道德法则")这两个相对的概念。康德认为实践理性与意志是一体,这种意志是超越生物性的,它是一种善的意志,理性的意志。因此在康德看来,道德是普遍有效的,即道德是不容更改和辩解的绝对命令,排除感情、欲望、经验、爱好等诸多因素,而必须遵守,假言命令指以个人的利益和幸福为行为准则,因此行为准则是为特定的目的服务的,是手段;而绝对命令是自律的,而

---

[72] [德]诺博托·霍尔斯特《何为道德:一本哲学导论》,第27—28 页,董璐译,北京大学出版社,2014年版。按:诺博托说:"施贝曼主张,道德规范符合我们的'与生俱来的感觉',因此道德规范是普遍有效的而且是先于人们而存在的,它与我们的偏好没有关系。施贝曼的这个观点是正确的吗?我并不认为对于这个问题可以找到一个清晰的答案。"(该书第22页)

[73] 《孟子·公孙丑章句上》,焦循《孟子正义》卷三,第138 页,上海书店影印本,《诸子集成》第一卷,1986 年版。

不是他律的,因而自身即是目的。康德认为,道德对于人类而言是目的,不是工具,否则它就不能被称为道德;道德的目的是目的本身,是绝对的目的,独立自存,而不是从他物中导出的。[74]

这里值得再次强调,其一、康德所谓"实践理性",本就道德而言,或者可以说,是关乎道德及其践行的"纯粹理性";其二、"实践理性",以"纯粹理性"为形上的哲学背景,"与意志一体","是一种意志,善的意志",实际是逻辑地消解了种种外在条件之羁绊的意志;其三、道德二分。那种"普遍有效"、"不容更改和辩解的","排除感情、欲望、经验、爱好等诸多因素,而必须遵守"之公共的道德,称为"绝对命令"。"以个人的利益和幸福为行为准则"、"为特定的目的服务"的道德,称为"假言命令";其四、"绝对命令"的道德是"自律"的,"自身即是目的","是绝对的目的"。"假言命令"的道德是"他律"的,是"手段";其五、"绝对命令"的道德,作为至善的社会公德,普遍认同、普遍有效而普遍践行,尤其应当强调的是,它"不是从他物中导出的"。

如果这一概括符合康德的原意,那就可以说,康德所谓绝对、至善的道德而并非从"他物中导出"的说法,则等于承认,至上道德与社会、现实、历史、文化、环境、经验和自然条件等一切"物"的因素无关。"实践理性",确实因其与"纯粹理性"相联系,而包含着一定的先验因素。相当程度上,至善的道德"律令",是悬浮于空中、拔离于现实实践的,因而可以说,"实践理性"的至善,是关于"纯粹理性"的道德解读。

难怪李泽厚先生在研究先秦儒家仁学问题时,要对康德的"实践理性"说,加以新的阐释。而在早期,李泽厚以为"实践理性"与"实

74 [德]诺博托·霍尔斯特《何为道德:一本哲学导论》,第131页,董璐译,北京大学出版社,2014年版。

用理性"一词的意义是差不多的,所以不分彼此可以互用。

> 所谓"实践(用——原注,下同)理性",首先指的是一种理性精神或理性态度。与当时无神论、怀疑论思想兴起相一致,孔子对"礼"作出"仁"的解释,在基本倾向上符合了这一思潮。不是用某种神秘的热狂而是用冷静的、现实的合理的态度来解说和对待事物和传统;不是禁欲或纵欲式地扼杀或放任情感欲望,而是用理知来引导、满足、节制情欲;不是对人对己的虚无主义或利己主义,而是在人道和人格的追求中取得某种均衡。对待传统的宗教鬼神也如此,不需要外在的上帝的命令,不盲目服从非理性的权威,却仍然可以拯救世界(人道主义)和自我完成(个体人格和使命感);不厌弃人世,也不自我屈辱、"以德报怨",一切都放在实用的理性天平上加以衡量和处理。

> 这种理性具有极端重视现实实用的特点。即它不在理论上去探求讨论、争辩难以解决的哲学问题,并认为不必要去进行这种纯思辨的抽象。……重要的是在现实生活中如何妥善的处理它。孔子说:"敬鬼神而远之,可谓知矣",这个"知"不是思辨理性的"知",而正是实践理性的"知"。[75]

李泽厚将康德的"实践理性"说,运用于中国先秦儒家礼、仁之学的解析,得益于他对于康德批判哲学的研究。他将自己所说的儒学的"实用理性",等同于康德的"实践理性",是否欠妥,值得讨论。李先生称康德的"实践理性"与"无神论""相一致",似乎没有揭示"实

75　李泽厚《中国古代思想史论》,第29—30、30页,人民出版社,1985年版。

践理性"与"纯粹理性"的神性逻辑联系。他的"实用理性"说,应该从得启于康德的"实践理性"而来,一定意义上,是康德"实践理性"的中国化。未久,李泽厚便以"实用理性"一词,来论述中国文化及其道德哲学与美学思想。

> 所谓"实用理性"就是它关注于现实生活,不作纯粹抽象的思辨,也不让非理性的情欲横行,事事强调"实用"、"实际"和"实行",满足于解决问题的经验论的思维水平,主张以理节情的行为模式,对人生世事采取一种既乐观进取又清醒冷静的生活态度。它由来久远,而以理论形态呈现在先秦儒、道、法、墨诸主要学派中。[76]

这里,从康德的"实践理性"到李泽厚的"实用理性",仅一字之差,而所指大相径庭。唯有舍弃了西方上帝的"绝对命令"说,遂使"实践理性"变成中国的"实用理性"。有条件的道德理性,或然相当于康德所说的"他律"的道德理性。

从以原巫文化为基本而主导、伴随以神话与图腾的角度略加分析,所谓"实用理性",确然已经扣摸到中国道德文化哲学根性的一根神经。

李泽厚说:"我以前曾提出'实用理性'、'乐感文化'、'情感本体'、'儒道互补'、'儒法互用'、'一个世界'等概念来话说中国文化思想,今天则拟用'巫史传统'一词统摄之。"[77]这里,仅从"实用理性"

---

76 李泽厚《漫谈〈西体中用〉》,《孔子研究》1987年第1期。按:此文收入其《中国现代思想史论》一书,东方出版社,1987年版。
77 李泽厚《说巫史传统》(1999),李泽厚《由巫到礼 释礼归仁》,第3页,三联书店,2015年版。

而言,它确实是所谓"巫史传统"说的第一义项。

"实用理性",是关于"实用"的一种理性精神、意涵、理念、态度与思维方式,其关键是"实用"而非"理性",原自原巫文化。马林诺夫斯基说:"对于他(按:原始初民),世界是马马虎虎的背景,站在背景以上而显然有地位的,只是有用的东西——主要是可吃的动植物。""按物竞天择的眼光来看,人对于实用上不可缺少的东西(按:首先是食物)是不应该减少兴趣的;他自信具有控制这类东西的本领,是更可帮助他底成功,增加他底力量,提高他底观察力与知识,以更明白这类东西底习性的。"[78]

正如本书前文所一再强调的,假如巫术首先不是求其"实用"、迷信其"实用",巫术便没有必要诞生,也失去其文化的神秘魅力和原始合法性。"巫术是 fraudulentissima atrium,'所有技艺中最具欺骗性的'。"而原始巫者"他们声称能够摘星取月、偷天换日、呼风唤雨,能使海枯石烂、山崩地裂——简而言之,他们宣称可以通过其仪式来影响自然界的规律"[79]。巫术简直"无所不能"。凡此都在求其"实用"即求善或是迷信其"实用"的。如果说,巫在神与人、巫性在神性与人性之际是巫文化"第一原理"的话,那么,"实用"便是巫文化的第一要素。

"实用理性"说,与关于中国的"巫史"说相联系,是将曾经被康德所无情地剥夺的关于人类道德的"物性",重新赋予了中国道德哲学的解读。

人类的理性有多种,工具理性、技术理性、人文理性与科学理性,

---

78 [英] 马林诺夫斯基《巫术科学宗教与神话》,第 38、41 页,李安宅译,上海社会科学院出版社,2016 年版。

79 [瑞士] 弗里茨·格拉夫《古代世界的巫术》,第 59、40 页,王伟译,华东师范大学出版社,2013 年版。

等等。其中人文理性,包括康德所说的"纯粹理性"、"实践理性"与李泽厚所说的"实用理性"等。人类的原古理性,作为后世所有理性的萌芽因素,其中最先生起与发展成熟的,应是"实用理性"。它是一种关于实用求善的理性。它在后世成长为一个伦理人类学范畴,是因为从初民的原始生存"实用"到后世处理人伦关系的伦理需求等,都是"求善"的。两者前后的文化底蕴、品格与发展水平不一,而"求善"却是其共同诉求。因而,可以将原巫的"实用"意愿,看作后世"求善"伦理的一个文化原型。道德伦理,确实由巫、巫性的意愿、意志发展而来。

"实用理性",是最初受原巫"实用"所羁绊且相谐的一种理性。它首先是"实用"与"理性"之间所发生的属于古老中华一种意志兼情感的思维方式和态度。当法国人笛卡尔于十七世纪宣称"我所说的逻辑,乃是教人如何正确地运用自己的理性,来发现我们尚未得知的真理"[80]时,岂料在此之前许多个世纪,古老东方的神圣巫者,却并非从思辨逻辑而是从历史逻辑出发,将"实用"与"理性"相对接,企图解决"人道"即人的道德品行与生活道路问题。当笛卡尔向世界宣说"我思故我在"、"同时除了我是一个在思维的东西之外,我又看不出有什么别的东西必然属于我的本性或属于我的本质"时,东方中华却试图而且坚信,属巫的"实用"和"理性"的"对话",不仅早已开辟了古代中华的道德生活,而且其传统一直顽强地延续到今日与未来。随之,巫性、巫格之带有原古时代长长人文"阴影"的关于道的审美,是试图在原巫"实用"性的文化土壤之中,培育至善而美丽的灿烂之华。

在笛卡尔看来,形上理性(思)即是"我"之所"在"。"我思"一旦

80　[法]笛卡尔《哲学原理》,第XVII页,商务印书馆,1959年版。

与经验实用相纠缠,则"我"是必然不"在"的。这里有一个"道"的问题。人类究竟知"道"还是不知"道",或者说,人究竟"在"抑或不"在"？在笛卡尔看来,须看其如何彻底拒绝经验实用的诱惑、且总是与上帝在一起。

> 人类自由地作出道德选择,这和上帝万能并不矛盾,"一个人可以管理和控制自己的行动。所以理性生命参与神的旨意,不仅仅体现在被管理,也体现在管理自身"。事实上,奥古斯丁在许多文字中表达了和笛卡尔的"我思故我在"相同的意思,比如这一段:"但是,不需要任何虚妄的幻觉,我就十分确信我存在,我也确信我知道这一点并为此感到高兴。对于这些真理,我一点也不怕学院派质疑我……因此,我知道自己知道,在这一点上我同样是不会被骗的。因为既然我知道我存在,那我也就知道了我知道。"[81]

笛卡尔的"我知道我存在"即"我思故我在",作为其哲学理性,是冷峻而深沉的。

严峻的问题在于,关于"道",人类究竟是知还是不知？这里有四种可能:一、知道自己知道;二、知道自己不知道;三、不知道自己知道;四、不知道自己不知道。

"子曰:朝闻道,夕死可矣。""子曰:参乎,吾道一以贯之。曾子曰:唯。""曾子曰:夫子之道,忠恕而已矣。"[82]仁者孔子毕生所追求、

81　[美]罗德尼·斯达克《理性的胜利——基督教与西方文明》,第19页,管欣译,复旦大学出版社,2013年版。

82　《论语·里仁第四》,刘宝楠《论语正义》卷五,第78、81、82页,上海书店影印本,《诸子集成》第一卷,1986年版。

"一以贯之"的"道",可用"忠恕"二字来加以概括。孔子斯言,可证其"知道自己知道"的。曾子所谓"忠恕",的确是"夫子之道"。刘宝楠《正义》解读:"忠恕者,《周语》云:中能应外,忠也。曾子《大孝》云:忠者,中此者也。《周官·大司徒》注:忠,言以中心。贾子《道术》:以己量人谓之恕。《大戴记·小辨》云:知忠必知中,知中必知恕,知恕必知外,知外必知德。"[83]这里,中即中庸;"中心",实诚、忠诚之谓;以中庸之道"应外",是为忠;"以己量人",是为恕。这便是孔子所说的"己所不欲,勿施于人。在邦无怨,在家无怨。"[84]为人处世,自己不愿做的,不强加于人,守持内信实诚,便是守中而笃守于"良知"。孟轲云:"老吾老以及人之老,幼吾幼以及人之幼,天下可运于掌。"《孟子正义》解读:"敬吾之老,亦敬人之老;爱我之幼,亦爱人之幼。推此心以惠民,天下可转之掌上。"[85]可见,推己及人,是天下公德。

仁者孔圣,的确知道自己所言之道是忠恕、中庸与诚信等儒家德性之道。然而,如西方笛卡尔那般所说的形上之道,孔子却"不知道自己不知道",当然也不可能知道此后许多个世纪曾经大盛于中华所谓"佛道"及其"中道"之类。[86]

牟宗三先生说:

---

83 《论语·里仁第四》,刘宝楠《论语正义》卷五,第 82 页,上海书店影印本,《诸子集成》第一卷,1986 年版。

84 《论语·颜渊第十二》,刘宝楠《论语正义》卷十五,第 262 页,上海书店影印本,《诸子集成》第一卷,1986 年版。

85 《孟子·梁惠王章句上》,焦循《孟子正义》卷一,第 51—52、52 页,上海书店影印本,《诸子集成》第一卷,1986 年版。

86 按:如道安《人本欲生序》:"'经'曰:'道从禅智得近泥洹',岂虚也哉?"《合放光光赞随略解序》:"般若波罗蜜者,成无上正真道之根也。"慧远《三法度经序》:"以三法为统,以觉法为道。"僧肇《涅槃无名论》:"涅槃之道,盖是三乘之所归,方等之渊府。"(见《中国佛教思想资料选编》第一卷,第 36、42、97、156 页,石峻、楼宇烈、方立天、许抗生、乐寿明编,中华书局,1981 年版)

人是最可贵也是最麻烦。人身难得，当然是最可贵，但同时人也最麻烦，问题最多。人是两面通，他上面可以通神性，但他也有物性，他两面通。[87]

所谓"物性"，在原巫文化中，首先表现为人的心灵的滞累于"物"，此"物"最初指物质功利、经验现实的巫性"实用"。人之"物性"的提升之一，便是道德，同时还有科学认知、艺术审美和宗教崇拜等。就道德伦理而言，由于凡是实用的东西，对人而言总是好的、善的，因而凡是道德，总是以向善为目标的。通行本《老子》说："上善若水。水善利万物而不争。处（按：处理）众人之所恶，故几于道。居善地，心善渊，与善仁，言善信，正善治，事善能，动善时，夫惟不争，故无尤（忧）。"[88]上善者，至善也。上善的道德如水。水性"善利万物而不争"。原巫文化以求实用为其文化动因之一，实用功利的积聚，必导致彼此相争，这也便是老子所说的"恶"。德者，得也。[89]道德始起，为的是平息这个争。至善之德为公德，协调、平衡全社会群团之间、群团与个人、个人与个人之间的种种利益。由此建构全社会所公认而普遍践行的行为规范、原则与标准。这在西方称为"上帝的至善"；在东方中华，是指未受宗教上帝关怀的至善。正因如此，在一些西方人看来，东方的道德，好比从来没有父母教养、到处流浪的一个到处闯祸的"野孩子"。然而，东方的至善之德，是否不具有任何"物性"羁绊与人文"父亲"的关怀么？牟宗三分析西方传统道德的人文

87　牟宗三《中国哲学十九讲》，第 6 页，上海古籍出版社，1997 年版。

88　通行本《老子》八章，王弼《老子道德经注》上篇，第 4 页，上海书店影印本，《诸子集成》第三卷，1986 年版。

89　按：《管子·心术上》："故德者，得也。得也者，谓其所得以然也。"《礼记·乐记第十九》："礼乐皆得，谓之有德。"朱熹《四书章句集注·论语》："德者，得也。得其道于心而不失之谓也。"

根因时指出,我们先来看西方的上帝,上帝就是西方"道德之父":

> 如果说它只有 form,没有 matter,那就成了 pure form,就成
> 为 God。[90]

关于 God 的道德律令,"由于基督教神学家很早就认为运用理性可以越来越精确地理解上帝的意志"[91],上帝(God)本身的存在,则无疑是"理性的胜利",因而西方的道德律令,是被康德称为与"纯粹理性"相系的"实践理性"。"纯粹理性"实际就是上帝的哲学代名词。中国自古没有 God,只有一个巫性的"上帝"而并非宗教的 God,中国自当不缺乏中国式的神性意识和理念,却多少保留着世间经验现实的"物性",否则,世间人王又为何要称为"帝"呢?[92]帝者,蒂也、禘也。巫性的上帝观念,始于原古自然崇拜,且引入天命意识、在属巫的人文祭祀中塑造而成。由这一巫性上帝所生起的关于道德的理性,称为"实用理性",它所强调的,确实是"实用"、"实际"、"实行"而且是追求"实利"的。

道德作为审美如何可能? 或者试问,从"实用理性"走向审美诗性是可能的么?

牟宗三说:

---

90 牟宗三《中国哲学十九讲》,第 6 页,上海古籍出版社,1997 年版。

91 [美]罗德尼·斯达克《理性的胜利——基督教与西方文明》,第 7 页,管欣译,复旦大学出版社,2013 年版。

92 按:郭静云指出:"天上还有一位非兽形的最高崇拜对象:上帝。""对商周人而言,帝是无所不在、无所不包,且独一无二的崇高对象。""在商周信仰中,天上神兽的神能涵盖了养育众生的灵雨、死生的规律,以及升天、再生、羽化、授权、保佑王命等。但是,一切此类天神,皆低于上帝。""至殷商祖庚时代起,可能开始用'帝'字作为王的谥号。"如"贞:其自帝甲又逆?《合集》27437""乙卯卜,其又(侑)岁于帝丁,一牢?《合集》27272"等(郭静云《天神与天地之道——巫觋信仰与传统思想渊源》,上卷,第 469、470 页,上海古籍出版社,2016 年版)

> 康德建立起"道德的神学"（Moral theology——原注，下
> 同），……他由意志之自由自律来接近"物自身"（Thing in itself），并
> 由美学判断来沟通道德界与自然界（存在界）。[93]

"神学否认哲学是神学之外一种独立的真理。"[94]神学的形而上学，是关于神、上帝的哲学。当将绝对信仰的神、上帝，作为本原本体来加以体认与阐释时，神、上帝其实就是被哲学所精致化了的本原本体。人的"先验幻想"与"先验判断"，以宗教信仰的神圣灵光，试图照亮人性的局限、黑暗与理性的盲点，遂使人性、人格的趋于完善与完美，提升到西方那般的神与上帝的高度。

在最原始的社会中，人类的原始道德曾经本是形下之"俗物"，仅在维护比如初民分配食物的公平与正义，等等。一旦让人的"先验"幻想与判断或者将道德绝对地神圣化时，"在自然和超自然之间，在哲学和神学之间，不存在任何对立或者矛盾，而是超自然的恩典成全人的本性。"[95]这就是说，道德作为"物自体"、作为哲学本体是可能的。"成全人的本性"，即"意志之自由自律"，是将人的德性与德行，以神与上帝的标准来加以衡量。这便是说，西方人所追求的至善的道德标准，是 God 的崇高神性。

中国儒、道、释等的道德观，有鉴于其文化内涵与哲学意蕴的无比丰富复杂，不必也不是这里所能深入讨论的一个问题。中国古代确实并无西方那般的神学，这不等于说，中国道德的历史性建构，终于未能走上所谓"道德形上学"的独具民族风色的道路。

且不说，通行本《老子》五十一章，有"道生之，德畜（蓄）之，物形

93　牟宗三《心体与性体》，上册，第 8 页，上海古籍出版社，1999 年版。

94　［德］潘能伯格《神学与哲学》，第 18 页，李秋零译，商务印书馆，2013 年版。

95　［德］潘能伯格《神学与哲学》，第 23 页，李秋零译，商务印书馆，2013 年版。

之,势成之"的哲学言说。道的向下落实即为德;德的向上提升即为道。难怪在《庄子·外篇》中,道、德二字连缀为"道德"一词。《庄子·外篇·天道》:"夫虚静恬淡、寂寞无为者,天地之平而道德之至。"《庄子·外篇·马蹄》:"道德(按:此指儒家道德)不废,安取仁义?"

《易传》说:"夫大人者,与天地合其德,与日月合其明,与四时合其序,与鬼神合其吉凶。"唐孔颖达疏《周易正义》解读:"此论大人之德无所不合,广言所合之事。'与天地合其德'者,庄氏云,谓覆载也;'与日月合其明'者,谓照临也;'与四时合其序'者,若赏以春夏、刑以秋冬之类也;'与鬼神合其吉凶'者,若福善祸淫也。"早在先秦,所谓"大人"的道德人格说,实际上已经初步具有天人合一、天人感应的思想与思维特点。尤其值得注意的是,这个合一与感应,是原于巫性的。天地、日月、四时与鬼神,原本都是属巫的。当然,《易传》的这一言说,并非纯粹的"道德哲学"(道德形上学),更不是一般的哲学,而蕴含以原自巫性而非来自 God 的道德哲学的人文诉求。

儒家的传统道德观,以"诚"为其主要义项之一。《礼记·中庸第三十一》云:"诚者,天之道也;诚之者,人之道也。诚者,不勉而中、不思而得,从容中道,圣人也;诚之者,择善而固执之者也。"诚是至善之德,是天道与人道的合一。这是说,天之诚,是人之诚的本体依据。这便是朱熹《四书章句集注·中庸》之所以说,人之诚者,"真实无妄之谓","天理之本然也"。天人合一于诚。从天人合一这一哲学命题的人文内涵看,道德作为本体是可能的。

牟宗三氏云,宋明理学"其中心问题首在讨论道德实践所以可能之先验根据(或超越的根据——原注),此即心性问题是也。由此进而复讨论实践之下手问题,此即工夫入路问题是也。前者是道德实践所以可能之客观根据,后者是道德实践所以可能之主观根据。宋明儒心性之学之全部即此两问题。以宋明儒词语说,前者是本体问题,后者是工夫问题"。[96]此言是。道德的心体与实践即本体与工夫,体用一如。就其本体言,是"道德的形上学";就其工夫言,是"形上的道德践行"。

这一道德作为本体的哲学,直到宋明理学时代,才逐渐完成。"在孔子,践仁知天,虽似仁与天有距离,仁不必即是天,孔子亦未说仁与天合一或为一"[97],此是。《论语》说:"夫子之言性与天道,不可得而闻也。"[98]是为证。[99]相比而言,孟子的情况有些不同。孟子说:"尽其心者,知其性也;知其性,则知天矣。存其心,养其性,所以事天也。"[100]人的心体与天的性体,可以在知这一点上达到合一。人心、人性与天性即人道与天道一如。故"尽心"即"知性";"知性"即"知天";"知天"即"存心";"存心"即"养性";"养性"即"事天"。牟宗三说:

---

96 牟宗三《心体与性体》上册,第7页,上海古籍出版社,1999年版。

97 牟宗三《心体与性体》上册,第19—20页,上海古籍出版社,1999年版。

98 《论语·公冶长第五》,刘宝楠《论语正义》卷六,第98页,上海书店影印本,《诸子集成》第一卷,1986年版。

99 按:刘宝楠《论语正义》云:"然'性与天道',则莫详于《易》,今即易义略征之。《系辞上传》:'一阴一阳之谓道,继之者善也,成之者性也。'又曰:'成性存存,道义之门。'《文言传》:'乾道变化,各正性命。'又曰:'利贞者,性情也。'《说卦传》:'穷理尽性,以至于命。'又曰:'昔者圣人之作易也,将以顺性命之理。'"(上海书店影印本,第98—99页,《诸子集成》第一卷,1986年版)凡此皆可证明,《易传》言"性与天道"关系的言辞不少。可是,有鉴于《易传》称"子曰"之处甚多等证据,自北宋欧阳修《易童子问》疑《易传》非孔子所撰起,疑《易传》非孔子所作者,代不乏人。《易传》确实多有言说"性与天道"且将人之性德本体归于"天道"之处,然而,这可能是孔子后学而非孔子本人的思想,故难以作为孔子仁学本具"天道"即为"人道"(道德)之说的证据。当然孔子曾说,"五十而知天命",可证孔子具有"天命"可"知"的思想。而"天命"毕竟不同"天道"。在孔子"知天命"的思想中,尚有"畏天命"的一面。"天命"是一个巫学、巫性范畴,"天道"这一范畴,已经开始从巫学、巫性向道学、仁学与道德哲学转嬗。而且,关于"天命"的天人合一,毕竟不同于"天道"的天人合一。

100 《孟子·尽心章句上》,焦循《孟子正义》卷十三,第517页,上海书店影印本,《诸子集成》第一卷,1986年版。

然(一)因仁心之感通乃原则上不能划定其界限者,此即涵其向绝对普遍性趋之伸展;(二)因践仁知天,仁与天必有其"内容的意义"之相同处,始可由践仁以知之、默识之,或契接之。依是二故,仁与天虽表面有距离,而实最后无距离,故终可合而一之也。[101]

《礼记·中庸第三十一》:"天命之谓性,率性之谓道,修道之谓教。"[102]天命,是未经人所认知、把握的事物之"性"。此性,可以说是蛮野的或者是先验的。人在天命面前,无论人的理性、意志与情感等,都是不自由的。"天命之谓性"这句话的意思是,"天所命给吾人者即叫作是性,或:天定如此者即叫作是性。"[103]"率性之谓道",指感知、认识与把握了的性(包括"心体"与"性体"),或者说性的现实实现即为"道"。就道与人的意志关系来说,它实际是人的"自由意志",亦即关于道的本体与工夫的合一。而"修道之谓教",指的是循道的修持与践行,也是本体、工夫的合一。

道德走向审美之所以可能,是因为心体与性体合一于道体,或二者趋向于合一的缘故。它以主体的"自由意志"为条件。

"自由意志"这一概念源自康德,指纯粹先验、不能为人的感性经验和知识实践所体认的一种先验理性的心灵形式。是康德"物自体"说关于"道德理想"的一个哲学表述。这等于是说,大凡"现象界"与感性经验、思辨理性、人伦现实相系的世间道德,实际都是"不道德"或者是不够"道德"的。康德为其理想的"道德",树立了属于人之意志"绝对自由"的先天标尺。因其至善的"理想",而使其与审美的相

101　牟宗三《心体与性体》上册,第20页,上海古籍出版社,1999年版。

102　《礼记·中庸第三十一》,杨天宇《礼记译注》下册,第899页,上海古籍出版社,1997年版。

103　牟宗三《心体与性体》上册,第25页,上海古籍出版社,1999年版。

通成为可能。

康德以为，所谓"自由意志"，是指人呈现于道德律令的无条件的"自由"。这使我们想起古希腊亚里士多德关于"我们把一个为自己、并不为他人存在的人称为自由人"[104]的论述。亚氏似乎是说，"我是我自己的"，并不为、也不因他人、他物而存在。

意识到自己的存在便是自由。在这一点上，可以将亚里士多德作为康德的哲学前驱，而康德却将关于至善的德性，悬拟为他的哲学"物自体"，斩断了与"现象界"的现实关系，却保留着一定的逻辑联系，毋宁说康德哲学思辨中的历史与逻辑，是趋向于体用二分的。

近代西方自然科学的进步，促使人们把科学主义的因果律，作为宗教一般的偶像来加以崇拜。这一时代的道德观，也是受制于因果律的。这便是关于道德的"决定"论或曰"他律"论。

> 决定论又称拉普拉斯信条，是一种认为自然界和人类社会普遍存在客观规律和因果联系的学说。该理论认为：每个事件的发生，包括人类的认知、举止、决定和行动都是因为先前的事而有原因地发生的；宇宙完全是由因果定律之结果支配，因此经过一段时间以后，任何一点都只有一种可能的状态，自由意志则是不可能的。[105]

这是康德道德哲学所"批判"的对象。与此相应是关于道德的"非决定"即"自律"论。

104　[希腊] 亚里士多德《形而上学》，第 29 页，苗力田、李秋零译，台北联经出版社，2003年版。

105　[德] 诺伯托·霍尔斯特《何为道德：一本哲学导论》，第 117 页，董璐译，北京大学出版社，2014 年版。

非决定论否认自然界和人类社会普遍存在着客观规律和必然的因果联系,认为事物的发展、变化是由不可预测的、事物内在的"自由意志"决定的。非决定论者的最基本要素是相信自由意志。[106]

康德是"相信自由意志"的。这一"非决定论"即"自律"说,标榜人类至善的德性是由"'自由意志'决定的",实际是关于"自由意志"的另一种决定论。康德"批判"说:

> 自然法则必然性是致动因底一种他律,因为每项结果唯有依据以下的法则始成为可能:另一事物决定致动因,以产生因果性。然则,除了自律——亦即"意志对自己是一项法则"的这项特性——之外,意志底自由还可能是什么?……因此一个自由和一个服从道德法则的意志是一回事。[107]

康德的"自由意志"说,逻辑地舍弃了事物因果律即"他律"论。"自律"无因无果,或者说是消解了前因后果之后的一种"本质"状态,它无待而自存,似乎类于佛教所说的空幻,而实际并不是。"自由意志"纯粹先验,"这种理性必须将自己视为其原则底创造者,不受外来影响;因此,它当作实践理性来看,或者当作一个有理性者的意志来看,必须被它自己视为自由的。"[108]康德以为,作为先验理性的"自由意志",并非思辨理性,更不是科学理性,实际是不可言说、不可思

106　[德]诺伯托·霍尔斯特《何为道德:一本哲学导论》,第119页,董璐译,北京大学出版社,2014年版。

107　[德]康德《道德底形上学之基础》,第76页,李明辉译,台北联经出版社,2003年版。

108　[德]康德《道德底形上学之基础》,第78页,李明辉译,台北联经出版社,2003年版。

议、不可认知与不可传达的[109]。因而它只能呈现为道德的"实践理性"。在其哲学逻辑上,康德勉强建构起自"纯粹理性"到"实践理性"的逻辑之链。

这里,之所以要简略地分析一下康德的"自由意志"及其"实践理性"说,是因为李泽厚的"实用理性"说,是对于康德"实践理性"说批判的缘故。

"实践理性"是"纯粹理性"的衍生范畴,指在对于"纯粹理性"的精神向往中,人所践行的"自由意志"的逻辑正当性。其先验性不言而喻。"实用理性"说改变了这一点,将逻辑地悬拟的理性拉回世间现实。它是不愿做也不能做纯粹抽象性的思辨的,或者也不让非理性的情欲肆意横行,因而像理学那样,要提出与遵行"存天理,灭人欲"之类的道德准则,每每认同和践行所谓"实用"、"实际"与"实行"的人生道路。"实用理性"作为经验理性,是上帝(God)缺席情况下古代中华的道德理性。

在李泽厚看来,"实用理性",开启了原于中国原巫文化之道德"良知"的一道历史之门,看来是抓住了问题的实质。[110]

---

109 按:只有作为始作俑者的哲学家康德自己是例外。关于"纯粹理性"、"实践理性"及其相互的逻辑联系,等等,即可言说,亦可思议和传达,康德为此所写的大部著作就是明证。类于中国老子声称"道,可道非常道;名,可名非常名"(通行本《老子》一章),而关于"道",老子自己却"说"了五千言。康德与老子的语言哲学有相通之处,康德的"纯粹理性",有类于《老子》所言"道"。

110 按:当然,在肯定这一点时应当指出,"实用理性"说已将理性的形上预设与先验的哲学属性涤荡无遗,以此用于解读中国的道德伦理之说,有时亦会遭遇一些困难。虽然"实用理性"说基本上抓住了问题的根本,指明"实用理性"原于"巫史",然而,中国巫文化却并非是与先验性绝然无关的文化形态。正如本书前述,与巫相系的"天"、"天命"、"帝"与"鬼神"、"神灵"等巫性,并不是毫无形上而先验的神性因素可言的,只是不同于西方上帝的神性罢了。因而,由巫性所哺育的人伦道德,不是完全可以以"实用理性"来概括的。如先秦孟荀的"性善"、"性恶"说,就有类似于康德"自由意志"那般的先验诉求。人的本性,无所谓善、恶,称人性"本善"或"本恶",实际已是一种具有一定先验性的哲学预设,只是并非自觉的哲学智慧而已。《孟子·尽心章句上》:"人之所不学而能者,其良能也;所不虑而知者,其良知也。""良能""良知",即指人性本善,天之所与。《荀子·性恶篇第二十三》:"凡性者,天之就也。不可学,不可事。"此为证。

　　从巫性人类学美学角度试析,由原巫文化所培育的"实用理性"的道德,与审美的人文联系,实际是以"幸福"、"崇高"这两大范畴为中介的。

　　什么是幸福? 幸福是人的欲望与目的的暂时得以满足、情感与意志暂时处于自由的一种心态和心境。幸福与物质享受一般并无必然联系,它是精神性的。幸福指数,决定于人的能力与所求之间的比值。换言之,能力愈强,所求愈少,便愈会感到满足与幸福。从人在社会实践中认知、感悟与把握世界事物的角度看,幸福是人从必然走向自由之境的一种主观感受。幸福源于实践。基督教教义称上帝是世界的唯一"福音"。《新约圣经·马太福音》第五章曾经记述耶稣教导其信众说,有八种皈依上帝的信徒,可以乐享"真福八瑞":"虚心的人有福了,因为天国是他们的";"哀恸的人有福了,因为他们必得安慰";"温柔的人有福了,因为他们必承受地土";"饥渴慕义的人有福了,因为他们必得饱足";"怜恤人的人有福了,因为他们必蒙怜恤";"清心的人有福了,因为他们必得见上帝";"使人和睦的人有福了,因为他们必称为上帝的儿子";"为义受逼迫的人有福了,因为天国是他们的"。这八类"有福"之人,都是原于宗教信仰而道德高尚的人,其"真福",是对于上帝"福音"的分享,基于在信仰之中道德修持的成果。佛教称其修善业、积功德而得"福果",这便是佛教的幸福观。《因缘经》卷一之所以说"若诸有情(按:众生)修福因,所获福果又极胜";般若智慧即为"福慧",《华严经》卷十一云,"法界悉充满,福慧咸广大"。所谓"福智",菩萨行之圆果耳。既为福德,又有智慧,二者兼具,福慧双修,是谓福智庄严之境。《涅槃经》卷二十七说:"二种庄严,一者智慧,二者福德。若有菩萨具足如是,二种庄严者,则知佛性。""佛性"本在即为"福海"。

　　凡此都是宗教所关怀的幸福,它们惟在出世间,属于先验信仰。

就其修持本身而言,是在宗教信仰的先决条件下,有赖于遵守种种戒律的道德修为。当将宗教所规定的天条加以自觉而自由地遵循之时,则意味着信徒对于宗教戒律的严格践行,是对于意志执着的消解,可能进入道德自由之境。

但这毕竟是宗教意义的幸福观,有别于康德关于"纯粹理性"相系的"实践理性""自由意志"的幸福。康德的道德"自由"是神性的。在其哲学逻辑上,为了实现这一理性道德行为的"真实性",康德曾建构其道德哲学的三大假设:"意志自由"、"灵魂不灭"与"上帝存在"。诺伯托·霍尔斯特指出:

> 通常我们是如何将某些事物标志为"道德的"或"不道德的",以及如何更为确切的理解并明确"道德"或"不道德"的特性呢?我们是如何把握"道德"这个概念呢?道德的本质是由什么构成的?[111]

道德以善恶为标志为分野。"道德的"即是善的;"不道德的",即是不善或是恶的。道德的善恶,首先是全人类性的,与人类的文明、进步、发展以及人类的根本利益相联系。又是时代与民族的,道德的人类共性和时代、民族甚或地域的个性,是一个一定历史实践与科学、人文实践的发展过程。作为社会生活与人格模式的重要价值形态之一,人类道德的产生,根本上受制于人与自然的本在关系及其人与社会的历史、人文与科学的发展水平。一定时代、民族与社会群团所公认与遵循的道德规范、准则究竟如何,决定于这一时代、民族与群团的生产关系和生产力的发展程度,表现为这一程度之中主体

---

111 [德]诺伯托·霍尔斯特《何为道德:一本哲学导论》,第 3 页,董璐译,北京大学出版社,2014 年版。

的心灵意志究竟获得多大自由。人类社会总是无可逃避地面临、处理人与人、人与社会群团以及群团之间等根本利益如何公正、合法地分配这一难题，其间必然充满分歧和冲突。就此而言，任何道德及其规范的践行，总是实用或指向于实用或因实用而起的。道德是人际关系的规范律令、处理人际纷争的温和方式。当人际关系不得不有所妥协之时，道德便是心灵与交往的黏合剂。道德的底蕴决定于利益的如何合理、合法而合情地分配，表现为人格的善恶。

道德与法律比邻而立。法律强制性地维持一定社会秩序的稳定，压制和处理那些危害天下家国社稷的利益与社会安宁的人物或事件，以确保全社会的公平和正义。法律不缺乏教育，却并非是一个温情脉脉的情感领域，法律的严正和严酷性，正是人类敬畏自然及其社会本质规律的结果。道德规范的确立及其践行，不是法律之消极的必要补充，它将法律不必且不能管理的社会职能，作为其施展身手的活跃而有效的阵地。道德的存在价值，取决于社会主体的心灵自觉和行为自觉。社会公德，不仅合法、合理而且合情，是全社会所认同而且自觉自由地践行的，在人们的心灵深处，形成强大而相对稳定的意识形态及其标准。

无论法律抑或道德的文化之根，都是所谓原古之礼，深扎在原古巫术、神话与图腾文化之中。人之所以为人，什么该做或什么不该做，其实早在原古时期，已经有了初步的分野和人类对此辨别的能力。然而在神性与巫性意识充满初民头脑的文化形态中，道德往往不具有充分的自觉自由的特性，那时的"社会公德"，以一定的神性与巫性作为道德规范之"公"。既然神性是颠倒而极大地夸大了的人性，既然巫性处在神性与人性之际，那么，我们就不能抹煞由神性与巫性所统治的文化形态中人性及其人格的因素。

以原巫文化而言，世界万物与人的处境，其实只有吉或凶、休或咎两种类型和价值,由此萌生法律的合法与否和道德的善或恶。巫性之礼,确实是法律与道德的文化原型之一。曾经多如牛毛的巫术禁忌(在神话与图腾意识行为中,也往往富有诸多禁忌),实际是巫性的凶咎之域,成为后世法律的罪错禁地和道德之恶的原型。正是在原古巫术与神话、图腾文化的实践之中,原始初民的文化心灵,由巫性的吉凶、休咎,养成善与恶、尊与卑、正与邪、是与非、爱与恨、乐与悲以及幸福与痛苦等二分的人格范型与人格体验。

本义之礼,原先是初民对于神灵的致敬心灵及其仪式。敬神者,礼之谓。原始巫性之礼,体现了原古社会之低下的生产力水平。在人与神灵的不平等及其一定历史与文明水平的妥协、和解中,已然萌生与存有原始道德意识。《礼记·曲礼上第一》云,"道德仁义,非礼不成;教训正俗,非礼不备;分争辨讼,非礼不决;君臣、上下、父子、兄弟,非礼不定……供给鬼神,非礼不诚不庄。"[112]后代之礼,确实原于初民对于"鬼神"的庄敬。道德及其规范是善还是恶?合乎人类文明进步的是善,否则便是恶的。试看原始群婚制社会,群婚行为合乎道德的正当和善,社会进化到一夫一妻制度,群婚就沦为乱伦之恶。曹禺话剧《雷雨》所描写的命运大悲剧的人类学主题,即在于此。

诚然,在这一属于原礼范畴的道德及其实践活动中,人的原始幸福感由此萌生。正如前述,幸福并非其他什么别的,它是人的欲望与追求的暂时满足。这也便是《孟子》所谓"可欲之谓善"[113]。在欲望、追求之中,一定包含着意志以及情感等心灵因素和诉求。叔本华的"世界作为意志",是以人的意志为哲学本体,称"意志自身在本质上

---

112 《礼记·曲礼上第一》,杨天宇《礼记译注》上册,第 3 页,上海古籍出版社,1997 年版。
113 《孟子·尽心章句下》,焦循《孟子正义》卷十四,第 585 页,上海书店影印本,《诸子集成》第一卷,1986 年版。

是没有一切目的、一切止境的,它是一个无尽的追求。"[114]这当然并非说意志"没有一切目的",而是指意志执着于某种目的、总是指向一定的目的而无有止境。尼采倡言"冲创意志"[115],指与道德相系的意志无有穷时,它是一个创造而无尽的历史与人文过程。始于巫文化的意志的实现,是一个接一个"实用理性"的现实实现,其间便有美学意义的暂时的幸福感与快乐感。

人的幸福可以有多种。从人把握世界即求神(宗教与巫术、神话与图腾等)、求善(道德)、求知(科学)与求美(艺术)四大基本实践方式看,无论其过程和结果,都是可以产生暂时的幸福与快乐的。四者的人文内涵与品格自当不一。从幸福本身而言,作为"实用理性"的道德求善的幸福,与作为艺术审美所获得的幸福,尤为相通。幸福及其感觉,两栖于道德求善与艺术求美之际。

中国艺术,自古有一个不懈地追求"尽善尽美"而不是"尽真尽美"的传统。孔子曾说,闻韶乐而三月不知肉味,"尽美矣,又尽善矣。"[116]在道德之善与艺术之美之间,千百年来让中国人一再沉醉的东西,便是幸福。这便是艺术审美首先沉浸在道德至善的幸福中。无论诗词、小说、戏曲、绘画、音乐、园林与建筑等,其艺境,基本在于追求"尽善尽美"。其内容,大凡在于宣扬道德至善而追求形式至美。

---

114 [德]叔本华《作为意志和表象的世界》,第 235 页,商务印书馆,1982 年版。

115 按:陈鼓应先生说:"Der Wille Macht(英译 The Will to Power)为尼采哲学的推动力,这种意志储藏于内时,是为潜能(或潜力);表现于外时,是为动能(或动力)。在尼采哲学中,'The Will to Power'是一个重要的概念。然而许多人只注意 Power 一字,更不幸的是把 Power 限于权势的概念之中。事实上,尼采的 Power 是指 Creative Power(创造力),而不是指 Worldly Power(世俗的权势)。由此可知:The will to Power 旧译权力意志,极易产生误导,或译力量意志,也不甚妥,因为它含有潜能意志的意思。在这里,姑且译成冲创意志,因为这种意志不时表现着向外迸发和向上冲创的趋势。"(陈鼓应《悲剧哲学家尼采》,第 89 页,三联书店,1987 年版)

116 《论语·八佾第三》,刘宝楠《论语正义》卷四,第 73 页,上海书店影印本,《诸子集成》第一卷,1986 年版。

试举一例。《诗经·周南第一·国风·关雎》:"关关雎鸠,在河之洲。窈窕淑女,君子好逑!"本是民间风谣,后人却一定要在诗中发明关于道德至善的微言大义。《论语》记孔子之言:"《关雎》乐而不淫,哀而不伤。"《毛诗序》:"《关雎》,后妃之德也,风之始也,所以风天下而正夫妇也。故用之乡人焉,用之邦国焉。风,风也,教也;风以动之,教以化之。""风天下而正夫妇",强调的是夫妇伦理道德之善美。所谓中国诗教,以此为圭臬。称其所用在"乡人"与"邦国",强调诗的政治教化功用。此用,就其艺术表达本身而言,为无用之用;艺术所表达的,是属于"实用理性"范畴的道德至善。

"尽善尽美",实为中国艺术所提倡的最高境界,它所给予人的,是道德良善的满足及其审美的愉悦,也许是比审美愉悦深一层次的幸福。幸福两栖于艺术审美与道德求善。在宗教崇拜、科学求知和艺术审美文化中,有一个深层次的幸福问题,只是其内在机制,有些不同于巫性与知性的幸福而已。传统艺术的审美,除少数作品如《红楼》《西游》之类尚含宗教、哲学等人文意蕴外,大多是描写和表现忠奸、正邪与善恶的故事人物及其政治道德主题。至于那些民间艺术,比如剪纸、灯彩、泥塑、对联与面具等,则较多地遗留着趋吉避凶的巫性内容。从巫术的"实用理性"到道德的"实用理性",这在中国的传统艺术审美中渊远流长。

为什么如此?是因为在原巫文化、道德文化与审美文化三者之间,在幸福这一点上,本自具有某些同构关系的缘故。

为什么千百年来中国人的艺术思想与思维大致不离"尽善尽美"这一路向?这是由于"历史性生成"的超稳定的文化心灵结构使然,这一超稳定的文化心理结构,就是由原古巫文化所培养的"实用理性"。中国人的文化心灵结构,自一开始就是强烈地趋向于实用求善及其"实用理性"的。所谓"实用理性",是关于实用的理性,它以一定的实用目的为理性思考与遵循的对象。或者一般不做形上而抽象的理性思辨因而直奔道德求善这一主题，如孔子所持的主张大致如此；或者虽做一定的形上思辨，但这一思辨一般不具有哲学形上而自觉的思维品格，如孟荀；或者虽然具有相当自觉的关于哲学之道的思维品格，而终于让形上之道落实于形下之德，如老庄。

凡此都以原巫文化等为人文之根。《礼记·曲礼上第一》云："太上贵德。"所谓太上，"郑《注》曰：'帝、皇之世。'即传说中的三皇五帝之世。"太上贵德这一句，被释为"上古时代以德为贵。"[117]这个德，泛指三皇五帝之世即以原巫文化为基本而主导、伴随以神话与图腾的上古时代的整个社会意识形态。是富于中国式的神性、巫性、人性及其相互联系的一个通称。这不同于后世伦理道德的德，却包含着后世伦理之德的人文胚素。其原神、原巫、原礼、原道与原德（原善与原恶）等历史与人文内涵，综合其间。

有一种执着始终不渝，便是对于被春秋战国诸子一再加以崇拜、认知、求善而审美的那一个"道"。先秦诸子无不称言道。从体用一如的角度看，道即德而德即道。它是中国人为人处世最崇高的标准、目的与理想。是天地、阴阳、夫妇、父子、君臣、正邪、善恶与礼乐的秩序与和谐。是无可替代的人生幸福的源泉。这幸福，是鬼神与民人、理性与情感、意志与自由、崇拜与审美的二律背反又合二而一。

《礼记·乐记第十九》说："大乐与天地同和，大礼与天地同节。和故百物不失，节故祀天祭地，明则有礼乐，幽则有鬼神，如此则四海之内合敬同爱矣。"[118]大乐、大礼的大，太字的初文，其义为原始、根本，大乐，指原始之乐；大礼，指根本之礼。两者并非指"最大的音

117　《礼记·曲礼上第一》，杨天宇《礼记译注》上册，第4页，上海古籍出版社，1997年版。
118　《礼记·乐记第十九》，杨天宇《礼记译注》下册，第636页，上海古籍出版社，1997年版。

乐"、"最大的礼节",实际指决定礼乐的美善、与天地、鬼神合谐的道。这里值得注意的是,其一、礼乐与天地、四海之内的"同和""同节",属于文化原本意义的"尽善尽美";其二、这一"尽善尽美"的人文根因根性,依然是巫性鬼神以及人的"祀天祭地""合敬同爱"。从一贯奉若神明的道(德)与"尽善尽美"的艺术思想与思维品格看,在先秦,确是直接属于道德层次之求善的"实用理性",或是将求善的实用作为哲学形上问题来加以思考和阐析,尔后以哲学形上之道,来解读形下之德的何以合法、合理与合情。

康德说:

> 有两样东西,越是经常而持久地对它们进行反复思考,它们就越是使心灵充满常新而日益增长的惊赞和敬畏:我头上的星空和我心中的道德法则。[119]

以"我头上的星空"与"我心中的道德法则"相对应,让人立刻体悟到道德的崇高。在康德看来,这"两样东西",是同其崇高的。这"两样东西",以"星空"与"道德法则"二者相映对,呈现出无限光辉。在这"两样东西"前,加了一个主词"我"。意思是,无论星空抑或道德法则,都是属我即属人的,是人所共同崇拜、认知、求善与审美的对象。其中求善与审美二项,尤为契合这里正在探讨的"道德作为审美何以可能"这一论题,其主题词,即为兼通于道德与审美二者的崇高。

人把握世界的崇拜、认知、求善与审美这四大基本的实践方式,

---

119 [德]康德《实践理性批判　判断力批判》,《康德著作全集》第五卷,第169页,李秋零主编,中国人民大学出版社,2007年版。按:关于康德的这一段哲学名言,邓晓芒汉译为:"有两样东西,人们越是经常持久地对之凝神思索,它们就越是使内心充满常新而日增的惊奇和敬畏:我头上的星空和我心中的道德律。"(人民出版社,2003年版,第220页)

分别孕育、产生与发展了神性或巫性的崇拜感、科学智性的理智感、意志求善的道德感和关于自然、现实与艺术的审美感。崇神或徜徉在"巫术的花园"里精神上所享受的幸福，与理智求真、意志自由、审美愉悦所获取的幸福，是不一样的。一个人拜倒在上帝面前而洋溢在心的皈依感或是巫术"成功"的成就感，不同于科学发现、做了善事或欣赏自然风景和艺术名作所激起的幸福感与愉悦感，无论在品格、深度与情感指向等方面，自当殊而不同。可是，凡此既然都是属人的感觉、感受与情感，在属人即基于人性、富于人格意义这一点上，又无疑有相通之处。就道德感与审美感而言，二者相通是不言而喻的。

> 所有经验的原则皆完全不能用来充当道德法则之基础。……关于道德情感，这设想的特别感觉（即道德感——原注），当那些不能"思考"的人相信这种"情感"将有助于他们，甚至在涉及一般法则中亦有助于他们时，去诉诸这种情感，这实在是非常浮浅的；此外，情感之为物，它天然在程度上有无限地差别变化，它对于善与恶不能供给一统一的标准，而任何人也不能有权利以其自己之情感去为他人形成一判断；不过纵然如此，这种道德的情感（道德感）亦尚是弥近道德以及尊严性的，即，它将"我们对于美德所有的满足与崇敬直接地归给于美德"。这种光荣付于美德，而且好像是决不当她的面告诉她说：我们不是因着她的美丽却是因着利益而亲近（爱慕）她。[120]

牟宗三所引录的康德的这一段话，是康德关于"道德法则不能从经验得来"之说的阐析。在康德看来，道德何以至善的唯一根源，是

120　［德］康德《道德底形上学之基本原理》，第二节，《康德的道德论》，第25页，英国亚保特（Abbott）译，见牟宗三《心体与性体》上册，第103页，上海古籍出版社，1999年版。

上帝即先验形上的"纯粹理性"，经验"完全不能用来充当道德法则之基础"。经验的"道德情感"，是"非常浮浅"的。只有那些"不能'思考'"上帝的人，才相信它的价值。

康德肯定了如下四点：其一、这种经验性的道德尽管"非常浮浅"，却"弥近道德（按：指形上的道德法则）以及尊严性"的，这里，康德尚未绝对斩断道德形上法则与形下经验的逻辑联系；其二、形上的道德法则具有"尊严性"，主要指道德法则的崇高性，康德称其为形上之"美德"；其三、对于这一形上美德的精神性观照和"所有的满足与崇敬"，是可能"直接地归给于美德"的。这一美德，指形上道德法则的善美德性，康德称为来自上帝的"光荣"；其四、这一美德无疑是美的，而"不是因着她的美丽却是因着利益而亲近（爱慕）她"，即因利益而导向道德的至善。

在上帝至善的形上法则与形下经验的德行之间，有一种"美德"之美，"因着利益"的善而相互联系着。从形上到形下，由先验到经验，当无条件而自存的形上的"自由意志"，在人的现实世间的道德实践中可能被观照即被"亲近（爱慕）"之时，道德实践主体，因全人格地绝对倾慕、模仿与分享上帝的美善，有如圣父、圣灵与圣子"三位一体"，则圣子耶稣的神格与人格的美善，"道成肉身"，实际是对上帝之道即"纯粹理性"的分享与回归。

这里的崇高之美，因幸福而两栖于道德与审美。

无论"我头上的星空"抑或"我心中的道德法则"，都因我而对应于二者之际。"头上的星空"作为崇高、伟大的自然意象，神秘、庄严、深邃而高远，是主体之我所观照、把握到的道德苍穹即"纯粹理性"；"心中的道德法则"，作为心灵至善的现实，是"纯粹理性"的现实实现。这里，道德的上帝作为"物自体"，一定条件下，也可以下彻于"现象界"。这一定条件，指意志所能达到的"自由"程度。性、心二立却可能合一于"自由"。作为本然,性体是预设的"纯粹理性"的"自由";作为应然,心体是"实践理性"意义的"自由"。

称西方的文化与哲学,崇尚天人、体用二分,称宗教上帝与信众也是二分,这并无不妥。然而,如果将此二者仅仅看作绝然二分、对立而绝无对应、对接与合契的可能,则又如何可以说,上帝至善的"自由意志"是"普遍有效"的呢?形上道德法则即"纯粹理性"本是普遍有效的,假如其下彻于"实践理性"又普遍失效,那又如何可以说"纯粹理性"是普遍有效的呢?

"我们必不允许我们自己去想从人性底特殊属性(按:指属于人性的经验德性)中推演出这原则(指属于上帝的"道德法则")底真实性。因为义务(指社会公德)应当是行为底一种实践的、无条件的必然性;所以它必须在一切理性的存在上皆能成立……而且只为此故,所以它亦是在一切人类意志上皆能成立的一个法则。"[121]是的,普遍有效的形上道德之则,虽然不能从"人性底特殊属性"去加以推演,而须预设(公设)为一个属于 God 的神性原则,但这不等于说,上帝的"道德法则",绝对不可能不染指于"现象界"。预设形上的神性之则,遂使道德"其庄美性以及其内在固具的尊严性就愈显著,决不能丝毫减弱这法则底责成性或减少它的遍效性"。[122]这里所谓一切理性,包括"纯粹理性"与"实践理性",等等。康德道德哲学所预设的庄美性、尊严性与遍效性,因绝对的形上性,而应然地下彻于现象界。

人的一切意识、感觉、情感、意志、理智与信仰(理想)等,都是在于追求、实现人性人格的自由,或者是趋向于自由的。文化人类学所

---

121 〔德〕康德《道德底形上学之基本原理》,第二节,《康德的道德论》,第34页,英国亚保特(Abbott)译,牟宗三《心体与性体》上册,第104页,上海古籍出版社,1999年版。

122 〔德〕康德《道德底形上学之基本原理》第二节,《康德的道德论》,第34页,英国亚保特(Abbott)译,牟宗三《心体与性体》上册,第104页,上海古籍出版社,1999年版。

说的自由,指在人类不同而统一的文化实践活动中,人所能够获得人性人格解放的程度。

求神,在宗教信仰中,以虚拟的神性来表述人性人格解放的理想。在巫术、神话与图腾中,大致以神性与人性相妥协的文化方式,实现人性人格的一定自由,这正如原古巫术的自由处于"拜神"与"降神"之际那样;求知,主要诉诸人的理智,指人的理性认知和实践,在合规律性上所达到的解放程度;求美,与人的意识、感知、情感与意志等一切心灵因素处于相和状态的一种自由,以现象与情感为要素;求善,原于人与物之间的功利实用,上升为人与人即人际合目的性的解放程度,以一定的伦理规范、规矩,呈现为处世为人的公平与正义,主要诉诸人的意志。

凡此,都有一个什么是自由以及怎样自由的问题,自由是一个无尽的关于崇拜、求知、审美与向善的历史、人文过程。中国哲学及其中国美学,简洁而深刻地将其概括为一个字:道。

道与求神、求知、求美与求善的关系,千丝万缕,四者既二律背反又合二而一。就人类求善领域所关涉的康德"自由意志"来说,以道德至善作为自由理想,有如"我头上的星空"高悬于哲学的苍穹,与审美的人性人格同其崇高。可见,审美的崇高作为美的一种品类与品格,因自由而与道德的崇高相系。

《礼记·中庸第三十一》所说的"天命之谓性",可以和郭店楚简《性自命出》篇所言"性自命出,命自天降"对参,前者是后者的概括,性者,天命所系。牟宗三先生说:

> 《中庸》讲"天命之谓性",以为正宗儒家所讲的人之性是康德此段话中所说的"人性底特殊属性"之人性,"人类之特殊的自然特征"之人性,"脾性、性好以及自然的性向"或"任何特殊

倾向"诸词所表示的人性,那将是绝大的误会。告子、荀子,下届董仲舒、扬雄、刘向、王充,乃至刘劭《人物志》所讲的才性,这一系思想家所讲的人性正是康德此段话中所说的人性。所以这些思想家决不说人性定然是善。他们或说是中性、"无善无不善"(告子——原注),或说是"性恶"(荀子,双引号为引者所加,下同),或说"有善有不善"(董子),或说"善恶混"(扬雄),或说"性不独善,情不独恶"(刘向,双引号为原有),或说"性分三品"(王充,双引号为引者所加)。就此而言,那些说法原都是可以的,亦并不冲突。……我们当然不能由这气性建立起先验而普遍的道德法则,或义务中的定然命令。但我们不能把孟子与《中庸》所说的性也混在这一系中一例看。孟子所说的性显然是内在道德性当身之性,其所谓善乃是这内在道德性当身之善。此性是普遍的,先验的,而且是纯一的,并不像气性那样多姿多彩,个个不同的。其善亦是定然的,并不像气性那样,或善或恶,或无所谓善恶的。[123]

这一段引文有些冗长,为要说明有关问题而不得不加以引录在此。在牟宗三看来,除孟子外,其余中国思想家关于道德与审美的关系说,都不能与康德的"纯粹理性"、"实践理性"、"自由意志"说相契,因为"他们说的性都可以说是'气性'"。只有孟子例外。理由是,其"性善"说所谓"此性是普遍的,先验的,而且是纯一的"。这一言说,可待商榷。

---

123 牟宗三《心体与性体》上册,第 105 页,上海古籍出版社,1999 年版。按:该引文所引康德"人性底特殊属性"等语,见于康德《道德底形上学之基本原理》,第二节,《康德的道德论》,第 34 页,英国亚保特(Abbott)译,见《心体与性体》上册,第 104 页。牟宗三的这一段论述,本书前文已有部分引录。

在笔者看来,孟子的"性善",尽管在一定程度上,"是普遍的,先验的,而且是纯一的",却仍然不能与康德相提并论。普遍、先验之类,虽然为孟子的"性善"与康德的"自由意志"说所共有,但根本区别却在于,前者,主要是由中国原巫文化的肥壤沃土所培育的;后者,则在认同"上帝存在"的大前提下,所建构的道德哲学的理论大厦。这里值得再次强调的是,中西文化、哲学及其对于道德性崇高与审美性崇高的关系与比较,首先在于文化根因根性意义的 God 的存在与否。

以明代的阳明心学而言,其道德哲学以"心即理"说为圭臬。其普遍、先验与纯一的特点,是一点儿也不缺乏的。可是我们依然不能说,阳明的"良知"、"灵明",与康德由"我头上的星空"即上帝所关怀下的"我心中道德法则",根本就是一回事。且看王阳明的夫子自道:

> 我的灵明,便是天地鬼神的主宰。天没有我的灵明,谁去仰他高?地没有我的灵明,谁去俯他深?鬼神没有我的灵明,谁去辨他吉凶灾祥?天地鬼神万物离却我的灵明,便没有天地鬼神万物了。[124]

"我的灵明",似乎有类于康德的"自由意志",即"我头上的星空"与"我心中的道德法则",而毕竟并不是。这是因为,"我的灵明"之根,在于中国式的与巫性吉凶相系的天地、鬼神与万物。正因如此,"我的灵明",才便是"天地鬼神的主宰"。就道德崇高与审美崇高的关系来说,道德与审美的主体与对象,总是彼此相应的。假如没有了"我的灵明",就不能仰望天穹即道德与审美的崇高,不能俯瞰大

---

124 王阳明《传习录下》,《王阳明全集》上卷,第 124 页,吴光、钱明、董平、姚延福编校,上海古籍出版社,1992 年版。

地即道德与审美的深邃，也不能去辨别、理解与回溯同为道德与审美之根因根性的"吉凶灾祥"，于是，"天地鬼神万物"，就变得不可理解了。

> 问："《易》，朱子主卜筮，《程传》主理，如何？"先生曰："卜筮是理，理亦是卜筮。天下之理孰有大于卜筮者乎？"[125]

王阳明这里所说的"天下之理"，就是磅礴于天下的"吾心"，或可称之为"我的灵明"，"天下之理"，没有什么是"大于卜筮者"的。这的确是从文化的"根"上，言说巫理以及与巫理相系的道德与审美的崇高。

在根本上，正因为无论是中国道德的崇高还是审美的崇高，总有巫与巫性的"在场"，同时又是西方那般的神性上帝的"缺席"。正因中国人天生没有"原罪"、人性天生就是喜剧性而非悲剧性的[126]，因而，同时作为一个伦理人类学与审美人类学的崇高这一重要范畴，原于先秦时期本来意义的崇高，具有本然的"实用理性"的人文品格。毋庸置疑，这可从《国语·楚语上》所谓"土木之崇高"与《易传》所谓"崇高莫大乎富贵"[127]，得以有力的佐证。

---

125 王阳明《传习录下》，《王阳明全集》上卷，第102页，吴光、钱明、董平、姚延福编校，上海古籍出版社，1992年版。

126 按：能够有力地证明这一点的，是《易传》的著名人文命题，"乐天知命故不忧。"

127 按：《国语·楚语上》："灵王为章华之台，与伍举升焉。曰：'台美夫！'对曰：'臣闻君服宠以为美，安民以为乐，听德以为聪，致远以为明。不闻其以土木之崇高、彤镂为美'。"《易传》："是故法象莫大乎天地，变通莫大乎四时，悬象著明莫大乎日月，崇高莫大乎富贵，备物致用，立成器以为天下利，莫大乎圣人。"（《易传·系辞上》，朱熹《周易本义》，第315页，怡府藏版影印本，天津市古籍书店，1986年版）录此以供读者参阅。

结　语

　　以往的中国美学研究,曾经收获了值得大为肯定的一系列学术研究成果,也在一定程度上,自觉不自觉地受到西方美学的较大影响,以至于可能失却中国美学研究的"自我"。一些理念、范畴和思路,直接搬用、套用于西方美学,缺乏一些真正属于"中国"的学术特色,因而,曾经被季羡林先生批评为"跟着西方美学家跑得已经够远了,够久了",从而"走进了死胡同"[1]。虽然中国美学研究的情况,未必如季先生所说的这么严重,虽然研究中国美学,不可以不借鉴、汲取西方美学的一些学术理念、养分和方法从而为我所用,一个多世纪前王国维所说的"学无中西"的治学原则,也必须得到贯彻与实践,可是这种对于西方美学的借鉴与汲取,绝对不能代替真正属于中国美学的学术创造。

　　为了力图改变那种实际是"西方美学在中国"的中国美学研究的某些缺憾,为努力建设中国特色哲学社会科学学术话语体系添砖加瓦,本书以"中国巫性美学"为题,提出、论析巫性与中国巫性美学的学术新概念和新命题,提倡、研究中国美学的"中国风格"、"中国特色"与"中国话语",从美学的"中国实际"出发,试图为建立真正具有"中国"特色的学术话语系统的中国美学,提供一个新的基础性研究。

1　季羡林《美学的根本转型》,《文学评论》1997 年第 5 期。

本书试以中国巫性美学为学术研究主题，这是一个中国美学研究的学术新课题。在这一新课题中，巫性是统御全书书写的关键词。在学理上，巫性这一学术新概念的提出与论析，是中国巫性美学研究的中心范畴和学术纽结点。

中国巫性美学，一种文化人类学、文化哲学意义上关于巫学的人类学美学。这用德国学者海因茨·佩茨沃德的话来说，便是所谓关于巫性的"作为文化哲学的美学"。

中国美学的原古人文根因根性，并非学界所通常认可的哲学意义的天人合一或气、象、道，等等，它主要是文化人类学、文化哲学意义的原巫文化及其巫性。天人合一与气、象、道之类，作为中国哲学的范畴与命题，基本而主要地归原于原巫文化与巫性。比较而言，哲学意义的天人合一等，显然是后起的，它们的根因根性，可以追溯到原巫文化等。

从文化形态学角度看中国原古文化形态，它是一种原始"信文化"，一个主要包括原古巫术、神话与图腾文化的动态三维结构，三者相系而有别。其中，以原巫文化为基本而主导，伴随以原古神话与图腾文化。李泽厚先生称中国原始文化是"一个世界"即"巫"世界的文化，或然忽略了与巫术有别且相系于巫术的神话与图腾，可能有进一步讨论的必要。

考古学迄今尚未确凿地证明，原古巫术、神话与图腾文化三者的历史性发生究竟孰先孰后。关于它们发生的"第一时"、"第一地"等考古学难题的解决，有待于将来，或者可能终于难以彻底解决。

尽管巫术与神话、图腾文化同属于原古"信文化"范畴，而三者的文化成因、特质与功能等，是不一样的。以往文化人类学、社会学或宗教学等的研究，往往将原古巫术、神话与图腾等三者，统称为"原始宗教"或干脆称其为"原始神话"，且往往以"神话思维"等同于原始思维的种种看法,看来也有进一步讨论的必要。

"万物有灵"的意识与理念,成为原古巫术、神话与图腾文化共同而根本的文化心灵与心理成因。除此以外,三者又具有各别而重要的人文成因、特质与功能。在"万物有灵"意识的长期哺育中,神话是原始初民的一种"话语"系统。它生成、发展于原始"信文化"。通过信、灵意义的虚构、想象与幻想方式,及其对于天地、神灵等的崇敬感激,试图描述、言说和诠释世界与人类自身以及万类的缘起,歌吟人自己所遭遇的悲剧性与喜剧性的种种命运与人类伟大的创造力。神话以初民迷信极富魔力与魅力的"话语"系统为其主要文化特征。它以"讲故事"的方式,抒发神性与人性二者相兼即巫性的情感与想象,丰富人奇特而无尽的精神之力,原古神话确实蕴藏了无比丰富而奇幻的原始诗性。尽管正如张光直先生所说,中国原古"绝大部分的神话先殷史,恐怕永远也不可能在考古学上找到根据的"[2],这一点儿也不会让人感到悲观沮丧。原古神话,是以虚构与极度夸张的"话语"方式,想象、虚构与塑造人的精神世界与人自身伟大的原始,及其描述人的生活境遇,追寻世界与人类的起始与本相。神话一般不注重"实际",它将世界放在人自己的想象与幻想之中来加以初步的理解。神话就是关于遥远的过去的一种诗性哲学。当然,初民必须在自己能够吃饱肚子、有些闲暇的时候,才能进行神话的创造、言说与传播。而神话的发生与传播,也是为了能够间接地达到吃饱肚子、人能够生存下来这一目的的,同时才是精神的需要。神话既有别于巫术与图腾,又与巫术、图腾密切相关。神话的题材和主题,通常是巫术与图腾及其人的生活、人的处境。当某个"神通广大"的巫术"成功"之时或之后,当某次图腾活动举行之时或之后,初民对于神灵、精魂的感

激之情与想象、幻想真是无以复加，于是便运用神话这一方式，不断地加以言说与传播。神话作为原古"信文化"的一种，是对于言语魔力的热狂、着迷和倾倒。信字从人从言，人的言语的无比魔力，既是神性也是巫性的，神话显然与巫术中的咒语、祝词等相通。在原古神话文化中，必然具有若干真实的历史因素，神话是我们曾经遗落的"自我"。不能因为形诸文字文本的中国神话比较后起、比较分散而且往往篇幅短小，而匆忙得出所谓中国神话仅仅都是殷周甚至是汉魏时代的创造。须知在文字发明、文字记载之前的许多个世纪，早已有原古神话的蒙起、传播以及无数次的再创造和重构，只是由于当时的口头神话，没法将所有神话的口头"故事"流传下来，以至于被漫长的历史所淹没。

原古图腾文化，因人类主要叩问人自己"生父为谁"的需求而诞生，起于人类"寻找生父"的文化自觉与文化冲动。苍穹、山川与动植之类，都可以是图腾偶像而加以顶礼膜拜。原古氏族、部落由于坚信"他的生父"已经找到，这种原古崇拜意识、理念与意志等，凝聚为巨大而传统的精神之力，成为团结氏族、部落的一面神秘而神异的精神上的光辉旗帜，让整个氏族、部落的精神力量尤其是原始血亲意识，团结、收摄于氏族图腾的大帜之下。然而在原古图腾文化中，氏族、部落真正的老祖父，其实是并不"在场"的，图腾文化的"倒错"在于，"错认他乡是故乡"——错认他物是我父。图腾发生、发展了人类的准生命意识尤其是准祖神意识，是一种"准血缘"、"准生命"、"准祖神"的人文意识。图腾是自然崇拜与祖神崇拜的结合，它的外在形式是自然崇拜，它的内在底蕴是祖先崇拜。虽然实际上是"伪祖先崇拜"，却是人类意识史上，第一次处于萌芽状态的关于人自己的生命和祖先意识的生起与觉悟。图腾是初民追寻"我之祖先究竟为谁"、团结氏族部落以应对外族、环境的压力与挑战，而牢固树立起来的一种原始信仰。虽然不是也不能说,图腾崇拜是初民生命、生存与生活的全部,但其间接的目的,也是与人的生活、生存相系的。图腾所崇拜的"血缘"祖神既然往往是男性的,这可以证明图腾文化,或然起于原始父系文化时期,大约时值新石器晚期。

比较而言,原古巫术文化作为原古"信文化"之一,与神话、图腾等相比是大为不一的。

其一、初民意识到生命、生存与生活难题的普遍存在,在"万物有灵"理念的支配下,迷信天人、物我、人人与物物之际,无不普遍存有无数的神秘感应,巫术注意到了万类之间的"感应"联系。初民迷信而且企图通过巫术来解决一切生的难题,甚至坚信巫术可以呼风唤雨、改天换地。巫术是初民企望而且迷信可以横扫一切生之艰难困苦而诞生的。它同时出于对那些善神的无限感激、将善神"召唤"到人间来为人自己服务的一种文化方式。

其二、初民智力何其低下知识何等贫乏,普遍存在的生的难题,遂令巫术几乎无处不在、无时不在而似乎无所不能。巫术成为初民生活、生存的常式常态。只有在知识力量可能到达的一些地方一些时候,巫术才没有了"用武之地"。初民见到有累累苹果挂在枝头,开始必然不敢贸然摘下就吃的。待到反复尝试多次,意识到对自己并无危害,便逐渐建构起关于苹果可以果腹、对人无害的十分初浅而有限的感性认知,此时不会有巫术意识的萌生。巫术的起源,相对于人类最原始的生活及其最初始的感性认知与情感等而言,一定是晚起得多的,在巫文化诞生之前,人类经历了一个数百万年的时间域。待到初民具备了"万物有灵"意识,便对自然赐予的累累硕果心存感激,坚信这是神灵的恩惠而拜倒在神树之下,从而对那些山神、水神与树神之类进行巫性祭祀而作出牺牲。这种首先起于民间的原巫信仰,直到今天还在一些偏远山区不同程度地保存着。或者时遇大旱,果树枯萎,只果无存,便迷信这是老天的严厉惩罚,于是便通过巫师、萨满的所谓"施法""作法",企图强迫老天下雨而令果树等重生,等等。

其三、作为一种文化"伪技艺",巫术可能最先萌生。这是由于受人本在的生存需求所迫。最先萌生的生存意识,一定是有关"实用"这一人文意识的。尽管巫术实际上并不是实用的,然而人的实用意识的发蒙,确实是真诚、真切与真实的一种属人的体验。巫术推动、发展了人类实用求善的意识和试图控制环境的意志力。巫术是敬畏与企图实现实用目的的一种原古文化形态。尽管巫术在实际上并没有什么实用的效能,却因为初民坚信其"实用"从而发生了改变人的精神、心灵和处境的文化效应。初民坚信巫术能够改天换地、无坚不摧,并且自古以来形成了顽强而持久的文化传统。由于初民对于巫术总是抱有真诚、真切而真实的人文态度,便在坚信通神通灵的同时,在实际上原本不实用的巫术文化中,却历史性地培育、发展了人类原古的"实用理性"意识。或者可以说,本是存有于原巫文化中的原始理性因素与原始非理性因素及其通神通灵的意志力等,便一开始就是指向实用求善的。

其四、面对神灵的压迫与抚慰、挑战和赐予,巫术具有文化两重性。概而言之,既"拜神"又"降神",既"媚神"又"渎神",既"畏天"又"知命",既崇拜灵力又崇尚人力,凡此一切,都通过巫与巫性,来观念地加以实现。巫,处于神与人之际;巫性,处于神性与人性之际。因而其文化品格,并非仅仅是《论语》所谓"死生有命,富贵在天"的"命定"论,而是既信神灵又对人自己采取盲目自信的文化态度。尽管在神性与人性之际,存在一个巨大的文化空间及其心灵空间,其中除了巫性,必然还有其他,但是巫性,却是其中最重要的一维。

关于巫、巫性"拜神"与"降神"、"媚神"与"渎神"、"畏天"与"知命"等二者相兼这一点,有无数的巫文化现象可以证明。比如只要试读旧题为黄帝所撰《宅经》和旧题晋代郭璞所撰《葬书》二书,便不难理解。《宅经》卷上有云,人假如不信"风水"便会遭殃。"再入阴入阳"——意思是阴阳失调,"是名无气。三度重入阴阳,谓之无魂。四入谓无魄。魂魄既无,即家破逃散,子孙绝后也"。又说如果风水不吉利,"墓宅俱凶,子孙移乡绝种","失地失宫,绝嗣无踪。行求无食,客死蒿蓬"。这是令人绝望的"畏天"等的言论,充满了对于所处环境及其遭际的恫吓和恐惧。可是另一方面《葬书·内篇》又说,人如果生活处境有凶险,人远不是无能为力听天由命的。人可以"乘其所来","审其所废","择其所相","避其所害","是以君子夺神功而改天命"[3],这又强调风水术的"夺神功而改天命"的一面。风水术的巫与巫性,确实是"畏天"与"知命"等的二律背反又合二而一。

其五、一般而言,原古巫术与神话、图腾三大文化形态,作为史前"信文化"形态的存在,为历史地走向宗教,提供了必要而充分的文化养料,这为一般西方古代民族宗教文化及其哲学与美学的兴起,提供了历史与人文的契机与可能。可是,中国原巫文化极其强大而且历时弥久,原古时代的原巫文化以及殷代龟卜、周代易筮与其余种种数术文化传统的顽强不息,使得巫文化必然转嬗、提升为重世俗重现实重"实用理性"的"史"文化,而并非真正地走向成熟的宗教形态,这便成为世界文化之林中独具特色的"中国事件"的"美丽风景"。尔后以"实用理性"为人文主旨,尤其以儒文化为代表、求其实用向善的政教伦理,铸就了"淡于宗教"、"浓于政教伦理"的强大的文化传统。这一文化的转嬗与提升,大致完成于春秋战国,被德国学者雅斯贝尔斯称为曾经出现于中国的"轴心时代",又被马克斯·韦伯称为"理性化"的时代,这种"理性化",实际是"实用理性"的大化流行。

---

3 《风水圣经:〈宅经〉〈葬书〉》,第40、45、46—47、120、121、123、124、126页,旧题黄帝、郭璞撰、王振复导读、今译,台北恩楷出版股份有限公司,2003年版。

本书所提出与论证的人类学、文化哲学的重要范畴是巫性。巫性作为本书第一学术主题，统贯全书。巫性，一种处于神性与人性、巫格与人格之际的文化特质，其内在结构和机制在于，迷信与理智交互，糊涂同清醒兼具，委琐和尊严相依，崇拜携审美偕行，是畏天与知命、灵力与人力之文化的有机结合与妥协。

中国文化的所谓"神"，并非西方基督教的上帝（God），也不同于古印度那般的梵天与佛陀。中国式的神或天、帝、命与天命等，是后世人间帝王及其教化、专制和伦理权威的史前表述。伏羲、神农、颛顼与黄帝等神的"历史化"，一般未能转嬗为中国哲学的本原本体，可以看作中国文化强大而悠久的"巫史"传统历史与人文的必由。这是与西方基督教文化传统不同的。基督教的上帝，实际是先于哲学且体现于宗教的本原本体，"祂（按：通它）是存在的永恒，是存在的根源与尺度，祂先于本质、存在和永恒。祂是万物的创造源泉、中间态和终点。故而《圣经》把与各种存在相关的众多属性用来描述那真正的预先存在者。可以恰当地把祂描写为是过去、现在和将来，昔在、今在、以后永在。"[4]古希腊柏拉图的哲学"理式"，就是被提升而精致化了的上帝。中国的伏羲等，都没有走向哲学而是走向了历史。不过，与上古伏羲等伟大人物、创世英雄相系的气等意识理念，尔后却成长为中国文化哲学的原范畴。

在学理上，中国巫性美学之所以可能成立，是因为伴随以原古神话与图腾、以原巫文化为基本而主导的中国文化，为这一美学品类，奠定了这一伟大民族独异的人文底色；提供了气、象与道这三大彼此区别而相系的人文结构及其意识、范畴；贡献了由原巫到"史"文化的人文路向和传统；生成了巫性以及从原古巫性到诗性审美转换的文

4　（伪）狄奥尼修斯《神秘神学》，第60页，包利民译，商务印书馆，2012年版。

化机制。

气，主要起于巫与巫性的原古文化形态，也同时起于神性与巫性兼具的神话与图腾文化，它是中国巫性美学的文化哲学基础。它与象、道等范畴历史性的涵泳与陶铸，冶就了富于"中国特色"的美学范畴群落与命题。

气象、气势、气机、气骨、兴象、意象与"文以气为主"等，成为中国美学所谓"气之境"、"气之美"生命审美的历史洪流及其文化哲学的本原。气作为中国美学的本原性范畴，主要归原于巫与巫性。

气范畴为中国巫性美学提供了一个从其本原进入的人文"通孔"，由此遂使中国文化哲学从主要是巫性的"黑暗"走向诗性审美的"光明"。

气作为美学的生命本原，具有聚则生而散则死的特性。这实际是说，气作为一种存在，具有聚散两种形态。聚散仅指气的形态之变，而气本身无所谓生死。或者说，气主要地作为巫的感应根由，是不生不灭的。正因如此，原巫文化之气，在历史的陶冶中，才能成长为文化哲学及其人类学美学的本原性范畴。

象，历史选择了原古动物大象的象这一符码，来作为中国美学的一大基本范畴。其有声有色地参与中国文化美学的原始性建构，是并非偶然的。在殷周卜筮文化的象与数范畴（这里的数，主要指巫性的数术及其天命意识）的熔铸中，作为处于形上、形下之际的一个人文形态，象逐渐进入文化哲学及其审美领域。

"见乃谓之象"这一重要的易学、巫学也是文化哲学命题，揭示与拓展了中国美学关于象（意象）的文化哲学的心灵空间与审美心理空间。

关乎"象"的"知几，其神乎"这一巫性命题的意义，是处于巫学、文化哲学与艺术审美学之际的。它与西方现象学美学的"现象直观"

有相通之处。一个是始于巫与巫性的"现象直观",一个是审美的"现象直观",两者实际上是异质同构的关系。"知几,其神乎"原本属于巫学命题,尔后经由气的文化哲学,才可能进入诗性审美的现象之域;现象学美学,是关于现象的"意向性"的哲学解读。两者的共同处,是对于"象"的直观,即所谓"知几",都是当下而瞬时发生与完成的。

因而,在彼此相系的曾在、当在与将在的时间之流中,现象学美学尤其重视当在,海德格尔称之为"时间到'时'",也便是"当下即是"的意思。当在即本在。

易筮的关键,在于根据显现于当下的兆象而判断吉凶休咎。审美也是当下的直观而"现象"于当下的。

暂时排斥知识判断、理智分别而诉之于浑契的直觉,有类于现象学美学所谓"走向事情本身",即"回到原点"的"纯粹意识"境界,达成所谓的"现象还原"。

从殷代中原的动物大象,转嬗为战国《韩非子》所言的"意想者"即人文之象,西汉《淮南子》的"形象",东汉王充《论衡》的"礼贵意象"与南朝梁刘勰《文心雕龙》的"窥意象而运斤",到唐代王昌龄《诗格》"诗有三境"之一的"意境"说,关于"象"的中国巫性美学,肇始于原古巫性的象意识、象情感、象意志与象思维,终于逐渐走上独具中华文化及其文化哲学特质的美学的历史与人文之途。

就中国先秦具有代表性的原始道、儒文化而言,道的本义指道路。《说文解字》:"所行,道也。"海德格尔说:"'Tao'(道)的'真正的'(eigentlich,原本的——原注)含义就是'道路'(Weg)。"[5]中国文

---

5 〔德〕马丁·海德格尔《语言的本质》,收入其《在通向语言之路上》,见张祥龙编译《海德格尔论"道"与东方哲学》,陈鼓应主编《道家文化研究》,第384页,上海古籍出版社,1995年版。

化及其文化哲学,无论先秦的道儒以及墨家等,抑或魏晋玄学、隋唐佛学与宋明理学的哲学,尽管不同程度地提出、论析天与天人之际等问题,尽管先秦与尔后中国哲学尤其在印度佛学东渐之后的情况大为不一,未能一概而论,然而《庄子》所言"六合之外,圣人存而不论;六合之内,圣人论而不议"[6]等,是其"习惯性思维"的基本特征。这特征是,中国人所说的道,尤其是先秦儒家的道论,专注于"做怎样的人以及怎样做人"这一主题。老庄讨论道的本义,称其具有"实体"(本体)、"规律性"、"生活德用"与终极[7]四要,而落实于"生活德用",所谓终极也是与生活德用分不开的。因而通行本《老子》又称《道德经》,帛书本《老子》的体例,德经在前而道经在后,是并非无缘无故的。

海德格尔指出:"因为人们将这道路轻率和浮浅地说成是连接两个地点的路径(Verbindungs strecke),他们就仓促地认为我们讲的'道路'(Weg)不适合于'Tao'的含义。于是'Tao'就被翻译为'理性'、'精神'、'理智'(Raison)、'意义'(Sinn)或'逻各斯'。"[8]以"连接两个地点的路径"之义解说"道",被称为"轻率和浮浅",是甚是之言。老庄哲学之道本身,形上而理性葱郁,首先具有时间性而非空间性。道作为"理性"、"精神"的存在,首先是时间性而非空间性的存在。然而也须看到,作为时间性而非空间性的存在的道,确实是在原古以巫文化为基本而主导,伴随以神话、图腾的"信文化"的"泥淖"之中孕育、提升的。尽管其大具"出淤泥而不染"的形上品格,依然不

---

6 《庄子·内篇·齐物论》。按:六合,指天地四方。《正韵》:"合(盒),盛物器。""四方上下曰六合"。

7 参见陈鼓应《老子註译及评介·老子哲学系统的形成》,中华书局,1984年版。

8 [德] 马丁·海德格尔《语言的本质》,收入其《在通向语言之路上》,见张祥龙编译《海德格尔论"道"与东方哲学》,陈鼓应主编《道家文化研究》,第384—385页,上海古籍出版社,1995年版。

免打上了主要是原古巫性的文化烙印。道高蹈而形上，终于落实于解释人生道路究竟如何这一常在的人生课题。就连关于天道的哲学解读，最终还是要尘埃落定于社会现实和人生道路。西方学者将"Tao"译为"理性"、"精神"、"理智"、"意义"与"逻各斯"等自然是不错的，但这不能改变中国孔孟与老庄之道原指道路即"连接两个地点的路径"的本义。

张岱年先生说："宇宙中之最究竟者，古代哲学中谓之为'本根'。"[9]哲学家们要追寻世界万类的哲学意义的本根，是无可厚非的。然而在人类与中国历史上，作为追寻世界及其万物本根的文化哲学，并非自地球人类诞生起就有的。人类与文化同时起源，哲学意识的文化因子蕴含其间，却不等于说这便是哲学本身。可以从哲学追寻宇宙与人生的本根，而哲学本根总是深蕴在原古文化的肥壤沃土之中。就中国原古文化形态而言，这一哲学、文化哲学的本根，主要深植于原巫文化之中，其基本而主要的文化属性是巫性。

老庄哲学之道的本根，原染于神性兼巫性是必然的。原巫文化的"实用理性"，根植于"所行，道也"这一本义。然而老庄之道的哲学预设，在于道作为逻辑原点，体现其哲学思维品格及其形上性与时间性，最后"尘落"于人生道路。至于先秦儒家所说的道，起初大致并未经过哲学的预设，而直接秉承其本义。因而原儒文化，是更充分地传承原巫文化的人文素质的，它将"实用理性"贯彻到底，这正是儒家文化更具"巫史"传统之特色的一个明证。

中国巫性美学所谓道的美善，就道家而言，其所向往的，是先经过文化哲学的形上预设而落实于本然的人生，这便是所谓"素朴而天下莫能与之争美"；就原始儒家来说，大致未经一定哲学的预设和洗

9　张岱年《中国哲学大纲》，第6页，中国社会科学出版社，1982年版。

礼,便直接将原巫的原始理性即"实用理性",转化、提升为政治教化、伦理道德意义的人格的完善模式,从原古巫性之道到道德善性之道的中介,是"实用理性"。虽然,巫的实用理性与儒的实用理性不可同日而语,但是后者是从前者发展而来的。原始道家与原始儒家的道,都大致在春秋战国时期经历一个"祛魅"的过程,一为"哲学之突破";一是"伦理之提升"。

中国巫性美学,具有一个由"气、象、道"所构成的内在结构与机制,三者是文化哲学、审美现象学与道德伦理学的结合。无论气、象还是道,都各自主要由原巫及其巫性,而嬗递为形上生命与契合于德性生命的诗性的审美。巫性、诗性与德性三者之间,相互具有异质同构的文化属性。在中国式的神与人、神性与人性之际的巫与巫性中,普遍存在一个崇拜与审美的动态关系,既二律背反又合二而一。中国巫性美学的审美诉求,由于对神灵与巫性的崇拜,以及对于人通过巫的方式企图把握人自身命运的主观努力,尽管这一努力总是归于失败,而被崇拜所遮蔽与扭曲的一定的主体意识因素,却成为审美的一种可能与契机。崇拜与审美,作为中国式神性与人性之际的内在结构与机制,集中而有代表性地体现在孔子所谓"敬鬼神而远之"这一巫性的基本人文命题之中。总之,气是中国巫性美学的文化哲学本原,它是巫性审美的生命底蕴和生命张力;象作为"现象直观",主要原于巫性崇拜,又是"当下即是"的诗性现象的审美;道,主要原于原巫及其巫性,以其"实用理性"为历史与人文根因,导致中国艺术文化的审美,以礼与乐、善与美的调和与冲突、妥协与纷争为其基本格局与模式。

附　一

巫性：中华文化的原古人文根性

　　笔者以"巫性"这一学术范畴，来概括春秋战国之前中华文化之基本而主导的人文根性，也许会令人感到有些突然。在一般看来，所谓巫性，不就是指那种不登大雅之堂、属于"巫风鬼气"的人文属性么，凭什么称其是中华文化的原古人文根性？难道吾皇皇中华五千多年伟大而灿烂的文化与文明本在于"巫"？

　　近一个世纪前，鲁迅先生曾经提出与论述"中国本信巫"这一著名而重要的学术命题。鲁迅说，"秦汉以来，神仙之说盛行，汉末又大畅巫风，而鬼道愈炽"，此"皆张皇鬼神，称道灵异，故自晋迄隋，特多见鬼神志怪之书"。[1] 这里，鲁迅先生追溯了"特多见鬼神志怪之书"的历史与人文成因，所言是。本文试将目光投注于春秋战国之前主要以巫为主的"信文化"时代，对那时相对成熟的这一文化形态，加以审视与研究"中国本信巫"及其巫性的酝酿成熟究竟如何。

问题的提出

　　中华文化的原古人文根性究竟如何？长期以来，学界的诸多研

1　鲁迅《中国小说史略》，《鲁迅全集》第九卷，第43页，人民文学出版社，1981年版。

究,已经给出许多答案。或说是"道",或认为是"气",或称为"象",或断言"和"、"情"与"天人合一",等等,都有言之成理之处。

可是问题在于,这里所说的道、气、象之类,一般都是从哲学角度思考、发问辨析与加以解答的。假如以一般哲学的理念研究中华原古文化的根性问题,可能仅在于爬梳、辨析原古文化的哲学原素如何存在以及何以存在,等等。这是因为,春秋战国之前的道、气、象与天人合一之类的这些人文范畴与命题,还不能归类于哲学。中华原古文化,虽然蕴含以一定的哲学原素,但那时成熟形态的中国哲学并未诞生,而是以原巫文化为基本而主导、伴随以原古神话与图腾的文化三维结构。

举例来说,长期以来,比如通行本《周易》原本是所谓"哲学著作"的看法,曾经几乎成为学界共识。吕绍刚在金景芳先生《学易四种》的"序"文中曾说,"《周易》是讲哲学讲思想的书,卜筮只是它的躯壳"。出版于 2005 年据金景芳讲述、吕绍刚整理而成的《周易讲座》"序"称"《周易》是卜筮之书",又说"似《周易》又是哲学著作"[2]。那么,《周易》究竟是什么性质的著作? 通行本《周易》分本经与《易传》两部分,本经为源而《易传》为流,前者大致成于殷周之际(距今约 3 100 年);后者大致成于战国中后期(比殷周之际晚约 700—800年)。有鉴于以卦爻筮符系统用以算卦的《周易》本经,是相对比较接近于中华原古文化源头的一个文本,称其为中国式关乎巫学、尔后才发展为哲学等的一个文化类著作,看来是比较妥切的结论。

《周易》本经的六十四卦序,上经三十,自乾坤至坎离;下经三十四,自咸(感)恒至既济未济,凡六十四卦的相邻两卦,各自构成错卦、综卦或错综卦两两相对的关系,尤其以未济为六十四卦序的最后一

2　金景芳《周易讲座》,第 1 页,广西师范大学出版社,2005 年版。

卦等,显然是有意为之,蕴含着相当的哲学意识、思性甚或理念,是可以肯定的。然而这一卦序排列,仅为后人所为。所为"文王演易",为殷周之际的事而并非原古巫筮的本来面目。《汉书·艺文志》有"人更三圣,世历三古"之说。在传说伏羲"上古易"、文王"中古易"与孔子"下古易"的时代进程中,《周易》六十四卦的有序排列,大约仅处于"中古易"而不可能属于"上古易"时代。《易传》七篇凡十个部分的文字,史称"十翼",有丰富而深邃的哲学等思想,主要体现于《系辞传》与《文言》等篇什,其地位与价值自当重要。可是,《易传》所叙之思想内容,绝不能代表整部《周易》是理所当然的。《易传》除了哲学还包括儒家伦理哲学、道家自然哲学与阴阳哲学等外,还有很重要的儒家仁学、礼学与《周易》古筮法遗存等内容,天理、巫理、哲理、圣理、数理与文理等熔于一炉。因而,如果称整部通行本《周易》是"哲学著作",看来是有些牵强的。以为《周易》的思想内容仅仅在于"哲学",难免有以偏概全之嫌。可以对整部《周易》进行哲学研究,但不等于整部《周易》尤其本经是什么"哲学著作"。

又如关于"天人合一",作为哲学命题,似乎不证而自明。"惠子宣扬'天地一体',庄子之讲'天地与我并生,万物与我为一'(《庄子·齐物论》——原注)。""在汉代以后的哲学中,'合一'成为一个重要的名词。董仲舒《春秋繁露》云:'事各顺于名,名各顺于天。天人之际,合二为一。'"[3]凡此,都是"天人合一"说最有力的理据。至于宋代理学家所言"天人本无二,不必言合"云云,也是理据确凿而毋庸置疑的。

但这里所指,都是春秋战国以及此后的情形,不能用以证明中国原古文化时期就有成熟哲学意义的"天人合一",是可以肯定的。

---

3 张岱年《中国古典哲学概念范畴要论》,第114、115页,中国社会科学出版社,1987年版。

"天人合一"这一哲学命题的提出相当晚近,大凡属于道德哲学命题。《张子正蒙·乾称》有云:"儒者则因明致诚,因诚致明,故天人合一,致学而可以成圣,得天而未始遗人。"这显然指仁学、理学意义的"天人""合一"于道德人格的"诚"与"明"。其思维、思想的源头,在战国中后期《易传》所言"夫大人者,与天地合其德",意思是惟有"大人"(帝王、圣人与贤者等),才能在天生的德性上与"天地"合一,民、氓是没有任何资格与可能的。

当今有些学术研究,对于哲学意义的"天人合一"何以可能、何以发生等问题是甚为忽视的,一讲到"天人合一",便以为其似乎自古就有、不证自明而可以拿来即用。试想比方假如称在四千年前民智初开的原古文化中,怎么会有形态学意义上成熟的哲学、而且是"天人合一的宇宙观"?称四千年前中国已经有了哲学,毕竟违背常识常理。那时的原古文化蕴含一定的哲学意识,当有可能,而作为学科意义的哲学,尚来不及建构。至于宇宙观,并非其一开始就是"天生"而专属于"哲学"的,但见西汉《淮南子》,曾经既说哲学"时空"意义的"往古来今谓之宙,四方上下谓之宇",又称"凤皇(凰)之翔,至德也。而燕雀佼(骄)之,以为不能与之争于宇宙之间"。[4]同一部《淮南子》,"齐俗训"说的是关于"宇宙"的哲学引申义;"览冥训"指"宇宙"本来义,指宫室(建筑)。"因为在当时中国人的历史意识中,认为宇宙即为建筑,建筑即为宇宙之故。"[5]"览冥训"所述的这一则寓言是说,"燕雀"见"凤皇"在高天飞翔,非常瞧不上,以为还不如它自己可以在"宇宙"即低矮的屋宇梁栋之间洋洋自得地飞来飞去。这里的"宇宙",显然指宫室,是"宇宙"本义。《说文》云,"宇"者,"屋边也",指建筑物的屋盖,便是《周易》大壮卦所说的"上栋下宇,以待风雨"的

---

4 按:依次见于《淮南子·齐俗训》、《淮南子·览冥训》。
5 按:请参见拙著《中华古代文化中的建筑美》,第1—18页,学林出版社,1989年版。

中国巫性美学

"宇";"宙",通久,原指建筑物梁栋撑持屋宇的时间,故宙字从宀(屋顶的象形字)。汉高诱《淮南子》注:"宇,屋边也;宙,梁栋也。"可谓的论。宗白华先生云:"中国人的宇宙概念(按:此指哲学意义的宇宙观)本与庐舍相关。"[6]中国哲学宇宙观的人文原型,是"建筑即宇宙"、"宇宙即建筑"。

由此不难见出,研究中国文化的原古根性,仅从一般的哲学方法进入而惟哲学是瞻,可能还是不够的。哲学俯瞰一切,但不是万能的。从一般哲学着手,可以是一个治学路向,可以有效地揭示原古文化的哲学原素却未必能俯瞰、把握整个原古文化。我们习惯性的思路总以"哲学"先入为主,这有可能将哲学意义的"道"、"气"、"象"与"天人合一"等,误以为就是中国文化的原古根性,从而有可能遮蔽中国文化的真正源头及其哲学、美学等真正的历史与人文原型。研究中国文化的原古人文根性这一课题,有必要力求科学地倚重与运用文化人类学暨文化哲学的理念与方法。

中华原古文化的人文根性究竟何在

关于这一问题,学界曾给出诸多答案。其中主要有"神话"、"图腾"与"巫术"三说。笔者以为,从相对成熟的文化形态看,中华文化的原始形态与品类,有一个以原古巫术、神话与图腾文化为主的动态有机的三维结构,且伴随以神话与图腾、以原古巫术文化为其基本而主导形态。

"神话"说认为中华原古曾经存在一个"神话时代"。张光直先生曾据沈雁冰《中国神话研究》、玄珠《中国神话研究 ABC》与郑德坤《山海经及其神话》等,将商周神话分为四类:"自然神话、神仙世界

---

6 宗白华《美学散步》,第89页,上海人民出版社,1981年版。

的神话与神仙世界之与人间世界分裂的神话、天灾的神话与救世的神话及祖先英雄事迹系裔的神话。"[7]在我看来,中国原古神话,包括创世神话、英雄神话、救世神话与相容于巫术、图腾的神话四种。如伏羲创卦、女娲补天、仓颉造字、嫦娥奔月、精卫填海、后羿射日、夸父追日、黄帝初祖、愚公移山以及西王母等神话传说资料,是中国神话的主要篇什。近年来的神话研究,在理念与方法上,实际有与荣格、弗莱的"原型"说相系的一面。其舍弃了"原型"说的某些先验性与神秘性,作为可行而积极的学术研究,提供研究中华文化原古人文根性之有深度的一种学术参照系。关于"神话"说研究,有三点值得注意:

其一、表面看,与古希腊、古印度等原始神话相比,中华原古神话传说见诸文字文本的相对较晚,且一般篇幅短小。如关于伏羲神话,主要见于大致成于战国中后期的《易传》。保存诸多神话资料的《山海经》,凡18篇,其中14篇为战国时作品,《海内经》4篇为西汉初年之作。有的神话传说,的确仅存片言只语,有些保存于《庄子》一类的哲学著作之中。张光直说:"所谓先秦神话,就我们所有的文献材料来说,实在不是先殷的神话,而是殷周时代的神话。"[8]又比如关于盘古开天辟地的神话,我们今天能够见到的文字,先是在三国吴徐整《三五历记》之中,尔后见于南朝梁任昉《述异记》(按:前后文字有所不同),成文年代更晚。

可是这里应当强调指出,神话传说的创作与流布,必然先是口头方式尔后才可能是文字记载。早在文字记载之前不知多少个世纪,口头创作和传布的神话,经过无数先民的酝酿、积累、创作、流传和重构,对于后世文字文本的神话来说,那无数曾经长期活在先民口头的

---

7 张光直《中国青铜时代》,第370页,三联书店,1999年版。

8 张光直《中国青铜时代》,第360页,三联书店,1999年版。

神话,才是中国神话的原生态,其文化"资历",不知要比文字神话古老多少。研究神话,固然可以文字神话为文本,但不能仅仅以此为凭而匆忙地得出结论说,中国神话历史短浅、起于晚近。须要甄别与考辨的是,在后代流传的文字神话和口头神话中,究竟有哪些源于上古即先殷时代、哪些是殷周之时或殷周之后的。无论神话怎样虚构夸张、天马行空甚而似乎荒诞不经,作为初民的生命与生活活动的"第二面貌",一定积淀、保存了若干真实的历史信息。同时应当指出,所谓中国神话篇幅短小与生动,其实这正是中国神话的特点。

其二、关于黄帝这一"人文初祖"的神话,"周神话中说黄帝是先殷人物,但我们研究周代史料与神话的结果,知道黄帝乃是'上帝'的观念在东周转化为人的许多化身之一。"[9]据有关资料,黄帝神话,始于战国。战国末期,阴阳家齐人邹衍"深观阴阳消息",始创"五德终始"说。认为朝代的更替,依"五行"即"五德"的"生克"律循环往复。西汉之时,黄帝被尊称为"人文初祖",其理据,发启于宣扬巫性的"五德终始"说,源自《吕氏春秋·名类》。西汉人据此,排出一个朝代更迭的序列:传说中黄帝时代的黄帝为土德,因"木克土"而为夏代所替代,夏禹为木德;商汤为金德,因"金克木"故,商代夏;文王为火德,"火克金",而周代殷;嬴政为水德,"水克火"而秦代周;接续而下的朝代,必为汉代秦。试问何以必然至此?乃因"土克水"之故。因而汉高祖必然属于土德。既然高祖与黄帝同属于土德,那么,汉代以黄帝为汉民族的"人文初祖",真乃命里注定、历史必由。

这是古人曾经以"五德终始"来论证黄帝为"人文初祖"的合法性,不等于说黄帝是一个以此逻辑地推导出来的纯粹虚构的伟大人物。大凡神话传说,一般都具有若干真实史影的依据,黄帝,实际是

---

9 杨宽《中国上古史导论》,《古史辨》第 7 册,见张光直《中国青铜时代》,第 361 页,三联书店,1999 年版。

真实存在而被虚构的无数原古酋长、英雄一类人物的一个共名。

其三、古希腊、古印度等的神话,确是一种宏伟叙事方式,其实中国神话也是。希腊与印度神话,为其后世叙事体文学的磅礴展开,提供过理念、题材、主题、灵感与模式等的人文样本,这在中国却是比较少见的。有学者说,自古中国人有点儿拙于"讲故事",其实并非如此。如果中国人当初真的不会讲故事,那就压根儿没有神话传说了。当然,中国文化确实有一种"情况"有些与众不同,就是其较早觉悟到的美,选择以诗歌的形式来表现甚于文学的叙事。但看《诗经》,其叙事实际多为宣情的一种手段。金文《尚书·尧典》所谓"诗言志"的"志",偏于指人的感觉、情感、意念、记忆、想象与理想,指对情感宣泄的描述与记载。这是因为其洋溢的诗情、诗性,首先是由早慧而在原古文化中占主要地位的原巫文化所养育的。中国原古神话传说所提供的诗性,在后世一般地融渗在历史之中,有一个强大的历史化倾向。伏羲、颛顼、黄帝、盘古、西王母、尧舜和大禹等,在东周即此后便逐渐转嬗为"历史圣王"。西汉大史笔司马迁,就曾经站在历史的人文立场,为黄帝立"传",等等。许多原本是神话的主角,在后世一般与历史及其政治与伦理相联系,没有更多的与中国哲学尤其哲学的本原本体相联系。

"图腾"说以为,人类包括中华文化的原古根性始于图腾文化。"图腾是意识到人类集团成员们的共同性的一切已知形式中最古老的形式。""意识到人类集体统一性的最初形式是图腾。"[10]学界据此则往往以为,图腾是人类文化的"最古老的形式",实际苏联学人说的是,迄今"已知"的一切文化方式中,以图腾为"最古老",并未断言图腾就是人类"最古老"的唯一一种文化方式。

10　[前苏联] 苏联科学院民族研究所《原始社会史——一般问题、人类社会起源问题》,第
　　436—437 页,蔡俊生、马龙闪译,浙江人民出版社,1990 年版。

　　图腾是人类生命文化的起始,它倒错地将诸如山川、动植甚而苍穹等认作氏族自身的"生父"其至是"生母"。在原古"万物有灵"人文意识的催激下,追寻本氏族的祖先究竟是谁。图腾所崇拜的,是被错认为生身父母的神秘、神性的山川和动物植物之类。因而,图腾是原古自然崇拜和祖宗崇拜的叠加,是一种属于原古的"复性"文化。可以说,人类只有在悠古的自然崇拜与祖宗崇拜意识萌生与兼具之时或之后,才可能有原古图腾文化的崇拜意识的生起。就此而言,正如神话和巫术一样,图腾文化意识不会是人类最古老的人文意识。关于图腾文化发生的"第一时"、"第一地"与"第一人"问题,或然可以根据已经掌握的有关资料、以王国维所提出的"二重证据法",在逻辑上加以推断,而无法断言迄今考古所发现的肯定是"最古老"的。

　　关于原古图腾的起始年代,众说纷纭。有的说距今约八千年,有的称距今约两万五千年,有言"13 万年"、"16 万年"、"25 万—20 万年"甚或"40 万年"之前的。譬如称 23 万年前,人类已经具有"最初萌芽的图腾观念",其主要证据,是在叙利亚戈兰高地贝雷克哈特-拉姆遗址所发现的属于"阿舍利文化"的女性小雕像,称这一小雕像就是图腾的造像。这一结论,不免让人感到有些困惑。不是说图腾是错误地以山川、动植等非人类的物类为其"生身父母"么,该小雕像的现实原型是人而非神秘、神性的山川与动植之类,则何以可以作为 23 万年前的"最初萌芽的图腾观念"的证据? 有些图腾物与人有关,比如"人面蛇身"和以"履大人迹"为触因的图腾,但其原型,并非现实的人本身。

　　法国人类学家列维-布留尔指出:"对属于图腾社会的原始人来说,任何动物、任何植物、任何客体,即使像星球、太阳和月亮那样的客体,都构成图腾的一部分,都有它们自己的等和亚等。"[11]却没有直

11　〔法〕列维-布留尔《原始思维》,第 28 页,丁由译,商务印书馆,1981 年版。

接以纯然的"人"自己为原型及其相关的艺术品为图腾的。阿利舍女性小雕像,应是人类原古生殖意识对象人格化的艺术作品的一个物证,它可以说是迄今所发现最早的艺术尤其雕塑艺术起源的证据。须知当今所见的有些雕有人像的图腾柱,并非以"人"自身为图腾对象,而是将有关图腾物人格化的结果。中国古籍中,确有一则以"履大人迹"为图腾的记载,《史记·周本纪》云:"周后稷,名弃。其母有邰氏女,曰姜原(嫄)。姜原为帝喾元妃。姜原出野,见大人迹,心忻然说(悦),欲践之,践之而身动如孕者。居期而生子,以为不祥,弃之隘巷,马牛过者皆辟(避)不践;徙置之林中,适会山林多人,迁之;而弃渠中冰上,飞鸟以其翼荐之。姜原以为神,遂收养长之。初欲弃之,因名曰弃。"[12]这一则神话中的图腾物,并非人本身,而是以人所"践"的"大人迹"为图腾。

中华原古图腾的记载甚多。《诗经·商颂》有"天命玄鸟,降而生商"的记载,可证商部落以"玄鸟"[13]为图腾。这便是为何迄今俗称男性性器为"鸟"的缘故。"龙的传人",最初是一则典型的原古图腾与图腾文化命题。《周易》六十四卦的首卦为乾卦,又称龙卦,其每一爻以及"用九"之辞,自"潜龙勿用"、"见(现)龙在田"、"或跃在渊"、"飞龙在天"、"亢龙有悔"到"见群龙无首",皆为言述龙象之辞或兼判词。此《易传·象传》之所以称"六位(按:指乾卦六个爻)时成,时乘六龙以御天。"乾卦是一个兼具图腾、神话与巫术之三维的卦爻之象。笔者曾经撰文将龙的原型之说总结为十七见,而有关龙这一图腾发生之真正的"第一时"、"第一地",依然难以考定。

图腾作为氏族的精神祖先,具有群团血族的巨大文化功能。作

---

12 司马迁《史记·周本纪第四》,《史记》,第 17 页,中华书局,2006 年版
13 按:玄鸟,一说为燕,《古诗十九首》:"秋蝉鸣树间,玄鸟安所适?"一说为鹤,《文选·思旧赋》:"子有故于玄鸟兮,归母氏而后宁。"李善注:"玄鸟,谓鹤也。"

为一种前生命意识,其关于生命与尊祖的意识的最初步的觉醒,自不言而喻。这也仅仅是倒错地树立一个虚假的、替代的祖神权威而已。真正的祖宗其实并不"在场"。而且在所谓的"图腾时代",除了图腾意识的觉醒,还有诸如属于巫性范畴的"实用"意识、"象"意识与"天人合一"意识等原古人文意识的登场。尽管图腾意识中已经在孕育"崇高感"的历史性感觉及其意识因子,从众所周知的中华文化原本欠缺"悲剧性崇高"[14]这一点或可反证,原古图腾的神性,其实并非中华文化的一大基本而主要文化形态的原古人文根性。

"巫术"说主张中华原古文化的基本形态及其主导在于"巫"。或者可以确切地说,在于伴随以神话、图腾的原古巫文化。

其一,人类包括中华原古文化,首先是人类原古生活、生产与生命实践的历史(曾经的现实)。衣食住行等所谓"饮食男女",当为人类头等大事。借用李泽厚先生《历史本体论》一书之言,即所谓"吃饭哲学"。确切地说,"民以食为天"与种族、氏族的繁衍,对于原古文化而言是人类的"第一主题"。尽管巫术作为一种"伪技艺"与"倒错的实践",实际并非具有真正的实用价值,然而巫者(包括巫术的"施法"者和受巫者)坚信巫术无所不能。巫术提高了巫者那种属于人类童年时代之稚浅而盲目的自信心,总是"乐观"地去迎接一切人生苦难。巫术是因人类生存面临无数实际困难的巨大压迫而诞生的。在巫术理念中,似乎一切人生苦难、悲剧包括人身死苦,一旦施行虔诚的巫术,便不费吹灰之力迎刃而解。弗雷泽《金枝》称:"不孕的妇女如果想要当母亲,只要把一个婴儿形状的木偶抱在膝上,她就可以梦想成真。"[15]诸如此类,让无数具有科学意识的今人哑然失笑。

---

14 按:《国语·周语》始有"土木之崇高"语;《易传》称:"崇高莫大于富贵。"都并非指"悲剧性崇高"。

15 〔英〕詹姆斯·乔治·弗雷泽《金枝》上册,第19页,陕西师范大学出版社,2010年版。

但在原古时代却是真诚的信仰。瑞士学者弗里茨·格拉夫说:"在古典时期,巫术活动无处不在。"[16]准确地说,在原古人类社会,巫术几乎无所不在。但看中国的甲骨占卜、《周易》占筮,占衣食住行、占狩猎成败、占生育死灭、占祖神鬼魅、占战事外交,等等,示吉凶、决犹豫、定是非,有人甚至在卜辞中发现,就连"牙痛"何时痊愈这一类小事,也有占例。宋兆麟曾说,"巫术是史前人类或巫师一种信仰和行为的总和,是一种信仰的技术和方法",面对实际的生活难题,凭借巫术,"可影响、控制客观事物和其他人行为"[17]。为企图解决一切实际生存苦难的术士,早在古代波斯时期,"他们负责王(皇)家祭祀、葬礼仪式以及对梦境的占卜和解释。色诺芬把他们描绘成'所有关于神的事务'的'专家'。"[18]这里所谓"神的事务",实际指属神又属人的巫术事务。

其二、与原古神话、图腾相比较,如果说,神话只是先民对于世界与人自身生存状态与理想的一种"话语解释"系统,如果说图腾只是先民"寻根问祖"、群团氏族人心时才对图腾对象心存感激与崇拜、才举行图腾仪式的话,那么原古巫文化,实际是先民日常生活生存的一种实践常式。巫术的施行,几乎贯彻于先民的一切生活与生存领域。人类只有在知识可能达到的地方,才无须巫术的施行。偏偏先民智力何其低下,知识、理性与科学的萌生与运用,更是困难重重,又一时难以历史性地、全面地展开,于是巫术便有了用武之地,巫术这一"伪技艺",成为知识、理性等"把握"世界的"替代"。当然,这里同时涉及巫术所蕴含的原始知识与理性甚而原始科学因素等,是与此相关

16　[瑞士]弗里茨·格拉夫《古代世界的巫术》第一章"导论",王伟译,华东师范大学出版社,2013年版。

17　宋兆麟《巫与巫术》,第214、215页,四川民族出版社,1989年版。

18　[瑞士]弗里茨·格拉夫《古代世界的巫术》,第27页,王伟译,华东师范大学出版社,2013年版。

的另一个问题,恕在此勿赘。

"我们越无法倚(依)赖自然和知识,则越会寻求征象,希望神迹(奇迹),而信托捕风捉影的佳兆。"[19]巫术自有其自身的"话语"与"解释"系统,但是其本身并非仅仅用以"解释"自身,巫术不仅是意识、观念与话语,更是直接面对生存实际困难的操作与处理方法,是一种实际"应用"于先民几乎一切生活领域的文化方式。难怪英国古典主义人类学家弗雷泽要将巫术称为"应用巫术"。当然,并非原古神话与图腾无关乎先民的生命、生存与生活,神话的萌生、发展了人的原始情感、幻想与想象等,图腾萌生、发展了人的"准生命意识",可是这两者,一般并非是先民时时、处处的日常生活本身。相对而言,原古神话与图腾与先民日常生活的关联是次要一些的。

这是因为,原古神话与图腾,一般不具有实用性功能。原古巫术,虽然也没有什么直接的、真正的实际功用,而先民在理念上所坚信的巫术的"灵验",却可以产生实际效应,由此首先可能发生、发展了人类史前的实用、功利意识和理念。一种实际上没有实用功能的文化方式,却由于巫者迷信其"实用",这一精神之力,可能给予人的世界、环境、生活、文化与心灵等以深巨的影响,甚而能够控制而严重影响帝王的重大决策,影响天下、家国、社稷的进程与人的命运、道路。比如历史上的"盘庚迁殷",就是通过占卜而做出的决策。

英国功能主义人类学家马林诺夫斯基曾经指出:"世界的马马虎虎的背景,站在背景之下而显然有地位的,只是有用的东西。"[20]可谓一语中的。人类文化何其多样,其萌生、觉醒的历史性契机,首先深蕴于人类的日常生活之中。

---

19 [英]马林诺夫斯基《文化论》,第67页,费孝通译,中国民间文艺出版社,1987年版。

20 [英]马林诺夫斯基《巫术科学宗教与神话》,第27页,李安宅译,中国民间文艺出版社,1987年版。

因此,与实用、功利意识相系的原古巫文化,可能而且可以最先在历史的深处被"唤醒"。

人类首先要能吃饱肚子活下去并有所繁衍,才能有余暇、有兴趣顾及、想象与谈论其他,否则只能如动物一样整天为寻找食物而奔忙。当然原始初民毕竟不是动物,他们在为衣食住行忙碌的时候,还发明和学会施行巫术。原古巫文化的所谓"实用"虽然是虚妄的,而先民由此而产生与体验到的"实用"意识,却是真实、真切和真诚的。巫术实际上一无所用,可是由先民所真实地体验到的"实用",又确实在实际的生活中,发挥精神性作用。虽然原古巫术不等于是先民生活与生产的全部,然而,在先民物质资料的生产与人自身的生产活动中,是往往糅巫术于其中的。比如今天要外出狩猎,却不知该到哪里、走多少路才能猎取野兽,于是在出发前,狩猎者随手从住所前的一棵树上抓一条虫,想以此测测运气。虫子放在沙地上,让它随意爬。虫子所爬的方向,就是今天狩猎的方向,虫子爬的远近与否,决定了狩猎路途的远抑或近。原古意义的生产劳动,往往是与巫术结合在一起的。有时在进行狩猎的前或后,也会有神话故事的讲说或者是图腾意义的载歌载舞。这些带有神性、灵性与巫性的活动,为的是祈求神灵的庇佑,或是表达对于天神、地祇与祖神的感激之情。

值得指出的是,正如神话与图腾一样,尽管原古巫术发生的"第一时"、"第一地"未可考定,原古巫术与神话、图腾的发生究竟孰先孰后,考古学无法以最后一个证据来证明这一点,但是由于原古巫术首先与先民的衣食住行等实际需要直接有关,因此不妨说,巫文化的起始及其巫术的发明与运用,以及实用、功利意识的萌生与发展,可能更为原始、更为本在。

其三、假如要追寻原古文化的人文根性,对于巫术与宗教而言,加以区别是必要的。

简言之,从文化智慧的文明[21]程度来看,虽然在后世的宗教文化中,巫术一直大行其道,以至于有学者称其为"宗教的堕落"或"宗教的孑遗",但是就两者的发生、内涵与功能分析看,显然未可同日而语。

比如求雨,原始初民因为智力的低下,在"万物有灵"意识的支配下,不知天高地厚,迷信自己能够通过巫术"作法"而无坚不摧,有时在"作法"之后,恰逢大雨倾盆,于是更坚执地相信这是巫术的无比灵力使然;有时巫术的失败让人吃尽苦头甚或巫师为此而丢了性命,却相信一定是巫术施行时什么地方不慎亵渎了神灵,因而不能应验。迷茫之中人相对的软弱无力,变成错误地意识到绝对的软弱无力,以至于企图通过更为虔诚地向神全人格的跪拜而达成求雨的目的,遂由原先在巫术中人只是"跪到了一条腿",变成信徒彻底地向神跪下。这其实便是宗教的诞生。而在科学文明昌盛的时代,理性尤其是科学理性的高扬,超越了巫术与宗教,让人工造雨成为现实。

在这所谓"巫术—宗教—科学"的逻辑进程中,巫术与宗教二者,往往被混淆。其实两者是不一样的。弗雷泽说:"尽管巫术也经常和宗教拟人化的神灵打交道,但在巫术仪式中,巫师对待神的方式与对待无生命的物体无异——它是强迫甚至胁迫神,而不是如宗教那般讨好神。"又说,"祭司(按:指宗教祭司)在神面前卑躬屈膝,因此极其厌恶巫师骄傲的态度,和对权力的妄自菲薄。巫师自大的宣称,自

---

21 按:笔者一贯以为,在文化人类学意义上,将"文化"理解为"自然的人化"(过程)兼"人化的自然"(结果),看来是比较妥当的。而"文明",便是指"人类文化发生、发展的过程与程度"。在概念上,文化、文明有相互交集的地方,所不同的,是文明一词还表示文化发展的程度。历史学认为,文明是阶级、国家与文字诞生之时、之后才有的,称此为"文明时代"。人类学以为,文明既然是"文化发生、发展的过程与程度",则与文化相生相伴。即使在人类历史的"野蛮时代",也是具有"文明"的,便是"野蛮的文明"、"文明的野蛮"。

己拥有和神灵同样的权力。"[22]

巫术与宗教文化的本质,首先体现了人在这两种"信文化"中的不同地位与对待神的不同态度。文化形态学意义的宗教,必须具有终极信仰、主神、教义、组织、戒律与宗教生活等要素,否则便难以成为成熟的宗教。大凡巫术,有神灵观念而无主神意识及其偶像;有种种巫术信条却无成理论系统的教义;有巫师及其崇拜者,如中国先秦的所谓"大巫"、"小巫"即孔子所说的"君子儒"、"小人儒",但没有严格的从教团体;有多如牛毛的巫术禁忌,却并非是成系统的宗教戒律,实际上,巫术禁忌仅仅是宗教戒律的文化前驱。

总之,巫术与宗教都属于人类"信文化"范畴,其发生、其智慧程度与文化功能等,都是有所不一的。只有认识了这些,才有可能进而扪摸中华文化的原古人文根性究竟何在。

其四、关于原古巫术、神话与图腾三者的人文联系,在有关人类学的著述中,几乎没有看到有哪一种论述,将此三者加以严格区分。早年李泽厚先生在谈到审美与艺术的历史与成因时说,"审美或艺术这时并未独立或分化,它们只是潜藏在这种种原始巫术礼仪等图腾之中。"[23]这显然是不适当地把巫术归于图腾概念之中。当然,其近作《由巫到礼 释礼归仁》已不持此见。但是关于巫术与图腾不加区分的看法,在学界看来还是有所影响的。"因此,巫术观念在根本上也就成了原初性图腾观念的特化形式之一。"[24]这是将巫术与图腾的相互渗透,看作巫术仅属于图腾文化的"特化形式之一",似乎巫术没有其独立的文化性格与地位似的,或者以为原古文化形态中惟有图腾而没有巫术,而不去追寻巫术与图腾的文化成因、特性、地位、模式

22　[英] 詹姆斯·乔治·弗雷泽《金枝》上册,第57页,陕西师范大学出版社,2010年版。

23　李泽厚《美的历程》,第5页,文物出版社,1981年版。

24　郑元者《艺术之根——艺术起源学引论》,第107页,湖南教育出版社,1998年版。

与功能等究竟有无不一。

在长期以来相当多的有关研究中,将"神话思维"等同于原始思维,是又一个例子。称巫术思维、神话思维与图腾思维同属于原始思维,自当不错,却也是初步研究的结论。泰勒的《原始文化》、弗雷泽的《金枝》与布留尔的《原始思维》等西方人类学名著,尤其是《原始思维》一书,以"神秘的互渗"、"集体表象"等学术概念来解读原始思维,颇具说服力。然而《原始思维》一书所论述的,其实主要是巫术及其巫性思维,布留尔说:"在一切人类社会(按:这里指一切原古社会)中都发现了一些与作为图腾崇拜之基础的东西(如信神灵、信离开躯体和身外存在的灵魂、信感应巫术——原注)相类似的神话和集体表象,——这个事实被认为是'人类思维'本身结构的必然结果。"[25]显然,这一表述,在概念上将"感应巫术"与神话等,看作图腾崇拜之"基础的东西",说得并不妥切。在治学理念上,并未将同宗于"万物有灵"意识、理念的原古巫术、神话和图腾思维加以区分。

其实,巫术与神话、图腾的思维个性与指向等甚为不一,是很显然的。如果说,原古神话思维更多地以思维因素渗透于极度夸张、虚构与幻想的"叙事"方式而不直接指向"实用"的话;如果说,原古图腾将思维、心灵专注于寻找与认同"谁"为"生身父母"、将自然崇拜与祖宗崇拜在思维中加以叠加、且亦一般地不具有"实用"功能的话,那么,原古巫术及其巫性思维的特性在于,一是其思维的域限,定位在神与人、神性与人性之际;二则其"实用功利"的思维,一般是指向人日常的生活实践的。如果说,神话与图腾的原始思维及其意识是对神灵的绝对崇拜,那么,属于巫文化的原始思维及其意识,则是对于神灵的相对崇拜,即除了崇拜神灵同时还崇拜人自身,巫术的所谓

25 [法]列维-布留尔《原始思维》,第12页,丁由译,商务印书馆,1981年版。

"灵力"（魔力），实际是神力与人力的结合与妥协。

巫术与神话、图腾三者，都没有充裕而深致的智力去发现、理解与运用思维的矛盾律。布留尔说，"原始思维服从于互渗律"，"它对矛盾采取了完全不关心的态度"，"这便是为什么在与我们的思维比较之下可以把它叫作原逻辑的思维"[26]。而"巫术思想（按：这里实际指思维），即胡伯特和毛斯所说的那种'关于因果律主题的辉煌的变奏曲'，之所以与科学（按：思维）有区别，并不完全是由于对决定论的无知或藐视，而是由于它更执拗、更坚决地要求运用决定论。"[27]巫性思维，不仅不懂而无视天人、物我、物物之间的"矛盾"，错误地将其看作一体，而且更"辉煌"而倒错地运用"因果律"和"决定论"，即把巫术预兆与结果以巫的方式加以错误的对接，坚信从实际是错误的"因"（预兆）到"果"（预测的结果）的所谓"必然性"。巫术及其巫性思维，既与神话、图腾一样，处于神性与人性之际，又是与实用意识紧密联系的，它是那种既媚神又渎神、既拜神又降神之相对具有一定主体意识的思维方式。

巫性作为中华原古人文根性何以可能

（一）从有关文字看巫性

甲骨文记载诸多巫卜文例。"癸酉卜巫宁风"[28]、"庚戌卜巫帝（按：禘）一羊一犬"[29]与"壬午卜巫帝"[30]，等等，都是关于占卜具有巫性的明证。王国维、陈梦家、商承祚与于省吾氏等，对此都有成果丰

26　［法］列维-布留尔《原始思维》，"作者给俄文版的序"，丁由译，商务印书馆，1981 年版。

27　［法］列维-布留尔《原始思维》，第 15 页，丁由译，商务印书馆，1981 年版。

28　罗振玉《殷虚书契后编》下四二、四。

29　郭沫若主编、胡厚宣总编辑《甲骨文合集》（凡十三册），三三二九一，中华书局，1978—1982 年版。

30　塚茂树《京都大学人文科学研究所所藏甲骨文字》，三二二一。

硕的研究。韩国赵荣俊将甲骨文"巫字之义"归纳为十类:"若视诸家所说,亦不下为十义:第一、可释为卜辞之'筮';第二、可释为一种祭祀的名称,类似'方祀、望祀';第三、可释为国名;第四、可释为地名;第五、可释为一种神名;第六、可释为一种人;第七、可释为四方的方位;第八、可释为舞;第九、可释为规矩形;第十、可释为一种巫行法工具。"[31]应该说,这并非指巫字本具"十义",而是指学界关于巫字之义尚有十解。

考巫字本义的工作,在于厘清巫字及其本义的文原。学界为了证明巫指巫术"工具"之说的成立,以为甲骨文字"巫",实际指"筮"。饶宗颐先生称:"巫与筮通。"[32]张日升《金文诂林》怀疑,巫字"象布策为筮之形,乃巫之本字"。

假如甲骨卜辞之"巫"是"筮"的本字,则等于是说,殷代的甲骨占卜,实为"甲骨占筮",这显然是不妥的。《广韵》有"龟为卜,蓍为筮"之言。《礼记·曲礼》:"龟为卜,莢(通算)为策。"《诗·氓》:"尔卜尔筮。"虽然卜、筮同属中国古代巫性文化的专有名词,假如巫、筮二字可以互训,则意味着属巫的殷代占卜,也似乎可以称为"殷代占筮"。实际上,卜与筮是两种不同的占法。属巫的占卜与属巫的占筮,所用占法的工具不一,前者为龟甲与牛骨等,后者是筮竹与筮草等。两者所发生的时代不一,其方法、规范与智慧程度也不一样。殷之卜比周之筮更古远、更权威。这便是《左传·僖公四年》之所以称"筮短龟长,不如从长"的缘故。有学人将卜辞"丙戌卜贞巫曰集贝于帚用若(诺)一月"[33]的"巫曰",释为"筮曰",这值得商榷。谁都知道,卜在前而筮在后,这是于世有证的。假如卜辞的"巫曰"确为"筮

31 [韩]赵荣俊《殷商甲骨卜辞所见之巫术》(增订本),第60—61页,中华书局,2011年版。
32 饶宗颐《殷代贞卜人物通考》,第41页,香港大学出版社,1959年版。
33 李旦丘《铁云藏龟拾零》二三。

曰"义,则这一辞文,应该是筮辞而不是卜辞,又何以刻于甲骨,令人深感疑惑。如果将本为卜辞的"巫"字,都读成"筮",那就无异于承认殷周尤其殷代的中华原古文化,惟有易筮而无甲骨占卜,这毕竟不符有关历史常识。

卜辞中的"巫",实指所谓通阴阳、天地、神人、物我的"巫人",即后之所谓巫师,其文化属性,在于处于神性与人性之际的巫性。这一类巫例甚多,如"乙酉卜巫帝犬"[34]之"巫"然。这里"巫帝"的"帝",为禘,祭祀义。"巫"为主语,指巫师。

巫字从工。古时有"百工"之说。《周礼·冬官·考工记》有云:"国有六职,百工与居一焉。"此后世所称"百工",显然由殷周之"巫"(包括卜、筮且先卜后筮)而非仅为大盛于周代的易筮而来。"巫"乃"百工"之首要。卜辞有"百工"[35]、"多工"[36]之记。"百工"掌都城等宫室之规划、营造与工艺之类,从事堪舆即风水之术等巫事,风水者属巫。古时所谓"工作",本指巫(工)之"作法",工者,巫也。

再从与巫相关的"士"字看巫性。

余英时先生援引杨树达《积微居小学述林》,疑近人吴检斋关于"士,古以称男子,事谓耕作也"之说不确,其以为"'士为低级之贵族',这是正确的论断"[37],并引顾颉刚《史林杂识初编》所谓"吾国古代之士,皆武士也"的见解做其立论之佐证。此实乃未谙易巫筮法之故。

笔者曾撰《释"士"》一文,指出许慎《说文》有"士,事也"之言。[38]此"事",特指巫事而并非指"耕作",也并非指"低级之贵族"。《说

---

34 郭沫若主编、胡厚宣总编辑《甲骨文合集》,四〇三九九,中华书局,1978—1982 年版。

35 按:中国社会科学院考古研究所《小屯南地甲骨》二五二五:"癸未卜又祸百工。"

36 按:郭沫若《殷契粹编》一二八四:"甲寅卜吏贞多工亡(引者:无之义)尤(忧)。"

37 余英时《士与中国文化》,第 9 页,上海人民出版社,1987 年版。

38 拙文《释"士"》,《书城》杂志 1993 年第 3 期。

文》云:"士"者,"数始于一,终于十,从十一。"此可谓的论。通行本《周易》的本经,作为巫筮之书,从其八卦、六十四卦及其卦辞、爻辞,本为算卦文本,原始易学是巫学。《周易》本经,大致成于殷周之际,其《易传》大致成于战国中后期。《易传》所记古筮法,自始至终都是神秘巫筮之数的运演。其古筮法,基于自"一"至"十"这十个巫性的数字。《易传》有云:"天一地二,天三地四,天五地六,天七地八,天九地十。天数五,地数五,五位相得而各有合。天数二十有五,地数三十。凡天地之数五十有五,此所以成变化而行鬼神也。"[39]这便是说,古筮法十个神秘之数,一三五七九为"天数";二四六八十为"地数"。天数之和为"二十有五";地数之和为"三十","天地之数"的总和为"五十有五"。这便是古人所谓算卦神秘的"大衍之数"。而实际用以算卦的,仅为五十筮数。是何缘故?按金景芳先生《学易四种》所言,在古筮法千百年的传承之中,本为"五十有五"脱去"有五"二字之故。然而,"自一至十"的十个神秘筮数,是不可或缺的。这所以有许慎《说文解字》释"士""数始于一,终于十,从十一"之言。《说文》也曾引述孔子之言云,"推一合十为士"。许子深谙巫筮原理。汉刘向《说苑》也称,"辨然否,通古今之道,谓之士"。

士本为算卦之巫,其文化原型在易巫。《士与中国文化》在论述"士"问题时,已大致注意到《说文》等有关释"士"的一些材料,而歧作他解,大概未确《周易》古筮法之故。

(二)巫与巫性的神话传说

关于巫的起源,《尚书·吕刑》有云:"王曰:'若古有训,蚩尤惟始作乱,延及于平民,罔不寇贼,鸱义奸宄,夺攘矫虔。'"于是,"上帝监民,罔有馨香德,刑发闻惟腥。皇帝哀矜庶戮之不辜,报虐以威,遏

---

39 《易传·系辞上》,朱熹《周易本义》卷之三,第303—304页,怡府藏版影印本,天津市古籍书店,1986年版。

绝苗民,无世上下。乃命重、黎,绝地天通,罔有降格。"[40]往古蚩尤作乱,祸及百姓,刑法滥用,天下大乱。于是颛顼哀怜平民,施行德威,令其孙即通天之"重"主持天上神界的事;令其另一孙"黎",管理地上人事。由此禁绝百姓平民与神灵自由交通。于是,使得交通天地神灵,成为重、黎的特权。此之所谓"绝地天通"。

虽然这是记载于《尚书》的一则神话传说,则意味着世界原本混沌一片,无所谓神界、人间。由于人智初进,而在人的意识中分出天与地、神与人。只有所谓重、黎,是天地、神人的中介。这说明,重、黎实际是以神话表述、记载于《尚书》的中国巫之祖。而民、氓是无权参与的。这便是所谓"绝地天通",由此建构起属巫的天下秩序。重、黎作为天地、神人这一中介的巫性角色,有类于古印度《梨俱吠陀》所谓上达天宇、下彻地界的"宇宙树"。

《玄中记》又云:"天下之高者,有扶桑,无枝木焉。上至于天,盘蜿而下屈,通三泉。"这亦如《山海经·海内南经》所谓"建木"。《淮南子·坠形训》曰:"建木在都广,众帝所自上下。"此"众帝"之"帝",应指重、黎,是传说中具有巫之文化功能的"原巫"。《国语·楚语》云:"颛顼受之,乃命南正重司天以属神,命北正黎司地以属民,使复旧常,无相浸渎,是为'绝地天通'。"所谓"绝地天通",并非禁止一切人众与天神、地祇相通。于是,一个新的问题就提出来了。此即究竟由什么(谁)来维系天地、神人之间的联系与交往呢?民当然想有"登天"之举,这一目的可以通过巫(觋)来完成。巫觋便是民人"通神"而占测命运的代表。

总之,重、黎是中国文化中巫觋在神话传说中的人文原型。

---

40 《尚书·周书·吕刑》,江灏、钱宗武《今古文尚书全译》,第 434 页,贵州人民出版社,1990 年版。

（三）有关古籍记载的巫与巫性

关于巫的古籍记载，可谓多到没法遍览。不说殷周甲骨卜辞实为巫辞，也不说金文所载之巫例俯拾皆是，仅《周易》通行本、帛书本与楚竹书本等皆都言巫筮。以笔者仅见，上海古籍出版社九卷本《四库术数类丛书》，收录文渊阁本《四库全书》术数类古籍凡五十种。袁树珊编著《中国历代卜人传》一书，收录凡"三十九卷，表一卷，索引一卷。直上古羲农，至民国初先贤，凡三千八百余人"，所载"大都对于阴阳术数、卜筮星相，多所发明。或具特长，或大圣大贤，忠孝节义，儒林文苑，隐士方外，兼研此术。"[41]虽然卷帙不可谓不大，却远未收罗无遗。

有关中国原古巫文化的大量古籍文字记载，实际远超于原古神话与图腾的文字资料。"大荒之中，有山名曰丰沮玉门，日月所入。有灵山，巫咸、巫即、巫盼、巫彭、巫姑、巫真、巫礼、巫抵、巫谢、巫罗十巫，从此升降，百药爱在。"[42]又说，"巫咸国在女丑北，右手操青蛇，左手操赤蛇，在登葆山，群巫所从上下也。"[43]《山海经》一书，实为伴随以原古神话、图腾资料之记载的一部"古之巫书"。鲁迅先生称其为"记海内外山川神祇异物及祭祀所宜"，"所载祠神之物多用糈与巫术合，盖古之巫书也。"[44]五经之一的《尚书》，作为"史之记事"，却也记载诸多卜筮巫例。如《尚书·大禹谟》："禹曰：'枚卜功臣，惟吉之从，'帝曰：'禹！官占惟先蔽志，昆命于元龟。朕志先定，询谋金同，鬼神其依，龟筮协从，卜不习吉。'禹拜稽首固辞。"[45]《尚书·洪范》称

41　袁树珊《中国历代卜人传提要》，袁树珊编著《中国历代卜人传》，台北新文丰出版公司，1998 年版。

42　《山海经·大荒西经》，陈成《山海经译注》，第 347 页，上海古籍出版社，2014 年版。

43　《山海经·海外西经》，陈成《山海经译注》，第 364 页，上海古籍出版社，2014 年版。

44　鲁迅《中国小说史略》，《鲁迅全集》第九卷，第 18—19 页，人民文学出版社，1981 年版。

45　《尚书·虞夏书·大禹谟》，江灏、钱宗武《今古文尚书全译》，第 43—44 页，贵州人民出版社，1990 年版。

言："七、稽疑：择建立卜筮人，乃命卜筮。曰雨，曰霁，曰蒙，曰驿，曰克，曰贞，曰悔，凡七。卜五，占用二，衍忒。立时人作卜筮。三人占，则从二人之言。汝则有大疑，谋及乃心，谋及卿士，谋及庶人，谋及卜筮。汝则从，龟从，筮从，卿士从，庶民从，是之谓不同。身其康强，子孙其逢。吉。汝则从，龟从，筮从，卿士逆庶民逆，吉。卿士从龟从，筮从，汝则逆，庶民逆，吉。庶民从，龟从，筮从，汝则逆，卿士逆，吉。汝则从，龟从，筮逆，卿士逆，庶民逆，作内吉，作外凶。龟筮共违于人，用静吉，用作凶。"[46]这是记载判断卜筮吉凶的一系列"准则"。《尚书·洪范》八，详细地记载了古时各种占卜兆象的分类等。《尚书·商书》所记"盘庚迁殷"史事关乎属巫之堪舆（风水），至于《周礼》《左传》《国语》《礼记》与《楚辞》诸书，甚而《老子》《庄子》等哲学名篇，所记巫文化资料也甚多，这里难以一一述说。如《庄子》有云，"此皆巫祝之知之矣，所以为不祥也。此乃神人之所以大祥也。"《韩非子》说："今巫祝之祝人曰：'使若千秋万岁！'千秋万岁之声恬耳，而一日之寿无征于人，此人之所以简巫祝也。"就连《诗·小雅·楚茨》亦有"工祝致告，徂赉孝孙"等记录。可以说，先秦典籍，几乎没有一部书不记载巫性的卜筮文化。从先秦到清末，巫性卜筮的文字资料，历代未废。如《史记》卷一百二十七《日者列传》、卷一百二十八《龟策列传》等，都是有关卜筮的记载。真正是不胜枚举、"罄竹难书"。

在古代，居于中华民族基本而主导的人文意识、理念，无论在哲学、诗学、政治学与文学艺术学等领域以及在朝野，巫是一个绕不开的重大文化主题，或有巫文化的因素蕴含其间，遂留下无数有关巫文化的典籍。关于测日、测风、测云、卜筮、堪舆、放蛊、扶乩、相术与占

46　《尚书·周书·洪范》，江灏、钱宗武《今古文尚书全译》，第247页，贵州人民出版社，1990年版。

梦等,也有浩繁的文字资料。即就卜筮之记而言,张光直先生曾说:
"商人在筑城、征伐、田狩、巡游以及举行特别祭奠之前,均要求得祖
先的认可或赞同。他会请祖先预言自己当夜或下周的吉凶,为他占
梦,告诉他王妃的生育,看他会不会生病,甚至会不会牙疼。"[47]凡此
以巫之文本相传的宏大文化传统,往往可以使得充满智慧的这一伟
大民族的头脑,常常浸润在巫性的文化迷氛之中,热衷于巫的信仰而
在世界文化之林显得无与伦比。

(四)巫与巫性的考古发现举例

中华原古的巫文化始于何时何地,尚难以考定。宋兆麟《巫与巫
术》一书,曾将龙山文化、大汶口文化等遗址所出土的玉琮、獐牙钩形
器等看作原古巫师"作法"时所用的法器,以推定巫文化的起始。然
而,该法器在构形上已经相当成熟,似未可以"最古"论。刘凤君《昌
乐骨刻文》一书以为,在甲骨文字出现之前,史前已有属巫的"龙"
"凤"等"骨刻文"在山东等地发现。他说:"我认为这批刻字是山东
龙山文化时期的遗物,距今4 000—4 500年,属东夷文字,是中国早
期的图画象形文字。"[48]"骨刻文"是否为史前的文化遗存抑或自然侵
蚀而成以及可以识读为"龙""凤"二字,学界意见不一[49]。

据考据发现,河南舞阳贾湖遗址有"龟甲"遗存出土[50],据测,年
代距今大约在7 780—7 860年间。1987年6月,在安徽含山凌家滩
一个新石器晚期的墓葬遗址中,出土一组玉龟、玉版。[51]李学勤先生

47　张光直《美术、神话与祭祀》,第45页,三联书店,2013年版。

48　刘凤君《昌乐骨刻文的发现与研究》,刘凤君编著《昌乐骨刻文》,山东书画出版社,2008
年版。

49　按:参见《骨刻文座谈纪要》,刘凤君编著《寿光骨刻文》附一,山东书画出版社,2010
年版。

50　按:参见河南省文物研究所《河南舞阳贾湖新石器时代遗址第二次至第六次发掘报
告》,《文物》1989年第1期。

51　按:参见《安徽含山凌家滩新石器晚期墓地发掘简报》,《文物》1989年第4期。

说:"这座墓是一座口大底小的长方形土坑墓",出土诸多玉器、陶器与石器。"玉器多集中于墓底中部,估计原来是放在墓主的胸上,而玉龟和玉版恰好在其中央。"并引俞伟超《含山凌家滩玉器和考古学中研究精神领域的问题》一文之见,即从"上下两半玉龟甲的小孔,正好相对"分析,"一望即知是为了便于稳定在这两个小孔之间串系的绳或线而琢出的。"绳、线可按需要两半玉龟版的闭合或解开,这种"合合分分,应该是为了可以多次在玉龟甲的空腹内放入和取出某种物品的需要。"由此推见,"这是一种最早期的龟卜方法。"[52]

值得注意的是,凌家滩遗址所出土的玉版平面呈方形,其"正面有刻琢的复杂图纹。在其中心有小圆圈,内绘八角星形。外面又有大圆圈,以直线准确地分割为八等份,每份中有一饰叶脉纹的矢形。大圆圈外有四饰叶脉纹的矢形,指向玉版四角。"[53]笔者以为,该玉版之刻纹图案的平面方圆结合,显然是迄今所发现的后世"天道曰圆,地道曰方"即"天圆地方"人文意识的原型。"八角星形"及向八方放射的"矢形",类似后世《周易》的八卦方位,其大圆圈外"指向玉版四角"的四个"矢形",又类于八卦方位的四隅(四维)意识的体现。玉版出土时,夹置于具有一定占卜功能的玉龟甲间,可以看作与龟卜意识有关,也显示了原古龟卜与易筮的文脉联系。

有关原古巫文化的考古发现,高广仁、邵望平《中国史前时代的龟灵与犬牲》[54]一文亦可参考。在山东泰安大汶口、江苏邳州刘林及大墩子、山东兖州王因、山东茌平尚庄、河南淅川下王冈、重庆巫山大溪及其江苏常州寺墩等处遗址中,皆有相类之龟甲文物出土,且多有钻孔。如江苏邳州大墩子44号遗址,其龟背、龟版相合,内有骨锥六

52　李学勤《走出疑古时代》,第116页,辽宁大学出版社,1997年版。

53　李学勤《走出疑古时代》,第115页,辽宁大学出版社,1997年版。

54　按:参见《中国考古学研究》,文物出版社,1986年版。

枚,背、腹甲各具钻孔者四,腹甲一端被磨去一段,上下有 X 形绳索之痕,年代早于安徽凌家滩。此类令人鼓舞的考古发现,使得关于"最早期的龟卜方法"的推断,增添了不少田野证据。

中国属巫的史前风水地理遗址的发现,也可以证明原古巫文化之发生的古远。北京周口店龙骨山"山顶洞人"的"居所",洞内地理,在考古学上分为"上室"、"下室"与"下窨"三部分。"上室"位于洞穴东半区,面积 110 平方米,地势高而宽敞,留有先民曾经用火灰烬的痕迹,为活人居住区而无疑。"下室"位于西半区,地势稍低,有人的遗骸残存的痕迹,发现象征生命与鲜血的赤铁矿遗痕。"下窨"地势更低,空间更为窄小,仅为南北 3 米、东西 1 米的一个地方,是自然形成的一个南北向裂沟,这里曾经丢弃诸多动物残骸。这一遗址的空间地理与方位的安排,是一万八千年前先民的巫与巫性堪舆意识已经觉醒的有力证据。活人居东为上,其次是死者的葬所,再次是动物,人为贵而动物次之。风水以人面南为吉利之正向,以东即以左为上。

河南濮阳西水坡 45 号墓称"龙虎墓",其墓葬制,在墓主左右,以蚌壳摆列成一个图案,"东方为龙,西方为虎,形态都颇生动,其头均向北,足均向外"。这都是有意为之的,"龙形在东,虎形在西,便和青龙、白虎的方位完全相合。"[55]托名晋代郭璞所撰《葬书·外篇》有云,"夫葬以左为青龙,右为白虎,前为朱雀,后为玄武。"可见西水坡的葬式,是后世属巫文化范畴的风水意识理念的前期表现。

至于有关占星、占候与占梦等术数实例的考古资料,不胜枚举,在此难以述说,恕勿赘。

---

55 李学勤《走出疑古时代》,第 143、144 页,辽宁大学出版社,1997 年版。

　　要之，本文之所以持"巫性为中华文化的原古人文根性"这一见解，基于对原古文化之基本而主导文化形态为巫文化这一点的同情与理解，所持理据大抵已如前述。原古巫术、巫性的文化特质体现在：一、先民意识到人生活、生存与生命的巨大困难具有企图改变处境、克服难题的迫切需求和冲动；二、信仰英国人类学家所说的"万物有灵"和天人、物我与物物之间普遍的灵力"感应"；三、巫术作为原古生活、生存与生命的一大基本文化方式，迷信人借助神灵之力，通过巫的方式，可以克服一切艰难险阻，无所不能；四、与原古神话、图腾不同的是，巫文化具有强烈而特有之一定的实用功利意识与目的；五、从其既媚神又渎神、既拜神又降神的"两栖"文化态度看，巫与巫性，具有通过巫之方式所体现的人原朴的主体意识因素，不同于宗教之属神的彻底向神跪下的文化态度；六、在一个巫术意识与仪式中，巫术尤其钟情于有因必果、有果必因的"因果律"的滥用。但在非理性的迷氛中，依然存有一定的原始理性因素的"尊严"，成为同是遵循必然律之科学的"伪兄弟"；七、巫文化作为原古"象意识"、"象情感"、"象幻想"与"象意志"之大泽和马克斯·韦伯所谓"魔术花园"[56]之说可见，从巫性转嬗为诗性审美是可能的。

　　孔子说，"务民之义，敬鬼神而远之，可谓知矣"、"祭如在，祭神如神在"[57]。这是指出中华文化中的"鬼神"，同是尊奉与疏远的对象，这是对待鬼神的第三种人生态度。不是不尴不尬，也并非不伦不类，更无三心二意，而是左右逢源，一种进退自如、富于弹性的文化策略。应当说，这不仅是人生的一大"文化策略"，更是根深蒂固的文化

56　马克斯·韦伯《印度的宗教——印度教与佛教》，第359页，康乐、简惠美译，桂林：广西师范大学出版社，2005年版。

57　《论语·雍也》、《论语·八佾》，刘宝楠《论语正义》卷七第126、卷三第53页，《诸子集成》第一册，上海书店影印本，1986年版。

信仰。中华文化中的"神"（实指鬼神），绝非基督教的上帝。"神"在中国，是这样的一个属巫角色："神"是与祭祀联系在一起的。如不"祭"呢，神就不"在"了。神不是一个"本体"，所以也就更缺乏权威性。神是"祭"出来的，不是笃信彼岸确有"神"在，而是彼岸之"神"不妨有，也可以没有。

值此拙文即将写毕之际，笔者愿意再次强调，作为中华文化原古根性的巫性，迷信与理智交互，糊涂同清醒兼具，委琐和尊严相依，崇拜携审美偕行，巫性是古人所言的"畏天"兼"知命"的有机结合与妥协。

（该文原载于《学术月刊》2016 年第 4 期）

附　二

中国巫性美学在《周易》中的四种呈现

如果从文化人类学、文化哲学来审视的话，在学科与学术分野上，呈现在《周易》中的美学智慧，属于巫性美学范畴而非一般的哲学美学或文艺美学。原因在于，原始易学是一种巫学。巫具有文化二重性——既基于人又通神，前者是实在的，后者则是虚拟的。因此，其巫性是半人半神的。从人的角度看，巫是神灵化的人——假借神灵的旨意，来施行巫术，以达到人的目的；从神的角度看，巫是人化的神灵——为了达到人的目的，通过巫术，将人自己抬到神的高度。巫是人与神之间的一个中介和"模糊"状态，具有非黑非白、亦黑亦白的文化"灰"色。在人—巫—神三重结构中，巫在理念与精神上，是一个从人到神、从神到人传递"信息"的角色。正是缘于《周易》中的美学智慧建立在文化人类学、文化哲学关于巫学的学术理解与研究之上，故惟有从《周易》巫筮文化入手进行其巫性美学研究，才是抓住了中国文化及其哲学、美学的基本人文特质。本文特拟《周易》"象"、"生"、"时"、"气"四个范畴，从巫性角度论述其巫性的美学意义。

象：在形上形下之际、"书不尽言，言不尽意"与异质同构

象这一人文范畴进入中国文化视野有其必然性。罗振玉《殷虚

书契前编》收录一象字,像动物大象之形。许慎《说文解字》云:"象,南越大兽。长鼻牙,三年一乳,像耳牙四足之形。"据考,商代及之前,中原地区气候温热,有大象生存与此。1935年秋、1978年春,在位于今河南省安阳市的殷墟王陵区,曾先后发掘祖宗祭祀坑二,出土两具大象遗骸。此作为巫性祭祀的大象,并非由南方进贡而来,而是中原曾有大象之明证。甲骨卜辞云:"今夕其雨,隻(获)象。"[1]是其证。

罗振玉指出,大象"古代则黄河南北亦有之","则象为寻常服御之物。今殷墟遗物有镂象牙,礼器又有象齿甚多。卜用之骨有绝大者,殆亦象骨。又,卜辞卜田猎有'获象'之语。知古者中原有象,至殷世尚盛也。"并录王国维所引《吕氏春秋·古乐》"商人服象为虐于东夷,周公乃以师逐之,至于江南"[2]作为佐证。

当然,大象南迁,并非因为"周公以师逐之"的缘故。时至殷周之际,中原气候骤寒,大象因畏寒而南迁。战国时期,动物大象已经在中原绝迹多时。汪裕雄(1937—2012)《意象探源》一书,对由动物大象向人文之"象"这一转嬗、生成有较早而贴切的解读。[3]战国之时,中原民人偶尔从地下挖出动物残骸,便疑为"死象之骨"。此《战国策·魏策》之所以有"白象疑骨"之言。《韩非子·解老》称:"人希(稀)见生象也,而得死象之骨,案其图以想其生也,故诸人之所以意想者,皆谓之象也。"

可见,人文意义的所谓"象",即"人之所以意想者","意想",是人文之象的根本特性。凡是人文及其审美之象的本义,实始于动物大象于人心所酝酿的心灵图景,并非指所谓客观存在。"意想者"即

---

1 罗振玉《殷虚书契前编》三·三一·三,罗振玉《殷虚书契五种》,中华书局,2015年版。

2 罗振玉《增订殷虚书契考释》,《古文字诂林》,第八册,第445页,李圃编,上海出版社,2003年版。

3 参见汪裕雄《意象探源》,第30页,安徽教育出版社,1996年版。

人文之象。某人、某物、某景曾被目见、接触、感受而留遗的一切心灵记忆、印象和图景、轨迹甚或心灵氛围，即谓之"象"。

《易传·系辞上》有云："见(现)乃谓之象，形乃谓之器。"人文之象异于事物之形(器)。形器作为事物的空间存在样式，其"见"之于心灵者，即是与形器相对应的心灵之象。张岱年先生曾说："'见乃谓之象，形乃谓之器。'象异于形，表示一个重要意思，即象与器都是可感而知的，但象仅是视觉的对象，形不但是视觉的对象，而且也是触觉的对象。"[4]此说有待于商榷之处在于，形器为五官感觉的对象，不局限于视觉与触觉，称象仅是视觉的对象，是将"见乃谓之象"的"见"，释为"看见"之故，实际这里的"见"，应读为"现"才是。人文之象原本是指"现"于心灵的印象、映象与意象等，并非指视觉对象。英语 image，汉译为形象、意象与想象等，没有分清汉语的形象与意象、想象等语义区别。汉语形象一词，重点在其"形"，但其与心灵之象相系。当我们欣赏一幅中国水墨绘画作品时，眼睛所看到的，是一个有机构成的线条与墨色的系统，这是形，能够证明欣赏与理解的，是关于这一绘画作品的审美心灵之象。中医把脉是为了认识、辨别与领悟种种脉象。其形，是医生所感觉到的脉搏的跳动，医生真正能够进行有效诊治的依据，是病人脉搏跳动在医生心里所呈现的心灵之象，并且能够准确地加以理解、解读与判断。《周易》用以算卦的卦爻之象，表面指的是作为形的卦爻符号，实际真正有意义的，是卦爻符号在占筮者心里所呈现的心灵之象。《易传·系辞上》云："天垂象，见(现)吉凶，圣人象之。"该"天垂象"的"象"，指天空、苍穹的种种风云变幻，更指观象者的心灵所识别、判断了的心灵之象，否则，何以断其吉还是凶？此"见"(现)之于心灵的是关于天象的神秘感觉，即心

4　张岱年《中国古典哲学概念范畴要论》，第108页，中国社会科学出版社，1987年版。

象。"圣人象之"的"象",作为动词,指现之于心灵的神秘天象,以卦爻符号表示。

从《周易》心象而言,此象现于心灵,究竟是形上抑或形下?《易传·系辞上》云:"是故形而上者谓之道,形而下者谓之器。"道这一范畴,是形而上的;器是形而下的;心灵之象的象,处于形上、形下之际,不妨称之为"形而中"。心灵之象,不如道那般绝对抽象而形上,又不如器那样绝对具体而形下,实际是半抽象半具体的"形而中"。

《易传·系辞上》云:"子曰:'书不尽言,言不尽意'。然则圣人之意,其不可见(现)乎?子曰:'圣人立象以尽意,设卦以尽情伪(按:"情伪",指事物、事理之真真假假),系辞焉以尽其言,变而通之以尽利,鼓之舞之以尽其神。'"既称"书不尽言,言不尽意",又说"圣人立象以尽意",这一表述,不免让人感到困惑,从思维对存在、从认识世界与审美而言,究竟是"立象以尽意",抑或"书不尽言,言不尽意"?

假如"立象"能够"尽意",必须满足如下条件:从客观事物对象(实)到"见"(现)之于巫师心灵或审美心灵等的心灵之象(虚),再到文化符号包括易筮或文艺作品的符号系统(实),再到受筮者或审美接受者等的心灵之象(虚),再回归于客观事物这一预设的原点,是一个由"象"、"意"所传递的"圆圈"。此即清代郑板桥(1693—1765)所说的从"眼中之竹"到"心中之竹"到"手中之竹"再到"心中之竹",最后回到"眼中之竹"。在这一感受、认知、表述与接受的四者之间,必须做到绝对同构对应、同态对应,其中的任何环节、任何信息,都不能有所遗漏或增减。

可是这是绝对难以实现的。书、言、意、象这四者的运化、转换之间,无论如何,只能是简化对应而不能达到绝对传真即同态对应、同构对应。

　　试举一例。唐大诗人李白《望庐山瀑布》"日照香炉生紫烟,遥看瀑布挂前川。飞流直下三千尺,疑是银河落九天"这一千古诗唱,想象之丰富、夸张与奇特,令人赞叹。然而,诗人仅仅只是写了诗人眼中、心中、手中尔后勾起读者眼中、心中此时此地之庐山瀑布与银河的某些人文联系。该诗的银河意象,也仅仅是其无数意象中的一种;瀑布与银河的人文联系,亦仅是其无数意象联系中的一种。诗人并非故意、实际上也不得不将瀑布与银河及其与相应世界的无数人物、事物、心灵的其余一切联系,都被舍弃。诗人与读者之间其余的不同时域、心情与心境等,无数可能严重影响其诗境、诗趣的构成及其接受、其意象之建构或消解所出现的无数可能性,皆被舍弃,也不得不自觉地舍弃。

　　因此,就巫筮文化与审美而言,"书不尽言,言不尽意",为普遍之原则,不刊之铁律。即使"圣人",也断无可能做到"立象以尽意"。西方哲学与美学有两大命题:"语言是存在的家,人以语言之家为家"[5],又有所谓"语言即思想之牢笼"的名言。这有如《周易》"圣人立象以尽言"与"书不尽言,言不尽意",前者为相对,后者为绝对。

　　从《周易》巫筮之象的动态转换与文艺审美的转换关系加以审视,两者异质同构。

　　从神秘的客观事物(实)、占筮者巫筮心灵之象(虚)、卦爻巫筮符号系统(实)、到受筮者心灵之象(虚)而作出巫术吉凶之占断这一意象的转换,与文艺审美之象的动态转换,即从作为对象的社会生活(实)、到作者审美心灵之象(虚)、作品文字符号系统(实)、到审美接受者的心灵之象(虚)而作出审美判断这两者之间,存在着异质同构关系。两者,都以"实—虚—实—虚"的动态结构转换。

5　[德]马丁·海德格尔《论人道主义》,《存在主义哲学资料选辑》上卷,第86页,商务印书馆,1963年版。

例如,《周易》晋卦,筮符为坤下离上结构,坤为地,离为火(日)。晋卦为旭日东升之象,即"旦"。其一、先民所见东升之旭日,为客观存在之朝晖实景;其二、旭日喷薄之形态"见"(现)于先民心灵,以为神秘神奇,便是《易传》所以称"在天成象",遂构成拜日的属巫的心灵虚象;其三、为推断吉凶休咎,进而画出晋卦卦符,用以占筮答疑,此为筮符实形;其四、以晋卦卦符进行占筮,受筮者据此受筮于心灵,得出所谓吉凶祸福的体会与判断,则又是一个心灵虚象。以审美言之,从艺术作者所观之旭日喷薄、云蒸霞蔚(外在实景),遂诗情生启,有所感兴(成审美心灵虚象)而写为歌诗、谱成乐曲,或绘以画作等(作品符号系统),进而投入审美接受领域(审美心灵虚象),这是艺术、诗性创造与审美的全过程,恰与巫筮的全过程及其结构相对应。仅仅两者的人文属性不一而已。

可见,文艺审美的根因根性之一,在于原古巫术、巫性之文化。文艺的审美属性,根植于巫术、巫性。

"生生之谓易"、"天地交,泰"的"天文"与"人文"之美

甲骨卜辞有生字,像草木初生之形。《周易》屯卦,震下坎上的结构。项安世(1129—1208)《周易玩辞》云:"屯者,始难之卦也。"《易传·序卦》:"屯者,物之始生也。"先民因悟"始生"的尤为艰难而崇祀不易之生命。《易传·系辞上》有"生生之谓易"、"天地之大德曰生"等名言。其推崇生命哲学、生命美学之思自不待言。可是,这仅仅是大致成于战国中后期的《易传》的生命思想,那时中国文化的生命意识,已然大为觉醒且蓬勃地进入文化、哲学与美学等领域,这与殷周之际及之前先民所创设的《周易》卦爻筮符的情形,殊为不一。

学界曾经研究、探讨《周易》卦爻符号的原型问题。尽管易之古筮,在于预测人的生命、生存与生活的吉凶休咎,然而其人文原型却

并非在于一个生字。《左传》僖公十五年有云，"筮，数也。"《易传·系辞上》："极其数，遂定天下之象。"《汉书·律历志》："自伏羲画八卦，由数起。"张政烺（1912—2005）曾统计"数字卦"凡三十二，参与巫筮的数字自一至九的出现次数，以"六"为最多（64次），其次是"一"（36次），"二""三""四"三个数字概不出现。原因是，此数字卦"直书"之故。"写在一起不易分辨是哪几个字，代表哪几个数，所以不能使用，然而这三数并非不存在，而是筮者运用奇偶的观念当机立断，把二、四写为六，三写为一，所以一和六的数量就多起来了。"其结论是，"殷周易卦（按：指数字卦）中一的内函有三，六的内函有二、四，已经带有符号的性质，表明一种抽象的概念，可以看作阴阳爻的萌芽了。"[6]关于这一见解，丁四新提出了不同看法。"张先生曾认为《周易》阴阳爻画来源于筮数'一'、'六'，现在看来这一具体结论是不正确的。"[7]但是从一般原型言之，该文并未否定《周易》卦爻起之于数。原湖北省江陵县天星观一号楚墓出土的数字卦残简筮数为一、六、八、九；安徽省阜阳出土的残简为一、六；长沙马王堆汉墓出土的帛书《周易》与上博馆藏楚竹书《周易》为一、八；今本即通行本《周易》的阳爻称九、阴爻称六，可见，从古易之数字卦到江陵天星观易简、安徽阜阳易简、长沙马王堆帛书易、上博馆藏楚竹书易而直至通行本《周易》，易的数字爻符是不断被简化而宗奇（阳）偶（阴）的。这一历程可以证明，易筮之本，在于象数；易的根因、根性在于巫性象数。正如明清之际王夫之（1619—1692）称易的卦爻符号"象数相倚"，"天下无数外之象，无象外之数。"[8]借用法国学者列维-布留尔

6　参见张政烺《易辨》，《中国哲学》第14辑，人民出版社，1988年版。
7　丁四新《从出土材料论〈周易〉卦爻画的性质和来源》，《哲学门》2015年第2期。
8　王夫之《尚书引义·洪范一》，《尚书引义》卷四，中华书局，1962年版。

（1857—1939）《原始思维》之言，可称为"神秘的互渗"[9]。至于说到1930年代起关于《周易》阴阳爻原型为"男女性器"之说，可待商榷。

这不等于说通行本《周易》没有关于"生"的文化内容及其哲学与美学之思。从《易传》对于屯卦（还有蒙卦）"难生"卦义之发挥，可见其与整个春秋战国时期关于生命的意识、理念与思想相对应。《易传》而非《周易》本经，是一个不可多得的中国文化有关生命之思的重要文本。梁漱溟说："这一个'生'字是最重要的观念，知道这个就可以知道所有孔家的话。孔家没有别的，就是要顺着自然道理，顶活泼流畅地去生发。"[10]这里所说的"自然道理"，即指"儒家的根本思想，出发于生殖崇拜"[11]。《周易》有咸（感之本字）卦，象征少男（下卦艮，艮为少男）少女（上卦兑，兑为少女）相"咸（感）"之道。此"咸"，首先是无"心"之"自然"的感应。原始儒家倡言"仁"，从字源看，仁字从人从二，仁者，二人，本指男女。《孟子·离娄上》："仁之实，事亲是也。"《易传·系辞上》云："夫乾，其静也专（按：抟之本字，通团），其动也直，是以大生焉；夫坤，其静也翕（闭之义），其动也辟（开之义），是以广生焉。"关于这一言述，南宋朱熹《周易本义》称，乾坤者，男女也。"乾坤各有动静。于其四德见之。静体而动用，静别而动交也。乾一而实，故以质言而曰'大'，坤－－而虚，故以量言而曰'广'。"清代陈梦雷《周易浅述》一书，删去了朱熹的"于其四德见之"一句，称"直专翕辟，其德性功用如是"[12]。《易传》以淳朴、直率的表述，庄严无邪地宣说生殖崇拜的神圣性。

9　[法]列维-布留尔《原始思维》，第201页，丁由译，商务印书馆，1981年版。

10　梁漱溟《东西文化及其哲学》，《梁漱溟全集》第一卷，第448页，山东人民出版社，1989年版。

11　周予同《孝与生殖器崇拜》，《周予同经学史论著选集》，第77页，上海人民出版社，1983年版。

12　陈梦雷《周易浅述》卷七，上海古籍出版社，1983年版。

由此得以理解,《易传》何以如此强调"生生之谓易"、"天地之大德曰生"。

在生死问题上,《周易》及中国文化、哲学与美学以"生"为"思之原点",不同于世界上有些民族(比如古印度)以"死"为"思之原点"。《易传·系辞》言"生"之处甚多,唯有一处说到"死":"原始反终,故知死生之说。"所谓"原始反终",即将思的逻辑预设为"生",有生必有死,而终于还是生。《易传》将"死"看作人之血缘群体从此生到彼生之逻辑链的一个中介或曰"暂在"。有如《列子·汤问》"愚公移山"所宣扬的,个体生命固然会死,而"子子孙孙未有穷尽"矣。

中国文化、哲学与美学之所以钟情于"生",以"乐生"为理想,实起于巫。巫卜、巫筮之所谓趋吉避凶,实际是以生为吉、以死为凶,为的是幸福地生而回避死。中国人向往这一人生理想,此《易传·系辞上》所谓"乐天知命故不忧"。中国人的忧患,有如周文王(姬昌,前1152—前1056)当年被商纣王(子受,约前1090—前1044)被囚于羑里(在今河南省安阳市汤阴县境)而演易然。《易传·系辞下》云:"易之兴也,其于中古乎?作易者其有忧患乎?"文王、屈原(前340—前278)式的忧患,仅仅是"伤时忧国"之类的情思;《楚辞·离骚》"日月忽其不淹兮,春与秋其代序。惟草木之零落兮,恐美人之迟暮"的"美人"之喻,亦即治国平天下的理想而已。当然,这并非说中国的哲学、美学唯有"乐生"而不涉及其他。新儒家代表人物之一,牟宗三曾经强调中西文化、哲学与美学相互的"会通",指出中西之际,"一个是生命,另一个是自然,中国文化之开端,哲学观念之呈现,着眼点在生命,故中国文化所关心的是'生命',而西方文化的重点,其所关心的是'自然'或'外在的对象'(nature or external object),这是领导线索";又说,"重点在生命,并不是说中国人对自然没有观念,不了解自然。而西方的重点在自然,这也并不是说,西方人不知道生命"[13]。然而,两者对待生命的人文态度确为不一。

佛教东来之前,中国文化及其哲学、美学之忧思,为生活之忧、为人格之忧而非生命之忧、人性之忧。凡此,皆由原古巫文化的根因、根性所决定。巫卜、巫筮的趋吉避凶,实乃趋生避死。与"乐生"之思相应,先秦偶尔称言"崇高",如《国语·楚语上》所说的"土木之崇高",实指宫室的高大壮丽;《易传·系辞上》云,"崇高莫大于富贵",是关于"乐生"的一个人文命题,与悲剧性的崇高没有任何关系。无论古今,人生坐拥财富与权势,其人格可以崇高也可以卑下,但这里的崇高,绝非指美学意义的悲剧性崇高。

这不等于说,《易传》关于生之思一概否定了人生之大美,恰恰相反,它是对于这一东方伟大民族所独异的"天文"(自然美)与"人文"(人工美、道德善)的肯定。

《周易》贲卦,其下卦为离上卦为艮。《易传·彖辞》云:"贲,亨。柔来而文刚,故亨。分刚上而文柔,故小利有攸往,天文也;文明以止,人文也。"这是关于"天文""人文"的最早出处。

其一、贲卦六爻,离下而艮上,按《易传》,离为中女、艮为少男,又是一个三阳爻三阴爻的结构,可谓"阴阳合德,而刚柔有体",故"亨"。

其二、"柔来而文刚"一句,指贲卦的下卦离(初爻为阳爻、二爻为阴爻、三爻为阳爻)的本卦为乾(初、二、三爻皆为阳爻),离卦是由坤卦(初、二、三爻皆为阴爻)的一个阴爻(柔爻),来就于乾卦第二爻而使其变爻,成为贲卦的下卦离卦,即乾体变成离体。

其三、"分刚上而文柔"一句,指贲卦上卦艮的本卦为坤,艮卦是

13　牟宗三《中西哲学之会通十四讲》,第11页,上海古籍出版社,1997年版。

由乾卦的一个阳爻（刚爻），来交于坤卦第三爻而使其变爻，成为贲卦的上卦艮卦，即坤体变艮体。

其四、可见贲卦的本卦，是由下卦乾、上卦坤所组成的，呈乾下坤上的结构，这其实就是乾下坤上之象，即为泰卦。

《易传·彖辞》云："天地交，泰。"这乾天坤地的态势，即为"天地交"。其人文原型，即男女相感相悦。泰卦者，男女即天地相"感"之象。《易传·系辞下》云："天地氤氲，万物化醇。男女构精，万物化生。"这便是古人所说的"天文"。也便是梁漱溟所说"自然道理"的"自然"。以美学言之，不啻可称为"自然美"。不同于世间其他人物、事物与环境的美，实际是人的生命本在、原始之美。正如苏渊雷（1908—1995）在其《易学会通》一书中所说的那样："纵观古今中外之思想家，究心于宇宙本体之探讨，万有原理之发见者多矣。有言'有无'者；有言'终始'者；有言'一多'者；有言'同异'者；有言'心物'者，各以己见，钩玄阐秘，顾未有言'生'者。有之，自《周易》（按：这里实指《易传》）始。"[14]《易传》言"生"之美，可谓别具一格，它并非指一般的生的美丽漂亮，而是指生命原始、生殖而本在的美。

其五、《易传》又云："文明以止，人文也。"什么是"人文"？但看贲卦的下卦为离，《易传》称"离为火"，初民发现与学会用火，是历史学意义的文明的开始；贲卦的上卦为艮，《易传》说"艮为山"、"艮为止"，因而整个贲卦，离下艮上，也便是一个火（文明）与山（止）的结构关系。它象喻"文明以止"。这里的"止"，趾之初文。"文明以止"，指人的言行合乎儒家道德规范。因而这里所谓"人文"，实际指与审美相系的道德及其修为的"文明"，实指伦理的美善。从历史学角度看，如果说自从人类发现与使用火标志着文明的开始，那么文化

14　苏渊雷《易学会通》，第62页，中州古籍出版社，1985年版。

人类学所说的文化,即"自然的人化"兼"人化的自然",所谓"文明",指文化发展的过程与程度。顺便说一句,如此说来,历史学家所称文字发明与使用之前的所谓"野蛮社会",其实也是有"文明"的,便是文化人类学所说的"野蛮的文明"、"文明的野蛮",其实那时的社会及其文化,也是具有"文明"及其属性与"美善"的。

时:"卦者,时也"、"几者,动之微"、"当下即是"与"现象直观"

时,是《周易》的又一重要范畴。甲骨卜辞有一"时"字,下为大地、上为禾苗之形,像禾稼生于大地,本指"农时"。卜辞有"乙卯卜。贞:今时泉来"[15]之记。

《易传》言"时"尤多。如称乾卦"六位时成"、"与时偕行"、"与时偕极",称乾德"与四时合其序",坤德"承天而时行",大有卦"其德刚健而文明,应乎天而时行",随卦"而天下应时,随时之义大矣哉",观卦"观天之神道,而四时不忒",贲卦"观乎天文,以察时变",损卦"损益盈虚,与时偕行",革卦"天地盈虚,与时消息",等等,不胜枚举。

没有哪一部先秦古籍如《周易》这般如此重视中国文化的"时"问题。

那么,《周易》一书所说的"时",究竟指什么?

王弼《周易略例》有云:"夫卦者,时也;爻者,适时之变者也。"[16]这便是说,《周易》六十四卦的每一卦,八卦每一爻,以及先天、后天八卦方位,等等,都首先是一个"时"结构,此即巫性之卦时、爻时的运化、变易模式。从"十二消息卦"即从一阳息阴(复卦)、二阳息阴(临

---

15 胡厚宣《甲骨续存》二·一五四,群联出版社,1955年版。
16 王弼《周易略例·明卦适变通爻》,楼宇烈《王弼集校释》下册,第604页,中华书局,1980年版。

卦)、三阳息阴(泰卦)、四阳息阴(大壮卦)、五阳息阴(夬卦)、六阳息阴(乾卦),到一阴消阳(姤卦)、二阴消阳(遯卦)、三阴消阳(否卦)、四阴消阳(观卦)、五阴消阳(剥卦)、六阴消阳(坤卦),构成了一个四时运化的时运结构与模式。算卦以变爻占测天时、人事的命运休咎。而爻总是变于当下,这便是王弼所说的"适时之变者也",这"适时",指"暂时"、"暂态"。

这一时运变化模式,笔者将其称为"巫性时间"。

所谓"巫性时间",是指《周易》巫筮关乎人之命运的预测与把握。这里的"命",可称为神性时间;"运",可称为人性时间。《周易》巫筮文化的时间意识,处于神与人即神性时间与人性时间之际。在《周易》看来,人的命运可以通过巫筮预测得以把握,这便是《易传》所谓"知几,其神乎"的"知几"。这里的"几(幾)",机(機)之本字。指刹那出现的机运、机会,"知",认识、把握义。故而所谓"知几",即古人以为可通过巫卜、巫筮方式,把握巫性意义的人生"当下",以西方哲学的话来说,叫作"照面",契合于海德格尔所说的"时间到'时'"[17]。"当下"即"照面"的时间"暂在"、"暂态"。

《易传·系辞下》所说的"知几"之"几",即"几者,吉(按:疑此缺佚一"凶"字)之先见(现)者也"。"唯几也,故能成天下之务。"几,指巫卜、巫筮之物事转机与人事命运吉凶先兆,或曰事物变化的蛛丝马迹,犹如"风起于青萍之末"。这便是暂在之"当下"、化变之始。《易传》称为"动之微"。《列子·周穆王》说:"因形移易者,谓之化,谓之幻。"幻,奇妙不可测,是突然而至的变化。《文选》载张衡《西京赋》有"奇幻倏忽"语,指巫性卜筮变化的奇幻莫测,发生于极短即不能再短的一瞬间。《庄子·应帝王》说:"南海之帝为倏,北海之帝为

17　[德]马丁·海德格尔《存在与时间》(修订译本),第375页,陈嘉映、王庆节译,三联书店,1999年版。

忽,中央之帝为浑沌。"《楚辞·九歌·少司命》:"倏而来兮忽而逝。"倏,指犬疾行之极速,通倏。忽,指呈现于心的极微的空间长度。《孙子算经》有云:"度之所起,起于忽。欲知其忽,蚕吐丝为忽。十忽为一丝,十丝为一毫,十毫为一厘,十厘为一分。"倏忽者,何其短也,转义指极微的时间段。因而《易传·系辞上》有云,巫筮之"几","故神无方而易无体"。又说,"阴阳不测之谓神","唯神也,故不疾而速,不行而至",此是。

从哲学、美学分析,所谓"几",时运、时机、机运、机会、机缘之谓,指人事命运的契机,稍纵即逝,通于现象学所谓"当下即是"。"其神"之"神",半是对于天命及其神性时间的崇拜,半是对于人与人性时间的把握。这种把握,以孔子的话来说,叫作"知天命"。

柏格森时间哲学的后继者与发扬者海德格尔说:"我们把如此这般作为曾在着的有所当前化的将来而统一起来的现象,称作时间性。"[18]这是理解现象学时间观的关键之语。其要义在于,"当下即是",指"当下"这一时间。时间具有矢性。时间的流渐,由曾在(过去)、此在(当下)与将在(未来)所构成。

曾在,已经过去了的此在,以及此在、将在二者即将成为过去;将在,将来之此在以及必将成为过去;此在,处于曾在、将在之际的"暂态"或曰"暂在"。曾在与将在,因曾经或有待前来于当下而"在",可是二者并非存在于"当下"。历史学所谓"当下"或曰"当代",可指一个相当长的时段。现象学所言"当下",其实仅仅指处于曾在、将在之际的一刹那、一瞬间。让笔者假定以一条直线来象示整个时间流逝、运动的矢性向量,以曾在为负数、将在为正数,那么时间现象学所理解的"当下"(当在),可以用"〇"来表示。这也便是庄周所说的"倏

---

18 [德]马丁·海德格尔《存在与时间》(修订译本),第372页,陈嘉映、王庆节译,三联书店,1999年版。

忽"、佛教所谓"刹那生灭"。

胡塞尔称,时间现象学"首先标志着一种方法和思维态度,特殊的哲学思维态度和特殊的哲学方法"[19]。从这一特殊的哲学"态度"与"方法",来解读《周易》巫筮文化,则其巫性时间观,实际在专注于爻变的一刹那;目的在于预测当下之"几"而为当下吉凶之"象",便刹那"见"(现)之于"心"(心灵);遂断以吉凶,使得人事命运在"当下""照面";占吉凶、省往来、决犹豫,"黑暗"的世界一下被"照亮"。这便是巫性意义的"现象直观"。这里,相通于现象学的哲学与美学,已无疑问。

毋庸置疑,审美也是一种"现象直观"。观赏王羲之《兰亭序帖》、苏东坡的《前赤壁赋》、徐悲鸿的《奔马》之美,或者仰观崇峻之危磊或是苍穹之高远,等等,其心灵、心境都是暂态、暂时的愉悦,是顿悟的直观。待要思考一下其何以如此美丽、崇高,则已经离弃审美的特定情境而进入审美的判断了。可见,所谓巫性时间与诗性时间二者,是异质同构的。两者的人文素质不一,却因为其"当下""观象"的同构性,而可以在一定条件下,从巫性走向诗性、从巫筮走向审美。

《周易》有关巫筮文化"当下"这一"时"的人文理念,给人启迪良多。人是一种善于瞻前顾后的"文化动物"。瞻前者,理想也,向往未来是何等超拔的人格;顾后者,恋旧也,眷恋过往又是怎样高贵的人格?人们以为人类只要将"曾在"与"将在"紧紧地攥在自己手里,即可把握自己的命运和前途,这当然好。可是,人总是轻忽、慢待"当在"(当下),总是对"当下""当在"忘乎所以,这是什么?这便是海德格尔所说的"时间遗忘"。这是无可救药的"人性的弱点"和人生的悲剧,在于我总不"在场"[20]矣。

---

19 [德]胡塞尔《现象学的观念》,第24页,上海译文出版社,1986年版。

20 [德]马丁·海德格尔《存在与时间》(修订译本),第30页,陈嘉映、王庆节译,三联书店,1999年版。

气:"精气为物,游魂为变"、"通天下一气耳"与气韵、意境之美

"气",卜辞写作上下两画加中间一点或是一短画,曾被错释为"三"。后演变为"气"、"氣"二字。从其字源看,甲骨卜辞的"气"字,既象形又表意。其字形,像河川忽而流涌滔滔,忽而干涸见底,像示先民对此自然现象的神秘与警惧之感。气字上下两画像河的两岸,中间一点(后演变为一短画)表示水系忽涌忽涸于此及先民之巫性的神秘体验。先民对于河流突而汹涌突而干涸难以理解,于是其心灵便落入于人文迷氛之际,迷信有一种超自然、超人为的神秘力量存在而使然,认为这种神秘力量可以左右人的生存遭遇、吉凶祸福。于是便创构了"气"这一汉字。东汉许慎《说文解字》称"气"为"汽"之本字:"汽,水涸也。"是一种字源学的解读。"气"的别体写作"汽"或"炁",不是没有字源学依据的。"气"又写作"氣",从米,是因为古人进而以气解释人的生命本原源于"米"的缘故。人的生命有赖于进食米谷之类,故气字后来写作氣。《论语・季氏》记述孔子曾经以"氣"言述人生"三戒":"君子有三戒。少之时,血气未定,戒之在色;及其壮也,血气方刚,戒之在斗;及其老也,血气既衰,戒之在得(按:贪)。"这里所谓"血气",即为"精气"。

《易传・系辞上》云:"精气为物,游魂为变,是故知鬼神之情状。""精气"作为"元物"而存有,遂令人的肉身得以生存发展。人的肉身一旦死亡,"精气"依然活着,只是"变"为"游魂"(孤魂野鬼)而已。这在《易传》看来,便是真正地"知鬼神之情状"(实际情况)。

这是准确理解中国古代巫性气论的关键所在。气,永远不死,仅仅改变其存在状态罢了。受其影响,便有《庄子・知北游》如是说:"人之生,气之聚也。聚则为生,散则为死。""故万物一也。是其所美者为神奇,其所恶者为臭腐。故曰:'通天下一气耳。'""气之聚",

指人的肉身生命;"气之散",指肉身死亡。人的生死,不过在于气"聚"、气"散"之际,不过是"神奇"为"臭腐"、"臭腐"为"神奇"而已。

学界一向将庄子关于"通天下一气耳",作为一个中心、美学命题来理解,认为庄生所指的气是天下万物的本原本体,殊不知,这一命题首先是属于先秦巫性的人文观,在历史上,它是在哲学、美学之前的文化观念。哲学、美学本原本体上的气,有一个人文的来源处,便是不死(或可称为无所谓生死)的巫性之气。庄子关于气的哲学与美学的思性与诗性,实际源于巫性之气。庄子的哲学、美学,根植于人"受命"于"天地"的思想:"受命于地,惟松柏独也在,在冬夏青青;受命于天,惟尧舜独也正,在万物之首。"[21] 人之"受命"者,巫也。人无所逃于天地之间,如同"父母于子,东西南北,惟命是从"[22]。其原因在于,人的生死,实际是气的"聚""散",而无可逃避。难怪庄子妻亡,庄子"鼓盆而歌"而毫无悲哀之色。这在今人看来,是庄周放达的缘故,实际是出于对生命巫性的理解。

托名黄帝所撰的《宅经》卷上有云:"是和阴阳者,气也。"托名郭璞(276—324)所撰且仿《庄子》体例的《葬书·内篇》称:"经曰:'气乘风则散,界水则止。'古人聚之使不散,行之使有止,故谓之风水。风水之法,得水为上,藏风次之。"《葬书·内篇》又说,"盖生者,气之聚也。"古人迷信属于命理文化的墓葬制度而施行风水之术,意在通过所谓"得水""藏风"的方法,埋葬死者的遗骸,使得已经"散"(肉体之死)在的气,重新"聚"(生)在墓穴"福地"之中,并企望"延泽"于死者的后代,目的在于庇荫血族后裔之生。

---

21 《庄子·德充符第五》,王先谦《庄子集解》卷二,第32页,上海书店影印本,《诸子集成》第三卷,1986年版。

22 《庄子·大宗师第六》,王先谦《庄子集解》卷二,第43页,上海书店影印本,《诸子集成》第三卷,1986年版。

通行本《周易》有"先天（伏羲）八卦方位"与"后天（文王）八卦方位"图，都是巫性的卦气即巫气的表示。

前者的方位，为乾南坤北、离东坎西、兑东南艮西北、震东北巽西南。仅从其四正卦看，是一个天（乾）对地（坤）、火（离）对水（坎）的模式。这便是古人所谓最理想最吉利的"风水"。明清北京紫禁城的平面布局，为天安门（南）对地安门（北），从南至北，以中轴线及其两边相对称铺排为特征。其四郊设四坛：天坛（南）、地坛（北）、日坛（东）、月坛（西），处于四正卦的方位，构成一个如封似闭、气韵生动的宫殿建筑群而井井有序，象征庄严、正大而有序的政治、伦理制度，其人文根因根性，便是原于易理之所谓吉利的巫性之气。

后者方位，为离南坎北、震东兑西、巽东南坤西南、艮东北乾西北。这一方位图式，在古代风水学、风水术中的运用更为普遍，如明清北京四合院的平面布局，一般为南北长而东西短的一个长方形。其四周的墙体封闭，唯有其东南隅辟一门户以供出入，这是应在《周易》"后天"的巽位上，即《易传》所谓"巽为入"。进四合院这一大门，迎面是一堵影壁，左行至中而面北，进入垂花门，见一天井（中庭、内院），风水学称为"明堂"，为四合院的"聚气"之处。古人相信，中庭不在于大小而必须有。有庭则灵，灵不灵全在于这一口"气"。中庭正北，为主房，由家族长辈与贵宾所居住，地位最正，用材最精，造型最为崇高，而品位最为显要。中庭与正房，正应在"后天"那所谓"大吉"的中位。中庭与主房两侧，设对称的东西两厢。东厢为家族男性儿辈的居所，故东晋太尉郗鉴派人至宰相王导家选王羲之为婿即"东床袒腹"的故事，必发生在东厢。东厢应在"后天"的震位上，以《易传》"震为长男"为据。西厢为家族女性儿辈的居所。《西厢记》由红娘牵线、张生跳墙的情事，必发生在这里。西厢应在"后天"的兑位上。《易传》曰："兑为少女。"四合院的离位（南）称倒座，这是因为其门向北开的缘故,是男仆的居所。四合院的坎位(北)设后房,为女佣的住所,其伦理地位最为低下。这一四正、中位的风水以及四隅的其余房舍、环境的安排,都符合《周易》的"后天"八卦方位制度。以往有些研究,述及建筑美学、家庭伦理及其居住制度,都未能探究其人文根因根性惟在于巫性之气这一点。家族伦理居住制度不可错越的根本原由,始于巫性风水,其中所谓"聚气"是最注重的。

巫性风水的吉凶休咎,与审美相关。英国学者李约瑟(1900—1995)说:"在许多方面,风水对于中国人民是有益的,如它提出种植树木和竹林以防风,强调流水近于房屋的价值,虽然在其他方面十分迷信,但它总是包含着一种美学成分。遍布中国农田、居室、乡村之美,不可胜数,都可借此得以说明。"[23]这一"美学成分",有如莲华,"出淤泥而不染",有亭亭净植之美。

钱锺书(1910—1998)云:"堪舆(风水)之通于艺术,犹八卦之通于戏剧。"[24]就《周易》后天八卦方位而言,将八卦所示八个方位加一个中位,分别填入九宫格,依清代易学家胡渭(1633—1714)《易图明辨》卷二,将"后天"八卦九宫与九个数分别相应,为上中下各三数,左中右各三数与两斜向三个数之和,都是十五。这便是:上中下三数,为巽(东南)4加离(南)9加坤(西南)2,等于震(东)3加(中宫)5加兑(西)7,等于艮(东北)8加坎(北)1加乾(西北)6;左中右三数,为巽4加震3加艮8,等于离9加中5加坎1,等于坤2加兑7加乾6;两斜向三数巽4加中5加乾6,等于坤2加中5加艮8,其八个三数之和,都是15。十五(15)者,吉数也。难怪仰韶文化彩陶盆内侧所绘舞者之数为十五。这一九个数的有序群集,寓西方所谓"魔方"

23　[英]李约瑟《中国之科学与文明》,见《风水理论研究》,第273页,王其亨主编,天津大学出版社,1992年版。
24　钱锺书《谈艺录》,第57页,中华书局,1984年版。

（magic square）之神秘的美。八卦九宫的九数,实际与"河洛"的洛书九数一一相应。由巫性而相应于诗性,美妙地呈现无与伦比的和谐、均衡之美。它是一个生气灌注的"气场"（field）,在美学上,就是气韵生动的意境。

《易传·系辞上》云:"通其变,遂成天下之文。极其数,遂定天下之象。"九数的集群,从巫性占筮与风水角度看,是一个"天命"（命理）兼"知命"的巫性意义的原古人文符号系统。作为科学理性的数学的一大滥觞,并非数学本身,而蕴含以巫气、巫性的原始非理性、原始理性因子及其意象、意境之"神秘的互渗","某种神秘的氛围,某种'力场'"[25]。

（该文原载于《南国学术》2016 年第 3 期）

---

25 ［法］列维-布留尔《原始思维》,第 201 页,丁由译,商务印书馆,1981 年版。

主要参考文献

四库术数类丛书(全九册),上海古籍出版社,1991

诸子集成(全八册),上海书店影印本,上海书店出版社,1986

郭沫若主编、胡厚宣总编辑,中国社会科学院历史研究所《甲骨文合集》编辑工作组集体编纂《甲骨文合集》(全十三册),中华书局,1978—1982

于省吾主编、姚孝遂按语编撰《甲骨文字诂林》(全四册),中华书局,1996

徐中舒主编、常正光伍仕谦副主编《甲骨文字典》,四川辞书出版社,1989

何金松《汉字形义考源》,武汉出版社,1996

刘鹗辑《铁云藏龟》,上虞罗振常潭隐庐石印本(1931),北京图书馆出版社,2008

罗振玉《殷虚书契五种》,中华书局,2015

陈梦家《殷虚卜辞综述》,科学出版社,1956

胡厚宣《甲骨续存》,群联出版社,1955

丁山《甲骨文所见氏族及其制度》,科学出版社,1956

王宇信《甲骨学通论》(增订本),中国社会科学出版社,1993

李圃《甲骨文文字学》,学林出版社,1995

李泽厚《由巫到礼 释礼归仁》,三联书店,2015

张光直《中国青铜时代》,三联书店,1999

张光直《中国考古学论文集》,三联书店,1999

张光直《美术、神话与祭祀》,三联书店,2013

余英时《论天人之际——中国古代思想起源试探》,中华书局,2014

李学勤《走出疑古时代》,辽宁大学出版社,1997

丁山《中国古代宗教与神话考》,上海书店出版社,2011

饶宗颐《殷代贞卜人物通考》(上下),香港大学出版社,1959

袁树珊编著《中国历代卜人传》,台北新文丰出版公司,1998

闻一多《伏羲考》,《闻一多全集》第一册,三联书店,1982

林惠祥《文化人类学》,商务印书馆,1934

许进雄《中国古代社会——文字与人类学的透视》(修订本),台北商务印书馆,1995

宋兆麟《巫与巫术》,四川民族出版社,1989

刘黎明《灰暗的想象——中国古代民间社会巫术信仰研究》(上下册),巴蜀书店,2014

高国藩《中国巫术通史》(上下册),凤凰出版社,2015

郭静云《天神与天地之道——巫觋信仰与传统思想渊源》(上下卷),上海古籍出版社,2016

何新《诸神的起源——中国远古神话与历史》,三联书店,1986

何星亮《中国图腾文化》,中国社会科学院出版社,1996

周策纵《古巫医与"六诗"考——中国浪漫文学探源》,上海古籍出版社,2009

朱熹《周易正义》,怡府藏版影印本,天津市古籍书店,1986

尚秉和《周易尚氏学》,中华书局,1980

高亨《周易大传今注》,齐鲁书社,1979

邬国义、胡果文、李晓璐《国语译注》，上海古籍出版社，1994

陈成《山海经译注》，上海古籍出版社，2014

陈子展《诗经直解》（上下），复旦大学出版社，1983

梁漱溟《东西文化及其哲学》，《梁漱溟全集》第一卷，山东人民出版社，1989

徐复观《中国人性论史·先秦篇》，上海三联书店，2001

孙星衍、陈沆《尚书今古文注疏》，中华书局，1986

杨天宇《礼记译注》（上下），上海古籍出版社，1997

胡奇光、方环海《尔雅译注》，上海古籍出版社，1999

陈鼓应《老子注译及评介》，中华书局，1984

陈鼓应《庄子今注今译》，中华书局，1983

杨伯峻《孟子译注》，中华书局，1960

许慎《说文解字》，中华书局影印本，1963

段玉裁《说文解字注》，上海古籍出版社，1981

张岱年《中国古典哲学概念范畴要论》，中国社会科学出版社，1987

牟宗三《中国哲学十九讲》，上海古籍出版社，1997

荆门市博物馆《郭店楚墓竹简》，文物出版社，1998

武汉大学中国文化研究院编《郭店楚简国际学术研讨会论文集》，湖北人民出版社，2000

郭沂《楚简〈老子〉与老子公案》，《中国哲学》，第二十辑，辽宁教育出版社，2000

冯时《中国天文考古学》，社会科学文献出版社，2001

倪梁康《现象学及其效应——胡塞尔与当代德国哲学》，三联书店，1994

司马迁《史记》，中华书局，2006

班固《汉书》,中华书局,2007

王振复《巫术——〈周易〉的文化智慧》,浙江古籍出版社,1990

王振复《〈周易〉的美学智慧》,湖南出版社,1991

王振复《中国美学的文脉历程》,四川人民出版社,2002

王振复《风水圣经:〈宅经〉〈葬书〉》,台北恩楷出版股份有限公司,2003

王振复《〈周易〉精读》,复旦大学出版社,2008

[英] 泰勒《原始文化》,连树声译,上海文艺出版社,1992

[英] 詹姆斯·乔治·弗雷泽《金枝》(上下册),徐育新等译,中国民间文艺出版社,1987

[英] 詹姆斯·乔治·弗雷泽《金枝》(上下册),赵昍译,陕西师范大学出版社,2010

[英] 布罗尼斯拉夫·马林诺夫斯基《文化论》,费孝通等译,中国民间文艺出版社,1987

[英] 布罗尼斯拉夫·马林诺夫斯基《巫术科学宗教与神话》,李安宅译并按语,上海社会科学院出版社,2016

[法] 列维-布留尔《原始思维》,丁由译,商务印书馆,1981

[法] 列维-斯特劳斯《野性的思维》,李幼蒸译,商务印书馆,1987

[日] 安居香山、中村璋八辑《纬书集成》,(上中下),河北人民出版社,1994

[俄] 尼古拉·别尔嘉耶夫《文化的哲学》,于培才译,上海人民出版社,1998

[德] 马克思《1844 年经济学—哲学手稿》,《马克思恩格斯全

集》,第四十二卷,中共中央马克思恩格斯列宁斯大林著作编译局编译,人民出版社,1979

[德]卡尔·雅斯贝尔斯《历史的起源与目标》,魏楚雄、俞新天译,华夏出版社,1989

[德]马克斯·韦伯《中国的宗教 宗教与世界》,康乐、简惠美译,广西师范大学出版社,2004

[德]马克斯·韦伯《儒教与道教》,洪天富译,江苏人民出版社,2010

[法]马伯乐《书经中的神话》,冯沅君译,商务印书馆,1939

[瑞士]弗里茨·格拉夫《古代世界的巫术》,王伟译,华东师范大学出版社,2013

[前苏联]谢·亚·托卡列夫《世界各民族历史上的宗教》,魏庆征译,中国科学出版社,1985

[瑞士]巴尔塔萨《神学美学导论》,曹卫东、刁承俊译,三联书店,2002

[德]海因茨·佩茨沃德《符号、文化、城市:文化批评五题》,邓文华译,四川人民出版社,2008

[法]马塞尔·莫斯《巫术的一般理论》,杨喻东译,广西师范大学出版社,2007

[法]马塞尔·莫斯《社会学与人类学》,余碧平译,上海译文出版社,2003

[古希腊]西塞罗《论神性》,石敏敏译,商务印书馆,2012

[德]潘能伯格《神学与哲学》,李秋零译,商务印书馆,2013

[日]吉田祯吾《宗教人类学》,王子今、周苏平译,陕西人民教育出版社,1991

[美]罗德尼·斯达克《理性的胜利——基督教与西方文明》,管

欣译,复旦大学出版社,2013

〔美〕休斯顿·史密斯《人的宗教》,刘安云译,刘述先校订,海南出版社,2013

〔德〕伊曼努尔·康德《纯粹理性批判》,李秋零译,中国人民大学出版社,2004

〔德〕埃德蒙德·胡塞尔《现象学的观念》,倪梁康译,上海译文出版社,1986

〔德〕马丁·海德格尔《存在与时间》,陈嘉映、王庆节合译,熊伟校,三联书店,1987

〔德〕马丁·海德格尔《存在与时间》(修订译本),陈嘉映、王庆节译,熊伟校,陈嘉映修订,三联书店,1999

〔德〕伽达默尔《诠释学Ⅰ:真理与方法》(修订译本),洪汉鼎译,商务印书馆,2010

(伪)狄奥尼修斯《神秘神学》,包利民译,商务印书馆,2012

后　记

　　巫术是一种文化迷信。对于中国这一"信文化",本书坚持批判而理性分析的态度,试图以文化人类学关于巫学的理论,揭示其文化特质与内在人文机制,将论述的重点,放在"巫性"这一巫学人类学及其文化哲学之上,进而探讨巫性与审美关系这一学术课题,企望做一种真正"中国"的学术。这一目标是否已经有所实现,期待学界的批评。

　　衷心感谢上海古籍出版社罗颢先生的辛勤劳作,感佩其一贯的敬业精神与学术追求。要是没有出版社的建议,这本小书,不可能由识者推荐并准予列入2016年度国家社科基金后期资助项目。

复旦大学中文系王振复

二〇一八·五·二十

图书在版编目（CIP）数据

中国巫性美学 ／ 王振复著. —上海：上海古籍出版社，2024.1
ISBN 978－7－5732－0623－7

Ⅰ.①中… Ⅱ.①王… Ⅲ.①巫术－研究－中国
Ⅳ.①B992.5

中国国家版本馆 CIP 数据核字（2024）第 002076 号

中国巫性美学

王振复 著

上海古籍出版社出版发行

（上海市闵行区号景路 159 弄 1－5 号 A 座 5F   邮政编码 201101）

（1）网址：www.guji.com.cn

（2）E-mail：guji1@guji.com.cn

（3）易文网网址：www.ewen.co

上海天地海设计印刷有限公司印刷

开本 890×1240   1/32   印张 18.5   插页 2   字数 446,000

2024 年 1 月第 1 版   2024 年 1 月第 1 次印刷

ISBN 978－7－5732－0623－7

B·1306   定价：84.00 元

如有质量问题，请与承印公司联系